清华大学中国特色案例库丛书

笃行不怠

中国式现代化的实践探索

本书编写组◎编

清华大学出版社

北京

内 容 简 介

本书聚焦"中国式现代化"，围绕全过程人民民主、丰富人民精神世界、实现全体人民共同富裕、促进人与自然和谐共生、实现高质量发展、推动构建人类命运共同体等六大主题，挖掘整理了 23 个具有较高质量的实践探索案例，力求较为系统地展示中国地方政府的创新实践和试点地区的先行先试经验，中国优秀行业企业的创业成长发展故事，以及"一带一路"倡议下中国促进各国共同发展的真实过程，力争形成具有时代性、学理性和示范性的优秀案例，深入阐释中国实践背后的道理学理哲理，努力讲好中国发展的理论故事，为构建人类命运共同体贡献中国方案。

图书在版编目（CIP）数据

笃行不怠：中国式现代化的实践探索 / 本书编写组编.— 北京：清华大学出版社，2024.7
（清华大学中国特色案例库丛书）
ISBN 978-7-302-65907-5

Ⅰ.①笃…　Ⅱ.①本…　Ⅲ.①现代化建设—研究—中国　Ⅳ.①D616

中国国家版本馆CIP数据核字（2024）第065007号

责任编辑：商成果
封面设计：北京汉风唐韵文化发展有限公司
责任校对：薄军霞
责任印制：沈　露

出版发行：清华大学出版社
　　　　　网　　　址：https://www.tup.com.cn, https://www.wqxuetang.com
　　　　　地　　　址：北京清华大学学研大厦A座　　　邮　　编：100084
　　　　　社 总 机：010-83470000　　　　　　　　　邮　　购：010-62786544
　　　　　投稿与读者服务：010-62776969, c-service@tup.tsinghua.edu.cn
　　　　　质量反馈：010-62772015, zhiliang@tup.tsinghua.edu.cn
印 装 者：三河市龙大印装有限公司
经　　销：全国新华书店
开　　本：185mm×260mm　　　印　　张：29.75　　　字　　数：613千字
版　　次：2024年7月第1版　　　　　　　　　　　印　　次：2024年7月第1次印刷
定　　价：168.00元

产品编号：101435-01

丛书编委会

主　任：彭　刚

副主任：杨永恒

委　员（以姓氏笔画为序）：

刘　晗　孙　震　李纪珍　杨　秀　张　莉

何雪冰　陈　卓　段江飞　慕　玲

案例编写人员

（以案例目录排序）

刘佳燕	沈毓颖	孟天广	张小劲	方鹿敏	李珍珍	门钰璐
王亚华	霍雨佳	关长坤	曹丹丘	谢梦雨	慕玲	孙逍
张允	周源	苗仲桢	姜鹏	吴欣雅	韩艾瑾	刘佳岩
陈思丞	张舸	雷伟	王千里	宋抒敏	尹晓晔	巫永平
冉奥博	赵壹瑶	程令伟	邓国胜	石琬若	刘英群	聂林丘
黄勤	韩锡斌	齐稚平	何佳	胡杏	弋隽雅	田轩
于春玲	李纪珍	赵子倩	尹西明	李东红	杨主格	李晓辉
谢秋实	王琨	白冰峰	段志蓉	叶子	邓颖	李锡雯
张弘	陈涛涛	陈晓	符宁	洪槟瀚	斯琴毕丽格	
殷成志	卢伟	孟祥瑞	武俊男	王仁锋	高竞佳	王盈盈
武健	邬彩霞	罗慧芳				

统　稿：慕玲　张允　谢梦雨　曾理　城玥　杨婷婷
　　　　周萌　孟延春　曹峰　张伟强

党的二十大深刻阐明了中国式现代化的科学内涵、本质要求和重要特征，提出要以中国式现代化全面推进中华民族伟大复兴。在中华民族伟大复兴战略全局和世界百年未有之大变局的历史交汇时期，当今中国正经历着一场历史上最为广泛而深刻的社会变革，也正在进行着历史上最为宏大而独特的实践创新。生态环境保护、脱贫攻坚、供给侧结构性改革、"一带一路"建设等一系列生动实践，既推动了中国式现代化进程，也为中国理论创造、学术繁荣提供了强大动力和广阔空间。

案例是将实践问题理论化、系统化的重要载体，具有丰富的学术价值、教育价值、时代价值和世界价值。通过高水平的案例总结和阐释，实现研究、教学与实践有机融合，有助于讲述和诠释中国式现代化道路的丰富内涵，有助于在理论研究中不断完善建构中国自主的知识体系，也有助于世界各国更好地解读中国实践、理解中国经验。

清华大学在《"十四五"文科高质量发展行动计划》和《2030创新行动计划》中提出了中国特色案例库建设计划，旨在加强工商管理、公共管理、法学、新闻学、传播学、社会学、教育学等学科案例平台建设，挖掘整理新时代社会主义现代化建设实践案例，建设平台化、数字化、国际化的公共案例平台。2022年，清华大学文科建设"双高"计划下增设中国特色案例库建设专项。"清华大学中国特色案例库丛书"即是"双高"计划支持下编写完成的成果。丛书以"中国式现代化"为主题，围绕中国式现代化九个方面的本质要求——坚持中国共产党领导、坚持中国特色社会主义、实现高质量发展、发展全过程人民民主、丰富人民精神世界、实现全体人民共同富裕、促进人与自然和谐共生、推动构建人类命运共同体和创造人类文明新形态，挖掘整理中国式现代化的丰富实践探索，内容涵盖经济社会发展、生态环境保护、增进民生福祉等各个领域，努力形成具有时代性、学理性和示范性的高质量案例，不仅着力呈现事实和案例本身，还深入阐释中国实践背后的道理学理哲理，努力讲好中国发展的理论故事，为构建人类命运共同体贡献中国方案。

丛书由相关文科院系和研究机构共同编写，是调动跨学科力量开展有组织科研的生动实践。丛书汇集了丰富的案例和理论，不仅是学习和研究中国式现代化的参考资料，也是传播中国式现代化理念和实践的重要载体。

彭刚

2024年1月于清华园

党的二十大报告对中国式现代化作了系统阐述，指出中国式现代化是中国共产党领导的社会主义现代化，是人口规模巨大的现代化，是全体人民共同富裕的现代化，是物质文明和精神文明相协调的现代化，是人与自然和谐共生的现代化，是走和平发展道路的现代化。清华大学依托文科建设"双高"计划，设立中国特色案例库建设专项，征集和遴选近年来校内各文科院系及相关单位开发的典型性和代表性案例，编写出版"清华大学中国特色案例库丛书"，从公共管理、经济管理、金融管理、社会管理、教育改革、发展规划等视角进行专业分析，以生动的案例深入诠释中国改革开放历程和中国式现代化创新实践，对于研究阐释习近平新时代中国特色社会主义思想、推进国家治理体系和治理能力现代化具有较为重要的理论意义和实践价值。

2022 年，清华大学正式启动了文科建设"双高"计划中国特色案例库专项，并计划按年度持续开展下去。其中，2022 年度"双高"计划中国特色案例库专项包括"中国式现代化"优秀案例研究编写项目、中国特色案例出版传播类项目两种，聚焦"中国式现代化"主题，挖掘整理中国式现代化的丰富实践探索，努力形成具有时代性、学理性和示范性的高质量案例，深入阐释中国实践背后的道理学理哲理，讲好中国发展的理论故事。本书命名为《笃行不怠：中国式现代化的实践探索》，也是"清华大学中国特色案例库丛书"的第一辑，后续还将陆续出版系列案例集。

本书主要聚焦六大主题——发展全过程人民民主、丰富人民精神世界、实现全体人民共同富裕、促进人与自然和谐共生、实现高质量发展、推动构建人类命运共同体，力求较为系统地展示中国地方政府的创新实践和试点地区的先行先试经验，中国优秀行业企业的创业、成长、发展故事，以及"一带一路"倡议下中国促进各国共同发展的真实过程。这些扎根中国大地、具有时代性和典型性的优秀案例，不仅提供了成功的经验与模式，还能促进学习和借鉴，激发创新思维与钻研精神，用中国故事阐释中国式现代化，将有助于促进中国治理经验的传播分享，有助于传递中国的新发展理念，有助于彰显中国特色社会主义制度的特色和优势。

本书由清华大学文科建设处组织编写，清华大学公共管理学院中国公共管理案例中心具体负责了案例的编写出版工作。中国公共管理案例中心致力于建设具有时效性、本土性和典型性的中国公共管理案例库（www.chinacases.cn），从 2006 年开始陆续精选部分经典案例，作为清华公共管理教材出版《中国公共管理案例》系列专辑，目前已出版到第四辑，均已多次印刷，广受社会好评。

近年来，国家对于案例建设工作的重视程度日益提高，中国案例建设专家咨询委员会、中国案例研究期刊联盟先后成立，首届中国案例建设国际研讨会隆重召开，中国案例事业的大发展急需一批有家国情怀、无私奉献、勇于担当的人精心耕耘。本书是清华大学公共管理学院、经济管理学院、五道口金融学院、社会科学学院、建筑学院、教育研究院、智库中心等单位师生集体合作的结晶，在本书的整个编写、出版过程中，多位老师和同学攻坚克难，经过多轮评审不断修改完善，提升案例写作质量，令人深深感动。但即便如此，相对于中国改革开放四十多年的恢弘历史和各地层出不穷的优秀创新实践，本书囿于篇幅所限，收集的案例难免挂一漏万。在未来的日子里，我们会继续前行、不懈努力，将更多的中国特色案例和专业视角的案例分析呈现在读者面前。

本书编写组

2024 年 3 月

三 目 录

01

蓝图之下，泥土之上，民心之间 *
——北京清河参与式社区规划

案例正文

【引言】随着我国城镇化进程的持续推进和社会空间的转型，以存量空间品质提升为主要内容的城市更新成为新时期实现高质量发展的重要路径。2019 年习近平总书记考察上海时首次提出"人民城市人民建，人民城市为人民"的重要理念，深刻回答了城市建设依靠谁、城市发展为了谁的根本问题，指出要调动人民群众的积极性、主动性和创造性，鼓励市民通过各种方式参与城市建设和管理。社区作为建设人民城市、打造共建共治共享治理格局的关键抓手，如何结合当前城市更新行动战略，在切实改善社区微观人居环境品质的同时，鼓励社区参与，推动基层社会治理体系和能力的现代化，成为亟须探索的跨学科、跨行业的前沿路径。

【摘要】2014 年，北京市清河街道与清华大学跨学科团队达成合作，开启了探索基层社会治理创新的"新清河实验"。参与式社区规划作为其中的一项重要内容，强调以社区为主体，整合政府、市场、第三方团队等多方力量，推动空间规划与社区治理整合共进。2014—2017 年，选取试点社区，聚焦社会再组织，搭建议事平台，进行社区治理结构优化；着力社区提升，聚焦民生事务，通过墙面美化、公共空间改造、楼门楼道美化等一系列社区共创行动，促进综合环境品质和居民福祉的提升。2018 年至今，重点转向通过街道层面的制度创新，推动社区规划在更多社区的推广和规范化。采取街道搭台、企业和社区共建、第三方培训和评估、社区协作等方式，组建"1+1+N"的清河街道社区规划师团队；结合海淀区街镇责任规划师制度实施，实现街区—社区层面的"双

---

* 案例作者：刘佳燕，清华大学建筑学院副教授；沈毓颖，北京清华同衡规划设计研究院有限公司规划师。

师"联动；将规划设计和社会工作的专业力量引入基层，长期驻地陪伴社区成长；进而推动社区花园共建、社区综合体改造等多个特色项目落地。为应对地方快速城镇化和社会空间转型的实际需求，清河参与式社区规划工作在实践行动与理论总结中不断探索升级，通过由"点"及"面"、由"路径探索"到"机制创新"的递进式发展，积极促进公众参与，激发社区活力，提升社区环境品质。

【关键词】社区规划；社区治理；公众参与；参与式规划；社区更新；新清河实验

社区治理显难题，政府高校谋合作

2013 年，党的十八届三中全会作出"推进国家治理体系和治理能力现代化"的重要指示。应对愈发凸显的大城市病等城市治理问题，基层治理能力的提升成为迫切需求。一方面，北京市委希望借助高校的智力资源和专业支持，推动基层社会治理创新。另一方面，高校亦希望通过与基层深入的长期合作，将专业思考与中国城市社会发展的实际问题真正联系起来，更好地践行大学的社会服务职能。2014 年，清华大学社会科学学院李强教授牵头组建由社会学、城乡规划、建筑学等多专业师生构成的跨学科团队，与海淀区清河街道形成合作，开始了"新清河实验"的探索。

清河街道位于北京北五环外，北接昌平区，东西侧分别紧邻京藏高速和京新高速，占地面积约 9.37 平方千米，下辖 29 个社区，常住人口约 14.5 万人。清河地区拥有悠久的历史文化积淀，有文字记载的历史距今上千年，曾是京北第一古镇。新中国成立后，三大毛纺厂集中于此，成为北京重要的毛纺织基地，盛况一时。在清河地区曾经发生了中国社会学史上一场重要的社会实验，史称"清河实验"。1928 年，在老一代著名社会学家杨开道、许仕廉等人的带领下，燕京大学师生在当时的清河镇围绕提升农业生产、改善医疗卫生、提高教育水平等方面展开一系列乡村建设实验，到 1937 年因战争缘故中止。

如今的清河，随着北京快速城镇化建设浪潮逐步向外扩散，迅速从传统乡村集镇转型成为现代化城市地区，但同时许多老旧的住房和基础设施难以满足居民的生活需求，管道年久失修、地面积水成涝，公共空间和服务设施短缺，老人休息散步无处可去；工厂外迁后留下来的单位大院物业管理缺失，停车混乱，垃圾乱堆，居民怨声不止；原国有工厂的离退职工、拆迁上楼的农民、城中村的村民和租户、高新产业就业群体等生活习惯截然不同的群体相邻而居，邻里间交往不足，居民占地种菜、私占楼道空间、争夺极其有限的停车位等行为进一步诱发邻里冲突。

面对以上诸多问题，基层政府、社区和物业管理机构等投入了大量人力物力，作出了许多努力，但仍有不少方面难以得到居民认同。各方之间缺乏沟通、缺乏协商、缺乏信任，各有各的难处和诉求：居民对生活环境质量低下的不满及由此引发的种种矛盾无处纾解，迫切希望改善居住环境与生活质量；物业管理机构频频受到投诉，但由于物业费低且收缴率过低，难以应对居民提高服务质量的诉求；居委会围绕居民反映的各类问题花费了很多时间和精力，却无法获得居民的满意和认可，迫切希望找到能够与居民有序对话、有效解决社区问题的方法。

2014 年年底，"新清河实验"课题组进入清河街道，选择典型社区作为试点，围绕社区再组织和社区环境提升开展了系列工作。

聚焦阳光社区，多方协力促提升

阳光社区地处清河街道东南部（见图 1），占地 0.25 平方千米，主要建成于 20 世纪 90 年代末期，以各类居住小区为主，还有中学、市政设施等配套用地，居民构成复杂，来源包括回迁户、拆迁安置户、原清河毛纺厂和北京毛纺厂的单位集体住户，以及商品房住户和租房户等，涉及产权单位 30 多家（社区掠影见图 2）。阳光社区面临多种社区问题和矛盾冲突并存：居民老龄化程度严重，部分拆迁安置户生活观念和生活方式转变滞后，侵占公共空间和拒交物业费情况常有发生，邻里互动联系松散；社区内公共活动空间极度短缺，绝大部分是防护和景观绿地，且缺

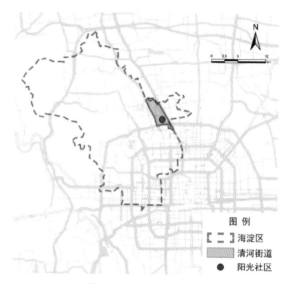

图 1 清河街道和阳光社区区位图
资料来源：作者自绘

乏有效维护，居民对于解决"下楼无处可去"的问题呼声强烈；停车空间严重不足，外来车辆穿行和占道乱停现象严重，使原本就紧张的楼前和道路空间更是捉襟见肘；公共环境品质低下且缺乏有效维护，座椅等设施破损严重，动物粪便和垃圾随处可见。居民对此的不满积蓄已久，曾有居民写过这样一首顺口溜来描绘当时阳光南里小区的状况：

小院不大五道口，院内道路院外走；
院内放着院外车，院内跑着院外狗；
院外用厕建院内，院外垃圾院内丢；
十五座楼无踪影，十六号楼来大头；
阳光南里七大怪，神仙见了也摇头。

图2 阳光社区内掠影

资料来源：作者自摄

　　面对社区内的诸多问题，街道和社区两委做了很多工作，但常常出现"民生工程难得民心"的现象，居民抱怨"你们做的不是我们真正想要的，我们想要的你们又做不了"，甚至出现矛盾和冲突。如何有效听取居民意见，让政府投入真正满足居民需求，成为关键的一步。2015年，在课题组的协助下，阳光社区着力推动社区议事制度的建立，以搭建社区参与议事协商的基础平台作为工作起始点。最开始，阳光社区居委会甚至没有一处可供居民议事讨论的空间。经过几番收拾，腾挪出一个十几平方米的会议室，布置成为阳光社区的议事厅。接下来，通过居民自荐、互荐和社区推荐的方式选举出了第一届居民议事委员，作为社区居委会的重要补充力量。课题组先后协助组织了多次工作坊，进行议事和提案方法、技能的培训。社区议事委员通过广泛讨论，形成了"阳光议事规则"，建立了每月例会的制度，为居民自下而上的需求表达提供了一个有效的渠道（见图3）。

图3 社区议事协商联席会议

资料来源："新清河实验"课题组提供

旧貌换新颜，三角地的前世今生

通过议事，社区形成了亟待解决的主要提案，其中一个最为迫切的就是增加公共活动场地。这一任务自然落到了课题组建筑学院师生团队的身上。团队基于广泛调研和反复研讨，认识到空间的问题不能只从空间入手，而需要将空间改造与社会改造相结合。因此，并没有按照常规的做法，一上来就在小区里找可用的空间做改造方案，因为按照当时的状况，没人才、没氛围、等拆迁，无论怎么改、改成什么样，社区中也鲜有人关心；即使建成了，以当时的物业管理和物业费收缴情况，也难以支撑空间的良好使用和有效维护。所以，首要任务是唤醒居民对于所生活场所的关注、思考和期许。有了关注才会思考面临的问题，有了思考才会期许理想的目标，现状与目标之间的差距才能真正激发人们参与改造生活家园的动力。

于是，一系列面向社区公共空间改造的参与式社区规划与更新活动孕育而生。先期通过在社区组织公开征集社区标识设计方案、公共空间现状评价和需求调研等活动的"热身"，推动居民们逐步关注社区内的公共空间环境问题，进而通过共同商议，居民自发提出改造议题——对社区中心绿地旁住宅楼的山墙面进行美化，这也是进入社区最重要的对景空间。这次没有采用常规的墙面美化工程做法——外来装修队架起架子、围起围栏，改造完成后居民才能"一览真容"，而是引入清华大学学生公益组织"粉刷匠协会"提供技术支持，并确立了与居民共同商议改造主题、内容、风格，以及共同完成墙绘方案设计和改造实施的基本原则。先期的方案进展并不顺利，设计团队先是从儿童视角出发绘制了森林与动物等题材的方案，但居民却提出"我们这儿没有猴子啊""这跟我们一点儿关系都没有"此类的质疑。团队通过反复沟通，从社区中取材，与居民共同挑选日常生活中的真实场景，最终创作出了获得大家普遍认同的墙绘方案，因为其中的每个人物、每个场景都是属于阳光社区自己的、独一无二的。

2016年3月27日，社区居委会、"新清河实验"课题组和"粉刷匠协会"团队发动居民和志愿者，一起正式启动绘制工作（见图4）。从刷底漆、调色到上色，全部工作都由大家动手一起做，有老奶奶从上午一直守到下午，就为了让小孙子下课后能参与画上几笔，之后逢人便自豪地介绍作品的由来，自己也主动加入了居民组建的墙绘维护小组。就在墙绘完成后的当天下午，便有居民开始驻足，久久观赏不愿离去，而这里在前一天还是杂草丛生、人们匆匆穿行的废弃地。

随着墙面美化的完工，有了这些前期的准备与铺垫，阳光社区公共空间的改造工作进一步推进。通过公共空间改造意见征询，初步了解了社区居民日常使用公共空间的行为习惯和需求，大家的关注点逐步聚焦到墙绘旁边一片几近废弃的三角形绿地上。这里原本应是小区居民驻足欣赏花草、感知自然绿意的休憩之所，但由于周围常年停满了车辆，植被疏于维护，便逐渐被废弃，沦为垃圾和动物粪便堆积之地，土壤裸露、杂草蔓长，人们更加不愿驻足停留。

图 4　居民参与绘制楼立面墙绘

资料来源：作者自摄

　　为了将其改造成真正符合居民需求、受到居民喜爱的公共活动广场，课题组秉承"人人都是设计师"的理念，协助社区举办了一系列活动，尽可能创造机会让广大居民参与到活动广场的设计中。

　　2016 年 4 月 17 日和 4 月 24 日，课题组联合居委会、清华大学建筑学院师生，共同举办"建筑师体验坊"，对居民进行空间技能培训。团队带领大家探讨尺度、空间和公共空间的含义，在小区内组织实地勘测和使用评估，进而围绕公共广场的改造议题，将来自不同家庭、具有不同年龄和性别的居民混编到各个小组中，交流使用需求和进行方案设计，动手搭建理想中的公共广场模型（见图 5）。在此过程中，居民们提出了各种各样的想法，孩子们喜欢追逐嬉戏，老人们则希望晒太阳、下棋、赏花，差异化的需求在同一个空间场所中相互碰撞和取舍。在师生团队的辅助下，居民们经过从勇于表达、换位思考，到进一步沟通协商的参与式设计过程，各个小组设计出了各具特色的空间草案。

居民测量场地

居民搭建方案模型

图 5　为居民赋能的"建筑师体验坊"

资料来源：作者自摄

除了在需求评估、空间设计等环节尽量吸纳社区参与，阳光社区还希望在建造过程中也能够充分利用社区自身的资源，于是组织居民从小区旁边的汽车修理厂收集了一些废旧轮胎，让孩子们进行设计再创作（见图6）。部分轮胎被做成隔离桩和椅背，部分在场地中是可移动的，可以根据需求灵活摆放成临时座椅或游戏设施，这些可移动的装置成了广场上孩子们的最爱。

图6　孩子们对废弃轮胎进行美化设计

资料来源："新清河实验"课题组提供

经过方案调整—联席会讨论—方案优化—公众咨询—方案修改—联席会讨论—方案公示的多轮沟通之后，2016年10月22日，居民、物业管理公司、居委会和课题组成员共同参与了三角地广场改造的开工仪式，大家挥锹铲土，表达共同的期许。2017年7月，改造正式完工。从筹备到竣工经历近两年的时间，克服了重重困难，众人翘首以盼的公共活动广场终于"出炉"（见图7），社区自发组织了竣工仪式庆祝会，人们载歌载舞，欢庆这个来之不易的共同成果。活动广场落成的同时，也面临一个新的挑战，就是空间后期使用的管理和维护，这也是当前大量老旧小区内部公共空间利用所面临的最大问题。而在阳光社区，经历了长时间的参与设计和期盼过程后，社区居民已将广场视做自己心血的产物，自发成立了三角地维护小组，共同约定定时组织巡逻和卫生保洁，并共同拟定了"阳光社区三角地公共空间文明公约"（见图8），其中的第一条就是"爱护三角地就像爱护自己的家一样"，实现了从"小家之爱"向"共同家园之爱"的传递。原本阳光南里小区"七大怪"的顺口溜也被居民续写了新的篇章：

清华派来课题组，专做课题来研究；

深入基层做调查，帮助居民解难忧；

社区要有大变化，美好家园有盼头。

改造前

改造后

图7　改造前后的三角地广场

资料来源："新清河实验"课题组提供

图8 居民自主拟定三角地文明公约

资料来源:"新清河实验"课题组提供

邻里齐携手,楼门口的点滴变化

楼门楼道是居民每天出入家门的必经之处,然而,一些老旧小区的楼门楼道常常充斥着乱张贴、乱涂写的小广告,或是存在垃圾杂物乱堆放、墙面污损、玻璃破损、照明灯损坏等现象,严重影响了居住环境品质和居民的幸福感。这一点在阳光社区也不例外。经过三角地改造等一系列参与式活动,居民对于社区环境问题的关注日益增强,特别是关于改善老旧小区楼门内公共环境的呼声愈发强烈。然而政府出资给楼道刷墙的一贯做法存在许多弊端:画上的图画、写上的文字不是居民喜欢的,内容千篇一律,居民没有家园归属感,常常不认同也不珍惜,由于缺乏维护,干净整洁的楼道经常很快又被杂物堆满,墙面又被贴上小广告,钱花出去了却收效甚微。阳光社区希望让居民自己决定怎么装扮楼道空间,自己动手改造、维护自己的家园。2016年12月,在清河街道办事处的支持下,阳光社区居委会与课题组共同组织开展"WEI阳光——美化阳光我最强"社区楼栋美化活动,采取微公益创投的方式,鼓励社区居民以楼门/楼栋为单元组建团队进行申报,各楼经2/3居民同意后方可参与,自行完成从改造方案的提出、设计到实施的全过程。街道办事处、课题组,以及辖区机构和物业管理公司,提供从资金到技术的多方支持。

2016年12月1日,在街道和课题组的协助下,阳光社区召开了项目说明会,对项目内容、活动安排和设计知识进行了初步的普及。12月11日组织交流工作坊,邀请清华同衡规划设计研究院的专业设计师及清华大学建筑系师生辅助有参与意向的居民推进各自的楼栋美化畅想,截至12月19日,15个楼栋团队提交了各具特色的楼栋美化提案。12月26日正式进入实施阶段,第一批入选的楼门,居民从老到幼全龄参与,怀抱着极大的热情,投入到美化楼栋的行动中来,有的动手粉刷墙面,有的亲自选购壁画,有的巧手制作装饰品,各显其能，不亦乐乎（见图9）。其中进展最快的当属阳光南里小区24号楼，在楼长李大爷的带领下，居民们提前做好了市场调研和准备工作，在美化活动实施首日，24号楼墙面粉刷工作就已经悄然开始，短短4天时间便完成了楼道内部的清扫和初步装饰工作。

改造前   改造后   居民动手改造

图9 基于楼栋共同体营造的楼门美化

资料来源：作者自摄（左、中），"新清河实验"课题组提供（右）

2017年1月14日，15组楼栋美化工作顺利完工。从居民们自发结队、自行撰写申请书、制定美化方案、购置物料，到力所能及地亲手美化楼道公共空间，经过短短1个多月的时间，原来脏乱、破败的楼道空间焕然一新：残缺的楼梯扶手被居民巧手修缮如新；针对满墙乱贴的小广告，居民们突出"堵疏结合"，富有创意地在楼门口设立了信息栏和用废旧鞋架改造而成的广告收纳袋；老奶奶亲手缝制的信报袋成为楼梯口最温馨的一景；楼道墙面上装点了卡通图案和谜语，使得原本辛苦的爬楼变得富有乐趣；楼梯下方的阴暗空间被装点成温馨舒适的宠物之家；年轻的楼门长带领大家将楼梯间的污渍印记改造成独具一格的手印树，人们期待之后每年都印上自己的手掌印，留下生活于斯的记忆；老人们在家门口挂上松鹤延年的图案，小朋友自豪地将亲手绘制的图画挂在自家门口……原来的破旧楼道焕然一新，并展现出各自独特的风貌。各种微信群也如雨后春笋般建立起来，楼门公约和楼门标识应运而生，曾经互不相识的邻居之间成了好朋友。

很快，楼门口的留言板上出现了居民自发撰写的留言信，小朋友写道："谢谢爷爷奶奶把我们24号楼的楼道变得比以前干净、漂亮了，让我们提前感受到过年的气氛。卫生环境要大家爱护，我一定要向你们学习，爱护公共环境，从我做起。""这个活动开展得太好了，让我们的楼道内外有了翻天覆地的变化。……我一定要向你们学习，养成讲卫生、爱护公共财产的好习惯，不破坏社区的一草一木，让阳光的爱撒满整个社区，奉献自己一切的力量！"

这其中还有一个小插曲。由于项目是在老旧小区开展，楼门原来是没有防盗门的，大量小广告被到处乱贴，破坏环境，因此居民提出要更换防盗门。这原本不属于创投活动的资助范围，但课题组仔细讨论后认为有其合理性，因为楼道刷得再干净，上千张小广告贴进来就全毁了。这个诉求在之前的社区协商会议上也曾被提出过，但一涉及钱从哪里出的问题就陷入僵局——街道、居委会、物业公司和居民都不愿独立负担。怎么办呢？通过街道、社区、物业、课题组等多方协商，最终决定结合创投活动，采用"以奖代补"的方式：在实施良好的楼门美化项目的前提下，由居民自筹部分资金，街道提供一定比例的奖励资助。这一下就激发了居民的积极性，不少楼栋顺利装上了防盗门。

由点及面，"双师"联动助更新

随着"新清河实验"工作的持续推进，街道和课题组逐渐认识到：面对基层规划建设技术力量薄弱，重工程、轻设计、建设项目碎片化，以及规划、建设、管理相互脱节等问题，仅仅依靠一批项目或者几个团队的一次性介入是很难有效解决的，需要有效的制度保障，才能实现可持续良性发展。于是从 2018 年开始，清河街道与课题组转变思路，从试点社区的单点深入探索，转向通过街道层面的制度创新，推动参与式社区规划在更多社区的推广和规范化。

一方面，街道与辖区单位清华同衡规划设计研究院以及海淀区社区提升与社会工作发展中心合作，引进专业规划师与社会工作者，以"1+1+N"的方式（1 名规划设计师、1 名社会工作者、N 名社区居民和志愿者构成的社区规划员），建立了跨学科社区规划师团队。经过公开招募和选拔，2018 年 7 月，清河街道第一批社区规划师正式诞生，分别对接 5 个试点社区开展社区规划工作。

另一方面，为响应北京市责任规划师制度建设，海淀区于 2019 年在全区 29 个街镇正式推行街镇责任规划师制度。每个街镇配备由 1 名全职街镇规划师、1 名高校合伙人和 N 个专业团队组成的街镇责任规划师团队。街镇规划师为专职技术专家，高校合伙人为兼职高校团队，前两者均由区政府统筹计划配置，专业团队为根据项目需要，政府引导、市场主导、按照择优原则遴选的设计单位团队。

清河街道聘请的高校合伙人，同时也是"新清河实验"课题组的主要成员和社区规划师团队牵头人。这样，通过"责任规划师—社区规划师"两级队伍的紧密衔接，协同推进海淀区街镇责任规划师制度与清河街道社区规划师制度的落地实施，共同发挥专业力量，支持地区空间环境与生活品质的全面提升（见图10）。在社区层面，社区规划师负责扎根对口社区，开展社区资源调查和需求评估，协助社区制定社区发展规划并转化为实施项目；在街道层面，责任规划师负责推动上位规划与地方发展的对接协调，统筹发展思路、整合地方资源、提供技术指导，并带领各社区规划师团队面向街区事务和社区重大事项协同工作。

图 10 清河街道责任规划师与社区规划师团队构成

资料来源：作者自绘

分歧与协商，老旧小区的家园新篇

毛纺北老旧小区改造是清河街道社区规划师提供支持的一个重点项目。2017 年年初，北京市启动"十三五"期间老旧小区综合整治的新一轮工作，在"十二五"时期的抗震加固、节能改造的基础上，更强调响应居民真实需求的老旧小区综合整治，并从自上而下、单一资金来源、高成本投入的改造模式逐渐向政府引导、居民协商、企业共担的多元改造模式转变。全市范围内有 10 个小区作为第一批新阶段老旧小区综合整治的试点，海淀区毛纺北小区就包含在内。毛纺北小区建于 1992 年，共 9 栋居民楼，小区居民大多是原北京市毛纺厂的退休职工，60 岁以上的老年人占居民总数的 20% 以上。作为新中国毛纺织工业的重要基地，毛纺厂曾经欣欣向荣，毛纺北小区也曾是当年条件相当不错的职工小区。然而时移世易，2006 年，毛纺厂改制搬迁至平谷，老职工纷纷下岗，相比周边矗立起的新建商品房小区，毛纺北小区颇显"老态"：道路坑洼，管道失修，线缆交错，车辆乱停乱放，老人上下楼不便……得知毛纺北小区即将改造的消息，在毛纺北小区社区工作了 21 年的社区党委谢书记不禁感叹："这是好事，也是难事！"

老旧小区改造应对的是民生问题，关乎家家户户的切身利益；同时，它又是一个复杂的问题，牵一发而动全身，管线改造、加装电梯等项目无一不需要建立在整个楼栋或单元所有业主共识的基础上。与之前的抗震加固改造不同，这一轮的老旧小区综合整治在必选的基础类改造项目之外，设置了社区自选的改造"菜单"，如何真正了解居民当前最迫切的需求，解决影响居民日常生活品质的痛点，把钱花在刀刃上，让民生工程真正得民心，是首先面临的问题。

于是，在改造前期，为了真正了解居民意愿、反映居民诉求、协调居民意见冲突，毛纺北小区在课题组和社区规划师团队的协助下搭建了议事协商平台，选举议事委员和监督委员，引导居民有序参与社区协商治理，将关于老旧小区改造的疑问、意见、想法摆到桌面上，一一展开讨论。社区两委与课题组共同设计了一份翔实的居民调查问卷，逐一送到居民家中。调查显示，79% 的居民同意建立体停车楼，69% 的同意加装电梯，72% 的同意建养老驿站。难就难在意见有分歧，各有各的理，拿加装电梯来说，有近 60 户居民反对，有人担心遮光，有人住一楼不需要用电梯，有人在意电梯噪音，有人认为不该收费，有人意见反复……在社区两委和居民骨干的积极带动下，通过细致的入户意向调研、反复的上门沟通和开会座谈，包括各种协调会、动员会多达 100 多余次，小区居民围绕改造相关事项，公开自由地表达意见、平等理性地协商讨论，努力缩小分歧、促进共识。"某某对费用有担忧""某家要六楼先同意改上下水，才肯签字装电梯"，谢书记的笔记本上写满了居民关于改造的各类意见，又在一遍遍的沟通协商之后逐个划去。

相关设计施工单位也一同配合，根据居民的切实需求，不断改进改造方案，仅电梯的设计方案就一改再改。最初电梯井道和轿厢都是钢结构，居民怕影响采光，改成通透的观光梯样式，住户又担心乘梯时产生眩晕感，最终采用透明井道和全封闭轿厢，既保证采光，又避免眩晕感。此外，根据楼房的结构，轿厢还因地制宜分别采用竖向或横向不同的设计。"充分采纳了居民的意见，虽说工期长了些，但终究是为了老百姓满意。"毛纺北改造项目施工方的林经理如是说。

最终，在课题组和社区规划师团队的协助下，经过街道、相关主管部门、设计单位、投资方、施工方与社区多方的沟通协调，毛纺北小区20余个楼栋单元先后加装了电梯，为居民生活增添了便利。同时，引入社会资本，利用北侧两处违建拆除后的空地，建造了一栋4层的停车楼，增加了140个停车位，有效缓解了小区内停车难的问题。此外，针对毛纺北小区老年人口比重高、社区养老需求突出的特点，小区综合改造中特别纳入了养老驿站的建设。由清河街道出资，在毛纺北小区西南侧租赁了一栋既有商业建筑，将其改造为集成社区服务、党群活动、社区养老、图书阅览、四点半课堂、文化展陈、便民商业、社会组织孵化、社区花园等功能，整合公共服务、公益服务和市场服务的社区综合体——"清河生活馆"。（见图11）

加装电梯　　　　　　　增建停车楼　　　　　　　增建社区综合体

图 11　毛纺北老旧小区综合改造

资料来源：作者自摄

图 12　毛纺北小区居民参与公共空
　　　间美化活动

资料来源："新清河实验"课题组提供

在改造完成后的毛纺北小区，社区规划师组织开展了一场独特的公共空间美化活动。美化对象并非类似项目中常用的圆形井盖，而是排水的箅子（见图12）。这是因为社区规划师调研发现，老旧小区地面积水的一个很大原因是排水口经常被堵塞，于是希望发动和引导孩子与家长共同参与美化，由此提升他们对这类公共设施的认知和关注，从而激发对公共环境的热爱，自发养成维护公共环境的习惯。

泥土与汗水，美和园的绿色实验

不同于毛纺北老旧小区改造带有更强烈的政府项目投入色彩，美和园社区花园则是真正从居民日常生活需求中产生，全程在居民自己的提案、设计、建造、维护管理下形成。

冬风渐消，春日降临，道路边花池中的迎春开始透出新芽，但加气厂小区中的一块公共绿地仍是一番萧条景象：荒废已久且混杂着石头、建筑垃圾的土地中零星散布着几棵枝叶稀疏的乔木，小区中的流浪猫狗不时穿梭其中，留下一些动物粪便，只有角落里居民刚种上的几垄小葱冒着些许油油的绿意。这就是美和园社区加气厂小区 7 号楼楼前绿地的真实景象。原规划的一片片宅间绿地，后续由于物业管理和维护保养的缺失，景观植被逐渐衰败，个别居民占地种菜还引发过邻里摩擦。加气厂小区过去是单位职工宿舍，左邻右舍曾经是同事，彼此之间非常熟悉，但小区里面却少有能让街坊邻居们一起坐下、谈天说地的交往场所。2019 年年初，美和园社区通过居民议事，结合社区规划师的社区资源调查，产生了改造加气厂小区 7 号楼楼前废弃公共绿地的提案。在课题组的协助下，美和园社区与清华同衡规划设计研究院思得自然工作室达成合作，共同开展这场居民共建社区花园的"绿色实验"。

2019 年 3 月到 4 月期间，美和园社区规划师团队联合思得自然工作室的专业景观师围绕加气厂 7 号楼楼前绿地进行了居民问卷调查、场地踏勘、土壤和微气候的评估等基础性工作，并通过社区居委会的协助，与场地中原有种植物——葱苗和月季的主人们取得了联系，充分尊重他们的意见，初步商定了未来这块场地改造成社区花园的情况下，这些植物相应的移栽计划。

2019 年 5 月 25 日一早，初夏的热力刚刚袭来，7 号楼楼前便热闹非凡，前期通过社交媒体、讲座、张贴海报等形式招募的三十余名志愿者如约而至，开启了第一次社区花园工作坊。他们中有关心绿地改造的社区居民，有持续关注朴门永续生态种植理念的景观专业学生，还有对园艺种植感兴趣的年轻妈妈和孩子，虽然年龄、专业、背景各不相同，却为了同一片绿色聚集在一起。工作坊的专业导师带领着志愿者们顶着烈日的炙烤，进行了花园场地的基本信息收集，挖掘、分析后期营造过程中可利用的资源。志愿者们仔细记录着场地的土质、种植情况和周围的空间条件，而后席地而坐，每个组围成一圈，对照着图纸，一边讨论一边写写画画，好不热闹。下午，工作坊转移到小区活动室，专业导师分享了社区花园的基本知识，社区规划师、社区议事委员与志愿者混合分成四个小组，通过充分讨论，提炼出水、土壤、垃圾、排泄物等几个主要问题，并提出相应解决方案，最终一同绘制出社区花园的初步空间设计方案。

5 月 26 日早上，花园物料运送到小区内，花园建造正式开始。天公不作美，下起了大雨，但并未浇灭大家的热情，志愿者们在雨中用铁锹、铲子、锤子翻整土地，将一根根杉木条固定在地上，搭建出花园步道的边界。现场热火朝天的干劲感染了前后楼中的居民，他们从开始的驻足观望，转而卷起袖子纷纷加入：家住 8 号楼的阿姨看到大家刨土、打桩，不禁回想起以前小区花园里的紫藤花架，也主动拿起工具动手建造起来；路过的孩子好奇地驻足，在家长的照看下也拾起了木桩，贡献自己的一份力量（见图 13）。社区议事委员温大爷当场即兴创作了一首打油诗表达自己的激动心情："天有暴雨突来袭，人勤劳作不停息，清河实验斗天地，加气社区创英绩，社区面貌换新颜，社工居民共献力，社区居民人心喜！"

改造前

初步改造成果

居民共同动手建设花园

居民讨论花园公约

图 13　加气厂小区共建社区花园

资料来源："新清河实验"课题组提供

　　6 月 1—2 日，组织开展了社区花园第二次营造工作坊活动。这次社区居民成了主要力量，与外来的热心志愿者一起，在专业人员指导下进行厚土栽培工作。天人菊、藿香、月季、薄荷、佛甲草等花卉——入住花园，搭建好的"昆虫旅馆"等待小动物的光临，制作完的杉木杆坐凳欢迎大家坐下歇息来欣赏美丽的花园景色。原本土质不佳、植被稀疏的闲置绿地变得绿意盎然。

　　之后，关注社区花园、爱好园艺种植的十几名热心居民主动组建成立社区花园维护小组，定期开展浇灌、修剪、除草、堆肥等活动。为了更好地规范推进花园的自主维护，美和园社区居委会、社区规划师团队和思得自然工作室于 6 月 24 日召开了社区花园维护推进会，召集感兴趣的居民共同探讨社区花园自主维护的日常管理办法。7 月 7 日下午，在建成的花园旁，又召开了别开生面的"社区花园露天茶话会"。居民和志愿者们分享了参与社区花园设计和建造的动人故事和心得体会，也对花园后期维护工作提出了自己的思考和建议，大家集思广益，从拴绳遛狗、及时清便、不乱种乱摘等细节入手，一同讨论制定了社区花园的文明公约，并基于自主提名、民主投票的方式，选定了"幸福花园"的名称。一个出自小区居民自己之手，真正属于小区居民自己的社区花园就此诞生。

结束语

2019 年 11 月，习近平总书记在上海市杨浦区考察时指出："无论是城市规划还是城市建设，无论是新城区建设还是老城区改造，都要坚持以人民为中心，聚焦人民群众的需求，合理安排生产、生活、生态空间，走内涵式、集约型、绿色化的高质量发展路子，努力创造宜业、宜居、宜乐、宜游的良好环境，让人民有更多获得感，为人民创造更加幸福的美好生活。"[1] 落实到城市社区层面，更需要从"粗糙"向"精细"转变，从单向的自上而下的管理模式向与社会多元力量联合的治理模式转变。

清河参与式社区规划是国内最早探索参与式社区规划的基层实践代表行动之一，相关实践成果先后获国际城市与区域规划师学会"规划卓越奖"、国际风景园林师联合会"AAPME奖"、北京市优秀工程勘察设计二等奖、北京市绿色生态示范区、北京百微空间示范项目、首都城市更新优秀案例等多个奖项，为基层空间治理提供了基于中国国情和地方特色的理论与实践探索。

【研讨题】

1. 随着老旧小区改造等围绕居民日常生活环境的更新行动日益增多，参与为什么变得愈发重要？

2. 对于如何结合社区更新推动全过程公众参与，清河实践有哪些启示？

3. 对于落实"人民城市人民建"，参与式社区规划能起到什么作用？

📋 案例分析

在我国城镇化进程持续推进和社会空间转型背景下，以老旧小区改造为重要内容的城市更新行动成为新时期实现高质量发展的重要路径，并给城市基层空间治理带来复杂挑战。

---

① 习近平在上海考察时强调 深入学习贯彻党的十九届四中全会精神 提高社会主义现代化国际大都市治理能力和水平 [N/OL]. （2019-11-03）. www.xinhuanet.com/politics/leaders/2019/11/03/c-1125187413.htm.

社区成为建设人民城市、打造共建共治共享治理格局的关键抓手，亟须探索空间更新改造与基层治理创新相整合的新路径。2014 年至今于北京清河街道开展的参与式社区规划工作，在实践中不断探索升级，为基层空间更新与社会治理相结合的工作模式、方法和制度架构提供了有益借鉴，为推进城乡高质量发展、全过程人民民主的中国特色路径提供了在地实践的创新探索。

一、城市更新转型与参与式社区规划的兴起

自 20 世纪后期以来，在快速城镇化的推动下，我国各地先后展开了轰轰烈烈的城市更新运动，很多一直延续至今。以北京为例，从早期以危旧房改造为代表的住房改善，到后来以两次申办奥运为契机推动的城市现代化改造，再到全球化竞争下以产业升级、功能优化和品质提升为指向的"空间的生产"。进入 21 世纪，以往大规模拆迁改造的模式已经难以为继，社区更新逐渐成为新时期城市更新的关键词。[①]

当代生活和生产方式的剧烈转型，为新时期的城市更新注入了全新的发展理念和特质：（1）伴随以个性化和弹性生产为主要特征的后福特主义生产方式，以及信息革命的迅速兴起，城市建设发展的维度从传统主要关注二维土地的效益产出扩展到三维的空间效益，甚至进一步代入时间维度，场所感成为城市和区域间竞争的重要品质要素；（2）随着城市发展中各类资源的迅速累积，从传统强调规模效应和聚集效应的空间布局，更多转向充分发挥资源之间的整合和联动效益，并以此作为竞争力的来源；（3）随着市场和社会多方力量的加入，规划的核心职能从传统的"生产空间"，即看重规划设计的最终"蓝图"效果，及其对于生产效率的助推作用，日益转向"空间的生产"，更加关注规划的过程，以及过程和结果中的社会公正等问题；（4）地方发展从聚焦招商引资等推动经济增长的手段，通过外部资源注入（资金、人力、物资等）置换原土地上相对不经济的主体及其活动，开始向注重本我的全面发展回归，社会资本、能力建设和可持续发展等成为新的关注点。[②]

从城市更新到社区更新，不仅仅是从宏观城市到微观社区的空间范畴和尺度的变化，更代表着城市规划建设范式的变革，以及城市发展向人本价值的回归，也是对以往大规模扩张式城市发展进程诱发生态、社会等一系列问题的反思。采取人、文、产、地、景多维整合的综合性视角，以社区为主体，强调多元参与、共同行动的可持续过程的参与式社区规划路径，逐渐成为推动城市精细化治理的有效手段。

但同时，源于西方的社区规划、参与式规划理论缺乏在地化的解释性理论基础和实践验证，难以支持真实的规划实践，简单复制移植将导致水土不服。因此，面对独特的邻里空间、社群网络和制度环境，亟须基于我国特定国情和地域背景，探索切实有效的参与式社区

① 刘佳燕. 北京城市社区更新理论与实践 [M]. 北京：中国城市出版社, 中国建筑工业出版社, 2022.
② 刘佳燕. 社区更新：沟通、共识到共同行动 [J]. 建筑创作, 2018(2): 32-35.

规划工作方法和实施路径，为构建中国特色参与式社区规划提供理论和实践支撑。

二、社会—空间的共同生产："新清河实验"的中国特色参与式社区规划路径

自 2014 年开始，清河社区规划工作在不断总结经验和直面新问题的基础上，探索路径的"升维"，体现为由"点"及"面"，由"路径探索"到"机制建立"，从早期基于典型社区的参与式社区规划探索，逐步转向在街道层级激励人才培育、队伍建设和项目孵化的社区规划师制度创新与实践推广（见图 14）。

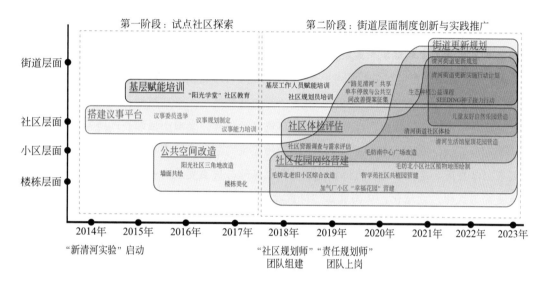

图 14　清河参与式规划的整体发展过程

资料来源：作者自绘

在第一阶段（2014—2017 年），通过选取试点社区开展参与式社区规划的工作，探索如何激发基层活力，形成公共议题，并通过专业支持、社区参与的方式推动社区环境提升。围绕社区社会治理创新，先期聚焦社会再组织，进行社区治理结构的存量改革，之后着力社区提升，以提高社区居民福祉为目标，激发社区活力，实现社区内社会人文、组织架构、生态环境、空间景观等层面的全方位提升。基于第一阶段的实践探索，进行反思总结，发现：一方面，跨学科团队长期驻地陪伴社区成长具有重要价值，社区规划不能限于一两次活动或少数几个人的公益付出，需要有效的制度保障，推动专业力量扎根地方，实现与基层参与的有效结合，才能实现社区可持续的良性发展；另一方面，中国当前基层规划建设水平低下，受制于一些制度约束，包括基层规划和建设技术力量薄弱，重工程、轻设计，建设项目碎片化，以及规划、建设、管理相互脱节等，亟待制度层面的创新和优化。因此，第二阶段（2018 年至今）提出创新"社区规划师制度"的思路，探索制度破局，将专业力量引入基层，以制

度化授权使其融入基层建设管理网络中，长期驻地陪伴社区成长，以制度性改革支持高品质设计的价值保障，实现可持续良性发展的社区规划与更新。

基于全球比较视野，透视"新清河实验"的发展路径，总结清河实践作为中国特色参与式社区规划典型探索的主要特点如下。

1. 中国特色参与式社区规划的本质目标：民生与民主的统一

社区是城市居民生活和城市治理的基本单元，社区的人居环境质量和公共服务水平是人民群众最关心最直接最现实的民生问题。以城镇老旧小区改造为代表的社区更新行动，作为当前的重大民生工程，是着力解决住房、教育、健康、安全等问题，提升城市建设质量、服务水平和管理能力，增强人民群众获得感、幸福感、安全感的关键抓手。新时期的社区更新，肩负对物质空间环境改造提升的重任，更面临基层社会治理创新的挑战。"新清河实验"针对清河地区大量老旧小区社会—空间双重衰败的问题，强调社会治理和空间改造协同推进、双向促进，通过以社区为主体、以专业为支持的参与式社区规划过程，打开传统基层规划建设的封闭式决策结构，让居民在公共环境整治提升、老旧小区综合改造等民生建设中真正拥有话语权，将居民对日常生活质量提升的民生需求和公共事务决策监督的民主需求统一起来，以共商共建共享的在地协作，推动民生保障与民主发展的一体化建设，使民生工程避免走向形式化、政绩化，从而真正"得民心"。两者的统一结合体现在两个方面：一是以居民最为关切的、与民生议题密切相关的社区规划建设事项为契机，推动基层议事平台的搭建，促进民主治理体系的建设；二是社区规划的关注点从规划结果转向规划过程，在其议题形成、方案制定、项目实施、使用维护、评估反馈的全过程，通过共谋共建共管的长效参与推动民主权益的实现。

2. 中国特色参与式社区规划的运行机制：社会—空间的共同生产和互生产

在社区层面，规划所涉及的公有、共有、私有等各种权益非常复杂。面对存量社区既有的社会关系和生活形态、不同群体差异化的需求和多方主体复杂的利益诉求，传统模式下精英决策、单方主导、单向投入的规划建设和管理机制遭遇诸多制约，或使社区更新改造沦为"涂脂抹粉"的表面工程，或成为给居民生活带来不便的"拉链工程"，常常导致政府买单而居民不买账的情形。"新清河实验"秉承"街道指导，专业支持，社区主体"的原则，通过建立"街道责任规划师—社区规划师"双师协作机制，有效调动街道、社区、辖区单位、社会组织、高校师生等多元力量，利用各自所长，将资金、技术、政策资源连接并引入社区场域中，发挥共商共建共治的协同效应，实现社区公共空间和公共服务的共同生产（见图15）。

同时，在清河参与式规划的多方协作过程中，充分探究和利用了社会、经济、空间、服务、生态各维度之间的互动和共生机制，通过"过程设计"，在空间更新中同步融入生态修复、社会复兴等策略，促进各维度之间的协同发展。例如，通过参与式空间设计，让居民在共同探讨公共空间改造的过程中增进自然教育、促进邻里协作；或是通过建立基层议事协商平台，为社区公共空间的维护和运营提供长效保障机制。由此促进社会与空间的相互生产：一方面，以多方参与空间更新推动社会关系和治理结构的再造；另一方面，以社区治理创新助力环境品质提升与有效维护的可持续性，使社区物质性公共空间与社会性公共领域的重塑相互促进、相辅相成，实现良好人居环境与良序社区共同体的协同推进。

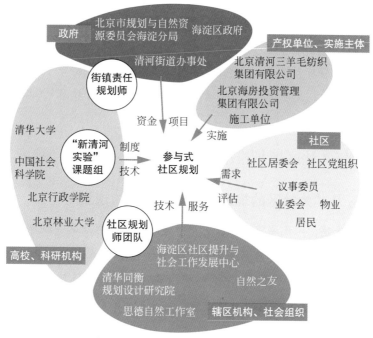

图 15　清河参与式规划的参与主体及其关系结构

资料来源：作者自绘

3. 中国特色参与式社区规划的实践形态：全流程、多形式的公众参与

公众参与社区治理是其认知并实现人民民主权利的重要过程，而参与的一个前提是公共议题的产生。[①] "新清河实验"以空间为切入点，用社区规划所涉及的空间更新、公共服务提升等关乎居民日常生活质量的公共事务，激发了公共议题的产生，促使居民将关注点从私人领域转向公共领域，以主体的身份介入规划设计、建设实施、运营管理的全流程，参与意见的表达、议题的讨论、方案的形成、建成环境的维护。这是一个居民个体、社区自组织和政府、企业、第三方专业组织等多方相互学习、相互磨合、共同进步的过程，是一个充满争议、不断博弈又激发认同、促进共识的过程，无法一蹴而就，不应将其简化为少数人决议

---

① 杨敏. 作为国家治理单元的社区——对城市社区建设运动过程中居民社区参与和社区认知的个案研究 [J]. 社会学研究 , 2007(4): 137-164, 245.

或结果告知的形式。

清河社区规划中的公众参与呈现形式多样、渐进发展的特点。其中，既有个体化参与，如利用在线地图数据平台，居民通过智能手机主动标注的方式，围绕共享单车停放和街道环境等议题提出问题和建议；又有组织化的参与，如开展参与式设计工作坊、公共活动日等活动，通过有序的开放讨论、对话沟通、协作设计，挖掘和整合多方的资源、需求和潜力；亦有自组织的参与，如通过建立议事委员、联席会议等制度，组织议事和提案方法培训，培育社区学堂和社区组织，逐步形成由居民自发组织的、常态化的社区议事。在参与的过程中，居民逐渐认识到个人、他人和公共的边界，学会相互尊重、相互理解、共同协作，树立"谁主张、谁受益、谁负责"的原则，建立起责任共担、价值共创、利益共享的意识，从旁观者、抱怨者变为能够理性分析和提出方案建议，并付诸实践的积极行动者。面向个人兴趣和利益诉求的"益己型"参与，逐渐向强调个体责任和共同利益的"责权型""共益型"，乃至"益他型"参与转变。[1]

三、以参与式社区规划推动"人民城市"建设的经验

1. 主体化：从"为社区的规划"到"与社区的规划"

"人民城市人民建，人民城市为人民"中所体现的人民群众的"城市权"，意味着每个市民不仅仅是城市资源和服务的被动享用者，更是参与城市发展的主动缔造者。以往的城市建设管理通常是由政府、专家"代言"，作为一种"为人的规划"。这种不对称的"代言"过程，会造成信息失真或损耗，难以触及真正的需求痛点，导致吃力不讨好。因而，需要转变思路，变成"与人的规划"，重建居民与政府部门、居民与居民之间的信任和认同，重塑人与社区的纽带联系以及社区的主体意识。

清河实践通过优化基层议事协商机制、开展社区资产调研评估、协助社区研提规划议题、多元参与商议规划方案、共建协作推动规划实施、建立共治共营维护机制、社区体检监测规划绩效等过程，以社区需求和问题为出发点，以社区资产为依托，以社区为参与主体，有效推动了市民实现参与城市建设的平等权利。只有打开传统公共决策的黑匣子，让居民真正参与社区规划与更新全过程的协商讨论，深入了解各方差异化的主张和各类现实条件的制约，理解决策背后的考量、取舍、博弈和妥协，他们才能认可并主动维护最终的更新成果，使社区发展真正成为居民自己的事，而不仅仅是政府的事。例如在阳光社区三角地的改造中，历时两年多的参与历程，催生了居民的归属感和认同感，居民自主成立"三角地维护小组"，编制"三角地公约"，定期组织巡逻和清洁卫生。

---

[1] 徐玲. 基于 Logistic 模型的城市居民社区参与差异性及影响因素研究 [C]// 中国社会学会. 2016 年中国社会学年会论文集, 2016: 7.

同时也应认识到，社区的更新、发展不仅和居民息息相关，还涉及各级主管部门、物业机构、产权单位、建设施工单位等复杂的利益主体，是一个多方参与的共建共治过程，单纯依靠居民自组织的力量显然是不够的，需要促进政府指导、社会支持、市场参与和社区主体推进的全面结合。清河实践以街道和社区为主体，跨学科团队在地陪伴，通过系列工作坊和培训课程，加强社区主体意识培育和主体能力建设，既非"过度干预"，又非"远而望之"，而是通过双向合作机制，促进地方形成发展共识。

从清河实践中可以看到，由社区参与到社区主体需要一个引领和培育的过程，在此过程中，政府部门、在地社区和第三方社会力量，三者的角色和关系随着工作阶段的深入，逐步发生变化，却始终相辅相成（见图16）。在初期阶段，清河街道办事处等政府部门扮演的是主导者、执行者的角色，利用行政资源和政治权威进行动员，保障项目落实；"新清河实验"课题组、社区规划师等第三方力量扮演推动者的角色，统筹沟通各方、对接整合资源，设计整个规划、实施、运营、评估的过程；社区居民更多作为认知者，在参与过程中逐步建立公共精神和市民意识。进入中期阶段，政府部门适当退后，成为授权者，厘清各方的责权利边界，赋权并激发多元主体的创新活力；第三方力量成为协力者，提供理论和技术支持、维系合作平台、协助监督考核；社区居民进一步作为学习者，培养表达、协商、自组织的技能，提升分析和解决问题的能力。到了后期阶段，政府成为支持者，提供资源，充分释放空间给社区自身；第三方力量成为培力者，对社区居民和组织进行赋能培训；社区居民成为真正的行动者，以出智出力出资等方式，主动缔造社区家园。

	初期阶段	中期阶段	后期阶段
政府部门	执行者	→授权者	→支持者
社会组织/规划师	推动者	→协力者	→培力者
社区居民/组织	认知者	→学习者	→行动者

图16　清河参与式规划中政府部门、在地社区和第三方社会力量三方的角色关系

资料来源：作者自绘

2. 过程化：从"生产空间"到"空间的生产"

大量的公共空间改造或者是民生项目工程，建成后常常面临居民抱怨、不喜欢等各种问题。因为项目的决策和实施过程是结果导向、效率导向的，即使有参与，也是被高度压缩、简化和形式化的。清河参与式社区规划则更关注过程价值，其核心目标不是最终描绘的"美好蓝图"，而更多附着于实现蓝图的行动过程，强调关于生活空间的协同化生产过程。在这个过程中，关注谁来生产，以及如何生产，充分发挥社会和空间的互动效应，着眼于规划制定和实施过程中目标的形成机制、方案的可实施性、面对问题的协商博弈、共识培育和公众教育等诸多环节及其产出成果。

在清河实践中始终强调两大聚焦。一是对人的聚焦，重新认识并实践规划过程作为调整和再生产社会关系的重要手段。二是对公共性的聚焦，依托社区的公共领域（包含精神和物质两个层面）建设，推进"城市人"的"公共性"培育。具体体现为从空间的营造到人的营造的过程，即通过启动、设计、实施、维护等全过程参与的程序设计和策略创新，实现：一是尊重与包容，让传统规划中的人和活动参与者从统计学意义、抽象的数字概念，变成一个个鲜活具体的利益代表，学会尊重每个参与者的立场、想法和体验；二是信赖与认同，通过共同的开放讨论，在相互信任的基础上促进多方之间的经验共享、意见交换和相互学习，学会如何协同工作，唤起居民的责任感和主体意识，增进邻里间的情感联系和互助自治；三是能力提升，通过议事、提案方法培训和设计工作坊、微创投活动，让居民学会表达与倾听、沟通与理解、协商与合作，从"少数服从多数的"的问题解决方式，转向面向多赢和共识的创造性解决。例如阳光南里小区的楼栋美化活动中，居民，无论业主还是租户，从老到幼全龄参与，不仅楼道环境焕然一新，更重要的是，楼栋里可能多年不曾说上一句话的原本相互陌生的邻居，在分工与合作之中结下了深厚友谊，推进了楼栋共同体的形成，居民们积极制定并张贴楼门公约，每个人自发监督和保持楼栋的公共卫生，从原来的"让我们干"变成了"我们要干"。

围绕楼栋美化、健身广场、停车空间、养老服务站等公共空间改造议题，从议题提出、程序拟定、人才培训、方案设计、讨论交流到参与实施行动，既是公共事务从议题到现实的过程，也是治理结构和社会关系再生产的过程。这可能是一个漫长的过程，但意义也正在于此。利益和主张的反复碰撞和交流，经过时间的发酵，促成原本由外部推动的"营造"行动逐步转变为社区的自我"酿造"①，从原子化、偶发性的参与转变为秩序性、组织化的参与，居民的关注点从"自我"放大到"他者"和"我们"，从"我想如何"进阶到"我们能如何"，并逐步生成正式的协商共治制度、非正式的行为规范和组织网络。其真实意义在于对社区共同体及其中每个人的作用，而不仅停留于对空间的改造，亦非追求某些参与的形式，以此实践城市高质量发展的核心诉求。

3. 立体化：从"平面治理"到"深度治理"

大量的社区治理和社区规划工作，其资源投入一定是有边界的，而这个边界很多时候

---

① 刘佳燕，邓翔宇. 基于社会—空间生产的社区规划——新清河实验探索 [J]. 城市规划，2016, 40(11): 9-14.

是基于社区居委会或小区的边界，是基于外部资源投放的，是有内外之别的，是有竞争性和排他性的，而现实中社区的问题常常不受这些物理和行政边界的约束，也难以在单一框架内解决。因此，需要建立更加立体的治理架构和全周期的治理体系，实现不同空间尺度的联结拓展和时间链条上的延伸。

在空间层面，对应不同空间尺度上规划相关的行动主体，需要明确各方的主要定位和责权利关系，并搭建各层级内部、不同层级之间的资源联动平台。在清河实践中，通过"责任规划师—社区规划师"双师协作机制，实现自上而下的资源投放、统筹协调与自下而上的需求表达、特色发展之间的良好对接。在社区层级，通过社区规划师团队长期扎根基层，助力地方发展，将生活家园品质的改善过程与公众参与、社区赋能全面结合；在街道层级，结合责任规划师制度实践，整合街道各项相关工作，充分发挥公共资源投入的集聚优势和杠杆效应，为提升基层规划建设的统筹性、连续性提供支撑。

在时间层面，结合社区规划和更新的全流程，搭建社区议事平台，创新多方协商机制，因地、因时制宜采取多种多样的社区参与形式，注重过程设计，保障参与群体的多元化和代表性。包括：在前期启动阶段，与居民、社区组织建立起联系，通过广泛的沟通，挖掘他们对社区的认识、需求、疑问和期许，唤起其对社区公共事务的关注，并对潜在参与者进行赋能；在策略制定阶段，组织社区居民和政府部门、专业人员、市场主体协同进行目标的设立、策略的探讨乃至方案的设计，提供充足的渠道让各方有机会表达意愿，进而通过有组织的沟通和协商，促进大家搁置争议、消除分歧，转向对共同愿景的关注；在实施和后期运维阶段，吸纳各方参与共建，无论是以出资、出智还是出力的形式，将共同愿景转化为共同行动，而非全盘交付政府相关部门或建设机构予以实施落地，从而提升各方对成果的认同感和获得感。结合此全过程，通过设立联席会议制度、议事委员制度、社区规划师制度等，将社区更新的议题生成、方案形成、实施推进等内容全面整合纳入基层议事协商和空间治理的制度建设范畴，建立社区参与长效机制，从而有效落实居民对社区公共事务决策的知情权、参与权、表达权和监督权。例如，在毛纺北老旧小区改造中，通过入户走访、信息公开，保障居民对改造的知情权；通过围绕改造内容、改造方案、实施进程的多轮意见征求和协商会议，保障居民的参与权和表达权；通过设立监督委员和线上线下的意见反馈渠道，保障居民的监督权。

02

北京市接诉即办改革 *
——市民诉求驱动的城市治理革命

案例正文

【引言】2022 年 10 月 16 日，习近平总书记在党的二十大报告中强调，中国式现代化是中国共产党领导的社会主义现代化，既有各国现代化的共同特征，更有基于自己国情的中国特色。党的二十大报告不仅对推进中国式现代化作出了战略安排，也明确到 2035 年"基本实现国家治理体系和治理能力现代化，全过程人民民主制度更加健全"，要"加快推进市域社会治理现代化，提高市域社会治理能力"。2023 年 2 月 7 日，习近平总书记在学习贯彻党的二十大精神研讨班开班式上谈到，推动中国式现代化是一项系统工程，进行顶层设计要"准确把握人民群众的共同愿望，深入探索社会经济发展规律"。经过一系列实践，我们认识到，要实现从社会管理到社会治理的转变、推动国家治理体系和治理能力现代化，应始终坚持"以人民为中心"的思想，积极推动政府角色的转变，把我国的制度优势更好地转化为治理效能。

【摘要】当前，如何更好地连接市民诉求和城市发展需求，发挥市民诉求在城市治理过程中的驱动作用已成为城市治理的基本问题。自 2019 年以来，北京市接诉即办改革以 12345 市民服务热线为主渠道，实现了从"被动治理"到"主动治理、未诉先办"的治理模式升级，《北京市接诉即办工作条例》的颁布为改革成果提供了法治保障。本案例旨在对接诉即办改革的进展进行系统阐释，评估改革成果，明晰改革战略，促进改

---

* 案例作者：孟天广，清华大学政治学系长聘教授、博士生导师；张小劲，清华大学政治学系长聘教授、博士生导师；方鹿敏，清华大学政治学系博士后、清华大学数据治理研究中心项目研究员；李珍珍，清华大学政治学系博士后、清华大学数据治理研究中心项目研究员；门钰璐，清华大学政治学系博士后、清华大学数据治理研究中心项目研究员。案例材料来源：北京市市民热线服务中心、《人民日报》《北京日报》等。

革深化提升。回顾四年来的改革历程，接诉即办改革以一条热线撬动城市治理变革，在组织保障、治理理念、工作机制方面提供了新时代政府深化改革的北京经验。作为一次成功探索，接诉即办改革已形成适应城市特征的精细治理、融合新旧机制的综合治理、基于数据驱动的主动治理、强化法治保障的规范治理。接诉即办改革在基层属地治理、职能部门治理以及条块政企结合等多元主体治理方面具有创新实践，发展出三种新模式：属地特征导向的分类治理、职能部门适用的场景治理、多元主体汇聚的协作治理。接诉即办改革从人本主义出发，强调对人的感知和理解，通过数据治理深刻把握城市空间内的主观世界和社会系统，提升了城市民意识别、风险感知和科学决策水平，是一场市民诉求驱动的城市治理革命，为我国智慧城市建设贡献了"人感城市"的模式。

【关键词】接诉即办；人感城市；数据治理；基层治理；场景治理

案例背景

当前，人类社会正在经历大尺度、深层次的数字化转型，进入科技快速革新的加速主义时代；与此同时，人类亦迈入数据治理的全新阶段，体现出数据驱动和算法驱动这两大重要特征。因此，如何更好地连接市民诉求和城市发展需求，发挥市民诉求在城市治理过程中的驱动作用成为城市治理的基本问题。在现代国家，政府对人民诉求的持续性回应是任何现代政治系统的基本功能。2021年10月，习近平总书记在中央人大工作会议上对全过程人民民主重大理念作出精辟阐述，强调全过程人民民主是"全链条、全方位、全覆盖的民主，是最广泛、最真实、最管用的社会主义民主"。全过程人民民主强调的是人民群众如何在国家治理各链条、各环节、各领域进行广泛参与，贡献自己的智慧。党的二十大报告指出，要"畅通和规范群众诉求表达、利益协调、权益保障通道"，"拓展民主渠道，丰富民主形式，确保人民依法通过各种途径和形式管理国家事务，管理经济和文化事业，管理社会事务"。

当前我国市民诉求驱动城市治理的创新实践，使得我国城市治理呈现丰富多样的发展成果，并呈现与国际社会主流的智慧城市模式有所不同的新形态。本文选取北京市接诉即办改革作为案例，通过介绍接诉即办改革各个阶段的典型事例，详细阐述市民诉求如何驱动城市治理创新，从而形成一场以人民为中心的治理革命，构建出具有中国特色的智慧城市建设方式，为中国式现代化提供"首都样板"。

第一声哨在金海湖畔响起 [①]

金海湖镇是北京市平谷区下辖镇，地处京津冀三地交汇处。金海湖镇北侧的大金山曾是不法分子盗采矿石的主要场所。20 世纪 80 年代，该地曾是有名的黄金产区，2004 年金矿关闭后，仍有大量不法分子盗采金矿、盗挖山体、偷盗砂石。2016 年 5 月，金海湖镇黑水湾村附近一金矿更是因非法盗采发生矿难，造成 6 死 1 伤。

盗采金矿的痼疾令当地政府苦恼不已，乡镇在工作过程中也发现了诸多限制，其中最重要的一点是，乡镇部门总是最先发现问题，但乡镇部门并没有执法权。有权力的执法部门业务重心偏高，很难及时深入一线发现问题。尽管偶有下沉一线的执法行动来应对盗采问题，但行动过后往往会死灰复燃。多部门联合执法时，由于条块分割、管理分散，常常出现执法主体错位、执法行动衔接不畅、执法要点模糊不明等情况。所谓的"联合执法"，最终都是"联而不合"，出现执法断链。

金海湖镇党委书记韩小波曾感慨："我们一旦发现盗采，就要协调各部门来执法，先找公安局和国土分局，控制现场证据；如果是在河道里盗挖，则通知水务局；如果是挖农田的，就要找经管站查农村土地承包经营情况；如果是开山盗采的，要找园林绿化局……"

2017 年，平谷区下定决心治理金矿盗采的乱象，在整个工作中提出"事不完、人不撤"的攻关要求。乡镇一"吹哨"，就是发出集结的信号，各个相关执法部门必须在 30 分钟内集结响应。这一新的工作机制旨在解决"看得见的管不了，管得了的看不见"的问题。

在平谷区委区政府的支持下，海湖镇"哨声"一响，不仅 16 个执法部门都随叫随到，还成立了 5 个常设单位，各部门通力配合，快速跟踪线索，准确定位问题发生的时间地点。在进行了长达 117 天的专项行动后，金海湖镇共行政立案 17 起，并刑拘了 10 名犯罪嫌疑人。至此，持续了十几年、纵横几省（市）的盗采金矿团伙被剿灭。困扰了该地区十多年的金矿盗采问题，终于得到了有效解决。

平谷区这一制度创新剑指城市治理中执法断层这一核心问题，大大增强了委办局这个"条"和乡镇这个"块"之间的合力，打通了基层治理的"最后一公里"，也成了后来"街乡吹哨、部门报到"的雏形。

哨声后的什刹海恢复宁静 [②]

以"吹哨"反映群众诉求，以"报到"引领各部门响应、解决群众问题，平谷区的这一做法引起了市委市政府的高度重视。"街乡吹哨、部门报到"这一通俗易懂的工作机制正

---

① 吹哨报到：破解基层治理难题的北京经验 [N]. 北京日报，2018-12-10.
② 北京探索建立"街乡吹哨、部门报到"机制 [N]. 人民日报，2018-12-10.

式被提出，并作为 2018 年"1 号改革课题"向全市推广。时任北京市委书记蔡奇高度重视此项改革，自 2018 年 2 月以来赴基层一线调研 40 余次，听取基层街乡、社区代表意见，研究解决工作中的问题，极大地推动了这项重要改革不断深化。同一时期，北京市委办公厅、市政府办公厅印发了《关于党建引领街乡管理体制机制创新 实现"街乡吹哨、部门报到"的实施方案》，并开展为期一年的改革探索试点。在试点期间，北京市各市辖区充分利用各自的治理资源和治理优势，在不同的区域形成了不同的治理模式，例如东城区的"小巷管家"、西城区的"街巷长制"等，社区自治的体制机制得到激活。很快，"哨声"在北京市的各个街乡陆续响起。

2018 年 11 月 14 日，习近平总书记主持召开中央全面深化改革委员会第五次会议，审议通过了《"街乡吹哨、部门报到"——北京市推进党建引领基层治理体制机制创新的探索》，指出北京市委以"街乡吹哨、部门报到"改革为抓手，积极探索党建引领基层治理体制创新，聚焦办好群众家门口事，打通抓落实"最后一公里"行之有效的做法。

位于西城区的什刹海街道紧邻中南海，地处北京市核心区，地理位置特殊。俗话说，"先有什刹海，后有北京城"。对于许多北京人而言，什刹海不仅仅是一处知名的旅游景区，更是承载了老北京起源发展和古韵人情的代名词。而近年来大火的电视剧《什刹海》，也让更多人看到了充满烟火气息的北京生活。一句老话"逛海子去"，道出了什刹海带给北京人的种种日常欢乐。

什刹海街道周边文物古迹多，平房院落多，低端业态密集。前海、西海和后海 300 多公顷水域形成了一个开放式的旅游景区，景区内商业经营活动繁杂，日常人流量大，每年旅游旺季日游客量可高达 22 万人。近年来，什刹海街道的管理者开始面临越来越多的难题：景区周边旅游大巴违停占道、黑出租、黑网约车违法经营问题突出，环湖违建众多形成步道堵点，酒吧违规搭建、违规经营现象普遍，客流量大时景区内公共安全隐患显现。

"酒吧的音响就放在街边上，不到夜里两三点，根本安静不了！"

"路边到处都是乱停车的、拉客的，每天吵吵嚷嚷！"

"到处都是私搭乱建开墙打洞，好不容易有块绿地也给开店的占去了！"

面对本辖区居民的不满，什刹海街道如何破解治理难题呢？

"街道从多年难以解决的违法建设入手，出重拳、下猛药，采取'早拆违、午巡查、晚整治'措施，实现各项工作向纵深有序推进。"什刹海街道工委书记介绍说，什刹海街道先后依法拆除了景区酒吧 12 家、文化街区违法建设 5280 平方米，拆除违规广告牌匾 625 块、酒吧二层围栏约 1350 延米、户外遮阳棚 18 家 [①]（见图 1）。整个治理区域从胡同开始，向主要大街延伸，在什刹海景区、景山、黄城根北街、鼓楼西大街同步推进，集中整治了银锭桥

---

① 喧嚣什刹海 添了静谧之美 [N/OL]. 新浪网，2018-05-18. https://k.sina.cn/article_1644948230_620beb06020006pmz.html?from=news&subch=onews.

三角地脏乱点，封堵"开墙打洞"，清退 6 家酒店违规占用的绿地，疏通环湖步道 7 处堵点，拆除阻碍步道违法建筑 2968 平方米，根治了一大批"老大难"问题。

图 1　前海北沿火木酒吧被拆除

资料来源：什刹海名片网站

多年"碰不得"的违规经营问题，多年"拆不动"的违法建筑，在多个执法部门齐出动后高效解决。如今的什刹海，老城民居的天际线再度显现，市民们再度站在了银锭桥上看鼓楼，拥有了更多亲水、赏水的日常休闲空间。

随着"街乡吹哨，部门报到"在北京市基层治理中不断落实，多部门综合执法的基层治理模式被越来越多街乡镇使用。也正因如此，什刹海逐渐恢复了往日的宁静，那个北京人心中充满市井气息的场景又回来了。

市民当起"吹哨员"：文景街道打通绿色出行"最后一公里"①

"街乡吹哨、部门报到"已在探索党组织领导基层治理，解决基层治理难题，切实增强人民群众获得感、幸福感、安全感等工作上取得了初步成效。然而在先前的试点工作中发现，尽管街乡镇一级政府是最靠近人民群众的政府，其在吹哨与表达诉求上仍有困难，不能够精准、充分、高时效地理解市民诉求的演变与规律。为此，在历经为期一年的改革试点后，2019 年北京市决定在全市推广"吹哨报到"改革，吹哨员由原来的街乡镇政府转变为市民，接诉即办应运而生。

接诉即办改革是北京市于 2019 年推动的重要政府治理改革举措，是北京市在治理过程中逐步形成的社会治理创新形式。近年来，通州区文景街道以"接诉即办"工作为抓手，着力解决群众"急难愁盼"的问题，疏通道路"经络"，方便下班高峰期市民群众的绿色出行。

---

① 下班高峰曾经无车可骑，文景街道打通绿色出行"最后一公里"[N]. 北京日报，2022-03-10.

在过去很长一段时间，环球度假区的员工曾经苦恼于下班高峰期单位门口没有足够的共享单车。由于下班通勤受限，在附近工作的员工不得不拨打 12345 市民服务热线求助。北京环球度假区的属地文景街道接到诉求后，相关科室负责人协同辖区内的两家共享单车投放单位第一时间赶赴实地调研。他们发现，在暮色降临后，环球度假区 6 号门外的员工越聚越多，许多员工带着疲惫焦急的"标签"，有的在不断刷新手机 APP，有的则不得不改变通勤方式。街道通过实地走访了解到，环球度假区 6 号门附近的共享单车短缺问题已困扰员工们许久。

根据现场实际情况，文景街道第一时间与共享单车投放单位负责人进行协商，就近快速抽调一批共享单车，及时缓解了环球度假区员工的骑行需求。然而，街道工作人员心中明白，一时的应急办法无法解决长期的困境，若要让环球度假区的员工不再被下班回家的通勤问题困扰，必须找准问题症结、形成制度化的解决方案。

于是，为精准解决环球度假区员工对共享单车在品牌、数量、时间、地点等方面的特殊需求，文景街道又开展了为期一周的下班晚高峰实地调研，形成详细的工作调研报告，并与共享单车投放单位进行了多次会商。与此同时，为避免同类诉求在不同场景下的反复及反弹，街道举一反三，以点带面，对环球度假区四周、居民区、交通枢纽站点等重点点位进行多时段的实地调研，综合谋划，打通文景街道绿色出行的"最后一公里"。

最终，根据调研结果，街道联合共享单车企业制定出了可行性高的治理方案，形成常态化保障机制，落实责任，杜绝"三分钟热度"。具体包括：扩大共享单车停放区域范围，适当调整运维时间以应对上下班高峰期市民的高量需求，安排专人现场看护单车停放的方式、位置等，精准判断通勤高峰时期共享单车需求量、提前准备应对方案，促进共享单车与其他公共交通方式产生协同效应等。如今，高峰时段路过通州区环球度假区员工 6 号门，会看到附近整整齐齐摆放着一排共享单车，员工们高高兴兴地扫码骑车回家。

截至目前，环球度假区各员工通道周边、地铁 7 号线各站点等重点交通点位共享单车数量不断扩充，保障措施持续完善，同类诉求量显著下降。下一步，街道将采取"充足储备""限时速配""按需递补"的方法满足市民快捷、便利、绿色的出行需求。同时，通过不断加大监管与引导力度，实现"只见路上行，不见街面摆，市容更整洁"的辖区景象。在有效解决员工绿色通勤问题的同时，文景街道正努力让"最后一公里"变成"最有秩序的一公里""最便捷的一公里"和"最美的一公里"。

"未诉先办"："房产证办证难"被民生数据"算"出来 [①]

接诉即办工作的良好成效推动了地方立法进程的启动。2021 年 10 月，北京市发布了《北京市接诉即办工作条例》，以法治引领、规范、保障改革，切实解决市民群众最关心最直接

---

① 接诉即办向前一步！房产证办证难靠这个办法"打包"解决 [N]. 北京日报, 2021-05-12.

最现实的利益问题，让市民群众有更多获得感。时任市委书记蔡奇将市民诉求驱动的城市改革称为市民诉求驱动的城市治理创新，也就是说，"接诉即办"机制下形成了海量的市民诉求数据，基于对这些数据的精准计算和深度分析，可实现更为智能和包容的城市治理模式。

接诉即办机制通过汇聚人民群众表达诉求的数据来高效准确地找到区域的堵点、难点或者风险问题，12345 市民服务热线成为城市治理的抓手。一打就灵的 12345 不再仅是一条滚烫的热线，而是成了化整为零、汇聚多端民众诉求数据的"信息港"。民生难点、痛点在哪儿，都是通过热线数据"计算"出来的。

如今，12345 这条"民声"热线越来越有"灵气"，什么问题能成为"主要议题"，都是民生数据说了算。通过"计算"出社会问题，北京市的城市治理开始从"接诉即办"转向"未诉先办"，从"被动受理问题"走向"主动发现问题"，一大批淤积的痛点、难点问题被各个击破。"房产证办证难"就是被 12345 民生热线大数据计算出来的一个具体民生问题。

房产证不仅与这座城市居民的落户、上学、房屋买卖等实际利益息息相关，也是市民对美好生活向往的写照。根据相关统计，仅 2020 年，12345 市民服务热线就接到与房产证办理难相关的诉求 8000 余个。由于围绕这一问题的诉求内容集中、数量庞大、涉及点位分散，相关数据为推动解决疑难问题绘出了精准画像——哪个小区或项目高发、哪些类型的房屋更频发、房产证难办的原因有哪些、这些原因是否有共性……北京市规划和自然资源委员会（以下简称市规自委）在这些数据的基础上主动治理、未诉先办，各区不动产登记中心发动基层街乡镇力量，逐一摸排，定位了存在不动产登记问题的历史遗留住宅项目 900 余个，涉及房屋约 50 万套，有些问题存在时间甚至已达 30 年。[①]

朝阳区世纪东方嘉园小区 105 号楼的房产证办理问题，就是基于市民的诉求数据被摸排出来的。项目属于绿隔地区农民回迁安置用房，在 2006 年建设完成后的第二年，居民陆续搬迁入住。但十多年来，房产证问题始终久拖未办。不少小区居民通过 12345 反映该问题，引起了朝阳区不动产登记中心的注意。该中心主任庞海明介绍："在接到诉求热线后，不动产中心联合基层街乡镇开展了摸排工作，发现该小区有 553 套房屋涉及房产证未办理问题，这一现象立刻引起了相关部门的重视。经过调研发现，房产证未办理背后有两大原因：一是代征道路上施工的临时建筑未腾退、移交；二是开发单位没有移交配套设施，无法办理规划验收。"[②]

属地政府南磨房乡在摸清事件原因和房屋性质后"未诉先办"，第一时间成立了专项工作组，成功帮助 447 户居民拿到了分量沉重的"大红本"。

另一个案例则是大兴区兴华园小区项目。该项目因开发企业不履责、资料遗失等原因导致居民购房资格无法确定，进一步影响了房产证办理的进度。为解决这一问题，大兴区政府组织市规自委大兴分局等部门以 12345 热线为切入点，深入社区调查，梳理出全区历史遗

---

①② 从有一办一到合力解决一批民生痛点 接诉即办向前一步"每月一题"打包房产证办证难 [N]. 北京日报, 2021-05-12.

留项目 15 个，通过制定时间表和任务书，包括 200 多户兴华园小区居民在内的上千居民拿到了产权证书，解决了这一困扰群众多年的"闹心事"。①

"每月一题"：打包解决"房产证办证难"②

从民生数据中挖掘治理议题，只是第一步；依托接诉即办机制解决个案诉求，只是一个开始。城市治理中各类错综复杂的历史遗留问题需要长时期跟踪解决。为此，北京市设立了"每月一题"制度，每年根据上一年度 12345 民生大数据，选取若干诉求量大、涉及面广、群众反映突出的高频共性难点问题进行专项治理。

"每月一题"聚焦"七有"要求和"五性"需求，以月为单位围绕 1 个主题、选取 2~3 个具体民生问题，每项民生问题都明确一个市级部门牵头负主责，相关单位协同配合，共同分析问题、剖析原因、厘清思路、明确目标，制定切实可行的方案，定好时间表、路线图，将落实办理、督查督办、回访评估等各个环节衔接打通，最终形成一个解决重点难点问题的完整闭环系统。③

2021 年年初，房产证办证难被纳入接诉即办"每月一题"。房产证办证难并非个案问题，这一问题已长期存在，涉及区域广泛、波及人口数量庞大，已经成为基层治理的痛点难点问题。解决不动产登记历史遗留问题的牵头主责部门是市规自委，相关负责人介绍："不动产登记是建设项目的最末端，任何一个前置环节出了问题，都会在办证环节体现出来。群众反映到登记部门，我们就坚持首接负责制，积极协调各前置环节涉及的行业主管部门，共同推动历史遗留问题的解决。"

首接负责，意味着不允许将市民诉求"踢皮球"，涉及多个责任主体的诉求，由首接单位牵头协调，一管到底。④

石景山区鲁谷社区六合园小区 20 号、21 号、22 号三栋楼的 516 户居民自入住以来始终无法办理房产证，这一问题已经遗留近 20 年。居民们曾表示，近年来大家最期待的，就是能够尽快领到房产证。那么为何这些居民会面临无法办理房产证的困扰？

事情要从 1994 年小区建设时说起。原石景山区城市建设开发公司建设了六合园小区三栋住宅楼，此后将其出售给西单商业区建设开发公司（现为金融街资本运营中心）用于安置拆迁对象。六合园三栋楼的住户与西单商业区建设开发公司签订房屋租赁合同，并一直按期交纳租金，该公司成为小区三栋楼的权益主体。但该住宅区地块没有办理过《国有土地使用证》，

①④ 从有一办一到合力解决一批民生痛点 接诉即办向前一步"每月一题"打包房产证办证难 [N]. 北京日报，2021-05-12.
② 盼了 20 年，鲁谷六合园社区的居民总算拿到了房产证 [N]. 北京日报，2020-11-24.
③ 北京市人民政府."每月一题"介绍 [EB/OL]. (2022-07-05). https://www.beijing.gov.cn/ywdt/zwzt/jsjbgztl/jj/202207/t20220705_2764192.html.

同时两家公司也没有办理房屋过户手续。

此后，随着城市住房改革政策自 1998 年起全面实施，居住在三栋楼的居民呼吁尽快办理房产证以便于房改。但由于原开发公司（权利主体）与金融街资本运营中心（权益主体）主体不一致，且金融街资本运营中心始终未取得《房屋所有权证》，始终无法向居民进行房改售房。事情一拖就是 20 余年。

面对居民诉求，区有关部门多次召开专题会研究，成立了由市规自委石景山分局牵头，区城乡建设委员会、区税务局、区国资委、区信访办和街道组成的工作专班。此后，工作专班多次召开联席会议，明确责任分工：启动对房屋整体面积的测绘，加快六合园项目转移登记、契税核定、土地出让金缴纳等程序步骤，做好对"房改房"的政策解读等，最终完成了原开发公司改制变更、三栋楼系统补录等前期工作，并为 516 套住宅楼缴纳契税。

图 2　六合园社区 20 号、21 号、22 号楼居民陆续拿到房产证，心中的一块石头终于落下来

资料来源：北京日报

没过多久，首批 60 户居民拿到期盼已久的"大红本"（见图 2），终于实现房屋自由买卖交易。

"以往，针对 12345 反映的问题，各部门、街道往往是各自为战，现在由市级部门统筹出台政策，各区行动起来，条块结合、上下协同。"市委接诉即办改革专项小组办公室相关负责人以解决"房产证办证难"的过程举例，除了承担"首接负责制"的市规自委，市高院、市发改委、市住建委、市税务局、市国资委、北京银保监局、各区政府等均作为成员单位，加入市级联席会议，通过明确各方职责，形成最大限度优化解决问题的资源配置模式。在解决生成原因复杂、分布区域广泛的办证难题时，没有哪个部门是"局外人"。

解决房产证办证难，只是全市接诉即办"为民办实事"的一个切入口。自 2020 年以来，依托"每月一题"机制，北京市梳理出百姓集中反映的不同类型主题及具体问题，抓住问题共性开展"主动治理""未诉先办"，提高问题解决的靶向性和有效性。

群众评价是治理效果最真实、最直接的指标。12345 市民热线的最后一个环节便是对市民进行回访，了解难点诉求办理进度和情况，同时追踪诉求量的变化。每年年底前，市委、市政府督查室和 12345 热线还将分别形成年度督查核验报告和市民服务热线诉求分析报告，对"每月一题"问题解决情况进行评估，系统了解难点问题的治理进度。

从解决一个问题，扩展到解决一类问题，以"小切口"撬动"大变化"，通过这种方式推动主动治理、未诉先办向前一步。"每月一题"中形成的经验做法正在逐步以制度形式固化、规范下来,首都城市治理的效能得到进一步提升。

结束语

从"吹哨报到",到"接诉即办",再到"主动治理、未诉先办",一个个生动的案例表明,北京市的接诉即办改革已经在实践中撬动起城市治理的深刻变革,带来了一系列积极的成效:一方面,接诉即办以市民诉求为牵引,帮助政府精准定位城市治理中的重点难点问题,优化了政府注意力分配的机制路径。另一方面,接诉即办作为一种治理体制的创新,推动了街乡赋权和资源下沉,并通过明晰权责,提高了政府破解重点难点问题的能力,进而压缩城市治理的成本并提高治理效率。

【研讨题】

1. 北京市接诉即办改革在哪些方面推动了城市治理模式的创新?这对于我国全面推进治理体系和治理能力现代化有哪些制度启示?
2. 现代城市治理中出现了哪些新型社会矛盾?接诉即办改革如何协调这些矛盾?取得了哪些积极的成效?
3. 哪些指标可用来全面评估接诉即办改革的成效?这些指标如何反映当下城市发展需求与市民诉求之间的关系?

📋 案例分析

2019 年 11 月,习近平总书记在上海虹桥街道考察全国人大常委会法工委基层立法联系点时深刻指出"我们走的是一条中国特色社会主义政治发展道路,人民民主是一种全过程的民主"。党的二十大报告将发展全过程人民民主确定为中国式现代化本质要求的一项重要内容,强调全过程人民民主是社会主义民主政治的本质属性。对于城市治理而言,全过程人民民主则要求在整个治理过程中必须坚持人民的主体地位。北京市的接诉即办改革将全过程人民民主理念贯穿于治理实践中,在全面整合民生大数据的基础上,精准定位市民急难愁盼的关键问题及城市治理中的痛点、难点,通过建立起诉求响应、诉求办理与诉求反馈机制,实现对问题解决的全流程管理,充分体现了"人民反映问题、解决人民的问题、向人民反馈"的全过程人民民主要求。

一、接诉即办改革的整体思路

接诉即办改革的目的在于整合北京市已有热线资源，将民生需求作为着力点推动地方基层治理水平的提升。具体而言，北京市的 12345 市民服务热线系统将街道（乡镇）权属清晰的群众诉求，直接派给诉求归属管辖的街乡镇，同时由区政府负责督促街乡镇在规定时限内办结。在此之前，由于政府部门协调不畅，北京市数量庞大的属地专号热线和部门专号热线均处于多头管理之下，这些反映市民真实诉求的数据未能得到有效整合和充分利用，无法提供观察城市运行堵点难点的"民情"和"民意"。为了解决这一治理难题，北京市政府的接诉即办从工作流程安排、组织管理机制和绩效管理考核三个方面来推进社会治理的改革和创新：[①]

第一，在工作流程安排上，打通数据壁垒并提升治理能力。首先，就治理机制而言，北京市政府在市级平台上逐步整合专号热线的分治零散状态，推进统一派单、街乡镇接办、部门响应和双层评估的工作流程，对"条"和"块"政府部门间的沟通和协调机制进行优化和调整；其次，就议程设置而言，接诉即办打破以往由领导干部主导议题的局面，逐步将基层干部、网格员以及普通大众的反馈吸纳进决策过程，形成民情民意表达的新机制；再次，就行政程序而言，从过去由上级政府带着上级职能部门，逐步转变成由基层政府催促上级职能部门来解决问题，降低了上级领导协同职能部门到基层商讨的行政成本，从整体上提升了政府的办事效率；最后，就办事流程而言，从大数据分析中得出群众集中反映的问题，进一步优化配置行政资源的分配，从而显著提升政府的问题解决能力。

第二，在组织管理机制上，强调党建引领和基层赋权。一方面，党建在治理改革中发挥关键引领作用。北京市委书记担任项目的总指挥，建立由各部门领导组成的党支部，动员行政力量以统合和协调科层条块间关系，实现政府资源的高效整合和充分运用。此外，党建引领还体现在政府权力对于社会主体的社会动员，通过鼓励在职党员到社区进行"报到"等方式，带动社会力量参与社区治理以达到社会善治的目标。另一方面，通过将权力和资源下沉基层的方式，有效摆脱权责不匹配的治理困境。在以往基层执法的过程中，街乡镇由于缺乏行政授权和执法力量，导致其不及时或无法回应群众诉求。而通过将条块力量下沉基层和明晰相关人员具体责任，可以有效解决这一治理难题——前者指的是依照"区属、街管、街用"的原则，以城管执法队伍为主体，公安、消防、交通等区级垂直部门向街乡镇下派 1~2 名常驻执法人员，强化基层政府的解决能力；后者指将条块部门中的高素质和强能力的干部，委派至具体社区、街道和小巷担任"街巷长"，通过整合干部和居民等社会力量，建立基层治理相关组织，以推进基层社区和街道的共享共建共治。

第三，在绩效管理考核上，重视问题发现和强化单元考核。接诉即办改革重新明确了

---

① 以下内容源自：孟天广，黄种滨，张小劲．政务热线驱动的超大城市社会治理创新——以北京市"接诉即办"改革为例 [J]．公共管理学报，2021(2): 4-5.

各职能部门和基层政府的权责范围，并为全流程的业务绩效考核奠定了基础。其中，数据治理技术在这一过程中扮演着关键角色。依托政务热线来电和政府回访工单，上级政府得以对各部门实施量化考核。同时，信息技术也协助政府在街乡镇层次建立信息中心和整合部门间数据资源，为政府智能化治理社会和精确量化考核助力。更重要的是，来电诉求的量化排名与绩效考核紧密挂钩，能够有效地激励基层政府更好地回应民众。由相关部门和研究机构形成的12345热线月报、周报、日报、专报，有助于政府领导第一时间了解城市面临的问题。同时，市委书记和市长根据各街乡镇的排名状况，可以有针对性地提出表扬和展开批评，从制度出发激励基层政府对于群众诉求进行回应。

二、接诉即办是城市数据治理的实践创新

整体而言，接诉即办改革对数字政府、整体政府、回应政府的建设具有重要推动作用。一是数据治理和智能应用提升城市治理的精细化和决策科学化水平；二是围绕市民诉求办理重塑政府内部业务流程、厘清部门权责清单，促进政府实现从分散走向集中、从单一走向协同的整体性政府；三是通过考核激发属地和部门回应动力，以主动治理项目清单将治理端口前移，"未诉先办"主动回应民意诉求，推进市民诉求驱动的回应性政府建设。通过治理工具、治理机制、数据治理、法治治理的实践创新，探索出以市民诉求的"人感数据"驱动城市治理的未来之路（见图3）。

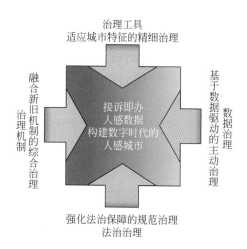

图3　城市数据治理的现代标杆

1. 治理工具：适应城市特征的精细治理

接诉即办是适应现代城市复杂系统的精细治理路径。一是对复杂场景实现精准治理。通过海量市民诉求数据全景呈现城市治理的复杂性，为精准理解与研判城市治理重点提供实时数据支撑，实现精准服务与科学决策。二是对多样化人群的精准触达。现代城市，特别是大型城市的人口构成异质性程度高，诉求渠道在热线基础上向微信、微博等新平台拓展，有助于建成从"耳畔"到"指尖"全渠道覆盖的接诉网，精准触达各类群体。三是对特定区域单元的颗粒缩放。从楼宇、社区到街道，从区域到市域，对特定治理单元或拉伸"放大"或概略"缩微"，透视治理问题的空间集聚特征及规律，进而重新调配资源和协调条块关系，推动重点区域的重点问题高效解决。

2. 治理机制：融合新旧机制的综合治理

接诉即办是对新机制与传统治理资源进行深度融合的综合治理。接诉即办新机制持续

推进，将"吹哨报到"的基层条块与网格化治理、老街坊议事厅等居民协商机制有效衔接，与"一把手负责""专项治理"等传统治理机制有效衔接，构建了"热线＋网格＋创城"的多元治理机制。接诉即办改革并非简单以新机制替代旧机制，而是新旧机制有效融合，形成精简、高效、统一、权责清晰、衔接有序的基层治理体系。新旧机制的衔接融合，既优化配置条块权责，又引入群众参与因素，还在治理全过程嵌入激励和监督，全方面打通基层治理的"血脉经络"。

3. 数据治理：基于数据驱动的主动治理

接诉即办以数据驱动政府决策、施策与评估，完成从一事一办的被动回应到基于数据的主动治理的跃迁。一是基于数据的诊断评估。基于市民反馈的"三率"数据，对属地政府和委办局进行分离式精准评估，精准检测每个区域和职能领域的特点与问题，提供精准政策建议，实现数据赋能。挖掘市民诉求历史数据富矿，汇聚民生堵点难点，为城市体检和精准把脉提供线索。二是基于数据精准施策。政府主体通过深度挖掘诉求数据，分析诉求者的用户画像和诉求类型，把握堵点、难点、热点问题的特征规律，辅助政府归因治理问题，预警潜在社会风险。将政策研究和数据挖掘相结合，对政府解决特定治理难题形成对策建议和专项方案，并评估专项方案的执行效果。

4. 法治治理：强化法治保障的规范治理

接诉即办经由立法实现城市的规范治理。一是实现体制机制的常态化运转，以法治保障为改革长效性托底。二是以法治保障深化改革的溢出效应。接诉即办不仅提升了城市治理水平，还系统地改善了治理能力和干部作风，增加了干群联系、改善了干群关系，各级干部逐步形成了人民公仆自觉意识，同时激发了市民主动连接政府，促成公众与政府之间的互信。三是以法治规范推进改革的可推广性。接诉即办作为一套科学的城市治理方法论，将党建引领、市民诉求、数据驱动、主动治理等成熟经验予以制度化和规范化，具有更强的引领作用和示范意义。

三、接诉即办是城市基层治理的模式创新

在城市的基层治理过程中，接诉即办改革在属地治理、部门治理以及条块结合等多元主体治理方面生发出创新性的实践探索。可以说，接诉即办分别从分类治理、场景治理、协作治理上开拓了治理新模式，是一场全面的治理创新（见图4）。

图4 接诉即办治理模式创新示意图

1. 分类治理：属地特征导向的治理模式创新

近年来，接诉即办改革逐步深化。在基层治理上依据接诉量、三率排名与环比变化情况等，进行基于属地特征导向的分类治理。北京市各街乡镇具有不同的人口规模与区域禀赋，具有多样化硬治理设施与软治理能力，因而产生先进类、进步类、整改类与治理类等差异化治理结果（见图5）。

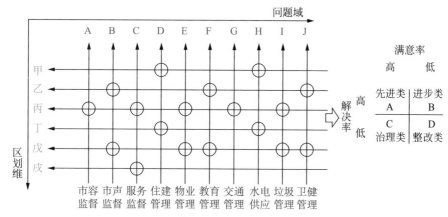

图 5　属地特征导向的分类治理创新模式

针对产生不同治理结果的街乡镇，北京市基于属地特征按需治理。尤其对接诉量持续居高不下、"三率"年度综合排名"稳居"后位的治理类街乡镇进行专门指导。一是重点支持、提级响应，将治理类街乡镇作为"每月一题"和专项治理的重点区域，给予专属经费支持，探索"吹哨报到、提级响应"功能，通过平台吹哨获得市级部门支持；二是制度设计、专类考核，对治理类街乡镇工作进行全面系统制度化设计，推进整治提升工作方案实施，制定治理类街乡镇考评细则，并组织开展察访核验；三是建档造册、动态监测，从问题整治、机制创新、体制改革等方面编制并推广治理类街乡镇典型案例册，总结同类痛难点诉求解决的示范性工作法，并动态监测治理类街乡镇诉求变化，进行退出指导。

分类治理创新模式促进了"供给侧治理资源有限"与"需求侧诉求解决有效"的合理适配，是接诉即办改革推进基层治理现代化的创造性举措。

2. 场景治理：职能部门适用的治理模式创新

涉及委办局职能的治理模式创新在于，在接诉即办日常工作基础上开展基于重点问题类型的场景治理。对于市民高频反映的共性诉求，进行程序性场景集中治理；对于市民长期高频反映的难点诉求，通过"每月一题"等提级性场景攻坚治理；对于市民突然高频反映的风险诉求，通过应急性场景及时治理。

场景治理是适用职能部门的"抓点带面"系统性治理模式（见图6）。依据不同诉求的投诉率与满意率高低，可将上述场景治理方式应用于不同类别场景诉求问题的解决。程序性场景如社会治安、医疗服务等堵点问题，环境保护、劳动与社会保障等拐点问题，集中治理即可小治小愈、大治初愈；提级性场景如市场管理、市政市容等亮点问题，则提级市职能部门经由"每月一题"集中整治，攻坚治理意味着大治大愈；交通管理、教育管理等难点问题，以及应急性场景如疫情防控等问题，与最新政策及治理资源紧密相关，尽管久治难愈，仍要及时响应、有效处理，最大程度提升市民满意度。

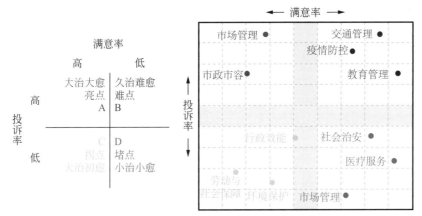

图6　职能部门适用的场景治理模式创新

场景治理创新模式促进了"基层治理能力有限"与"职能部门治理优势"的有效补充，是接诉即办改革推进职能部门集中力量攻坚克难的有效应对策略。

3. 协作治理：多元主体汇聚的治理模式创新

作为一项整体性工作，接诉即办依托现有科层治理结构，吸收公共企业、社会资本及热心群众，调动各主体积极性和主动性解决问题，形成共建共治共享的多元主体汇聚治理格局。其中，党建引领发挥关键作用，通过党建协调平台连接各主体等方式，开辟了协作治理的新空间。

协作治理机制可充分利用多元主体的治理资源和治理优势（见图7）。一是条块协作治理，破解条块间"看得见的管不着、管得着的看不见"这一矛盾，通过"吹哨报到"机制赋能属地，促进整体政府的实现；二是政企协作治理，与公共服务企业协作，推动水电气暖等涉及基础民生和基本民生诉求的政企协同联动解决；三是政社协作治理，在老旧小区改造、城市更新、物业管理等领域引入社会资本及社会组织力量，通过政府购买服务方式协作运营，促进网络政府的实现；四是政民协作治理，在关涉居民切身利益的诉求中，通过"小巷管家""居民议事厅""圆桌工作坊"及业委会等自治组织协商议事，发挥众智共治优势，促进供需匹配及回应政府的实现。

协作治理创新模式促进了"单一主体治理资源有限"与"多元主体治理优势互补"的衔接联动，是接诉即办改革汇聚多方力量破解复杂治理问题而形成的系统性举措。

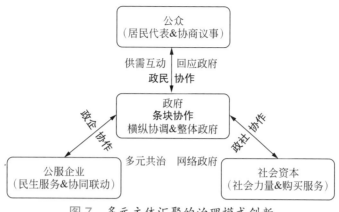

图 7　多元主体汇聚的治理模式创新

四、接诉即办改革的效果评估

1. 深度调查中的接诉即办

第一，"吹哨报到"提升接诉即办改革效果。通过多次实地调研和案例比较发现，"吹哨报到"机制健全的街乡镇，其接诉即办改革成果更显著，"三率"考核成绩更优；而影响街乡镇"吹哨报到"机制建设的关键，则是能否赋予街道对委办局的考核权。从技术层面看，"1+5+"等平台化建设和数据互联互通形成"吹哨报到"的技术支持；而从管理层面看，街乡镇是否真实有效地获得考评权，成为影响委办局是否到场执法和"吹哨报到"效果的关键，这会进一步影响治理资源下沉、问题解决率和群众满意度。

第二，"吹哨报到"助力接诉即办形成三级联动机制。"吹哨报到"在实践中涵盖两类供需主体，演化为三级联动机制。两类主体即需求主体（市民）与供给主体（政府），在政民互动中通过"市民吹哨、政府报到"来进行供需回应，以"事事有回音、件件有着落"的责任与担当推进回应性政府建设。

三级联动机制体现在：政府对外作为接哨者，对内亦为吹哨者，通过"属地吹哨、部门报到"的上下左右联动，共同推进内部整体性政府建设。由"村居吹哨、科室报到"（一级哨）、"街乡吹哨、部门（区委办局）报到"（二级哨），以及"街乡吹哨、提级（市委办局）报到"（三级哨）联动提级，推进市民诉求在政府内部间的顺畅流转与有效解决（见图 8）。

第三，"吹哨报到"促进接诉即办工作闭环管理。"吹哨报到"促使接诉即办工作不断完善，同时"吹哨报到"在接诉即办工作的推进中不断深化。从大量基层调研来看，街乡镇已渐次形成专人轮值、专题调度、定期会商、考核督办、提级办理等首尾衔接的闭环机制，有序开展诉求回应。街乡镇通过"正式哨""非正式哨""长哨""急哨""短哨""小哨"等多元工具的有机互补，有效提升了治理弹性。且"向上吹哨"与"向下交哨"的上下联动，进一步强化了治理效能。部分街乡镇借助三级联动"吹哨报到"机制，在村居、社区、网格、物业与街乡镇科室和委办局之间，形成针对问题精准分类、敏捷处置、弹性管理、自我调节的微单元治理机制。

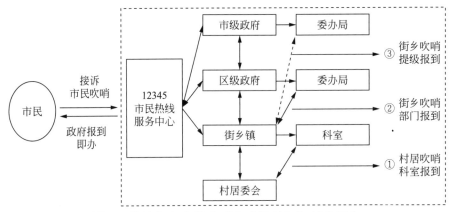

图 8 接诉即办改革中"吹哨报到"机制的深化

主动治理、未诉先办是接诉即办的进一步升级。经由一二级哨难以协调解决的长期高频事项，提级三级哨至市委办局，通过"每月一题"形式集中批量解决，以"一单一表一图一问答"，为"街乡镇无法解决、各区无力解决"的民生难事提供路线图与工具箱。"每月一题"一方面将街乡镇长期高频难点痛点诉求降量提质，有效提升了居民获得感与满意度；另一方面，"每月一题"由行业主责单位牵头，一事到底，闭环管理，为职能部门"未病先治"治理端口前移、"脚步向下"攻坚克难提供了有效路径。

2. 比较视野下的接诉即办

根据中国信息协会等第三方评估数据，2021 年北京市 12345 热线总体服务质量在"全国政务热线服务质量评估"中位居全国三百余座城市的首位，并分别在效能目标实现、过程体验、价值创造和服务创新等方面得到最高的 A+ 级评价。[①]《中国政务热线服务能力发展报告（2021）》也将北京 12345 列为突出先进案例。[②] 不过，高水平的政务热线服务只是接诉即办改革意义的局部展现，更全面地来看，以接诉即办为核心内容的城市治理创新，正在催生出独具特色的、市民诉求驱动的城市治理现代化北京模式。

当前，我国超大规模城市治理正处在多元探索的阶段，较有影响的代表性方案包括上海提出的精细化超大规模城市管理路径、天津提出的一体化社会治理信息化思路等。其中，上海的精细化城市治理以"一网统管"为主题，发展以街镇城市运行中心和"1+3+N"网格系统形成的城市运行网，融合基于物联网和数字感知系统的孪生城市信息网，实现城市治理的精准化和精细化。天津则依托数字化的"津治通"网格管理体系和全面整合政务服务事项的"津心办"线上＋线下政务服务端口，以"两津联动"促进城市治理的智能化和便捷化。

---

① 中国信息协会，政务热线发展联盟等.2021 全国政务热线服务质量评估报告 [R]. 2021-09.
② 北京师范大学服务型政府研究中心.建设服务型政府：中国政务热线服务能力发展报告 (2021)[R]. 2021-07.

虽然存在一些细节差异，但综合来
看，这些超大规模城市治理模式都
具有更加一致的共性特征，即一方
面都强调发挥行政单位和基层网格
的行政能动性，另一方面，也都强
调通过软硬件技术实现对城市治理
动态的数字化感知。北京模式虽然
同样着力于上述方面，但与其他地
方的思路和实践存在显著不同（见
图 9 ）。

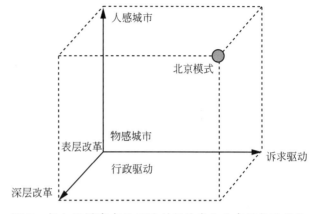

图 9　超大规模城市治理的创新维度和北京模式的定位

　　首先，北京模式以市民诉求作为城市治理的驱动力。所谓以市民诉求为驱动，意即围
绕市民诉求重塑政府解决城市治理问题的流程、构建激发政府回应积极性的激励标尺、革新
政府预判问题进行主动施治的能力。市民诉求驱动在彰显"以人民为中心"治理理念的同时，
不断提升超大规模城市治理的灵活性、针对性和专业性，尤其在国家与社会之间、党和群众
之间、政府和市民之间，建构起基于民意诉求的新型党群、政群关系。这不同于"最多跑一
次""一网通办""秒批秒办"等仅仅在政府组织内部进行的业务流程整合和组织机构改革，
而是在国家与社会关系层面实现了治理模式的宏观重塑。

　　其次，北京模式崇尚"人感城市"的数据治理理念。"人感城市"强调市民参与，市民
参与为城市提供数据、信息和资源。"人感城市"的运行成本低，通过治理成本社会化的方
式鼓励市民自愿贡献智慧和力量，丰富政府的治理视角并密切关注政府与市民的情感互动。
这与单纯强调数字孪生城市建设、城市大脑和智慧城市建设等过度强调依靠"物感"硬件设
施实现城市感知的国内外治理模式路径相左。北京接诉即办改革走出了一条在"人感城市"
中融合技术与人心的数据治理之路。

　　最后，北京模式着重改造组织体系和制度规则以实现改革深化。接诉即办通过党建引领、
赋权基层、"吹哨报到"等一系列组织关系变革，有效缓解甚至破除了影响政府回应的权责
失衡、协调困难、形式主义等问题，由内而外地构建了保障市民诉求驱动和人感城市治理模
式的系统性机制。同时在全国范围内，率先经由立法实现了超大规模城市治理过程中的具体
责任落实和制度巩固。这使得北京模式明显区别于其他仅触及表层的改革实践，在全国范围
内具有深度改革的典范意义。

　　诉求驱动、人感城市和深层改革定位出现代城市治理的北京模式。此思路下城市治理
改革的"方法论"包括两个特征：一是强调利用和依靠以人民群众为主体的社会力量，同时
下大力气理顺政府内部条块之间的权责关系，以"两手抓"和内外兼顾的方式构建现代化的
城市协同治理网络。二是强调形成有温度的城市治理风格，贯彻"以人民为中心"的价值导向，
追求技术服务于善治的治理目标。以北京模式为代表的这一超大规模城市治理路径，将持续

在实践中完善其内涵，并不断发挥对国内其他城市和地区的示范和引领作用。

五、城市治理革命的中国路径：人感城市＋物感城市

自 2009 年 IBM（International Business Machines Corporation）提出"数字地球"至今，以往的智慧城市建设主要由科技公司来驱动，例如城市大脑、智慧城市、数字孪生等，学界称之为物感城市。物感城市的典型特点是依托物体来感知城市运行。其中，物感城市以物为中心，通过传感器、摄像头等技术感知城市的客观世界和物理空间，关心物的位置和物的移动，具有强技术依赖性。然而，传感器、摄像头等接收器无法对数据进行处理，需要依托智慧城市运营中心——城市大脑开发大量的算法来处理收集到的诸多信号，运营成本相对较高。

北京市接诉即办改革反映的是以人感城市为内核的另一种智慧城市的建设路径。人感城市利用市民反馈的数据来感知城市主观空间和社会空间。传统的物感城市侧重感知城市的物理空间，无法理解市民的主观世界，包括市民的偏好、诉求、价值，以及市民的获得感、安全感、幸福感；相较而言，人感城市落实以人民为中心的理念，强调市民参与，感知市民的主观世界、社会空间，帮助政府进一步理解城市的复杂性，理解城市的难点、堵点问题及治理的真实效果。[①] 在人感城市的运行过程中，市民参与为城市提供数据、提供资料、提供资源，每个人是一个"传感器"，每一条热线是一个"神经元"。人感城市的运行成本极低，通过成本社会化的方式，社会市民自助自愿共享贡献智慧。与此同时，人感城市采取扁平化结构，利用基层政府的敏捷性，更好地理解城市、解决城市问题（见表 1）。

表 1　城市数据治理的两种模式比较

模式	"物感城市"	"人感城市"
感知逻辑	以物为中心	以人为中心
关键主体	科技公司	市民参与
数据来源	传感器、摄像头、物联网等	市民热线、社交媒体、网络论坛、短视频等
感知对象	客观世界和物理空间	主观世界和社会空间
治理结构	中心化结构	扁平化结构
建设成本	较高（软硬件开发部署）	较低（成本社会化）
代表方案	新加坡"智慧国"、杭州市"城市大脑"	北京市接诉即办、广东省"粤省心"

概言之，接诉即办改革始终贯穿"人本主义"的城市治理理念，以"民诉""民情""民意"等"人感数据"作为理解城市运行规律、启动社会治理改革、评估治理改革、深化治理改革的动力源。社会治理的议程设置、任务优先性和得失成败均以市民诉求为依归。这反映

---

① 孟天广，严宇 . 人感城市：智慧城市治理的中国模式 [J]. 江苏社会科学，2023(3): 112.

了以"人感城市"为内核的城市治理路径，每一个市民都是"传感器"，每一条热线都是"神经元"，通过市民热线来感知城市的主观世界和社会空间。相比之下，传统的智慧城市基于"物感城市"理念，强调以物为中心，通过传感器、物联网等技术感知城市的客观世界和物理空间。接诉即办改革典范性地呈现了以"人感城市"为主、"物感城市"为辅的城市数据治理路径，融合两种感知体系能够更好地理解城市运行、响应市民诉求、解决城市问题。

可以说，伴随着城市数字化治理的快速迭代，中国正在形成颇具代表性的城市治理路径，并正在构建不同于传统物感城市的新型智慧城市，这一路径区别于过去强调数字孪生的城市理念，将人本主义、科技支撑、数据驱动有机融合，利用市民诉求数据来驱动市域治理现代化。[①]一方面，中国的城市治理在新型基础设施建设上体现普惠、普及、包容的原则，破解数字鸿沟、增进数字普惠，让每个人从数字化过程中受益；另一方面，人感城市和物感城市相结合构建新型智慧城市，不仅强调"以人民为中心"来感知城市，更以"市民诉求"为驱动机制，推动城市治理模式迭代升级。

未来智慧城市建设应该走向"物感城市＋人感城市"的发展路径，既理解城市的客观世界与物理空间，也能够理解市民的主观社会和社会空间，二者结合能更好地理解城市的社会空间、理解城市的复杂性，并且提供解决城市复杂系统的解决方案。未来我国的城市治理在建设路径上应从三个方面切入：（1）在治理技术层面，以"网络端＋数据流"为基础强化城市数字新基建。（2）在治理机制层面，强调数据赋能、技术赋权、集体赋智。以数据赋能政府，以技术赋权市民，以集体赋智发挥社会力量，通过社会与政府协同来破解社会治理难题。（3）在治理模式层面，建立具有包容性、生态性和智慧性的治理共同体，营造良好的城市治理生态。通过构建生态系统来汇聚多元治理主体并共享多样治理资源。城市治理需要培育多元治理主体，如党委、政府、社会组织、科技公司、专业机构和新闻媒体等治理主体；同时需拓展一系列治理资源，尤其是以数据、算法、算力、智能解决方案为代表的新兴治理资源。在生态系统中，治理主体协同共建，治理资源交叉共享，从而激活治理资源的治理价值。

党的二十大报告强调"基层民主是全过程人民民主的重要体现"，要"完善办事公开制度，拓宽基层各类群体有序参与基层治理渠道，保障人民依法管理基层公共事务和公益事业"。北京市的接诉即办改革是推进市域社会治理现代化、健全全过程人民民主的一次重要实践。在此过程中，人民诉求成为了驱动城市治理变革、提升城市治理能力的关键性力量。政府则通过诉求办理、治理反馈等回应机制，充分践行"以人民为中心"治理理念，从而进一步优化政府与民众、企业、社会的互动关系。从"吹哨报到"到"接诉即办"再到"未诉先办"，全过程人民民主的理念始终贯穿于北京市接诉即办改革的过程中，打造出中国式现代化的"首都样板"。

---

① 孟天广，严宇.人感城市：智慧城市治理的中国模式 [J].江苏社会科学，2023(3): 112.

03

矿山变青山，青山变"金山"*
——江西大余县丫山的乡村振兴之路

📄 案例正文

【引言】习近平总书记在党的二十大报告中全面系统深入地阐述了中国式现代化的科学内涵，其中提到"中国式现代化是全体人民共同富裕的现代化"，即坚持以人民为中心的发展思想，充分解决城乡差距、收入分配差距、地区差距。为实现全体人民共同富裕，坚决防止两极分化，就必须促进乡村、弱势群体的收入提升，这就要求在实施乡村振兴过程中，让农民充分与政府、资本共享收益，建立起兼顾效率与公平的利益分配机制。习总书记还提到，"中国式现代化是物质文明和精神文明相协调的现代化"，"中国式现代化是人与自然和谐共生的现代化"，"物质富足、精神富有是社会主义现代化的根本要求"，必须"坚定不移走生产发展、生活富裕、生态良好的文明发展道路，实现中华民族永续发展"。这就要求文化振兴与生态振兴齐驱并进，以文化引领、生态带动为乡村振兴赋能，促进物的全面丰富和人的全面发展。

【摘要】丫山旅游度假区位于江西省赣州市大余县黄龙镇大龙村，大龙村原本以钨矿开发为主要经济支柱，随着钨矿资源的枯竭，大龙村面临着愈发严重的经济发展停滞、环境污染、村庄衰落等问题。2007年，本地乡贤唐向阳选择回乡创业，抓住契机开发丫山旅游度假区，通过生态修复、劳务培训、吸纳就业、土地流转、引导创业等措施，创建"三变三金"的发展模式，发扬"共建共赢共享"的发展理念，带动景区建设发展。

---

* 案例作者：王亚华，清华大学公共管理学院副院长、中国农村研究院执行院长；霍雨佳、关长坤、曹丹丘，清华大学公共管理学院、中国农村研究院助理研究员；谢梦雨，案例中心助理。清华大学公共管理学院院长助理、案例中心主任慕玲组织调研及案例讨论。江西省大余县发改委、乡村振兴局、农业农村局、文广新旅局、章源生态旅游公司、大龙村村干部和村民们，在实地调研、资料搜集和案例开发过程中给予大力支持，在此谨表谢忱。案例不对组织绩效与个人得失作评价。

同时，丫山的发展鼓舞大龙村涌现出蓝善荣、李秀娟、小胡等一批走在乡村振兴前沿的村干部和村民代表，实现了人才振兴，也带动了大龙村实现村庄发展转型，走上乡村振兴之路，让原本贫困、萧条的乡村充满了生机活力。丫山和大龙村的繁荣也是大余县生态转型和发展历程的缩影。

【关键词】乡村振兴；生态文明；文旅创新；政企合作

丫山位于江西省赣州市大余县黄龙镇大龙村，因最高峰远看像"丫"字而得名。山峰灵秀峻雅，空气清新宜人，瀑布流水潺潺，森林覆盖率高达92.6%，有着"天然氧吧"之称。山上建筑沿山势地形建设，与自然风貌浑然一体，雨后云海、四季花海、万亩竹林、卧龙谷瀑布等景观吸引着来自全国乃至全世界的游人旅客。

夏季傍晚的丫山游人如织，半山腰农商街与枫夜里街区被灯光点亮，村民改造经营的间间民宿错落别致，白日喧嚣忙碌过后在酒吧、咖啡馆和茶馆间栖息，多样的业态和休闲方式为这座山村增添了几分舒适和烟火气。喜爱热闹的游客还可以在旁边的 A 哆乡村观看乡村振兴大舞台表演，购买来自周边村镇的土特产。

2007 年：游子归乡　初谋丫山

沉迷于山水之间的游客可能很难想象，这片秀美的山水在 20 年前是另一番模样。

丫山盛产钨矿，位列大余四大钨矿的漂塘钨矿有一大部分坐落在大龙村内。改革开放后，随着国民经济复苏，矿区恢复生产，当地矿区经济得到了大发展。20 世纪八九十年代，大龙山坑口挑起了漂塘全矿的生产重担，顶峰时期职工有上千人，日开动台班二十多个。[①]

靠山吃山、靠水吃水。得缘于盛产钨矿，大龙村成了远近闻名的富裕村，钨矿开采给村民带来了巨大实惠，不仅本地村民大多到矿山工作，还有大量外地商人和民工聚集到了大龙村，矿山工作和人口流入带来的短暂繁荣使村民获得了不菲的收入。20 世纪 80 年代，大量省内省外的打工人和投机者涌入大龙村，鼎盛的时候一度将近五千人聚集于此，来拉矿的车子排着长队、络绎不绝。

在这个地处偏远、交通不便的小村庄里，孩子们每天去村部小学得走上一个多小时，更没有见过自行车。那时任村党部书记的是深受大家信赖的唐书记，他每天都处理着大小事务、邻里纠纷、龃龉矛盾，而他的儿子也在耳濡目染之下立志未来成为父亲一样的人。随着改革开放的理念走进千家万户，唐书记的儿子也离开村庄到县城上高中，对贫困的感受、对外界的向往和对未来的期待让他和不少同龄人一样选择了离开大龙村。高中毕业后，他开始

---

① 江西漂塘钨业有限公司（漂塘钨矿）[EB/OL]. http://bbs.tianya.cn/post-no04-2811142-1.shtml.

学着做些生意，慢慢经营出了一番天地，在矿山上挣到了自己的"第一桶金"，并且逐渐将矿产生意做到了省外。但他始终认为开矿不是长久之计，2004年，挂念家乡的他又回到了大余，转行开起了大余第一家四星级酒店——章源宾馆，也为他开启了回报家乡、造福桑梓的探索之旅。"他"就是丫山旅游度假区创始人——唐向阳。

离乡多年，早已物是人非，大龙村已不再是记忆中的模样。随着矿洞枯竭、停止开采，曾聚居在此的淘金者一哄而散，空留满山荒芜破败和时有发生的次生地质灾害。因为村里医疗条件差、教育资源有限，为了改善生活条件、供子女读书，不少村民连人带户口一并迁离了大龙村。到2005年，大龙村常住人口不足300人，民房破旧、农田荒芜，房屋大多以土坯房为主，产业发展极为单一，村民经济来源主要是竹木砍伐和农田耕作，人均年收入不足千元。"多年前，我们这里很少有砖混结构的房屋，大部分是土坯房。"[1] 大龙村党支部原书记蓝善荣回忆起往事，满脸唏嘘地感慨："那个时候（村干部）也没有拿工资，其实固定在村里面上班的时间也不多，通信不方便，群众找我们也难找，村里铁塔网络没有那么发达，买了手机也联系不上。"

在外面打拼的这些年，唐向阳始终挂念着家乡："在外面看了很多以后，觉得我们山里其实资源很好，老百姓也很勤快，要怎么样才能真正改变这个面貌呢？你看这么好的资源，怎么样能让它发挥得更好？"作为村里较早经商有成的乡贤，他常和时任村党支部书记蓝善荣等村干部和乡亲们交流，在一次聊天中他提了一个问题："假如说我想回来村里发展，以什么项目最能够带动我们大龙村，也能够最直接地帮助到村民？"

蓝善荣向唐向阳提出了一个建议：1996年大余县在大龙村发现了一个瀑布群，经过论证具备发展旅游产业的基础条件。蓝书记直言，要搞可能难度比较大，瀑布群开发前后已经历了好几任老板，都没有成功，县里的支持力度也不明确，但景区开发对大龙村绝对是件好事，能够带领村里发展经济，提升基础设施，也可以带动就业，吸纳在矿山失业的富余劳动力。蓝书记说："当时我们大龙村其实就是一个偏远的山村，那个时候我们都是骑摩托车进出的，所以说基础设施非常落后，什么主道、通村路、路灯、绿化几乎都没有，所以假设景区能够建起来，首先就能够解决我们大龙村的基础设施，改变我们村的村貌，这肯定是能带来好处。"

唐向阳亲自在瀑布附近摸索了一个月，正好宾馆开张之后他也在考虑运营和客源问题，他发现，大余缺少工业支柱，人口流动也不足以支撑高端型酒店，章源宾馆空房率很高，因此发展旅游也许是个不错的出路。他想起过去在湖南做生意的时候，经常看到来自珠三角的游客专门驱车到湖南，就是为了欣赏村里的自然景色、品尝百姓家做的土菜，大龙村是否也可以借鉴类似经验？这个想法让他一下子兴奋起来，很快就打定了主意。

---

[1] 曹章保. 丫山人的幸福密码 [N/OL]. 江西日报, 2022-08-17. https://jiangxi.jxnews.com.cn/system/2022/08/17/019746410.shtml.

开发景区首先就要争取县里的支持。瀑布群和附近的旅游资源都在国营丫山林场范围内，唐向阳就主动找上了县委书记，请县领导支持他做旅游。尽管县里有种种疑虑，担心投资太大、回报太慢，唐向阳会和前几任开发者一样无疾而终，但在他的坚持下，县里最终批复同意，和唐向阳的大余章源生态旅游有限公司（简称章源公司）签订了项目合作协议。这份 2007 年签订的合同期限为 50 年，其中筹建期、建设期各 10 年，期间政府不收取门票分成，20 年后景区向政府分成 10% 门票收入。

尽管还有很多不确定，但唐向阳和丫山迈出了第一步。

2007—2015 年：转型扩张　欣欣向荣

旅游开发初见成果，土地流转遭遇阻力

2007 年，更名为卧龙谷的瀑布群正式对外营业，同时章源公司还在丫山山顶建设了一个原生态餐厅。唐向阳坚持，城市的发展再快，乡村的原真面貌还是要保留下来，乡村旅游要得到发展，真正的秘籍是"人与自然的和谐"[1]，让城市人感受到农村原生态的样子。因此，无论是景区的硬件设施和招聘用工，还是餐厅的食材选择和烹饪方法，唐向阳都坚持用本土人、本土材、本土做法。

景区和餐厅很快得到认同，越做越好，赣州人经常为了来这里看瀑布、吃餐饭排起车河长队，游客们都说这里环境这么好，能爬山锻炼、坐下纳凉、品尝美味，要是还能住下来就更好了。唐向阳意识到，丫山已经逐渐超越了传统自然类景区的定位，除了赣南周边，还有来自珠三角等地区的外省游客慕名而来。2015 年，丫山着手"自我革命"，重新发掘和思考景区的既有资源价值，逐渐将丫山的生态优势开始转向业态优势。[2]

丰富业态的第一步就是要扩建。为了扩大景区规模，除了原属于丫山林场的国有林地外，扩建项目还得向大龙村村民征收土地。

对于土地流转，村民们半信半疑。一部分村民因为早就不在村里居住，想借此机会用土地换钱，另一部分村民坚持土地才是命根子，没了土地将无处生存。蓝书记说："我们村民、老百姓其实有一个固有的理念，就是说要把土地实在抓到手上，自己以后才有发展前景。所以说土地作为我们老百姓的命根子，要他们（村民）腾出土地来发展，可能是有点困难。"由于交通不便、信息不畅，对旅游产业了解不多，村民们大多不相信发展旅游能为村庄发展带来大实惠，而且丫山不同于黄山、庐山等风景名胜，他们认为这样普通的青山绿水到处都

① 钟南清. 丫山：生态旅游让贫困山村"脱胎换骨"[N/OL]. 中国绿色时报，2019-07-05. http://www.greentimes.com/greentimepaper/html/2019-07-05/content_3334510.htm.
② 戴艳，王晓震. 赣南老区里的"丫山跨越"[EB/OL]. 光明网，2022-06-29. https://m.gmw.cn/baijia/2022-06-29/1303020266.html.

是，发展旅游根本没有前途。

为了做通老百姓的思想工作，加快土地流转，县里和村里都做了不少工作，村干部们没少花时间和精力。一方面，大龙村召开了多次户主会，面对面听取村民意见，宣传土地流转政策，解释景区发展对于大龙村集体经济发展的长远意义、对村民的利好影响，对仍有疑虑的村民和村干部主动上户，党员干部带头签订征地协议。另一方面，大龙村和章源公司密切沟通，由于唐向阳就是本村乡贤，大家对他的信任度很高，他亲自参加村里的村民代表大会和户主会，向村民解释土地流转对大龙村和村民的积极作用，亲朋好友也在村里帮他做宣传。

此外，大余县还和章源公司一起拟定了用工安置政策，章源公司以高于本地务工单价的工资招募被征地村民，为每个家庭至少解决一个劳动力就业。本地村民原来的收入主要来自矿山工作和竹林采伐，但由于钨矿资源枯竭和竹木价格下降，不少人正处于失业状态，这一政策吸引了众多村民同意土地流转并加入章源公司。

经济转型产业扩张，村民吃上"旅游饭"

随着游客涌入这个一度落寞的小村庄，一切都在悄无声息而又急遽地变化着。蓝书记回忆，卧龙谷开放两三年后，大龙村逐渐有了发展乡村旅游的意识。一方面，为了保护山林，村里制定了各种措施制止村民乱砍滥伐，另一方面，大龙村开始着手丫山旅游度假区以外的旅游开发，将闲置的荒地、山林、河塘和瀑布通过外包方式开发成景点。丫山旅游度假区吸引了大量游客，在当地特色菜系的加持下，农家乐、民宿、小饭馆甚至比景区餐饮还要红火，村民的钱包越来越鼓，人气越来越旺，不少离家多年的乡亲都回来了，村民也看到了旅游为大龙村和村民生活带来的变化和发展。

"无论怎么搞旅游，丫山的发展都不能和村民割裂。乡村振兴不是脱离原住村民的振兴，而是能让村民宜居兴业的振兴。"唐向阳在一次采访中提到，留住村里的人家就留住了个性经营。[1] 周边老百姓不论是想在景区谋一份差事，还是自己做农家乐、农家旅馆或农副产品销售生意，唐向阳都很支持，他经常说："老百姓凡是想在我们这里上班的，哪怕他什么都不懂我们都接纳，包括周边有几户老百姓，我叫他们把房子装修出来开饭店，他们一开始觉得没生意、赚不到钱，我说你慢慢做起来就可以了。他们装修好了以后，又说他们做不了要承包给我，我们还是引导（村民）慢慢地自己做。"

2011 年村里召开"七一"党员大会，唐向阳主动说自己要去参加，就是希望村里的党员能给老百姓多起模范带头作用，把村里的生态资源保护好，珍惜农田绿树，不能光是砍树开矿靠卖资源为生。章源公司还提供了 2000 个景区清洁工、服务员、保安等季节性岗位，每月基本工资在 1400 元以上。[2]

---

[1] 钟南清. 丫山：生态旅游让贫困山村"脱胎换骨"[N/OL]. 中国绿色时报，2019-07-05. http://www.greentimes.com/greentimepaper/html/2019-07/05/content_3334510.htm.

[2] 游静. 巧把"地利"变"红利"[N/OL]. 江西日报，2015-10-29. https://www.jxnews.com.cn/jxrb/system/2015/10/29/014402941.shtml.

2015—2022年：持续耕耘　共同富裕

景区发展带动了村民和村集体经济收入的大幅增长，村干部们经常挂在嘴边的一句话就是："丫山不是景区的丫山、公司的丫山，是我们村、是大家的丫山。丫山好起来了，我们才能共同富裕。"丫山可以为公司员工带来生活的希望，也义不容辞地为大龙村村民提供返乡创业的优良环境，更有担当地为大龙村源源不断地点燃乡村振兴的星星之火。

三变三金，成长了赚钱了

丫山探索出"三变三金"的发展模式，让"村民变员工、员工变股东、股东变老板"，村民可以"进景区务工拿薪金，资源入股领股金，房地租赁收租金"。丫山餐饮总监李秀娟是丫山的第一批员工，回想她这十五年在丫山的就业创业史，感慨道："在丫山，只要你想做，可以实现很多梦想。"

李秀娟是大龙村的媳妇，十五年前，她留守在家一边照顾家中老小，一边给人做做衣服，赚不到什么钱，心里想着这样的生活什么时候能改变。2008年，唐向阳来丫山搞旅游开发，发现李秀娟做饭很好吃，用传统手艺做出来的菜非常有当地特色，就鼓励她来公司上班发挥厨艺特长。

李秀娟来公司做了厨娘，一些农家人做饭的习惯逐渐显露出缺陷，如：农家媳妇做饭习惯放味精提鲜，而这并不符合现代健康饮食的理念。为此，公司明确要求厨娘做饭不可放味精。一开始李秀娟并不习惯，也想不懂为什么一点点的味精会引起客人如此大的意见？唐向阳慢慢发现厨娘心里总在犯嘀咕，兜里还会藏一些味精，有时候也会放一放。为了彻底解决做饭"加料"的习惯与"取自自然食材的天然味道"饮食风尚的矛盾，唐向阳举办了多场餐饮理念培训。渐渐地，厨娘们知道了饮食风尚原来还可如此。唐向阳也会经常走访厨房，对私放味精的厨娘进行思想教育。虽然，厨娘心里仍会犯嘀咕，但从食客反馈中厨娘们发现，自从不放味精客人们的反响更好了，客源没有减少反而增加了。这让厨娘们坚信了不放味精的好处，也就不再私放味精了。

厨娘们还遇到了农家菜的瓶颈问题。由于没有受过烹饪的专业训练，也不了解各大菜系，做了一段时间的餐饮后，李秀娟发现自己总是做那几道菜，没有其他花样。另外，每个农家媳妇做当地美食都有自己的一套方法，每道菜的味道和火候并不稳定。公司也意识到这个问题，一方面吸引专业厨师加入，另一方面鼓励厨娘参加公司安排的厨艺标准化培训。李秀娟通过参加厨艺培训，不断地琢磨做菜，在保持着自己农家手艺和淳朴风味的同时，熟能生巧，琢磨当地美食的标准化做法，很快就带了徒弟，最后成了丫山旅游度假区餐饮总监。

对厨艺的不断精进，不仅让李秀娟荣升景区餐饮总监，还给了她更大的舞台。李秀娟说："央视想打造一个展示新农村新农民风采的电视节目，他们来到丫山采风，发现我做菜的方式比较独特，就让我代表江西赣州大余县农民展示风采，一边唱着大余山歌一边做菜，他们不断地邀请我参加，到现在我已经7次登上央视舞台了。"她继续说到："遥想当年第一次去央视参加节目做菜，的确很紧张。但一想到我在丫山乡村大舞台做主持人，得到了很多锻炼，我心里也慢慢地没那么紧张了。"

她回忆着，眼中还闪烁着喜悦："来公司以前从来不知道唱歌跳舞，但唐总说要让丫山变'乐山'，让山里人都唱起快乐的歌，要让丫山有音乐有快乐。"唐总鼓励员工学习，资助员工学习唱歌跳舞吹乐器，提供才艺津贴，还搭建了乡村振兴大舞台，出资给员工编舞演剧。"我们员工白天工作完，周末去乡村振兴大舞台上唱唱歌、跳跳舞、演演话剧，我都成丫山的金嗓子了，自己开心，生活充实，陶冶情操，而且每次演出还能赚到几百块钱的演出收入。"

"我在丫山有很多身份，除了餐饮总监、山歌皇后，我还是我们景区哆淇乐甜品店项目、七彩牧马人车队项目、民宿的股东和越野车手呢。"这种多重身份源于唐向阳的一个理念："所有都是大家的，大家就会珍惜；所有都是大家的，大家就会出力。所以干事情要靠大家，而大家自觉干事情、干好事情靠希望。"基于这样的理念，丫山旅游度假区的业态项目向员工众筹资金，让员工人人成老板。

李秀娟说："我是哆淇乐项目54个股东中的一个，还是七彩牧马人车队项目99个股东中的一个，这些项目我参与年度收益分红，我还能收到20%～30%的年收益。"她自己也是七彩牧马人车队的越野车手，开越野车还能挣到提成。既是越野项目的老板又是主要经营者让李秀娟的归属感更强，随着收益的持续增加，她感到在做自己的事业，看到了欣欣向荣的希望。公司对经营项目的托底，也让李秀娟信心倍增。

李秀娟以前的老房子是土坯房，年久失修，快要倒塌，大龙村之前也有好多类似的土坯房。对于这类资产，丫山旅游度假区根据自愿的原则，与原住村民签订租赁合同，产权归村民所有，引导、扶持村民对自家土坯房进行升级改造，并根据各家土坯房以及房主人的特点，改造成农家旅馆、乡村酒吧、农家餐厅等。

有些村民对土坯房改造的预期收益能否真如景区所说将信将疑。由于多年在公司工作，比没有在公司工作的村民，李秀娟更了解公司的经营能力、经营状态和公司想带着村民一起致富的信念，非常信任公司的发展理念和对发展方向的判断，她觉得把摇摇欲坠的土坯房重新开发很有益处，成了第一批同意土坯房建民宿的村民。但她也有自己的难处。她说，自己以前就是在农村做做衣服、烧烧饭，来公司上班也主要做餐饮，参加文艺演出，不懂房屋建设和经营，对民宿建成什么样、怎么建设、建好了怎么经营一窍不通。另外，她也没有那么多的钱建房子。公司了解到像李秀娟这样的村民的难题后，开发了半租模式，即公司出资建民宿，房屋产权归村民所有，同时公司负责日后经营，但在公司将建设成本收回之前，民宿经营收益的20%归村民，80%归公司；在建设成本收回之后，民宿收益的80%归村民，20%归公司。李秀娟的烦恼一下解决了，她委托公司出资将自家土坯房建设成民宿"石见客栈"。

李秀娟高兴地说："我一年的收入来源有好几块儿，一个是工资收入一年能有 5 万块钱，第二个是参与的众筹项目的分红收益一年能有 35000 多块钱，第三个是参加多项文艺演出、开越野车能获得 15000 多块钱的才艺补贴，第四个是民宿经营收入一年能有 20 万左右。一年加起来能有 30 多万元的收入。"

她十分感慨地说道："真的是像唐总说的那样多劳多得，越努力越幸运，我很感恩公司！"

土坯房改造，一波三折

在推广土坯房改造的浪潮中，李秀娟仅代表了一部分村民的情况，仍有一些农民持有怀疑观望的态度，土坯房改造工程的进行并没有想象中那么顺利。大龙村曾经是一个劳动力外流，留不住乡亲的村子。曹祖香的丈夫、儿子媳妇、女儿女婿都在外做生意，她一个人住在丫山脚下的老宅。一开始她对唐向阳发展丫山没有信心，不敢把房子交给他进行改造，虽然看着丫山一点点发展起来，但也把握不准丫山的未来是否会一直欣欣向荣，就想把自己的土坯房和宅基地卖掉，一次性拿到钱，和家人去城里住。唐向阳和大龙村的蓝书记与她多次交流后，将她家的情况和需求请示了政府。最终得到的回复是，宅基地和土坯房在法律上和当地的土地政策上都是不允许卖掉的，只能自己建设。

曹祖香得知自己原来的打算行不通后，仍然对公司改造土坯房的建议将信将疑。唐向阳回忆道："我是 2014 年开始正式做她的思想工作，这一做就是三年多。这三年多，她见证了丫山一步步发展起来，一些早期跟我做民宿的农户也有了很好的收益，她确确实实看到了一些希望，并且公司告诉她，我们给她出民宿建筑外观和架构设计图纸，设计费不用她出，她可以选择自己投资建设经营，也可以请我们出资建设然后自主经营，或者请我们代理经营都可以。我再给她算清各种情况下她的民宿收益账，她看明白后才同意将土坯房改造成民宿的，那时候已经是 2017 年了。"

随后，政府出资 300 万将曹祖香家后面的地质灾害点进行了改造。2018 年曹祖香家民宿所在的农商街开始规划。

但是曹祖香一家又面临了一个新的苦恼：是选择自建自营还是半租模式呢？如果自建自营，家里谁来负责呢？就这样，曹祖香一家的土坯房改造事项又搁置了。转折点就在 2019 年，曹祖香的儿子小胡想回村创业了。小胡早年在南方做红木家具零售，近些年红木家具零售受到新型冠状病毒疫情（以下简称"新冠疫情"或"疫情"）影响，实体店销售客源大量减少，利润空间急剧下降，再加上红木家具的投资成本太高，小胡判断红木家具零售业在未来长时期内都不太会有起色，便打算寻找投资体量较小且收益稳定的行业。他尝试了床垫生产销售，同时也想到了在丫山的民宿改造经营事业。

小胡去了很多地方考察民宿产业，重点了解了赣州的民宿经营情况，也回到了丫山考察。回到丫山，他看见自己从小长大的乡村变得活力满满，是自己喜欢的大自然的感觉。他说："我小时候在农村，经常用村里的木头花草啊，自己动手做一些小玩具，所以我一直都喜欢自己动手做一些有'生态感'的东西，但是因为工作忙，一直没有时间去做，现在做民宿的话，生活稳定安逸，就有时间自己亲手打造富有艺术感、自然感的民宿装饰。"

小胡说，虽然故乡的确了他回忆和情怀，但是也要考虑在丫山开民宿是否真能挣钱。为此，他深入考察了丫山民宿在江西以及大湾区的市场潜力。他发现丫山旅游度假的确发展得不错，在江西民宿市场上有一定的市场份额。但是如果自己在丫山开民宿，他将和公司开的规模化经营民宿区竞争客源，这又让他迟疑起来。

最终，小胡的顾虑被公司的民宿发展理念打消了。丫山旅游度假区对本景区的民宿产业消费人群进行了明确的划分，公司表示并不会和农户竞争同类客源。景区主要经营高端住宿场所，房间定价在 500 元以上，吸纳对住宿价格不敏感、对住宿条件有明确的标准化要求、对私密性需求较高的客源；对住宿价格敏感、喜欢家庭居住氛围的客人，由农民经营的、定价在 300 ~ 500 元的民宿吸纳。同时，对农户经营的民宿，企业也会给出专业建议，使得民宿各有各的特色，主题不一样，住进去的感受也不相同，不仅能够解决民宿同质化的问题，而且着重强化了"回家的味道"，这样就不存在农户型民宿业主和公司竞争同类民宿客源的问题，也不存在农户间同质化严重导致民宿业主失去竞争力的问题。

2019 年年底，根据自己对民宿市场的调研，以及对丫山民宿事业发展潜力的考察结果，小胡决定回村自主投资，将自己家的土坯房改造成民宿，他在南方请了师傅建设装修，"唐总在我们装修期间来得比较多，经常开个车下山到我们这边转转，和我聊聊装修理念，分享交流民宿应该怎么搞等方面的经验"。小胡结合他自身喜欢大自然"生态感"的喜好，考虑公司给他们的装修建议，最终将自己的民宿命名为"伴山邀"，住宿风格为年轻化的中国现代风，主要客户定位为年轻人。

2020 年 10 月民宿建成开业，刚开张国庆假期就都满客了。小胡说："开业后，唐总基本每天也会来我们这条街走一走，了解最近民宿的客流量、游客的反应，交流民宿经营经验。"小胡是这条农商街开民宿的农户中最年轻的一位。他了解到民宿也可以像酒店一样评星级，他希望自己的民宿通过自己多年的努力能评上全国民宿最高等级。

他给一家子来丫山旅游的游客办好离店手续后，煮着本地茶叶，神采奕奕地说："现在丫山旅游度假区发展得好，只要疫情情况稳定，基本不愁客源。"他希望自己能研究明白民宿星级评价，也能探索出"伴山邀"民宿星级评价的经验，把民宿住宿质量办好，使体验感进一步提升。

只要一条心，就能振兴乡村

丫山逐渐发展壮大，吸引了村民返乡居住就业，村民尝到了生态振兴的甜头。为了景区能跟村民更好地对接，2014 年大龙村成立了龙山旅游合作社，主要针对大龙村农副产品（例如木薯片）营销和农户返乡就业问题。龙山旅游合作社跟景区所属的大余章源生态旅游有限公司签订保底购销合同，当农副产品的市场价格高于合同的保底价格时，农户可以自由在市场上售卖，当市场价格低于保底价格，农户可按保底价卖给景区。

2015 年，随着《中共中央国务院关于打赢脱贫攻坚战的决定》颁布，大龙村也吹响了脱贫攻坚战的号角。村委会认为龙山旅游合作社所做的事情要充分发挥党组织的作用，应进一步帮扶村民发家致富。为了让大龙村的村民更好地融入景区，大余县正式决定组建丫山旅游度假区支部委员会，全面统筹脱贫攻坚的各类事宜，更好地服务大龙村村民实现进一步发展和增收，景区支部和村支部都隶属于乡镇党委。

当时大龙村有 57 户贫困户，共计 160 余人，丫山旅游度假区承接了全县 1000 多户贫困户脱贫的任务：一是安排大龙村的贫困户在景区就业；二是支持金融帮扶政策，即由大余县做担保，贫困户向银行申请无息贷款 5 万元，贷款期为 3 年（2017—2019 年）。丫山旅游度假区通过众筹项目，吸纳每户贫困户的 5 万元投资款作为本金，进行景区项目建设，每年贫困户能收到 3000 多块钱的分红收益，到 2019 年贷款到期后，景区将每户贫困户的 5 万元本金还给银行。

时任大龙村村书记的蓝善荣回忆："到了 2015 年，乡村旅游进入了高速发展期，我们的村民已经完全融入了景区，他们已经很清楚旅游发展为我们大龙村带来的前景是非常可观的。"集体经济的快速壮大，就是其中一个很有说服力的例子。蓝书记介绍道，大龙村有 29000 多亩的林地，其中有 16000 多亩的集体林。1999 年，除了将 6000 多亩的林地流转给了丫山林场，村里原本经营着剩下的 9000 多亩，但管理粗放、乱砍滥伐现象严重，村里决定将集体林地分成 42 块，将林地的经营权通过拍卖的方式流转给本村村民，获得集体收益。当时的集体收益达到 12.3 万元钱，并一直持续到 2015 年前。

2016 年，大龙村成为大余县第一批全国农村集体产权制度改革试点，将集体山林作价入股，成立了大龙村股份经济合作社。丫山旅游度假区除了将 10% 的景区门票收入交给合作社以外，由于景区将开发村里的荒山荒地种植高山茶叶、开发越野漂流等各类经营性旅游项目获得经营收入，景区还向合作社缴纳荒山荒地的使用费用，大龙村的集体经济收入达到 37.4 万元。

由于丫山有很好的发展理念，山上的竹林、植被保护得非常好，所以可以获得生态林补贴，经济竹林每年的经济收益也很高，这使得第二轮林地使用权流转时林地的拍卖价格急剧提升。2020 年迎来第二轮林地使用权拍卖，合作社将林地基本都拍卖给了景区，拍卖价格高达 160 元/亩，而 1999 年第一轮林地使用权流转时的拍卖价格仅为 13.5 元/亩。2021年集体经济收入高达 170 万元。

蓝书记说："丫山的发展，就是大龙村的发展。"丫山的发展不仅让农民腰包鼓了起来，也让大龙村从空心村慢慢地恢复成一个人气满满的新农村。他回忆道："2007 年以前我们村的户籍人口有 724 人，但大龙村村民都外出挖矿打工，留在村里的都是些上年纪的老人，不到 100 人住在村里，村里空荡荡的，留不住人。"到 2015 年，村里的户籍人口达 1024 户，常住在村里的有 400 多人。随着丫山旅游度假区的高速发展，到 2021 年，大龙村户籍人口增长到 1262 人，常住在村里的有 600 多人，还有 200 多个外村人。大龙村人口数量和村集体经济收入历年数据见表 1。

表 1　大龙村人口数量和村集体经济收入变动情况[①]

项目	2007 年	2012 年	2015 年	2021 年
户籍人口（人）	724	756	1024	1262
常住人口（人）	<100	150 ~ 200	400	600
村集体经济收入（万元）	12.3	12.3	37.4	170

疫情席卷，丫山险中求生

2020 年年初，一场突如其来的疫情席卷全国，使全国的旅游业遭受重创，以"生态 + 旅游"为发展核心的丫山旅游度假区也难以例外。2019 年，丫山全年接待游客量已达 200 多万人次，企业营收达 1.7 亿元。借助度假区的辐射、带动能力，当地农户稳定创收，持续增收。据不完全统计，丫山直接带动 1760 名农户，间接带动周边 7 个乡镇近万名农户逐步脱贫致富。眼看丫山正在成为生态文明与社会经济全面融合、健康发展良性循环道路的模板，疫情来袭后，丫山游客接待量减少了近一半。在此情况下，唐向阳依然坚持不裁员不降薪，疫情下的丫山发展再遇难题。

为应对疫情对旅游行业的冲击，丫山和大余县政府共渡难关。一方面，丫山积极思考疫情下的发展契机，抓住消费者对健康的关注，改变营销理念，从传统生态旅游向康养消费转型。在紧抓疫情防控的基础上，继续创意项目、升级服务、拓展市场、保岗就业、精准运营。得益于丫山的营销转型，康养消费大幅增长，疫情平稳期丫山旅游度假区酒店和民宿年平均综合入住率仍达到 57%，节假日平均入住率达到 86%，旅游收入基本达到疫情前水平。另一方面，大余县及时出台相关政策帮助丫山应对疫情。其中，大余县贯彻落实《关于促进服务业领域困难行业恢复发展的若干政策》文件精神，严格对照 46 条助企纾困措施，助力丫山实现健康可持续发展。具体包括：（1）给予资金支持。对丫山旅游度假区承租的国有资产免收三个月租金，对丫山旅游度假区原有贷款予以展期续贷，帮助丫山旅游度假区落实各类奖补 248 万元，并协助丫山旅游度假区申请农发行 2000 万元贷款作为流动资金。（2）开展宣传互通，客源互送。赣州市和吉安市达成了宣传资源互送的合作关系，将两地的旅游宣传片在各自的文旅推介平台上进行推介，相互引导客源，进行免费的资源互通、客源互送。（3）发放旅游消费券。2021 年大余县利用国庆黄金周假期共发放 80 万元的旅游消费券，丫

---

① 数据根据访谈笔记整理。

山旅游度假区当月文旅企业营收同比增长达 39.27%。通过一系列举措，大余县 2022 年一季度实现旅游观光人数达到 208.5 万人次，同比增长 0.68%，旅游总收入达到 28.34 亿元，同比增长 1.09%。

大余缩影　生态转型

丫山在破败荒芜、村民流失的原始村落"无中生有"，抓住乡村振兴的机遇，从环境过度开发转向生态振兴。这个发展历程不仅展现了大龙村和丫山生态保护的转型过程，还充分展现了唐向阳的企业家精神，他带领村民践行"共建共赢共享"，促进了乡村的协同治理和发展转型，增强了村民在乡村振兴过程中的幸福感、获得感和安全感。大龙村也是大余县转型发展历程的缩影。

从"一矿独大，工业立县"到资源枯竭

大余县曾经被称为钨都，钨矿开采历史已逾百年。根据《大余县资源枯竭城市转型发展规划（2013—2020 年）》，新中国成立以来，大余县先后有西华山、下垄、漂塘和荡坪 4 个机械化中央直属企业，共开采钨精矿 37.6 万吨，占全国同期总产量的 12.7%，为出口创汇、三年困难时期偿还外债和国民经济发展作出了巨大贡献。但由于长期高强度开采，截至 2012 年，大余县钨矿可开采利用量仅剩 6.16 万吨，开采年限不足 10 年。矿产品税收占财政收入从 2007 年的 51.3% 降至 2012 年的 36.3%。2011 年年底，大余县被国务院确定为第三批资源枯竭型城市，也是赣州市唯一的资源枯竭型城市，"一矿独大"的经济增长模式难以维系，大余的发展陷入"钨竭城衰"的境地，县域经济亟待转型提振。

艰难的生态转型之路

随着资源逐步枯竭，大余县生态环境所面临的压力也越来越突出。《大余县资源枯竭城市转型发展规划（2013—2020 年）》数据显示，由于长期的矿山开采，大余县共有 5595.9 万吨含重金属的废石和尾砂，淤积堵塞河道 258 千米，占用损毁土地 3.45 万亩，污染影响农田林地 22.5 万亩。全县废弃矿山破坏的土地总面积约 15.1 平方千米，水土流失面积 221.51 平方千米。根据全国污染源普查结果，大余县被国务院列为全国重金属污染综合防治重点区域，农村饮水不安全人数高达 4.72 万人，被确诊的矽肺病患者累计 5453 人。

面对资源枯竭和生态破坏带来的发展阻力，大余县委、县政府意识到资源开采型发展模式虽然是一条便捷的发展道路，但这条路终将难以为继。于是，大余县委、县政府不得不放弃持续多年的发展思路，开始思考大余未来的路在何方。经过多方研判，县委、县政府决定由"世界钨都"向"绿色钨都"转型。根据《国务院关于促进资源型城市可持续发展的若干意见》（国发〔2007〕38 号）、《国家发展改革委办公厅关于编制资源枯竭城市转型规划的

指导意见》(发改办东北〔2009〕2173号)、《江西省人民政府办公厅关于印发支持资源枯竭城市转型和可持续发展工作意见的通知》(赣府厅字〔2011〕68号),结合《大余县国民经济和社会发展第十二个五年规划纲要》,大余县制定了《大余县资源枯竭城市转型发展规划(2013—2020年)》,积极探索出"未枯先转"的新路子,以指导大余县的生态转型发展,也为其他同类市县作出示范。

再造大余,"生态立县"

自确定生态转型路径之后,大余县严格执行国家环境保护政策,投入上亿元用于实施矿山环境恢复治理工作,对工矿废弃地、废弃尾矿库进行植被恢复。昔日的露天采坑和堆放废矿渣石的荒坡,变成了满目翠绿的果园、草地和森林。同时,扎实开展"净空、净水、净土"等环保行动,开展章江流域环境综合整治,环境面貌明显好转;建设矿山公园,加强矿企与地方合作,对典型废旧矿山复原采矿场景,改善矿区周边地质和生态环境;增加工业遗址旅游景点,建立青少年科普教育基地,为国内外找矿、采矿和选矿学者提供一个学习交流平台;重点实施了西华山矿山公园、梅岭红色旅游景区等10多个投资过亿元的旅游项目。

大余县自然资源丰富,根据《大余县资源枯竭城市转型发展规划(2013—2020年)》,境内海拔在千米以上的山峰26座,森林覆盖率76.7%,空气质量常年保持Ⅰ级标准,常年保持一类、二类水质,章江出境断面水质达标率100%。同时,大余县拥有一个国家级森林公园、二个省级重点风景名胜区。近年来,大余县持续提升绿色竞争力,有7个乡镇被命名为省级生态乡(镇)、6个村命名为生态村,还相继获得国家重点生态功能区、国家级生态示范区、全国绿化模范县和江西省首批低碳经济试点县等称号,为建设生态宜居的现代化山水园林城市创造了宝贵的机遇。大余县承载着厚重的历史文化积淀,积极响应鄱阳湖生态经济区建设,走绿色发展道路,正在成为粤港澳大湾区的休闲后花园和旅游目的地。

大余县在寻求经济发展转型的过程中,从资源开采型发展模式向生态保护型发展转变。通过大力发展乡村旅游,旅游发展与生态环境保护齐头并进,为城市转型注入了新的生机和活力。大余县以建设"旅游名县"为目标,高标准、高起点、大手笔整合和布局全县旅游资源,着力发展全域旅游。2021年以来,大余县先后编制《大余县全域旅游发展总体规划》《大余县"十四五"文化和旅游发展规划》《大余县推进全域旅游发展的若干政策》等多项专题规划,对丫山旅游度假区、梅关景区等龙头景区进行全面提质升级,带动其他3A级景区和全县46处乡村旅游示范点,串点成线、连线成片,形成"移步有景、四季可游、处处可玩"的全域旅游格局。

近年来,大余通过"双走位"的发展战略,充分利用生态优势,极力推进传统产业的转型,推进生态产业的发展[1]。充分利用森林资源,与旅游结合,打造了丫山生态旅游度假区,

---

[1] 习妍. 江西大余:全力推行绿色发展理念 实现经济转型升级 [EB/OL]. (2020-08-18). http://www.jdjxbsc.com/portal/news/show/cate_id/2/cid/7/id/1839.html.

目前已基本形成以丫山旅游度假区为龙头，梅关景区、三月三景区、南方红军三年游击战争纪念馆等为支撑的全域旅游格局。大余县通过将生态优势转化为发展优势，推进了整个经济的转型发展，推动了产业结构的优化。同时，大余县积极对接粤港澳大湾区，致力于打造粤港澳大湾区的专属后花园。

一张生态振兴的成绩单

经过数十年的发展转型，如今提起大余，人们首先想到的是"中国最美绿色生态旅游县""中国宜居乡村典范县"等城市名片，大余县发挥生态优势，以发展乡村旅游和振兴农村经济为战略突破口，推动了社会经济转型升级，探索出了一条经济转型发展、"青山绿水变金山银山"的绿色生态致富之路，创造了转型发展的"大余样板"，重塑了美丽宜居的"大余形象"。

2021 年，大余县接待游客 848.26 万人次，旅游总收入 68.37 亿元，旅游产业收入占全县生产总值的比重达 54.26%，真正成为县域经济发展的支柱产业，形成以旅游为中心、多产融合的全域发展新模式。同时，大余县通过"生态＋乡村旅游"扶贫模式，重点打造了一批村级生态旅游扶贫点，截至 2022 年第一季度，全县各乡村旅游点共带动全县建档立卡贫困户 1299 户 4028 人增收致富，人均年增收约 7000 元，带动了村民脱贫致富，也吸引了部分企业家和有志青年回乡创业。

通过大力践行"绿水青山就是金山银山"的理念，大余县 2022 年预计完成生态修复面积 800 亩，截至本文成稿时，已修复面积达 513 亩，完成率达 64%。同时，旅游产业正成为增速最快的产业。过去 3 年，大余县旅游产业年均增速超过 30%。在 2019 年全国特色小镇现场经验交流会上，大余县丫山小镇构筑城乡融合发展的经验，被作为"第一轮全国特色小镇典型经验"推广，还入选了"世界旅游联盟旅游减贫案例 100"名单。

2007 年至今，虽然丫山和大余在转型中经历了诸多困难，但也在挑战和困难中不断成长，突出重围的丫山和大余让更多人对她的未来充满期待。尽管受到疫情影响，但唐向阳始终以一颗回报家乡的心态，坚定不裁员不降薪，向每一位有志村民提供工作机会。大余县也始终在"生态立县"的发展理念下不断前行。丫山的故事、大余的发展，未完待续。

结束语

丫山通过创建"三变三金"的发展模式，发扬"共建共赢共享"的发展理念，带动了景区的建设和发展。同时，丫山的发展不仅改善了农村的人居环境，还带动了人口回流、产业发展和团体意识，浓浓的乡愁、博大的农耕文明也为建设美丽乡村注入了更多活力。至此，丫山为推进五大乡村振兴（产业振兴、人才振兴、文化振兴、生态振兴、组织振兴）进而促进全体人民共同富裕，缓解地区差距、城乡差距和收入分配差距，走出了一条切合中国实际、体现社会主义建设规律的中国特色式高质量发展之路。

【研讨题】

1. 请指出大龙村及丫山景区不同阶段的特点和转折点？
2. 在乡村振兴过程中，大龙村及丫山景区的建设与发展遇到了哪些困境，采取了哪些措施、手段和政策？
3. 试总结本案例对推进乡村振兴的反思与启示。

📋 案例分析

与其他文旅项目开发一样，乡村旅游也需要根据所在地的资源属性，确定整体开发定位，做好顶层构架，打造适合的旅游业态体系，这样才能真正通过旅游业振兴乡村，实现农民的共同富裕。然而在大力推进乡村文旅的同时，不少地方出现了偏离乡村整治、大建形象工程、脱离乡村实际、破坏乡村风貌和自然生态等问题，还有些地方的文旅业难以惠及当地农民，造成利益集中、分配不均，甚至出现"马太效应"等痛点。虽然随着乡村旅游的蓬勃发展，不少年轻人返乡创业、村外人口入驻乡村，尤其是我国农家乐相关企业注册总量由2010年的2.6万家增长至2019年的21.6万家，但普遍面临硬件设施、配套服务、品牌建设、客源信息等短板，致使老百姓很难参与旅游发展，更难共享发展成果。因此，乡村旅游发展能否成为乡村振兴的动能，还需要看农民是否能与政府、资本共享收益，建立兼顾效率与公平的利益分配机制。正如案例正文中所描述的，江西大余的成功之处就是在政府、企业与农民之间构建公平的利益联结机制，在优秀企业家的领导之下，促进多个主体自发地进行协同治理。对丫山如何实现乡村振兴的具体理论机制和经验总结分析如下。

一、理论基础

在乡村振兴的大背景下，结合大龙村的实际情况，选择企业家精神、协同治理理论和乡村振兴理论进行本案例的理论分析，阐述驱动、方法与目标的内在联系，并基于这三个理论形成适用于本案例的分析框架。

1. 企业家精神

企业家可以使经济资源的效率由低转高，企业家精神则是企业家特殊技能（包括精神和技巧）的集合。最初，西方发达国家对近代企业及企业家精神的研究较多，主要侧重于从市场机制作用的角度分析，注重企业家精神培育过程中社会资本作用机制的完善。对企业家精神的内涵主要基于三大部分：创新、冒险和洞察力。此后，对企业家精神的合作、敬业、执着、诚信等内涵也进行了长足研究。

当前，在推动现代农业与乡村振兴迈向新高度的时期，发挥农民群众或农民主体作用至关重要，这就需要一大批具有乡村情怀，并能够引领、提高、发展、组织和富裕农民的企业家。尤其是偏远乡村、欠发达地区正面临着巩固拓展脱贫攻坚成果与乡村振兴有效衔接的问题，在衔接过程中势必需要坚持和完善"社会力量的参与与帮扶等机制"[①]，特别是针对当地生态资源资本化发展，急需民营企业家作为乡村经济领域的开拓者和引导者，推动乡村生态资源高质量开发和农业产业现代化发展。根据王生斌和王保山探讨的农民合作社带头人企业家精神变量关系与作用机制图[②]，可将企业家精神促使乡村振兴的作用机理呈现如图1所示。

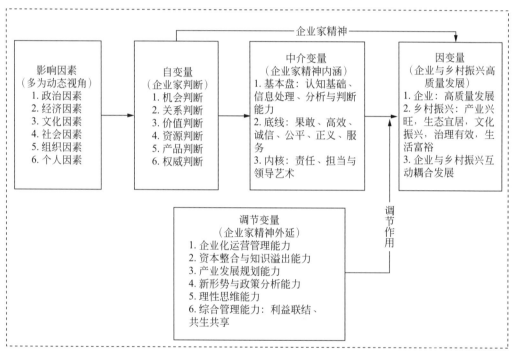

图1 企业家精神与乡村振兴作用机理图[③]

2. 协同治理

协同治理（Synergistic Management）理论起源于20世纪70年代德国物理学家赫尔曼·哈肯创立的协同学，旨在解决"新公共管理运动"中公共服务碎片化的困境。联合国全球治理委员会认为，协同治理是"各种公共的或私人的个人和机构管理其共同事务的诸多方式的

① 中共中央国务院关于全面推进乡村振兴加快农业农村现代化的意见 [N]. 人民日报, 2021-02-22.
②③ 王生斌，王保山. 农民合作社带头人的"企业家精神"：理论模型与案例检验 [J]. 中国农村观察, 2021(5): 92-109.

总和"，并同时包含了正式的制度约束和非正式的协商机制。协同治理具有丰富的内涵，包括主体间要素的匹配性、利益与目标的一致性、合作调整的动态性、主体行为及关系的有序性以及治理功能的有效性。协同治理强调公共管理主体的多元化、主体间共同参与的自愿平等与协同性，最终目标是促使公共利益的最大化。Emerson 等提出了主要由四部分组成的协同治理综合模型[1]（见图 2）。该模型的第一部分是系统背景（System Context），第二部分是驱动因素（Drivers），通过驱动因素推动促成第三部分的协同治理机制（Collaborative Governance Regime，CGR），包含了共同理念、规范参与和共同行动力三个互相推动的模块，通过这些模块的互动引发协同互动。模型的最后一部分是协同行动的效果作用于协同治理机制的同时，还会对系统背景产生影响，令其作出适用性调整。

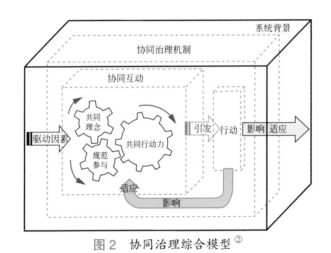

图 2　协同治理综合模型[2]

3. 乡村振兴理论

按照产业兴旺、生态宜居、乡风文明、治理有效、生活富裕的总要求实现乡村振兴，离不开人、地、钱和技术等要素资源的合理配置，同时完成五大振兴。基于五大振兴和资源要素合理配置理论，王亚华和池建华提出了乡村振兴案例的分析框架[3]（见图 3）。从内在逻辑上看，人才振兴和组织振兴相互促进，是形成有效治理的关键，也是资源要素能得到合理配置的基础。只有资源要素得到合理配置，才能带动实现产业振兴、文化振兴和生态振兴。产业、文化、生态的振兴，一方面可以增强对人才的吸引，另一方面也能巩固乡村的组织结构。总体来看，乡村振兴是一个极为复杂的系统，五大振兴是不可分割的有机整体。

①②　Emerson K, Nabatchi T, Balogh S. An integrative framework for collaborative governance[J]. J Publ Adm Res Theor, 2012, 22(1): 1-29.

③　王亚华，池建华.中国乡村振兴典型案例分析及其意涵 [R]. 清华大学农村研究院 2020 科研课题"乡村振兴案例研究" (CIRS2020-10), 2020.

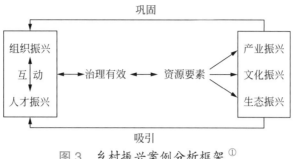

图 3 乡村振兴案例分析框架 ①

二、丫山实现乡村振兴的经验分析

1. 分析框架

丫山一没有名山大川的胜迹，二无悠久历史的遗迹，缺乏自带流量的大 IP②、文化符号。境内只有森林覆盖率为 92.6% 的普通山地与一条自然水系，峡谷间镶嵌着十几道姿态平常的瀑布。丫山在实现乡村振兴之前的凋零与困境，反映了全国范围内乡村衰败、自然资源遭到破坏的普遍性问题，丫山走向振兴的案例为全国乡村提供了具有启发性的历程脉络和振兴经验。

由于丫山乡村振兴过程复杂、困境多样、行动者众多，选择以 Ostrom 夫妇为代表的研究公共治理中集体行动的制度分析与发展（Institutional Analysis and Developmen，IAD）框架③④（见图 4）来论述丫山案例。IAD 框架所要讨论的核心问题是，在自然物质条件、经济社会属性和通用制度规则等客观外部变量约束下塑造的行动舞台上，行动者们根据行动情景所限定的评估规则采取一系列行动，通过相互作用产出最终结果，并反过来影响外部变量和行动舞台⑤。目前 IAD 框架已成为理解社会行为的精致框架及公共事务管理的精致理论⑥⑦，被广泛应用于各种实际情境的分析⑧。在此框架基础上，融合乡村振兴、企业家精神和协同治理综合模型，形成适用于分析乡村振兴案例的框架（见图 5）。

本分析框架主要由外部变量、行动舞台、行动成果和评估准则等几大部分组成。其中，外部变量包含自然物质条件、经济社会属性和通用制度规则，是丫山生态振兴发展要遵守的

---

① 王亚华, 池建君. 中国乡村振兴典型案例分析及其意涵 [R]. 清华大学农村研究院 2020 科研课题"乡村振兴案例研究"(CIRS2020-10), 2020.

② IP, 网络流行语, 直译为"知识产权", 引申为成名的文创作品.

③ Ostrom E, Gardner R, Walker J. Rules, Games, and Common-Pool Resources[M]. Michigan: University of Michigan Press, 1994.

④ Ostrom E. Understanding Institutional Diversity[M]. Princeton: Princeton Press, 2005.

⑤⑧ 王亚华, 舒全峰. 公共事物治理的集体行动研究评述与展望 [J]. 中国人口·资源与环境, 2021, 31(4): 14.

⑥ 毛寿龙. 公共管理与治道变革——政府公共管理创新的治道变革意义 [J]. 中国特色社会主义研究, 2004(1): 9-15.

⑦ 萨巴蒂尔. 政策过程理论 [M]. 北京: 读书·生活·新知三联书店, 2004.

客观条件。行动舞台是丫山，行动者包括政府、企业、企业家和村民。他们在企业家精神、协同参与和共同行动力的驱动下形成有效治理，通过集体行动完成资源要素的集聚和合理配置，然后牢固树立"两山"理念，积极盘活丫山特色资源，走出了一条乡村旅游与乡村振兴紧密结合的发展之路。评估行动方式和成果的准则为社会可持续、生态可持续和经济可持续。

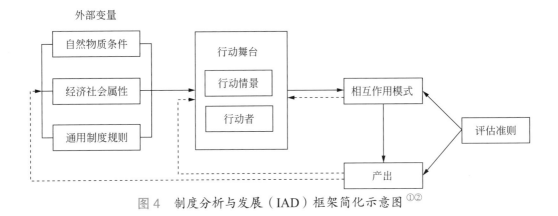

图 4　制度分析与发展（IAD）框架简化示意图[1][2]

图 5　乡村振兴案例分析框架

资料来源：作者自绘

（1）外部变量

丫山的外部变量是村庄发展需要遵守的客观条件，也决定了丫山立足于生态和文化功能的发展定位。

在自然物质条件上，原先大龙村钨矿资源丰富，吸引了大批外地商人和民工聚集开采。随着资源逐渐匮乏和管理不善造成的山林破坏和水土流失，大龙村的河流不再清澈、空气不再清新，人们也逐渐逃离大龙村。同时，由于大龙村信息闭塞、经济落后，且距离县城仅20分钟车程，使得大部分青壮年劳动力外出营生，常住人口不足300人，仅仅依靠砍伐竹

---

① Ostrom E, Gardner R, Walker J. Rules, Games, and Common-Pool Resources[M]. Michigan: University of Michigan Press, 1994.

② Ostrom E. Understanding Institutional Diversity[M]. Princeton: Princeton Press, 2005.

木、种植简单农作物为生，村民产业收入极为单一、不足千元。很多民房、农田荒废，经济相当落后，是个远近闻名的贫困村。这一因素虽然造成了大龙村的衰败，但也最大限度保留了丫山立足原生态的乡、野、土风情及特色，天然成群的瀑布、高达90%以上的森林覆盖率，也赋予了丫山"天然氧吧"的美名。

在经济社会属性上，丫山所在的赣州市大余县黄龙镇大龙村地处北纬25度世界公认的黄金生态带，境内秀木成林、竹青茶香、瀑音鸟语，素有"城市绿肺"之称。丫山位于赣粤湘三省交界地，地理位置优越，距赣州市68千米、韶关市120千米，距离南昌、广州等中心城市车程约4小时，吸引了大批珠三角地区游客自驾游，一定程度上满足了周边三省对乡村文化和生态旅游的需求，发挥了丫山的生态功能和文化功能。

在通用制度规则上，大龙村以管理城镇的理念管理村庄，结合美丽乡村新家园建设，以农村垃圾处理、畜禽养殖治理、人居环境美化、乡风文明建设等为契机，通过成立村民理事会、制定村规民约、弘扬优秀家风家训和正面宣传、反面曝光等措施，不断提升乡风文明水平。同时，由唐向阳引导的章源公司对丫山予以企业化管理，拟定系列用工安置政策、"三变三金"模式等方式，促使丫山旅游度假区规模不断扩大、管理逐渐规范化。

（2）行动舞台和行动者

在丫山集体行动的舞台上，行动者包括原住民、章源公司、企业家、回流村民、外来人口、新村民以及一众政府部门等，可简要归为以下四大类。

第一类是村民，包括所有原住民和新村民。为了丰富业态和扩建景区规模，除了原属于丫山林场的国有林地外，大龙村村民的闲置宅基地、荒废的耕地和山林地也统一流转或托管于章源企业，用于丫山整片景区的管理和规划。也就是说，在"地"这一要素配给上，原住民提供了最基础的支持。随着丫山旅游度假区的逐步壮大和发展，吸引了一大批外来人口和回流村民，他们通过在企业打工、自营或半租民宿饭馆、参与众筹项目等方式，在"人"这一要素供给上为丫山丰富了人才资源、提升了劳动力供给，也顺势拉动村集体的收入水平直线上升。据统计，2007—2021年大龙村户籍人口和常住人口均增加了500人以上，2021年村集体收入较2015年翻了两番。

第二类是企业家。以唐向阳为代表的企业家领导了丫山旅游度假区的创建、扩大和发展，提供了先进技术和管理制度，引入了正确发展理念，尤其是使"两山"理念深入人心，依靠独特生态优势，在坚持"不填塘、不推房、不移山、不砍伐"的"四不"原则下，不断增加林地面积、恢复森林植被、改善生态环境。在此基础上，企业家们深谙丫山旅游度假区的劣势，特别注重弥补历史文化元素的缺陷，着力打造丫山特色项目。综上所述，企业家们在度假区创建初期，基于丫山的外部变量，构思了丫山的长远发展，建立了共同理念和行动准则，并在"人"和"钱"等核心资源要素的引入和整合上，扮演了领导作用，是推动有效集体行动的直接力量。

第三类是企业。大龙村从一个衰败的空心村到获得国家级旅游度假区、国家4A级旅游景区、2018中国最美乡村等荣誉称号，离不开章源公司对丫山旅游度假区的资金支持，在"钱"这一要素上，章源公司以履行企业社会责任的方式资助丫山开展艰难的生态转型之路，完成从资源开采型发展向生态保护型发展模式的转变，资助了旅游产业、体育产业、农业产业、现代服务业和生态加工业等多个项目，提供了600多个固定岗位与每年2000多个季节性用工岗位，并与旅游全产业需求精准对接，员工每学一项才艺，每参与一项业态，就可多获一份收入，也与绩效考核、岗位晋级、福利待遇等直接挂钩，人均年收入达3.5万元以上。

第四类是政府。早先在大龙村村"两委"的建议下，章源公司创始人唐向阳开始关注大龙村的瀑布群。又在县委、县政府支持下，获得了丫山林场的开发权，并于2007年签订了50年期限的项目合作协议。为了支持大龙村的旅游开发，该协议商定在筹建期、建设期的各10年间内政府不收取门票分成，20年后景区建设完善后收取10%的门票收入。早期，面对大龙村资源枯竭和生态破坏带来的发展阻力，以及下定决心要实现由"世界钨都"向"绿色钨都"的转型，政府特制定了《大余县资源枯竭城市转型发展规划（2013—2020年）》等指导意见，积极宣传旅游品牌、增加旅游吸引力、招商引资、联合营销。面对疫情影响，政府相继出台《关于打好"组合拳"提振旅游消费的若干措施》《关于办理赣州旅游年卡及大余旅游年卡相关工作的通知》等系列文件，全力支持大余县文化旅游市场复工复产。总之，政府通过宣传推介资源、优化资源配置，鼓励企业与村民合作开展形式多样的项目，并逐步探索适用于大余县的乡村旅游振兴之路，为丫山旅游度假区的进一步发展创造了有利条件。

（3）评估准则

实现乡村振兴就要确保社会、生态和经济三者动态平衡、协调发展。

一是经济可持续。根植于生态资源、乡野土特色的产业路线，丫山开辟了具有乡村自身特色的生态耕种和民宿项目。发展生态农业，开辟了1200余亩的6大生态林农基地，所有蔬果、禽畜等有机食材均自耕自种、自养、自给自足。发展生态加工业，建设农产品加工中心，构建物流供应、营销渠道等配套体系，将茶叶、蔬果、大米等农副特产销往千家万户。发展现代服务业，打造了8大主题度假酒店、会务活动中心、运动休闲康养服务等现代服务业特色产业，发展特色民宿、新民宿街区、乡村酒吧、农家餐厅等。不仅提升了当地的旅游配套，而且为村民创造了就业，激发了内生动力，实现了经济可持续。

二是生态可持续。丫山旅游度假区的开发始终注重原生态自然资源的保护，在景区规划管理和开发建设的过程中始终坚持环保理念，并在景区运营过程中不断进行绿化改造，遵守"不移山、不砍伐、不填塘、不倒房"的"四不"原则，以"森林是主，人是客；人要绕树走，路要绕树开"的自然法则，丫山创新推出了系列"生态+"绿色发展新模式：在海拔200～400米的创意乡村休闲区，以人流聚集的亲子旅游为主；在海拔400～600米营建森林康养区，以康养度假为特色；在海拔600～800米打造山地度假区，以禅修文化、越野度假为主题。

三是社会可持续。可持续发展强调社会公平是环境保护得以实现的机制和目标。丫山案例的成功得益于政府、企业与村民坚持一个共同富裕的目标，并贯彻三级受益模式，即"共建、共赢、共享"丫山旅游全产业成果。具体来说，企业把丫山当成"带一接二连三"的综合性富民产业，以旅游扶贫、产业富民为目标，以推动乡村旅游和精准扶贫有机融合发展为己任，鼓励、引导、扶持农户参与景区的各项建设与运营，充分享受旅游发展带来的红利。至此，政府、企业与村民目标一致形成协同发展效应，推动了社会可持续发展。

2. 丫山实现乡村振兴的路径分析与经验

（1）以企业家精神的供给，启动初始发展

要突破集体行动的困境，需要具有领导力、企业家精神的行动者介入和引导。以唐向阳为代表的企业家的出现为大龙村走向乡村振兴注入初始能量。作为生长在大龙村的唐向阳，在身为村支书父亲的影响下，他始终挂念家乡，并带领一众企业家开发瀑布群、提升基础设施、带动本地就业、扩大旅游景区、发展产业经济、丰富当地业态等，超前布局，阶梯式规划，为农户提供稳定、多重的收入来源，最终实现了景区与农户的互利、共赢。整个过程在遵循经济、生态、社会可持续准则下，实现了以企业家精神的供给启动集体行动的初始发展。

（2）以特色资源的盘活，构建生态产品产业链

首先，盘活绿色资源，增强丫山发展的首位功能。依托丫山独特的生态优势，坚持生态可持续准则，改造了一批"木屋建在森林中，森林留在木屋里"的特色生态景点。其次，盘活文化资源，打造丫山发展的优势品牌。充分挖掘历史文化元素，精心打造了禅宗文化、理学心学、书画音乐艺术、播音主持、山地运动、全方位研学等6大文化基地，围绕"农居、农趣、农乐、农味"四种乡味突出乡愁，完美将丫山塑造成为集运动休闲、森林康养、乡村旅游及森林研学、党建红培等特色项目于一体的全民生态度假乐园。最后，盘活闲置资源，释放丫山发展的潜力、活力，充分激活"沉睡"资源，促进丫山闲置资产发挥最大经济效应。

（3）以共同理念和行动，促进协同民主治理

在探索"两山"理念转化路径过程中，丫山始终坚持"共建、共享、共赢"的利益联结机制，不仅留住了原住民，还设法吸引了外出劳动力回流，以共同理念和行动建设乡村、美化家园，通过协同治理充分享受发展成果。在丫山协同治理行动中，当属"三变三金"的发展模式最为典型，即"村民变员工、员工变股东、股东变老板""进景区务工拿薪金，资源入股领股金，房地租赁收租金"，这一模式不仅为广大农户提供了稳定、多重的收入来源，还带领了村民作为主要行动者积极参与建设家乡的集体行动，促进协同治理，使得村民民主更加制度化、规范化、程序化。

具体而言，通过土地流转，让闲置农资活起来；通过丰富业态，增加村民务工收入，让农村劳动力积极参与到乡村治理中去；通过扩大农产品销售渠道，让农业旺起来。至此，

通过建立遵循社会、经济可持续发展的协同参与机制，在丫山旅游度假区开创及建设的不同阶段、不同事项上，反复协商和对话，形成了共同理念，促进了集体行动，完成了协同民主治理。

（4）以文旅融合产业，推动五大振兴

在大余县全力推进"旅游+"战略下，丫山旅游度假区通过整合资源、优化配置，全产业联动、全体参与，以旅游产品为核心，丰富旅游业态、推动乡村振兴。丫山依托其特色资源优势，以文旅融合开创了系列产业：①农业。企业整合丫山及周边乡村林田，开辟了六大生态林农基地，总面积达 1200 余亩。②环保工业。企业通过自主研发，用竹木加工的尾料加工生产木塑，在度假区用这种高新环保建材大范围造景，同时打造环保建材产业链。③运动休闲产业。丫山打造了一批运动休闲基地，设有拳击馆、乒乓球厅、瑜伽馆、竹林网球场、高山活泉泳池等设施，形成了 5 大类 39 种特色运动休闲产业集群项目。④康养产业。丫山建设了 20 多个康养项目，推出 50 多项健康疗养方式，构建了康复疗养、健康管理、旅居养老、"候鸟"养老等完整康养业态。⑤自然教育。依托丫山日臻完善的生态度假软硬件基础，企业不断整合大余及周边红色、绿色、古色、金色旅游资源，打造了全龄化的游学体验项目。丫山在发展过程中赋予了丰富的精神文化生活，实现了物质文明和精神文明的协调发展。

三、丫山实现乡村振兴的经验总结

全面建设社会主义现代化国家、全面推进中华民族伟大复兴，是新时代新征程中国共产党的使命任务，更是向世界展示中国式人类文明的新形态。随着我国经济社会的深度发展，生态文明建设的地位和作用日益凸显。习近平总书记在党的二十大报告中指出，中国式现代化是人与自然和谐共生的现代化。总书记还曾在纳扎尔巴耶夫大学回答学生问题时指出："绿水青山就是金山银山。"良好的生态环境是最普惠的民生福祉，"两山"理念深度剖析了经济社会发展与生态演变的相互关系和基本规律，两者并非对立，而是辩证统一。保护生态环境就是保护生产力，改善生态环境更是发展生产力。在大余县委、县政府的指引下，经过十五年的成功实践，丫山旅游度假区深度融合绿色全产业链，形成可持续发展闭环，完成"企业家精神—人才振兴—组织振兴—生态振兴—产业振兴—文化振兴—乡村振兴"协调发展的良性循环逻辑，构建了美丽乡村、美丽中国的典范，也为推动全国各地乡村振兴战略的深入实施提供了现代化民主治理的中国模式，在中国特色式现代化进程中迈出新的步伐。

总结下来，丫山的成功并非偶然，而是得益于：一个共同富裕的目标坚定到底——全力发展生态旅游实现村民物质与精神的双重致富；"两山"理论贯彻到底——绿水青山就是金山银山；三级受益模式坚持到底——政府、企业、群众共建、共赢、共享丫山旅游全产业成果；"四不"保护性开发原则践行到底；"五子登科"乡村振兴成果巩固到底；"三生三产"六项融合进行到底。"绿色法宝＋金色钥匙"六步曲打造了丫山旅游全产业链的完美闭环。

04

乡村振兴：修武县的"美学经济"路径 *

案例正文

【引言】党的二十大报告中指出，中国共产党的中心任务就是团结带领全国各族人民全面建成社会主义现代化强国，实现第二个百年奋斗目标，以中国式现代化全面推进中华民族伟大复兴。中国式现代化是中国共产党领导的社会主义现代化，既有各国现代化的共同特征，更有基于自己国情的中国特色。实现高质量发展是全面建设社会主义现代化国家的首要任务，也是中国式现代化的本质要求之一。而"全面建设社会主义现代化国家，最艰巨最繁重的任务仍然在农村"，如何实现县域和乡村的高质量发展，满足人民对美好生活的向往仍然需要不懈探索。

【摘要】2018 年，修武县在党建美学的基础上首次提出以美学经济助推乡村振兴。通过美学路径，修武县成功破解乡村振兴中产业发展、乡村引流、资源保护性开发的三大难题，最终实现了县域的高质量发展。修武县政府排除疑虑、凝聚共识，作出了推行美学经济的决策。在动员全域发展美学经济的过程中，修武县政府遵循自上而下推广、自下而上内生动力激发、内外联动资源打通的思路，妥善地处理好了上下级政府间的协调关系、政府市场社会的协同关系，最终实现了全域美学经济的推广。在修武县政府的努力下，美学经济的效益逐步凸现，村民也从"要我美学"开始向"我要美学"转变，修武县的美学经济迸发出强大的活力。在此基础上，修武县对美学开展了制度化探索，一个不可思议的修武正在中原大地上崛起。千年古县修武在美学的助推之下，走出了一条乡村振兴的康庄大道，成为"中国县域美学策源地"，为实现高质量发展注入了活力。

【关键词】美学经济；县域发展；高质量发展；中国式现代化；乡村振兴

---

* 案例作者：孙逍，清华大学公共管理学院硕士研究生。案例的写作得到了案例中心主任慕玲、副主任张允的指导。2020 年 9 月，在修武县委的大力支持下，清华大学案例中心副主任张允、清华大学 2017 级硕士研究生刘贤春、清华大学 2019 级硕士研究生孙逍赴修武县开展调研，与修武县领导、修武县相关部门、乡镇领导、村干部、相关美学经济项目负责人、专家等进行座谈与访谈，得到了上述单位和人员的大力支持，在此谨表谢忱。

党的十九大报告首次提出将乡村振兴作为一项重大战略。乡村振兴战略提出后，全国各地掀起了农村改革发展的热潮，各地都在探索因地制宜的发展道路和方式。作为千年古县、旅游名县，修武县创造性地提出美学经济助推乡村振兴的理念。2018 年以来，修武县在县域内走出了一条以美学为引领的发展之路，成为"中国县域美学策源地"，为我国县域高质量发展提供了一条新路。

"不温不火"的修武

修武县位于河南省西北部，隶属焦作市，北部为山区和丘陵，南部为冲积平原。[①]县域总面积 611 平方千米，下辖 5 个镇、3 个乡、1 个工贸区和 1 个办事处，共 187 个村、6 个居委会，全县总人口 27.05 万人。20 世纪 80 年代，小造纸、小煤炭、小水泥、小炼铁、小砖瓦窑等"五小企业"是修武县的主要经济支柱。但 21 世纪以来，修武县开始淘汰一批能耗高、污染重、效益低的企业，以"五小企业"为主要经济支柱的发展变得不可持续。

近年来，修武县的产业结构不断优化。农业占比下降，但农业收入持续稳定增长。修武县南部为冲积平原地带，光热、水资源、土地资源较为丰富，是全国粮食高产区之一。主要粮食作物有小麦、大麦、玉米、稻子。经济作物产量也相对较高。在工业发展上，修武县不断发展壮大装备制造业、食品及农副产品加工业、铝工业、纺织业四大主导产业，全县工业经济保持了持续增长的发展态势。2014 年以来，修武县提出打造旅游健康产业集群，同时依托于修武县丰富的旅游资源，第三产业迅速发展，占比逐年攀升（见图 1）。

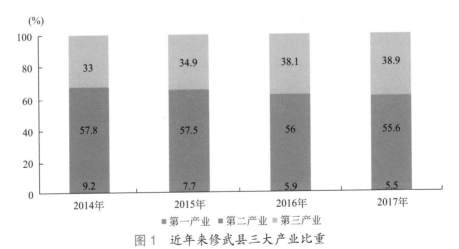

图 1　近年来修武县三大产业比重

资料来源：修武县国民经济和社会发展统计公报

---

① 修武县政府官网 http://www.xiuwu.gov.cn/sitesources/xwxrmzf/page_html5/mlxw/xqjj/list1.html，除特别说明以外，本案例涉及修武县经济、社会、生态等方面的数据均来自修武县政府官网及当地政府部门提供的材料，后文不一一注释。

云台山坐落在修武县境内，是首批国家 5A 级景区，总面积 50 平方千米，以太行山岳丰富的水景为特色。云台山交通位置优越，距离河南省会郑州市 70 千米。修武县依托云台山景区丰富的旅游资源，在乡村发展民宿产业带，共有民宿 612 间。2017 年，修武县全域接待游客 973.5 万人次，旅游综合收入达 41.2 亿元。

除云台山外，修武县具有非常丰富的历史文化资源。修武在殷商时期称为"宁邑"，周武王伐纣途中遇到大雨，在此驻扎修兵习武，遂改名"修武"并沿用至今。修武钟灵毓秀、名家辈出。孔子问礼、竹林七贤隐居、孙思邈采药行医、韩愈故居见证着修武的千年历史。北宋、魏晋文化也在修武留下了浓墨重彩的一笔。

修武县工业基础较为薄弱，尽管旅游产业发展态势很好，但仅云台山一家景区不足以支撑和主导全县经济转型发展，也不足以推动乡村的振兴，实现乡村振兴仍有三个问题没有找到破题的路径：

一是农村产业难以做大做强。修武县农产品产量虽高，但"农业产业化水平较低，缺乏有影响力的农业品牌，农民依靠粮食生产、畜牧养殖等传统方式获取的经济收入相当有限"[1]。譬如农民生产 1 亩小麦，1 年只能赚 1000 元钱。怀菊花、延陵大葱、新庄大枣、五里源松花蛋等特色农产品，长期得不到高附加值的开发，三产融合缺乏成熟模式和突破口。

二是乡村引流难，乡村很难成为旅游目的地。修武县作为国家首批全域旅游示范区[2]，旅游资源和历史文化资源虽然丰富，但绝大多数乡村都无法依托云台山旅游获得附加收益。而传统的乡村建设注重引入产业和基础设施，很少考虑品质提升，不少旅游样板村实质上仍为低品质的"农家乐"。广布于乡村的相对粗糙的农家乐和乡村旅游业态，无法吸引追求体验和品质的城市消费群体。

三是资源保护性开发问题。"过去 1 个亿的美丽乡村项目资金，基本上都是投资在基础设施建设上了，但是撒胡椒面的做法很难取得理想的效果。"[3]乡村资源的投入由于没有明确的理念和策略，各村往往一拥而上，造成投入产出无法循环，且千村一面的问题。由于缺乏品质和统一规划，粗制滥造、重复建设成为乡村建设的痛点，一些传统村落反而被新建筑和水泥路面破坏。这样的乡村建设对乡村资源带来了破坏，与乡村振兴的初衷渐行渐远。

乡村振兴破题——美学经济

为了破解修武县乡村振兴面临的困境，修武县的干部苦苦思索。各地在乡村振兴中已经有了一定的探索，但大多走的是大量资金投入、政策驱动的路径。修武县的领导希望能走

---

① 修武县委书记访谈资料。
② 2019 年，修武县以河南省第一名的成绩荣获首批国家全域旅游示范区。
③ 修武县农业农村局局长访谈资料。

出一条既留得住乡愁、保得原住民利益又能促进乡村经济发展的新路，这成了考验修武干部智慧和魄力的关键转折。

修武县委书记率先提出将美学与经济结合起来。美学研究美的本质和人的审美需求，而经济是创造与提供产品和服务。美学经济将这两个概念进行叠加，通过创造和提供满足人们审美需求的服务与产品，带动经济社会的全面发展。习近平总书记在重要讲话中多次提及"人民对美好生活的向往，就是我们的奋斗目标""建设美丽乡村，使农民更有幸福感""传承和弘扬中国美学精神""做好美育工作，弘扬中华美育精神"等，"美"成了关键词。党的十八大报告专章论述生态文明时提出"建设美丽中国"，党的十九大报告首次将"美丽"作为社会主义现代化强国的限定词之一，党的二十大报告中提出到 2035 年美丽中国目标基本实现。"美"正成为中华文明振兴的发动机和"人类文明新形态"的新关键词。修武希望把"美"的概念转化成巨大的生产力能量，贯穿到美丽中国建设的全过程。

2016 年，修武开始在全国率先探索党建美学，力图解决党建中群众参与度不高的问题。修武县在县域内推行党建标准化建设①，从共产主义理想社会的美学特征和人生而向美的规律特点出发，将"美学理念"延伸出的党建阵地美、组织生活美、党员行为美、制度设计美四个部分融入基层党建和基层治理。修武的党建美学获得了意想不到的成功，"美"改变了大家对党建的理解。通过党建美学，将相对抽象的思想理论和制度要求转化为干部群众可听、可看、可感受的具象载体，比如早期的队部改造、党员过政治生日、开放式的组织生活等。党建美学"不仅为长期以来基层工作讲了听不懂、听懂记不住、记住不会做、做了不规范等共性问题提供了解决抓手，也增强了党组织在基层的吸引力、凝聚力"。②尝到以美破题的"甜头"后，修武县政府领导进一步想到，"既然美学思路能够解决党建领域的问题，那么能否也能尝试解决乡村振兴中的问题呢？"

在模糊意识到"美学"正在成为一种能量之后，修武县政府先后组织人员赴浙江省丽水市松阳县、河南省信阳市新县等先进地区考察，学习如何通过美学助推乡村发展和打造产业强县。浙江松阳虽然没有明确提出美学引领乡村振兴的说法，但是他们独创了"中医调理、针灸激活"乡村振兴策略。通过高端人才的引进和先进设计理念的融入，打造美学小建筑，提升乡村品位，取得了高水平的乡村建设成果。河南新县在十年前就邀请了一大批设计师来给村庄做规划，用美学打造这些传统村落。2019 年习总书记还专门到新县田铺大湾指导工作，肯定了这种乡村振兴的模式。浙江松阳及河南新县的实践，给修武县美学经济的发展带来了信心。

修武县与浙江松阳、河南新县具有一定的相似之处，都是工业基础较为薄弱但美学基

---

① 修武县委发布了《党建标准体系质量手册》以及党建六项制度、基层组织建设、党员教育管理、考核评比四项程序文件。

② 修武县委书记访谈资料。

因较为丰富的县城。修武县工业起步较晚，其工业在河南 2009 年脱农转工的大潮中才得到初步的发展，同时科研基础较为薄弱，乡村的情况更加捉襟见肘。这些内在条件一定程度上限制了修武走传统"工业强县"的道路。但是修武县在文化旅游产业上却拥有着得天独厚的优势，云台山为 5A 级景区，在全国 5A 级景区中综合影响力排名 12[1]。每年游客近千万，游客数量稳定增长。此外，修武县是魏晋和北宋文化的孕育之地，魏晋"竹林七贤"就曾隐居于此。修武县还是"瓷中君子"绞胎瓷的发祥地、北宋峪窑所在地、唐宋八大家韩愈的出生地、"药王"孙思邈的采药地、汉献帝谪居地……这些都赋予了修武强大的美学基因。21 世纪以来，修武县依托云台山成了全国知名旅游目的地。2017 年，修武县被评为全国首批"全域旅游示范区"。

在旅游产业的发展实践中，修武县强烈地感受到美学经济已崭露头角。独立设计行业蓬勃兴起、美学元素产品受到市场热捧（如故宫文创）、融入美学经济的服务（如高价值民宿）占比翻番，人们的需求已经从物质文化需求升级成美好生活需求。随着消费不断升级，产品和服务如果不能提供"美"的感受，消费者很难主动选择这类产品和服务。反之，一旦同美学"联姻"，原来无人问津的产品也有可能销售出去。美学作为一种新的生产力，完全契合消费升级和扩大内需的市场需要。

在多重考虑之下，2018 年 8 月，修武县委书记在县委十三届十一次全会上首次提出了"以美学经济为抓手，引领一二三产业融合发展"的战略方向，修武县乡村振兴的路径逐步清晰。

美学经济的疑虑

美学经济的概念提出后，瞬时激起了修武县的千层浪。2018 年 8 月，县委全会首次在公开场合提出了美学概念，参会干部普遍认为"怎么提出来美学了？美学说到底不就是旅游吗？"[2] 同时，美丽和美学一字之差，人们对美丽的理解是比较容易的，但是用"学"字却让地方领导觉得不接地气。"基层对于'美学'、对于'美'这些词汇是有抵触的。"[3] 乡镇干部们也不了解美学到底是什么概念，怎么推行，心里没有底。

除了对于概念的不理解，美学经济究竟是不是空话也成了各方怀疑的问题。一是发展美学经济没有太多先例，"即使是浙江松阳，它跟修武的模式还不太一样"。美学经济在修武的发展是开创性的，难以对标模仿，更难以让地方官员和百姓看到成绩。此外，"很高大上、设计费用很高、能不能有经济、可不可持续"这些都是地方官员和百姓关心的问题，高昂的成本老百姓未必负担得起，也未必敢去承担这样的风险。

---

① 安永中国《修武县美学经济产业发展报告》终期报告。
② 美学经济服务中心访谈资料。
③ 修武县委书记访谈资料。

凝聚共识

想要推广美学经济，就必须先说服基层干部和老百姓。修武县始终秉持着一个观念，只有让基层干部和老百姓看到、感受到、获得实实在在的效果和益处，才能真正凝聚共识。

修武县首先做的就是让更多的基层干部意识到美学是乡村最大的资源。县委书记亲自带队，带领修武县的基层干部外出观摩、接受培训和教育，让干部们看到乡村有别于城市的核心竞争力。2018年11月，修武县干部赴浙江省杭州市余杭区、丽水市松阳县开展美学考察。2018年12月，又赴河南省信阳市新县开展了美学考察。通过先后组织各级干部分批到成都、杭州、无锡等地学习美学资源保护开发经验，来增强各级干部对于美学经济的认同感。

修武县做的另一件大事就是打造县域内美学经济项目的试点和亮点，分别在党建、民宿和农业领域开展了美学经济项目的探索。

郇封镇大位村村部改造项目

修武县的第一个探索是郇封镇大位村的村部改造项目。从前大位村的村部环境极其恶劣。2016年时有次县委组织部来大位村调研，正逢刚刚下过雨，大位村村部根本无法办公。村部内甚至还建有一座庙，村民们常来庙中祭祀。当年，大位村拆掉了原来的村部并找人重新进行了设计。新村部的图纸已经设计好，但由于涉及民众占地和土地纠纷，一直没有建成。

2018年，镇党委书记韩书记在美学会议上自告奋勇，领下了美学经济示范建设的任务，于是大位村便成了修武县村部改造"第一个吃螃蟹"的地方。村干部换届后，开始着手重建村部的工作。正值王副县长在此挂职，他推荐了新的设计师对村部的设计方案进行了重新规划。通过清理欠款、村集体经济资金投入、县内补助多方集资，村部的美学改造与建设正式开始。

刚开始建设村部之时，干部觉得普通村部建设只要30万，但是这次村部建设却要80余万，是否得不偿失；而且"村部规模太小，也没有觉得哪里好看"。然而村部建成之后，实际效果非常明显（见图2）。村部内有大投影仪、滑梯、自习空间、儿童读本，同时融入了极多的色彩设计和艺术元素。村部逐渐成为村民日常生活和聚集的场所。孩子们愿意来村部自习、玩耍，村部前的广场一到晚上也非常热闹。后来村干部借用村部举办了长板节、"缘定七夕，爱在大位"七夕庆典等特别活动，吸引了4000多人前来参加。文创产品、地摊经济也随之活跃起来。正如大位村支书崔磊磊所说，"只有把人吸引过来，才有民心，才有真正的党建"。此外，村部进行改造之后，设立了五间门面房用于出租商用，每年的租金达到15万元。2019年7月开始，来大位村参观学习的团队络绎不绝，大位村先后接待了80多批领导干部、专家学者、外地游客的参观。"通过村部的建设，大大提升了村民的心气。"

图2 大位村村部夜景

资料来源：修武县政府拍摄提供

云上院子民宿

云上院子位于西村乡金岭坡村的一个偏僻之处，这座始建于民国的宅院在新中国成立后变成了乡村学堂。20世纪90年代，由于地处深山、交通不便，学校迁往山下，云上院子所在之处废弃了多年，已成为一片废墟。2016年，设计师彭志华带领他的团队在这片废墟之上开始了"废墟美学"的探索，花费近2年的时间对这座荒废20多年的山村学校进行改造和设计。在废墟之上，彭志华团队依凭古村落的环境资源修建民宿和配套的休闲娱乐场所，共建造了17间高端民宿，占地16亩。经过改造，云上院子成为目前河南省唯一一家五星级民宿。人们记忆中的绿水青山、麦香磨坊、水缸古井和鸟语花香全方位回归，成了城市人来到云上院子最"稀罕"的美学体验，目前民宿的价格每晚超过2000元。当地村民参与云上院子的施工与建造，吸引了不少劳动力就地就业。民宿运营后，村民可以在云上院子打工赚取工资，村民收入大幅提升。在政府大力宣传下，云上院子成为修武美学赋能民宿的靓丽名片（见图3）。

图3 云上院子民宿

资料来源：修武县政府拍摄提供

云台冰菊项目

修武县郇封镇后雁门村盛产怀菊花，虽然品质优越，但因没有品牌支撑，价值潜力得不到充分开发。云台冰菊负责人宋总说："在农产品上，传统的发展可能追求绿色、有机，但是现在还要追求好看。种植冰菊是农业，将冰菊做成面膜、醋，这就形成了第二产业，将冰菊园作为旅游景区，这就形成了第三产业。"云台冰菊项目聘请哈佛大学毕业的设计师陈曦在后雁门村操刀建设美学建筑——冰菊工坊，将美学元素和地方农耕业态联系起来，打造千亩冰菊产业园，并在此基础上建起农耕文化一条街、怀药研究院等，形成了集文旅、康养于一体的田园综合体。游客在旅游时能够品尝到现场制作的云台冰菊系列糕点，实地观察云台冰菊醋的制作过程。相比传统观光和采摘，通过这样的方式，云台冰菊项目拉长了冰菊产业链条，带动了餐饮、住宿、交通等行业的发展，实现了吸引社会资本和获得经济效益的多方统一，很好地解决了乡村振兴面临的农产品低附加值、乡村旅游低流量、社会资本投入意愿低的问题。如今，云台冰菊基地日接待游客最高超过1万人次，年产值突破亿元大关。云台冰菊项目不仅成为乡村美学经济的新地标，也为周边村民带来了实打实的就业和收入。

通过带领基层干部参观学习、在修武县境内打造试点和亮点，基层干部开始对美学经济有了更加具体的感知，看到了美学经济带来的实实在在的好处，逐渐凝聚起全县发展美学经济的共识。干部们逐渐意识到，在乡村振兴中融入美学，能够打造出反复消费的美丽乡村。乡村的乡愁、文化、生活方式都能通过美学形成核心竞争力，助推乡村振兴和县域发展。

美学经济的现实困境

尽管美学经济在基层干部中达成了观念共识，但在实际执行中还存在着诸多问题和困难。对于乡镇而言，七贤镇副镇长坦言："发展美学经济固然是好，但是如此高标准的设计要求，加之顶尖设计师都是通过海归朋友圈人托人请过来的，乡镇干部自己很难邀请到优秀设计专家。"资金对于乡镇和村集体来说也是一个问题。美学经济需要更多的资金投入，经济效应往往有滞后性，这对乡镇和村干部的传统认识还是具有挑战性。

此外，在美学经济项目的执行过程中，很多项目涉及老百姓的切身利益。设计师去给老百姓做设计，"但是老百姓却认为这是政府穿衣戴帽的工程，和以前的乡村改造工程没什么两样"[1]。而且建设改造新的美学经济项目往往需要群众停工一段时间，这段时间村民已有的收益也受到影响。很多时候，政府承诺帮助老百姓解决基础设施的问题，比如重新修路、接通天然气等，但是只要政府不动工，村民就会担心政府不履行承诺而推迟自己的改造。而且部分美学经济项目，比如拆掉原有房屋修建民宿，往往需要上百万资金，村民存款不足又

---

① 专家王求安访谈资料。

不好贷款，面临资金困难、有心无力的窘境。

美学经济的全县总动员

尽管县里作出了发展美学经济的决策，但这只是一个概念和指导目标。对于修武县的各级干部和百姓而言，这在全国都是一个创举，并无经验可循，在全县推广更非一朝一夕之功。而且在创新的道路上，一旦把握不好方向和力度，对修武县来讲将是一次打击。在全县动员的过程中，修武县始终秉持着顶层设计、循序渐进、稳扎稳打、因地制宜的原则。在不断凝聚基层干部发展美学经济共识的基础上，尽最大努力克服全县推广美学经济中面临的困难。

顶层设计，规划先行

修武县聘请了顶尖咨询策划公司安永（中国）量身定制《美学经济产业发展规划》，围绕党建（红色）美学、乡村美学、城市美学、文化美学、山水美学、工业美学、景观美学、艺术美学 8 个方面，搭建起县域美学经济的四梁八柱。同时，安永公司结合修武县的实际谋划了魏晋美学示范区、太行八陉古道示范区、大运河（运粮河）美学综合体等 13 个美学项目集群，以及天空之院、田园居书屋、七贤会客厅等首批 55 个美学经济示范项目。这 8 大方面、13 个美学项目集群成为修武县顶层设计的依据。但这毕竟只是规划，在发展美学经济的具体举措上，修武县还需要摸索前行。

比学赶超，明争暗赛

为了加快美学经济全域推动、全域见效，修武县政府在安永（中国）提出的规划基础上，鼓励乡镇政府根据自身实际情况，自主提出潜在的美学经济项目。县里要求各乡镇每个季度推荐一款具有乡镇特色的美学经济项目，通过每个季度的美学项目学习交流、观摩评选，形成"比学赶超、明争暗赛"的浓厚氛围。通过比赛和竞争的方式，增强乡镇发展美学经济的积极性。在大会上，成绩突出的乡镇将进行典型发言和经验分享；在基础设施投入上，县政府也会优先倾斜。对于工作落后的乡镇干部，则要在大会上进行表态。通过县级带头、乡级分类、村级示范，推动了初步的模糊顶层设计与乡镇政府自下而上实践的融合。

注重设计，对接资源

修武县在全域推广美学经济的过程中，还旗帜鲜明地将设计师作为"核心竞争力"。2017 年以来，修武面向全球广发"英雄帖"，邀请设计师来修武进行参观和建设。在修武，设计师像大科学家一样受到尊重。2017 年以来，修武县吸引了安徽大学的左靖，清华大学的罗德胤，罗德岛艺术学院的张唐，毕业于哈佛大学的陈曦、周实、任玮、刘焉陈，宾夕法尼亚大学的徐小萌，MAD 建筑事务所的于魁，安哲设计所的王求安等 60 余位海内外优秀设计师。他们联手开展美育授课、创业和美学建筑设计。设计师周实在采访中说:"第一次听说修武县将美学作为正式战略的一部分,我内心暗暗佩服。来到修武后,又时常感慨修武县对于美学建筑设计项目的开放思想和包容态度。"在修武县的感召下,众多顶尖设计师将修武视作梦想的寄托,众多年轻设计师也有了自身施展才华、留下作品的机遇。不少修武的建筑作品获得世界大奖。

吸引到众多优秀设计师后,修武县构建了设计师人才库。考虑到乡镇寻找设计师的资源相对缺乏,修武县主动负责联络设计师,建设平台以供乡镇进行设计师资源的对接。寻找设计师并为设计师搭建施展创造性美学思维的平台,成为美学驱动县域高质量发展实现低成本、高收益的有效路径,也从源头上解决了美从哪里来的问题。

在对接人才资源的基础上,修武县还整理并研讨了 30 期 350 余项全国优秀发展案例,对全县戏曲、故事、古驿道、古建筑、特色农产品、特色小吃、传统工艺等分类整理完善,建立了美学经济资源库。为保障施工过程中严格落实设计,县里还专门建立了施工团队人才库。通过设计师人才库、美学经济资源库、施工团队人才库的建设,修武县政府帮助乡镇解决了美学经济发展中"卡脖子"的问题。

基础设施,配套进行

为解决村民贷款难的问题,县政府积极与焦作中旅银行进行协商,为申请美学经济项目贷款的村民提供低利率贷款,并简化贷款程序。同时,以县政府的名义邀请友成企业家扶贫基金会等一些社会资本,通过捐助公益的方式投入进来。在招商引资大会上,修武县积极展示县域美学经济项目,争取社会资本,将 30 余个项目进行市场化运作。同时,量身定制了修武文化旅游、美学经济招商手册,为筹备建设的 17 个文化旅游项目及 9 个美学经济项目招商引资。修武县除在金融上给予便利外,还大力做好基础设施配套建设。为盘活山区美学资源投资 3000 万元修建盘山公路、为乡村民宿接入天然气等,解决了"云上院子"等一批美学项目建设的后顾之忧。

从"要我美学"到"我要美学"

全县推广美学经济后,美学经济的效益逐步凸现。一是美学项目经济效益提升。诸如云上院子、云台冰菊等早期发展的美学经济项目初步展现出强劲的发展势能。经过美学打造和提升后的项目收益率远高于传统的粗放式发展。一间普通民宿只能卖出百元左右的价格,而云上院子的每间民宿单价可以达到上千元却仍一房难求。云台冰菊以前只能按斤卖,现在一朵菊花最贵可以达到 20 多元。在经过美学包装的采摘节上,新庄大枣短短几天就被全部采完。

二是村民们的收入得到提升。通过发展美学经济项目,推动了三大产业之间的迅速融合,创造了非常多的就业机会。当地的村民不再需要外出打工,在自己的家门口就能找到一份较为稳定的工作。如金岭坡村村民通过在云上院子务工，村民收入基本保持在每月 3000 元以上。

三是实现了人气提升和流量变现。截至 2019 年 11 月 30 日，修武县美学经济获得省级以上媒体报道 329 次，中央级媒体报道 49 次，学习强国报道 77 次。乡村美学村部和美学小建筑成为旅游或参观的核心吸引地，平均每天吸引 400 余名党员干部和外地游客。美学经济项目成为人们来到修武的目的地，而并非云台山旅游的附属品。有了人气和关注度，乡村开始售卖一些文创产品、加工后的土特产等获得收入，实现了流量变现。此外，修武县曝光度与知名度的提升，也大大增强了村民的自豪感和凝聚力。

四是美学经济增强了乡村美育观念。"每个人都很看重自己的孩子，当他们认为地方政府是真心真意帮助他们的孩子树立自信、提高素质的时候，这种支持自然而然就会产生。"乡村美育的缺失是一个比较普遍的情况，通过在全国率先推广全民美育，引入知名设计师，让每个项目、每个建筑都向美而生，结合人文环境，突出美学文化，注重乡土特色，以美育人，让孩子在小时候就知道什么是美，让孩子保有对美的追求，就能大大增强乡村的美育观念。

看到美学经济项目有了巨大的经济、社会效益，各村的美学经济实现了从政府主导向自觉发展的转变。一批高设计水平、高建造质量、具有地方特色的美学项目涌现出来。

七贤镇沙墙村的村部建设资金就由全村众筹而来。全村集资不建教堂，不建庙宇，而是建美学村部，基本逻辑就是美学经济不仅实现他们的信仰追求，还能给老百姓带来实实在在的经济效益。"有这样一个利益需求，就能让更多的老百姓参与到我们的美学经济当中"，农民通过集体经济股份合作社分红，实现了从农民变成股民的角色转变。

岸上村的民宿建设也是民众自发发展美学经济的典型代表。曾经的岸上村依赖云台山的游客资源发展低端民宿。政府帮助改造过几次，但基本上都是建设后拆掉、拆掉后进行轻微改造后再建，而每一次建设都要耗费大量的资金。专家王求安带领团队深入到岸上村，不拆房子，而是在原有的房子上为村民量身定做民宿，并动员一些示范户进行前期民宿改造。岸上村民看到新修建的民宿投资小、收益高，纷纷联名主动向王求安老师团队提出重新设计、改建自家民宿。目前岸上村已经形成了两条民宿街区，形成了民宿集群。

此外，在美学的 8 个方面，修武县都有了成功的案例。以秦厂共产主义信仰家园为代表的党建美学，邀请哈佛大学的周实老师进行设计，建成了一个集党群服务、街心游园为一体的党建综合体；以大南坡乡村复兴示范村为代表的乡村美学项目，围绕农村体验、乡土美食、文化创意等核心产品，将山村风貌、风土人情融入规划设计，打造乡村旅游度假目的地样板；以云台古镇为代表的文化美学项目，复古汉唐之风；以红石峡和峰林峡为代表的山水美学项目，打造了云台山景区的精品景观；以运粮河综合改造为代表的城市美学项目，规划了古船起航、文化长廊、山水云台、宋塔广场、官驿码头五个景观，重现修武历史文化底蕴；以四好农村路为代表的景观美学，秉持"无美学不建设、无景观不建设"的美学理念，在每条农村公路上因地制宜、就地取材打造游园、公交亭、网红篮球场等美学小景观；以明仁苏打水厂为代表的工业美学，是由设计师陈曦打造的博物馆式工业建筑，预计投资 3000 万，以体验式流线展现生产、销售、服务全过程；以汉服花朝节为代表的艺术美学项目，打造了汉服巡游、汉风市集、汉服大秀等主题活动……大位村水塔餐厅、水塔民宿、绞胎瓷特色小镇美学建筑、丑鸭松花蛋工坊、玫瑰工坊等项目也纷纷开展起来。老百姓和企业真正看到了美学经济发展带来的机遇。

美学经济的制度化探索

为了统筹推进全县美学经济工作，2019 年 8 月，修武县将原来的正科级事业单位大健康产业促进中心改为美学经济服务中心（含大健康产业促进中心）。美学经济服务中心为正科级政府直属公益一类事业单位，经费为财政全供。目前，美学经济服务中心核定编制 11 个，主任一名，副主任两名。经县编办批准，在科室上，延续了大健康产业促进中心的综合科、业务科 2 个科室。其中，业务科主要负责开展美学经济和大健康产业的研究、调查、招商引资工作，美学经济和大健康产业信息收集汇总、政策解读、咨询服务工作，美学经济和健康产业权威专家、科研工作者、企业家及热心人士来修武投资、考察、培训等联络协调服务工作。

美学经济服务中心成立后，进一步完善了"周督导、月推进、季观摩"的美学经济项目推进工作。美学经济服务中心安排专人每周到现场进行实地督导，美学项目领导小组每月召开一次项目建设工作推进会，由各项目承办单位汇报项目进展和存在的问题，并及时会同相关职能部门协商解决。美学经济服务中心组织每个季度对 8 个乡镇的美学经济项目推进情况进行观摩和现场打分。为推动美学向全县各个领域延伸，真正实现美学经济的全域推动、全域见效，将美学中国的修武实践落到实处，不断完善美学经济项目观摩工作机制，在各乡镇全力推进美学经济项目建设的同时，各部门也围绕各自资源、职能优势，谋划项目，加快形成修武美学经济项目的集聚效应。截至 2019 年年底，修武县共排定美学项目 32 个，包括已经竣工的项目 2 个、正常推进项目 12 个、有望近期开工项目 10 个、正在谋划项目 8 个。

随着美学项目数量急剧增加，一些项目开始出现了低水平设计、低标准建造的现象。为确保美学经济项目的设计效果和建设质量，2020 年 7 月，县委、县政府决定成立美学经济项目设计预审小组，制定修武县美学经济项目设计审核机制。在设计师选择、方案设计、施工图设计、建设施工、验收评星等方面都要经过县美学经济领导小组审核才能开工。所有项目在内部装修之前，装修设计方案也要上报把关。在设计师的选择上，聘请国内外知名设计师或行业领军人物高起点设计。施工中也始终秉持"设计为本"的理念，确保施工效果"不走样"。建设中所用耗材均直接采购，并主张由设计师亲自深入施工地进行项目对接。

2020 年 8 月 26 日，中共修武县委办公室、修武县人民政府办公室正式颁布了关于建立

《修武县美学经济项目星级评定工作方案》的通知。全县美学经济项目实施星级动态管理，分为三星级、二星级、一星级，每半年评选一次。星级评定标准分为设计、色彩、建设、运营、效益五个方向，满分共100分。其中90～100分为三星级，80～89分为二星级，70～79分为一星级。由项目所在乡镇或单位向县美学项目领导小组提出星级评定申请。县政府对获评三星级的项目给予20%的设计费奖励，并通过县级平台进行宣传交流。

不可思议的修武

从修武的探索来看，美学经济助力乡村振兴的价值和效果正在逐步显现。美学经济把乡村振兴的产业振兴、人才振兴、文化振兴、生态振兴、组织振兴五大方面要求落到实处，通过推进美学经济项目，推动第一、第二、第三产业的融合，农民在获得增收的同时，更多人愿意留在家乡、建设家乡，实现产业振兴和人才振兴；美学经济项目推进所带来的硬件投入是永不落幕的美学教育资源，通过这些美学建筑，能培养出修武孩子们的审美气质和对真善美的认知，实现文化振兴；美学经济还保留了乡村的生态场景和绿水青山，通过对修武县资源的挖掘、设计与打造，修武县的旅游资源、农产品摇身一变，成了发展致富的聚宝盆，实现生态振兴；同时，美学经济项目特别是村部的建设重塑了乡风民风，有效凝聚了村民的共识，缓和了村民的矛盾，也增强了村民对于党组织的信任，实现组织振兴。修武县以美学为抓手，击破乡村振兴的痛点，为修武乡村带来了全新的面貌。乡村振兴得以全面实现，以乡村振兴助推高质量发展也走出了一条新路。

结束语

修武县美学路径的探索，为兄弟县市提供了可借鉴、可复制的乡村振兴和高质量发展的经验。未来，不可思议的修武将会爆发出更为巨大的美学能量。修武县希望以美学经济策源地为定位，赋予乡村美学经济与科技经济双轮驱动的发展模式，同时通过潜移默化的美育教育，激发孩子们的审美力与创造力，把经济建设和文化建设紧密结合起来。更重要的是，通过县域美学、乡村美学，让中华文明在与西方文明对话时保有自身的文化底气，甚至可以提供一种来自东方的中华美学精神参考。从目前来看，美学是乡村振兴和高质量发展的途径；从长远来看，美学对国民精神文明起到的提升作用也将不可估量。

【研讨题】

1. 美学经济如何实现全域推广？

2. 美学经济与传统的经济发展和乡村振兴路径有何不同？

3. 美学经济如何助推乡村振兴和高质量发展？

4. 如何看待美学经济的延续性和推广性？

📋 案例分析

修武县以美学经济为引领助推乡村振兴，最终实现了县域的高质量发展。对于以上四个研讨问题的回答和反思有助于推动美学经济释放更大能量，为高质量发展注入新的动力。

一、修武县美学经济推广的多元主体协同

美学经济本质上是一项产业经济政策，是一项系统性工程。美学经济的推广和落地需要有效的治理手段、多元行动主体的协作。协同治理旨在将不同利益主体以特定形式组织起来，以此应对公共问题，改善政府单一部门的治理失灵。[①] 修武县政府在推动美学经济的过程中，充分释放制度的活力，同时明确自身定位和边界，发挥市场的自主性、动员社会力量和资源，做到了政府、市场与社会的协同共建、共治与共享。

1. 加强政府制度建设

良好的制度安排能够创造激励。制度经济学认为有效制度的建立能够推动经济的发展，有效的制度执行是重要保障，政策是制度的具体落实手段。然而，在执行中往往面临着"委托—代理"难题。作为政策制定者的上级政府和作为政策执行者的下级政府之间存在信息不对称，因此一个良好的政策制定往往很难推进和落实。因此，上级政府在向下级政府进行政策推广时，需要考虑到如何激发下级政府的积极性和创造性。修武县通过"比学赶超，明争暗赛"、实施观摩评比制度等手段，实现了对乡镇政府的有效激励。与此同时，还激发了乡镇政府的创造性。

此外，明确的制度规定有助于推动政策执行。政策执行需要配套人、财、物的保障机制，同时也要关注旧政策与新政策之间的有效衔接。美学经济在修武县的推广有赖于美学经济服务中心的建立。一方面，美学经济服务中心作为正科级事业单位，具有体制内的资源配置权力。另一方面，美学经济服务中心的成立也避免了美学经济的开展带来发改委、文旅局、农业农村局等其他部门工作压力的加剧和职能的交叉，有助于美学经济的推广。

---

① Emerson K, Nabatchi T, Balogh S. An integrative framework for collaborative governance[J]. Journal of public administration research and theory, 2012, 22(1): 1-29.

2. 充分释放市场活力

20世纪80年代以来，随着新公共管理运动的兴起，"掌舵而非划桨"赋予了政府新的角色与定位。在我国，乡村振兴作为一项战略任务，党和政府负有最为重要的"掌舵"责任。因此，修武县始终"确保党在农村工作中始终总揽全局、协调各方"。同时，政府需要做好政策的设计工作，对美学经济的布局作出整体的规划，为各乡镇发展美学经济提出总体指引。各乡镇、村在开发美学项目时，需要严格按照规划框定的范围和标准予以实施。

在项目具体的实施过程中，政府非常注重发挥市场的决定性作用和自主性。美学经济从根本上说是产业经济，因此不是政府强力推动就能够实现的，而是要最大限度吸引市场资本进入，这样才具有可持续的发展动力。因此，修武县内的项目几乎全部采用招商引资和政府购买服务的方式予以开展。获得竞标或委托的设计团队可以根据当地的景观特色自主进行设计，只要通过县美学领导小组的设计审批就能够得以开展。在具体的设计和施工环节，政府只提出任务节点和要求，但是不会现场进行干预，也无须设计师进行繁杂的汇报。村民在发展美学经济项目时，也秉持着自发自建的原则，在不违背整体规划的前提下，村民能够最大限度地与设计师沟通设计方案，自负盈亏。

3. 积极应对市场失灵

一方面，在市场运作的过程中，政府必须明确监管的责任。面对美学经济蓬勃发展后项目设计水平参差不齐的状况，修武县政府探索出美学经济项目设计审核机制。在项目的各环节和领域加强监督和管理，对于设计水平较低、不符合整体规划原则的项目，政府及时叫停。

另一方面，提供公共物品是政府应对市场失灵的重要职能。任何产业的发展都依赖于基础设施的建设，而基础设施建设的不足往往是制约乡村振兴的难题。但是，公路、水、电此类基础设施不仅具有非竞争性、非排他性的特征，而且前期投入极大，成本回收极慢。企业基于自身追求经济效益的考量，对于基础设施的建设往往无心无力。因此，公共物品往往需要政府提供。修武县政府在发展美学经济的过程中，积极履行了自身基础设施建设和政策环境建设的职能。部分美学经济项目如云上院子、岸上村民宿等，如果没有政府出资修建道路、修通水电，设计师和市场投资主体根本无力负担巨额的基础设施建设成本，也没有到修武进行投资的条件。同时，修武发展美学经济宽松的政策环境也为各方建设修武提供了重要的平台和契机。

4. 大力吸引社会力量

在修武县自上而下的统筹规划与机构设计和乡村自下而上的内生动力交汇之下，仍有"最后一公里"的难点等待破解。乡村缺乏吸引高端设计师的人脉能力，而且高端设计师的价格成本远高于传统设计师，对乡村发展美学经济的开展带来巨大负担。同时，美学经济前期投入较大，村民也难以承担这样的成本。乡村在吸引高端设计师和吸引资金上的劣势成为阻碍美学经济发展的最后一关。

修武县政府在推广美学经济中很好地发挥了打通资源的作用。通过构建设计师人才库、美学经济资源库、施工团队人才库，使得乡村在建设美学经济时能够有丰富的资源进行对接；通过积极与焦作中旅银行签订协议，为村民提供便捷的贷款支持；同时，修武县还邀请了友成企业家扶贫基金会等社会资本通过公益捐助的方式投入美学经济的建设中。这些举措打通了乡村发展美学经济的脉络。此外，修武县有效借助媒体的报道和宣传，持续通过大众传媒的力量宣传推广修武的美学经济名片。

通过自上而下的推广、自下而上内生动力的激发、内外联动的资源打通，修武县最大限度激发了多元主体的能动性，推动了政府、市场、社会间的协同，从而助推了美学经济在县域内的推广（见图4）。

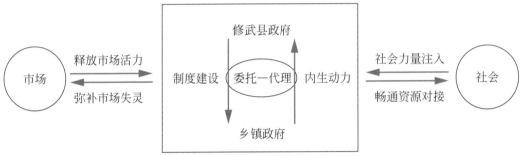

图4　修武县美学经济推广的多元主体协同示意图

资料来源：作者自绘

二、美学经济与高质量发展的内在一致性

党的二十大报告对全面建设社会主义现代化国家作出战略安排，明确到2035年基本实现社会主义现代化、到2050年把我国建设成为富强民主文明和谐美丽的社会主义现代化强国。高质量发展是全面建设社会主义现代化国家的首要任务，美学经济与高质量发展具有高度一致性，体现在三个方面。

第一，美学经济实现了供给侧的改革，满足了人们对于高品质产品和服务，特别是对美的精神渴望与追求。传统经济路径面临着非常强的同质化竞争、重复性建设。低品质的设计不仅不美，而且还会造成资源的浪费。例如许多发展旅游的乡村，往往把乡村做成千村一面的大版"农家乐"。粗制滥造、规模取胜的做法使得传统经济无法满足人们在需求端对于产品和服务的高品质追求以及对其背后文化蕴涵的向往，因而也就无法吸引人流。而美学经济其核心在于高品质的美学设计，通过引入顶尖设计师的思想理念和设计元素，使得提供的美学产品能够满足人们对于美的渴望和追求。通过高端设计打造出的乡村，成了人们喜爱的目的地。

第二，美学经济走出了一条保得住乡愁、在地性和原住民利益的道路，把乡村的乡愁、文化、生活方式打造成乡村振兴的核心竞争力。乡村振兴需要对城市元素和乡村元素进行平衡。乡村振兴不是"把乡村变城市"，而是既要让城里人找到乡愁，又要让农村居民实现生活富裕和幸福。美学经济通过对乡村的核心竞争力进行包装，打造出让城市反复消费的乡村。与此同时，美学经济十分注重村民利益的保护，施工建设中的工人、运营过程中的服务人员均依赖村民的力量。同时，在修造美学小建筑以及改建民宿的过程中，也尽可能地保留乡村原有的风貌。

第三，美学经济创造经济效益的同时创造出显著的社会效益。乡风文明是乡村振兴的指标之一。美学经济不仅为修武县的乡村带来经济上的增长和收益，同时也为修武县带来了持久的美育风气。首先，美学经济弥补了美育在乡村的欠缺。通过打造美学氛围，能够让乡村的孩子们"在家门口就能感受到美"，让他们从小意识到，"对美的追求绝对不分城乡，每个孩子都有权获得更美好的生活"。其次，"美"也能够影响乡村的村风建设。我国有一些乡村中家族势力复杂，加之村集体经济发展不景气，形成了村内的不稳定因素。而美学经济的建设，不仅能够提升村民的审美水平和生活质感，而且能够提升村民对党组织的信任和向往。最后，由于美学经济吸引了大量的人流前来参观，无形中也增强了村民的自豪感和自信心，潜移默化地改变他们的行为习惯和思维模式。

三、美学经济助推高质量发展的动力机制

生产要素是经济学的一个重要概念，由此衍生出生产函数，强调劳动、资本、土地、技术对于产出的重要作用。一个地区经济的发展离不开要素的集聚。乡村的衰败源于资源流出，因而乡村振兴的根源在于激活乡村经济、文化、生态等功能，发挥人才、组织的保障作用，推动资源要素的回流。

美学经济助推了劳动力和人才要素集聚。美学经济引入大量世界各地优秀的设计师，将修武小县城打造成人才高地。与此同时，通过振兴乡村产业，农民获得了更多的收入，更多年轻人愿意留在家乡和建设家乡。此外，修武的美育对乡村孩子的教育是一种巨大的补充，对培养孩子审美能力、促进孩子全面发展具有重要的作用。更重要的是，美学经济集聚了人气和凝聚力，特别是党建与美学经济的结合，有助于增强农村基层党组织的凝聚力。以美学理念引领的队部，成为村民交流、学习、生活、娱乐的地方。村部的建设，吸引了村民的参与，党支部开展工作变得更加顺利，村民对于党的理解和向往也更加深入和热切。

美学经济助推了资本和技术要素的集聚。修武县加快构建现代农业产业体系、生产体系、经营体系，推进农业由增产导向转向提质导向。美学经济通过延长传统的产业链条，实现了三大产业的相互融合，大大增加了农产品的附加值，有效助力乡村产业的发展。修武县正在探索一种乡村美学经济与科技经济双轮驱动的发展模式，大力积极吸引技术要素的集聚。

美学经济发挥了土地的生态价值。美学经济的立足点在于"保得住乡愁、在地性和原住民利益",它将农村的生活方式、文化风俗作为自身的核心竞争力。通过美学经济的建设,乡村保留了最质朴、最真实的面貌,免遭城市工业文化的侵蚀和破坏。美学经济为"绿水青山就是金山银山"进行了生动的注解,让良好生态成为乡村振兴的支撑点。"美"与生态保护从根本上来说相辅相成,"美学经济促进环境保护,环境保护为美学经济保驾护航",修武县环境保护局徐局长如是说。乡村的生态保护重点在于污水处理和垃圾分类,通过发展美学经济,人们为了保持美的环境,需要提升自己的环保观念,农村环境保护的难点也迎刃而解。

四、地方政府创新的延续性与推广性

创新通常是指首次采纳某项政策。[1] 政府创新相比一般创新,更强调不断改善政府公共服务和增进公共利益。地方政府创新呈现"内外部相互嵌入"的特征。创新动机一方面源于地方政府内在的利益诉求、政治承诺、地方合法性、创新成本收益权衡、地方官员个性等因素,另一方面源于制度缺陷、社会变迁、政治压力、政治竞争等外部动力。[2]

相比西方国家地方政府以选票最大化作为其创新动机,我国地方政府的创新动机具有独特的制度约束和特征。第一,以追求官员晋升为目标的政绩驱动,是影响地方政府创新的重要动力。地方政府的决策与行为深植于地方政府官员个体的激励与行为之中。[3] 第二,中央政府的政策态度对于地方政府的创新行为具有重要影响。地方创新行为必须受到中央的许可才能够得以开展,政绩具有很强的"政治性"。[4] 第三,经济绩效与官员晋升的政治动机密不可分。大量研究表明中国地方政府的投资额、经济波动等指标与官员晋升密切相关。[5]

美学经济从本质上来讲是一种地方政府创新行为。地方政府的内在动力和外在压力是创新的首要原因,而地方政府创新的可持续性往往取决于能否获得体制内的认可和支持。地方政府创新的延续面临着较大阻碍,很大一部分原因在于地方领导干部的任期制度。《党政领导干部职务任期暂行规定》规定了"党政领导职务每个任期为五年",但是由于晋升职务经历要求、干部交流、任前轮岗等制度,地方官员的实际任职年限往往少于五年。而新上任的地方政府官员为了获得政绩,往往采取"新官上任三把火"的做法,这就导致地方政府出现创新频繁,但发展的延续性较差的问题。

美学经济的自身推广也存在着几个难点。第一,美学概念的颠覆性。美学是一个比较

---

① Walker J L. The Diffusion of Innovations among the American States[J]. The American Political Science Review, 2014, 63(3): 880-899.

② 胡宁生,戴祥玉.地方政府治理创新自我推进机制:动力、挑战与重塑 [J].中国行政管理,2016(2): 27-32.

③ 周黎安.中国地方官员的晋升锦标赛模式研究 [J].经济研究,2007(7): 36-50.

④ 陈家喜,汪永成.政绩驱动:地方政府创新的动力分析 [J].政治学研究,2013(4): 50-56.

⑤ Choi E. Patronage and Performance: Factors in the Political Mobility of Provincial Leaders in Post-Deng China[J]. The China Quarterly, 2012, 212: 965-981.

新的事物，县域老百姓起初不会从美学理念出发来思考问题，更多的是看重眼前的经济效益。美学需要通过设计的方式，赋予经济发展新的精神价值和概念，这对很多人来说是一种颠覆。因此，在推广美学经济时，政府应该关注如何凝聚共识，进而在全域推动美学经济的实施。第二，美学的经济性。我国干部考评体制尽管弱化了对于经济指标的考核，但在政府实际的运行过程中，经济绩效仍然是地方领导人和民众最为关心的事情。因此，无论如何打造美学，其重点仍然在经济上。美学如何能切实转换成经济，如何让前期的投入成本转化为更大的收益，这是美学经济的核心关切。第三，美学的系统性。在推进美学经济中，要用系统的观点来打造美学项目。必须确保所有的项目和所有的细节都能够严格按照美学规划来进行，这需要高标准的设计和严格的监管和要求，也需要极多的设计师资源。同时，是否发展美学经济仍须因地制宜。修武县因其独特的第一、第二、第三产业发展特征，开展美学经济是顺应修武县县情的决策。尽管如此，美学经济并非修武的唯一支柱，修武县坚持科技与美学双轮驱动的战略。在推广美学经济的过程中，仍然要坚持从实际出发，走一条符合县情与民情的道路。

尽管面临着不少挑战，但修武县的领导干部和民众对美学经济在修武的延续性抱有乐观态度，有两点原因。

第一，美学经济得到了社会公众的认可和参与。全国很多城市和县域都已经开始了美学经济路径的复制和再创新。每年大量外地干部的学习考察也激励着修武的干部延续美学经济。美学经济的推广，还激发了群众发展经济的内在动力，也让百姓真正获得了收益。修武县涌现了很多自发开展美学经济项目的案例，诸如沙墙村村民众筹修建村部、岸上村民宿自建改造等。此外，美学经济还营造了良好的美育环境及美学体验，这种对美的感知将长期植根在群众之中，助推政策的延续性。

第二，美学经济形成了制度化探索，增强了创新的可延续性。修武县委书记提及，"没有制度设计，创新非常容易昙花一现"。因此，修武县设立了美学经济服务中心。该机构为政府直属事业单位，并配有相应编制。机构的设立一定程度上增强了该项创新行为的延续性和持续发展能力，从而在一定程度上降低了由于"一把手"离任而导致创新终结的风险。

美学经济助推了乡村振兴，进而推动了以乡村和县域为策源地的高质量发展。美学经济直面以往乡村发展中的难点和痛点，通过高品质的供给侧改革，集聚了人才、资本、技术要素，充分发挥了土地的生态价值。美学经济是一项系统工程，其在全县的推广离不开政府、市场、社会的协同。作为一项地方政府创新举措，美学经济为县域高质量发展提供了样本和借鉴。

05

中国水电：人与自然和谐共生的绿色发展之路 *

——记中国水力发电技术的跨越式追赶历程

📑 案例正文

【引言】2022 年 10 月，习近平总书记在党的二十大报告中系统阐释了中国式现代化的五大特征，即中国式现代化是人口规模巨大的现代化，是全体人民共同富裕的现代化，是物质文明和精神文明相协调的现代化，是人与自然和谐共生的现代化，是走和平发展道路的现代化。我国水力发电行业的发展历程作为中国式现代化人与自然和谐共生发展的典型范例，始终以生态优先、绿色发展为宗旨，协调开发与保护的矛盾，从全方位、全地域、全过程开展生态环境保护。同时，水力发电行业以低成本获得长期且稳定的电力供应，也一直是我国乃至各国能源领域的核心议题。尤其是在《京都议定书》和《巴黎协定》签署之后，水力发电对全球缓解气候变化的重要作用愈发凸显，进一步激发了全球水力发电产业的发展。我国水力发电的发展始终坚持人与自然和谐共生的理念，促进以人为本，在保障能源安全并加速追赶世界领先国家的同时，时刻关注环保民生问题，走出了一条中国水力发电人与自然和谐共生之路。

【摘要】我国的水利资源储量世界第一。经过多年的改革创新和大胆实践，我国水力发电产业在支撑我国发展、保障能源安全的同时，既坚持解决环保民生问题，又实现了从小到大、从弱到强、从跟跑到领跑的历史性跨越，有效支撑并推动了我国经济的高质量发展。近 20 年来，作为国际水力发电产业中的后来者，我国水力发电产业不断抓住产业发展的机会窗口，通过技术创新、市场开拓、制度改革等方面的努力，坚持技术发展与节能环保并行推进，走出了人与自然和谐共生的绿色发展之路。本案例全面总结 20 年来我国水力发电产业高质量发展的历程，其成功经验可为我国在其他关键领域实现绿色发展，加速推进中国式现代化提供有价值的参考。

【关键词】中国水力发电产业；人与自然和谐共生；高质量发展；机会窗口

---

* 案例作者：周源，清华大学公共管理学院长聘副教授；苗仲桢，清华大学公共管理学院助理研究员。

自我国第一座水电站——云南石龙坝水电站建设开始，我国的水力发电（以下简称"水电"）已有 110 多年的历史。在新中国成立初期，由于历史原因和技术条件的限制，水电技术相比国外存在较大差距，而如今，我国水电站遍布全国。经过我国水电工作者数十年如一日的辛勤耕耘，在技术创新、市场开拓及制度改革等方面的不断努力，我国水电设施建设和水电装备制造目前已处于全球领先地位。2004 年，我国的总装机容量在全球市场份额中排名第一；2017 年，我国全年水电专利申请数量占全球份额的近 95%。如今，我国正不断向海外输出水电技术、产品和人才。[①]

下面将根据我国水电产业人与自然和谐共生绿色发展不同时期的特点，分三个主要阶段进行分析。

第一阶段：三峡建设如火如荼，中国大型水电站建设开启新篇章

推动水电基础设施建设，破能源难题

新中国成立初期，我国工业发展受到能源制约，因此政府出台了多项政策来推动经济建设和国家工业化进程，其中最著名的是《中华人民共和国发展国民经济的第一个五年计划（1953—1957）》（简称"一五"计划）。在该计划的指导下，我国开始了大规模的基础设施建设，包括水电站、公路、铁路、机场等。在水电方面，开始修建多个大型水电站，其中最大的水电站即为 1994 年正式动工兴建，2003 年开始蓄水发电并于 2009 年全部完工的长江三峡水利枢纽工程，又称为三峡水电站、三峡工程（见图 1）。

图 1　长江三峡水利枢纽工程

图片来源：新华社发（向红梅 摄）

---

① Urban F, Nordensvärd J, Khatri D, et al. An analysis of China's investment in the hydropower sector in the Greater Mekong Sub-Region[J]. Environment, Development and Sustainability, 2013, 15: 301-324.

建设三峡水电站的设想最早由民主革命先行者孙中山先生提出，然而由于三峡水电站建设的复杂性，决策者必须综合考虑技术、社会、环境等多个方面的因素，导致三峡工程迟迟不能启动。首先，由于工程规模庞大，涉及水坝的建设、水电站的设计、电力输送等复杂的技术问题，需要在工程实施中解决。其次，三峡水电站蓄水将淹没大片土地，会导致大量周边居民搬迁和安置，需要确保受影响的居民得到妥善的安置和补偿。最后，水库蓄水将导致河流生态环境的改变，涉及水质、水态、鱼类迁徙等问题，建设的同时需要采取一系列的环境保护和生态恢复措施。

正如原国务院三峡工程建设委员会办公室副主任张德楠所说，"历史选择了三峡、三峡抓住了机遇"[1]。在我国经济快速发展初期，一方面，为解决国家的工业化和城市化进程提供能源保障问题，我国政府大力发展水电产业，将其作为一种重要的基础能源。另一方面，长期以来长江三峡航路不畅，严重制约了长江航运和经济的发展，进一步坚定了政府推动三峡工程的决心。三峡水电站经过新中国成立后几代中国水电人和欧美专家的接力攀登，历经数年风雨周折得以建成。

这一时期，我国政府还出台了一系列扩大产能的文件来鼓励水电站设施的建设，例如1985年国务院批转国家经济委员会等部门《关于鼓励集资办电和实行多种电价的暂时规定》的通知，1999年国家计划委员会《关于"九五"后期调整电力建设结构有关意见摘要》，1999年国家经贸委印发《关于优化电力资源配置 促进公开、公平调度的若干意见》的通知，鼓励企业加大对水电的投资力度，引导其在技术创新、设备更新等方面进行投资，提高水电产业的生产能力和竞争力。这些政策和文件为我国水电行业跳跃式追赶打造了机会窗口，为我国水电行业快速发展为世界领先水平的能源产业奠定了坚实的基础，加速了我国水电产业的快速发展。如图2所示，在2004年前后我国在发电总量上逐渐获得世界领先地位。

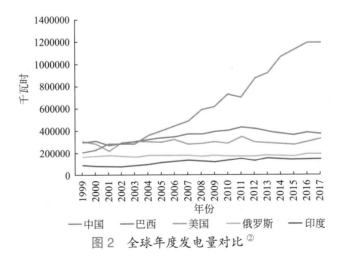

图2 全球年度发电量对比[2]

① 张德楠. 历史选择了三峡、三峡抓住了机遇——走向水电强国 [N]. 中国能源网 , 2018-10-08.
② Zhou Y, Miao Z, Urban F. China's leadership in the hydropower sector: Identifying green windows of opportunity for technological catch-up[J]. Industrial and Corporate Change, 2020, 29(5): 1319-1343.

能源保障与改善民生兼顾，三峡建设突破重重难关

20 世纪 70 年代和 80 年代，我国的工业和城市化进程面临着巨大的能源消耗缺口，特别是在市场上煤炭等化石能源价格上涨供应短缺的情况下，水电作为一种清洁、可再生的能源，成为满足工业用电市场需求的重要替代能源。在推动我国工业化进程之外，水电在当时也被广泛用于农村地区的电气化建设，为偏远地区提供了廉价的电力供应，推动了农业现代化和农村经济的发展。

除了解决能源问题，改善民生也是水电站工程建设的重要任务之一，三峡工程就在此历史背景下应运而生。正如孙中山先生在《建国方略之二——实业计划》中描绘的场景："自宜昌而上，入峡行……急流与滩石，沿流皆是。"他以此提出"改良此上游一段，当以水闸堰其水，使舟得以溯流而行，而又可资其水力"①的设想。三峡工程虽然是世界上规模最大的水电工程，但其首要任务并非发电，而是防洪，保一方安澜。可以说，三峡工程既是效益巨大的水电工程，更是彪炳千秋的民生工程。由于三峡工程所在地区地质构造复杂，地震、滑坡、崩塌等自然灾害频繁发生，对周围环境和居民生活产生了极大影响，也对三峡工程的建设和运行带来了很大的风险。

在 2002 年 11 月 6 日三峡工程的导流明渠截流仪式上，时任全国人大常委会委员长的李鹏讲道："自古以来，'水治则国治'。确保长江安澜，造福于民，是中国世世代代人民的夙愿。实现这一历史夙愿的重任，则落在了我们的肩上。""三峡工程是一项具有防洪、发电、航运、环保、引水等综合效益、符合国家可持续发展战略的跨世纪宏伟工程，'功在当代，利及千秋'。它的建设，无疑是中国历史进程中的一座里程碑，必将有力地促进我国的社会主义现代化建设。"②

我国水电技术发展始终坚持人与自然和谐共生的理念，不断突破技术难关，解决开发与保护的难题。在三峡工程开始建设之初，一些之前未曾细细考虑的环保问题逐渐凸显出来。2000 年，时任国务院总理的朱镕基在国务院三峡工程建设委员会第九次全体会议上的讲话中提到："我们要极其重视三峡库区的生态环境保护问题，要及时制定规划，认真加以实施，强化监督机制，经常检查督促。绝不能等到水库蓄水了再强调环境保护，现在就要抓紧工作。"并指示"由国家计委牵头，国家经贸委、财政部、环保总局、水利部、农业部、林业局等有关部门参加，共同修订和完善现有的库区环境保护和生态建设规划，并以最快速度制定具体的实施计划"。同时，他强调"生态环境保护问题实际上关系着库区的可持续发展问题。要调整、关闭那些污染严重的企业，这对库区经济社会的协调发展也是极大的推动"③。

除此以外，为了解决三峡地区地质灾害频发的问题，三峡工程建设单位采取了多项措

---

① 刘荣波. 三峡工程历史回顾 [M]// 孙中山选集之《建国方略二·实业计划（第二计划）》摘要 [M]// 中国三峡建设年鉴 1995. 北京：中国三峡出版社，1995: 369-372.
② 刘荣波. 中国三峡建设年鉴 [M]. 北京：中国三峡建设年鉴社，1999.
③ 柳定祥. 中国三峡建设年鉴 [M]. 北京：中国三峡建设年鉴社，2001.

施，如地质勘探、设计调整、工程治理、监测预警等，确保了工程的安全性和稳定性。在三峡工程建设和运行中，还设立了专门的地质灾害防治和应急救援机构，对可能出现的地质灾害进行预测和预警，确保了工程建设和运行的安全。

三峡大坝还担任着改善该流域通航条件的重任。2003 年，水利水电专家、中国工程院院士陆佑楣在中国长江三峡集团有限公司工作会议上总结讲话时说道："2003 年要实现三大目标，是三峡工程非常关键的一年。现在看来，碾压混凝土围堰大概 5 月初就可以到顶。到顶以后，就要下闸蓄水，船闸就要通航。如果船闸不能通航，就变成了全国的一件大事。你修了长江三峡，结果船不能通航，怎么向人民交代？如果我们在 2003 年不能如期发电，不能得到 55 亿度电的话，那么三峡总公司也会失去竞争的能力。"

三峡工程建设单位在建设五级船闸的基础上采取了多项措施，如疏浚航道、拓宽船闸、加强导航等，大大提高了通航的安全性和通行能力。同时，还设立了专门的通航管理机构，负责通航安全和管理工作，确保了通航的顺畅和安全。

曾担任原水利电力部部长的钱正英在参加 2003 年三峡工程质量检查座谈会时概括："就三峡工程来讲，在这 10 年中有许多能够载入史册的杰作。例如，两次截流，一次是大江截流一次是明渠截流；两次围堰，二期围堰与三期围堰；船闸的建设；正在进行的机电安装；等等。这些都是具有世界水平的杰作。"

坚持自主创新，水电装备研发探索绿色技术路线

2000 年前后，当时世界银行和经济合作与发展组织的成员国认为大型水电设施会对生态环境造成不可逆的损害，因此国际上的先进水电企业减少了对水电技术研发的投入。[1] 但在这之前，欧美国家早已通过多种方式在水电装备市场实现垄断。在水轮机、发电机等核心水电装备领域的技术垄断，使得他们能够在全球市场上占据主导地位。另外，欧美国家在水电装备市场上拥有较强的资金实力，他们可以通过投资建设先进的生产基地、研发新技术和设备等方式来提高产品的质量和竞争力。因此，欧美国家在过去几十年里积累了较高的市场占有率，品牌知名度和口碑也比较好，这使得他们在国际市场上具有很强的竞争力。

面对国际上欧美国家对水电产品的垄断，三峡建设时期我国企业努力摆脱对进口设备的依赖，坚持自主创新，不断突破技术门槛，在水电设施建设方面，不断探索绿色环保的技术路线，开发应用了水电设施生态流量[2]监测、鱼类保护、减缓低温水影响等技术。水电水利规划设计总院原院长彭程介绍，生态流量是满足水电工程下游河段保护目标生态需水基本要求的流量及过程。通过合理规划、实施生态调度，下泄充足的生态流量并模拟自然水文节

---

① Kucukali S, Baris K. Assessment of small hydropower (SHP) development in Turkey: Laws, regulations and EU policy perspective[J]. Energy policy, 2009, 37(10): 3872-3879.
② 生态流量是指维持河流或湖泊的健康生态系统，保证水生生物能正常生存和人类从中获得物质和服务所需的流量。

律过程，有利于提升水流流态的多样性，满足水生生态需水。①

与此同时，我国在水电装备领域也逐渐完成了国产替代。2003 年，由中国长江三峡集团有限公司建设的三峡水电站启动了六台 700 兆瓦的发电机，总装机容量达到了 22.5 万兆瓦。其中，发电机组的最后一组由中国东方电气集团有限公司的东方电机有限公司生产组装。中国葛洲坝集团有限公司创造了一年装机投产 4 台总装机容量 280 万千瓦的机组，以及 70 万千瓦机组安装工期 290 天两项世界纪录，成为世界首家拥有全部冷却方式巨型机组安装调试技术的企业。西安西电开关电气有限公司自主设计制造的首批额定电压为 24 千伏、额定电流为 27 千安的大容量发电机出口断路器成功应用于向家坝左岸电站机组，该项目在我国历史上具有重要的意义，被视为国家发展的里程碑之一。在该项目的技术实现过程中，我国通过技术转移的方式成功实现超大功率水轮发电机的自主制造。这帮助我国在国际上成为水电技术相关专利申请数量的引领者。另外，在大坝建设技术方面，中国长江三峡集团有限公司和中国电力国际有限公司等我国领先的水电公司通过与其他公司的国际技术合作，在三峡工程中积累了丰富的建筑经验，培养了大量的水电技术人才。

面对新兴国家对水电建设的需求，我国政府积极鼓励水电企业"走出去"，在海外新市场进行投资和运营。② 如图 3 所示，2008 年时我国水电技术专利申请量已居世界首位，并持续领先。

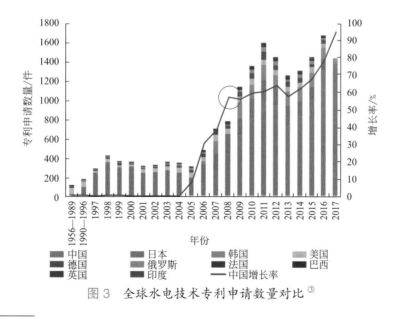

图 3　全球水电技术专利申请数量对比③

① 吴昊. 特别关注 | 开发、保护和谐统筹 水电行业联合行动"再造"秀美山川 [N]. 澎湃新闻, 政务：能源发展与政策, 2022-06-02.

② Urban F, Nordensvärd J, Khatri D, et al. An analysis of China's investment in the hydropower sector in the Greater Mekong Sub-Region[J]. Environment, Development and Sustainability, 2013, 15: 301-324.

③ Zhou Y, Miao Z, Urban F. China's leadership in the hydropower sector: Identifying green windows of opportunity for technological catch-up[J]. Industrial and Corporate Change, 2020, 29(5): 1319-1343.

第二阶段：分布式发电范式快速兴起，我国小型水电建设遍地开花

2003 年 8 月 14 日发生的美加大停电[①]激发了世界范围内对于电网技术的反思与改进，智能电网技术应运而生。智能电网技术对于电力行业是革命性的，它利用信息技术和通信技术等手段，将各种能源设备和用户连接起来，形成一个高度智能化的能源管理系统。通过智能电网技术，能够更加精确地预测能源需求，优化能源调度，提高能源的利用效率和可靠性，同时也能更好地实现对可再生能源的利用。

2008 年前后，基于智能电网技术的分布式发电范式在世界范围内掀起浪潮。分布式水电技术范式集成了智能电网与分散的小型能源设备，如小型抽水蓄能水电站、太阳能板、风力涡轮机等，来满足当地的能源需求，减少对传统能源供应系统的依赖。这种范式的优点是能够提高能源的可靠性、安全性和经济性，同时也能减少温室气体的排放，有利于环境保护。得益于其对于电网的高效管理和对能源安全的保障，分布式发电范式在世界范围内逐渐扩散。

面对我国快速工业化进程对电网管理的需求，国家电网有限公司（简称国家电网）开始将智能电网建设纳入经济社会发展总体布局，在全国范围优化配置能源和电力资源。全面实施电能替代，实施以"以电代煤、以电代油、电从远方来"为主要内容的电能替代战略。与此同时，在我国智能电网和分布式发电技术快速发展的基础上，我国对小型水电和抽水蓄能水电站的建设快速推进。

乡镇地区小水电蓬勃发展

在大型水电站大量建成之后，一些大型水电站由于发电量过剩而导致了"弃风弃水"[②]现象的出现。为了解决这一问题，我国在分散的农村地区开发了分布式水电站。

分布式发电是指在用电的地方就近发电，避免输电损耗，从而提高能源利用效率。而小水电是指在小河流、山溪等地方建造的水电站，它通常具有投资成本低、建设周期短、维护费用低等特点。随着分布式发电的兴起和政府的政策激励，越来越多的小水电站开始在乡镇地区建设。这些小水电站可以为当地居民提供可靠的电力供应，同时还能促进当地经济发展。

早在 20 世纪 60 年代和 70 年代，我国乡村地区就已经开始建设小水电站。浙江省金华

---

① 美加大停电指 2003 年 8 月 14 日美国东北部部分地区以及加拿大东部地区出现的大范围停电。
② "弃风弃水"现象就是受限于某种原因被迫放弃风能水能，停止相应发电机组或减少其发电量；"弃风弃水"现象产生的原因：第一，电网容量限制。当可再生能源的发电量超过电网容量时，发电设备无法将所有发电功率输送到电网中，因此不得不弃用一部分电能。第二，发电设备运行限制及多种因素的影响。当天气、水流等因素造成的发电量超过电网需求时，剩余的电能不得不被弃用。第三，缺乏储能装置。可再生能源的发电量波动较大，如果没有足够的储能装置，发电量过剩时无法将电能储存起来，只能被弃用。

市的双龙水电站便是小水电站的范例之一。对于当时建设双龙水电站的场景，原双龙水电站站长杜成济至今记忆深刻，他说："没有施工机械，我们就肩挑背扛，干得热火朝天；没有技术设备，我们就钻研摸索，攻克一个个难关。"① 这个位于金华山南麓承载着"自力更生、艰苦创业"红色精神的双龙水电站成为全国第一座高水头水电站，并以小水电技术一度闻名全国，享誉世界。经过艰苦卓绝的钻研，双龙水电站的建设者们创造性地将金华机械厂制造的我国第一台 750 千瓦水轮机，与两台上海华生电器厂制造的 256 千瓦发电机联机发电，并一举成功。这一金华独创的"联机发电"模式是我国电力机械制造和农村水电史上的一个重要里程碑，为当时缺电的金华提供了经济社会发展的宝贵动力，也让金华站在了水利水电建设的前沿，掀起了水电站建设的热潮。

1981 年 5 月，联合国小水电考察组一行 20 人考察了双龙梯级水电站开发情况。杜成济说："当年我们电站名声在外，点亮了中国农村电气化发展的星火，促进了世界水电事业的进步。"②

伴随全球分布式发电范式和智能电网技术的逐步兴起，2006 年《发电厂并网运行管理规定》（电监市场〔2006〕42 号）、《并网发电厂辅助服务管理暂行办法》（电监市场〔2006〕43 号）印发，正式提出分布式电源并网发电的管理政策框架。2007 年，在政策支持的推动下，我国小水电建设达到了一个高峰，当年新增装机容量达到了 5969 兆瓦，创下历史纪录。③ 到 2008 年年底，尚未开发的小水电资源还有 8000 万千瓦左右，可再建小水电上万座，年发电量 2500 亿～3500 亿千瓦时，相当于 4 个以上特大型三峡水电站的电力电量。④2009—2010 年，由于全球金融危机的影响，我国政府加大了对内需的投资力度，小水电作为基础设施建设的一部分得到了更多的支持，在这两年中仍然保持了较高的建设速度。

当时，重庆三峡水利电力（集团）股份有限公司和云南文山电力股份有限公司等国有企业和私营企业均开始在我国乡镇地区投资建设小型水电站，如天桥式水力发电厂。⑤ 除此之外，国家电网也开始牵头在我国建立智能电网，以便将分布式水电（如小型水电站）连接到国家电网。这些努力逐渐使我国水电行业积累了小型水电尖端技术和能力。

及时规治小水电建设，打响环保"攻坚战"

伴随着小水电站的遍地开花，由于部分地区环保管理松懈，一些小水电站在未严格遵守环保要求的情况下开始建造，在全国范围内导致部分河流、山溪等地方的生态环境遭到破坏，进而破坏了当地的生态系统。此外，由于一些小水电站的建设和运营不得当，也造成了

---

① ② 季俊磊. 双龙水电站：循着伟人足迹 探秘水电初心 [N]. 金华日报，2021-05-11.
③ 中华人民共和国水利部. 2007 年全国水利发展统计公报 [M]. 北京：中国水利水电出版社，2008.
④ 历史回顾：中国小水电发展 60 年 [N]. 中国能源报，2016-12-29.
⑤ QIRI. Analysis Report on Market Prospect and Investment Strategy Planning of China's Small Hydropower Industry in 2014-2018[M]. Beijing: Qianzhan Industry Research Institute, 2014.

水污染等环境问题。因而，自 2008 年开始全国范围内逐渐加大对违规小水电站的治理力度。

2008 年 3 月，广东省全面完成清理整顿 385 宗"四无"水电站工作，全省共投入 8000 万元。同年 4 月 18 日，全国违规水电站清查整改工作座谈会在北京召开。时任水利部副部长胡四一发表讲话，原国家安监总局、国家电监会有关负责同志出席会议。会议强调，要扎实做好违规水电站清查整改的各项工作，确保 2010 年全面完成整改任务，促进农村水电又好又快发展。

2009 年，水利部印发了《2009—2015 年全国小水电代燃料工程规划》，建立了"所有权、经营权、使用权"三权分设的管理体制和"国家补助、企业运作、农民参与、协会监督"的运行机制。同年，水利部与国家工商总局、国家安监总局、国家电监会联合印发了《关于加强小水电站安全监管工作的通知》，明确了小水电安全监管主体和各有关部门的责任，提出了具体的监管措施，基本理顺了农村水电安全监管体制。

2011 年起，受资源和生态环境等因素制约，小水电发展进入提质增效阶段。在此后的 10 年间，广东建成小水电站 153 座，兴建速度大大放缓。

在此次小水电治理高潮之后，我国仍一直坚持农村小水电走绿色发展之路，在坚持在开发利用农村水电资源的同时做到安全发展和绿色发展并行推进。

可以相信，2013 年中央城镇化工作会议中提出的"让居民看得见山，望得见水，记得住乡愁"的美好愿景指日可待。

第三阶段：我国大型小型水电共同成为能源保障主力军

近年来，全球能源需求不断增长，煤炭作为传统能源之一，仍然占据着重要地位。然而，随着全球气候变化问题日益突出，各国也在加速推进新能源的开发和使用，以减少碳排放和环境污染。在这种情况下，国际煤价于 2012 年创下了历史新高，成为全球能源市场的焦点。面对国际煤价上涨，一些国家开始重新重视水电设施建设。水电与煤炭等传统能源相比，具有环保、低碳、经济等优势，同时作为可再生能源和稳定的发电来源，是解决煤炭涨价带来的能源危机的有效手段。

大型水电建设再攀高峰，水电技术绿色发展持续向好

水电水利规划设计总院原院长彭程表示，随着我国大型水电基地建设格局逐步形成，剩余未开发的水电资源主要集中在西南地区，更需要坚持生态优先、绿色发展，落实生态环境保护措施，加强分层取水、生态流量泄放、水质保护、过鱼设施、栖息地保护等措施效果的监测评估，提升保护效果。按照长江、黄河等流域大保护要求，开展生态流量科学泄放研究，加大栖息地保护力度，实施水生生物产卵场、索饵场、越冬场和洄游通道等关键生境保

护修复工程，全面深化后续水电生态环境保护工作。"水生生物栖息地保护是保护生物多样性的根本措施"，彭程指出，通过就地保护及采取必要的生态修复措施，可有效恢复河段连通性、水文和生态环境，满足鱼类及其他水生生物正常生存、繁育及完成生活史的生境条件。截至目前，在长江、黄河、澜沧江、金沙江、雅鲁藏布江、大渡河、雅砻江、北盘江等水电开发流域已构建百余处栖息地保护河段。[①]

近年来，我国政府一直在大力推动西南地质复杂地区水电设施的建设。建设水电站本身就需要有一定的水源和水位落差，这通常在地形比较复杂的地区才能满足这一条件，因而我国剩余的水电站选址基本都是地质条件非常复杂的地区。

水电站建设首先需要大量的资金和技术支持，地形复杂的地区可能相对贫困，缺乏其他经济资源，因此政府和企业可能会选择在这些地区建设水电站以获得经济利益和发展机会。其次，高标准的环保要求也使水电设施建设的难度和成本成为新的挑战，市场亟须更为先进的水电建设和装备技术。

为此，政府加大了对水力资源开发的投资力度，提高了水电站建设的技术水平。还加强了水电站建设的环保措施，确保水电站建设和运营对环境的影响最小化。此外，政府还注重与当地居民协商，以确保他们的利益得到保障。这些努力已经取得了一定的成效，在我国的一些地质复杂地区已经建成了一些大型水电站，这些水电站不仅能够满足当地的用电需求，还可以向其他地区输送电力。

我国于 2010 年开始了白鹤滩等大型水电站的建设，其选址位于四川省乐山市沐川县白鹤乡和沐溪乡交界处的岷江上。白鹤滩水电站的建设，是继三峡之后我国水电建设的又一高峰，从筹备到开工到建设，再到电站工程全面建成投产，凝聚了几代水电人的心血。其建设过程不但面临着三峡建设中相似的开发与保护的难题，而且遇到了新的挑战。

三峡集团白鹤滩工程建设部副主任康永林在机组调试最后阶段时说："不要看现在大家都这么镇定，当时第一台机组投产发电的时候，我的心跳飙到了 150！"[②] 从第一台百万千瓦机组成功投产，到 15 台百万千瓦机组的依次投产，意味着从 0 到 1 的突破。康永林回忆："我记得有一位老院长已经 85 岁了，认识他的时候，我还是个小年轻，之前也来了这里，还问了我过去没能解决，但在白鹤滩水电站已经解决了的技术问题。""既然敢做第一个吃螃蟹的人，那其中肯定有很多需要摸着石头过河（来解决）的问题。遇到困难，就要直面困难，敢于斗争，只要肯琢磨钻研，最后一定有解决的办法。"

随着科学技术的进步，在白鹤滩，各种先进的信息化技术、自动控制设备都得到了应用，与水电工程施工相融合，大坝工程也全面应用智能建造系统。白鹤滩工程建设部技术管理部副主任周孟夏说："随着科技发展，我们把最新的科学技术成果运用到工程实践当中。"如今，

① 吴昊.特别关注|开发、保护和谐统筹 水电行业联合行动"再造"秀美山川 [N].澎湃新闻,政务：能源发展与政策,2022-06-02.
② 彭宗卫.圆梦白鹤滩|白鹤滩水电站最后一台机组投产侧记 [N].澎湃新闻,2022-12-22.

一座"智能"大坝已经建成。

我国是全球最大的水电市场之一，我国政府也一直在大力推动水电产业的发展。2019年，《关于做好水电开发利益共享工作的指导意见》（发改能源规〔2019〕439号）发布，明确提出要加强水电产业创新、提高水电安全和环保水平、拓展水电国际市场等举措，以促进水电产业健康发展，减少对煤炭等传统能源的依赖，同时实现能源转型和碳减排目标。在水电大坝建设技术（如钢筋混凝土大坝技术、坝体监测技术、水力发电技术、河流调节技术）和千兆瓦水电装备技术（如高效节能技术、数字化控制技术、新型材料技术、智能运维技术）领先的基础上，近年来我的水电企业响应国家的"一带一路"倡议，积极促进国际合作，努力打造国际合作新平台，增添共同发展新动力。

从2021年开始，我国已开始规划将海外市场作为我国水电建设新的主战场，我国水电企业的主要收入将来自海外。在多年海外经营和发展的背景下，我国企业已经与100多个国家和地区建立了水电开发多种形式的合作关系，承接了60多个国家和地区的电力和河流规划，业务覆盖全球140多个国家和地区，累计带动数万亿美元国产装备和材料出口。[①] 除了水电出海，我国还将贡献最先进的技术，以此带动全球的水利水电开发，以推动整个人类社会的能源转型和可持续发展。

标准规范相继出台，小水电建设可持续发展

由于水电站项目建设地质复杂、项目庞大，国际上对生态保护的要求更为严格。我国政府在水电建设项目的质量监管方面做了大量的工作，相继出台了一系列的标准和规范，规范水电建设项目的施工和验收流程，确保了项目的质量和安全。比如2016年中央一号文件对发展绿色小水电作出要求，明确绿色小水电站创建工作部署。水利部于2017年8月发布了《绿色小水电评价标准》等技术规范，出台了《关于推进绿色小水电发展的指导意见》《农村水电增容扩容改造河流生态修复指导意见》；组织开展绿色小水电站创建工作，进行小水电绿色发展调查摸底，组织绿色小水电站创建省级推荐工作。根据2017年8月颁布实施的《绿色小水电评价标准》，绿色小水电评价包括生态环境、社会、管理、经济共4个评价类别，其中生态环境评价55分、社会评价18分、管理评价18分、经济评价9分。绿色小水电站评价的有效期为3年，有效期内复核、抽查不合格且整改后仍不合格，将撤销绿色小水电称号。[②]

2017年时任水利部副部长陆桂华在绿色小水电建设工作现场会上发表了名为《锐意进取 开拓创新 加快推进绿色小水电发展》的讲话，他说道："小水电行业必须保持战略定力，充分发挥清洁可再生能源作用，增加清洁电力供应；同时小水电发电企业和独立配电企业要积极参与电力体制改革，为工商企业等各类用户提供更加经济、优质、清洁的电力保障。五年来，我国电力供需形势发生了深刻变化，电力需求已出现明显放缓趋势……未来，电力消

---

① 张博庭. 从历史的脉络看"十四五"的水电发展 [J]. 水利水电施工，2020(5): 1-5.
② 赵冉. 绿色小水电还碧水青山 [N]. 中国电力报，2017-12-11.

费正在进入新一轮的增长周期，小水电必须以供给侧结构性改革为主线，坚持开发与保护并重，新建与改造统筹，建设与管理统一；以河流为单元，加快推进农村水电增效扩容改造；通过电站优化运行、流域梯级协作等方式，最大限度发挥水资源整体效益，推动小水电从高速增长阶段向高质量发展阶段转变，不断实现健康发展、行稳致远。"

2018 年开始，小水电对区域生态环境保护的负面影响逐渐显露出来。仅长江经济带 11 个省（直辖市）截至 2021 年年初就累计建设 2.5 万座小水电站，如此过度开发导致部分河段脱流甚至干涸，区域生态环境遭到严重破坏，鱼类生物等生存空间被挤压。这些问题都亟须地方政府加强问责制以加快对大坝影响的治理，并启动强硬手段来降低小水电站带来的危害。

2018 年年底，水利部等四部门印发了《关于开展长江经济带小水电清理整改工作的意见》，紧急对小水电的无序发展进行规治。由水利部、国家发展改革委、生态环境部、国家能源局等部门共同联手进行的小水电站规治行动就此拉开序幕。

新华社在 2021 年的报道《打一场小水电整治硬仗——长江经济带小水电站清理整改记》中提到：截至 2021 年 4 月，我国小水电站共有 4.5 万多座，各地水电部门要求各地电站核查存在的问题并按"退出、整改、保留"提出分类意见，并限期退出涉及自然保护区核心区或缓冲区、严重破坏生态环境的违规水电站。同时，要求各省（直辖市）按照"逐站核查、一站一策"的整改要求对各地小水电站进行规治。

2019 年，国家发展改革委等六部门印发《关于做好水电开发利益共享工作的指导意见》，加强了对水电建设项目的监督和检查，严格把关每一个环节的质量，及时发现和纠正问题，确保水电工程的顺利实施和可持续发展。

此次规治行动卓有成效，直至 2020 年年底，3500 座违规水电站被勒令退出，2 万多座水电站完成整治，例如江西修水县茶子岗水电站，这个环评和土地预审手续不完善、无生态流量监测设施的电站，经过清理整改，完成了环评报告及审批，完善了土地预审手续，安装了生态流量监控设施，实现了动态视频监控，并在 2020 年 12 月通过审核，成为全国绿色小水电示范电站。

在 2021 年 7 月发布的《中共中央 国务院关于新时代推动中部地区高质量发展的意见》中提到，要因地制宜发展绿色小水电，加快农村能源服务体系建设。同时，政府要求水电企业对项目建设过程中产生的环境影响进行全面评估和管控，并对项目建设的环境影响进行跟踪监测和评估，并推动水电行业的清洁生产和节能减排，积极探索可持续发展的新路径，以促进水电产业可持续发展。

通过政府及时的规治，小水电站违规建设、过度开发的态势得到了有效遏制，同时长江经济带河流湖泊等生态环境得到了初步治理，2.1 万座小水电站落实了生态流量并接入各级监管平台，曾减水脱水的河段有了水，生态系统得到初步恢复，我国水电行业进入健康发展阶段。

在 2022 年 6 月 1 日举行的"迎接 2022 年世界环境日水电行业鱼类增殖放流联合行动"启动仪式上，中国水力发电工程学会常务副理事长兼秘书长郑声安表示"维护绿水青山、再造秀美山川，中国水电功不可没"。在他看来，"在水电开发过程中，同步规划、设计、建设生态环境保护设施，不断开展生态流量、鱼类保护、减缓低温水影响等关键技术科研攻关和技术创新，取得了丰硕的成果。努力维护好河流生态系统健康和独特的人文自然景观，实现人与自然和谐共生，构建清洁低碳、安全高效的能源体系，推动能源生产和消费革命，成为新时期水电的重要使命"。

结束语

水电产业是我国的传统优势产业之一，其在我国的经济发展和能源结构调整中具有非常重要的地位。在我国水电产业从小到大、从弱到强、从强到领先的跨越式追赶过程中，水电产业经历了技术、市场和政策多维度的发展和变革。

从技术创新驱动来看，水电技术的不断创新和进步是保持行业竞争力和可持续发展的关键。我国水电领域在技术方面已经取得了很多进展，例如高海拔、大型水电站的建设和运营，大型水轮机的研发等。随着我国经济的不断发展和技术创新的加速，我国水电技术的国际竞争力将不断提升，进一步加强我国水电产业成功追赶的机会。同时，我国水电发展始终遵循人与自然和谐共生并立足我国生态文明建设实践，在推进中国式现代化建设中起到了重要作用。水电站的建设从根本上说是在处理人与自然的关系，我国牢固树立和践行"两山"理念，坚持在保护中发展、在发展中保护，实现重大工程建设经济效益、社会效益、生态效益有机统一。比如水电建设的代表三峡集团肩负着治水患、兴水利、提水质的使命责任，不断从中华优秀传统文化中汲取智慧和力量，并在新时代治水实践中进行创造性转化、创新性发展，不断提高清洁能源和优质生态产品供给能力，更好满足人民日益增长的优美生态环境需要。①

从市场开拓引领来看，随着全球经济的不断发展和能源需求的增长，水电产业的市场需求增长空间巨大。特别是在"碳中和"目标的背景下，水电等清洁能源市场将进一步扩大。我国水电产业在国内市场上占据着很大的市场份额，随着国家"一带一路"政策的推进，水电产业在国际市场上也将有更多的机会，进一步扩大我国水电产业的发展空间。

从政策保障支撑来看，政策的及时出台对于水电产业的发展也具有非常重要的作用。政府制定的各种政策和规划将直接影响到水电产业的发展方向和节奏。近 20 年来国家出台了一系列的政策措施，鼓励水电产业的发展，如降低水电发电成本、加强环保措施等。这些

---

① 雷鸣山. 为促进人与自然和谐共生再立新功 [N]. 澎湃新闻, 政务: 长安街读书会, 2022-11-21.

政策的出台为我国水电产业的快速发展提供了有力的支持。

综上所述，我国水电技术、市场和政策的发展和变革是我国水电产业成功追赶的重要驱动力。未来在不断推进技术创新、扩大市场需求和优化政策环境的同时，我国水电产业将继续保持稳定快速发展的势头。

【研讨题】

1. 自 20 世纪 90 年代以来，中国水电人与自然和谐共生的绿色发展之路经历了哪些水电技术、市场需求和产业政策的变化？

2. 上述技术、市场和政策的变化中，从政府的角度来看，哪些是可预见和控制的？哪些是不可预见的？

3. 政府在促进我国水电绿色发展的过程中起到了什么作用？

📋 案例分析

我国水电行业的发展历程作为中国式现代化人与自然和谐共生发展的典型范例，始终以生态优先、绿色发展为宗旨，协调开发与保护的矛盾，从全方位、全地域、全过程开展生态环境保护。下面将从产业创新系统的视角回顾我国水电近 20 年的绿色发展和跨越式追赶历程，从"技术—市场—政策"三个维度梳理分析这 20 年中发生的重要变革及其影响，进而剖析和理解中国式现代化是人与自然和谐共生的现代化的深刻内涵，为我国其他关键领域实现绿色发展，进一步加速推动中国式现代化进程提供经验参考。

一、分析框架

在全球范围内，我国的水电产业可能被认为是后来者。然而各种研究表明，我国水电产业在技术发展和赢得全球市场份额方面已成功追赶领先国家。[1] 从产业创新系统的视角来看，后发国家可以抓住机会窗口，在某些领域实施追赶，甚至获得领先地位。这些机会窗口往往是由于技术[2][3]、市场和制度[4]的变革而打开的。下文将从产业创新系统的视角和方法框

[1] Li X, Chen Z, Fan X, et al. Hydropower development situation and prospects in China[J]. Renewable and Sustainable Energy Reviews, 2018, 82: 232-239.

[2] Perez C, Soete L. Catching up in technology: entry barriers and windows of opportunity[M]. London: Frances Pinter, 1988.

[3] Geels F W. Technological transitions as evolutionary reconfiguration processes: a multi-level perspective and a case-study[J]. Research Policy, 2002, 31(8/9): 1257-1274.

[4] Lee K, Malerba F. Catch-up cycles and changes in industrial leadership: Windows of opportunity and responses of firms and countries in the evolution of sectoral systems[J]. Research Policy, 2017, 46(2): 338-351.

架来分析我国水电产业近20年中绿色发展及追赶历程的机会窗口，及这些机会窗口在追赶过程中的作用。

传统的关于机会窗口的文献主要讨论技术变革，例如新技术范式或重大创新的出现。后期的一些研究将机会窗口的概念扩展到与新的市场需求的出现或突然的市场变化相关。[1]最近的研究已将这一概念扩展到制度层面[2][3]，例如发展型国家[4]和国家创新系统[5][6][7]等研究。但是，如何通过政策支持和制度变革来打开机会窗口仍未得到充分研究。[8][9]特别是从产业创新系统的角度来看，机会窗口可能与技术、市场和制度三个维度的变革相关联，因此可以将机会窗口视为一个包含"技术—市场—制度"的三维概念，即机会窗口是由这三维变革所共同激发。

现有研究未能讨论技术、市场和制度变革之间的共现和相互作用，但事实上追赶通常涉及跨"技术—市场—制度"多重重要变革的相互作用。举例来说，新技术的出现常常会打开技术机会窗口，而新技术可能是由新兴市场（如利基市场或金字塔底层市场）的需求增长所触发的，后者甚至可能导致颠覆性创新。[10]

另外，目前鲜有研究关注多维变革间的交互作用，这些交互作用可能为后发者打开更加利于追赶的机会窗口。具体来说，许多研究人员仍然将机会窗口视为外生的，因此对于后发公司和国家而言是不可预测的。但是，不同维度上交织在一起的变革可能会使机会窗口内生化，特别是制度变革通常是内生的。例如，政府使用政策工具干预技术或市场发展，后发公司通过游说来影响政策制定，尤其是在绿色能源等受高度管制的产业中，其产业政策及战略规划也往往是政府基于重点企业和相关利益者的反馈而制定的。这既不是不可预测的，也不是外生的。

---

① Morrison A, Rabellotti R. Gradual catch up and enduring leadership in the global wine industry[J]. Research Policy, 2016, 46(2): 417-430.

② Kim Y Z, Lee K. Sectoral innovation system and a technological catch-up: the case of the capital goods industry in Korea[J]. Global economic review, 2008, 37(2): 135-155.

③ Lee K, Malerba F. Catch-up cycles and changes in industrial leadership: Windows of opportunity and responses of firms and countries in the evolution of sectoral systems[J]. Research Policy, 2017, 46(2): 338-351.

④ Wade R H. The Developmental State: Dead or Alive?[J]. Development and Change, 2018, 49(2): 518-546.

⑤ Freeman C. Japan: a new national system of innovation?[M]. In G Dosiet. Technical change and economic theory. London: Pinter Publishers, 1988: 330-348.

⑥ Lundvall B A. Nationalsystems of innovation: towards a theory of innovation and interactive learning[M]. London: Anthem Press, 1993.

⑦ Nelson R R. Nationalinnovation systems: a comparative analysis[M]. New York: Oxford University Press, 1993.

⑧ Wang Y, Xu W. Leveraging deep learning with LDA-based text analytics to detect automobile insurance fraud[J]. Decision Support Systems, 2018: 105, 87-95.

⑨ Yap X S, Truffer B. Shaping selection environments for industrial catch-up and sustainability transitions: a systemic perspective on endogenizing windows of opportunity[J]. Research Policy, 2019, 48(4): 1030-1047.

⑩ Christensen C M. The rigid disk drive industry: a history of commercial and technological turbulence[J]. Business History Review, 1993, 67(4): 531-588.

现有机会窗口文献的局限性可能是由于缺乏识别和分析多维机会窗口的新方法和数据，其中涉及可能相互交织的制度、技术和市场变革。现有关于机会窗口的研究有两个主要缺点。首先，侧重于定性和概念性描述，但对于打开机会窗口的变革概念仍然含糊不清，需要定量分析。定性解释在很大程度上依赖于个人知识和产业专家的判断[1]，如果领域专家无法对变革的强弱进行量化分析，则很容易出现主观偏误。其次，在前期的机会窗口研究中，无论是定性研究还是定量研究，都普遍忽略了制度、技术和市场变革之间的共存和相互作用。多维变革交互的分析需要多源数据（通常是异构数据，因此需要新颖的方法来处理）以及涉及跨学科知识（例如政策、技术、业务）的专家解释。

为了填补这些研究空白，本案例将开发一个框架，该框架将自然语言处理（Natural Language Processing，NLP）方法与使用多源异构数据的专家知识相结合，以识别可能导致机会窗口的变革。具体而言，应用此框架来识别和分析制度、技术和市场变革的共现或相互作用，这些变革的共现及相互作用在产业创新系统中极有可能打开机会窗口（见图4）。首先，在考虑文本数据中主题变化强度的标准和范围的情况下，通过分析包括专利、市场新闻和报告以及政策文件在内的多源数据，利用潜在的狄利克雷分布（Latent Dirichlet Allocation，LDA）主题模型和变革识别算法去检测对应的技术。其次，结合数据结果和专家意见，在制度、技术和市场三个维度上对变革的共现和相互作用进行分析，以识别这种跨维度的机会窗口。

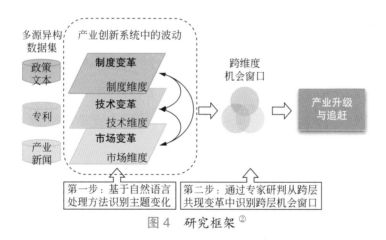

图4 研究框架[2]

基于波动检测结果，我们通过两种过程来确定可能由这些波动的共现和相互作用打开的机会窗口。首先，绘制了我国水电中的这些变革发生的时间及产业发展路径（见图5）。在此基础上，认识到同时发生的波动并提出了可能的跨维度机会窗口。其次，通过与专家的

① Li D, Capone G, Malerba F, et al. The long march to catch-up: A history-friendly model of China's mobile communications industry[J]. Research Policy, 2019, 48(3): 649-664.
② Zhou Y, Miao Z, Urban F. China's leadership in the hydropower sector: Identifying green windows of opportunity for technological catch-up[J]. Industrial and Corporate Change, 2020, 29(5): 1319-1343.

访谈和讨论，调查了这些共同出现的变革之间的相互作用，在此基础上将这些高度相互作用的变革识别为跨维度机会窗口，并认为这些机会窗口为我国的水电产业追赶并最终获得该产业的全球领导地位提供了可能。

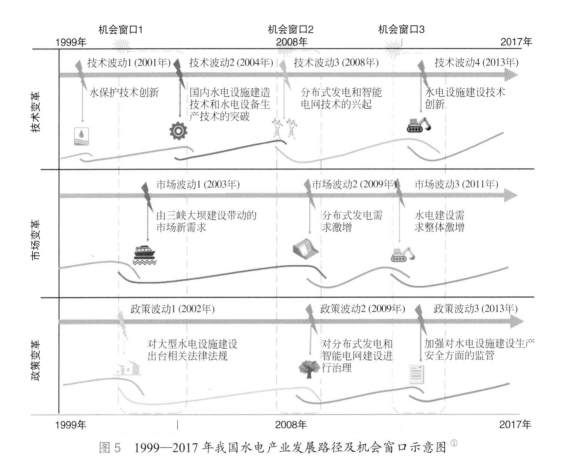

图 5 1999—2017 年我国水电产业发展路径及机会窗口示意图[①]

二、从"技术—市场—政策"三维变革视角分析我国水电产业成功追赶的机会窗口

我国水电产业实现成功追赶，离不开"技术—市场—政策"三个维度要素的驱动。首先，技术进步是推动水电产业发展的关键因素之一。我国在水电技术方面取得了显著进展，包括大型水电站的设计与建设、水轮机技术的改进以及水电站运行管理的优化等，这些技术进步提高了水电的发电效率和可靠性，为水电产业成功追赶提供了机遇。市场需求对水电产业发展同样重要，我国经济的快速增长和电力需求的增加为水电产业的发展提供了广阔的市场空间。随着清洁能源的重要性日益凸显，水电作为一种绿色、可再生的能源形式受到了更多关

① Zhou Y, Miao Z, Urban F. China's leadership in the hydropower sector: Identifying green windows of opportunity for technological catch-up[J]. Industrial and Corporate Change, 2020, 29(5): 1319-1343.

注，也催生了更大的需求，这为水电产业的发展创造了机会窗口。政府支持和政策引导也对水电产业的发展起到了重要的推动作用。我国政府出台了一系列支持水电产业发展的政策，包括提供资金支持、减免税收、简化审批程序、优惠的电力购买价格等。这些政策为水电产业的迅速发展提供了有力保障，并为水电产业成功追赶提供了机会。

机会窗口 1

机会窗口 1 发生于 2002—2004 年，包括国内与国际的内部制度改革、市场波动和技术互动波动。根据观察结果及专家的讨论，我国内部的制度改革（诸如修建三峡和二滩等大型水电站的政策）首先引发了该机会窗口，然后与市场和技术共同作用。具体来说，2002 年三峡水电站的建设从第二阶段（建设）过渡到第三阶段（运营），在此期间我国政府越来越重视受影响地区的环境保护和社会福利[1][2][3]，制定了一系列社会和环境政策，引发了内部制度改革。这些政策推动了对减灾和通航需求的变化，并且与相关水电技术创新相结合，共同促进了机会窗口的打开。

在国际上，一些专家还认为，机会窗口 1 可能是由于全球水电技术真空共同开启的。全球水电技术的真空由世界水坝委员会提出，指经济合作与发展组织成员国在 2000 年前后开始缩减大型水坝建设的现象。[4]由于大型水电站带来的大规模不可逆转的生态和社会影响，世界银行和经济合作与发展组织的成员国等主要水坝领先国家减少了对这一产业的投入。[5]这一市场空白被我国公司填补，开始加大在新兴市场（例如非洲和亚洲）的技术和产品输出。从政策角度看，我国的"走出去"政策也起到了促进作用，该政策鼓励我国公司在海外新兴市场进行投资和运营。[6]

在国内，中国企业积极应对机会窗口 1。2003 年，三峡水电站启动了六台 700 兆瓦的发电机，并网发电投入运营。这项努力在一定程度上帮助我国在 2004 年成为全球水电容量的领先者。在技术方面，中国长江三峡集团有限公司和中国电力国际有限公司等我国领先的水电公司通过国际技术合作，不仅建立了核心技术能力[7]并进行了国内研发工作。而且积累

① Oud E. The evolving context for hydropower development[J]. Energy Policy, 2002, 30(14): 1215-1223.
② Yuksek O, Komurcu M I, Yuksel I, et al. The role of hydropower in meeting Turkey's electric energy demand[J]. Energy policy, 2006, 34(17): 3093-3103.
③ Tilt B, Braun Y, He D. Social impacts of large dam projects: A comparison of international case studies and implications for best practice[J]. Journal of environmental management, 2009, 90: S249-S257.
④ Gagnon L, Klimpt J É, Seelos K. Comparing recommendations from the World Commission on Dams and the IEA initiative on hydropower[J]. Energy Policy, 2002, 30(14): 1299-1304.
⑤ Kucukali S, Baris K. Assessment of small hydropower (SHP) development in Turkey: Laws, regulations and EU policy perspective[J]. Energy policy, 2009, 37(10): 3872-3879.
⑥ Urban F, Nordensvärd J, Khatri D, et al. An analysis of China's investment in the hydropower sector in the Greater Mekong Sub-Region[J]. Environment, Development and Sustainability, 2013, 15: 301-324.
⑦ Urban F, Siciliano G, Sour K, et al. South–South technology transfer of low‑carbon innovation: Large Chinese hydropower dams in Cambodia[J]. Sustainable Development, 2015, 23(4): 232-244.

了建造大型水电站所需的技术和工程技能。

机会窗口 2

机会窗口 2 发生于 2008—2009 年，得益于全球分布式水电范式的出现，这期间共发生了技术、市场和制度三种变革。根据分析结果及专家的讨论，我们认为机会窗口 2 首先是由技术变革触发的。大约在 2008 年前后，分布式水电的技术范式（即智能电网与小型 / 抽水蓄能水电的集成）在世界范围内出现并扩散，这一新技术趋势也影响了中国市场。2006 年，IBM 开发了与其他公司和研究机构共同构建智能电网的解决方案，这一技术变革刺激了我国小型水电和抽水蓄能水电站的技术扩散，并由此引发小小电的环保问题。为了应对小水电无序发展的危害，我国政府开始加强治理，降低其环境危害。这三个变革的协同作用，为我国的水电发展打开了机会窗口 2。

机会窗口 3

机会窗口 3 于 2011 年前后开始，在这一阶段，我国大型和小型水电项目兴旺发展。根据专家讨论结果，我们认为机会窗口 3 首先由市场变革引发，然后与技术和制度变革产生交互作用。2011 年以来，受煤电供应的萎缩，中国小型和大型水电的市场需求积极增长。[1][2] 具体而言，我国自 2011 年开始启动建设 16 个水电工程，其中白鹤滩水电站目前是我国第二大水电项目；此外，2010—2011 年，中国农村小水电投资也从 2 亿元增加到 3.9 亿元，增长了约 89.1%。[3][4] 市场的繁荣推动了技术创新，我国水力发电技术取得了显著增长，尤其是大多数水电项目都建造在恶劣的地质条件下，因此需要更先进、更环保的建筑技术，2013 年中国水电公司相关专利申请量达到了历史新高。市场的繁荣也使我国水电产业发展的重点从大坝设计转移到了项目质量控制和生态管理上[5]，这也导致我国政府迫切需要出台更多监管政策，提高对水电项目的监管水平和环境技术标准。

专家认为，我国的"走出去"战略也有助于提高市场需求。2013 年开始，受益于"一带一路"倡议，我国公司在国际上参与建造了许多大型水电站，包括在东南亚和非洲国

---

① IHA. Hydropower in China Statistics 2019, International Hydropower Association[EB/OL]. (2020-01-15). https://www.hydropower.org/country-profiles/china.

② Ansar A, Flyvbjerg B, Budzier A, et al. Should we build more large dams? The actual costs of hydropower megaproject development[J]. Energy policy, 2014, 69: 43-56.

③ MWR. Yearbook of China Water 2011. Ministry of Water Resource of China: Beijing,2011.

④ MWR. Yearbook of China Water 2012. Ministry of Water Resource of China: Beijing ,2012.

⑤ Jiang H C, Qiang M S, Lin P. Finding academic concerns of the Three Gorges Project based on a topic modeling approach[J]. Ecological indicators, 2016, 60: 693-701.

家。[1][2][3][4] 除了成功建设大型水电站外，按总装机容量衡量，2013 年时我国的小水电已在全球排名第一。为了应对快速增长的需求，我国的公司主导开发出更多技术领先的创新产品。例如，哈尔滨电气集团公司和中国东方电气集团有限公司为白鹤滩水电站开发了创纪录的水电机组（每台容量 1000 兆瓦），被认为是全球领先的技术。我们认为，我国水电部门成功抓住了机会窗口 3，在全球水电行业取得了市场和技术领导地位。

三、案例总结

本案例从产业创新系统的视角分析了我国水电绿色发展与追赶历程中抓住的机会窗口，以期为我国其他关键领域的绿色发展、加快中国式现代化进程提供经验参考。本案例提出了一个使用自然语言处理方法来检测制度、技术和市场变革的综合框架，并在此基础上通过与领域专家的讨论确定了这些变革同时发生的时间和相互作用，使得我国水电行业实现跨越式赶超。

通过使用自然语言处理方法，本案例分别发现了我国水电产业技术、市场和制度的变革，以及追赶性增长。技术变革表明，我国的技术重点已从大坝设计和建筑设备发展到生态保护（例如鱼道、河道工程等），再发展到分布式水力发电（例如小水电和智能电网）和实时监控系统等技术。市场变革表明，市场关注方向已从大型水电站建设演变为生态保护，并发展为在海外（例如东南亚和非洲）要求更高质量和安全标准的出口导向型市场。制度变革表明，我国政府的重点从单纯的三峡水电站项目建设转移到环境和社会政策，再转移到分布式和小水电，再到水电管理问题，如资质和项目监督。

引发我国水电行业机会窗口 1 和机会窗口 3 的政策变革和市场变革具有内生性，而引发机会窗口 2 的技术变革是外生的。具体来说，2002 年前后由我国水电相关政策变化引发的机会窗口 1 是内生的，它是由积极的制度变革引发的，该波动催生了国内水电站（例如三峡水电站和二滩水电站）以及国际水电站（例如我国的"走出去"战略，尤其是在东南亚和非洲）的建设，并在与市场和技术领域其他共同出现的变革的相互作用中得到加强。而引发机会窗口 2 的技术变革是外生的，因为新的分布式水电范式首次在全球出现，并引起了我国小水电和智能电网的增长，然后通过新技术的扩散催生了第二时期水电行业的发展。在 2011 年前后，国内和国际水电市场的积极扩张，与本地技术和政策变革的相互作用共同

① Urban F, Nordensvärd J, Khatri D, et al. An analysis of China's investment in the hydropower sector in the Greater Mekong Sub-Region[J]. Environment, Development and Sustainability, 2013, 15: 301-324.

② Tan-Mullins M, Urban F, Mang G. Evaluating the behaviour of Chinese stakeholders engaged in large hydropower projects in Asia and Africa[J]. The China Quarterly, 2017, 230: 464-488.

③ Brautigam D, Hwang J. Great walls over African rivers: Chinese engagement in African hydropower projects[J]. Development Policy Review, 2019, 37(3): 313-330.

④ Urban F. China's rise: Challenging the North-South technology transfer paradigm for climate change mitigation and low carbon energy[J]. Energy Policy, 2018, 113: 320-330.

促进了机会窗口 3 的开放。基于这些观察，可以认为这些机会窗口不仅是由政策驱动或市场拉动的，还是由技术推动的，而且是由不同维度的高度相互作用的变革引发和推动的。政府机构在所有这些机会窗口中都有很高的参与度，因此学者认为，制度变革对水电部门实现追赶尤其重要。

　　基于对我国水电行业机会窗口的分析，并与现有文献对比发现，政府可以通过主动对绿色能源产业（如水电产业）进行制度变革和塑造国内市场需求，在国家层面和产业层面创造有利于实现产业追赶的机会窗口，并保障在坚持走绿色技术路线的同时实现产业追赶。这为我国在其他关键领域采用绿色技术路线实现产业追赶，进一步推进人与自然和谐共生的中国式现代化进程，提供了经验参考。

06

大国小农，如何走好农业现代化之路？ *
——吉林省巴吉垒肉牛小镇的基层经验探索

📑 案例正文

【引言】在中国式现代化进程中，"最艰巨最繁重的任务在农村，最广泛最深厚的基础也在农村"，"农业强国是社会主义现代化强国的根基"。党的二十大报告着重指出，全面推进乡村振兴，坚持农业农村优先发展，加快建设农业强国。东北黑土地是中国粮食安全的"压舱石"，习近平总书记在视察吉林省时特别强调："加快转变农业发展方式，在探索现代农业发展道路上创造更多经验。"为贯彻落实总书记指示，吉林省自2021年起全力实施"秸秆变肉"工程，启动千万头肉牛工程建设，积极打造承载粮食及副产物转化增值的畜牧大省，历经三年取得了显著成效。巴吉垒镇正是其间涌现的明星乡镇之一，凭借诸多创新有效破解了自身发展难题，还形成了一些可复制可借鉴的有益经验。

【摘要】产业振兴是乡村振兴的重中之重。基于自身特色与比较优势，农业大省吉林把"秸秆变肉"暨千万头肉牛建设工程作为富民强省的标志性工作，以肉牛产业打造"小品种大产业"，更好推动乡村振兴和实现农民增收。位于吉林省长春市农安县的巴吉垒镇，是个正在遭遇发展阵痛的纯农业乡镇，过去几十年的粗放发展使其周边生态环境状况日益恶化，众多良田退化成了不宜耕种的盐碱地，大量人口外流。在全省一盘棋的统筹下，巴吉垒镇克服重重困难，有力发挥了基层党组的堡垒攻坚作用，通过政策细化落实和主动帮扶结对等来凝聚发展动力，并强化在政府、企业和农民间搭建"新型利益链接机制"，历经三年实现了本地肉牛产业的规模化转型和产业链价值的延伸，践行了

---

* 案例作者：姜鹏、吴欣雅、韩艾瑾、刘佳岩，清华大学公共管理学院2022级研究生；陈思丞，清华大学公共管理学院副教授。2023年2月，案例小组赴吉林省长春市进行"秸秆变肉"暨千万头肉牛建设工程专题调研，实地走访了位于长春市农安县巴吉垒镇的肉牛特色产业小镇。文中除吉林省长春市农安县巴吉垒镇外，其他人名、地名均为代称。

种养结合的绿色发展新模式，有效推动了自身高质量发展，促进了农民共同富裕。本案例以巴吉垒肉牛小镇发展为切口，意在"管中窥豹"，映射整个吉林省在实现肉牛产业规模化发展和推动农业现代化转型中遇到的问题、实施的过程与成效，旨在系统研究政府如何在市场配置中更好发挥有效调节作用，总结"大国小农"式农业现代化进程中的有益经验，为后续政策探索与实践提供新的思路与参考，为更好实现中国式现代化增砖添瓦。

【关键词】乡村振兴；肉牛产业；农业现代化；发展型政府；农业价值链

百年诗乡空落寞，伊人无奈意难平

百年古镇、关外粮仓

"口唱山歌手摇鞭，心田如蜜耙地欢。鞭儿扫落天边月，耙走切平万座山。"70年前，农民王振海因一首豪情万丈的《耙地》诗声名鹊起，受到毛主席接见，地处松辽平原腹地的巴吉垒因此成为远近闻名的"诗乡"。巴吉垒1889年开始设农治社，1991年撤乡设镇后隶属吉林省长春市农安县，现下辖19个行政村，镇域面积397.66平方千米，户籍人口5.3万人。巴吉垒所处区域是古老黄龙文明的发祥地，文化底蕴深厚。近70年来，从巴吉垒流传出15万首歌颂劳作的田园诗，这里的农民自发组成诗社，"春忙耕种冬时咏，锄头种粮笔种诗"。

在这座沿袭百年的传统农业乡镇，巴吉垒人祖祖辈辈靠天吃饭，习惯于"日出而作，日落而息"。巴吉垒所处的东北"黄金玉米带"，与同处北纬45度的美国玉米带、乌克兰玉米带并称世界三大"黄金玉米带"。这里的黑土地十分肥沃，光照充足、气温舒适、病虫害少，曾长期盛产玉米、大豆和高粱等作物。2011年，巴吉垒镇共生产粮食12.5万吨，人均产量高达2390千克，约为当年全国人均粮食产量的5.5倍，是远近闻名的小粮仓。

土地盐碱、辉煌难续

出乎意料的是，这些年巴吉垒人赖以生存的黑土地变得越来越贫瘠。伴随几十年的粗放发展，巴吉垒所处区域的生态环境急剧退化，很多传统良田逐渐变成盐碱地，近乎无法耕作。老天爷也跟着凑热闹，巴吉垒镇"十有九旱"，一遇荒年甚至"颗粒无收"，当地百姓叫苦不迭。

种地再也填不饱肚子了，巴吉垒又没有扎实的第二、第三产业，老百姓无奈之下纷纷外出谋生。近十年来，全镇人口外流严重，常住人口一度不足两万人，很多村里只剩下老弱妇幼，勉强做点农活维持生计。"百年诗乡"巴吉垒几乎要沦为看不到希望的"失意之地"。

"祖祖辈辈开荒种地，肥沃黑土遍地生金。"诗社骨干刘老汉的诗作似成绝唱。

困难交织、村镇乏力

刘老汉是荷花村的老党员，在乡里颇有威望。荷花村地处巴吉垒镇中心位置，紧挨着镇区，过去一直是镇里的产粮明星村，近年来的发展变化颇具代表性。村里的地日渐荒芜，人越来越少，刘老汉是看在眼里，急在心上。找村委会吧，确实没钱治理盐碱地，想发展产业又四处碰壁，村干部比谁都急。跑镇里吧，镇里领导也无奈，整个镇的发展困难重重。

不止镇里没辙，县里也在苦恼，甚至全省都遭遇着发展阵痛。作为传统农业大省，吉林二产不强、三产不显，一产发展虽存有优势，但规模化不足、科技水平低、产业链单一和竞争力不强等问题日益凸显。一没资源二没钱，转型谈何容易，巴吉垒镇只是一个缩影。

产业振兴有妙方，上下齐心事能成

生计恶化、溯本寻源

生态环境退化，人口大量流失，是有自身发展原因的。巴吉垒镇作为玉米主产区，秋收后遍地秸秆，家家户户一年到头做饭烧炕全用秸秆还烧不完。因为地要腾出来赶种作物，很多人就在地头烧秸秆，近年来即便管控极严也还是有烧的。秸秆一烧起来浓烟遮天蔽日，不仅污染空气和水体，危害人体健康；还会破坏土壤结构，加重土壤板结，导致土壤侵蚀和退化。加之巴吉垒镇的农业耕作模式较粗放，农药、化肥施用过度，加速了土壤的返盐积盐，黑土地得不到轮耕休息，地力快速下降以致大面积盐碱化，严重影响到当地百姓的生计问题。

就吉林全省而言，每年新增的几千吨玉米秸秆，至少有一半无法消化。2013 年起，吉林在全省范围内禁烧秸秆，巨量秸秆的消化问题成为老大难。虽然国务院办公厅早在 2008 年就出台了《关于加快推进农作物秸秆综合利用的意见》，力求推动秸秆利用的资源化和产业化，但在东北地区的执行效果一直欠佳。若秸秆直接还田，其他地区或许能全部消化，但东北太冷，只能做到小半还田，沤太多会把地烧坏，造成粮食减产；若集中运走，秸秆运输成本太高，基层政府无力负担，加之县乡工业基础普遍较薄弱，秸秆资源化利用的产业一直没能很好建立。

政策汇聚、转型有方

从此意义上讲，2020 年年底出台的《吉林省"秸秆变肉"工程实施方案》，并非传统意义的肉牛产业扶持文件，而是主打"秸秆变肉"牌，旨在从源头破解秸秆禁烧和回收利用的难题，积极谋划适合自身的创新道路，选取优势肉牛产业做大做强，引领全省农业现代化转型。2020 年年底，时任农业部副部长的韩俊调任吉林，为全省农业转型发展注入蓬勃力量。2021 年 4 月，《吉林省做大做强肉牛产业十条政策措施》（即"牛十条"）出台，明确自 2021 年起全面推开"秸秆变肉"暨千万头肉牛建设工程。数月后，由省长任组长、20 个省直部门主官挂帅的"秸秆变肉"暨千万头肉牛工程领导小组（简称为领导小组）正式成立。领导小组结合前期秸秆利用和肉牛产业发展的政策实践经验，研究制定了《关于实施"秸秆变肉"暨千万头肉牛建设工程的意见》，明确"整县推进，全乡（镇）、全村带动，分户施策"的原则，强调在全省抢抓秸秆收储饲料化利用，充分释放政策红利，大力推进肉牛产业大项目建设。

2021年9月，领导小组下设办公室（即省"肉牛办"）正式集中办公，由省畜牧业管理局党组书记、局长领衔，加快推动吉林全省的"秸秆变肉"暨千万头肉牛工程建设各项工作落实。各市、县进一步认领了各自的肉牛产业发展目标，成立市、县两级"肉牛办"，建立起专班来负责各自的具体工作。在此背景下，巴吉垒镇所属的传统农牧大县农安县紧紧抓住机遇，通过做好"扩量、提质、建链"三项工作来全力推进肉牛全产业链发展，力争到"十四五"期末实现肉牛饲养总量突破一百万头。为此，农安县在用足用好省、市肉牛产业发展政策的基础上，进一步制定了切合自身的《农安县2022年度支持肉牛产业发展的三条政策》。巴吉垒镇也成立了肉牛办，围绕全县百万头肉牛工程目标，努力谋求自己的特色突围之路。

镇村联动、迎难而上

产业振兴是乡村振兴的重中之重。全面推进乡村振兴，必须振兴农村产业，让农民富起来；而促进产业振兴，必然要落实产业帮扶政策，着力拓宽农民的增收致富渠道。巴吉垒镇的产业转型发展，可谓牵一发而动全身。虽然省里"秸秆变肉"大方向定的好，相关政策、资金配套明确，市、县两级政府也层层落实，拿出"真金白银"来追加扶持，但落到基层实际，发展中还是有很多困难需要设法克服。巴吉垒镇的财政收入并不乐观，资金问题成为制约转型发展的首座大山。此外，贫瘠的土地并未积淀下富有吸引力的产业发展环境，互不相连的区块、久久不化的冰层、供水不畅的现状，都阻碍着巴吉垒镇的肉牛产业提质发展。

困难面前，巴吉垒镇的人民并未畏惧，他们凭借坚定的信念艰苦奋斗，摸索着各种适合自身情况的"土办法"，力争把每一分钱都花在刀刃上，积极谋划着绿色转型发展和三大产业融合发展的新蓝图。在镇肉牛办的牵头下，全镇各部门通力协作，锚定"肉牛产业大发展"的目标不动摇，配套制定了相关的招商、信贷、保险和基建政策，多方筹措资金，谋划支撑全产业链条发展的重点项目。各村委会也没闲着，着重调动农民参与肉牛养殖的积极性，大力促进规模化养殖和科学养殖，不断破解现实遇到的各种突出难题。

政府搭桥巧攻坚，基层党组显神威

量小势弱、议价艰难

说起来容易，做起来难。荷花村这两年的肉牛产业发展历程充分印证了这个道理。

荷花村历史上一直就有养牛的传统。"过去都是散养，早上赶上山，晚上领回家，到年头赚点钱贴补家用，没指着纯靠养牛谋生。"刘老汉介绍道，"现在情况不同了。村里没地种了，土地一旦盐碱化改造起来费力费钱还急不来，只能另谋出路。"养牛确实是个好点子，现在牛肉市场行情好，虽然周边区域都在养牛，但只要本地牛肉质量过硬就不愁销路。

养牛户最关心能不能卖上好价钱。刘老汉强调道："牛肉卖得贵和养牛赚钱是两码事。"生牛收购价一直控制在企业和商贩手里，过去的商贩经常坑人，散户没啥议价权，行情好时养牛户也可能没啥钱赚。"可即便价格不好，不卖也不行。"刘老汉补充道，"不卖就得一直养着，往里扔钱，肉牛个大，一天可不少吃。肉牛到年头了体重就难再增加了，肉质也会变老，再有个病啊灾啊的就全砸手里咯。"农民散养，比不了大型养殖场，不但没有议价权，肉牛的品质把控、病害防疫也都是大难题，这些都需要政府来牵头组织和统筹协调。

干群同心，注重实效

规模上不去，别的都白搭。"镇书记经常教导我们，现在搞产业要讲规模效应，老路走不通咯。"刘老汉笑着说，"过去镇里的肉牛存栏量一直上不去，主要是行业水太深，老百姓的顾虑也多。直到省肉牛办下来指导工作，大家才明白其中的门道，出新出彩可不能一味靠蛮干。"想要推动肉牛产业转型提升，实现规模化、效益化发展，就必须先统一思想，搭建攻坚班子，引进企业、扶持大户、培养农户，充分调动各村的能动性和积极性。

村民的实际参与度，是政策是否落地的准绳。刘老汉咂着嘴说道："刚开始工作肯定难做，老百姓精着呢，家家都有本小账。只有让老百姓先看得见摸得着，大伙儿才会跟着一起干。"为了更好地带动全镇村民养牛致富，巴吉垒镇创造性地发挥基层党组织的攻坚堡垒作用，深入各村各组做工作讲政策。镇书记亲自蹲点，号召各村干部和党员一起带头，各村党组织都带头创办了养牛合作社，统一采购、集体养殖、打包出栏。慢慢地养殖户也跟着参与进来了，成立了不少自主养、合作养的大大小小合作社（见图1），全镇每个合作社养殖肉牛的平均数量很快超过了50头，近半农户被发展成为肉牛产业的主力军。

图 1　乡村养牛合作社掠影
资料来源：作者自摄

利益衔接，共同饲养

"规模化养牛这事，说到底还是要靠政府搭桥，老百姓才信任。"刘老汉认真地说，"一开始，各个村的农户差不多都是在观望。"得让农户定期有收益，帮助他们改良养殖技术，合理规避风险，这样才会有更多农户参与进来。老百姓最关心公平与实惠，利益分割方面可不能一刀切，各村可以多种多样，具体模式通过村民大会来集体决议，不过一般都会依据出资比例、出力程度、技术入股等方式进行利益分成。

图2 合作社的肉牛养殖小区

资料来源：作者自摄

为了进一步改变以前的粗放散养模式，向规模化发展要效率、要效益，巴吉垒镇首先选址两个村进行"退户入区"试点。"退户入区"就是由镇政府和村集体来负责"养牛小区"建设，将集体用地还有闲置设施改造成专业化牛舍，免费提供给农户开展合作养殖，农民可以把自家散养的肉牛送到这里进行集中共同饲养（见图2）。这种模式既降低了成本，又保护了环境，以前村头房后到处都是牛粪，治理了多年也不见成效，现在一下子就大变样了。初期试点效果显著，巴吉垒镇便在全域推广"退户入区"模式，各村响应十分积极。

共同饲养也分多种。这个村人多，就由本村农户轮流负责肉牛的日常养殖；那个村没劳力，就集资成立合作社，通过合作社来雇佣人手；还有的村干脆各自负责自家肉牛的饲养，只是借用村里的集体牛场来集中养殖。"各村情况不同，基层政策不能一刀切。现在上面定期回访，不是牛场建了就行，还要看长效收益和村民反响。"刘老汉解释道，"像我这里，以前是村里的农机库，闲置多年屋顶都漏了。前年市里拨了专项资金，镇里给配套了手续，村集体修缮后用来养牛正好。那边还有旧的种子站、打谷场，现在都划给养牛合作社用了。"

强基育人巧借才，乡镇智慧赛诸葛

技术挂帅，标准领衔

各村养牛合作社组建起来，肉牛养殖规模不断攀升，成本控制和养殖风险也陆续提升。巴吉垒镇的养殖户都是农民，过去只会种地出力，也没有养殖技术方面的带头人，养殖户对于怎么科学养牛普遍摸不到门道。为此，巴吉垒镇积极寻求上位支持，努力争取外部资源。省、市统一签约的企业规模大，有技术也有市场，巴吉垒镇就请省、市部门牵线，积极上门拜访。在镇政府的不懈争取下，一些企业开始入驻巴吉垒镇，包括皓月集团、新兆牧业和城开农投（见图3、图4）。这些企业之前主要从事牛肉的加工销售，现在都开始转型做品牌。

图3 城开农投和新兆牧业入驻巴吉垒镇

资料来源：作者自摄

图4 皓月集团的沃金黑牛及其示范牛舍

资料来源：作者自摄

传统本地黄牛耐粗养，抗病力强，而洋牛体量大、肉质好、养殖收益高，如果用洋牛和黄牛配种后再行繁衍，这样改良过的品种长肉快，适应性也好。于是，巴吉垒镇把牛种改良作为进一步提升肉牛养殖效益的重中之重，与城开畜牧等公司签订"放母还犊"合约，分批采购引进优质母牛。企业与各村合作社进一步签订合同，给村里提供牛犊、饲料和药品，以兜底价回购成牛。对此，刘老汉还讲了个段子："西门塔尔牛在巴吉垒最常见，全产业链收益大概5万元，相当一台捷达；安格斯牛的收益更高，能买辆现代；而皓月公司研发的高端沃金黑牛，能换辆奔驰。"真的是"四个蹄子"追赶"四个轮子"。

企业不仅带来了资金和投入，也带来了先进技术和管理方法，彻底改变了巴吉垒镇传统粗放的养殖模式。"就咱村这几个牛场，差不多两三千头牛，以往得要四五十人喂才忙得开，现在十几个人就够了，还不累。"刘老汉摆着手说，"知识人的法子就是灵。"村里没技术员，企业就定期派人上门服务，提供农技指导，告诉农户怎么给牛配料，如何观测长势，怎样定期维护，帮助农户实现更加科学的标准化养牛。

秸秆变肉、降本增效

"别看牛肉价格在涨，养牛成本涨得更快！"刘老汉有些担忧地说。受全球粮价剧烈波动和能源供应短缺等影响，主要农业投入品的价格快速上扬，饲料、营养素和兽药的价格都水涨船高，这些成本最终被转嫁到养殖农户身上。不像大型养殖场能强化成本管控，普通农户只能另寻出路转移成本，比如借用自家宅院养牛，或用节省下来的农产品换取饲料，甚至自家的人力投入都不计算在内，勉强才能在价格夹缝中寻得一丝盈利空间。为此，巴吉垒镇政府急农户之所急，千方百计地协调资源，比如与秸秆收储企业合作推行"秸秆银行"，推动秸秆饲料转化，提高秸秆的综合利用率。农户将富裕秸秆存进来，按量获得积分，后续可用于领取现金或农资；秸秆收储企业再利用这些秸秆来制作饲料，供应养殖农户。

养牛有一多半成本在饲料，现在精饲料紧缺、价格高，养殖户吃不消。秸秆这样的粗纤维饲料，正好可以压缩养殖成本。在巴吉垒镇各村，屋前院后随处可见高高堆砌的"草垛"（见图5）。"这是还没加工成饲料的秸秆。"刘老汉解释道，"都是压过包的玉米秆子，通过'秸秆银行'从周边区域收来的。"之所以压得这么实，是因为玉米秸秆不压秤，必须在地头处理压包才好转运。现在吉林省作物种植普遍采用机械化作业，一边收割庄稼一边就把秸秆收起来打包了，用的

图5 农户院中堆放的成捆秸秆
资料来源：作者自摄

还是省里自主研发的秸秆收割机（见图 6）。吉林是小农经济，地里田埂众多，进口的机器一过田埂就容易故障，反倒是国产机械更加皮实耐用。

图 6　皮实耐用的秸秆收割机械
资料来源：作者自摄

不过玉米秸秆质地硬，简单打碎了只能喂成牛，也没啥营养，牛吃了不挂膘。于是，巴吉垒镇所在的农安县就大力推广青（黄）贮饲料，采用新的发酵工艺，让秸秆中的纤维素更多转化为糖分，这样肉牛更爱吃，增肥效果好，能进一步降低精饲料的用量。"镇里算过，育肥期能降本三四成呐。"刘老汉呵呵笑道，"现在省里的秸秆饲料技术也成熟了，还能根据牛种来提供不同配方。"入驻镇里的企业基本上都有自己的大养殖场，有的还经营饲料场，镇里就委托企业来统一加工青（黄）贮饲料（见图 7），养殖户的接受度还不错，现在镇里有些养殖大户也开始自己尝试做一部分青（黄）贮饲料了。

图 7　秸秆饲料加工车间
资料来源：作者自摄

人才下乡、兽医平替

发展规模化养牛，基层面临的突出困难还有人手不足。如省、市"秸秆变肉"政策措施中有很多具体内容和补贴标准，想要逐项核实"基础母牛引进""养殖场扩建""秸秆饲料化利用"等情况并发放补贴，需要大量的专门人手来维护和处理。巴吉垒镇人手不足，连轴转成了常态。刘老汉也无奈地摇着头："镇里肉牛办只有六个人，正式兽医屈指可数，这点人要服务上万头牛，可得打场硬仗。"

人才不足，始终是农村发展的一大难题。在巴吉垒镇的肉牛产业大发展中，吉林省长期力推的人才下乡工程发挥了重要作用。以刘老汉所在的荷花村为例，村干部里就有省里派来的大学生，专门负责领着村里发展肉牛产业，颇受村民的拥护。针对养殖农户普遍文化程度不高、养殖技术落后等问题，巴吉垒镇定期聘请外部专家下乡对养殖农户开展培训，针对农户关心的重点问题提前研究对策和设计课程。此外，巴吉垒镇还积极推行养牛"带头人"计划，吸纳和扶持具有号召力、能扎根农村、带领本地村民致富的能人留乡创业。

针对农户关心的兽医缺乏问题，巴吉垒镇也在探索肉牛"平替护士"培养。刘老汉的孙女就是学兽医的，和爷爷特别亲，可毕业了还是不愿回村里。"娃说村里苦，啥娱乐没有。

城里的猫狗都精贵，钱好赚。"刘老汉打着圆场："之前镇班子也试过加大基层兽医补贴，但是不顶事。"对此，巴吉垒镇尝试用"半工半医"模式弥补兽医不足。所谓半工半医，其实是本地摸索出来的土办法，具体模式是寻找本地年轻人，用"传、帮、带"或函授的方式，将其培训成熟练工。这样做虽不能替代诊断疾病的兽医，但可增加不少肉牛"护士"，为牛打疫苗、修蹄子、配种，弥补本地兽医的缺乏。因为收入相对较高，还比较能留住人。

规模效应事好办，产业延伸初长成

多筹并举、机制创新

企业入驻后，很快与镇村两级形成了互利共赢的合作关系。一方面，这种合作确实给镇里和村里带来实惠，农民也实现了增收；另一方面，企业借此成功占有市场，塑造了品牌。但企业毕竟以追求效益为主，不可能包办天下，养殖农户的事还是要靠政府统筹协调。

肉牛是大牲畜，初期资金投入较大，且养殖周期长、回本慢，养殖户必须有一定的流动资金作为保障，之前村里只有较富裕的人才敢养牛，而且养殖规模也比较小。于是，普通养殖农户常成为被"一分钱难倒"的"英雄汉"。农户收入低，又没有合适的抵押物，很难达到银行的放款标准。正如刘老汉总念叨的："家财万贯，带毛的不算。"活体肉牛容易发生疫情受灾，金融机构都不愿意承担相应风险。所以，即便省里相关政策文件已有明文规定，但实际中能成功获得放款的农户也是凤毛麟爪，大部分的养殖农户只能干着急。

针对这一共性问题，巴吉垒镇政府急农户之所急，千方百计地协调资源。例如与金融机构合作运营"金融超市"，提速贷款申办流程。金融机构直接在镇政府设点，面对面帮着养殖户们解决问题，受益者很多。又如开通专项基金，补贴和引导养殖户完善相应灾病保障，原价500元的肉牛死亡险，养殖户只需自付100元，其余400元由镇、市和省三级政府的财政资金共同负担。这些机制创新，很好支援了全镇肉牛产业的规模化发展。

种养结合、变废为宝

巴吉垒镇周边都是玉米主产区，秸秆资源供应充足，轻轻松松就能保障肉牛产业发展的粗饲料供应。加快"秸秆变肉"，通过发展肉牛规模化养殖来消化大量富裕秸秆，不仅能破解秸秆焚烧难题，减缓环境治理压力，节约大量整治资金并大幅降低养牛成本；还能实现种养结合，提升传统粗放的农业发展模式，进一步推动区域生态环境改善。肉牛吃了秸秆饲料后，排出的粪便经专门处理，还可进一步还田增肥，甚至用于改造不宜耕种的盐碱地。这样既保护了环境，推动资源节约集约利用，又带动了地方经济发展，富裕一方百姓，可谓一举多得。

依托种养结合模式，巴吉垒镇肉牛养殖的规模与效益实现双增长，村容村貌也变得整洁起来。"以前牛粪处理是个难题，镇里每年都花钱逐村清运。"刘老汉补充道，"现在好了，企业抢着收。"出乎意料的是，上门收牛粪的并非环保企业，而是本地畜牧企业。现在巴吉垒每家企业都有自己的粪污站，专门收集各村牛粪来制作有机肥，专供果蔬、花卉这样的设施农业大户，价格不菲。此外，镇里还来了家土壤修复公司，去年派人从周边6个村拉走1.5万吨牛粪，给了每个村一万块钱作为回报，并用这些牛粪一次性改良了200多公顷盐碱地。

此外，巴吉垒镇还探索利用田间地头的废弃地来做粪污临时堆放点（见图8）。下面铺上塑料防渗透，四周建起简易围墙，再用生物菌剂祛味，能对牛粪进行3～6个月的暂时存储。"去年全村试点建设'两点一线就地就近'粪污临时收储点6处，实现了2万余元创收。"刘老汉有条不紊地介绍道，"咱村试点成功后，全镇又投入300万元建了189个粪污收集设施。"镇里还积极对接粪污收储企业，与之签订长期合同，企业会定期到各村回收牛粪。巴吉垒镇不仅正在逐步恢复往日的绿水青山，还在努力实现着"绿水青山就是金山银山"。

图8　牛粪综合利用有了新路子

资料来源：作者自摄

园区落地，小镇出彩

两年努力没白费，巴吉垒镇的肉牛产业蒸蒸日上。巴吉垒镇现在不仅是诗乡，还是省里的产业明星小镇。2021年，巴吉垒镇获评为省级肉牛特色产业小镇；2022年，巴吉垒镇又进一步获评为省级乡村振兴示范镇。截至2022年年底，全镇肉牛数量接近10万头，财政收入同比增长了500%，这些都得益于规模化发展肉牛养殖。但是，巴吉垒镇的干部没有满足，他们仍然四处调研取经，继续谋划着新的产业拓展空间。

想要让巴吉垒镇的肉牛产品上档次上质量，必须要下气力引进专业领域的龙头企业。现在国家和省里的配套政策多，大企业也愿意参与到地方农业发展中。实现招商引资，还是要先做好自身功课。巴吉垒镇的地下水质不好，距离肉牛养殖特别是高端养殖标准尚有差距，镇政府就筹措资金从周边区域管道输水。荷花村距离镇区近、荒地也多，镇里就在这里重点谋划肉牛产业园区建设。"镇领导最关注产业配套用地，比如哪里适合建牛场，哪里适合做加工厂。"刘老汉解释道，"咱村有些荒地，种粮食不顶事，用来建厂子正好。"

通过政府担保、企业注资，巴吉垒镇的肉牛园区终于破土了（见图9），光道路铺设和线网改造就花了四五千万。这些都是通过县里争取到的专项资金，还有企业的前期垫资；镇里没钱，只是提供了建设用地，镇里荒地多，比较好争取建设用地指标。在肉牛园区里，屠宰加工场已经开工，未来还要再建种牛培育基地和肉牛大数据中心。到时每头牛都会有自己的数字 ID，从育种繁衍、饲料提供到后续的屠宰、加工和牛肉出售，再到牛皮、牛骨等产品开发，还有心脏瓣膜医疗化应用（见图10），全部价值都会留在巴吉垒镇。

图 9　巴吉垒镇城开农投肉牛产业示范园区

资料来源：作者自摄

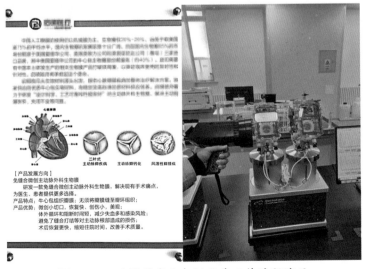

图 10　心脏瓣膜产品介绍及其工作过程演示

资料来源：作者自摄

结束语

作为传统农业乡镇，巴吉垒镇近年的发展遭遇瓶颈，人口外流严重，但巴吉垒镇的领导班子从未气馁。机遇总是留给有准备的人。吉林省用"小肉牛"带动"大产业"，化治理难题为积极资源，力争实现全省肉牛产业集群的提质增量。巴吉垒镇果断握住机遇，努力推动自身肉牛产业上规模，并不断延伸产业链条，引领自身经济社会发展进入快车道。三年间，巴吉垒镇一跃成为全省的产业明星小镇。截至 2022 年年底，全镇肉牛饲养户达 2253 户，同比增长 59%，占常住户数的近四成，19 个村中有 16 个村的养殖量超过千头，巴吉垒镇的主要经济指标实现了跨越式增长。预计到 2023 年年底，巴吉垒镇的肉牛规模将增加到 12.2 万头。

巴吉垒镇通过政府主导，不断强化农民与企业的合作，努力消除养殖户的后顾之忧，在实践中摸索出"小规模、大群体"和"种养结合"等模式，无疑为我国肉牛产业乃至整体农业领域的高质量发展提供了有益借鉴。所谓"小规模、大群体"，即农民的肉牛养殖规模不大，但养殖户众多，可以合力实现规模化效应并延伸产业链价值；所谓"种养结合"，即结合实际深挖作物秸秆的回收利用空间，实现秸秆变肉和过腹还田，充分"化废为宝"。这些做法符合我国"大国小农"的国情和农情，既保证了国家粮食安全，也解决了农民增收致富难题。

虽然"秸秆变肉"暨千万头肉牛建设工程在巴吉垒镇等处取得了一定成绩，但随着项目推进，仍有许多值得关注和亟待破解的问题。比如，怎样更好保持肉牛产业长期稳定发展，如何更好协调和发挥政府、企业和农民三者的关系与作用，这些都关系到牛肉工程的可持续发展和全省农业现代化大局。基于现实问题与各地经验的总结，2023 年 2 月底，吉林省政府进一步出台了《吉林省肉牛产业发展规划》和《关于印发支持全省肉牛产业发展有关政策措施的通知》，对实施"秸秆变肉"暨千万头肉牛建设工程作出更为全面的部署，制定了更加精准的措施。

【研讨题】

1. 乡村产业发展的关键是要带动农民一起干，如何建立更有效和稳固的利益联结机制？

2. 政府在产业发展中应通过何种方式扮演什么角色？如何处理好政府与市场的关系？

3. 如何理解农业现代化的内涵与实现路径？传统粗放农业模式常伴随着开发过度、生态破坏和单一发展的问题，巴吉垒镇的产业实践是如何实现转型提升、拓展融合和可持续发展的？

4. 基于"大国小农"的现实国情，我国广大地区如何实现特色的农业现代化之路？

案例分析

为提高国内自给能力，让民众拎稳"菜篮子"，吉林省自 2021 年起实施了"秸秆变肉"暨千万头肉牛建设工程。该工程以实现乡村振兴为总目标，立足吉林省的资源禀赋优势和产业基础，力求做大产业规模、做强产业龙头、做精产业链条，加快推进农业的支持体系、生产体系、经营体系和产业体系建设，不断提升肉牛产业的综合生产能力、供应保障能力和市场竞争力。截至 2022 年年底，吉林省的肉牛总量发展到 652.6 万头，增速领先东北三省，位居全国前列。肉牛工程成为吉林省富民强省的标志性工程，获评国家"脱贫攻坚和乡村振兴衔接的优秀项目"。在此大棋局下，全省各级政府逐级落实，涌现出不少难能可贵的特色探索和因地制宜的典型创新，巴吉垒镇就是吉林省千百个乡镇的缩影。

一、理论基础与分析框架

1. 发展型政府理论

自古以来，经济表现对于政治生存的重要性得到了历史的一次次检验。第二次世界大战以后，东亚地区的日韩等国经过二三十年的追赶成功跻身发达国家之列，为探索后发国家的超越经验，学界总结出"发展型政府"理论[1]。传统经济学强调市场的有效性，而发展型政府理论则强调经济发展中政府的主导作用。政府通过制定产业政策等方式将资源投入到发展的关键性产业中，长期充当经济建设主体和投资主体，由此带动整体经济的发展，该过程伴随着强烈的发展意愿、选择性的产业政策、高度自主性的官僚机构和紧密的政商关系。[2]在中国经济理论研究学界，主流的"财政联邦主义"[3]和"晋升锦标赛"理论[4]都无一例外地聚焦于发展型政府推动地区经济增长的实践。在发展型政府导向下，目标追求和考核标准都以经济发展为第一要义，产业政策成为最重要的工具。一方面，经济建设以效率优先，经济发展被视为最重要的目标；另一方面，通过行政力量推动"压力型体制"形成激励和动力。

该发展方式为后发国家实现经济增长提供了另一条"超车道"，却也成为导致企业活力下降、突出效率忽视公平、生态治理与科技进步等长期工程发展动力不足的原因。[5]随着政府职能转变顺势进入一个新阶段，发展型政府的内涵日趋丰富，政府工作重心逐渐向服务型

---

[1] Johnson C. MITI and the Japanese Miracle[M]. California: Stanford University Press, 1982.

[2] Evans P. Embedded Autonomy: States and Industrial Transformation[M]. Princeton: Princeton University Press, 1995.

[3] Qian Y, Weingast B R. Federalism as a Commitment to Perserving Market Incentives[J]. Journal of Economic Perspectives, 1997, 11(4): 83-92.

[4] 林毅夫. 潮涌现象与发展中国家宏观经济理论的重新构建 [J]. 经济研究, 2007(1): 126-131.

[5] 郁建兴，徐越倩. 从发展型政府到公共服务型政府：以浙江省为个案 [J]. 马克思主义与现实，2004(5): 65-74.

政府迈进，政府的职责逐渐从计划性干预转向宏观性把控，从主导与管制向服务与监督转变。本案例中，吉林省政府制定的"千万头肉牛工程建设"目标符合发展型政府的基本特征，而在巴吉垒肉牛特色产业小镇的具体实践中，呈现了更为丰富的转型探索。

2. 农业价值链理论

以小农户为主的家庭经营是我国农业经营的主流方式，传统经营方式长期以来面临着分散、脆弱的生产掣肘，农产品加工、包装、运输环节社会化服务的缺失直接抑制了"小农户"对接"大市场"的渠道，"小农户"与"大市场"之间的矛盾日益突出。对此，构建公平合理的农业价值链生态系统具有重要意义。联合国粮食及农业组织（Food and Agriculture Organization of the United Nations，FAO）早在 2013 年就提出了发展农业价值链以促进贫困小农的包容性发展[①]，一定程度上可以缓解小农户所面临的市场排斥问题。现有文献对于发展农业价值链提出了两条路径：一是通过减少进入市场的阻碍，促进小农户参与市场竞争和分配，增加农民的经营性收入；二是积极吸纳小农户改造并参与高附加值的产业链，提升他们参与市场的能力。[②]

本案例中，巴吉垒镇大多数农户以小规模肉牛养殖为主，存在着养殖品种不佳、养殖技术落后、交易议价能力不高、养殖收益不足等问题，在农业价值链中始终处于弱势地位。在"秸秆变肉"肉牛工程实施以后，政府赋能搭建起具有包容性发展特征的现代农业保护体系，从繁改队伍服务、保险、信贷支持、产销对接等多方面促进小农户融入大肉牛的价值链条，帮助小农户分享更具高附加值的产业链收益。

3. 案例分析框架

中国农业现代化包含农业生产体系、农业经营体系和农业产业体系的"三个现代化"，本案例运用结构经济学"有效市场＋有为政府"理论，基于发展农业价值链的理论，从发展型政府赋能角度分析巴吉垒肉牛特色产业小镇的发展过程，找寻中国农业现代化强国建设的经验规律，阐释解决大国小农问题的实践路径，案例分析框架总结如图11所示。

首先，发展型政府的理念转型赋能农业价值链提质升级，扫除小农户与大市场间的障碍。随着国家治理水平和治理能力现代化的深入建设，政府发展理念逐渐突破唯经济效益论的思维定式，以政府赋能的方式助力农业价值链的发展与建设，为联结小农户和大市场破除障碍和壁垒。传统农业价值链单一，标准化、规模化不足的问题使得农产品市场竞争力有限，再加上产品市场和要素市场的不完善带来了较高的交易费用，缺乏组织的小农户难以与肉牛

---

① FAO.Smallholder Integration in Changing Food Markets[R]. Rome: Food and Agriculture Organization of the United Nations, 2013: 24-44.

② 邢小强，汤新慧，王珏，等．数字平台履责与共享价值创造——基于字节跳动扶贫的案例研究 [J]．管理世界，2021, 37(12): 152-176.

收购企业、中介或消费终端进行价格博弈，市场议价能力有限，在产业链中往往处于弱势地位。在发展型政府理念转型的引导下，农业产业链和价值链逐步拓宽加深，小农户被纳入高收益的产业经营体系，享受到的市场收益也能相应提升。

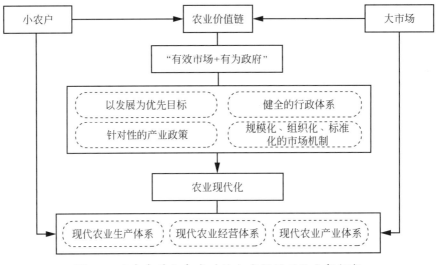

图11　巴吉垒镇小农户对接大市场的理论分析框架

其次，"有效市场"和"有为政府"耦合是突破农业发展瓶颈的重要机制保障。吉林省是保障全国粮食安全的重要省份，第一产业占比常年超过10%，农业支持保护体系一定程度上成为反映国家能力和政府能力的重要缩影。由于农业的生产过程受到自然资源和环境的重要影响，农业本身具有强烈的弱质性属性，需要政府和社会各界的关注和支持，充分发挥补贴政策、价格政策、金融政策和保险政策的不同作用。因此，由于信息不对称、外部性、垄断等市场失灵现象的存在，单纯依靠市场机制难以实现农业现代化强国目标，必须依靠政府的力量发挥激活市场的作用。新结构经济学充分肯定了市场在资源配置中的决定性作用，并认可政府在产业发展、转型和升级中的积极作用，通过因势利导提供良好的制度政策，加强基础设施建设减少交易成本，在培育市场主体和促进产业结构变迁中提供支持和补偿。[①]

二、"有效市场"与"有为政府"的耦合

在全省谋划、市县推进，大力振兴肉牛产业的大势下，农安县结合区位优势和产业基础，以巴吉垒镇为重心，系统谋划百万头肉牛产业振兴计划。乘此东风，巴吉垒镇坚持问题导向，不断细化落实和创新探索，稳步迈入政策试点窗口期。"有效市场"和"有为政府"的深度耦合激发出市场活力和配置效率，达成规模化、组织化、标准化的生产体系，展现出新时代农业产业发展和结构转型中的生机与活力，形成了诸多具有推广借鉴意义的经验。

---

① 林毅夫.新结构经济学(典藏版)[M].北京：北京大学出版社,2019: 190-245.

1. 以发展为优先目标

当下绿色发展理念深入人心，因地制宜实现秸秆资源化转化备受重视，成为推动农业、农村高质量发展的重要一环。巴吉垒镇政府主动作为，转变发展思路，从过去单纯追求经济增量转向注重经济、社会和生态的可持续发展，从简单追求数量转向谋求质效并重，展现了发展型政府执政理念的升级。在巴吉垒镇，将秸秆高效转化为饲料，不但能推动规模化养牛实现降本增效，使广大农户受益，还能从源头上消除秸秆焚烧的负外部性，节约大量治理成本。

秸秆资源化利用在中国是个新生事物，配套的基础设施尚未完善，思维理念有待宣导。对此，巴吉垒基层政府强化镇村联动，在强有力的催化领导下贯彻新发展理念，不断强化政府公共品供给。一方面，针对当前存在的"有秆不收、有收无储、有储难运"等现象，巴吉垒镇注重发挥政府引导作用，统筹各部门扶持资金，吸引市场大企业建设镇级规模化秸秆收储运站和相应的精饲料转化场，供应各村肉牛养殖户使用。另一方面，针对养殖户普遍对应用秸秆饲料保持观望态度的问题，巴吉垒镇积极发挥党员干部的宣传带动作用。

2. 针对性的产业政策

相较于其他养殖门类，肉牛产业具有前期投入大、养殖周期长、市场行情波动大等特点。不仅前端育种需要较长周期，肉牛的育肥也较为漫长，全周期成本一直较高。牛是单胎动物，成胎较大，双胞胎的概率极为罕见，母牛怀胎产犊一般要10个月且难以做到一年一犊，而肉牛出栏一般又要耗时一到两年，目前行情下单头牛的养殖成本在2万~3万元，固定成本投入耗费颇大，普通农户难以负担。"家有万贯，带毛不算"，按照传统金融信贷模式，活体牛难以确定产权和进行递延、监管，造成其风险收益不成比例，金融机构放贷存在着较大阻力。受困于畜牧行业的特殊性，肉牛养殖户和中小企业均很难从银行或其他金融机构得到信贷支持，资金补给阀门开启阻力重重。

对此，政府在肉牛保险方面给了农民很大的优惠政策，原价500元的肉牛死亡保险，农民支付100元，其余的400元由镇、市和省三级政府共同负担。除了企业提供的贷款外，巴吉垒镇还启动了"金融超市"为贷款提供便利。多家金融机构在巴吉垒镇政务服务中心摆摊设点，将与肉牛养殖贷款相关的金融产品"上架"推出，再由有需要的养殖户根据自身所需与"售货员"面对面探讨后进行择优选择，解决养殖户的资金瓶颈。此外，巴吉垒镇还从设施配建、规模增加、种质改良三个迫切点入手追加政府投入与政策补贴，解决养殖农户后顾之忧。

3. 健全的行政体系

良好的制度安排和体系设计是确保政策落地与执行的重要基础，中国的行政体系具有一定的制度优势，能够根据集体利益和长远利益制定切实有效的发展战略。从纵向上来看，上层政府的放权给予下层政府一定的自主性；从横向上来看，统一领导和部门合作的基础扎实，具备信任基础，政府内部的协同能力较强。

为积极推进肉牛工程建设，政府各部门形成了有效的"专班"联动，积极调动基层的积极性和自主性。吉林的省、市、县各级政府从农业局、畜牧局、发改委等超过 10 个部门抽调干部组建"肉牛专班"，形成重点关注的组织推进机制。为调动当地基层干部推进肉牛工程的积极性，吉林省制定了明确的地区肉牛产业发展考核指标，并将当地肉牛产业的推进成果作为考核基层干部的重要参考。农安县率先从组织架构优化和软环境建设上着手，由县肉牛办牵头，县直部门负责宣传推广、用地储备、资金保障和智库支持，成立了包镇推进组，对巴吉垒镇的肉牛工作实施贴身指导、跟踪服务。巴吉垒镇自身也充分发挥了党组织的堡垒作用和党员的带动作用，积极探索"支部＋合作社＋农户"等模式，形成干部带动、群众自主发展的肉牛产业振兴格局。

4. 规模化、组织化、标准化的市场机制

巴吉垒镇所在的农安县是传统农牧大县，具有历史悠久的养殖传统，在各级政策落实后，市场交易和资源配置的壁垒逐渐得到破除，肉牛产业逐渐实现规模化、组织化和标准化发展态势。截至 2022 年年底，镇域内肉牛饲养户 2253 户，占常住户数的近 40%，19 个村中有 16 个村的养殖量超千头，全镇肉牛发展量 9.4 万头。2022 年新增存栏 100 头以上规模化养殖户 6 户，存栏 50 头以上 20 户，产业规模化程度大大提升。"小规模、大群体"的庭院经济是对农业生产组织形式的创新，依靠农业社会化服务、基础设施建设形成市场合力，立体式、多元化的经营主体组织有序。发挥城开投的龙头带动作用，打造肉牛养殖联合体，整村通过"放母还犊"的试点探索肉牛养殖新模式，将带犊母牛交由小农户养殖，期间提供防疫、饲料、繁育等多种服务，待犊牛生产后以协议保护价收购小牛，同时回收母牛。牛种标准、养殖标准、防疫标准等肉牛生产和质量标准的统一规范生产流程和质量检测体系，提高了肉牛的品质和安全性，市场竞争力大幅提升。

三、现代农业生产体系

农业生产体系强调采用何种手段开展农业生产，其现代化改造方向包括从良种培育到栽培种植、技术装备使用，再到加工营销的全产业链条进步。[1] 巴吉垒镇通过资金、技术、劳动力等传统生产要素的升级与迭代，推动当地农民融入现代化农业生产体系，塑造出一批能够使用现代农业装备技术的新型农业经营者。

1. 绿色的种养循环

种养循环农业的核心理念是将种植和畜牧业紧密结合起来，实现种植业和畜牧业的相

---

① 陈锡文. 实施乡村振兴战略，推进农业农村现代化 [J]. 中国农业大学学报（社会科学版），2018，35(1): 5-12.

互补充和协同发展。巴吉垒镇的探索实现了秸秆饲料化和粪污资源化利用体系的落地建设，取得了较好效果。通过政府的持续努力和积极引导，巴吉垒镇初步建立起规模化的秸秆收储转运体系，大部分养殖农户开始选择秸秆饲料。巴吉垒镇利用秸秆饲料发展规模化肉牛养殖，有效破解了长期存在的秸秆处置顽疾，因此节约下来的环境治理成本也有力地支持了肉牛产业的进一步降本增效，最终使更多的养殖农户得到实惠。

巴吉垒镇重视推广茎穗兼收一体模式和传统的青（黄）贮窖存储技术，围绕有机肥生产企业、乡村粪污收集点、田间堆沤发酵池推进粪污资源化利用。巴吉垒镇不断探索粪污资源综合利用的新路子，号召村民将牛粪还田用作有机肥，并进行相应试点，还摸索了牛粪制作蜂窝煤球取暖等方式。巴吉垒镇还完善了垃圾转运站及粪污收集点等设施，充分利用此契机建设美丽乡村，将各村牛粪统一运至盐碱地地块用于土壤改良，创新了粪污循环利用模式。

2. 先进的生物技术

先进的生物技术能够实现农业高质量、可持续发展，进而惠及农业发展全局，最大限度保障农业产业安全和生态安全。巴吉垒镇所在的农安县，主要养殖西门塔尔改良牛，这是新中国成立后从国外引入的牛种与中国黄牛杂交改良后形成的牛种，牛肉品质一般。而像国际公认的安格斯牛等优良品种在当地的养殖非常稀少，本地育种迟迟没有发展起来。加之大多数畜牧强国不对中国出售活体种牛，能从国外采购的多为三等冻精，导致巴吉垒镇愈加难以扩大优良种群规模。再加上品种的培育和推广耗时良多，从冻精挑选到小牛落地需要三年，而农户接受新品种也费时费力，小规模养殖户往往极为保守。

针对肉牛品种单一、牛种持续退化等问题，巴吉垒镇将打造优质肉牛种源基地作为建设整个肉牛产业绿色发展示范园区的重中之重，借助省内外农业科研院所和龙头企业的力量予以率先落地。肉牛种源基地通过优选品质母牛、冷冻精液配种和胚胎培养移植等技术，加速繁育优质种牛。同时，为切实避免市场失灵，巴吉垒镇还加大良种补贴，下气力开展科技帮扶，努力协调统一养殖园区和散养农户的标准化养牛流程，不断强化肉牛品质监控，引领着全县肉牛的品种改良与品质提升。

3. 适宜的技术装备

当地依托农业社会化服务、农民合作社等方式实现大型农机具和投资成本高昂的先进农业装备的使用与覆盖，机械装备要素的导入有效帮助当地提升了产出能力。对于国际引进的农业机械装备，农业机械厂商根据中国本土生产特征进行改良和升级，发展出适配性和可用性更高的器械，从而提升生产过程的智能化水平。

园区内正在紧锣密鼓筹建 3 个中心，分别是加速科技成果转化的肉牛产业科技指导中心，推动数字化赋能增效的畜牧产业大数据中心和辐射全市、对标全省的肉牛交易中心，进一步引领全县肉牛产业实现高质量发展。巴吉垒镇还不断健全肉牛产业的监测预警和信息发布机制，积极帮助相关企业化解生产经营风险，帮助养殖农户对接联络市场需求，提高产业收益。

4. 及时的人才培育

在中国人口老龄化的大背景下，东北地区的人口净流出问题尤为突出，肉牛养殖人员中有近半数已年过半百。养牛耗时费力，环境欠佳、收入不高，短期内难以吸引本地年轻人回流。巴吉垒镇的高龄农民受教育程度较低，对新知识、新方法接纳慢且效果欠佳，机械化、数字化等技改工具难有用武之地。养殖从业人员高龄化，是巴吉垒镇畜牧业发展面临的棘手难题之一。与此同时，巴吉垒镇的畜牧医生群体日渐萎缩老化。一方面，经年累月、经验丰富的一线畜牧医生流失严重；另一方面，巴吉垒镇的年轻人大都不愿报考兽医专业。

对此，巴吉垒镇主动对标发展型政府建设，围绕企业、资金、人才等稀缺资源广泛开展竞争，通过政策引导、加大补贴和形式创新等方式，大力强化为肉牛产业发展服务的各种专业技术队伍建设，重点吸纳、引进和培养畜牧医生、秸秆饲料加工和农机维护等人才。一是巴吉垒镇集中力量建设肉牛品种的繁育改良队伍，通过与企业、科研院所和社会组织合作，由镇政府出资提供繁改基地，各村配套繁改员，覆盖全镇及周边地区。二是联络同乡人士支持肉牛产业发展，整合人社、科协和农业农村等各类培训资源，建立肉牛养殖培训投入保障机制和统一的养殖技能培训体系，不断扩大培训规模，优化肉牛生产状况，提高产业发展信心。三是持续吸纳和培养农技人才，在秸秆饲料化、肉牛养殖和疫病防控等方面为养殖农户提供线上线下支持，打通农技服务的"最后一公里"，解决兽医稀缺和老化等系统性难题，保障巴吉垒镇肉牛产业的长期稳定发展。

四、现代农业经营体系

农业经营体系是指资金、技术、劳动力等要素的组合配置，现代农业经营体系的建设重点是优化已有要素的配置效率和吸引外部要素组合的投入。巴吉垒镇探索出较为丰富的立体式复合型现代农业经营体系，小农户的改造升级和多元主体的协同合作为现代农业经营体系注入了生机与活力。

1. 推动小农户改造提升

习近平总书记指出："要处理好培育新型农业经营主体和扶持小农生产的关系，农业生产经营规模要坚持宜大则大、宜小则小，不搞一刀切，不搞强迫命令。"[①]根据研究学者的相关测算，尽管小农户仅经营全球土地的12%，却为全球粮食产出作出了36%的贡献，而中

---

① 走中国特色社会主义乡村振兴道路 (2017 年 12 月 28 日)[M] // 坚持全面深化改革 . 北京 : 中央文献出版社 , 2018: 398-399.

国的这一比例高达 80%。[①] 在全球农业农村现代化的发展进程中，中国的小农问题具有复杂的独特性。一方面，长期处于社会主义初级阶段的基本国情使得城镇化步伐无法完全消化农业人口转移，未来仍将有数亿人从事农业生产与经营活动。根据第三次全国农业普查数据，2016 年全国共有 2.07 亿户农业经营主体，其中小农户占比为 98.1%，相比 1996 年呈现增长态势。[②] 另一方面，中国的土地细碎化程度高，中国小农户的户均经营规模不足 10 亩，仅相当于欧盟的 1/40 或美国的 1/400。

在"大国小农"的现实背景下，巴吉垒镇采用务实可行的方法改造当地小农户。充分利用小农户家庭经营的优势，通过土地流转等方式，扩大经营规模，破除融资壁垒，帮助他们更好地从外部获取资金、技术等更多生产要素，推广先进农业生产技术和装备从事农业的现代化生产。巴吉垒镇中小养殖户的占比超过九成，"小规模、大群体"的标准化养殖方式遵循了当地的实际情况和历史传统，坚持以农民的主体性地位，帮助养殖户的人均年产值从4000 元提升至 15000 元。

2. 多种形式农业适度规模经营

习近平总书记指出："土地流转和多种形式规模经营，是发展现代农业的必由之路，也是农村改革的基本方向。"[③] 对此，巴吉垒镇创新搭建立体网络，特色推动规模化养殖。响应农安县相关部署，巴吉垒镇全力构建"政企协力、园区辐射、农户联动"的肉牛产业特色发展新格局，依托"多元主体培育、大户拉动散户"等创新模式，扶持各村发展养牛集体合作社，不断创新合作模式，努力形成"龙头企业＋村合作社＋养殖大户"的集群效应。这种方式建立了资源共享、风险共担和利益共享的联合体系，通过建立紧密的利益联结和分配机制，形成互相融合、协同发展、共同壮大的高效经营模式。

巴吉垒镇按照农安县的具体部署，对新建牛场、扩繁增量、种质创新等方面加大补贴力度，大力推进标准化养殖模式，提升肉牛产业的整体竞争力，并在养殖合作社、企业和养殖农户之间建立了更加紧密的联系。具体工作中，巴吉垒镇摸索实践了"抓大""顾小"的工作策略。"抓大"是指切实抓好巴吉垒肉牛特色产业小镇这一龙头带动项目的建设，"顾小"是指同时兼顾全镇中小养殖农户的发展。全镇 19 个村陆续成立了由村党组织领办的肉牛合作社，涌现出村党组织"自主养"、签约企业"合作养"、养殖小区"以租代养"、外地人员"招商养"等肉牛养殖新模式，形成规模养殖场和中小养殖农户齐头并进的局面。

巴吉垒镇注重依托龙头企业发展肉牛集群，通过建立肉牛良种繁育体系，以种业振兴

---

① Lowder Sarah K, Sánchez Marco V, Bertini Raffaele. Farms, family farms, farmland distribution and farm labour: What do we know today?[Z]. ESA Working Papers 301283, Food and Agriculture Organization of the United Nations, Agricultural Development Economics Division (ESA), 2019.

② 胡凌啸，王亚华. 小农户和现代农业发展有机衔接：全球视野与中国方案 [J]. 改革，2022(12): 89-101.

③ 就做好耕地保护和农村土地流转工作作出的指示 (2015 年 5 月)[N]. 人民日报，2015-05-27.

为源头优化整个区域的肉牛种群。"放母收犊"的经营模式,有效形成了联农带户的肉牛养殖联合体,带动辖区村民开展"小规模、大群体"的标准化养殖。基础母牛由政府引导资金统一购置,养殖农户可以零成本领养,在规定年份交付牛犊和基本饲养成本开支,该模式有效解决了委托代理问题,扶持促进了中小养殖农户的快速发展。其间,政府以"强牧贷"等创新性金融产品为工具,协同其他金融机构充分发挥金融的风险管理功能,委派专人负责全镇肉牛金融保险工作的定期联络与调度工作。

五、现代农业产业体系

1. 资源有效利用

资源可持续利用是大食物观理念实现的重要途径。粮食与肉牛产业的种养循环构建出多元可持续的食物供给体系,便于形成全产业链协同发展的产业生态。秸秆成灾、焚烧难禁,破解负外部性均要求合理消纳秸秆。吉林是玉米种植大省,年产秸秆4000万吨以上,巨量富余秸秆的处置一直是老大难问题。秸秆随意遗弃、焚烧等现象屡禁不绝,极大污染了自然环境,大规模秸秆焚烧现象造成了严重的空气污染,加速了温室气体的排放,对人类健康、交通出行、日常生活等带来不利影响,产生了较强的负外部性。以巴吉垒镇及周边为例,存有大量无法及时消纳的富余秸秆,面源污染严重。秸秆富含粗纤维,巴吉垒将其转化为重要的生物资源,转化为饲料喂牛,既变废为宝,又能降低饲养成本、提高农户收益。对于村中散养较为密集区域产生的较多粪污,巴吉垒镇通过建设精准的粪污收集点帮助粪污就近还田。

2. 生产结构优化

生产结构优化需要兼顾生产资源环境和市场环境的双重制约,巴吉垒镇的农业结构转型策略体现出对两种环境的适应。首先是对于生产资源环境的适应,针对巴吉垒镇盐碱遍地的情况,当地积极探索巧妙化解不足,尝试解除盐碱地资源环境带来的约束。我国城镇化发展已进入提质增效阶段,国家对耕地保护的要求愈加严格,巴吉垒镇恰恰由于盐碱地众多,得以留存较多用地指标,可承载肉牛产业发展及综合配套建设,快步迈入转型发展的机遇期。再加上巴吉垒镇的粮食种植效益偏低,支撑农民增收的传统动能逐渐减弱,进一步保障当地农民增收,培育经济发展新动能的需求越来越强烈。基于当地实际情况和产业发展前景,巴吉垒镇紧抓省、市政策红利,锚定"肉牛产业大发展"的目标不动摇,谋划并打造了集肉牛饲料加工、种源繁育、养殖、屠宰、加工和牛粪还田改良盐碱地为一体的全产业链,积极实现绿色转型发展和三大产业融合发展。

其次是对于市场环境的适应,现代农业产业体系需要帮助小农户适应消费需求的多元化演变趋势。伴随着中国日益迈向中高收入国家队列,消费者对于农产品的需求呈现出升级化、个性化和品质化的趋势，农产品的生产也应随着消费升级而升级。通过先进育种、规模化养殖和绿色安全流通，巴吉垒镇肉牛品质日益提升。

3. 产业链延长与增值

巴吉垒镇不断强化重点项目推进，加快肉牛产业发展的现代化进程。通过绿色循环肉牛产业示范园区建设，巴吉垒镇以城开农投为主体，重点推进肉牛养殖、屠宰和深加工园区建设，不断延伸产业链条，做强肉牛经济，对肉牛的养殖、屠宰，饲料、有机肥的加工等实现了智能化管理和产品质量追溯。坚持系统推进，借助市场化力量，不断延长产业链、完善服务链，稳步建设肉牛产业"特色小镇+养殖示范区"，推进三大产业深度融合，带动农户增收致富，使巴吉垒镇成为全县肉牛产业发展的主战场和排头兵。立体的规模化养殖网络建立起了一种"新型利益连接机制"，串联起产前、产中和产后的全产业链环节的利益主体，发挥规模效应，以专业化分工的方式衔接秸秆回收、农机应用、饲料采购、繁育服务、对接市场等环节。

此外，巴吉垒镇还积极参与皓月、犇福等大企业的肉牛产业深加工和新业态，积极参与肉牛熟食加工、心脏瓣膜、生物制药等新领域，不断延伸产业链并提升产品附加值。

4. 流通环节畅通

保障小农户生产的农产品能够更顺畅地进入流通环节并参与市场收益分配是保障农民致富的最后一跃，因此提高农产品的流通服务水平和服务能力是现代农业产业体系的重要一环。"产业是命根子，品牌是牛鼻子。"巴吉垒镇所处区域曾长期缺失畜牧业龙头企业，本地中小企业基于成本考虑，一直没有把品牌创建同企业发展紧密结合起来，在产品宣传方面投入少、效果差。

为改变本地企业没名号、产品没品牌、长期输出中低端肉牛产品、市场盈利不佳等状况，巴吉垒镇积极助力地域品牌的申报和建设。通过区域共同品牌的塑造和运营，不断提高农安肉牛的知名度，以获得更广泛的市场认可，让企业和农户得到更为合理的收益回报，推动全县肉牛产业实现可持续发展。通过加快肉牛品牌的营销与推广，积极发展连锁、直销、专柜等实体经营模式，利用本土优势促进传统线下销售；并鼓励经营主体大力发展网上营销渠道，依托知名电商平台经营特色牛肉产品网上店铺，探索直播带货的可能性。

六、结语

在地区经济发展陷入困境、产业转型升级面临困难的时代难题前，吉林省"秸秆变肉"暨千万头肉牛工程用新时代的"四个蹄子"追赶"四个轮子"，积极培育新增长点并实现了新突破。巴吉垒肉牛特色产业小镇的缩影，串联出共同富裕、乡村振兴、双碳战略和振兴东北的时代之音，从顶层设计的角度破解秸秆焚烧难控、畜牧养殖成本居高不下、农业绿色循环转型艰难、农民增收减贫压力大、集体经济发展阻力强等现实难题。

小农户问题在全球具有一般性和普遍性,巴吉垒在农业现代化道路上形成的现代农业生产体系、经营体系和产业体系能够为解决全球反贫困和实现农业现代化提供经验启示。巴吉垒肉牛特色产业小镇案例见证了政府在"发展型政府转型"中的探索,勇于突破唯经济论的落后发展理念,转向创新、协调、绿色、开放、共享的"新发展理念"。借助"有效市场"和"有为政府"的深度耦合,巴吉垒镇摸索出一条新的农业价值链,发挥农民的主体性地位,帮助众多小农户突破市场壁垒和阻碍,更好地参与到农业产业链增值的红利中来。

07

"街巷长"的重任*
——北京市背街小巷整治提升的探索与实践

☰ 案例正文

【引言】党的二十大报告指出："中国式现代化，是中国共产党领导的社会主义现代化，既有各国现代化的共同特征，更有基于自己国情的中国特色。""十四五"规划指出，要"推动社会治理和服务重心下移、资源下沉，提高城乡社区精准化精细化服务管理能力"。基层是国家治理的末端，基层治理需要中国式现代化的引领，同时也是中国式现代化的生动体现。2017年2月，习总书记视察北京时指出："背街小巷最能体现精细化管理水平，城市治理要向街巷胡同延伸。"街巷长制的实施，着力推动政府角色转型，构建党委领导、政府负责、民主协商、社会协同、公众参与的基层治理体系，旨在共建共治共享中推进社会治理现代化。

【摘要】北京的背街小巷长期存在环境脏、乱、差等问题，严重影响首都形象和居民生活。2017年4月，北京市启动背街小巷环境整治提升三年行动，在每条街巷、胡同设置了"街巷长"，作为政府代表开展"十无一创建"工作。街巷长制在设立之初被赋予两大职能定位：一是明确的街巷治理工作责任人，即政府各部门间协同的牵头者；二是政府与民众协商共治的组织者、引导者、推动者。本文认为，在背街小巷整治提升三年行动的实践中政府与民众间的协同治理是街巷长制有效发挥作用的可行之路，未来需要推动街巷治理模式由政府单一主导走向多元协商共治。

【关键词】背街小巷；街巷长；协同治理；协商共治

---

* 案例作者：张舸、雷伟、王千里、宋抒敏、尹晓晔，清华大学公共管理学院硕士研究生；指导教师：巫永平、王亚华，清华大学公共管理学院教授，慕玲，清华大学公共管理学院中国公共管理案例中心主任。

2017 年 2 月 23 日，习近平总书记视察北京时强调要"既管好主干道、大街区，又治理好每个社区、每条小街小巷小胡同"。长期以来，背街小巷一直是困扰北京城市精细化管理和可持续发展的难题。随着北京城市化的快速推进，一片片新区茁壮成长、一座座高楼拔地而起，但高楼大厦背后的小街巷、小胡同，仍然是破、旧、脏、乱、差的代表，私搭乱建、"开墙打洞"、乱停车、乱堆杂物等问题屡禁不止，街巷胡同基础设施薄弱、绿化空间不足、公共服务短缺，严重影响了首都形象和居民生活。这背后既有城市历史包袱和资源投入不足的问题，更是由于背街小巷治理中政府各部门"九龙治水"的管理模式，难以实现有效协同。为此，北京市自 2017 年起启动背街小巷整治提升三年行动，以"十无一创建"①为主要内容，设立街巷长制度，力求将背街小巷日常管理责任落实到人，在街巷层面整合政府部门和社会力量，形成治理长效机制，既打造城市的"面子"，又提升城市的"里子"。

新兵"小白"担大任 "巷长"担子肩上挑

2017 年 4 月 1 日，北京市城市管理委员会、首都精神文明建设委员会办公室联合发布《首都核心区背街小巷环境整治提升三年（2017—2019 年）行动方案》，着力改善群众身边环境，提升城市发展品质，打造"环境优美、文明有序"的街巷胡同。2017 年 4 月 5 日，东城区、西城区分别召开动员部署会，全面启动背街小巷整治提升行动。32 个街道作为实施主体，抽调干部担任"街巷长"，迅速开启背街小巷整治提升工作。一时间，背街小巷整治提升成为基层政府的核心任务。

红旗街道②是首都功能核心区③的老旧街道，辖区面积 3.2 平方千米，下辖 24 个社区，以老旧小区、平房院落为主，基础设施较为薄弱。辖区共有 15 条主要大街、98 条背街小巷，常住人口 10.2 万人，60 岁以上老年人口占 1/3。2017 年 4 月，区委、区政府动员部署会后，街道迅速制定实施方案，成立了地区背街小巷整治提升工作指挥部，抽调 120 余名干部担任街巷长，下沉到辖区所有街巷胡同，开启了轰轰烈烈的背街小巷整治提升工作。

民政科科员杨帆被任命为辖区内一条小巷——民生巷的街巷长。这一天，街道分管城建工作的朱副主任一大早就把杨帆叫到办公室，通知了他这一任命。

朱副主任："你到咱们红旗街道已经三年多了，这几年进步很快，工作成绩也是有目共睹，组织上对你非常认可。现在市里正在大力推进背街小巷整治提升三年行动，这将是咱们

---

① "十无"：无私搭乱建、无开墙打洞、无乱停车、无乱占道、无乱搭架空线、无外立面破损、无违规广告牌匾、无道路破损、无违规经营、无堆物堆料。"一创建"：开展以公共环境好、社会秩序好、道德风尚好、同创共建好、宣传氛围好为主要内容的文明街巷创建活动，打造一批文明示范街巷。

② 本案例中出现的人名、地名、街巷名、店名等均在事实基础上进行了掩饰处理。

③ 首都功能核心区包括东城区和西城区，共 32 个街道，常住人口 216.2 万人，土地面积 92.4 平方千米。详见《北京市主体功能区规划》（京政发〔2012〕21 号）。

街道的一项中心工作。昨天街道刚开完部署大会,任命你担任民生巷的街巷长,这既是组织上信任,对你也是很好的锻炼,责任很大,使命光荣啊。"

杨帆听说要担任街巷长,不由心头一紧,自己大学毕业后就一直在科室做内勤,主要从事行政和文字工作,最不敢和居民群众打交道,现在却要主动到街巷去,心里越想越紧张。

杨帆:"感谢领导的信任,这是锻炼提升自我的好机会。但是我有些担心,毕竟之前从没做过街巷整治工作,也不会跟居民打交道,怕自己干不好辜负组织的期望。"

朱副主任:"这个你不用担心,过两天街道开培训会,让城管科、城管队的同志给大家分享下经验。年轻人要敢于挑战,在实践中学习,发挥年轻人的冲劲儿,都是一步步过来的,相信你肯定没问题。"

从朱副主任办公室出来后,想着街巷长是兼职岗位,科室还有大量业务工作需要自己做,杨帆赶忙去找领导赵科长汇报,同时表达了对自己不能胜任居民工作的担忧和紧张。

赵科长:"我也被抽调当街巷长了。这是市、区下达的紧急任务,要求每条街巷胡同都要有街巷长,一般要求处级和科级干部担任。但是咱们这儿的街巷胡同太多了,处级、科级都用上还不够,所以把你们这些年轻干部都给派上了。我听说除了怀孕的、马上退休的、新来的干部外,其他人都被安排担任街巷长。干吧。不过,注意咱科里的工作可不能耽误啊!"

杨帆心想,既然大家都一样,那就啥也别说了,硬着头皮上吧。

初生牛犊不怕虎　无奈现实很残酷

上岗前,杨帆认真学习了市、区两级文件。《首都核心区背街小巷环境整治提升三年(2017—2019年)行动方案》中明确将"十无一创建"作为街巷长的工作主要内容,还建立了严格的街巷长工作机制("日巡、周查、月评、季点名"机制)。在市级方案之上,区级方案对街巷长工作提出了更高要求,不仅在"十无一创建"的基础上新增加了"十有"①,还提出了"三年任务两年完成"的工作目标。

几天后,街道召开全体街巷长培训会。区级街巷长办公室的负责人对整治提升工作中街巷长的任务职责进行了讲解,街道城管科老马就整治提升工作最难的两项任务(拆除违

---

① "十有":有政府代表(街长、巷长)、有自治共建理事会、有物业管理单位、有社区志愿服务团队、有街区治理导则和实施方案、有居民公约、有责任公示牌、有配套设施、有绿植景观、有文化内涵。

法建设、治理"开墙打洞")作了经验分享，介绍了自己科室总结的"八步工作法"①。会后，杨帆专门找老马"取经"并认真学习了全套工作材料。经过一段时间的培训和学习，杨帆觉得略有底气了，便着手开展民生巷违法建设的调查摸排。没想一开始就遇到了麻烦：

> 城管队："调查违建我们不方便先出面，居民一看到我们就有抵触情绪，反而不好开展工作，你先摸排着，我都你查违建台账，如果需要走拆除程序的话你跟我说，我们再去办。"
>
> 工商所："我们所里负责咱们街道工作的一共三人，真的分不开身，我查过这条街的商户，都有营业执照。"
>
> 食药所："你这条街一共 2 家饭馆，我们经常查，没啥问题，他们不配合的话你随时联系我们。"
>
> 社区民警："咱民警管的事情太多了，所里还有各种保障任务，这样吧，你们先去查着，如果有突发情况，或者有人扬言的话就给我打电话。"
>
> 安全生产办："领导安排我们这的安监员协助街巷长开展入户调查，不过咱们这十几个安监员要参与到 100 多条街巷中，确实人手紧张，我帮你联系下，你们安排好时间吧。"
>
> 社区书记："让我们管片儿李主任跟你一起去吧，他最了解情况。"

最后，杨帆与社工、安监员一行 3 人开展了前期调查。通过社区介绍和实地走访，杨帆对民生巷的情况有了大体了解：民生巷是北京南城的一条普通小巷，长度近 300 米，最窄处仅容一辆汽车勉强通过，巷子两侧的平房院落和建于 20 世纪七八十年代的老式居民楼星罗棋布，居住着上千居民。由于历史原因，巷子里有大大小小 30 余处违章建筑，有的是单位建造的，有的是居民搭建的，这些违章建筑有些用作经营，有些是以前居民烧煤取暖搭建的煤棚，一些煤棚后来改扩建后用作厨房或卫生间。违章建筑不仅使原本狭小的巷子更加拥挤，而且产生的垃圾、油烟、噪声也十分影响居民生活。

经过半个多月的摸排调查和查阅资料，杨帆终于建立了民生巷问题台账，包括违章建筑、违规经营、"开墙打洞"、乱堆物料等。可没想到后面的入户工作遇到了更大困难：居民不让进门，商户爱答不理，有些居民还骂骂咧咧。杨帆碰了一鼻子灰。没几天，街道统一制作的公示牌挂在了民生巷的胡同口，杨帆的姓名和个人手机号都公布了出去，随后便有居民不分白天黑夜给他打电话：胡同里有垃圾、公厕有异味儿、有无照商贩……家里灯泡坏了、马桶堵了、孩子上学难……有些问题还能帮忙解决，有些是真没办法，杨帆只能一遍遍耐心解释。

---

① "八步工作法"：(1) 问题发掘→(2) 问题分析→(3) 问题定义→(4) 对策拟定→(5) 对策分析→(6) 对策执行→(7) 效果确认→(8) 后期管理。

"吹哨"不见来"报到" 领导"督阵"才响应

在北京市"疏解整治促提升"大背景下，各区纷纷开展了违法建设拆除、"开墙打洞"治理、批发市场"撤市"、地下空间和群租房治理等行动，背街小巷整治提升工作也如火如荼地进行。几个月内，红旗街道不少背街小巷都开展了集中整治，而杨帆试图推进民生巷整治却举步维艰，毫无进展，杨帆不解，忍不住找老马求教。

老马告诉他："不是你一个人遇到这种情况，已经好几个人来找我了，觉得自己势单力薄，每次入户就仨俩人，首先气势上就输了。况且这街巷长虽然带个'长'，手底下却没有一兵一卒，职能部门也不听你的。你好好看看这些已经完成整治的街巷，要么街巷长是重要部门的实职科长，比较容易调动城管、公安这些人；要么就是被列入街道整体任务，由处级领导牵头推动。像你们科长都很难调动的部门，更别说你这个小年轻了。别着急，等领导腾出时间了，肯定会推进民生巷，你先把台账弄清楚，把前期工作做扎实吧。"

杨帆明白了，现在只能继续做好日常巡查摸底工作，等待时机再推进整治工作。

2018年年初，北京市开展了"关于党建引领'街乡吹哨、部门报到'的街乡管理体制机制改革"，为街道、乡镇赋权，着力解决服务居民群众的"最后一公里"难题。红旗街道据此建立了"三级吹哨、多元报到"[①]的工作模式，新的方案赋予街巷长们一定的"权力"，可以"吹哨"给街巷内的城管队员、派出所民警、社工、街巷物业、党员干部等，第一时间解决问题；发现疑难问题时，可以召集相关部门研判，推动问题解决。

这一次，杨帆按照新的工作方案，试着"吹哨"给各部门和社区，却发现他这个街巷长的"吹哨"，并不像街道"吹哨"那么管用。

老马告诉他："你还是太年轻了啊！现在虽说是'吹哨报到'，可你看谁能'吹'得动？处级领导没问题，城管科科长、综治办主任、办公室主任也行，我这老家伙有时候还有个面子，你这小孩儿……处理简单问题时候还好，碰到拆违、'开墙打洞'这种事情，大家都等着街巷长先去'蹚雷'，即便你把他们叫来了，也是出工不出力。"

这时候，赵科长也专门找杨帆谈话了。

赵科长："小帆，最近咱们科非常忙，像低保人员审核、低收入群体救助、养老照料中

---

① 街道办事处向区级部门吹哨，社区党组织向街道科室和职能部门吹哨，街巷长向各部门派驻人员吹哨。

心建设等，工作量很大。我们首先要干好自己的本职工作，背街小巷那是城管科的事……还有，当初分配街巷的时候，有的街三五十米，有的将近一公里；有的街巷基础条件好，啥事不干都能达标，像你（负责的）平房区那些街，累死累活你也干不完！咱们科室业务涉及年底考核和绩效，关系到你个人的发展和进步，所以你得把主要精力放在本职工作上来啊。"

杨帆想着科长的话，自己再有心也没办法了，还是将主要精力用在本职工作上吧。

不久，工作出现了转机。在街道召开年度重点工作部署会后，开始推行处级领导牵头负责制，按照"叠图作业、挂图作战"[①]的工作模式，将各种力量整合，集中开展"组团攻坚"。这一次，由街道朱副主任担任了杨帆所在街巷的片区组长。朱主任"吹哨"后，城管、公安、工商、食药、房管等部门纷纷"报到"。朱主任将片区内 9 名街巷长整合，还从各部门抽调人员，成立两个实地组每天入户做居民工作，每周召开一次调度会，研究推进解决街巷重难点问题，逐条街巷进行整治，很快就完成了几条街巷的整治任务。

在"组团攻坚"工作中，杨帆除了和其他街巷长一起做居民工作外，还依据民政科职责对群众提出的诉求进行解答，并在政策范围内为困难群众提供救助。

因民生巷情况复杂，历史遗留问题多，整治工作被放在了"组团攻坚"的最后一战。民生巷的鲁记炒肝店是最大的"拦路虎"。炒肝店所在的居民楼原属于胜利食品厂，20 世纪 90 年代厂子破产后，下岗职工为解决生计将一楼扩建，有的用于出租、有的自己经营，一共 9 户、近 200 平方米。杨帆通过入户调查等方式了解到，储物类违法建设相对容易拆，出租经营类违法建设拆除难度大，有人提出"除非拆了炒肝店，否则绝不同意"，而炒肝店店主则表示坚决不拆。鲁记炒肝店是多年的"老大难"问题，店老板是下岗职工，老板的儿子是刑满释放人员，主要靠经营炒肝店为生。因炒肝店造成的环境问题，店主经常和附近居民起冲突，派出所出警几次，也只能是调解。

在工作调度会上，朱副主任听过各部门的汇报和意见后，认为违章建筑还是要拆除，但也要做好民生保障。拆除前一日下午，炒肝店店主两人来到街道办与朱副主任对峙并将其打伤，店主因为打人被治安拘留十天，不敢再蛮横。随后，街道组织各部门将炒肝店及剩余违章建筑一并拆除，多年的"硬骨头"被啃了下来。

街巷旧貌换新颜 停车整治不得解

违建拆除后，街道组织实施了一系列环境恢复和提升工程，修复破损地面墙面，安装

---

① 为避免"拉拉链"式施工，提高整体工作效率，街道将疏解整治促提升、背街小巷整治提升等专项行动任务与年度重点工程项目相结合，统一落在一张图上，将街道划分为 12 个片区，由处级领导牵头，统筹片区内的职能部门、社区、街巷长等力量，开展集中治理。

雨搭、座椅、晾衣竿等，民生巷的环境得到大幅改善。原来仅够一辆车勉强通行的民生巷，不仅道路拓宽近一倍，还腾出了不少公共用地。如今的民生巷看上去宽敞整洁，呈现出一派欣欣向荣的景象。后期，民生巷顺利通过了市级背街小巷达标验收。

随着民生巷整治任务完成，很长一段时间内杨帆担任的街巷长几乎没有了实质性工作，绝大部分时间他都在民政科忙自己的本职业务。虽然街头巷尾显眼处悬挂的公示牌仍有他的姓名和24小时待机手机号，他却极少接到居民群众的投诉电话了，现在居民有事都打12345市长热线。这期间，街道完成了内设机构"大部制"改革，将原来的约30个科室调整为"一委、七办、三中心"[①]。机构改革后，杨帆所在的民政科调整进入了民生保障办公室。

某日，杨帆接到通知，让他次日参加街道关于民生巷停车整治的专项调度会。杨帆已经很久没以街巷长身份参与街巷工作了，毕竟民生巷在达标验收后已回归到原有治理体系，由相关业务部门负责。对于这突如其来的会议，杨帆有些忐忑，赶忙做功课了解情况。

杨帆先是直奔街巷现场查看，发现如今的民生巷两侧密密麻麻停了不少车辆，窄的地方一侧停车，宽的地方两侧都被停满。民生巷里还有一所幼儿园和一所养老院，看到这景象，杨帆心想这上下学的时候非堵得水泄不通不可，要是遇到老人需要急救，岂不是救护车都很难进来？

杨帆赶紧找到熟识的社区主任进一步了解情况。

李主任："咱这条街在整治后路变宽了，所以很多车辆慢慢就进来了，刚开始不多，问题也不大。转折点就是今年1月市里开始实施主要道路停车收费，很多以前停在红旗大街的车辆回来了，附近上班、做生意的车也都往里面停。一些居民为了占车位私装了地锁，还有一些商户的货车长期停在胡同里，经常因车位发生争执，打12345热线的特别多。咱街道综合执法队和社区都收到了督办单，我们还一起整治过好几次，拆地锁、清理堆物堆料、清理僵尸车等，该干的都干了，还和个别居民发生了冲突。可咱费心费力干完后，变不回原样不说，还得挨投诉。"

杨帆又找到综合执法队的胡队长。

胡队长："没辙，这胡同里停车没法儿管！居民确实有需求，车多，可车位不够，交警不去贴条儿，居民可不就随意停。不止你这条街，所有街巷都一样，小区里也一样。我们去

[①] "一委、七办、三中心"：纪工委；综合办公室、党群工作办公室、平安建设办公室、城市管理办公室、社区建设办公室、民生保障办公室、地区协调服务办公室；党群服务中心、市民服务中心、全响应街区治理中心。

拆地锁、清僵尸车只能缓解一时，解决不了问题。你在大路上停一天一晚将近200块，那可不都跑胡同里免费停去了。"

第二天工作调度会上，街道朱副主任以及城市管理办、社区建设办、综合执法队、社区居委会的工作人员等全部到场。听完综合执法队和社区汇报后，朱副主任指出："民生巷目前的停车问题是街道12345热线专题会研究的重点事项，书记、主任非常重视，强调解决停车难问题宜疏不宜堵，需要我们转变理念，从居民实际需求出发考虑问题，调动各方力量参与共建共治，探索居民自治解决停车难问题的有效路径。"在这次会上，要求停车自治管理工作由城市管理办负责推进。

城市管理办田科长提出了自己的困难："主任，我们搞整治和建设比较在行，这几年开展各种环境整治工作，和居民关系很一般，怕适得其反。还有，我们城市管理组总共就6个人，咱们街道所有的工程、环保、绿化、环卫等都得我们几个，还有全街道70%的12345热线件，我们人手确实紧张啊。"

社区建设办周科长建议："我们以前开展'民生工程、民意立项'时多以社区为主、街道干部指导的方式推进。停车自治涉及多方职责和老百姓切身利益，建议还是要有熟悉情况的街道代表全程参与为好。"

朱副主任："居民工作确实不好做，调动他们积极性就更难了。但我们要多想办法，停车自治是咱们街道创新开展街巷自治管理的试点，做成的话不仅能使居民受益，提高12345热线"三率"① 成绩，对后续街巷治理和提升也有很大的示范和借鉴意义。"

经过研究，会议最终确定了由城市管理办牵头，社区建设办指导，街巷长和社区居委会入户做居民工作，街巷理事会、街巷物业② 和责任规划师团队③ 多方协作的工作机制。会议决定结合街巷长熟悉情况的优势，由杨帆作为街道办事处代表，在停车自治中承担与居民、社区、街巷管家等主体的沟通协调工作，并要求在停车自治期间以此项工作为主。

---

① "三率"：北京市12345市民服务热线要求的"响应率、解决率、满意率"，纳入街道年底绩效考核。
② 街巷物业：在背街小巷整治提升工作启动时，区政府要求街巷达到"十有"标准的其中一项，即"有物业管理单位"。选择有物业管理资质的区属企业或有物业管理资质的社会单位作为街巷胡同的物业管理单位，与之签订协议按照物业管理等相关规定开展街巷胡同物业管理服务。红旗街道通过招投标的方式选取了社会单位作为街巷胡同的物业管理单位，简称"街巷物业"。
③ 责任规划师是指由各街道选聘的，长期为本街道及属地指挥部的规划、建设与城市管理工作提供技术指导和服务的甲级规划和建筑设计院（或事务所）、高等院校、科研单位等机构或团体。按照北京市规划和自然资源委员会2018年12月制定的《关于推进北京市核心区责任规划师工作的指导意见》要求，红旗街道组建了责任规划师团队，提供决策咨询、项目指导、民意收集、评估反馈等工作。

治理理念需转变　协商共治解民难

停车自治如期开展，首先要了解居民的停车需求、调查居民车辆数和街巷可提供车位数。杨帆带着调查问卷，和社区、街巷物业一起入户了解情况。有了前期的工作基础，杨帆做起工作来得心应手，而且这几年下来，民生巷的很多老居民都和杨帆熟识了，很配合工作。

经过一周加班加点的入户调查，杨帆了解到绝大多数居民同意开展停车自治，希望以此解决停车难、停车乱的问题，并摸清了民生巷可施划车位数及居民登记"五证合一""四证合一""三证合一"①的具体车辆数。责任规划师根据杨帆的调查情况设计了停车自治管理初步方案，计划对民生巷实行半封闭管理，通过政府补贴和居民缴费的方式，聘请物业公司或者居民将车辆管起来。所有工作准备就绪后，杨帆和社区筹备了停车自治协商会，并通过微信群、"社区通"②、张贴海报等方式进行了广泛宣传告知，让居民知晓和参与。

第一次停车自治协商会上，居民们七嘴八舌地提出了各种意见建议。老居民张庆说："我在这里停了十几年的车都没交过钱，凭什么你们要收费，不同意！"李阿姨说："300元一个月收费有点儿高了，政府能不能提供些补助，少收我们点儿钱？能不能办年卡，优惠些？"宋大爷："我看路两边设计了很多挡车桩，不好看还容易磕磕绊绊，能不能做些花箱花架啊？"还有老人提出给探亲的子女留车位，幼儿园和养老院的代表提出为职工提供车位等。

协商会后，朱副主任再次组织各部门、街巷长、社区、街巷物业、责任规划师等召开协调会，针对居民提出的问题研究解决对策。社区李主任提出用花箱、花架代替挡车的设施，并建议由街巷居民认养花箱花架和后续养护；街巷物业提出与周边的单位"共享停车"方案以解决车位缺口；城管办田科长则建议街道提供一些补贴，可以设置花箱花架满足居民需求，并为居民认养提供工具材料。随后，街道主任办公会依据本次协调会情况议定如下事项：一是从停车管理经费和党群活动经费中列支资金，为停车自治工作开展提供前期补贴；二是鼓励居民通过认养的方式开展路侧绿化美化；三是做好民意征集，在条件成熟的情况下委托街巷物业开展停车自治试运营和后续管理。街道提供补贴后，居民每月缴纳的费用从原300元降为240元，同时为鼓励居民参与推出2500元包年优惠。

杨帆和社区组织了第二次停车自治协商会。会上，绝大多数居民同意停车自治（投票90%以上同意）。但张庆等几位居民仍坚决反对："我在家门口停这么多年都没收过钱，凭什

---

① "五证合一"指身份证、房产证、户口本、行驶证、驾驶证全部统一，"四证""三证"在此基础上减少，自治停车一般优先解决"五证合一"居民的停车需求。
② "社区通"是区委区政府为创新社会治理方式，提升服务群众能力搭建的公共服务平台，通过微信实名注册登记，方便居民及时查询和了解政府、社区发布的信息和服务事项。

么你们要收钱，不同意，坚决不同意！"张庆说完愤而离场，另外两三位居民也附和着离开。

杨帆非常清楚张庆等人反对的原因，他长期用废弃三轮车占据门口停车位，如今的收费方案相比原来的免费占车位让他觉得很不划算。杨帆和李主任商量后，决定针对张庆等几户居民再次逐一入户做工作，经过多轮入户沟通和解释，终于为自治工作争取到了更多的理解和支持。此后一个多月时间里，利用晚上和周末，杨帆又多次筹备组织停车自治协商会，经过多次修改后，停车自治方案最终以 96% 的同意率通过。

杨帆作为街巷长在停车自治中工作得到了街道领导和社区的交口称赞。"杨帆，这次停车自治你功不可没，没有你的话我们工作不会如此顺利，街道也没几个人比你更熟悉民生巷"，田科长说。"杨帆是优秀街巷长的代表，对民生巷居民情况非常熟悉，在街道与居民的沟通中，发挥了很好的桥梁纽带作用"，朱副主任也在街道总结会上对杨帆提出了表扬。

停车自治方案正式开始实施后，综合执法队对街巷内停放的其他车辆和违规设施进行了清理；城市管理办在街巷单侧设置了花箱、花架，为居民提供了种植工具；街巷物业在街巷出入口安装了停车管理设施，并安排人员 24 小时值班。停车变得规范有序了，巷子的环境面貌改善了，居民出行更加方便了，整体街巷品质得到了很大提升。

截至 2018 年 6 月，北京市 16 个区共有 17867 条街巷设置街巷长 14440 名、设置街巷公示牌 21121 处，实现了街巷长制的全面覆盖。[1] 作为街巷治理的第一责任人，街巷长担负起了街巷环境整治提升的历史重任，通过三年行动解决了一大批历史遗留问题，街巷环境面貌和治理水平得到很大提升。2019 年年底，北京市基本完成核心区 2336 条背街小巷整治提升任务，1706 条背街小巷通过市级达标验收（见表 1）。在实践中也看到，街巷长在组织协调政府部门开展环境整治，尤其是推动重难点问题解决时，还存在一定程度的能力不足和协同困境；但是在组织协调社区、居民等社会力量参与街巷环境提升时，街巷长发挥了积极有效的推动作用。

表 1　核心区背街小巷通过市级达标验收情况表 [2]

时间	地区		
	东城区	西城区	总计
2018 年 7 月	67	83	150
2018 年 12 月	178	125	303

① 谢国民 . 深化街巷长制创新实践推动首都城市基层治理水平实现新提升 [J]. 城市管理与科技，2019(5): 28-31.

② 数据来源：作者对北京市城市管理委员会官方网站公布的数据进行了整理汇总。

时间	地区		
	东城区	西城区	总计
2019 年 7 月	139	132	271
2019 年 12 月	347	635	982
总计	731	975	1706

结束语

　　背街小巷是北京这座千年古都的城市肌理，是首都核心区城市功能的重要载体，是现代城市文明的体现，关系到群众生活和首都形象。2017—2022 年，北京市已经开展了两轮背街小巷整治提升三年行动，使得背街小巷这一城市"里子"得到大幅改善和提升。2023 年，北京市又启动了"深入推进背街小巷环境精细化治理三年行动"，在街巷达标的基础上，着力打造优美街巷、精品街巷。街巷长制伴随背街小巷整治提升行动应运而生，在推动街巷环境整治和协商共治过程中发挥了积极作用。党的二十大报告指出，要积极发展基层民主，健全基层党组织领导的基层群众自治机制，拓宽基层各类群体有序参与基层治理渠道，保障人民当家做主。街巷长制是中国特色基层治理的生动实践和探索，也必将在推动街巷长效管理、精细化管理、健全完善基层治理体系方面发挥更大作用。

【研讨题】

1. 街巷长在协同政府部门开展街巷整治中遇到了哪些问题？面临哪些协同困境？

2. 街巷长在组织居民开展街巷"共治"方面有哪些优势？存在哪些问题和不足？

3. 请从相关理论视角分析街巷长这一角色在停车自治工作中是如何有效发挥作用的？

📋 案例分析

一、研究问题：街巷长制在协同治理中的作用与问题

1. 街巷长制的背景

　　全面推行街巷长制是以习近平总书记视察北京重要讲话精神为遵循，坚持中国式现代化、落实北京市总体规划、提高城市精细化管理水平的重要举措。2017 年 2 月，习总书记视察北京时强调，"既管好主干道、大街区，又治理好每个社区、每条小街小巷小胡同"。北

京市委、市政府认真落实总书记指示要求，既打造城市的"面子"，又完善城市的"里子"，将精细化管理延伸到所有背街小巷。2017 年 4 月，北京市率先在首都核心区背街小巷设置"街长""巷长"，"街巷长"一般由街道干部担任，主要负责街巷的环境整治提升和文明创建。2018 年 4 月，北京市印发《关于在全市推行街巷长制的指导意见》，街巷长制正式在全市推广实施。

2. 街巷长制出台的原因

北京的背街小巷长期存在环境脏、乱、差等问题，严重影响了首都形象和居民生活。这其中既有政府投入不足的原因，也有管理方式落后的问题。在街巷长制实施之前，背街小巷存在以下问题：一是政府投入少，关注度低。传统的政府管理往往在城市主干道和大街区投入更多资源，注重城市的"面子"，而忽视背街小巷的"里子"。二是部门协同难，各自为战。街巷环境治理涉及政府多个部门，它们常常各自为战，缺乏横向联系和有效协同，"条块分割""九龙治水"等问题突出。三是政府单一主导，缺乏公众参与。传统模式下，基层政府更多将行政目标的实现、行政效率的提高置于核心，没有建立起有效的利益表达和共治机制。

3. 街巷长制的角色定位

街巷长制在设立之初被赋予两大职能定位（见图 1）。一是明确的街巷治理工作责任人，即政府各部门间协同的牵头者：对照"十无一创建"标准建立台账，协调相关部门解决街巷问题，实现达标验收。二是政府与民众协商共治的组织者、引导者、推动者：动员社区居民和志愿者团队，发挥自治共建理事会作用，加强居民自治管理，创建文明街巷。

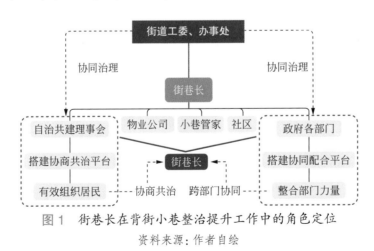

图 1 街巷长在背街小巷整治提升工作中的角色定位

资料来源：作者自绘

4. 街巷长制的主要成效

街巷长制的建立，解决了背街小巷长期存在的"多龙治水"、无人牵头管理的难题，在一定程度上实现了街巷层面的协同治理。因为协同治理在本质上是一种在共同处理复杂社会公共事务过程中多元主体间的相互关系的探究。[①]首先，将街巷整治"十无一创建"任务落实到人，明确由政府代表——"街巷长"负责，使背街小巷工作有了抓手。其次，在政府内部促进跨部门协同，由街巷长代表"块"上的街道，牵头协调"条"上的各职能部门协同开展集中整治，实现了政府资源的整合。最后，通过建立街巷理事会，推动政府、居民、社会组织等多方力量参与街巷共治，推动背街小巷共建共治共享。

5. 街巷长制面临的问题

通过案例发现，街巷长在发挥积极作用的同时，也面临不少问题：一是专业性不足。多数街道干部（如党建、民政、财务等部门）缺乏环境整治工作经验，专业能力不够。二是权责不对等。街巷长是背街小巷整治提升的第一责任人，但是街巷长本身既没有执法权，也没有指挥调度权，难以发挥牵头协同作用。三是兼职身份。由于兼职身份，当本职工作与街巷长工作发生冲突时，更倾向以本职工作为主。四是街巷问题的复杂程度不一、考核激励机制不完善，也在一定程度上影响了街巷长工作的积极性。

二、理论视角：协同治理

协同治理理论是学术界研究的重点领域。西方学者对于协同治理的特征、重要性以及构成协同治理的要素等进行了深入研究，如布莱森（Bryson）、克罗斯比（Crosby）和斯通（Stone）认为，协同治理是两个或两个以上部门通过信息共享、资源互动、能力互补和共同行动来实现单一部门无法达成的目标。[②]安塞尔（Ansell）和盖什（Gash）认为，协同治理是公共机构为了制定或执行公共政策、管理公共项目和资产，吸纳非官方利益主体参与正式、一致同意和审慎的集体决策的一系列制度安排，并制定了 SFIC 模型[③]（见图 2），包括起始条件（starting conditions）、催化领导（facile leadership）、制度设计（institutional design）和协同过程（collaborative process）四个部分，其中协同过程是模型的核心，其他部分是协同过程的背景和影响因素，领导力则为协同过程提供必要的调节和中介作用。[④]同时，由于中国政治体制与经济社会环境与西方存在较大差异，一些中国学者在研究协同治理问题中更加注重党和政府的推动作用，体现中国特色。邵静野认为，在社会治理协同方面，要坚持党的领导，发挥政府主导作用，加强协同主体内部的组织领导。[⑤]李强等人的研究表明，在城市社会和社区治理中有七种真实发挥作用的社会力量，包括社区居委会、社会组织、业主委

① 刘伟忠. 协同治理的价值及其挑战 [J]. 江苏行政学院学报, 2012(5): 113-114.
② Bryson John M, Barbara C Crosby, Melissa M Stone. The Design and Implementation of Cross-sector Collaborations: Propositions from the Literature[J].Public Administration Review, 2006, 66 (Special Issue): 44-55.
③ SFIC 模型是协同治理模型的简称，是协同决策行为的经典模型。
④ Chris Ansell, Alison Gash. Collaborative Governance in Theory and Practice[J].Journal of Public Administration Research and Theory, 2007(18): 543-571.
⑤ 邵静野. 中国社会治理协同机制建设研究 [D]. 长春：吉林大学, 2014.

员会、议事委员会、工青妇、市场中的力量和自发社团等。① 沙勇忠、解志元认为，在协同治理理念下，政府不再是公共事务治理的唯一主体，非政府组织、企业、公民个体等都是参与者，同时拥有权力、能力和责任并形成一种匹配、对等、制度化、常规化的多元治理结构。② 王有强等认为，协同治理依赖于政府职能转变，党委和政府的制度优势和资源优势需要其成为从计划式管理向社会协同治理转型时期的领导和主导力量。③

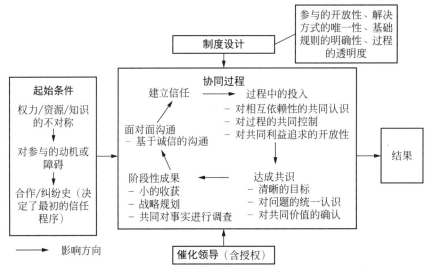

图 2 安塞尔（Ansell）和盖什（Gash）的 SFIC 模型 ④

本文认为，街巷长制作为政府主导制定的城市治理顶层制度创新，在两个方面突出体现为协同治理：一是政府内部的协同治理，即跨部门协同，主体包括背街小巷整治提升工作中的相关政府部门；二是政府与民众的协同治理，即协商共治，主体包含政府、民众、辖区单位、企业、社会组织等非政府部门。

三、"大有可为"的政府与居民协同

在背街小巷整治后的提升工作中，以停车自治为代表的政府与居民间的协同发挥了积极有效作用。在协同治理过程中，通过公共协商能够培育信任文化、防范冲突、化解矛盾。⑤ 街巷长的职能定位最接近于居民群众，可以理想地发挥政府和民众间的桥梁纽带作用，一方

① 李强，葛天任.社区的碎片化——Y 市社区建设与城市社会治理的实证研究 [J].学术界，2013(12)：40-50.
② 沙勇忠，解志元.论公共危机的协同治理 [J].中国行政管理，2010(4)：73-77.
③ 王有强，叶岚，吴国庆.协同治理：杭州"上城经验"[M].北京：清华大学出版社，2015(1)：70-71.
④ Chris Ansell, Alison Gash. Collaborative Governance in Theory and Practice[J].Journal of Public Administration Research and Theory, 2007(18): 543-571.
⑤ 何红彬，张俊国.无直接利益冲突矛盾防范与化解机制探索——基于协商民主与协商治理视角的分析 [J].行政论坛，2011(1)：14.

面深入了解居民诉求，组织、发动居民；另一方面沟通协调基层各部门、社区、商户、社会组织、沿街单位等，实现"共治"。以下将以停车自治为例，用SFIC模型分析政府与居民之间的协商"共治"（见图3）。

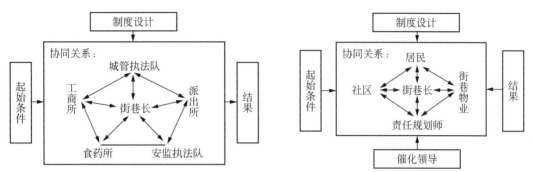

图3　SFIC模型下停车自治工作中的协同治理

图片来源：作者自绘

1. 停车自治中的协同治理

（1）起始条件

一是转变政府角色，赋予各治理主体平等的权利和地位。停车自治中的主体，既包括以街巷长为代表的政府部门，也包括居民、志愿者、社区组织、物业公司、辖区单位等非政府部门。以往的街巷治理经验表明，完全的居民自治是很难实现的，社区组织力量较弱也无法承担主导者的角色，街巷治理需要政府大力推动。但是，政府往往通过行政命令等方式实现管理目标，缺乏居民等主体的参与。而在街巷共治模式下，政府不再只是扮演"管理者""管控者"的角色，而是承担起"牵头者""指导者"的角色，各主体之间是一种合作关系。停车自治中，政府积极转换角色，在协商会前充分调研征求民意，协商会上各方充分表达利益诉求，修改方案过程中充分吸收各方意见建议，各主体在协同过程中表达利益诉求。二是动员各主体积极参与协同治理。政府的社会动员能力相较于其他组织是最强的。协同过程中，居民、商户、沿街单位等主体参与的动机相对较弱，只有当他们认为参与能够有效影响共治过程，并且最终治理效果与自身利益直接相关时，才会有较高的参与积极性。街巷长广泛宣传和入户动员，让居民等主体认识到解决停车难、停车乱问题关系到切身利益，提升了他们参与共治的积极性和主动性。三是营造相互信任的氛围。协同治理是一种集体行为，协商成果是得到各方达成共识的解决方案，因此建立信任至关重要，各方需要投入时间精力培养彼此间的信任。在各主体中，街巷长作为政府代表，具有较强的代表性和影响力，更容易获得其他治理主体的信任，在沟通中以诚相待，有利于营造相互信任的氛围。

（2）催化领导：发挥牵头作用，促进各方协同

《中共中央　国务院关于加强基层治理体系和治理能力现代化建设的意见》（中发〔2021〕

16号）文件指出，要建立健全基层治理体制机制，推动政府治理同社会调节、居民自治良性互动。政府掌握资源，拥有较强的权威性和影响力，在协同治理中承担"指导者"的角色。特别是在治理模式从传统政府管制模式转向协商共治模式的初期，政府在搭建街巷议事协商平台、指导制定协商规则、促进各方对话、建立信任关系、平衡各方利益等方面发挥着不可或缺的作用。停车自治中，政府在动员各方参与、制定停车方案、召集协商会议、反复沟通协调、促使共识达成等方面，发挥了重要的牵头协调作用。

（3）制度设计：健全制度机制，明确议事规则

制度机制是协同治理的基本规则和规范，要实现多元共治，必须构筑牢固的组织基础、思想基础和规则基础。[①] 党的十八大以来，党中央将制度建设摆到更加突出的位置，为推进国家治理体系和治理能力现代化打下了坚实基础。街巷治理中的制度建设同样尤为重要，完善的制度能为各主体平等协商提供保障，调动参与的积极性，增强各方信任，同时使各主体预先愿意遵守协商的最终结果，并共同承担责任。制度设计应当公开透明，保障各主体的知情权，在制定过程中吸纳各方主体的意见建议，提升各方的参与感和信任度。在停车自治中，明确的协商规则得到各方认可，最终实现了96%多数居民同意的工作方案。

（4）协同过程：指导协商过程，促进达成共识

协商过程包括前期沟通、建立信任、达成共识、取得阶段性成果等环节，是周期性的。在开展停车自治的前期阶段，街巷长通过与居民、社区、街巷管家等多方沟通，了解了居民关于停车自治的意愿；通过开展社区停车情况摸底调查，了解了街巷的实际情况；在此基础上，与专业团队（责任规划师）合作制定停车自治管理方案。这个阶段，街巷长牵头建立了与各主体间的信任关系，凝聚起停车自治有利于解决停车难、停车乱问题的共识。在停车自治协商会上，街巷长代表政府，组织居民、社区、街巷物业、责任规划师等充分交流意见。在正式协商阶段，各协商主体通过面对面的沟通，表达了各自的利益诉求，同时各方也认识到彼此利益的相互依赖性，在多次修改后的方案中寻找到共同利益，取得阶段性协商成果。在会前会后，街巷长进行了多轮次的入户沟通和解释工作，进一步增进彼此的信任关系，让最初持反对意见的居民重回协商过程之中，争得其理解和支持。可以看到，协商过程不是一次性的，往往要经过反复的沟通，才能建立信任、作出承诺。

2. 实施过程：短板须补齐

背街小巷整治提升的协同治理，实质上是要通过构建街巷治理的"政府—民众—社会"三元主体互动格局，通过建立协商机制，各相关主体就街巷环境问题涉及的难题和利益进行平等参与、协商对话，以达成共识、化解分歧，实现街巷环境整体提升这一共同利益。停车自治方案实施以后，如何实现共识成果的落地落实并有效维护，是协商共治得以延续的重

---

① 江必新. 关于多元共治的若干思考 [J]. 社会治理，2019(3)：11.

要保障，需要建立共识形成机制、行为约束机制、信息公开机制等科学的多元共治运行机制[①]、规则乃至法律法规，在制度层面进行约束，以维护共治成果。

四、街巷长制转型：从跨部门协同到多元协商，从"整治"到"共治"

党的十九大报告提出，要"加强社区治理体系建设，推动社会治理重心向基层下移，发挥社会组织作用，实现政府治理和社会调节、居民自治良性互动"。在现有基层治理框架下，居民实现共治的组织成本高、自治程度低，难以有效组织开展居民协商，需要政府角色的有效参与和引导。街巷长作为"政府代表"参与街巷"共治"具有天然优势，经过整治工作的沉淀，街巷长大都非常熟悉街巷情况，且具备一定的群众工作能力。在背街小巷整治提升的三年实践中，街巷长制在一定程度上表现为政府主导的集中整治方式，而在三年行动后，随着"整治"工作完成，进入"提升"和精细化管理阶段，需要对现有制度安排进行优化调整，实现街巷治理从政府单一主导的管理模式向政府与居民协商共治的制度转型，构建街巷治理共建共治共享新格局。本文认为，街巷长制的转型需要从职能定位、体制机制等方面加以明确，以推动建立街巷多元协商的共治机制。

1. 明确街巷长角色定位，提升街巷共治效能

2019 年 2 月，北京市委、市政府出台《关于加强新时代街道工作的意见》，强调要"推动基层管理资源和工作力量向网格下沉，建立以街道为主体、以网格为基本单元、以街巷长为统领的基层精细化管理体系"[②]，明确了街巷长在基层治理体系中的定位。共治作为民众通过协商实现自我管理的方式，是基层治理的难题，对文化传统、居民意识、协商能力等提出了很高要求。建议在协同治理模式下，对街巷长的职责定位进行优化调整，明确街巷长的职责为街巷治理的主要牵头者、推动者，政府与居民的协商共治中的组织者、协调者。作为街巷长：一是街巷工作的知情者，了解街巷和居民情况，深入细致做群众工作，收集、反映诉求，帮助解决实际困难；二是街巷巡查者，对照职责清单，加强巡查，发现问题及时解决；三是职能部门工作的监督者，对职能部门履职情况和专业队伍作业情况进行监督和评价，评价结果纳入部门、队伍工作绩效，让街巷长监督有力、有效；四是政府和居民的联络者，宣传政府政策，做好居民群众组织动员，发挥桥梁和纽带的作用。

2. 完善考核激励制度，深化长效管理机制

街巷长制伴随背街小巷整治提升三年计划出台，带有一定临时性，未能建立与之相关的激励机制，街巷长的积极性、主动性受限，在整治任务完成后，街巷长更多回归本职工作。由此建议：一是建立全面系统的考核机制。将原有只注重是否"达标"优化调整为重过

---

① 江必新. 关于多元共治的若干思考 [J]. 社会治理, 2019(3): 15.
② 中共北京市委 北京市人民政府关于加强新时代街道工作的意见 [R]. 政府公报, 2019(12): 8.

程、重实绩、差异化的综合评价指标，依据街巷实际情况细化考核标准。二是建立制度化的激励表彰机制。将精神奖励与物质奖励相结合，将街巷长工作绩效同干部考核、晋升相匹配，提升工作积极性。三是建立街巷长培训体系。在街巷长制度常态化、长期化的制度安排下，将街巷长培养纳入干部培养体系，侧重提升其群众工作能力、解决实际问题的能力。四是建立群众监督评价反馈机制。增加群众满意度考核，将服务意识、履职情况等纳入街巷长考核，畅通群众反馈渠道，监督街巷长履职。

3. 搭建协商共治平台，完善协同治理模式

"十四五"规划指出，要"推动社会治理和服务重心下移、资源下沉，提高城乡社区精准化精细化服务管理能力"。健全城乡基层治理体系是党着眼于国家长治久安、人民安居乐业，建设更高水平的现代化，完善社会治理体系的重要手段。在政府强力推动下，背街小巷环境脏乱差的问题在很大程度上得以解决，"十无"目标初步达成，但整治后的长效管控仍面临不小压力。由于整治工作缺乏多方参与，民众需求并未在街巷"十无"目标中得到充分满足，甚至在某些方面有所损害，如买菜难、租金收入减少等问题。而在"共治"环节，各主体积极协商，充分参与意见，逐渐建立信任与合作。因此，协商共治在街巷治理乃至基层治理中显得尤为重要，需要基层政府搭建切实有效的协商共治平台：一是引入居民、社区、物业等主体共同参与，注重宣传引导，尽可能扩大参与范围；二是各主体平等参与协商，确保都能参与并明确表达意见，避免部分代表代替决策；三是建立协商共治协商程序、规则体系和保障措施，确保协商共治规范、有序运行。

4. 强化协商制度建设，保障共治有序有效

党的二十大报告指出，要"完善社会治理体系。健全共建共治共享的社会治理制度，提升社会治理效能"。在协商议事过程中，应当根据实际情况制定协商议事规则，构建公开、平等、效率的规则体系。① 为确保协商共治的公平、高效运行，需要进一步加强制度化、法治化建设：一是确保多元主体参与，依法依规制定协商规则和共治公约，明确各主体的权利义务；二是建立行为约束机制，共治达成后需要共同维护，对破坏规则者进行有效规范和约束，保障共治有序有效；三是加强自治、德治、法治建设，以需求为导向推动自治、以激励为手段弘扬德治、以秩序为标准强化法治，在协商共治中推动"三治融合"，努力构建人人有责、人人尽责、人人享有的基层治理共同体。

---

① 张奎力，刘思语. 在社区治理中积极推进协商民主 [J]. 长江论坛，2019(5): 58.

08

源头活水 *
——社会力量参与老旧小区改造的劲松实践

📑 案例正文

【引言】广大群众住得好不好、房子暖不暖是习近平总书记始终关注的问题。2014年2月25日，习近平总书记走进北京市雨儿胡同4户居民家中，表示"老城区改造要回应不同愿望和要求，工作量很大，有关部门要把工作做深做细，大家要多理解多支持，共同帮助政府把为群众办的实事办好"。2022年8月17日下午，习近平总书记在沈阳市牡丹社区调研时强调，"老旧小区改造直接关系人民群众的获得感、幸福感、安全感，是提升人民生活品质的重要工作"。凝聚社会共识，发挥各方力量，推动老旧小区改造走深走实，既是不断实现全体人民住有所居目标的重要手段，也是改善民生、促进全体人民共同富裕的有力支撑。

【摘要】老旧小区改造是构建新发展格局、推动高质量发展的重要举措，也是增进民生福祉、提高人民生活品质的有力抓手。社会力量参与老旧小区改造是构建共治共建共享社会治理格局，开展美好环境与幸福生活共同缔造的本质要求。一方面，社会力量成为老旧小区改造的活水；另一方面，更加完善的体制机制保障成为社会力量积极参与老旧小区改造的源头。劲松改造共同体从资金、项目、周期、运营四个方面持续探索，形成经验示范：探索出微利可持续的、以社会资本为主的"自造血"模式；采取主动作为、创新办法的工作方法，以深化"放管服"改革支撑改造实践；推动居民协商议事，建立物业管理制度等以社会改造为基础的物质改造；等等。当前，劲松模式仍在西城区、石

---

* 案例作者：冉奥博，清华大学智库中心助理研究员、清华大学城市治理与可持续发展研究院助理研究员；刘佳燕，清华大学建筑学院副教授。后期修改：赵壹瑶，清华大学建筑学院硕士生。自2019年开始，冉奥博、刘佳燕及研究团队其他成员持续关注和调研劲松改造进展。本文中Y集团、L集团均为化名。

景山区、大兴区等地不断迭代升级，为老旧小区改造探索更多可能性。同时，其局限也为相关政策制定和创新提供了可能的镜鉴和实践支撑。

【关键词】老旧小区改造；社会力量；北京劲松

过去十年来，推动规模巨大的老旧小区改造是深入贯彻以人民为中心的发展思想、以住有所居促进共同富裕的重要举措。党的十八大以来，全国累计开工改造老旧小区 16.3 万个，惠及居民超过 2800 万户，切实改善了广大城镇居民的居住环境，提升了城市人居环境。但党的二十大报告也明确指出"发展不平衡不充分问题仍然突出"，其中，群众在住房等方面就面临不少难题。

面向新时代，持续创新老旧小区改造实践是构建新发展格局、推动高质量发展的应有之义，也是改善民生、促进全体人民共同富裕的必由之路。党的二十大报告提出要"坚持人民城市人民建、人民城市为人民，提高城市规划、建设、治理水平，加快转变超大特大城市发展方式，实施城市更新行动"，"加快建立多主体供给、多渠道保障、租购并举的住房制度"。城镇老旧小区改造作为重大民生工程、发展工程、基层治理工程，是以中国式现代化推动人居环境建设和城市规划治理迈上新征程的时代之举。

大势之下的转型：疏解整治促提升与房住不炒

疏解整治促提升是北京市深入贯彻习近平总书记对北京市重要讲话精神的重要举措。北京市希望以疏解整治促提升有效治理"大城市病"、提高特大城市治理能力和水平、创造良好人居环境。2017 年起，全市开展疏解整治促提升专项行动，其中就包括中心城区老旧小区综合整治，将基于存量规划的内涵式发展落到了实处。

房子是用来住的，不是用来炒的（简称"房住不炒"）是习近平总书记对住房属性的科学定位。考虑到中国城镇化率不断攀高、土地出让金与地方财政深度绑定、部分城市房价过快上涨等多方面因素，2016 年中央经济工作会议首次提出"房住不炒"，奠定了新时代住房事业发展的政策基调。

老旧小区改造已经成为新时代北京等特大城市发展的重要内容。北京作为首善之区和老旧小区改造的先行者，2018 年就出台了老旧小区改造的主要政策依据和行动指南——《老旧小区综合整治工作方案（2018—2020 年）》。

无心插柳的合作: 政商协作共同增进民生福祉

2018 年上半年, 朝阳区领导带队走访区内重点企业时, 来到 L 集团和 Y 集团, 希望倾听民营企业心声, 为其发展排忧解难。当时 L 集团和 Y 集团的负责人均表示目前企业运行发展情况良好, 朝阳区已经给了大量支持, 希望发挥自身优势, 积极履行企业社会责任, 为朝阳区发展贡献力量。彼时, 朝阳区正在为老旧小区改造问题而发愁, 希望就推动社会资本参与老旧小区改造开展改革试点, 而这正好与 Y 集团的专业领域和发展意愿不谋而合。朝阳区领导当场表示支持 Y 集团先行先试, 可以任由其挑选辖区内街道开展合作。一场例行的走访活动意外拉开了北京市社会资本参与老旧小区改造的序幕。

那么, 从哪个区域开始着手呢? Y 集团从供给侧、需求侧两端分析, 供给侧即能够为 Y 集团提供改造场景、能够共同推动老旧小区改造的街道, 需求侧即财务盈利可能性高、市场预期良好的区域。Y 集团管理层认为可以通过既有建筑改造提升空间价值, 后续再通过多种多样的手段将空间价值转化为商业价值。结合 L 集团提供的数据, Y 集团管理层发现一些老旧小区与同区域小区相比, 其换手率较低、租金较低、交易周期较长。在区域识别基础上, Y 集团开始同朝阳区多个街道接触, 劲松街道在若干次对接后逐步显露出来。

无巧不成书, 在同一时段, 劲松街道党工委(简称劲松工委)和办事处接到二十几名居民的联名投诉信。信中内容直指劲松小区缺乏物业管理, 小区的保洁、垃圾清运、室内维修都存在问题, 居民们希望有正规化的社区管理机制。劲松工委在收到居民联名信后, 高度重视并迅速着手分析居民反映的问题, 认为: 长期以来由街道兜底的管理模式已不能满足居民日益增长的对美好生活的向往; 目前, 大量退休公职人员已有物业费补贴, 具备实行物业管理的经济基础; 劲松北社区是劲松小区中人居环境最差的区域, 居民意见最强烈。基于上述原因, 劲松工委决定首选劲松北社区进行改造。

在明确问题之后, 劲松工委迅速"吹哨", 区级各部门积极"报到", 区委高度重视, 基于"吹哨报到"制度, 形成了联动机制。劲松工委向上汇报相关问题后, 区委层面高度重视并立即成立老旧小区更新提升工作专班, 将劲松北社区作为试点, 由时任主管副区长刘海涛任组长, 相关十多个委办局、街道办事处和 Y 集团参加。在其中, 劲松工委处于核心地位, 负责统筹协调改造全环节。首先, 收集居民意见, 分析讨论并形成初步方案; 然后, 将初步方案报送到上级部门和朝阳区各委办局; 同时, 与社会资本接触, 并最初确定 Y 集团作为长期战略合作伙伴; 接着, 街道工委与 Y 集团一同, 与居委会党委和居委会磋商, 与各委办局沟通协商, 解决问题。同时, 该工作专班每月召开工作会, 汇报工作进展、明确现有问题、现场制定方案, 通过紧锣密鼓的督促和落实机制, 使得劲松改造能够又好又快地完成。

客观上看, 老旧小区遍布劲松街道, 改造需求量较大。主观上看, 劲松工委书记和街道办主任对引入社会资本持开放欢迎态度, 希望通过试点走出一条通过社会力量参与老旧小区改造实现政商协同增进民生福祉的新路。由此，2018年7月，双方达成合作共识并签订了战略合作协议，准备在劲松街道劲松小区的劲松北社区开展老旧小区改造，并开展物业管理。

暮色苍茫看劲松：劲松小区的基本情况

劲松小区位于北京市朝阳区东三环劲松桥西侧，距离北京中央商务区仅2千米。劲松原名架松，因此地的古松树得名，于1981年取毛泽东七绝《题庐山仙人洞》"暮色苍茫看劲松，乱云飞渡仍从容"之句，改地名为"劲松"二字。劲松小区包含八个区域，劲松北社区就是其中的一、二区，在改造前属半开放式小区。劲松小区整体规模较大，八个区域总共占地面积104公顷，建筑面积78.6万平方米，单元数530个，总户数15415户，总人口数37976人。人口结构方面，老龄化程度较高，老年人口13438人、老龄化率35.39%，其中老年住户独居比例高达52%；流动人口较多，出租率高达37%，但二手房年换手率较低，为3%。

劲松小区始建于1978年，是北京市改革开放后第一批成建制的住宅小区，目前楼龄已超过40年。受益于北京市前期老旧小区综合整治的抗震加固和节能保温改造，劲松小区大部分楼栋的结构问题不大。但在服务设施配套、公共空间环境、室外管线管理、社区停车管理等诸多方面都难以满足市民对美好生活的向往。根据调研分析，Y集团发现：消防设施不完善导致社区安全隐患，消防设施的设计标准低，楼内的消防设施不完善，停车混乱阻碍消防通道；适老化程度低影响老年人生活品质，没有加装电梯、缺乏无障碍设施；管线设施老化严重影响日常生活，排水系统老化，夏季雨水倒灌地下室，房屋上下水管道渗漏、堵塞严重。

除此之外，劲松北社区长期以来都没有建立物业管理制度，这也是老旧小区的一个普遍问题。一方面，小区存在大量房改房，而房改房的业主权利仅限于每套房屋本身，楼栋之外的公共区域在法律意义上不属于房改房的业主，因此公共空间的管理并没有牢固的物权基础。另一方面，大量居民在以往单位制中没有形成付费获得服务的习惯，"等靠要"思想总体较浓，认为政府提供公共服务是理所当然，物业公司进驻存在收费不确定性强等风险。因此，劲松小区长期都是由劲松街道进行兜底性服务，但是街道办和社区的人员有限、专业性较差，很难做到服务尽善尽美，开展的社区活动也比较单一。这既超出了街道和基层社区的能力范围，也难以满足居民日益增长的美好生活需要。

同时，劲松北社区的房屋产权比较复杂。其中不到10%属于商品房，不到10%属于直管公房，超过80%属于房改房。不同房屋产权，在小区内享受的权利和相应的责任都是不同的，形成一个适用于多个差异性主体的改造方案难度很大。对于公共空间的改造如何收费，如何划定公共空间与私人空间及其之上的公权利和私权利，都是需要解决的问题。

劲松改造并非"一口吃个胖子"，而是压茬推进的。首先进行改造的空间主要位于劲松小区的一、二区（劲松北社区，见图 1 蓝框范围）。共占地 26 公顷，建筑面积 19.4 万平方米。人口为 3605 户，9494 人，其中 60 岁以上的老年 3185 人，老龄化率为 33.55%。在本次改造中，物质改造主要在核心公共区域（图 1 红框范围）。

图 1　劲松北社区

资料来源：作者绘制

参与劲松改造的 Y 集团成立于 2018 年成立。Y 集团将其主营业务定位为城市更新，特别是存量住宅领域，而非传统的房地产开发或房地产经纪。Y 集团依托与房地产经纪公司——L 集团之间的密切合作关系，清晰认识到北京市，特别是核心区存在着大量价值洼地。同时，Y 集团也认识到中国城市发展已经进入了由增量扩张转向存量更新的关键阶段，通过既有建筑改造以获取价值增值或许是一个细分市场。

乱云飞渡仍从容：劲松改造的过程与内容

劲松改造虽然千头万绪，但关键难点在于如何将居民对美好生活的向往落到实处。Y 集团建立了清晰的改造逻辑，以建立基层社区治理为基础，开展一系列回应民生需求的物质环境改造。

前期调研：劲松改造的基础工作

要提升人民群众在老旧小区改造中的获得感、幸福感，就必须有的放矢，精准细致了解居民的改造诉求。作为参与改造的社会力量，Y 集团在前期调研方面下了大功夫。2018 年年底，街道、社区与 Y 集团共同研究商议，通过走访调研、日常管理经验总结、文献研究，设计出较为全面的需求调研问卷；依据年龄将居民划分为老中青三个群体，进行更为精准的需求对接。街道、社区和 Y 集团在劲松北社区共同发放 2380 份调查问卷，精准了解老中青不同居民群体对老旧小区的意见和不满意之处，并作为改造的最终依据，具体见表 1。

表 1　劲松小区各群体不满之处

不满方面	合计	青年	中年	老年
	2380 人	590 人	1010 人	780 人
公共环境差	43%	41%	42%	68%
楼体和基础设施老旧、破败	40%	39%	43%	67%
停车问题	29%	19%	35%	42%
缺乏公共空间	18%	19%	17%	29%
上下楼不便	14%	15%	14%	24%
商业配套不足	12%	8%	14%	22%
社区服务不足	8%	3%	12%	12%
安全没有保障	7%	10%	5%	12%

资料来源：Y 集团

调研发现，居民认为目前小区主要存在"绿化、环境、卫生差""整体老旧、破败""缺少停车位、停车管理混乱"三项问题。老中青三代人对于小区现存问题的认识基本一致，只是老年人的不满情绪更加严重。实际上，不仅在劲松小区，在其他老旧小区中，老年人都是对小区依赖性最强、环境敏感程度最高的人群[①]，对需要改造的部分最敏感。因此，满足老年群体的需要也同样能够提升社区居民的整体满意度。

物业入驻：劲松改造的社会基础

引入物业的社会改造是劲松改造的关键环节和物质改造的基础。2019 年 3 月 21 日劲松街道、劲松北社区居委会、房管所和 Y 集团就物业方案对居民进行宣讲，并召开协调会议，同时成立确权工作小组，启动物业确权工作。只有确立了物业管理权，才能够将物业管理覆盖到劲松小区。3 月 26 日劲松街道授权劲松北社区居委会张贴物业企业选聘公告，27 日召开两场居民议事会，28—31 日召开五场楼门长宣传贯彻会，这部分活动主要是对居民情况进行摸底。劲松北社区原本就有居民议事会，作为基层民主协商的群众平台，在物业进驻期间充分利用居民议事会收集居民意见。在宣传和讲解物业服务方案和收费标准时，召开了 5次楼门长会，总计 190 名社区楼门骨干及党员代表参加。

2019 年 4 月 3 日，劲松北社区居委会张贴入户前公告，4 月 9 日组织入户表决。在投票期间，社区居委会干部分成了 10 个工作组，每天早上七八点开始入户收集老年居民的意

---

① 周燕珉，刘佳燕．居住区户外环境的适老化设计 [J]．建筑学报，2013(3): 60-64.

见，晚上九十点再入户收集年轻居民的选票，比较全面地收集了居民意见。由于良好的前期工作基础，5月5日便实现了入户表决双过半[①]，即同意户数占比56.03%、同意面积占比51.76%的双过半同意。随后进行了结果公示、签署合同和合同备案等环节，自此，Y集团的物业公司进驻到劲松北社区。

由此，劲松北社区的物业与社区服务工作由街道办事处的托底服务，转向了市场化运营的四方面服务。一是客服服务，进行社会服务自查、积极沟通居民、登记和上报业主关切；二是工程服务，检查公共区域和保养维护重点区域的设施设备；三是保安服务，维护公共秩序、协助派出所相关工作；四是保洁服务，包括垃圾清运、公共区域卫生。在服务上有着全方位的提升：在客服服务上，增加每个楼栋专门的客服管家；在工程服务上，以往需要居民自行判断或者咨询街道或房管局是否设施维修问题[②]，现在所有问题都直接对接物业，包括咨询、维修等都由物业包干；将保安和保洁工作常态化，设立专门岗位，再通过人脸识别、智能垃圾分类等技术赋能。

公共空间：劲松改造的主要内容

在建立物业管理体制的基础上，Y集团于2019年5月6日展开了高标准物质改造，并于8月完工。劲松北社区作为先行启动区，率先开展物质改造（见图2、图3）。其主要内容是公共空间改造，特别对绿地景观、文娱设施、零散空间进行改造。改造的内容主要集中在劲松小区二区，主要包括：一街，劲松西街；两园，两个社区公园；两核心，利用以自行车棚为主的零散空间资源建立居委会和服务站，物业服务中心；多节点，包括从劲松路进入劲松西街的入口大门，超市、理发店等小区配套服务设施，社区文化展示长廊和公园入口。[③]

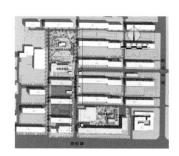  

图2　改造区规划示意图　　　　图3　劲松北社区改造实景
资料来源：Y集团劲松北社区　　　　　资料来源：作者自摄
　有机更新示范区项目部[③]　　注：左图为物业服务中心，右图为改造中的临街大门

---

① 这并不是指整个社区中的同意率，而是达到双过半标准后，街道和Y集团为节约人力物力，便没有再继续进行投票。
② 需要确定哪些属于公共区域，哪些属于私人区域，才能确定应该是由谁来修理。
③ 梁颖，江曼，刘楚，等.资金平衡导向下北京老旧小区改造的问题与策略研究——以劲松北社区改造为例[J].上海城市规划，2022(2): 86-92.

劲松改造开展总计 21 大类、51 小项的整体改造（见附录）。通过老旧小区的社会和物质的改造，将劲松小区建设成为"六有"社区：通过增加安防设施、架空线入地、完善公共消防基础设施建设、增强防灾能力建设等举措夯实公共安全，打造平安社区；通过规划人车分流、打通交通微循环、规范停车位等举措实施精细管理，建设有序社区；通过改造社区公园、完善绿化景观、引入便民服务、织补性改造回应民生需求，打造宜居社区；从无障碍设施、助餐、特定服务、报警求助等方面全方位推进适老化改造，打造敬老社区；通过规划设计融入文化元素，开展文化活动重塑集体记忆，打造家园社区；通过打造网上社区、积分云平台等方式实现线上线下融合发展，打造智慧社区。

"吹哨报到"制度贯穿于改造全过程，创新方法解决实际困难。在进行既有空间更新之后，出现了社区服务的部分商铺无法办证的问题。在老旧小区中，存在着长期为居民服务，但是没有固定门店，或者在没有产权的零散空间中经营的商业形式，如在劲松西街为居民露天理发 20 余年的申师傅夫妇。改造之后，一些便民利民的商业设施被美化、规范（见图 4），但其运营却存在营业执照等办理问题，如新开设的社区食堂等一些服务业态也需要办理卫生许可证等证照。在此问题上，朝阳区市场监督局、商务局等机构"一事一议""特事特办"，为落实经营项目办证打开绿色通道。原本负责劲松小区直管公房和商品房的物业主动退出，方便 Y 集团统一整合管理主体，为物业进驻奠定基础，这也是由朝阳区房管局来做协调工作。面对物业制度建立的复杂程序，朝阳区房管局物业科全程指导工作，保证物业进驻工作合法合规、顺利完成。

图 4 劲松北社区美好理发屋改造前后对比

资料来源：Y 集团

注：左图为改造前小区配建房，右图为改造后申师傅夫妇使用的理发屋

在改造过程中，Y 集团以沉浸式设计师的形式将共同缔造植入到设计环节，以保证民生福祉增加惠及全体居民。Y 集团设计师驻场的时间比较长，驻场长达四五个月的时间，设计师们的主要工作就是仔细观察居民行为，通过观察和规划响应使得居民在无意识中参与到共同缔造工作中来。

比如在劲松小区中的公共活动公园，他们发现有很多老年人自带桌椅板凳。经过工作日和周末各个时段的观察，设计师们发现大概有 12 个比较固定的牌友。因此，决定在公园放置 12 个棋牌桌椅。也就是说，12 这个数字不是凭空而来，也不是拍脑袋决定的，是通过沉浸式观察得来的。

另外在公园的树木上，还搭着一些自行车的车链。为什么会有这个？因为在此活动的居民多是中老年人，他们习惯随身携带保温杯，或者购物袋、菜篮等，有的居民不愿意放在室外的地上，他们就想挂树上，要么就挂树枝条上，要么就往树上钉钉子，久而久之对树木是一个破坏。设计师发现这个现象之后，就开动脑筋找了一些改造自行车棚时清理的自行车。当时，有一些自行车的车链子已经脱落，设计团队就地取材，拿了一些车链子挂在树上，再将一些钩子挂在车链上。这样居民就不会再挂在树枝上，也不会再去钉钉子，间接保护了树木。

美好会客厅（见图 5）是 Y 集团在劲松改造中首创的公共空间形式，目前已广泛出现在北京老旧小区改造项目中。劲松小区的户型具有时代烙印，大部分户型是纺锤形，主力户型为 50 多平方米，两居室、无厅（长走廊型厅），设计团队认为该户型难以满足居民亲友来访和社交的需求。于是，Y 集团在公共空间落地了一个多功能会客厅，既能够举办社区活动，当社区居民有亲友来访时，又可以供居民使用。

图 5　使用中的美好会客厅

资料来源：作者自摄

模式探索：劲松改造的主要创新

劲松改造中最具特色的是社会力量在其中的作用，Y 集团作为社会资本积极探索了老旧小区改造新路径，也就是所谓的"劲松模式"。在政企关系方面，2018 年下半年，劲松街道与 Y 集团达成 20 年的长期战略合作协议，实际上就是委托给 Y 集团在劲松小区开展老旧小区改造的特许经营权，并可以通过物业等各种形式收取因为老旧小区改造而产生的效益。将老旧小区中零散的利润点整合起来，由街道打包后交给社会资本，社会资本通过自有资金改造后，居民在享受改造福利的同时，也需要支付一定的费用。

在实施改造之前，Y 集团便设计了一套微利可持续的盈利模式。在劲松北社区中，预计 20 年之内综合改造成本约 9100 万元，其中主要是初始投资的公共区域改造（前期一次性投入）和 20 年周期的物业运营成本（后期累积性投入），分别为 4100 万元、4970 万元；20 年的预计收入约为 11000 万元，收入来源比较多元化，主要是物业管理费、社区空间运营收入、停车管理费，分别约为 4000 万元、3800 万元、2400 万元。除此之外，还有物业的其他的服务、广告收入。其中，Y 集团预测，前三年居民的物业缴纳率可能偏低，在战略合作协议基础上，街道在前三年每年补助 133 万元。预计约 14 年能收回投资成本。

从更大的尺度来看，劲松改造是以项目公司为平台进行运转。Y 集团作为社会资本出资给项目公司；劲松街道是老旧小区改造的实施主体，采取战略合作的形式授权 Y 集团改造的权力，并对改造进行监管考核；朝阳区住房和建设委员会对项目进行政策和业务指导；区房屋管理局对改造后的空间进行合作运营；老旧小区居民通过支付物业费和其他服务费享受项目公司的老旧小区改造成果。目前，Y 集团正在与银行等金融机构洽谈，希望能够从银行获得支持。

劲松改造的硬骨头：114 号楼

114 号楼是劲松北社区唯一一栋未接受历次北京老旧小区整治的楼栋，其建于 1978 年，已经超出 40 年建筑设计寿命，成为 D 级危房，对居民的生命财产安全构成威胁。在 2018 年的调研和设计阶段，街道、社区、Y 集团均认为 114 号楼已经到了"不得不改"的阶段。然而，危旧房改造在当时还没有政策依据，114 号楼的问题一直处于悬而未决的状态。在 2019 年，国家和北京市尚未出台关于存量更新中危旧房改建的针对性政策，而传统的拆迁政策不适用于北京核心区人口规模和建设规模双控的减量规划。朝阳区和 Y 集团通过各种途径向北京市相关部门反映 114 号楼的实际问题，北京市住建委等单位也派专人调研和现场办公。

2020 年 6 月 17 日，北京市住房和城乡建设委员会联合相关部门出台了《关于开展危旧楼房改建试点工作的意见》，提出在区域总量平衡、户数不增加的前提下，可以通过翻建、改建或适当扩建方式进行改造。同时，114 号楼被纳入北京市首批危旧楼房改建试点项目之一。

当朝阳区政府准备采用原拆原建方式改造时，一些居民有着较大抗拒心理。一些居民对拆迁有一些憧憬，不是特别能接受原拆原建这个方式。当时参与 114 项目的工作人员说："原拆原建其实对于很多老旧小区的人来说已经是非常好的了，大家其实大部分都是用的抗震加固或者什么其他的一些手法，但有的人不这么认为，一夜暴富的想法还在，因为你很难去扭转这么多年形成的（观念），他觉得只要拆迁，就能拿一大笔钱，所以当时有几家是死活不同意的。"

同时，原拆原建会给居民增加住房面积，需要居民根据增量部分的面积核算后作资金补充，有的居民需要出十几万，平均每户居民为 6 万～7 万。个别居民认为自己不仅没能获得拆迁款，还需要掏钱，抵抗性很大，但大部分人都认为这是一件好事。

好在哪里呢？首先是原拆原建，相当于住进新房，且每户平均增加 7.2 平方米，同时还加装了电梯。其次是对户型进行了优化，使得住房更加适应现代化生活和居民需求。改造之前的户型不是太合理，客厅面积较小、卧室面积较大，改造之后利用增加的面积，扩大了每户的卫生间、厨房、客厅。最后是更新了房本，以原拆原建后竣工的当年作为产权年限计算起始点，相当于延长了 40 余年的房屋建筑产权。

114 号楼改造中也同样形成了多方共同出资的格局。作为 114 号楼产权单位的北京建工五建集团出资 640 万，市、区两级财政按原建筑面积每平方米补贴 5786 元，Y 集团出资

600万元，获得未来一定年限的改造后地下空间的运营使用权，66户居民共出资400万元，居民出资只按照新增面积的综合改建成本收取，原面积及其他不足部分均由产权单位承担。

结束语

老旧小区改造是共同富裕在人居环境领域中的具体落实，社会力量共同参与旨在实现共治共建共享。面对老旧小区改造难题，劲松改造通过多方协力探索出一条以体制机制创新为"源头"、社会资本参与为"活水"的解题思路。

2020年，时任北京市委书记蔡奇在实地调研石景山区、西城区的老旧小区改造情况时表示，要积极吸引社会资本参与，总结"劲松模式""首开经验"，研究出台引入社会资本指导意见，加大金融支持力度，给予政策倾斜。随后，2021年北京市住房和城乡建设委员会等八部门联合印发《关于引入社会资本参与老旧小区改造的意见》，提出以多种方式引入社会资本参与、加大财税和金融支持、存量资源统筹利用、简化审批、监督管理等多条意见，建立共同参与改造、共同治理社区、共同享受成果的老旧小区改造良性循环新机制。

不难看出，劲松改造已经成为北京乃至全国具有代表性、典型性的案例，劲松改造体现出社会力量在老旧小区改造中发挥的重要作用。然而，劲松改造并未止步。虽然其诞生于劲松街道，但仍在大兴区、西城区、石景山区等北京多地开展因地制宜的探索创新，不断迭代更新，为推动全体人民共同富裕的现代化贡献力量。

【研讨题】

1. 老旧小区改造如何才能实现社会力量的有效参与？
2. 公共部门在老旧小区改造过程中发挥了怎样的作用？
3. 基层民主协商如何推动老旧小区改造高质量发展？

案例分析

总体来看，劲松实践是成功的，针对回应人民群众对美好生活的向往和老旧小区改造资金可持续性不足两大难题，在党建引领"源头"下，使社会资本成为"活水"。据已有研究测算，2000年以前我国建成的居住小区总面积为65亿平方米左右，其中无抗震设防住宅面积为9.1亿平方米、未达到节能50%标准的住宅17.2亿平方米、未成套住宅1.7亿平方米，估算完成全面综合改造需要投入14.19万亿元[①]，这说明全国规模庞大的老旧小区存量将造成

[①] 田灵江.老旧小区改造资金需求及来源研究[J].住宅产业，2020，232(5): 6-11.

政府财政严重承压。

然而吸引社会资本参与老旧小区改造，也存在着诸多障碍。综合前人研究①②③，这样的障碍包括：一是老旧小区改造碎片化，表现为改造项目零散、改造规模较小，使得社会资本难以形成规模效益，而规模效益也是社会资本参与基础设施建设的重要动力；二是绝大多数老旧小区改造项目仍是传统招投标形式，在设计、建设、运营、管理各个环节存在脱钩，抬高了改造成本；三是老旧小区居民支付意愿和能力均较弱，运营阶段收入往往不及预期。

劲松改造相对于以往的模式，其新在对资金、项目、周期、运营上的探索，资金由以政府财政为主转变为政府扶持的微利自平衡，改造以基础类改造为主向完善类、提升类升级，周期由一次性投入的短期行为转向长期可持续，运营由建管脱节转向先管后建。

一、微利可持续的"自造血"模式

劲松改造探索了一种微利可持续的"自造血"模式，老旧小区改造的实施主体还是街道，但资金来源是 Y 集团。这是一种创新的 Build-Operate-Transfer（BOT）机制（见图 6）。

街道与 Y 集团达成战略合作，签订为期 20 年的特许权。在这 20 年内，Y 集团为老旧小区居民提供物质和社会层面的持续服务，居民为享受老旧小区服务付费。不同于公路、港口，可以通过路障、闸门等手段很好地杜绝搭便车现象；老旧小区公共环境改造不能让居民"过家门而不入"，除了停车管理费外，其他收入都具有很强的不确定性。因此，企业面临较高的营业风险，这也是为什么很多社会力量不愿意进入到老旧小区改造领域的原因。为了减少企业风险，劲松街道以各种形式保证企业具有稳定的收入来源，诸如补贴、社区支持、联合工作组等。即使居民没有上交物业费，对于企业来说，应收账款也属于资产类科目。在20 年之后，专营权不再归 Y 集团下属平台公司所有，将物业经营权重新投放到市场中，通过市场竞争获得新的物业确权。但如果能够与居民建立良好的物业合作关系，其继续从事物业服务仍有较大可能。

同时，劲松模式依赖于老旧小区改造后在公共空间中的较多可利用空间。如前所述，除了物业费之外，还有大笔利润来自于改造后零散空间的租金和停车管理费用。劲松北社区中，除了几个自行车棚之外，在劲松西街的两侧还有几处空间可以改造利用。其中小部分用作社区福利，以极低价格租给原有服务人员外；大部分空间以市场价格租给商户，包括百年义利、北冰洋、匠心工坊等市场主体，以获得足额租金。相对于大多数老旧小区，劲松北社区可供使用的空间较多。在停车方面，劲松北社区内还有一个已经停用的锅炉房，目前正在

① 唐申，丁锐，周佳乐，等.社会资本方视角下老旧小区片区更新模式研究 [J].城市建筑，2022，19(14): 25-31.
② 袁馨缘，叶霞，许光耀，等.破解老旧小区改造瓶颈：资金筹措及融资方案——以武汉市为例 [J].中国房地产，2022，768(31): 8-14.
③ 李莉.多渠道引入社会资本参与老旧小区改造 [J].北京规划建设，2022，202(1): 109-111.

申请政策试图将锅炉房拆除改建为停车场。如果相关政策可以放宽，那么利润空间还将进一步提升。

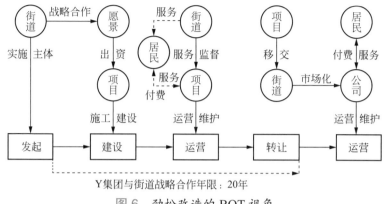

图 6　劲松改造的 BOT 视角

但劲松改造也面临着模式推广难的问题。城市更新可以分为资本性投入和现金流性运营两个阶段，理论上两个阶段需要完成独立核算以实现财务平衡。[1][2] 当利用运营阶段的现金流收入补足建设阶段的资本投入时，前期资本金需要社会资本垫付，其财务成本和风险均较高，改造规模不容易扩大。未来还需要在前期融资方面进行政策创新，以便撬动大量存量资源。

二、主动作为、创新办法的工作方法

虽然劲松改造是社会力量参与老旧小区改造的典型案例，但党建引领仍然是贯穿整个实践的主线和源头。社会资本有效有序参与是在党建引领下推动老旧小区改造、提高人民生活品质的一种手段，而不是目的本身。减量发展是新时代北京发展的新举措，新举措带来了老旧小区改造这一新任务，但是在既有规章制度中没有条文可循，这成为老旧小区改造迟迟不能推进的重要原因。相关部门和劲松街道正是采取了主动作为、创新办法的工作方法，深化"放管服"改革，把政策送到企业、送到一线，有效保障劲松改造取得实效。

党建引领下的"吹哨报到"的制度优势在劲松改造中得到充分体现。老旧小区改造很多问题细致繁杂，既需要一个坚强领导，也需要一套协调解决机制，还需要一线现场解决。在朝阳区委领导下，劲松工委与办事处综合吸收、评估，与区各委办局、Y 集团共同协调解决。该制度的优势就在于能够充分发现问题，将基层问题和人民群众的真实需求充分反映出来，并及时回应问题。在街道"吹哨报到"之后，朝阳区委、区政府成立了老旧小区更新提升工作专班，在一些问题上敢做"第一个吃螃蟹的人"，诸如经营办证、114 号楼原拆原建问题等。

---

① 赵燕菁. 城市更新中的财务问题 [J]. 国际城市规划，2023, 38(1): 19-27.
② 赵燕菁，宋涛. 城市更新的财务平衡分析——模式与实践 [J]. 城市规划，2021, 45(9): 53-61.

在改造的基层环节，建立由物业党支部、居民党支部、房管所党支部和临时党支部共同构成的社区党委，开展了思想宣传引导、协同各类组织、促进多方联动、监督施工现场、协调各方权益、收集传递信息、开展服务实践、搭建支援平台等活动。

在 Y 集团进行老旧小区改造及其后期运行期间，街道做到全流程服务。考虑到前三年的物业费缴纳率较低，街道予以补贴；物业入驻取得居民共识难，街道发动社区工作人员和楼门长，帮助做工作；Y 集团在改造中遇到的各种疑难杂症，都可以与街道和社区协商解决，如 Y 集团不少会谈都是借用劲松北社区的办公用地。

三、基层民主夯实老旧小区改造的社会基础

很长一段时间，学界认为物质改造是社会改造的基础[1][2]，只有进行物质改造之后才能方便物业进驻。劲松模式提供了物业先入驻，再进行物质改造的可能性，也支撑了北京将成立业委会、选聘物业作为老旧小区改造前置条件的政策创新。

街道和劲松北社区协同 Y 集团，先后召开 20 余次党小组会、居民议事会、楼门长会，征求对项目设计、改造等的意见建议。在设计规划阶段，Y 集团还多次与第三方专家合作，与街道责任规划师合作，连接街区、社区、邻里三个层面的规划设计，能够使老旧小区改造与街区规划更好地融合起来。例如，与中央美术学院合作，设计自行车棚改造方案，并由居民投票决定方案。

为了促进社区内协商民主，Y 集团也进行了一部分让利。在老旧小区改造中，原有的门岗、自行车棚等空间经过改造之后成为干净整洁的可以从事商业活动的空间，Y 集团将这些空间以极低价格租给原来的小区服务者们，给原来为老旧小区服务的群体创造再就业机会，如摆路边摊为居民提供理发服务的申师傅以低廉租金[3]享受改造后的空间，能够为社区居民提供染烫发等更多元的服务；原为居民提供洗衣、改衣、修鞋、配锁等服务的朱师傅夫妇被吸纳成为利用旧车棚改造的匠心工坊的一员，并获得了公司提供的基本工资；原为自行车棚长期看车的周师傅，被吸纳为物业保洁队的一员。他们已经为社区服务了 10 多年的时间，和社区深深地连接在一起，社区居民也不希望这些便民服务离开社区，Y 集团便尊重基层协商的结果，想办法让他们留下来。

自治并没有因为改造工作暂时告一段落而停止。Y 集团积极组织各类社会活动，激活各类社会组织，目前已对接部分社会工作组织。在日常活动中，加强兴趣社群运营，定期开展文体、健康、学习、亲子、节日类特色社区活动，加强邻里关系和社会联系。在美好会客厅，Y 集团下属的物业公司会联合街道、社区定期举行针对不同人群的课程，比如教授老年人如何使用智能手机。利用改造社区的公共空间，举行各类活动，目前已在社区举办了消夏市集、

---

① 叶天泉. 关于旧小区实行物业管理的思考 [J]. 中国房地产，1997(3): 43-45.
② 白志刚. 物业管理与创建文明居住区学术研讨会综述 [J]. 城市问题，1999(1): 60-63.
③ Y 集团以不到市场价 1/3 的价格出租给申师傅。

周末观影等社区活动。每次周末观影活动都能够吸引上百居民参加。

从劲松小区和居民来看，这一模式的好处是可以首先取得居民信任，建立良好和谐的社会网络，在后续物质改造的前期方案设计、中期施工建设、后期运营维护等方面都更容易取得共识。如在改造之前，通过居民议事会、入户问卷发放、现场路演等多种形式，向居民了解小区真实存在的问题，并根据不同群体的多样化需求，制定细化的物质改造方案，做到精准服务、对症下药。在多套方案选择时，也把决定权交给小区居民。同时，劲松模式还尝试"先服务，再付费"，通过物业的优质服务，获得小区居民的信任依赖，让小区居民愿意缴纳物业费。在劲松这样的老旧小区，有比较发达的熟人网络，如果物业服务质量高，但是有居民恶意欠缴，那么对这部分居民的声誉也是巨大损失，可以通过熟人网络对这种现象起到制约作用。

四、总结与讨论

老旧小区改造的源头是党建引领，推动首都高质量发展和居民高品质生活；活水是社会力量参与，形成共建共治共享的人民城市和人居环境共同缔造。

我国城镇老旧小区具有准公共物品属性，在政府与市场间建立协调机制，合理配置和有效整合资源可以降低交易成本。[①] 尤其在政府与社会资本等多元合作伙伴关系构建中，政府信用是社会资本考虑的重要因素。[②] 协商成本、代理成本、信任成本和风险成本等交易成本过高和效率损失是社会资本长期参与的掣肘。[③] Y 集团的项目负责人也多次表示，老旧小区改造中工程设计只是手段，并不复杂，其难点和痛点在于居民沟通及其所带来的人力成本。党建引领的出发点是"民有所呼、我有所应"。在区级层面，通过领导小组和专班支撑政策创新和主动治理；在街道层面，由劲松工委统筹推动。攻坚克难必须要有一个坚强核心，敢于担当、善于斗争。在统一框架下，各方才能够有效降低协商成本、交易成本，社会力量才能更好地参与到老旧小区改造中。面对高昂的交易成本困境，劲松模式通过党建引领建立良好的合作伙伴关系，协调各方利益、明确权责边界并达成共识，提升社区自治水平，进而降低社会资本进入的协商、信任等交易成本，提高资源的有效供给和合理配置。

微利可持续模式的本质是建立老旧小区改造共同体和老旧小区运营生态体系。从利益相关者角度，在老旧小区改造建设的过程中主要涉及居民、政府及社会资本方，各利益主体根据自身目标进行策略选择与优化，实现整体利益最大化[④]；或是通过利益博弈来处理主体

① 王振坡，刘璐，严佳．我国城镇老旧小区提升改造的路径与对策研究 [J]．城市发展研究，2020，27(7): 26-32.
② 蒋明辉，何夏萱，彭一林，等．老旧小区改造 PPP 项目全过程风险识别研究 [J]．建筑经济，2023，44(1): 37-44.
③ 姜玲，王雨琪，戴晓冕．交易成本视角下推动社会资本参与老旧小区改造的模式与经验 [J]．城市发展研究，2021，28(10): 111-118.
④ 李明顺，张豆．基于 DEMATEL-ISM 的社会资本参与老旧小区改造项目影响因素分析 [J]．工程管理学报，2022，36(4): 52-57.

间利益关系[①]。因而党政机关、居民、社会力量都需要参与到改造的前期调查研究和规划设计过程中,只有各方诉求均得到满足时,才能够更好地开展下一步工作,实现"政府补一点、居民出一点、社会投一点"。而在运营阶段,只有不断丰富壮大老旧小区改造后形成的社区商业生态,才能真正实现可持续的正向现金流。停车位收费不能仅仅是"只划不管",而是应尽可能提供更好的停车管理服务,杜绝乱停乱放。改造后形成的优化空间和增量空间,既要满足社区居民的日常需求,也要形成独立的商业盈利能力,以社区为支点,服务更多人群。

这不仅体现在劲松改造这一个项目中,还体现于劲松模式在北京各个区的迭代创新中。由劲松模式衍生发展出的大片区统筹平衡、跨片区组合平衡、小区内自求平衡、政府引导多元化投入改造等模式都是创造一种改造生态,其区别只是在于所涉空间单位的大小,如大兴实践的跨片区组合平衡、鲁谷实践的大片区统筹平衡、真武庙"租赁置换"的小区内自求平衡、通州实践的多元化投入。只有将老旧小区改造生态系统中的种群丰富起来,社会力量才能更好地在其中寻找到自身的生态位。

劲松模式体现了微利可持续的价值导向转变。一方面,老旧小区改造的长期运营盈利模式与市场短期逐利本性存在矛盾的困境。[②③]对经济利益的追求是市场主体的基本价值取向,市场追求短期经济利益与长期社会效益,而老旧小区改造作为民生改造工程,政府出资多从改善民生的角度出发,可盈利空间有限。所以,要坚持对社会资本微利可持续的价值引导,真正促进社会资本建立和完善老旧小区长效运营机制,有效推动其从"一次性高利润"向"长期性低利润"的理念转变。[④]

另一方面,老旧小区改造项目盈利性不足是制约社会资本介入的重要因素。[⑤⑥]在老旧小区改造全流程中挖掘收入来源、拓宽收益渠道是吸引社会资本参与的重要组成内容,运营期收益越稳定,则项目对社会资本方的吸引力越高。因此,积极推进小区内自平衡、盘活可利用空间资源、大片区或跨片区统筹推进收支平衡是社会资本获取可持续收益的主要方式。[⑦]劲松模式在创新实践中探索了运用商业运营等手段从存量资源、物业服务等中获得盈利,进而促进老旧小区改造项目长期、可持续地增进民生福祉。同时,劲松街道通过资金和空间让

① 冯慧,付国伟.城市老旧小区治理:现实梗阻与未来路向——基于利益博弈视角的分析[J].学习论坛,2023,447(3):93-100.
② 安建米,郭玲,徐岩,等.微更新视角下老旧小区改造的微利可持续商业模式探讨[J].城市发展研究,2022,29(9):70-76.
③ 李志,张若竹.老旧小区微改造市场介入方式探索[J].城市发展研究,2019,26(10):36-41.
④ 徐晓明.社会资本参与老旧小区改造的价值导向与市场机制研究[J].价格理论与实践,2021(6):17-22.
⑤ 李嘉珣.新形势下老旧小区更新的资金筹措模式探究[J].现代城市研究,2021(11):115-120.
⑥ 单爽,李嘉珣.老旧小区改造盈利模式的市场化探索——以北京市J社区为例[J].建筑经济,2021,42(1):88-91.
⑦ 徐晓明.社会资本参与老旧小区改造的价值导向与市场机制研究[J].价格理论与实践,2021(6):17-22.

利赋能社会资本，社会资本将部分公益项目让利给居民，居民也逐渐培养起付费意识、公共事务分担意识，减少搭便车的现象。在长期战略合作中利益共享和风险共担减少了交易成本，优化了老旧小区"建—改—运"的生态体系。综上，Y 集团体现出商业和公益双重特征，以微利可持续实现良性可循环，并构建有机更新的社区合作治理模式。[①]

从实践中寻求政策创新，劲松改造的一些解决办法已有效支撑了政策制定。2018 年、2019 年，笔者基于调研所提出的诸多可能性已经成了政策现实。例如，放宽老旧小区改造中对空间使用的管制。如劲松改造中的自行车棚，以往的保安门岗、小区内道路两侧的零散空间等没有得到正式制度承认的空间，在改造之后，可以作为政府激励社会资本参与老旧小区改造的重要资源；又如，114 号楼因过于破败需要原拆原建，拆除之后是否能够从地下室和容积率方面取得一些政策支持，这部分空间可以作为街道或者社区的公共资产，以便更容易获得改造中多元主体的共识；特别是 114 号楼已经开始原拆原建，在容积率方面有政策突破，成为危旧楼房改建的示范项目，形成了北京市管企业与社会资本深度合作的新模式。总结而言，老旧小区改造作为政府主导、社会参与的综合性项目，应进一步完善有利于市场发展的制度设计、政策机制、营商环境，通过规划、空间、建设管理和金融财税等方面的政策工具来鼓励和支持社会资本参与。

"问渠那得清如许？为有源头活水来。"劲松改造中 Y 集团在党政支撑下，投身老旧小区改造项目，是社会资本有序有效参与老旧小区改造的生动案例。通过劲松改造形成的劲松模式并没有停滞不前，其在京华大地上的创新仍在不断继续。北京老旧小区改造工作正在汇聚社会力量，形成磅礴合力，为面向新时代迈上新征程而踔厉奋发。

附录

劲松北社区改造内容

空间	序号	改造类别	序号	细项	所在区域	说明
街区	1	劲松西街	1	劲松西街强电架空线入地	示范区	架空线入地
			2	劲松西街弱电架空线入地	示范区	架空线入地
			3	劲松西街文化长廊（景观）	示范区	劲松西街西侧
			4	社区大门	示范区	劲松西街
			5	人行步道翻新	示范区	劲松西街两侧
			6	沥青路面翻新	示范区	劲松西街

① 邢华，张绪娥. 社会企业如何推进老旧小区改造合作生产？——以北京劲松北社区老旧小区改造为例 [J]. 城市发展研究，2022, 29(9): 63-69.

空间	序号	改造类别	序号	细项	所在区域	说明
社区邻里	2	停车管理	7	车辆出入口及道闸管理（安防）	一、二区	各院落出入口
			8	停车位及车辆交通动线规划管理	—	小区内部微循环
	3	安全	9	楼单元门禁（安防）	示范区	209号楼5个单元门
			10	社区内监控（安防）	示范区	社区道路转角处监控
			11	周界管理（安防）	示范区	社区门禁
			12	应急救援亭	示范区	—
	4	景观	13	劲松公园（景观）	示范区	劲松公园
			14	209号院公园（景观）	示范区	209楼北公园
			15	健身、娱乐设施	示范区	乒乓球桌、象棋桌、儿童设施、塑胶跑道
	5	标识系统	16	标识、导视	示范区	示范区标识
	6	灯光系统	17	照明系统（景观）	示范区	示范区西街路灯、公园景观灯
	7	无障碍	18	公共区域无障碍设施及适老化改造（景观）	示范区	居委会、219号楼、209号楼、劲松公园等
	8	地锁拆除	19	地锁拆除	一、二区	一、二区内部地锁
	9	志愿服务岗亭	20	志愿服务岗亭（建筑单体）	示范区	209号院公园、劲松公园、5号车棚西侧
	10	展示	21	展厅及展示屏幕	示范区	
	11	环保	22	垃圾分类	示范区	智能垃圾回收箱
单体建筑	12	拆除重建	23	114号楼拆除重建	一区	114号楼
	13	电梯加装	24	219号楼完成施工2台	示范区	219号楼北侧2、3单元
	14	居委会	25	居委会楼（建筑单体）	示范区	218号楼
			26	社区卫生服务中心（建筑单体）	示范区	社区居委会楼里北侧
	15	立面	27	线缆规整（建筑单体）	示范区	209号楼、219号楼
			28	水泵房外立面改造	示范区	219号院内
			29	社区警卫工作站	示范区	居委会南侧
			30	5号配套用房（建筑单体）	劲松西街	旺柜生鲜超市外立面改造
			31		劲松西街	旺柜生鲜面馆外立面改造
			32		劲松西街	美容美发外立面改造

续表

空间	序号	改造类别	序号	细项	所在区域	说明
单体建筑	16	车棚	33	1号车棚（建筑单体）	一区	111号楼北侧
			34	2号车棚（建筑单体）	一区	118号楼西侧
			35	3号车棚（建筑单体）	一区	130号楼北侧
			36	4号车棚（建筑单体）	示范区	209号楼北侧
			37	5号车棚（建筑单体）	示范区	205号楼北侧
			38	6号车棚（建筑单体）	示范区	218号楼一层西侧
			39	3区314号楼自行车棚（建筑单体）	三区	3区314号楼南侧
			40	农光里106车棚（建筑单体）	农光里小区	农光里106号楼东侧车棚
	17	配套用房	41	1号配套用房（建筑单体）	示范区	218号楼东侧
			42	2号配套用房（建筑单体）	示范区	212楼北侧西段
			43	3号配套用房（建筑单体）	示范区	211楼北侧西段
			44	4号配套用房（建筑单体）	示范区	209楼北侧西段
			45	5号配套用房（建筑单体）	劲松五区	513号楼西侧
	18	公共卫生间	46	便民公厕更新（建筑单体）	劲松西街	220楼北侧东段
	19	党建活动室	47	209号楼北公园内（建筑单体）	示范区	—
	20	劲松园内活动中心	48	劲松公园内（建筑单体）	示范区	—
IT	21	中控机房	49	中控室	二区	
		连接网络	50	连接网络	一、二区	
		信息化应用	51	线上劲松小程序	二区	—

资料来源：Y集团

09

积分超市助力乡风文明 *
——旱田村的实践探索之路

案例正文

【引言】党的十八大以来，习近平总书记高度重视物质文明和精神文明协调发展，强调以辩证的、全面的、平衡的观点正确处理物质文明和精神文明的关系，只有物质文明建设和精神文明建设都搞好，国家物质力量和精神力量都增强，全国各族人民物质生活和精神生活都改善，中国特色社会主义事业才能顺利向前推进。2022 年 10 月 16 日，习近平总书记在党的二十大报告中提出，"中国式现代化是物质文明和精神文明相协调的现代化。物质富足、精神富有是社会主义现代化的根本要求"。这要求我们在为实现中华民族伟大复兴不懈奋斗的每个阶段、每个环节，都要推动物质文明与精神文明协调发展。

【摘要】物质文明和精神文明相协调的现代化是中国式现代化的内涵之一。乡风文明既是乡村振兴的要求，也是物质文明与精神文明相协调的现代化在乡村治理领域的直接体现。面对乡风文明日益衰微的问题，旱田村借着大余县乡村治理体系改革的东风引入积分超市，意在通过积分超市找回淳朴的乡风民情，助力乡风文明。新事物引入容易，真正做起来又谈何容易。旱田村在引入积分超市之初便遭遇了资金难题，后来又遇到村民参与积极性不高的问题，种种困难倒逼创新，旱田村见招拆招，逐渐摸索出村民主导的积分超市运作模式。旱田村的积分超市是中国式乡村治理现代化的有益探索，对于新时期提升乡风文明水平、推动物质文明与精神文明相协调的中国式现代化具有重要的借鉴意义。

【关键词】中国式现代化；积分超市；乡风文明；整合治理

* 案例作者：程令伟，清华大学公共管理学院博士研究生。指导老师：邓国胜，清华大学二十一世纪发展研究院院长，公共管理学院教授、社会创新与乡村振兴研究中心主任。感谢案例中心主任慕玲组织调研及案例讨论。江西省大余县农业农村局、文广新旅局、章源生态旅游公司、县委宣传部，在实地调研、资料搜集和案例开发过程中给予大力支持，在此谨表谢忱。

乡村"发展悖论"与乡风式微

党的十八大以来，农村的社会面貌发生了历史性变化。脱贫攻坚胜利收官意味着我国完成了消除绝对贫困的艰巨任务，现行标准下 9899 万农村贫困人口全部脱贫，832 个贫困县全部摘帽，12.8 万个贫困村全部出列，区域性整体贫困得到解决。按照世界银行的国际贫困标准，我国减贫人口占同期全球减贫人口的 70% 以上。特别是在全球贫困状况依然严峻、一些国家贫富分化加剧的背景下，我国提前 10 年实现了《联合国 2030 年可持续发展议程》减贫目标。[①] 与此同时，农村的一些地方出现了"发展悖论"[②]，即经济得到了快速发展，公共事务却呈现衰败的趋势，村民参与乡村公共生活和公共事务的积极性不高，村容村貌、人文环境、生态环境等公共事务无人组织、少人参与，在社会交往层面，互帮互助等传统乡土淳朴乡风日益受到利益化的社会交换的冲击。

社会关系原子化、社会结构松散和公共精神缺失是很多农村地区开展乡村治理工作的痛点难点。上述提到的农村社会的"发展悖论"具有更深层次的结构性因素。尤其是在城镇化工业化的时代进程下，一方面，大量农村人口向城市流动，部分农村地区演变为"空心村"，人口外流为乡村治理现代化提出了挑战。另一方面，随着市场经济不断发展，市场逻辑进入传统的乡土社会，打破了乡土社会的社会结构，正在逐步改变农村的社会面貌。在这一转型过程中，乡村出现了诸如社会关系原子化、无道德个人[③]、人情式微与传统社会功能性互助关系萎缩[④]、社会结构松散等问题，这些问题都严重侵蚀着乡风文明的社会基础。由于乡风文明建设的物质基础、制度保障、机制建设、人才队伍等方面尚有缺陷，不少农村地区乡风文明建设面临的现实问题比较突出，其中一些典型性问题已严重干扰到乡村善治的社会基础，亟须深入研究以寻求破解之道。[⑤]

以江西赣州市大余县黄龙镇的旱田村为例，旱田村共有 9 个村民小组，5 个自然村，554 户 1517 人，39 名党员。旱田村的青年人大多在南昌市、赣州市工作，还有一些在外省工作。正如上面提到的，与大多数乡村类似，旱田村在改革开放以来也出现了村民关系淡漠、利益化趋势明显、互帮互助精神式微的问题，与农村的物质富裕的程度相比，精神富裕处于滞后状态，随着生产力水平的提高，精神贫困问题愈发凸显[⑥]。文明乡风的衰落，一方面侵

① 习近平总书记在全国脱贫攻坚总结表彰大会上的讲话 [EB/OL]. (2021-02-26)[2023-04-24]. http://politics.people.com.cn/n1/2021/0226/c1024-32037098.html.
② 王亚华, 高瑞, 孟庆国. 中国农村公共事务治理的危机与响应 [J]. 清华大学学报 (哲学社会科学版), 2016, 31(2): 23-29, 195.
③ 阎云翔. 礼物的流动：一个中国村庄里的互惠原则与社会网络 [M]. 龚小夏, 译. 上海：上海人民出版社, 2017.
④ 王向阳, 吕德文. "人情式微"：近年来中国农村社会关系变迁研究——基于劳动力市场化视角的过程—机制分析 [J]. 学习与实践, 2022(4): 101-112.
⑤ 徐学庆. 乡村振兴战略背景下乡风文明建设的意义及其路径 [J]. 中州学刊, 2018(9): 71-76.
⑥ 杨静, 陆树程. 新时代共同富裕的新要求——学习习近平关于共同富裕的重要论述 [J]. 毛泽东邓小平理论研究, 2018(4): 24-29, 107.

蚀传统乡土中国的文化传统，另一方面也给新时期推进乡风文明建设与乡村治理工作带来了新的挑战。旱田村党支部书记郭书记认为，20 世纪七八十年代的时候，村里面互帮互助的特别多，哪一家种稻子人手不够，亲戚邻里就来帮忙，谁家盖房子也是我帮你、你帮我，以前是砖木瓦房，人工挖地基、砌墙、盖顶，这些都不用钱，现在哪怕是小事儿都要钱。旱田村的妇女主任也持有类似的观点，她作为土生土长的农村孩子，回忆起小时候的生活场景：小时候家里农忙，当时是传统的种植方式，村民们都是互帮互助，淳朴的民风让她印象深刻。现在村民们的生活水平都在提高，越来越习惯用金钱去解决一些问题，例如购买服务。对比来看，人与人之间的关系似乎变得疏远了，互帮互助的淳朴乡风越来越少。

以试点为契机引入积分超市

旱田村的郭书记意识到了这一问题的重要性，他认为村民的物质富裕与精神生活提升同等重要，党和国家高度重视乡风文明建设，党的二十大也强调要建设物质文明与精神文明共同富裕的中国式现代化。在此背景下，推动乡风文明建设最紧要的任务就是重新找回淳朴的乡风民情，建设乡风文明的新乡村。然而，通过什么手段找回淳朴的乡风民情，这个问题一直困惑着郭书记。

郭书记的困惑一直持续到 2019 年年底，一次国家试点工作让事情迎来了转机。2019 年 6 月，为了积极推动乡村治理体系创新，中央农村工作领导小组办公室、农业农村部等多部门发布了《多部门关于开展乡村治理体系建设试点示范工作的通知》（以下简称《通知》），《通知》对新时期乡村治理的总体形势进行了精确总结："随着我国经济社会发展和工业化、信息化、城镇化加快推进，城乡利益格局深刻调整，农村社会结构深刻变动，农民思想观念深刻变化，农民诉求日趋多样，迫切需要加强乡村治理体系建设，在乡村治理的理念、主体、方式、范围、重点等方面进一步创新、调整和完善。"在这一大背景之下，开展全国乡村治理体系建设试点工作的目的就在于发挥地方的创新精神，"鼓励地方结合实际，在乡村治理的重要领域和关键环节积极创新、大胆实践，形成可复制、可推广的经验做法，发挥试点示范引领作用，为走中国特色社会主义乡村善治之路探索新路子、创造新模式"①。同年 12 月，第一批试点县名单发布，大余县②位列其中，被确定为全国乡村治理体系建设试点县，重点开展乡村治理创新工作。

成为首批试点是对大余县乡村治理工作的认可，同时也是一项新的挑战，大余县的乡

---

① 多部门关于开展乡村治理体系建设试点示范工作的通知 [EB/OL]. (2019-07-02)[2023-05-01]. http://www.gov.cn/xinwen/2019-07/02/content_5405306.htm.

② 大余县地处赣、粤、湘三省交汇处，面积 1368 平方千米，辖 11 个乡镇 120 个村（社区），总人口 31 万。

村治理体系建设到底应该如何改革创新？要创新就要迎难而上，乡村治理难点在哪里？各个村、乡镇普遍反映的是工作难做，推进农村基层治理工作缺抓手。乡村治理的很多关键工作较难开展，例如人居环境整治、移风易俗、宅基地改革等工作，很多工作本来可以发动村民参与，最后都压在了村党支部委员会、村民委员会（以下简称村"两委"）和党小组长、村民组长、妇女组长（简称"三小组长"）身上，村民参与的积极性较低。尤其是在乡风文明方面，如何动员村民愿意搞好村庄的环境卫生、摒弃红白喜事大操大办、形成一种邻里守望的淳朴乡风是当时的一大难题。

关于如何激发村民参与乡风文明建设这一问题，大余县先前开展过诸多实践探索，但是收效甚微。例如，一些村借鉴城市志愿服务的模式开展农村志愿服务，通过组建农村志愿服务队伍将村民动员起来参与乡村建设。一开始，村民参与度较高，但是随着时间的推移，村民的志愿热情有所下降。后来，为了持续激发村民的志愿热情，一些村开始借鉴积分制的模式，对参与村庄环境卫生打扫等志愿活动的村民给予一定的积分，村民可以通过积分兑换一些生活物品。这种模式持续了一段时间后，村"两委"的人员发现，积分兑换很容易"异化"村民的行为，本来是一件激发村民公共精神参与乡风文明建设的事情，反而让村民更加关注自己的行为能兑换到什么物品。因此，新的难题出现了，到底通过什么样的途径去持续激发村民参与乡风文明建设呢？

为破解上述问题，大余县以乡村治理体系建设试点为契机，在原来农村志愿服务与积分制基础上开展积分超市试点。既然单一的志愿服务与单一的积分制都有一定的局限性，用一种新的模式将两者搭配起来是不是可行呢？2020 年 3 月，大余县在 11 个乡镇的 21 个试点村开展农村积分超市的实践探索[①]，一年以后，首批试点效果不错，县里打算在更大范围推广积分超市。郭书记在了解其他试点村的情况后，感觉积分超市确实有助于乡风文明建设，尤其是在重塑互帮互助的传统乡土伦理、激发村民参与乡风文明建设方面作用明显，于是郭书记决定尽快引入积分超市，通过前期准备，2021 年 3 月份，旱田村积分超市正式挂牌成立（见图 1）。

图 1　旱田村积分超市

资料来源：作者自摄

---

① 大余县的 11 个乡镇，每个乡镇最少有一个试点村，加上在调研初期定下来的 7 个重点村，与宅基地改革的试点村比对之后，按照宅基地改革试点与积分超市试点同步推进的思路，又增加了 3 个村，最终敲定了 21 个试点村。

积分超市起步：解决资金难题

新事物引入容易，真正做起来并不简单。旱田村积分超市挂牌成立后，首先遇到的就是资金难题。家庭联产承包责任制实施以来，农村的集体化生产方式逐步解体，村集体失去了对生产生活资源的控制权与支配权，农村原来提供当地公共产品的供给机制也失去了存在的基础[①]，削弱了村集体提供公共物品的能力，这也意味着村集体部分失去了提供农村公共服务的经济基础。这一时期农村公共事务处于"真空状态"，21世纪以来，为了改变这种局面，农村大量基本公共服务被纳入国家公共支出和公共职责，大量资源投入农村，大部分农村公共事务由政府划拨财政资金，积分超市的试点与推广也不例外。针对21个试点村，县政府给予每个村两万元的一次性财政补助，用于场地设置与物品购买等事项。积分超市的硬件设施建设、用于兑换的物品购买等都需要资金作为保障。在后期的推广阶段，政府的支持力度有所降低，上级政府的支持力度远没有试点时期那么大，只够填补一部分运营经费，缺口需要从其他地方筹集。而且，上级政府的财政资金划拨有严格的程序，没有办法第一时间给予支持。

郭书记一开始想使用村集体经济的资金，但是村集体经济的收入有限，2019年旱田村的村集体经济收入约为5万元，2020年约为10万元，2021年约为12万元。村集体经济收入还要用于其他村级事务的开支，能够用于积分超市的资金非常有限。资金缺少问题不仅仅是旱田村遇到的问题，而是一个普遍存在的问题，政府的资金是一次性补助，积分超市的长期运营需要持续的资金投入作为保障，对于村集体经济发展不充分的农村来说，这一问题更加紧迫。

村庄既无财力也无专门的途径自我提供基本公共服务，村委会更无力也缺乏动力提供基本公共服务，这就需要在有限的公共财政投入前提下探寻能够自我提供基本公共服务的组织形式和机制。[②]前思后想，郭书记想到了一个有可能获得资金的"门路"——乡贤。村里找到几位乡贤捐钱，但是乡贤捐赠的钱有一些是有特定用途的，例如指定用于村里的教育。2021年春节，利用乡贤们回村过年的契机，旱田村终于获得了一笔捐助。最后，通过三方筹钱，政府给一点儿、乡贤捐一点儿、村里出一点儿，旱田村总算解决了积分超市的启动资金问题。

---

① 张军，何寒熙.中国农村的公共产品供给：改革后的变迁[J].改革，1996(5): 50-57.

② 吴理财.个体化趋势带来多重挑战 乡村熟人社会的重构与整合——湖北秭归"幸福村落"社区治理建设模式调研[J].国家治理，2015(11): 33-48.

积分超市前期探索：村民参与的困惑

资金问题解决后，积分超市终于可以运转起来了（见图2）。然而，紧接着又面临新的难题——村民参与不积极，参与度有限。积分超市包括"七积"和志愿服务两大板块，"七积"包括积美、积孝、积善、积信、积勤、积俭和积学，每一项又包括不同的内容，对应不同的积分（详见附录1）[①]。志愿服务主要包括家政服务、维修保养和其他服务三大类，每一大类又包括具体的服务内容和每一项服务内容对相应的时间积分（详见附录2）。例如，家政服务包括买菜做饭、家庭卫生、陪老人到医院看病、老人看护、教育辅导和家庭搬运六项服务内容。从"七积"和志愿服务的内容来看，积分超市一方面鼓励村民间互帮互助，另一方面也鼓励村民参与村庄事务，其中很大一部分与乡风文明建设直接相关。脱贫攻坚时期，基层政府承担了很多村庄卫生环境相关的事务，

图2　旱田村积分超市兑换点
资料来源：作者自摄

通过公益岗位解决了一部分村民的收入问题，却造成一些村民形成了惯性思维，在观念层面认为这些事情是政府要做的，村民参与的积极性上不去。郭书记认为，积分超市恰恰就是要转变村民的观念，村民是村庄的主人，村民要发挥主人翁的作用，村里面的事情不能全靠政府，村民要自己去做，重新找回文明淳朴乡风。

为了转变村民的观念，村"两委"利用一切能利用的机会向村民宣传积分超市的理念。一开始是在各个村小组举办宣传会，向大家宣传积分超市的理念。之后凡是村里面举办的各类会议，例如村民大会、村民代表大会、党员大会、村民理事会，村"两委"都会趁机开展宣传工作。同时，旱田村借助推进宅基地改革试点工作，入户向村民宣传和推广积分超市，经过一段时间的宣传，村民的观念慢慢发生了转变，参与积分超市的积极性有所提升。

2022年第二季度雨季特别长，降雨量超出往年水平，道路两边的杂草和树枝长得比较快，甚至覆盖了村道两边，对于来往的车辆和行人来说存在安全隐患。以前遇到这种事情，

[①] 例如"七积"项目之一的"积美"分为五个子标准，分别是：（1）被评为"清洁家庭""五好家庭""文明家庭""优秀党员""致富能人"等荣誉称号的或者经评议进入道德红黑榜红榜的按国家级50分、省级30分、市级20分、县级10分、乡镇级5分、村级3分予以计分；（2）现役军人在部队获得优秀士兵及以上荣誉的计10分/次；（3）当年家中有人入伍的计10分/人；（4）因自身原因被部队退兵的扣除30分/人；（5）被评为"不清洁家庭"或进入道德红黑榜黑榜的扣除5分/次；（6）为本村单身青年做媒成功的计20分/次。

村民不会管，认为这是政府的事情。自从开始推广积分超市，村民的观念有了转变，认为这个村庄是大家共同的家，主动参与，每个人都有责任让家变得更好。雨季过后，七八个村民约在一起清理路边可能存在安全隐患的树枝。郭书记还特别提到村里面一位八十多岁的老人每天坚持打扫村庄道路卫生，老人的精神让郭书记很感动："这不就是值得我们这些后辈去学习的吗？开展积分超市的工作，就是在这方面起到了很大的作用。"

积分超市发展成型：倒逼出来的自主运作模式

通过多种渠道的宣传，村民的理念发生了转变，参与的积极性慢慢上来了，但是一波未平一波又起。积分超市的运行逻辑是村民完成"七积"或者志愿服务的内容后可以向积分超市柜台申报，认定成功后可以兑换相应的时间币，或者直接用积分兑换物品。

积分超市设计的运行逻辑没有问题，但是实践中问题就出来了，如何确认一个人确实完成了某项志愿服务？如何判断其投入的时间长短和投入的质量？由谁来认定才能让大家都信服？兑换的标准怎么确定？这些程序设计方面的问题直接影响积分超市的运作效果，种种问题倒逼旱田村必须想出解决办法。村"两委"经过讨论认为，在这些事情上村"两委"更多的是发挥引领作用，既然是村民的事情，就让村民来定，让村民主导，只有村民们自己讨论出来的规则和程序才会被认可。于是，旱田村将发展比较成熟的村民理事会模式运用到积分超市的运作当中，形成了积分超市的村民理事会治理模式。在实践中，村民理事会是各个村民小组选举产生的自治组织，选出来的村民理事会成员一般都是村民普遍认可，比较有威望、有公心、有公信力的热心村民。村民理事会的职责主要有两项：一是在积分超市引入初期，组织村民讨论并形成评定细则，后续定期听取村民意见，继续完善评定细则；二是按照评定细则，每月末开展本村的积分评定与审核工作。经过不断摸索，大余县积分超市形成了一套运作体系（图3）。

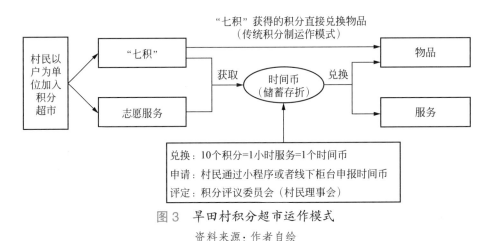

图3 旱田村积分超市运作模式

资料来源：作者自绘

村民以户为单位参与积分超市，家庭成员不管是居住在村庄还是在外工作均可参与，获取的时间币记录到家庭储蓄存折，家庭成员均可兑换。时间币获取主要有两种渠道：一是村民完成"七积"获得积分，积分既可以直接兑换物品，也可以换算为时间币存入时间储蓄存折；二是参与志愿服务后可以存入相应的时间币。村民提供志愿服务或者完成"七积"内容后，可以向积分超市工作人员[①]报备，经过村级积分评定委员会[②]审核后兑换为相应的时间币存入储蓄存折。存入的时间币有两种兑换方式：兑换物品或兑换服务。在兑换标准方面，村民在参与之初有基础积分100分，基础积分不能参与兑换，通过"七积"或志愿服务获取的积分按每10分转换成1个时间币存入积分超市，服务时间1小时等于1个时间币，也即"10个积分=1小时服务时间=1个时间币"。时间币余额不足的村民可以向积分超市预支时间币，村民也可以将自己的时间币转赠给其他有需要的本村村民。[③]

积分超市体系建立后，由谁来参与运作是关键问题。参与旱田村积分超市运营管理的相关主体主要有村民理事会、基层政府和村民自组织。村民理事会在积分超市的运作中发挥了重要的角色，除了村民理事会以外，参与积分超市运作的主体还包括基层党委与基层政府、村委会、村民及村民志愿组织。党委的角色体现在两个方面：一方面是发挥党委引领的作用，统筹乡村治理创新发展的方向，确保村民在积分超市实践中的主体地位，确保村民从中受益。因此，旱田村的积分超市在探索之初就坚持各级党委对积分超市推进工作的全方位领导，党员干部以身作则带头参与积分超市，发挥党员干部的先锋模范作用，进一步推进积分超市的开展。另一方面是发挥党管农村工作的优势，统筹多方资源为积分超市的开展提供动力，确保各方资源的投入真正用于积分超市的开展。

政府的角色主要体现在政策支持、财政支持与硬件支持三大部分。在政策支持方面，大余县及乡镇政府相继出台了一系列政策文件，为积分超市发展提供政策引领，同时也起到规范发展的作用。在财政支持方面，县级政府、乡镇政府为积分超市的发展，尤其是起步阶段提供了一定的财政支持，这些财政支持主要用于场地设置以及积分兑换的物品购买等。在常态化运营阶段出现社会捐赠不足情况时，由财政资金进行兜底保障。在硬件支持方面，大余县农业农村局开发了全县统一的积分超市管理平台和积分超市微信小程序，每个村的积分超市管理员可以通过积分超市管理平台进行积分录入、统计和上报，村民可以通过积分超市微信小程序进行积分申报和积分查询。

村委会作为村民自治组织，主要的角色是调动村民的积极性，通过鼓励村民参与积分超市制度内容、评分标准、运行程序等环节的商定，广泛征求村民的意见和建议，强化村民

---

① 每个村的积分超市工作人员一般由村妇女主任或者村新时代文明实践员兼任。
② 村级积分评定委员会由村民在"一会三长"以及村"两委"成员中选举产生，成员共7名，负责积分超市积分的评定和日常工作开展。一般情况下，委员会成员与村民理事会成员重合度较高。
③ 邓国胜，程令伟."时间银行"何以提升乡村公共精神——基于社会交往理论视角的案例研究 [J]. 经济社会体制比较，2023(2): 24-32.

的主人翁意识,激发村民持续参与的积极性与内生动力。村民是乡村治理的主体,也是积分超市的主要参与者,村民可以对积分超市的积分内容、服务内容、积分兑换办法提出建设性的意见,也可以对积分超市的管理工作提出不同的看法。村委会承担的角色就在于将村民组织起来,引导村民积极参与、建立起村民与基层党组织、基层政府的互动渠道,促进村民自治与党委领导、政府负责的良性互动。村民志愿组织的核心功能是组织志愿者有组织性地开展各类志愿服务,在旱田村,村民志愿服务队伍内嵌于积分超市的运作当中,通过开展相关志愿活动也可以兑换相应的时间币。

积分超市见成效

积分超市试点取得了不错的成效,一时间成了"热点"。旱田村的做法也得到了上级部门的肯定。于是,县领导决定总结经验,趁热打铁,在全县推广。2021年3月,大余县印发了《大余县推进"时间银行"积分制规范化建设实施方案》[1],提出在积分超市试点村的基础上,进一步推进积分超市工作,实现全县105个村的全覆盖。在全县乡村推行以"积分超市"为统一品牌的积分制管理模式,通过党建引领正向激励,凝聚群众、引导群众,激发群众内生动力,充分发挥群众在乡村治理工作中推进农村人居环境整治、乡风文明实践、志愿服务等主体意识和责任意识,探索破解村民主体缺位、农村基层治理缺抓手问题的新路径。

从全县数据来看,截至2022年8月31日,大余县共有13585户参与积分超市,累计时间币33719个,兑换支出3660.7个,剩余时间币30058.3个。[2] 2022年7月份,对大余县开展积分超市的村(包括旱田村)的调查问卷数据显示,17.40%的被调查者参加积分超市活动的频率为一周一次,20.29%的被调查者参加积分超市活动的频率为半个月一次,26.57%的被调查者参加积分超市活动的频率为一个月一次,过去12个月中调查样本平均每人参加了9次积分超市活动。在参与时间方面,47.14%的村民为他人提供服务的时间约为0~2小时/次,39.71%的村民为2~4小时/次。从村民参与积分超市的频率和投入时间来看,积分超市的成效较为显著。通过对比积分超市开展前后的各项指标,可以发现在开展积分超市以后,村民参与社交活动、参加志愿服务频率以及参与志愿服务的意愿都有较大提

---

① 原中国银行保险监督管理委员会于2022年1月发布的《关于不规范使用"银行"字样的风险提示》中提出,明确各地不得在地方公用项目、相关方案文件以及对外挂牌宣传中使用未经批准的"银行"字样,协调推进规范使用"银行"字样使用清理工作。2022年3月,大余县也向乡镇、县有关单位发出了《关于开展规范使用"银行"字样清理工作的函》。大余县的基本思路是将"时间银行"表述修改为"积分超市",以服务换服务,互帮互助的内核保持不变。因此,为了规范表述,同时为了案例的完整性,征求大余县相关工作人员意见后,案例在行文过程中表述统一定为"积分超市"。时间银行与积分超市表述不同,但在案例中的概念内涵完全一致。

② 数据来源:大余县农业农村局提供。

升（见表 1）。此外，问卷调研对象对积分超市的信任程度也比较高，平均值为 3.67[①]。

表 1 积分超市建立前后对比[②]

时间	您多久参加一次社交活动（1～5：一周一次～三个月一次）	您多久参加一次志愿活动（1～5：一周一次～三个月一次）	您是否愿意参加志愿服务活动（1～5：非常不愿意～非常愿意）
积分超市建立前	3.46	3.51	3.49
积分超市建立后	2.73	2.85	4.03

资料来源：研究团队通过问卷收集

从旱田村的数据来看，自 2021 年 3 月引入积分超市以来，旱田村累计有 463 人参与了积分超市，总计积累时间币 1363.5 个，支出时间币 14 个，剩余时间币 1349.5 个。培育了四支志愿服务队伍——家政志愿服务队、保洁志愿服务队、电器维修志愿服务队、党员志愿服务队，每支志愿队伍有七八个人。参与问卷调查的村民数据显示，村民参与的积极性与投入度都有明显提升。

在村"两委"工作人员的实际体会中，深刻感受到引入积分超市以来旱田村的改变很大，郭书记从日常工作角度总结了积分超市带来的变化，一个明显的改变就是邻里矛盾纠纷事件连年下降、邻里关系更好了、民风更加淳朴文明，越来越多的村民自愿参与村庄环境打扫等一些活动，村庄的环境变得比以前更加干净整洁有序。没有积分超市的时候，一下大雨村"两委"就要挨村去排查水渠堵塞，有了积分超市，村民参与村庄事务的积极性上来了，现在下雨天不用村"两委"出动，村民们就会自己组织去排查，减少了村"两委"很多工作压力。

结束语

乡风文明的培育对于乡村治理的转型和乡村社会的和谐发展具有重要的意义。[③]培育文明乡风、良好家风、淳朴民风的目的是改善农民精神风貌，提高乡村社会文明程度，助力乡村振兴。但是社会关系原子化、社会结构松散和公共精神缺失是乡风文明培育面临的现实问题。围绕这一现实问题，大余县创新性地将积分超市与积分制结合起来，对积分制的内容和运作模式进行了完善，形成了"时间换积分，积分换服务"的新模式，以"时间币"为桥梁，

---

① 1～5 分别为非常不信任、比较不信任、一般、比较信任、非常信任。平均值越大说明信任程度越强。
② 积分超市建立前的相关数据主要采用问卷问题回溯的形式。多久参加一次志愿服务、社交活动的题项分别是"1"表示一周一次，"2"表示半个月一次，"3"表示一个月一次，"4"表示三个月一次，"5"表示半年一次。数据录入后取平均值，平均值越小说明参与频率越高，平均值越大说明参与频率越小。是否愿意参加志愿活动主要是测量参与的意愿，1～5 分别是非常不愿意、比较不愿意、一般、比较愿意、非常愿意，取平均数后数值越大则意愿越强。
③ 王丽. 公共治理视域下乡村公共精神的缺失与重构 [J]. 行政论坛，2012, 19(4): 17-21.

连接服务、积分与时间，通过积分超市重构农村邻里互帮互助的乡土氛围，弘扬"我为人人，人人为我"的新风气。旱田村积分超市对于重建乡土社会关系、促进乡风文明、提升乡村治理水平具有明显的促进作用，对于大部分具有类似困境的农村来说，旱田村积分超市的发展路径具有一定的实践指导意义。

乡村治理现代化是中国式现代化的重要组成部分，旱田村的积分超市也是中国式乡村治理现代化的生动实践，中国式乡村治理现代化是物质文明与精神文明共同富裕的现代化。精神生活共同富裕贯穿于中国式现代化道路的全过程，它既是美好生活的基本向度，也是中华民族伟大复兴的题中之意，更是文明新形态的重要表征。[①] 这就要求我们的乡村发展既需要物质上的富有和安居乐业，更需要精神追求上的富足和精神状态的饱满。[②] 积分超市也是对实现物质文明与精神文明共同富裕的中国式乡村治理现代化的一次创新性探索，具有重要的借鉴意义。

【研讨题】

1. 旱田村为什么要引入积分超市？在初期遇到了哪些困哪？是怎么解决的？积分超市取得了哪些效果？

2. 积分超市为什么能够提升乡风文明水平？

3. 旱田村的案例对于新时期推动中国式现代化与中国式乡村治理现代化有什么启发？

📑 案例分析

进入 21 世纪以来，乡风文明建设一直是农村社会发展的重点，其内涵随着时代发展不断丰富。党的十六届五中全会首次提出乡风文明的概念，会议提出按照"生产发展、生活富裕、乡风文明、村容整洁、管理民主"的总要求建设社会主义新农村。随后，《中华人民共和国国民经济和社会发展第十一个五年规划纲要》将乡风文明建设纳入整体规划。党的十九大提出要按照"产业兴旺、生态宜居、乡风文明、治理有效、生活富裕"的总要求加快推进农业农村现代化。2018 年 1 月发布的《中共中央国务院关于实施乡村振兴战略的意见》中五次提及"乡风文明"并进行了系统论述："乡村振兴，乡风文明是保障。必须坚持物质文明和精神文明一起抓，提升农民精神风貌，培育文明乡风、良好家风、淳朴民风，不断提高乡村社会文明程度。"2019 年 6 月中共中央办公厅、国务院办公厅印发的《关于加强和改进乡村治理的指导意见》提出"实施乡风文明培育行动"，"注重运用舆论和道德力量促进村规

---

① 柏路 . 精神生活共同富裕的时代意涵与价值遵循 [J]. 马克思主义研究 , 2022(2): 64-75, 156.
② 范玉刚 . 人民精神生活共同富裕：中国文明型崛起的价值支撑 [J]. 国家治理 , 2021(45): 15-18.

民约有效实施，对违背村规民约的，在符合法律法规前提下运用自治组织的方式进行合情合理的规劝、约束"。[①]

乡风文明是乡村治理的灵魂，也是乡村治理的内生基础[②]，离开乡风文明，乡村振兴不仅是不全面的，也是难以实现的，物质文明与精神文明共同的富裕才是真正的富裕。乡村振兴是包括产业、人才、文化、生态和组织等多方面的振兴。乡风文明是评判乡村共同体进步开化与否的标准，是乡村振兴水平和程度的外显，乡村振兴战略背景下的乡风文明建设具有重要意义。面对工业化、市场化以来的乡风衰落问题，大余县通过引入积分超市找回淳朴的乡风民情，助力乡风文明。通过案例描述可以看出，旱田村积分超市的发展并非一帆风顺，经历了不少困难。旱田村在引入积分超市之初便遭遇了资金难题，后来又遇到村民参与积极性不高的问题，种种困难倒逼创新，逐渐摸索出村民主导的积分超市运作模式。

旱田村的积分超市是中国式乡村治理现代化的有益探索，对于新时期提升乡风文明水平，推动物质文明与精神文明相协调的中国式现代化具有重要的借鉴意义。那么，积分超市为什么能够提升乡风文明水平？其过程机制是什么？大余县旱田村的案例对于新时期推动中国式乡村治理现代化有什么启发？在案例分析部分将重点围绕上述问题进行讨论。

一、理论视角

乡风就是乡村的风气和乡土风俗，主要指人们在乡村物质生活和精神生活过程中形成的风尚和习俗或是价值观念、生活方式、风土人情等。[③]也有学者认为，乡风是特定乡村内人们的信仰、观念、操守、爱好、礼节、风俗、习惯、传统和行为方式的总和，且在一定范围和一定时期内被村民效仿、传播。[④]乡风文明建设的一个核心问题就是政府积极而农民相对淡漠，乡风文明建设效果不佳，原因之一就是乡风文明建设缺乏切入点，难以形成良性互动。[⑤]

乡村社区的属性在一定程度上决定了乡风文明建设的复杂性。乡村社区不同于城市单一功能的社区，是一个集生产、生活功能于一体的共同体，因而在乡村治理与乡风文明建设方面呈现出多元性、复杂性、系统性等特征。体现在乡风文明建设方面，主要是乡风文明内容的外延较为宽泛，涉及乡村生活的方方面面，例如邻里关系、文化教育、社会风气、生活习俗、行为规范、乡风民俗等，如果对每一项事务进行专门的治理，治理成本大且很难到达预期。而且乡风文明建设涉及不同基层政府部门的工作职责，在实际运作过程中很容易呈现出碎片化治理的特征。[⑥]碎片化治理困境在乡风文明建设中的体现就是基层政府与村"两委"

① 中共中央办公厅 国务院办公厅印发《关于加强和改进乡村治理的指导意见》[EB/OL]. (2019-06-23). https://www.gov.cn/zhengce/2019-06/23/content_5402625.htm.
② 刘淑兰. 乡村治理中乡贤文化的时代价值及其实现路径 [J]. 理论月刊，2016(2): 78-83.
③ 徐越. 乡村振兴战略背景下的乡风文明建设 [J]. 红旗文稿，2019(21): 32-34.
④ 徐学庆. 乡村振兴战略背景下乡风文明建设的意义及其路径 [J]. 中州学刊，2018(9): 71-76.
⑤ 唐兴军，李定国. 文化嵌入：新时代乡风文明建设的价值取向与现实路径 [J]. 求实，2019(2): 86-96.
⑥ 唐兴盛. 政府"碎片化"：问题、根源与治理路径 [J]. 北京行政学院学报，2014(5): 52-56.

付出了大量的精力开展乡风文明建设，但是其治理效率不高，且容易让基层政府与村"两委"承担过多的治理负担。

在对碎片化治理进行反思的基础上，学者们提出了"整合治理"的理论进路。从政府与社会关系的视角出发，地方治理可区分为全能治理、自主治理、整合治理、协同治理四种类型。其中，整合治理不同于中国改革之前的全能治理模式，也不同于西方国家政府与社会之间的分立合作模式。整合治理理论是回应碎片化和分散化造成应对复杂问题效率低下，探寻整合机制而提出的一种理论。整合治理模式将公共资源、市场资源和社会资源结合起来，发挥了多元行动主体和多元机制的作用，有利于完成政府无法独自完成的任务[①]，能够显著提升地方政府的治理能力，可以说，整合治理理念的提出是对传统公共行政的衰落和新公共管理改革过程中造成的严重"碎片化"的战略性回应[②]。

整合治理以承认市场机制和社会组织的存在为前提，在公共部门与私人部门的关系上，政府占据主导地位，并通过政策手段和工具对私人部门进行跨界整合，调动多方资源，以实现政府目标，更好地提供公共服务。[③]可以发现，整合治理的核心是整合，以协调、整合为主要机制和基本要求，对碎片化的治理层级、治理功能、公私部门关系等进行有机重构。[④]实现整合需要以多元主体的参与为基础，充分激发多元主体的自主性。地方政府的能力有限，无法解决和回应一切问题，这就需要把政府之外的资源也调动起来。整合治理不仅仅是工具理性意义上的一种治理方式革新，从内在理念而言，整合治理旨在解决传统政府一元化治理存在的效率低下、效能不高问题，强调多元协作、增强管理能力、提升管理效率。[⑤]

旱田村的积分超市之所以能够在乡风文明建设方面取得显著成效，核心在于通过"七积"与志愿服务的设计，将与乡风文明提升相关的方方面面内容整合到同一套运作体系中，回应了"碎片化治理"的难题。积分超市的运作体系借鉴了传统积分制与志愿服务的激励方式，通过时间币这一种创新方式激励村民参与乡风文明建设。同时，旱田村鼓励多元主体共同参与积分超市的运营，发挥自主治理和多元协作的优势。从过程视角来看，积分超市的引入破解了村民参与积极性不足的问题。从结果来看，积分超市的引入有效提升了乡风文明水平。

二、积分超市何以助力乡风文明？

通过整合治理理论视角对旱田村积分超市案例进行分析发现，积分超市主要通过"七积"的整合机制、时间积分的激励机制和村民理事会的参与机制，将乡风文明的多样化治理事务整合起来，激发村民参与的积极性，重建互帮互助、邻里守望相助的淳朴乡风，进而实现提

---

①③ 杨宏山.整合治理：中国地方治理的一种理论模型 [J].新视野,2015(3): 28-35.

② 胡象明,唐波勇.整体性治理：公共管理的新范式[J].华中师范大学学报(人文社会科学版),2010(1): 11-15.

④ 竺乾威.从新公共管理到整体性治理 [J].中国行政管理,2008(10): 52-58.

⑤ 赵玉林.协同整合：互联网治理碎片化问题的解决路径分析——整体性治理视角下的国际经验和本土实践 [J].电子政务,2017(5): 52-60.

升乡风文明水平的目标（见图 4）。

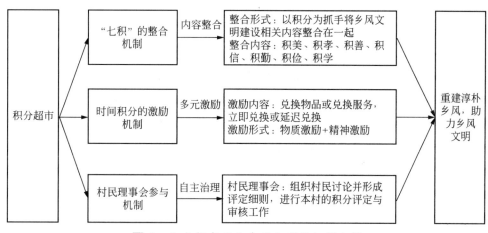

图 4　积分超市助力乡风文明的机制分析

资料来源：作者自绘

1. "七积"的整合机制

乡风文明属于乡村的软实力建设，是乡村治理的社会基础。从旱田村初期遇到的问题来看，村民关系淡漠、邻里纠纷严重、利益化趋势明显、公共精神式微、公共参与不足等问题，本质上都是在社会转型期原有引导村民行为的传统乡土伦理逐渐消解，但是新的乡土伦理规范仍未形成，因此乡土社会处于短暂的失范状态，进而出现一系列问题。

要重建乡土伦理规范，首先是要进行乡风文明建设，但是乡风文明涉及面较广，很难用一种治理工具实现全面治理。面对复杂的村民利益诉求和新型的乡村纠纷，单一的治理模式很难有效地解决问题。[①] 乡风文明建设不仅要直面农村文化建设的实际问题，还要贴近农民的现实文化需求，通过挖掘和提升内生性资源，构建与现代生活相适应的文化生活理念，为乡村振兴提供全面充分的文化保障。[②] 通过对中国村级"文明乡风建设"典型案例内容的分析发现，乡风文明的内容大体上包括三大类：第一是移风易俗，整治农村婚丧大操大办、高额彩礼、铺张浪费、厚葬薄养等不良习俗，细化实化婚丧嫁娶操办标准规范、建立道德约束激励机制等；第二是发挥基层群众组织和村规民约的作用，例如开展农村志愿服务活动、创新农村公共服务模式、传承弘扬家风家训和传统美德、强化移风易俗宣传引导等；第三是传承发展乡村文化，弘扬崇德向善、扶危济困、扶弱助残等传统美德，培育淳朴民风，开展精神文明创建和培育孝亲敬老社会风尚等。

积分超市之所以能够发挥作用，核心是通过"七积"将乡风文明建设的重点内容统一

[①] 马树同. 共建共治共享社会治理格局下乡村治理模式的生成逻辑——基于宁夏 J 县积分制的实践考察 [J]. 宁夏社会科学，2020(4): 133-138.

[②] 李静，张兴宇. 以乡风文明建设助推乡村振兴 [N]. 光明日报，2021-04-20(11).

整合到一起，积分超市的"七积"包括积美、积孝、积善、积信、积勤、积俭和积学，每一项又包括不同的内容，对应不同的积分。例如，积孝主要是引导家庭和睦；积善主要是协调邻里关系，化解邻里矛盾；积勤主要是弘扬努力奋斗、自立自强、勤劳致富的精神；积俭主要是针对红白喜事铺张浪费、大操大办的不良风气；积学主要是向认真读书考取学校的学生进行表彰，弘扬耕读传家的优良传统。"七积"的"美、孝、善、信、勤、俭、学"基本上涵盖了乡村优良的传统文化，也与新时期乡风文明建设的重点内容高度重合。"七积"的内容可以根据不同时期的实际问题做调整。例如，在山火易发时期，森林防火宣传会纳入进来，在汛期，防溺水宣传会被纳入"七积"当中。通过"七积"，旱田村将与乡风文明建设相关的治理内容统一整合到了一起，解决了碎片化、分散化造成的高治理成本、低治理绩效的难题。

"七积"与"志愿服务"的内容主要与村民的日常生活密切相关，聚焦村民比较普遍的生活需求，这种源于实际生活的服务内容设计为服务互助提供了持续运作的动力。此外，服务内容限定诸如打扫卫生、代买、做饭等生活类服务方面，一方面有助于降低村民参与积分超市的门槛，每位村民都可以参与进来，有助于激发村民的参与意愿；另一方面，也在一定程度上避免了积分超市因服务性质不同而带来的同等时间不同服务质量的兑换难题，提升了操作的可行性。[①]

2. 时间积分的激励机制

时间积分作为服务、积分和时间的连接纽带，本质上发挥着激励村民持续参与的功能，通过设立多样化的积分兑换方式引导村民积极参与积分超市，重建守望相助的乡风民情。在这个过程中，积分与时间币实质上发挥了激励机制的作用，例如，"七积"中的"积俭"明确规定：彩礼 3 万以下的计 15 分 / 起，婚事、满月酒等不大操大办并在 10 桌以下的计 15 分 / 起。除了积分鼓励事项，还设置了积分扣除事项，例如，彩礼 3 万以上的扣除 15 分 / 起；婚事、满月酒等大操大办在 10 桌以上的扣除 10 分 / 起；未实行火化，不文明安葬的扣除 20 分 / 起。

村民参与积分超市积累的时间积分既可以兑换物品，也可以兑换服务，既可以立即兑换，也可以在未来有需要的时候兑换。除了兑换方式和兑换时间不受限制以外，时间积分还可以转赠给其他有需要的村民。这种多样化的时间积分兑换形式可以最大限度地满足不同人群的利益需求，吸引更多的村民参与积分超市。如果需要兑换物品，村民可以运用时间积分兑换一些生活物品，例如毛巾、牙刷、洗洁精、酱油、衣架等，虽然都是小东西，但都是村民日常生活里常用的。如果需要兑换服务，村民可以通过打电话、大余县积分超市微信小程序、微信群等方式发布自己的服务需求，由积分超市工作人员对接服务人员上门开展服务。对于村"两委"来说，积分超市的积分为工作开展提供了抓手。比如，以前村"两委"喊村

① 邓国胜，程令伟."时间银行"何以提升乡村公共精神——基于社会交往理论视角的案例研究 [J]. 经济社会体制比较，2023(2): 24-32.

民修水渠修路、打扫环境卫生，村民没有动力，村"两委"很难发动村民做一些公共事务。现在，村"两委"可以通过积分超市引导村民参与。

此外，在乡土社会，时间积分也具有社会意义。在"低头不见抬头见、乡里乡亲"的村子里面，如果一个人的时间积分比较多，说明他是一个有公心、热心帮助他人的人，更容易获得其他村民的认可和尊重。因此，除了兑换物品的物质激励以外，时间积分也能够提供一种精神激励，村民从中获得自我价值，从而形成一种良性循环。

3. 村民理事会的参与机制

如上文所述，积分的兑换和评定是积分超市的核心，旱田村在实践过程中遇到的问题是由谁来制定兑换的标准，由谁来评定积分，这项工作如果处理不好，很容易引起村民的不满情绪，打击村民参与的积极性，如果村民认为兑换评定的规则不够公平公正，则会选择退出或者消极对待。旱田村的做法是充分发挥村民自主治理的优势，村民自己的事情交给村民自己解决，将积分兑换细则的制定工作和积分上报的审核评议工作交由村民理事会负责。村民理事会以村民小组为单元，是村民自治创新模式之一。村民理事会的职责是代表村民协商公共事务，实行民主管理和监督，配合、协助村民委员会开展工作，在村民委员会支持下组织村民开展精神文明建设、兴办公益事业等。为了解决积分的兑换和评议难题，旱田村将村民理事会引入到积分超市，由村民理事会负责组织村民讨论兑换细则，然后由村民理事会按照兑换细则对本村上报的积分进行审议。这一做法将积分的评定下沉到村民小组，将评定的权利交给村民选出来的村民理事会，既减轻了村"两委"的工作压力，又能够获得村民的支持和认可，激发村民参与的积极性。

面对具有多元化利益需求的村民与纷繁复杂的乡风文明建设工作，基层政府与村"两委"的能力有限，无法解决和回应一切问题，这就需要把政府之外的资源也调动起来。要推进乡风文明建设工作就需要发动广大村民的力量，引导更广泛的村民参与其中，充分激发村民主体的自主性。村民理事会是村民小组或村庄范围的村民自我管理的组织，其成员具有全域性和全体性，全体村民小组或村落居民都是其当然的成员。将村民理事会引入到积分超市的运作中，一方面，村民理事会能够代表村民参与积分超市的积分评定与兑换工作，这样就通过内部运作的形式解决了由谁来评定积分的难题，同时保障了积分评定的公平公正。另一方面，有助于反映和维护自然村落村民的利益，参与和协助村民委员会的工作，同时是推动村民自治从个体参与到群体参与、从分散化的利益表达到组织化的利益表达的重要机制，有利于调动村民参与的积极性，激发村民自治的内部活力。[①] 村民理事会实际上是在基层政府、村委会与村民之间起到了衔接作用。[②]

---

① 项继权，王明为 . 村民理事会：性质及其限度 [J]. 福建论坛 (人文社会科学版)，2017(9): 155-160.
② 张艺，陈洪生 . 村民理事会：以社会资本理论为分析视角——以江西省幸福社区为例 [J]. 甘肃行政学院学报，2008(3): 67-71.

三、总结与讨论：积分超市与中国式现代化

物质文明和精神文明相协调的现代化是中国式现代化的内涵之一。乡风文明既是乡村振兴的要求，也是物质文明与精神文明相协调的现代化在乡村治理领域的直接体现。改革开放以来，我国经济发展取得了举世瞩目的成绩，乡村社会发生天翻地覆的变化，乡村物质生活极大丰富，但是受市场化、原子化的影响，乡村也出现了公共精神式微、人情关系淡漠、利益化趋势加重等问题，相对于物质生活的极大丰富，精神生活亟待重建。党的十六届五中全会就已经将乡风文明建设作为建设社会主义新农村的具体要求，党的十九大报告进一步提出，按照"产业兴旺、生态宜居、乡风文明、治理有效、生活富裕"的总要求推进乡村振兴。进入新时代，我国社会的主要矛盾发生重要变化，转变为人民日益增长的美好生活需要和不平衡不充分的发展之间的矛盾。①而发展的不平衡不充分主要体现为城乡发展不平衡、农村发展不充分，尤其是农村社会的精神文明发展滞后于物质文明发展，一些地区陷入发展悖论。②到底采用什么样的治理方式（制度安排）、治理手段，才能应对不平衡和不充分的挑战③，通过何种方式重建文明乡风，实现物质文明与精神文明协调发展？大余县旱田村积分超市的实践创新是对上述问题的系统回应，其对于中国式乡村治理现代化的意义在于：

第一，中国式现代化是物质文明与精神文明相协调的现代化，物质富足、精神富有是社会主义现代化的根本要求。物质贫困不是社会主义，精神贫乏也不是社会主义，共同富裕是全体人民共同富裕，是人民群众物质生活和精神生活都富裕。④回顾过去，中国式现代化是一个连续的积累的发展和建设过程，是全方位的不断变革过程，是持续赶超西方现代化的长征过程。⑤改革开放以来，我国经济迅速发展，尤其是农村地区社会面貌发生重大变化，摆脱了贫困，物质生活极大富裕，为新时期推进乡村振兴打下了坚实的基础。但是，物质富裕不是中国式现代化的全部，在物质极大丰富的同时，要关注人民精神世界富裕，实现人的全面现代化。对精神文明的重视是中国式现代化的重要内涵之一，新时期全面推进乡村振兴，乡风文明是保障，繁荣乡村文化，培育文明乡风，对于推动乡村振兴意义重大。大余县旱田村的案例正是物质文明与精神文明相协调的中国式现代化的核心体现，也是中国式现代化动态演进的生动写照。

① 习近平. 决胜全面建成小康社会 夺取新时代中国特色社会伟大胜利——在中国共产党第十九次全国代表大会上的报告 [EB/OL]. (2017-12-27)[2023-05-10]. http://www.gov.cn/zhuanti/2017-10/27/content_5234876.htm.

② 王亚华, 高瑞, 孟庆国. 中国农村公共事务治理的危机与响应 [J]. 清华大学学报 (哲学社会科学版), 2016, 31(2): 23-29, 195.

③ 刘珉, 胡鞍钢. 中国式治理现代化的创新实践：以河长制、林长制、田长制为例 [J/OL]. 海南大学学报 (人文社会科学版): 1-13[2023-05-10]. https://doi.org/10.15886/j.cnki.hnus.202303.0345.

④ 曲青山. 深刻理解中国式现代化的科学内涵 [EB/OL]. (2022-11-05)[2020-05-07]. http://www.mofcom.gov.cn/article/zt_20thCPC/zywz/202211/20221103367185.shtml.

⑤ 胡鞍钢. 中国道路与中国梦想 [M]. 杭州：浙江人民出版社, 2013: 87-88.

第二，中国式现代化既有各国现代化的共同特征，更有基于自己国情的中国特色。中华民族具有深厚的历史积淀和文化底蕴，例如邻里守望相助的传统美德、家庭伦理、人与生态自然的和谐共生的发展理念等，这些构成了中国式现代化的文化基础。旱田村的积分超市以家庭为单位，在外务工的人员也可以通过参与积分超市为在村里面的家人积累时间币，以家庭为单位既契合了乡土社会注重家庭的伦理观念，符合我国传统家文化，同时也可以让在外的家庭成员参与进来，这一方式有利于建立乡村留守人群与外出人员之间的乡土连接，充分调动外出人员参与乡村治理的积极性。另外，时间币在理念层面契合了乡土社会文化，这也有助于提升村民对积分超市的接受程度。乡村社会在一定程度上仍然保留着人情互惠的关系模式，时间币类似于"人情"，既不是不要报酬，又不会太利益化。乡村是中国优秀传统文化的传承载体，推动乡风文明建设可以为中国现代化进程提供精神支撑和道德引领。

第三，乡风文明是乡村振兴的重要部分，广大农民是乡村振兴的主体，必须调动村民的积极性，共同参与乡风文明建设，共享乡风文明建设的成果。但是，在实践层面，通过何种治理手段来激发村民参与乡风文明建设的积极性一直是基层政府与村"两委"不断探索的问题。旱田村的案例为基层政府推动乡风文明建设、丰富村民精神生活提供了一种可能的路径，通过治理工具的创新，将我国制度优势更好转化为治理效能。旱田村的积分超市通过"七积"的整合机制将与乡风文明建设相关的治理内容整合到了一起，解决了碎片化、分散化造成的高治理成本、低治理绩效的难题；通过积分与时间币的激励机制设计引导村民积极参与积分超市，重建守望相助的乡风民情；通过村民理事会的参与机制实现积分兑换与审核的自主治理。三者共同作用，进而实现提升乡风文明水平的目标。新时期推动乡风文明建设需要创新治理工具，激发村民的参与精神，创新治理工具又需要重视内容设置、激励机制、参与机制的设计，大余县旱田村的案例，对于新时期创新治理工具、提升乡风文明水平，推动物质文明与精神文明相协调的中国式现代化具有重要的借鉴意义。

附录

附录 1　积分超市"七积"评定细则

事项	积分内容	分值
积美	1. 被评为"清洁家庭""五好家庭""文明家庭""优秀党员""致富能人"等荣誉称号或进入道德红黑榜红榜的	按国家级 50 分、省级 30 分、市级 20 分、县级 10 分、乡镇级 5 分、村级 3 分予以计分
	2. 现役军人在部队获得优秀士兵及以上荣誉的	计 10 分 / 次
	3. 当年家中有人入伍的	计 10 分 / 人
	4. 因自身原因被部队退兵的	扣除 30 分 / 人

事项	积分内容	分值
积美	5. 被评为"不清洁家庭"或进入道德红榜黑榜的	扣除 5 分 / 次
	6. 有偿退出宅基地的	拆除 60 平方米以内的计 30 分，超出 60 平方米，每增加 20 平方米，增加 10 分
	7. 自愿无偿退出宅基地给村、组使用的	拆除 60 平方米以内的计 30 分，超出 60 平方米，每增加 20 平方米，增加 10 分
积孝	1. 并评为"好媳妇""好婆婆"等荣誉称号的	按国家级 50 分、省级 30 分、市级 20 分、县级 10 分、乡镇级 5 分、村级 3 分予以计分
	2. 家庭成员不和睦，不赡养老人，不抚养小孩的	扣除 20 分 / 次
积善	1. 见义勇为、拾金不昧等，获得县级以上荣誉的	按国家级 50 分、省级 30 分、市级 30 分、县级 20 分予以计分
	2. 积极参与化解邻里矛盾纠纷的	计 10 分 / 次
	3. 与邻里产生纠纷等其他需要上级调解的家庭事件的	扣除 10 分 / 次
	4. 为本村单身青年说媒成功的	计 20 分 / 次
积信	1. 诚实守信，积极履行合约，获得文明信用商户等称号的	按国家级 50 分、省级 30 分、市级 20 分、县级 10 分、乡镇级 5 分、村级 3 分予以计分
	2. 未按时缴纳医保、社保的	扣除 10 分 / 人
	3. 无理取闹、缠访闹访、非正常上访的	扣除 10 分 / 次
	4. 未能及时归还超市贷款并纳入失信人员名单的	扣除 30 分 / 人
	5. 参与黄赌毒、黑恶势力、邪教活动的	扣除 20 分 / 次
	6. 有未批先建、批东建西、少批多建等违法、违规用地行为发生的，或者拒不交纳宅基地有偿使用费的	扣除 20 分 / 次
	7. 家中出现耕地抛荒又不肯复垦种植的	扣除 20 分 / 次
	8. 主动拆除无保留价值房屋、闲置破旧空心房的	计 20 分 / 次
积勤	1. 经上级部门认定为创业致富带头人 / 产业基地 / 家庭农场示范基地等	计 10 分 / 次
	2. 主动参加技能培训并获得结业证书的	计 5 分 / 次
	3. 因无故旷工被原单位开除的	扣除 10 分 / 次

续表

事项	积分内容	分值
积俭	1. 彩礼 3 万以下的	计 15 分 / 起
	2. 婚事、满月酒等不大操大办并在 10 桌以下的	计 15 分 / 起
	3. 彩礼 3 万以上的	扣除 15 分 / 起
	4. 婚事、满月酒等大操大办在 10 桌以上的	扣除 10 分 / 起
	5. 未实行火化，不文明安葬的	扣除 20 分 / 起
积学	1. 家中有人考取博士研究生的	计 20 分 / 人
	2. 家中有人考取硕士研究生的	计 15 分 / 人
	3. 家中有人考取 985、211、双一流、一本大学的	计 10 分 / 人
	4. 家中有人考取二本院校的	计 10 分 / 人
	5. 家中有人考取大余中学的	计 5 分 / 人
	6. 家中有人考取新城中学、梅关中学的	计 3 分 / 人
	7. 获得学校奖励及各类学校荣誉的	计 5 分 / 次
	8. 家中出现九年义务教育阶段辍学情况的	扣除 15 分 / 人
	9. 在学习强国 APP 每学习 500 分	计 5 分 / 次，2021 年 9 月后生效

附录 2 积分超市服务时间评定细则

	服务内容	服务时间值	备注
家政服务	买菜做饭	2 小时	做饭不买菜计 1 小时
	家庭卫生	1 小时	
	陪老人到医院看病	按实际时间定	
	老人看护	按实际时间定	
	教育辅导	按实际时间定	
	家庭搬运	按实际时间定	不超过 8 小时
维修保养	家电维修	1 小时	按难度系数可加 1 ~ 2 小时
	房屋维修	2 小时	捡瓦等，按劳动强度可加 1 ~ 2 小时
	家具维修	1 小时	按难度系数可加 1 ~ 2 小时
	水电维修	1 小时	按难度系数可加 1 ~ 2 小时

服务内容		服务时间值	备注
其他服务	纠纷调解	1 小时	
	代办服务（证件类办理）	1 小时	按劳动强度可加 0.5 小时
	打扫公共卫生	1 小时	1000 平方米 1 小时
	购物接送	1 小时	
	健康检查（测血压、量血糖等）	0.5 小时	
	参与森林防火宣传、疫情防控等	按实际时间定	
	参与"清洁家庭"卫生评比	按实际时间定	
	公益事业（爱心捐款）	按实际金额定	人民币 100 元 =1 小时

10

区域创新"云课表"，城乡共建"云课堂"*
——数字化转型背景下多师协同促进西部乡村教育振兴

📋 案例正文

【引言】党的二十大报告明确指出，以推动高质量发展为主题，着力推进城乡融合和区域协调发展。优化城乡教育资源配置，推动城乡教育均衡发展，促进乡村教育振兴，是实现推动中国教育高质量发展、建成教育强国的必经之路。数字与信息技术以其传播速度快、范围广、资源多通道、易获取、可共享等特征，为城乡教育均衡发展提供了助力。随着人类社会数字化实践的渐趋深入，数字化转型日益受到社会各界的重视。2022年全国教育工作会议提出要"实施教育数字化战略行动"，纵观信息技术促进教育教学改革的研究和实践，中国教育现代化在近几十年中取得了长足进展，数字与信息空间将逐渐拓展为教育教学的第三元空间，多媒体教学、混合教学和在线教学等在各级各类院校普遍开展，促进了城乡优质资源的流动与共享，推动了教学结构、教学模式和教学方法的转变，也为进一步提升教育质量、推进城乡教育均衡协调发展提供了可能。

【摘要】在推动教育高质量发展与教育数字化转型的背景下，为贯彻《教育部关于加强"三个课堂"应用的指导意见》，促进城乡义务教育优质均衡发展，积极推进西部乡村教育振兴，自2020年起，四川省宜宾市翠屏区教育和体育局（以下简称翠屏区教体局）着力部署和实施"终端提升"和"通道提速"行动，实现区域教育信息化装备升级改造。2021年秋季学期，翠屏区教体局依托互联网，开设区域专递课堂"翠屏云课堂"，推出共享大课表"翠屏云课表"，结合国家课程标准和地方特色，原创性地开发出"睿宝英语""回声音乐""蓝图美术"三门翠屏区名师网络专递课程，组织起包括各乡村学

---

* 案例正文作者：石琬若，清华大学教育研究院博士研究生；刘英群，清华大学教育研究院高级工程师；聂林丘、黄勤，四川省宜宾市翠屏区教育和体育局。案例分析作者：韩锡斌，清华大学教育研究院教授；石琬若；刘英群。

校管理员、助教团队、网络直播课教师（以下简称网师）团队、区教体局、外部（社会力量）网师等在内的线上线下多元教师主体，旨在充分调动城区优秀教师力量与优质教学资源，搭建区域数字化空中课堂，推动城乡基础教育协同高质量发展。

【关键词】乡村教育振兴；城乡教育资源；多师协同；数字化教学；高质量发展

村小授课艰，网络一线牵——教育信息化装备升级

优质的乡村教师队伍是促进乡村教育振兴的关键因素。数据显示，2000 年我国乡村普通小学专任教师数量为 367.8 万人，随着城镇化进程的加快，2020 年乡村专任教师数量减少为 178.7 万人，减少比例 51.4%。2021 年全国小学平均师班比为 2.02∶1。其中，城区为 2.04∶1，镇区为 2.11∶1，乡村只有 1.88∶1。与城区对比，乡村专任教师数量配置明显不足。城乡师资配置不均衡、乡村小学专任师资不足一直以来也是困扰翠屏区教体局的难题。尤其是乡村英语、艺术类专任教师的数量相对较少，导致国家规定的英语课、美术课、音乐课在翠屏区的乡村小学一度难以开足开齐。

为了缓解村小师资不足、开课困难的压力，2015 年 10 月 22 日，一所只有 10 个孩子的村级小学——宜宾市翠屏区邱场中心校白云小学依托互联网平台，尝试加入了第一节网络在线公益课程，在后续几年的逐步探索中，网络公益课程在区域内乡村小学的教学效果反馈越来越好。2019 年，翠屏区教体局在全区村校推进"美丽乡村网络公益课程"，课程内容也渐趋丰富，开设了"夏加儿美术""彩虹花晨读""翱翔韵律舞蹈""糖果书法""彩翼音乐""KT 足球"等诸多在线课程。为了保障网络授课的基本效果，当时翠屏区的学校统一采用 75 寸一体机或电子白板，教体局在推进网络公益课程参与的同时，保障了每一所参与网络课程的农村学校（或每个开设点）都至少有一套网络教学设备。

然而，随着参与学校、班级的增多，同一时段内对网络教学设备的需求量增加，原有的网络教学设备数量在网络授课中逐渐显出不足，不得不通过反复协调不同年级、班级的课表来尽量满足每个班级网络授课的需求。并且由于网络公益课程面向全国乡村小学，覆盖面较广的同时带来难以回应个性化需求的问题，比如翠屏区的乡村小学英语类专任教师数量不足，孩子们英文基础较为薄弱，非常需要英语类网络课程的支持，但现有的网络公益课程很难快速回应区域内村小的需求。同时，国家课程标准与课程大纲的更新也对乡村学校的课程提出了新的要求，而网络公益课程的教研和授课团队中缺少本地教师的参与，课程内容更新较慢，某些课程也存在与乡村学校学生的学情、日常生活结合不紧密的问题。

针对上述问题，翠屏区教体局以 2020 年发布的《教育部关于加强"三个课堂"应用

的指导意见》为政策引导 ①，在区域内构建了"翠屏云课堂"，一方面通过拓展教育服务供给模式，满足乡村学校师生的个性化需求；另一方面，通过"专递课堂""名师课堂"和"名校网络课堂"建设，推动教学研一体化，提升网络课程质量。为了保障云课堂的顺利实施，翠屏区教体局重点解决了数字化基础设施升级改造问题。自 2020 年起，翠屏区教体局着力部署和实施"终端提升"和"通道提速"行动。在终端设备提升方面，一次性投入 6100 万元，购买了计算机 5961 台、班级交互式一体机（即智慧黑板，内嵌数字化教学资源）1620 套；在网络提速方面，投入 1000 万元，完成了教育城域网"万兆升级"，实现了 1500 个班级的"光纤到班"。2021 年 7—9 月，翠屏区教体局充分利用学校的暑假时间，推进全区公办学校的信息化装备升级，区域内所有公办学校（包括乡村小学的班级）完成了智慧黑板的安装，实现了翠屏区全部公办中学、小学（含校点）师生数字化设备终端的补缺与升级，并先后投入 200 多万元安装入侵检测、身份认证等网络安全设备，同时逐校补齐小硬件配置缺口，确保师生能用、敢用、用好网络设备与资源。

创新云课表，共享云课堂——网络课程质量提升

先进的数字化教学设备和畅通的网络为"翠屏云课堂"的推进奠定了良好的硬件基础，而提升网络课程质量、打造具有地方特色的远程课程，成为翠屏区教体局面临的下一个挑战。为了更精准地匹配区域内师生的教与学需求，翠屏区教体局一方面整合原有的网络公益录播课程，另一方面积极动员区域名校和名师，协力组建出一支高水准的网络名师直播教学团队，并结合国家课程标准和地方特色，原创性地开发出"睿宝英语""回声音乐""蓝图美术"三门翠屏区名师网络专递课程，并利用 CCtalk 校园版学习平台面向翠屏区的乡村小学开展远程授课。

2021 年是翠屏云课堂的探索阶段，在时间和人员有限的情况下，原创课程早期很难兼顾每个年级的个性化需求，"睿宝英语"原创课程暂时将三四年级合并为一类、五六年级合并为另一类，"回声音乐"原创课程也只是初步区分小学的低段、高段两个层次（见图 1）。随着翠屏云课堂的推进和发展，云课堂团队不断充实，经过团队一学年的艰苦努力，音乐、英语两门课程于 2022 年成功地细化到每个年级层次，同时新增了美术学科原创课程"蓝图美术"（见图 2）。翠屏云课堂每学年推出一张"翠屏云课堂大课表"，所有参与学校在经过培训和报名后，根据学校的师资和排课情况进行"菜单式选课"，尽可能满足每个乡村小学的个性化选课需求。

---

① 教育部.教育部关于加强"三个课堂"应用的指导意见 [DB/OL]. (2020-03-05)[2022-11-13]. http://www.moe.gov.cn/srcsite/A16/s3342/202003/t20200316_431659.html.

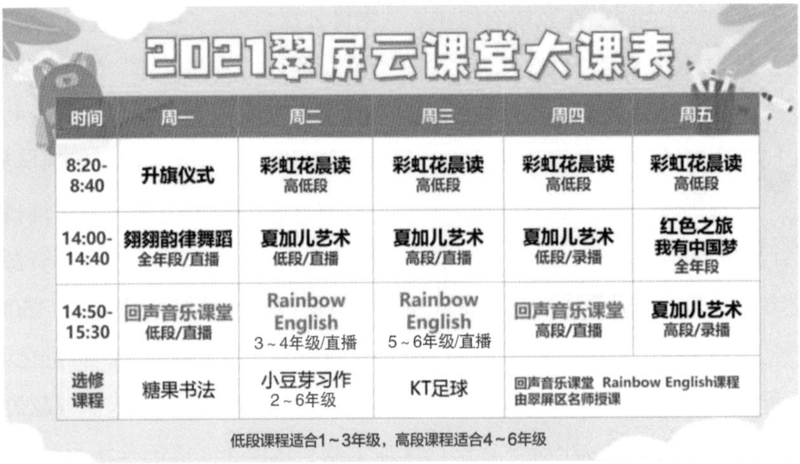

2021翠屏云课堂大课表

时间	周一	周二	周三	周四	周五
8:20-8:40	升旗仪式	彩虹花晨读 高低段	彩虹花晨读 高低段	彩虹花晨读 高低段	彩虹花晨读 高低段
14:00-14:40	翱翔韵律舞蹈 全年段/直播	夏加儿艺术 低段/直播	夏加儿艺术 高段/直播	夏加儿艺术 低段/录播	红色之旅 我有中国梦 全年段
14:50-15:30	回声音乐课堂 低段/直播	Rainbow English 3～4年级/直播	Rainbow English 5～6年级/直播	回声音乐课堂 高段/直播	夏加儿艺术 高段/录播
选修课程	糖果书法	小豆芽习作 2～6年级	KT足球	回声音乐课堂 Rainbow English课程 由翠屏区名师授课	

低段课程适合1～3年级，高段课程适合4～6年级

图 1　翠屏云课堂第一张在线共享课表发布

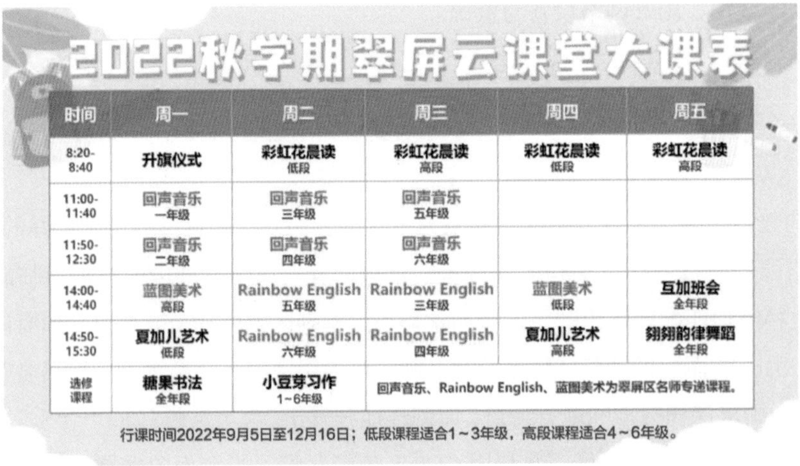

2022秋学期翠屏云课堂大课表

时间	周一	周二	周三	周四	周五
8:20-8:40	升旗仪式	彩虹花晨读 低段	彩虹花晨读 高段	彩虹花晨读 低段	彩虹花晨读 高段
11:00-11:40	回声音乐 一年级	回声音乐 三年级	回声音乐 五年级		
11:50-12:30	回声音乐 二年级	回声音乐 四年级	回声音乐 六年级		
14:00-14:40	蓝图美术 高段	Rainbow English 五年级	Rainbow English 三年级	蓝图美术 低段	互加班会 全年段
14:50-15:30	夏加儿艺术 低段	Rainbow English 六年级	Rainbow English 四年级	夏加儿艺术 高段	翱翔韵律舞蹈 全年段
选修课程	糖果书法 全年段	小豆芽习作 1~6年级	回声音乐、Rainbow English、蓝图美术为翠屏区名师专递课程。		

行课时间2022年9月5日至12月16日；低段课程适合1～3年级，高段课程适合4～6年级。

图 2　翠屏云课堂 2022 年度大课表（音乐、英语课程分段，新增美术课程）

翠屏区教体局自主筹备翠屏云课堂的原创课程并不容易，面向区域内乡村学校师生的多元需求，教体局师培中心的教研团队们在英语、音乐、美术等原创课程（见图 3）的打磨和授课过程中，无疑面临着诸多困难与挑战。以音乐学科原创课程“回声音乐”为例，音乐学科的特殊性对远程授课提出了很高的要求。为了更好地应对网络直播授课的挑战，网师团队们只能通过课前充分的准备和备选方案的设计来努力保障万无一失。首先，“回声音乐”团队的负责人侯林宏老师根据网络授课的流程制作了非常详细的《网师须知手册》，在学期前的准备工作会上发放到每一位参与远程授课的团队教师手中，这份手册对课前、课中、课后的每个教学环节都做了具体的说明。为了方便团队老师们的准备、减轻授课教师负担，侯老师甚至将课件制作的字体进行了统一，相关设计规范也被细致地写入其中。为了帮助年轻的课程团队快速成长，侯老师根据各位直播教师的特点进行两两搭档、组队磨课，磨课过程中要撰写完整的直播脚本，授课逐字稿经过反复的修改审定和完善沟通后，才被允许进入备

图3 翠屏云课堂分科目原创课表示例

课的下一个阶段。待直播脚本定稿，网师团队开始着手制作教学资源，包括网络授课过程中使用的视频资源、学习单等，并且将做好的课件按《网师须知手册》要求进行格式统一、编号与归类，以便制作统一的课程资料库，整合教学资源。进入正式的远程授课直播阶段，教师们往往会提前三四个小时进入直播间，进行设备的调试和最后的试讲，以确保直播时顺利流畅。同时，本着对远程师生负责的态度，每次直播授课必须准备好备选方案，比如有一次直播练习时网络突然中断，提前备好的备选方案给了授课教师"临危不乱"的镇静和勇气。直播结束后，老师们还会观看自己远程授课的视频回放，并及时关注乡村学校教师的在线反馈。老师们很喜欢给自己"鸡蛋里挑骨头"，通过教学反思以及和团队负责人的讨论，努力改进教学，期待着下次能够给乡村的孩子们带来更完美的一堂课。

多师齐上阵，携手在云端——教学组织模式创新

在翠屏区教体局的领导下，在全体教研团队的努力下，翠屏云课堂教师队伍渐趋扩大，加入翠屏云课堂的乡村学校数量也不断增多，这同时也对云课堂的教学组织与管理提出了更高的要求。全新的教学团队如何建设、线上教学如何保障与管理、网络教师与乡村驻地教师如何沟通……一系列新的问题亟待解决。

于是，经过翠屏区教体局内部反复研讨，制定并发布了《关于规范翠屏云课堂助学管理的通知》等数字资源规范运行文件，并在网络直播名师团队基础上，面向各乡镇学校招募优秀的年轻教师组建了助教团队、助学团队等教学支持队伍。在人员组织架构方面，翠屏云

课堂也逐渐纳入多元主体，包括区教体局管理员、中心学校管理员、校区管理员、助教团队、网师团队、部分外部（社会力量）网师等，各团队之间分工明确、密切配合，基于CCtalk校园版网络学习平台与互加计划打卡平台的支撑，努力让云端优质资源高效、扎实地落户村小课堂（见图4）。

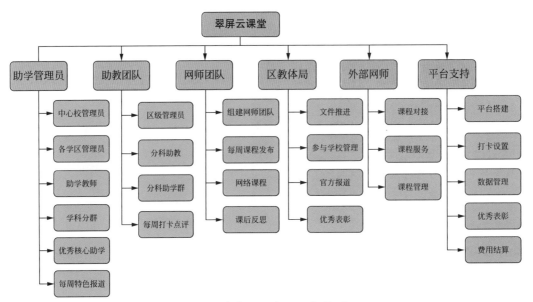

图4 翠屏云课堂组织架构图

多元教学主体的协调和配合是云课堂顺利运转的组织核心保障。翠屏云课堂在具体实施中，创新性地对三个核心教学主体进行整合：远端教师（网师）、线上助教和乡村驻地教师（即线下助学教师），参照课前、课中、课后的时间顺序，逐步形成了如图5所示的"3×3"网格式的教学组织模式。其中"课中"部分，以蓝色标记线上教学活动，橘色标记线下教学活动，构建了线上线下相结合、双师教学、多师协同的教学组织模式（见图6）。

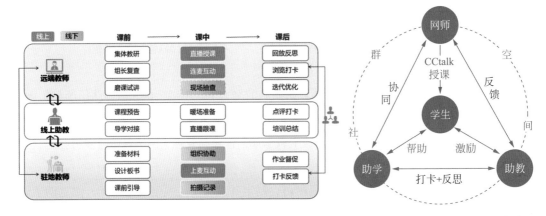

图5 翠屏云课堂多师协同的教学组织模式示意图　　图6 翠屏云课堂核心主体关系网

首先，在课前准备阶段，远端教师开展集体备课和教研，各备课组长还会对组内教师的教学准备情况进行复查；正式直播授课前的几个小时，远端教师提前来到直播间，在适应直播环境的同时进行试讲和磨课，若在测试阶段出现突发情况，则启动备用直播计划。线上助教会在课前同远端教师对接，辅助设备测试并向线下教师社群发布课程预告。线下教师会根据助教的通知，提前准备好线下课堂所需材料（如打印学习单、制作教具和学习工具等），同时布置教室、设计板书，做好学生课前学习的引导。

进入课中授课阶段，由线上助教首先进行直播授课前的暖场，而后远端教师开展直播授课，线下教师协助组织线下课堂的班级学习，线上助教全程跟课（见图7）。直播课堂均会设置连麦互动环节，由远端教师发起，线上助学教师适当在评论区进行引导和线上组织，线下教师在教室端带领学生选择上麦，实现与远端教师的实时互动。同时，线下教师还会通过图片、视频等形式记录下学生参与学习的过程片段。教学模式示意图（图5）中的"现场抽查"环节正在筹划中，计划由课程开发和远程授课团队随机进入乡村学校的直播学习现场，调研和了解学生学习的情况的一手资料。

在课后总结阶段，线下教师会督促学生完成课后作业，并将课上记录的图片、视频等一并整理，完成线上平台的课后打卡图文总结（见图8）。远端教师会浏览线下教师的打卡总结，观看直播回放并反思远程授课情况，针对直播中遇到的问题在团队内部及时沟通和调整，实现课程的迭代优化。线上助教会在课后对线下教师的打卡情况进行点评，并定期进行打卡情况统计和表彰，组织学月交流与培训活动等。同时为了调动多元主体的参与积极性，翠屏区教体局还发布了"网师聘用通知""助教聘任通知"等全国首个网络课堂的网师聘书、助教聘书，并为优秀参与学校、优秀参与教师颁发荣誉证书。

图7 助教在线跟课清单

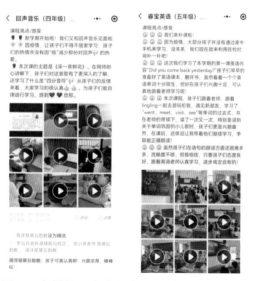

图8 乡村教师在线打卡与反馈记录（示例）

乐章有回声，笔尖绘蓝图——推动乡村教育高质量发展

2021—2022 学年，翠屏云课堂累计开设 9 门课程共 726 节，平均每周开设 27 节课程。区域内的 18 所中心校、69 个下辖分校区和 600 余位教师常态化地参与到翠屏云课堂的学习中来（见表 1）。其中，白花镇中心小学及 10 个下辖分校区共 89 位教师参与"翠屏云课堂"，全校共计参与了 5701 节网络课程；李庄镇中心小学校及 6 个下辖分校区 61 位教师参与项目，累计参加了 3204 节网络课程。所有参与翠屏云课堂的乡村学校班级全年累计参与课程 36500 次，日均课程访问量超过百余次。在课程打卡展示区，在线有 1.5 万次的班级打卡分享，这是一个巨大的云端数字展馆。其中，展示网课作品、网课亮点图片超过 10 万张，教师打卡分享字数超过 700 万字，获赞 12 余万次。翠屏云课堂自主研发的"回声音乐""蓝图美术""睿宝英语"原创课程更是受到乡村学校师生的喜爱。云课堂的作业形式也十分多元，通过"说、读、写、画、唱、踢、玩、拍"的方式提升学生综合素养。看着孩子们的点滴成长与进步，村小的一线助学教师们也愈发积极地参与到翠屏云课堂的建设中来。

表 1 翠屏云课堂 2021—2022 学年数据总览

参与情况（翠屏区）			参与情况（省外）
参与学校数（中心校/学校）	参与学校数（分校区）	参与助学数	参与学校数
18 所中心校及其他 5 所学校	23 所本部 69 所分校区	634 位	十余省份近百所学校

开课数据			打卡数据		
开设课程	学习班次（含省外）	总播放量（含省外）	打卡数量	打卡字数	总点赞量
726 节	5 万班次	8.12 万次	1.65 万次	700 万字	12.8 万个

在翠屏区孔滩中心校的小学课堂上，"回声音乐"是在每周一的下午，由驻地教师陈秀娟根据课程研发团队制作的学习单，引导孩子们手工制作乐器，激发起孩子们极大的学习兴趣。在一堂"演奏双响板"的课上，班里孩子们提前一周就开始搜集家里的快递盒子、废旧包装盒、矿泉水瓶等材料，早早准备好自制的简易"双响板"，跟随着远端网络教师，孩子们不由自主地打响自己的乐器，跟着节奏、跟着律动一齐兴奋起来。

"蓝图美术""夏加尔美术"等美术科目课程也悄然塑造着乡村孩子们的审美情趣（见图 9、图 10）。为了配合远端网络直播教师的授课，乡村学校的黑板往往会在课前就进行版面设计。陈老师班上的孩子们从一年级起便开始参加翠屏云课堂的美术课程，积累了一定绘画基础的孩子们开始抢着绘制和设计黑板版面，潜移默化中，孩子们的班级主人翁意识更强了，课堂上也愈加自信、大方自如了。翠屏区王场中心校新庙校区的高老师已经带着班里的

孩子们参加了三年的美术类网络课程，孩子们从最初跟着老师一笔一画地模仿，到现在创作时逐渐加入自己的想法：近大远小的技巧、画面遮挡关系、点线面、三原色……画作色彩搭配更加丰富多彩了，孩子们在创作中体验着绘画的奥秘。

图 9　翠屏云课堂参与学生作品示例

图 10　翠屏云课堂虚拟作品展

翠屏云课堂原创课程"睿宝英语"为许许多多村小师生的英语学习带来了改变。翠屏区明威中心校金鱼校区的张老师说："说实话，刚开始说要上英语网课，我十分抵触。我自身英语就不太好，根本无法胜任英语教学。我们村小也没有专门的英语老师，孩子们几乎没有接触过英语学习，也认不到几个英语单词。翠屏云课堂的网课我本来是硬着头皮带着学生上的，但'睿宝英语'真的让我和孩子们看到了自己的进步。"刚开始接触翠屏云课堂网络直播课程时，张老师很紧张，生怕孩子们跟不上，所以每次网课之前，老师都会提前熟悉教材，用教材点读来教孩子们读单词。张老师自己也像孩子们一样跟着网师学习，努力带着孩子们开口说英语，潜移默化中，张老师自己也学会新的英文单词了。有时，班里的孩子跟不上网师的节奏，张老师就带着大家看视频回放，遇到跟不上的地方，就按下暂停键，反复琢磨，反复练习。孩子们有时在张老师带领下一起练英文，有时会跟着视频里的远程教师朗读，所以他们慢慢地敢于开口说英语了。2022 年 4 月 8 号，"睿宝英语"的课程研发和网络授课团队来到线下，在玉家校区和金凤校区两个基点校给孩子们带来线下的实地英文课程和测评。这是一个别开生面的测评活动，英文老师们设计了一个全英文环境的游园活动，将本学期所学的"睿宝英语"课程主题融入其中，让孩子们在参与游园的过程中张口说英文。同时为了以评促学，为不同英语基础的孩子们提供相对个性化的支持，游园活动中还特别设立了"加油站"，由教师团队现场担任"加油站"站长，为游园过程中英文遇到困难的孩子们提供帮助，让乡村孩子们开口自信地说英语。

结束语

良好的基础设施、优质的远程课程、创新的教学组织模式让翠屏云课堂在区域内的推进更加顺利，2021—2022学年，翠屏云课堂累计开设9门课程共726节，区域内的18所中心校、69个下辖分校区和600余位教师常态化地参与其中。翠屏区教体局也逐渐将数字化课程资源向区域外辐射，在保障网络学习安全畅通的基础上，省外学校可以通过报名，申请接入翠屏云课堂，根据学校情况进行"菜单式"选课，将所选的数字资源纳入本校本班课表，常态化开展网络学习。课后，还可以在打卡空间上传展示学生作品。翠屏区教师定期与省外参与翠屏云课堂的教师共同在线研讨，分享在线教学经验。每个学期，翠屏云课堂还会举办云端数字论坛，邀请全国教师在云端参与，共同交流区域数字化教育教学经验。目前已有甘肃、河北、江西、河南、陕西、贵州等全国十余省近百所乡村学校常态化参加翠屏云课堂的学习，共创共享优质教育资源。

总之，在翠屏区教体局的指导下，在翠屏云课堂多元团队的共同努力下，翠屏区升级了教育的信息化基础设施，为网络教学提供平台保障；原创性地开发了英语、艺术类网络课程和教学资源，不断提升翠屏云课堂的教学质量；同时创新教学组织模式、加强多元主体协作，在翠屏云课堂常态化开展中提升教师教学能力。"翠屏云课堂"是在数字化转型背景下，推进城乡教育均衡协调发展、促进西部乡村教育振兴的优秀案例。

【研讨题】

1. 请从教育供给侧改革的视角分析翠屏区乡村学校提升教育质量的核心需求有哪些？存在哪些可能的教育供给缺口？
2. 请从教育供给侧改革的视角分析"翠屏云课堂"教育实践的创新之处。
3. 基于教育供给侧改革的视角，请你为"翠屏云课堂"的完善提出改进建议。

案例分析

一、分析框架

互联网为教育的供给侧改革提供了技术与理念支持，也为信息空间的教育创新与高质量发展带来了更多可能。"供给"与"需求"原属经济领域的概念，教育的供给侧改革也由经济领域概念延伸而来。教育服务可以理解为给学习者提供的教与学相关帮助的统称[①]，教育服务供给方式的转型与升级是实现中国教育现代化的重要途径。中共中央办公厅、国务院办公厅发布的《加快推进教育现代化实施方案（2018—2022年）》指出："着力构建基于信息技术的新型教育教学模式、教育服务供给方式以及教育治理新模式。"[②]

翠屏区教体局通过"终端提升"和"通道提速"行动，为全区公立学校教室配备了交互式一体机，并实现了1500个班级的"光纤到班"，从而为云课堂教育服务的开展提供了充分的信息化基础设施保障。针对乡村学校师资薄弱、优质课程缺乏的痛点和迫切提升乡村教育质量的需求，翠屏云课堂在设计理念上结合了"专递课堂"与"名师课堂"的双重优势，组建了多师协同的数字化教学共同体，充分发挥区域名师、城区优质教育资源的力量，以国家教材为依据，以学习主题为线索，融入党史教育和地方特色，组织名师教研团队针对性地开发适合乡村学校学生的英语、音乐、美术原创课程，依托网络学习云平台，创新教育供给方式，满足乡村学校对优秀师资与优质课程资源的需求。基于互联网推动教育服务供给侧改革的视角[③]，进一步从供给主体、供给内容、供给模式、供给监管四个角度（见图11）对"翠屏云课堂"案例的创新点与实践难点展开分析。

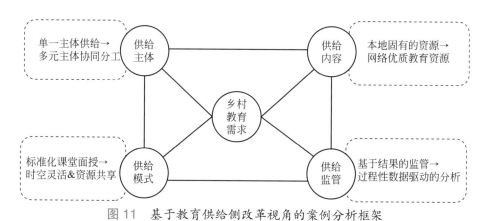

图 11　基于教育供给侧改革视角的案例分析框架

---

① 郭利明，郑勤华.互联网推动教育服务供给变革：需求变化、转型方向与发展路径[J].中国远程教育，2021，563(12): 21-27，62，76-77.

② 中共中央办公厅、国务院办公厅印发《加快推进教育现代化实施方案（2018—2022年）》[DB/OL]. (2019-02-23)[2023-05-05]. http://www.gov.cn/zhengce/2019-02/23/content_5367988.htm.

③ 张昊，杨现民.数据驱动教育服务供给的框架构建与实践探索——基于"服务金三角"模型的分析[J].中国远程教育，2020(8): 45-54.

二、基于教育供给侧改革视角的乡村教育需求分析

党的二十大报告明确指出，以推动高质量发展为主题，着力推进城乡融合和区域协调发展。[①]优化城乡教育资源配置，推动城乡教育均衡发展，促进乡村教育振兴，是实现推动中国教育高质量发展、建成教育强国的必经之路。立足我国乡村教育现状，结合相关研究成果，现从师资配置、课程资源、信息化基础设施三个方面分析当下我国乡村教育的核心需求与可能的供给缺口。

在师资配置方面，学者范先佐指出，基本实现教育现代化的短板在乡村，而制约乡村教育发展的根本问题在教师。[②]数据显示，2000 年我国乡村普通小学专任教师数量为 367.8 万人，随着城镇化进程的加快，2020 年乡村专任教师数量减少为 178.7 万人，减少比例 51.4%。2021 年全国小学平均师班比为 2.02∶1。其中，城区为 2.04∶1，镇区为 2.11∶1，乡村只有 1.88∶1。与城区对比，乡村专任教师数量配置明显不足，尤其表现在英语、音乐、美术等科目的师资配置方面。随着城镇化进程的加速，越来越多的人才流向经济发达地区，经济欠发达地区难以吸引优秀教师留任，专任教师在乡村的流动率较高，乡村师资力量薄弱，乡村教育存在专任师资供给缺口。

在课程资源供给方面，统一开发的在线教学资源难以完全满足乡村实际教学需求。"农远工程""国家教育公共资源服务平台""优质资源班班通项目""一师一优课、一课一名师"等项目与工程都为乡村教育输送了大量优质的教育资源，但由于不同地区、不同乡村学校的本土化需求不同，统一供给的教育资源难以满足区域性教育的个性化需求。[③]以本案例分析的翠屏区乡村学校为例，由于孩子们的英语基础较为薄弱，难以直接照搬城区英语课堂中的教育教学资源，需要结合乡村学生的实际水平和需要来开发课程资源。因此，乡村教育在课程资源的个性化开发方面存在供给缺口。

在信息化基础设施方面，数字与信息技术以其传播速度快、范围广、资源多通道、易获取、可共享等特征，为城乡教育均衡发展提供了助力，而借助数字技术手段提升乡村教育质量的基础是信息化基础设施的供给。以本案例聚焦的翠屏云课堂的建设为例，随着参与云课堂的学校与班级数量增多，同一时段内对网络教学设备的需求量增加，原有的计算机设备数量在网络授课中显出不足，因此，满足信息化基础设施的供给成为云课堂持续推进中要满足的首要需求。因此，翠屏区教体局实施了"终端提升"和"通道提速"两项行动，为每间教室配备了交互式一体机，同时通过"光纤到班"的方式保障教室网络的畅通，从而为云课堂的推进提供了充分的信息化基础设施保障。

---

① 习近平 . 高举中国特色社会主义伟大旗帜，为全面建设社会主义现代化国家而团结奋斗——在中国共产党第二十次全国代表大会上的报告 [DB/OL]. (2022-10-16)[2022-11-13]. http://www.gov.cn/xinwen/2022-10/25/content_5721685.htm.
② 范先佐 . 乡村教育发展的根本问题 [J]. 华中师范大学学报 (人文社会科学版), 2015, 54(5): 146-154.
③ 王志军，余新宇，齐梦梦 ."互联网 +"背景下我国农村教育信息化发展着力点分析 [J]. 中国电化教育，2021, 417(10): 91-97.

三、基于教育供给侧改革视角的案例创新点与难点分析

1. 供给主体：多元主体协同分工

"翠屏云课堂"通过对"教师角色"不同功能的精细拆分，借助数字化手段促进了多元供给主体的协同分工。翠屏云课堂在具体实施中，创新性地对三个核心教学主体进行整合（远端教师、线上助教和乡村驻地教师），参照课前、课中、课后的时间顺序，逐步形成了"3×3"网格式的教学组织模式（模式图示见案例正文图5）。从教师角色功能来看，远端教师在课前负责教研、备课与教学资源制作，在课中负责直播授课与互动，在课后负责在线打卡点评、课程设计优化；线上助教负责课前的导学对接和课程预告、课中的暖场与技术支持、课后的打卡点评与常规技术培训；乡村驻地教师在课前负责材料准备、板书设计、课前导学，在课中负责班内的组织协调、连麦互动和学情记录，在课后负责作业督促与打卡反馈。三个核心教学主体彼此协调、密切配合，将原本单一角色、单一空间内的教师教学功能，借助互联网延伸向多主体与分布式空间的教学组织之中，搭建起城乡教育资源流动的桥梁，促进了多元教师团队实践共同体的建立，从而有效缓解了乡村学校薄弱师资的授课压力。

2. 供给内容：优质教育资源汇聚

翠屏云课堂汇聚了翠屏区优秀教研员和城区优秀教师的力量，将翠屏区的优质教学资源、优秀教师资源、网络公益课程资源进行整合，以国家最新课程标准为依据，结合区域特色和乡村学校学情，通过集体教研、团队备课的方式开发了原创性的英语、音乐、美术类网络课程与相应资源，将优质教育资源在云端汇聚，让乡村学校的孩子们不必受限于本地的师资和教学资源，用优质教育资源助力乡村孩子们的成长与发展。

3. 供给模式：时空灵活与资源共享

"翠屏云课堂"打破了原有的本地学校面授的标准化教学供给模式，充分发挥线上线下空间融合的优势，推动优质教育资源的共享与高效利用。在区域之内，云课堂通过将城区的优质教育资源共享到乡村，有效帮助缺少专任教师的乡村小学开足开齐了国家课程，艺术类的课程在潜移默化中提升乡村孩子们的审美趣味，高质量的英语课程更是帮助和鼓励越来越多的村小师生开口说英语。目前已有区域内的18所中心校、69个下辖分校区和600余位教师常态化地参与到翠屏云课堂的课程中来。在区域之外，翠屏云课堂优质教育资源广泛辐射，通过数字化教学论坛、省外教师交流会等形式，与全国教师交流在线教学与教育资源共享经验，如今已有甘肃、河北、江西、河南、陕西、贵州等全国十余省近百所乡村学校共享翠屏云课堂的优质课程，由此打通校域、市域、省域的空间界限，充分促进教育资源的流动与共享。

4.供给监管：需求分析与数据驱动

精准的需求分析与数据驱动的供给监管是翠屏云课堂仍有待提升的方向。学生学情分析是教研团队进行课程开发和教学设计的基础工作。然而，翠屏云课堂直播团队教师数量于所面向的大规模乡村学校师生而言相对有限，各个学校、班级的学生先前知识储备、助学教师配备参差不齐，如何尽可能充分地了解乡村学校一线学情和远程授课情况，并有针对性地调整教学设计、提供教学支持，是目前云课堂团队在实践推进中面临的重要挑战之一。同时，为保障授课效果和课堂效率，每节课参与直播连麦互动的班级数量在 6 个左右，其中每个班级平均参与连麦互动时长 1～2 分钟，时长非常有限；而绝大多数未主动参与连麦的班级，在该堂课并无直接远程交互发生。远端教师无法直接了解未连麦班级的学习情况，这些班级相应地也失去了同授课教师直接线上交互的机会。由此，课堂交互的压力和职责转移到了乡村学校线下助学教师的身上，也对助学教师的课堂组织、教学参与提出了更高的要求。目前，乡村学校线下助学教师的课后打卡是当前双师（远端教师—乡村驻地教师）沟通交流的主要途径。线下教师通过文字、图片、视频等多元形式，记录学生参与课程学习的亮点，反馈课程学习中学生的收获与变化。然而，由于打卡数量较多、质量不一，远端教师课后工作量巨大，难以非常高效地通过打卡内容获得一线教师的反馈，给学情判断与分析进一步带来困难。因此，随着翠屏云课堂推广深度和广度的增加，如何依托云课堂的数据进行精准的学情分析成为亟待解决的新问题，基于过程性数据驱动的教育供给监管的优化和革新将成为翠屏云课堂在接下来的实践推进中进一步努力的方向。

四、讨论与建议

1.建立乡村学情在线监测试点

针对翠屏云课堂在推进过程中学生学情分析的难点，建议通过试点的方式，探索性地建立有效的乡村学校学情在线监测机制。一方面记录乡村学校学生参与云课堂的过程性学习数据；另一方面，分乡镇、年级、科目等定期开展不同形式的学生学习情况测评，从而形成试点区域乡村学校学生成长档案袋，并依据测评结果不断调整和优化网络课程的教学设计。值得注意的是，该测评旨在持续提升乡村教育教学质量，记录学生的学情与成长，而非应用于基础教育阶段学生群体的排名和选拔。

2.组建城乡教师专业发展共同体

云课堂对教师角色的拆分同时意味着不同教学主体权力的让渡。在"三个课堂"行动的引领下，应着力关注乡村学校助学教师的专业成长与专业发展，定期开展助学教师教学能力培训。乡村学校助学教师的定位不能仅仅停留在学生课堂的"纪律委员"，而应充分发挥翠屏云课堂的优质教育资源辐射功能，实现乡村学校教师与学生的共同学习和成长，逐步提升乡村学校教师队伍的素质；重视年轻教师的培训与培养，尝试将非专任教师转向专任教师，畅通乡村教师学历提升路径和专业发展路径，从根本上助力破解乡村教育质量提升难题。

优质的乡村教师队伍是解决乡村教育公平问题的关键。[①]在翠屏云课堂的推进过程中，建议不断选拔和培养优秀直播教师，扩充直播教师团队规模，提升直播教师与学生受众的比例。随着网师规模的扩充，可以尝试更加精细化的团队职能划分，结合前期学情诊断，对同一年级、同一科目的直播课程在内部预先划分难度层次，根据面向学生群体先前知识基础的不同，组建网师团队，从而开发和设计更加个性化的、与学生需求相匹配的分层直播课程。

同时，建立网络远程授课教师同村小助学教师的有效沟通机制，搭建网课两端的沟通桥梁，同时依照学科门类和需求优化助学教师打卡（教学反思）规则。双师沟通渠道的畅通是"翠屏云课堂"项目高质量、稳步推进的重要保障。[②]不同学科网师对于课堂反馈关注的侧重点不一，因而助学教师打卡（教学反思）规则应依据学科特点分类细化，形成具有操作化、可量化的打卡规则说明。此外，网师团队、助教团队、助学团队三方的定期座谈交流会也是促进多师协同、双师沟通的有效途径。

3. 创新区域绩效管理与激励机制

在区域层面建立有效的网课管理制度和助学教师评估体系，建立健全云课堂模式下的教学评估制度。在基础教育数字化转型的大背景下，教育服务与管理模式的转型必然催生相应体制机制的变革，多元主体协同参与、线上线下相结合的"翠屏云课堂"的高质量稳步增长同样有赖于体制机制的保障与创新。建议从区域层面明确网师团队组建和考核机制、助教团队选拔和考评指标、乡村助学教师线上线下工作量的折算方法与评优机制等；同时采用改革试点的方式，鼓励各乡村学校制定个性化的网课管理制度和教师评估体系，在区域统一规范标准的基础上，依据学校实际情况进行适当调整和优化。

4. 促进城乡教育资源双向流动

在城乡教育协同高质量发展的主题下，教育资源的流向应不仅局限于由城市向乡村的单向流动，而应充分调动乡村本土资源的活力，促进城乡教育资源的双向流动。[③]比如除传统的教育经费、教师资源、教学资源外，生态资源和文化资源将有可能成为乡村特色资源生长的土壤，通过开发乡村本土课程、鼓励乡村优秀教师教学分享、建立乡村实践教育基地等方式，促进乡村优质资源的传播与流动。[④]

教育作为乡村文化传承的重要载体，因具有较强的价值引导作用，被赋予了振兴乡村

① 游旭群.重塑教师教育培养体系 着力打造优秀乡村教师 [J].教育研究,2021,42(6):23-28.
② 张靖，郑新.教学关系视域下的双师课堂：特征、问题与优化策略 [J].电化教育研究,2022,43(10):19-25.
③ 孙德超，李扬.试析乡村教育振兴——基于城乡教育资源共生的理论考察 [J].教育研究,2020,41(12):57-66.
④ 秦玉友.乡村振兴视域下农村教育现代化自信危机与重建 [J].教育研究,2021,42(6):138-148.

文化的时代使命。[①]城乡教育资源的双向流动与共生共荣，促进优质的乡村人力资源积累，有助于实现真正的城乡教育互惠与协同发展，满足乡村精神文明建设的需要，服务国家乡村振兴战略，推进中国特色现代化教育体系的构建。

附录

附录 1 案例研究过程与方法

本项案例研究分为四个阶段，包括文献调研、案例资料收集（含政策文件、项目报告、课程视频、技术平台数据、乡村教师反馈记录、宣传推送等）、焦点团体访谈、案例分析和报告撰写，各阶段的研究内容与时间规划如附表 1 所示。

附表 1 研究过程规划

研究阶段	研究内容
文献调研	调研"城乡教育均衡发展""乡村教育信息化"主题相关文献，了解研究现状，明确研究方向
案例资料收集	全面细致搜集并整理"翠屏云课堂"相关的文本、视频、图片、数字等多来源的数据
焦点团体访谈	对"翠屏云课堂"项目的管理者和应用者等多元主体进行访谈，了解项目运转细节
案例分析和报告撰写	提炼案例实践模式，分析可借鉴的创新经验与不足，讨论改进与提升建议，进行研究报告撰写

首先通过文献梳理信息化促进城乡教育均衡发展的研究现状，调研发现已有研究主要集中在信息化促进城乡教育均衡发展的机理分析、实施策略探索与实践案例总结三个方面。聚焦于实践案例，其创新性可从理念与思路创新、技术与手段创新、组织与流程创新、服务与功能创新等方面进行分析。在资料收集阶段，研究者通过抽取回看 2021—2022 学年"翠屏云课堂"项目组不同年级、不同科目的授课视频，调研项目总结报告、宣传稿件、技术平台数据、打卡记录等，详细整理了与该项目相关的文本、视频、图片、数字等多来源的数据，初步形成案例资料库。具体案例证据来源与分类如附表 2 所示。

附表 2 案例证据来源

证据来源	证据内容
焦点团体访谈	面向区教体局代表、区师培中心代表、乡村学校相关管理者代表、网师代表、助学教师代表、助教代表等主体的焦点团体访谈；访谈主题包括课程与教学（a）、组织与管理（b）、支持与服务（c）、监测与评估（d）

---

① 袁利平，姜嘉伟. 关于教育服务乡村振兴战略的思考 [J]. 武汉大学学报 (哲学社会科学版), 2021, 74(1): 159-169.

证据来源	证据内容
文件资料	项目总结报告、翠屏云课堂助教手册、翠屏云课堂助学手册、区教体局相关管理文件、项目相关宣传推送
课程视频	翠屏云课堂 2021—2022 学年全部的直播 / 录播课程视频记录
技术平台数据	学校名称、校区、助学教师、必选课程、自选课程、参与班级数、参与学生数、教师反馈打卡数、打卡精选数等
档案记录	乡村教师课后反馈（含课程亮点、助学记录与感受、学生表现影像 / 图片 / 文字记录）

在案例研究的过程中，研究者广泛接触案例项目团队，并通过一对一的非正式访谈来了解"翠屏云课堂"项目发展的历史与现状，梳理该项目在实施中取得的成绩和遇到的困难，从而凝练形成焦点群体访谈的提纲。焦点小组访谈是指通过小型座谈会的形式，召集各方利益相关者对某一主题进行充分和详尽的讨论。本次焦点小组访谈的参与者包括翠屏区教体局代表、区师培中心代表、乡村学校相关管理者代表、网师代表、助学教师代表、助教代表，具体的访谈问题如附录 2 所示。

附录 2　访谈问题清单

访谈主题 A：课程与教学

核心访谈对象 1：课程开发与网络授课教师

访谈问题：

（1）英语、音乐和美术三门原创课程，原创团队的开发流程和步骤如何，与市区学校相同科目的课程有怎样的关联？

（2）直播课程目前均可回放，原有直播课程是否将更新迭代？下学期拟重新直播还是启用录播模式？有无新的课程开发计划？

（3）直播课程中的互动是如何设计的，互动频次如何？

授课教师与乡村助学教师之间有无交互；如果有，是如何进行的，频率如何？

（4）在每次直播课程前、后，授课（主播）教师一般会做哪些准备和总结工作？

（5）在前期课程开发中，授课教师是如何定位助学教师的？比如是否会将助学教师需要承担的教学任务分离出来，或者将助学教学考虑到教学设计之中呢？

（6）不同科目授课教师的远程授课效果有怎样的差异？请三个科目的老师分别谈一下远程教学中的优势与不足。

（7）课程开发团队、主播教师在项目实施中遇到了哪些困难？发现了什么较难解决的问题，有哪些相关的意见和建议？

核心访谈对象 2：助学教师（乡村学校驻地教师）

访谈问题：

（1）助学教师在课前除了完成布置黑板等组织工作外，还会做哪些知识或教学方面的准备？

（2）在正式授课前，会对前一次课程的打卡情况作 4 分钟左右的总结，该总结是否会播放给学生？

（3）在课程直播中，助学教师何时选择与远端直播教师互动，频率如何？

（4）在课程直播中，助学教师主要承担了哪些职能（组织 VS 教学）？是否具有较高的不可替代性？

（5）助学教师是否会基于网课内容，在课后或其他时间带领学生复习巩固或拓展延伸？

（6）在课程直播中，是否会遇到学生跟不上远程教师的情况，如何解决和处理？

（7）在课程结束后，助学教师除了打卡外，还会做哪些相关工作？助学教师如何看待打卡这项任务？

（8）助学教师在整个项目实施中遇到了哪些困难或问题？可否提出一些改进意见或建议？

访谈主题 B：组织与管理

核心访谈对象：教育管理团队（师培中心代表、乡村学校管理者）

访谈问题：

（1）在制作课表、排课时考虑到了哪些方面，是如何确定大课表的？

（2）学校选课时考虑到了哪些方面，若已有该学科专任教师，是否选择云课堂？

（3）除了三门原创课程（直播）外，学校在选择其他课程（录播）时出于哪些需求？录播课程在使用中遇到了哪些问题？

（4）在翠屏云课堂设计中，授课教师与助学教师分别如何定位？

（5）项目实施过程中，形成了哪些激励制度或措施，起到了怎样的效果，遇到了哪些问题？

（6）下一学年该项目在稳步推进的同时，有怎样的新计划或新安排？

访谈主题 C：支持与服务

核心访谈对象：区师培中心代表、助教代表、网师、助学教师

访谈问题：

（1）负责提供支持与服务的部门主要提供哪些类别的支持？遇到了哪些困难或问题？

（2）除了设备和技术支持外，乡村学校还需要哪些支持与服务？

（3）课程开发团队目前还需要哪些支持与服务？

（4）助学教师需要哪些支持与服务？

访谈主题 D：监测与评估

核心访谈对象：区教体局代表、区师培中心代表

访谈问题：

（1）由哪些部门来进行监测与评价，主要采用怎样的监测与评价方式，评价标准如何制定，评价结果如何？

（2）对比近几年乡村学校英语、艺术等学科的抽测数据，有怎样的变化？

（3）在监测与评价过程中遇到了什么困难？

（4）通过项目的实施，学生达到了什么层次的学习目标？不同科目间存在哪些差异？哪些方面做得较好，哪些方面仍有待提升？

（5）学生在哪些课程中的学习体验更好或学习收获更大，哪些课程仍有待提升？

（6）通过项目的实施，助学教师在专业与教学层面有哪些提升？哪些方面还有较大提升空间？

（7）关于监测与评估，到场的各位领导与老师们还有哪些意见或建议？

11

陆港通：架起资本市场双向开放的桥梁 *

📋 案例正文

【引言】习近平总书记在党的二十大报告中强调，"必须完整、准确、全面贯彻新发展理念，坚持社会主义市场经济改革方向，坚持高水平对外开放，加快构建以国内大循环为主体、国内国际双循环相互促进的新发展格局"。在中央全面深化改革领导小组第十六次会议上，习近平总书记强调，"以开放促改革、促发展，是我国改革发展的成功实践"，"要坚定不移实施对外开放的基本国策、实行更加积极主动的开放战略，坚定不移提高开放型经济水平，坚定不移引进外资和外来技术，坚定不移完善对外开放体制机制，以扩大开放促进深化改革，以深化改革促进扩大开放，为经济发展注入新动力、增添新活力、拓展新空间"①。陆港通（包括沪港通和深港通）近十年的不断完善与平稳运行，是我国构建互利共享、多元平衡、安全高效的开放型经济体系的一个缩影，充分体现了我国开放、共享的高质量发展理念，为我国统筹国内国际两个大局，利用好国际国内两个市场、两种资源提供了生动实践。

【摘要】随着我国资本市场对外开放的不断深化，各种类型的跨境市场互联互通不断涌现，沪港通、深港通、债券通、沪伦通、ETF②通、中欧通……各种互联通道各自连接了不同的境外市场，已经成为我国资本市场双向开放的重要渠道，其中又以陆港通取得的成绩最为瞩目。在陆港通的机制设计中，政策制定者们最终选择了双向对称的国际订单路由③的模式，采取了专款专用的资金管理和实时额度控制，确保了陆港通在金融

---

* 案例作者：齐稚平、何佳，清华大学五道口金融学院。指导教师：胡杏，清华大学五道口金融学院
副教授。该案例通过公开信息和数据资料整理而成。该案例部分内容以文章《我国资本市场互联互通的历程、现状与展望》发表于《清华金融评论》（2021 年 9 月刊）、以文章《资本市场跨境互联模式比较——基于陆港通与沪伦通的案例分析》发表于《银行家》（2021 年 9 月刊）。

① 坚持以扩大开放促进深化改革，坚定不移提高开放型经济水平 [N]. 人民日报,2015-09-16.
② ETF，交易型开放式指数基金（Exchange Traded Fund），是指在交易所上市交易的、基金份额可变的开放式基金。
③ 订单路由是资本市场互联互通的模式之一，将境内（外）交易指令（订单）通过某种机制申报至境外（内）交易市场。

安全和稳定发展的前提下有序运行。自推出以来，陆港通表现出持仓上升、交易活跃的市场特征。展现了我国与全球共享投资机遇与经济发展红利的开放态度，扩大了投资者分散组合风险的选择空间，在提高股价信息含量、降低系统性风险等方面，促进了我国资本市场的高质量发展。

【关键词】陆港通；资本市场；金融开放；高质量发展

时间回到 2011 年的夏天，在深圳的一个咖啡馆里，上海证券交易所（以下简称上交所）的理事长和香港交易及结算所有限公司（以下简称港交所）的总裁碰面，谈到两地市场互联互通的设想，语至关键处便拿出一张草稿纸画了图，关于沪港通的关键架构和概念就形成了……据知情人士回忆，沪港通的关键构想受到了关于国际订单路由研究的启发，而关于高层商议场景的描述使得沪港通这一重要资本市场开放举措更具有传奇色彩。

沪港通项目于 2012 年年底开始低调筹备，不断完善概念设想和技术架构。直到 2014 年 4 月，李克强总理在博鳌亚洲论坛上宣布：将积极创造条件，建立上海与香港股票市场交易互联互通机制[1]；2014 年 4 月 10 日，中国证券监督管理委员会（以下简称中国证监会）与中国香港证券及期货事务监察委员会（以下简称香港证监会）联合宣布，将在 6 个月内推出沪港通试点，沪港通项目才为大众所知。由此，我国资本市场双向开放的大幕徐徐拉开。

我国资本市场开放历程

以开放促改革、促发展，是我国改革发展的成功实践。改革和开放相辅相成、相互促进，改革必然要求开放，开放也必然要求改革。[2] 随着我国经济规模越来越大、开放度越来越深，迫切需要构建一个在全球可以配置资源、具有良好风险分散功能的现代金融体系。而资本市场在其中起到基础和核心作用。资本市场的对外开放是利用国内国际两个市场、更好发挥资源配置功能的重要举措，有助于满足上市公司的融资需求和境内外投资者的跨境投资需求，更好地服务实体经济。

目前，我国债券市场和股票市场市值已位居全球第二，与此同时，资本市场对外开放的进程正在逐步加快。我国资本市场的对外开放是从 1992 年发行 B 股开始的；从合格境外机构投资者（Qualified Foreign Institutional Investor，QFII）、合格境内机构投资者（Qualified Domestic Institutional Investor，QDII）、人民币合格境外机构投资者（RMB Qualified Foreign Institutional Investor，RQFII）等一系列开放措施的不断开放升级，到沪港通、深港通、沪伦

① 许京峰，王笑，邢天才. 资本市场开放能降低公司定价偏误吗——基于沪港通的准自然实验 [J]. 产业组织评论，2021(1): 160-179.
② 坚持以扩大开放促进深化改革，坚定不移提高开放型经济水平 [N]. 人民日报，2015-09-16.

通、债券通以及南向通接连落地，沪伦通扩容至中欧通，内地与香港 ETF 互联互通，中日、中韩 ETF 互通，粤港澳大湾区跨境理财通等多渠道互联互通格局。我国资本市场的开放不断完备，也从"引进来"或"走出去"的单向开放阶段逐步走向互联互通的双向开放阶段（见图 1）。在确保金融安全和稳定发展的前提下，中国资本市场双向开放的步伐正有条不紊地推进着……

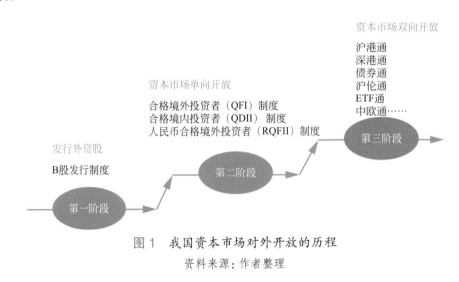

图 1　我国资本市场对外开放的历程

资料来源：作者整理

B 股开启资本市场对外开放

1992 年 2 月，作为资本市场对外开放的试验田，B 股带着为上市公司筹集外汇资金的使命正式登上历史舞台。沪深交易所针对境外投资者专门推出了以人民币标明面值、以美元（上交所）和港币（深圳证券交易所，以下简称深交所）认购和买卖、公司的注册地和上市地都在境内的人民币特种股票。1992 年 2 月，第一只 B 股上海电真空在上交所上市。1992—1998 年的 6 年是 B 股发行较火热的阶段，共有 109 只 B 股在上交所和深交所上市，首发筹集资金共 30.46 亿美元。此后 B 股日渐式微，1999—2000 年，仅有 8 家首发，筹资金额 2.14 亿美元。2000 年以后 B 股没有新增发行，且部分公司通过 B 转 H、B 转 A 等方式在 B 股退市。截至 2023 年 3 月，仅剩余 86 只 B 股留存（其中上证 B 股 44 家，深证 B 股 42 家），占 A 股、B 股合计数量（同期 A 股、B 股合计 5211 家）的比例由 1992 年的 25.4% 下降到 1.65%（见图 2、图 3）。

鉴于当时国内 A 股市场并不成熟，抗风险能力较弱，为避免境外资本对 A 股市场产生冲击，A 股、B 股市场实行完全不相通的交易机制。2001 年之前，境内投资者只能投资 A 股，境外投资者只能投资 B 股。2001 年以后，B 股市场开始对国内投资者开放。然而，随着 H 股兴起和 QFII 制度的建立，B 股迅速被边缘化，目前 B 股市场已逐渐失去了其融资功能和价值发现功能。但 B 股作为我国开启资本市场对外开放的重要一步，具有不可磨灭的历史意义。[①]

图 2　1992—2000 年 B 股首发家数与筹资金额

资料来源：Wind 数据库

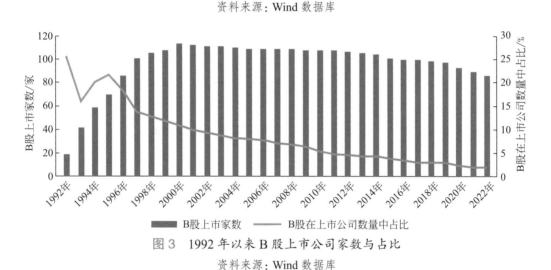

图 3　1992 年以来 B 股上市公司家数与占比

资料来源：Wind 数据库

以"Q"措施为主体的单向开放

（1）QFII、RQFII 相继"引进来"

进入千禧之年，由于 B 股上市公司数量有限，A 股市场依然是封闭的，国际资本在我国资本市场的参与度明显不足，我国资本市场对外开放的呼声不断高涨。2002 年 12 月 1 日，中国证监会和中国人民银行颁布的《合格境外机构投资者境内证券投资管理暂行办法》实施，标志着我国合格境外机构投资者制度正式启航。这是我国对外开放的标志性事件之一，在人民币资本项目没有实现可兑换的情况下，为境外投资者投资 A 股提供了一种可行路径。出于防范风险的考虑，《合格境外机构投资者境内证券投资管理暂行办法》对 QFII 资格标准、

---

① 范从来，吴曈. 资本市场开放的市场效应及其优化 [J]. 求是学刊，2023(3): 52-65.

外汇额度管理、账户管理、经纪商、资金汇出入等方面作了较为严格的限制，如资金锁定期限长、资格标准高、仅能开立一个证券账户、仅能委托单一券商等。

2011年12月16日，人民币合格境外机构投资者制度首次落地实施。[①]允许境外机构投资者直接使用人民币投资于境内证券市场。RQFII的监管政策在很大程度上模仿并不断靠近QFII。

QFII/RQFII制度自2002年以来历经多次松绑，显示了我国对外开放的步伐从未停歇。尤其是2006年8月24日，QFII的资格要求降低，养老基金、慈善基金会、捐赠基金、信托公司、政府投资管理公司等类型的机构也获得了QFII申请资格；2012年7月，我国进一步降低了QFII资格门槛，鼓励境外长期资金进入我国资本市场，满足QFII选择多个交易券商的需求，允许QFII投资银行间债券市场和中小企业私募债；2019年9月10日，全面取消QFII/RQFII投资额度限制。直至2020年9月25日，QFII、RQFII资格和制度规则合二为一，放宽准入条件，取消委托中介机构的数量限制，扩大投资范围，逐步开放QFII/RQFII可参与金融衍生品等的具体交易品种和交易方式。

截至2020年5月31日，共有295家境外机构获得QFII资格，投资额度合计1162.6亿美元，RQFII机构家数共计230家，投资额度合计7229.92亿元人民币（见图4），此后国家外汇管理局停止更新QFII/RQFII投资额度审批情况。截至2023年2月，境外机构获得QFII资格的数量已达757家（中国证监会网站2023年3月9日公布数据）。

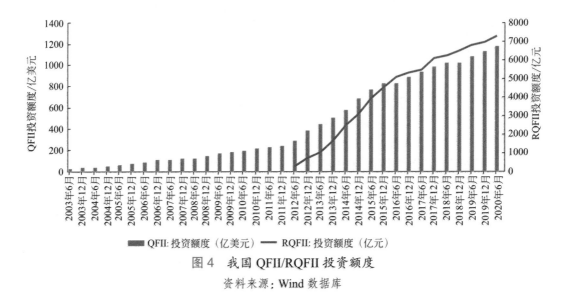

图4 我国QFII/RQFII投资额度

资料来源：Wind数据库

（2）QDII艰难"走出去"

在QFII/RQFII作为合格投资者引进来的同时，我国QDII制度也在2007年之后逐步

---

① 资料来源：2011年12月16日，中国证监会、中国人民银行和国家外汇管理局联合发布的《基金管理公司、证券公司人民币合格境外机构投资者境内证券投资试点办法》。

推出，使国内资本在一定范围内能够配置境外资产并逐步扩大资产选择范围。但与 QFII 及 RQFII 的发展相比，QDII 的成长历程并不顺利，中国资本在"走出去"的道路上颇有生不逢时之感。

2007 年 7 月，《合格境内机构投资者境外证券投资管理试行办法》生效，允许境内基金管理公司公开发售基金份额，允许境内证券公司设立集合资产管理计划，以募集资金投资境外资本市场。2007 年 9—10 月，首批 QDII 基金发行，南方、华夏、嘉实和上投摩根四家基金公司先后推出其 QDII 产品。①

但受全球金融危机影响，QDII 基金在 2008—2010 年净值损失严重，一度暂停发行。直到 2010 年以后，随着全球宏观经济逐渐好转，QDII 才又重新发起公开募集。截至 2023 年 2 月，共有 182 家境内机构获得 QDII 资格，其中银行类 38 家、证券类 72 家、保险类 48 家、信托类 24 家，QDII 获批投资额度 1627.29 亿美元（见图 5）。

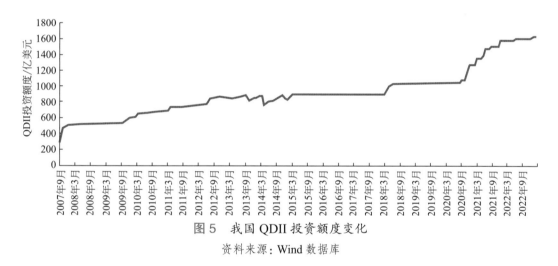

图 5　我国 QDII 投资额度变化

资料来源：Wind 数据库

资本市场的互联互通

在"Q"系列制度框架下，资本市场的开放仍是单向的。境外投资者可以通过 QFII/RQFII 投资我国境内的证券市场，境内投资者可以通过 QDII 投资境外资本市场，但这两种渠道都是单向的，不能互相连通。直至陆港通（包括沪港通和深港通）的出现，才真正打开了股票市场双向开放的格局。

事实上，沪港通并非内地与香港股票市场交易互联互通的首次尝试，早在 2007 年年初，作为国家对天津滨海新区诸项优惠政策中在资本项目下的特殊政策，境内个人投资港股的业务方案上报国务院后获得了批复。2007 年 8 月 20 日，国家外汇管理局 (SAFE) 发布《开展境内个人直接投资境外证券市场试点方案》，中国银行天津分行拟推出个人投资港股业务，

---

① 徐枫，伏跃红，施红明 . 多措并举加快推进资本市场双向开放 [J]. 银行家，2019(10): 3.

即"港股直通车"（through-train）。该计划宣布后，立刻引发香港股市大涨——香港恒指从19000点狂奔至30000多点。但这一项目涉及"资本项目开放"这一重要问题，引起境内资本外流的担忧和广泛争议，后被无限延期。

为了防止像"港股直通车"那样仓促出台引发争议，政策制定者们决定对沪港通项目谨慎低调筹备，2012年年底开始不断完善概念设想和技术架构。直到2014年4月10日，中国证监会和香港证监会发布《联合公告》，原则上批准上交所、香港联合交易所（以下简称联交所）、中国证券登记结算有限责任公司（以下简称中国结算）、香港中央结算有限公司（以下简称香港结算）开展沪港股票市场交易互联互通机制试点，沪港通项目才为大众所知。

2014年11月，沪港通正式启动。通过上交所与联交所建立的基础设施互相连接的通道，两地投资者可以通过当地证券公司（或经纪商）买卖规定范围内的对方交易所上市的股票。

2016年12月，在"与沪港通保持基本框架和模式不变"的原则下，深港通正式启动。深港通参照沪港通规则，继续深化双向开放思想，实现了深交所与联交所的互联互通。

2019年6月，沪伦通正式运行。与陆港通的订单路由模式不同，沪伦通探索以产品路由的跨境互联模型，实现上交所与伦敦交易所（以下简称伦交所）的互联互通。2022年2月，沪伦通机制进一步升级扩容为"中欧通"，为中国企业出海融资提供了更大的政策支持，企业上市目的地选择也更加多元。2022年7月28日，深交所和瑞士交易所通过视频连线方式举行中瑞证券市场互联互通首批全球存托凭证（global deposition reciepts，GDR）上市仪式。GDR在瑞士交易所成功上市交易。

在股票交易市场不断推进双向开放的同时，我国债券市场开放程度也在逐步加深，南北向双向开放的步伐正在加速。2017年7月，债券通"北向通"业务正式启动。通过内地和香港金融市场基础设施间的联通，允许国际投资者在不改变原有交易结算制度安排和习惯的情况下，接入并投资我国银行间债券市场的所有类型债券。2021年9月15日，中国人民银行与香港金融管理局发布联合公告，宣布将开展香港与内地债券市场互联互通南向合作，债券通的"南向通"业务正式开启。

资本市场互联互通的机制设计

在资本市场未完全开放的情况下，跨境互联互通是国际上常见的资本市场开放模式。在机制设计上，各种资本市场互联通道可分为两种不同的模式，即订单路由与产品路由。从国际经验来看，两种模式下均有相对成功的跨境互通案例，也都有以失败告终的跨境计划。此时，陆港通采取什么样的模式更符合市场需求，更能规避风险，更有效率地发挥互联互通的作用，是摆在政策决策者面前的首要问题。

什么是订单路由和产品路由？

（1）订单路由：跨境传递交易结算指令，投资标的仍在本地市场

顾名思义，订单路由是将境内（外）交易指令（订单）通过某种机制申报至境外（内）交易市场，从而完成交易、托管、结算等操作。交易平台负责提供交易通道，并协调相关机构提供登记结算服务，但不直接参与交易订单的撮合成交和清算交收。这种模式的代表有中国内地与中国香港市场互联互通采用的沪港通、深港通、债券通，中国台湾地区与新加坡互联互通采用的台星通，以及新加坡与英国互联互通采用的新伦通。

订单路由模式又可进一步分为直连模式和代理模式。直连模式是指交易平台直接与境内外证券市场合作，成为境内外证券市场具有经纪业务资格的会员或参与人，实现与境内外证券市场的直接连接，将投资者交易订单直接送至交易系统。沪港通、深港通、债券通、台星通所采用的就是直连模式。代理模式是指交易平台与境外券商（代理机构）合作，采用复委托的方式，由代理机构将境内投资者交易订单路由转发到境外证券市场。交易平台可以通过与多家代理机构签订合作协议，建立多条与境外证券市场连接的通道。新伦通采用的就是复委托方式。

（2）产品路由：投资标的跨境上市，交易结算在本地市场

与订单路由模式中投资者交易订单跨境、资金跨境不同，产品路由模式下，交易平台接受境外公司上市或证券挂牌，供境内投资者直接投资。如境外拟上市企业直接在交易平台发行股票上市；或者境外已上市企业以存托凭证（Depository Receipts，DR）的方式在交易平台挂牌，实现"二次上市"；也可以以 ETF 的形式挂钩境外一揽子证券在交易平台挂牌。这种互联互通模式下，两个市场中的产品实现了跨境，但投资者则各自留在了本地市场。产品路由模式一定程度上扩大了投资者的投资范围，但两个市场还是各自高度独立，是一种点对点的连接模式。其中，发行 DR 可以有效避免由于各国（地区）法律法规差异带来的诸多障碍，最大限度地将发行上市相关事宜简单化，是国际市场通行的跨境发行上市途径。

我国与英国股票市场互联互通的沪伦通机制，即通过存托凭证连接了中国内地与英国市场，另外，我国台湾地区曾推出的台日通、台韩通也是通过产品互挂将两个市场连接起来的典型案例。

陆港通：订单路由模式下的互联互通

经过对两种互通模式的多次讨论，最终政策决策者们鉴于香港与内地市场的密切关系，选择了对基础设施要求更高、投资效率也更高的订单路由作为陆港通的关键框架。而且陆港通不仅要实现交易的直接连接，还要实现结算的直接连接，真正实现一种全面、深度的互联互通。

（1）交易机制及主要特点

陆港通的订单路由模式，充分借鉴了市场互联互通的国际经验，采用较为成熟的订单路由技术和跨境结算安排，一方面采用交易所直连模式，即由沪（深）港两家交易所分别在对方设立一家证券交易服务公司，接收本方投资者的订单，并传递至对方交易所；另一方面结算采用直连模式，中国结算、香港结算相互成为对方的结算参与人，分别作为本方投资者的名义持有人，为陆港通提供相关的结算服务。在该模式下，以本地原则为交易方式的基础，使得两地投资者不需要去熟悉一个全新的交易规则，投资者可以按照自身原有的交易习惯进行交易，同时打通了境内境外两个市场的数据渠道，境内外的机构与散户能够在同一时间同一市场买卖同一家公司的股票。

除此之外，陆港通机制还具备如下特点：

①具有双向对称性，无论是交易环节还是清算环节，内地及香港相关机构的权责都是对称的（见图6）。

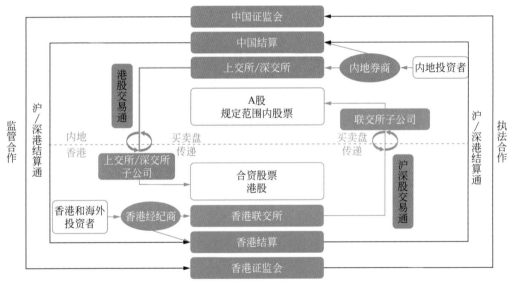

图6 陆港通互联互通机制

资料来源：作者整理

②采取双向人民币交收，香港投资者买卖沪/深股通股票，以人民币报价和交易；内地投资者通过港股通买卖港股，以港币报价，以人民币交收。香港投资者通过离岸人民币市场完成换汇，内地投资者的港股通交易由中国结算按照结算汇兑比率进行换汇。

③实行额度控制，即投资者买入陆港通股票受每日额度限制。由交易所对每日额度的使用情况进行实时监控，并在指定网站公布额度使用情况。

④陆港通纳入标的限定于一定范围，标的证券需满足一定的选取标准。随着陆港通机制逐渐成熟，该限定标的范围不断扩容（见表1）。2023年3月陆港通标的扩容后，沪股通

标的增加 598 只总量为 1193 只，深股通标的增加 436 只总量为 1336 只。新增纳入科创板、创业板股票 147 只、188 只，扩容后科创板、创业板股票数量分别达到 214 只、478 只。沪深股通成分股数量大幅提高。

表1　陆港通标的范围逐渐扩大

通道		原范围（沪港通 2014 年 9 月公布，深港通 2016 年 9 月公布）	2022 年 6 月修订版	2023 年 3 月修订版
沪港通	北向（沪股通）	上证 180 指数的成分股；上证 380 指数的成分股；上交所上市的 A＋H 股公司股票。（不包含 ST、*ST 股票、退市整理股票、暂停上市股票、B 股和其他特殊情形的股票）	纳入上交所上市的股票 ETF（近 6 个月日均资产规模不低于人民币 15 亿元，且其成分证券以深沪股通标的股票为主），并设置调入和调出条件，调出条件低于调入条件。	股票基准指数由上证 180 指数、上证 380 指数扩展为上证 A 股指数（日均市值不低于人民币 50 亿元、日均成交金额不低于人民币 3000 万元、停牌天数占总交易日天数的比例低于 50%），并设置调出条件低于调入条件的缓冲机制。
	南向（沪市港股通）	恒生综合大型股指数的成分股；恒生综合中型股指数的成分股；A+H 股上市公司的 H 股。（不包含上市 A 股为风险警示股票、退市整理股票或者暂停上市股票的 A+H 股上市公司的相应 H 股；在联交所以港币以外货币报价交易的股票；其他情形的股票）	纳入联交所上市的股票 ETF（近 6 个月日均资产规模达 17 亿港元，且其成分证券以港股通标的股票为主，不得属于合成 ETF、杠杆及反向产品），并设置调入和调出条件，调出条件低于调入条件。	在原范围基础上，增加 12 个月月末平均市值 50 亿港元及以上的恒生综合小型股指数的成分股，与深港通南向业务一致。
深港通	北向（深股通）	深证成分指数成分股；深证中小创新指数的成分股（6 个月日均市值 60 亿元人民币及以上）；深交所上市的 A＋H 股公司股票。（不包含 ST、*ST 股票、退市整理股票、暂停上市股票、B 股和其他特殊情形的股票）	纳入深交所上市的股票 ETF，与沪港通一致。	股票基准指数由深证成分指数、深证中小创新指数扩展为深证综合指数，与沪港通一致。

通道		原范围（沪港通 2014 年 9 月公布，深港通 2016 年 9 月公布）	2022 年 6 月修订版	2023 年 3 月修订版
深港通	南向（深市港股通）	恒生综合大型股指数的成分股；恒生综合中型股指数的成分股；恒生综合小型股指数的成分股（12 个月月末平均市值 50 亿港元及以上）；联交所上市的 A＋H 股公司股票。	纳入联交所上市的股票ETF，与沪港通一致。	未变

资料来源：《上海证券交易所沪港通业务实施办法》《深圳证券交易所深港通业务实施办法》历次修订版

注：北向资金特指由中国香港投资内地资本市场的资金，包括香港资金投资的沪股通、深股通；南向资金特指由中国内地投资香港资本市场的资金，包括沪市港股通和深市港股通。

⑤针对内地资本市场监管要求及投资者特点，设置投资门槛和卖空比例、持股比例要求。如对内地个人投资者参与港股通要求证券账户及资金账户余额合计不低于人民币 50 万元；对单个交易日沪深上市的单只陆股通股票担保卖空比例不得超过 1%，连续 10 个交易日的单只陆股通股票担保卖空比例累计不得超过 5%；单个境外投资者对单个上市公司的持股比例，不得超过该上市公司股份总数的 10%；所有境外投资者对单个上市公司 A 股的持股比例总和，不得超过该上市公司股份总数的 30%。[①]（境外投资者依法对上市公司战略投资的，其战略投资的持股不受上述比例限制。）

（2）资金管理与额度管理

陆港通项目的构想得以成功推行的一个重要原因就是解决了最重要的外汇管理问题，实行资金的封闭运行、专款专用。这是一个很大的创意，吸取了 2007 年"港股直通车"计划流产的教训，2017 年的债券通也借鉴了类似的封闭运行经验，所兑换资金仅用于陆港通、债券通投资；投资的证券到期或卖出后不再投资的，原则上应兑换回外汇汇出，不能进入其他市场。

按照分级结算原则，中国结算按照结算汇兑比率对结算参与人进行人民币资金清算，结算参与人也根据该汇率对投资者进行清算。在此过程中，参与陆港通交易的投资者，需要注意"参考汇率"和"结算汇兑比率"两个概念的不同。参考汇率是指，在港股通交易日每日开市前，由中国结算根据换汇银行提供并通过上交所网站向市场公布的汇率，包括港币买入参考价、港币卖出参考价两项。境内证券公司可利用该参考汇率控制投资者的资金使用，投资者可事先咨询指定交易券商了解详情。结算汇兑比率是指，当日收盘后中国结算根据全

---

① 宋杰. 深港通开闸在即哪些板块将受益 ?[J]. 企业界，2016, (10): 52-53.

市场港股通成交的清算净额，在香港与换汇银行换汇后，将换汇成本均摊至根据当日所有买入成交和卖出成交所计算出的对投资者当日成交进行人民币资金结算所实际适用的汇率，包括买入结算汇兑比率和卖出结算汇兑比率两项。[①]

陆港通业务实行每日额度盘中实时控制（见表 2）。由上交所 / 深交所设立的证券交易服务公司对港股通的额度进行控制，联交所设立的证券交易服务公司对沪股通、深股通的额度进行控制。在统计口径方面，陆港通主要以申报和成交金额等作为计算依据进行额度控制。交易相关的税费，以及诸如公司派发现金红利、利息等非交易事项所导致的资金流量，均不占用额度。

表 2　陆港通投资额度管理

	沪港通		深港通	
	北向	南向	北向	南向
总额度	3000 亿元人民币 2016 年 8 月 16 日起取消	2500 亿元人民币 2016 年 8 月 16 日起取消	无	无
每日额度	2018 年 5 月 1 日，每日额度从 130 亿元人民币调整至 520 亿元人民币	2018 年 5 月 1 日，每日额度从 105 亿元人民币调整至 420 亿元人民币	2018 年 5 月 1 日，每日额度从 130 亿元人民币调整至 520 亿元人民币	2018 年 5 月 1 日，每日额度从 105 亿元人民币调整至 420 亿元人民币

资料来源：《上海证券交易所沪港通业务实施办法》、《深圳证券交易所深港通业务实施办法》历次修订版，作者整理

陆港通的市场表现

事实证明，在内地与香港各方参与者通力合作下，陆港通在交易便捷、结算安全等方面均实现了全面、深度的互联互通，北向资金（沪股通、深股通）与南向资金（沪市港股通、深市港股通）的持仓水平不断提高，陆港通资金在两地市场上正扮演着日益重要的角色。

持仓逐年上升

陆港通的开通为境外投资者配置 A 股资产提供了更高的便捷度和自由度，受到外资的关注和追捧。从累计净买入来看，截至 2022 年年底，北向资金累计净买入合计达到 1.7 万亿元人民币，其中沪港通流入 9066 亿元人民币，深港通流入 8180 亿元人民币（见图 7）。自陆港通开通以来，北向资金持仓逐年上升。截至 2022 年年底，北向资金持有的沪深两市

---

① 马婧妤 . 中国结算详解沪港通交易结算安排 [N]. 上海证券报，2014-11-11.

股票市值已经达到了 2.2 万亿元人民币，达到两市 A 股总流通市值的 3.2% 左右，而这一比值在 2017 年年底仅为 1.2%。与此同时，在 2023 年年初陆港通扩容之前，陆港通标的范围占 A 股的总流通市值比例一直较为稳定，这表明，北向资金持股比例的增加不是因为标的范围的扩大，而是由于境外投资者加大了对 A 股的配置力度。

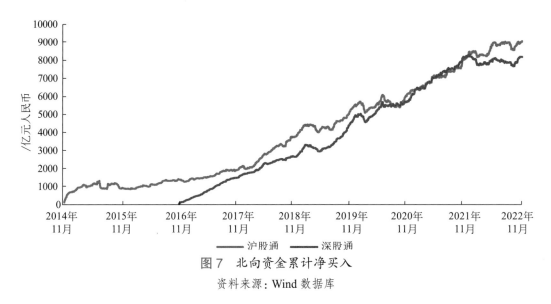

图 7 北向资金累计净买入

资料来源：Wind 数据库

陆港通的开通同样为境内资金配置港股提供了新渠道，内地投资者成为港股市场的重要参与者。与北向资金类似，南向资金的累计净买入量呈上升趋势，截至 2022 年年底，南向资金累计净买入合计达到 2.57 万亿港元，通过沪市港股通和深市港股通投入的资金分别为 1.35 万亿港元和 1.22 万亿港元（见图 8）。证券时报数据宝统计显示，截至 2022 年 8 月 12 日，港股通标的股中，南向资金合计持有 2538.20 亿股，占标的股总股本的比例达 9.54%，合计持股市值 20251.54 亿港元，占标的股总市值的比例为 7.26%。

图 8 南向资金累计净买入

资料来源：Wind 数据库

经由陆港通投资 A 股市场和港股市场的资金均呈上升趋势。不同的是，在 2018 年南向资金在沪市港股通的累计净买入曾有较长时间的小幅回落，深市港股通下的累计净买入也经历了增长的平台期，直到 2019 年第二季度，南向资金的净买入量重新转正，累计净买入回归到稳步增长的阶段。在 2020 年 2—3 月份，南向资金短期内迅速增长，流入港股，而 A 股刚刚在疫情影响下经历春节过后的暴跌，这表明投资港股也成为境内资金规避风险的一种途径。另外，2022 年，北向资金的累计净买入出现了一定程度的下滑，这可能是受到国内疫情、地产风险和海外发达国家金融环境变化的影响；2022 年年末，伴随着国内疫情防控政策的调整和经济复苏预期的改善，这一趋势有所反弹。

日度净买入水平远低于每日限额

为了防止大量资金的净流动带来市场波动，在沪港通开通初期，设定了总额度和每日额度。2016 年 8 月 16 日起，总额度取消；2018 年 5 月 1 日起，沪股通和深股通每日的额度从 130 亿元调整为 520 亿元人民币，港股通每日额度从 105 亿元调整为 420 亿元人民币。[①]

北向资金和南向资金的累计净流入一直呈现上升趋势，但是在实际交易中，日度净买入金额往往远低于北向资金 520 亿元人民币、南向资金 420 亿元人民币的每日额度（见图 9、图 10 ）。以沪港通为例，北向资金日度净买入量大于 100 亿元的只有 10 次，净卖出达到 100 亿元的只有 4 次；南向资金日度净买入量大于 100 亿港元的只有 6 次，且日度净卖出达到 100 亿港元的只有 1 次 (118 亿港元，2021 年 2 月 24 日)。相比之下，深港通下的日度净买入卖出量更小，并且远未达到每日额度。

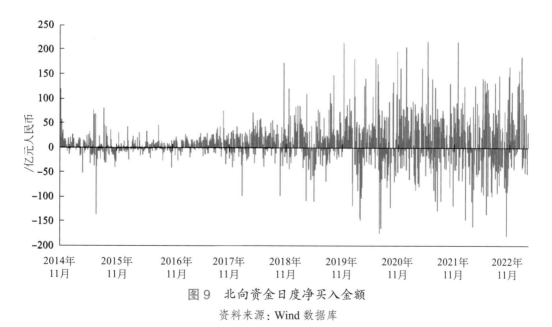

图 9　北向资金日度净买入金额
资料来源：Wind 数据库

---

① 范若滢，资本市场加快对外开放的影响及对策 [J]. 中国国情国力 2020(1): 4.DOI:CNKI:SUN:ZG QG.0.2020-01-004.

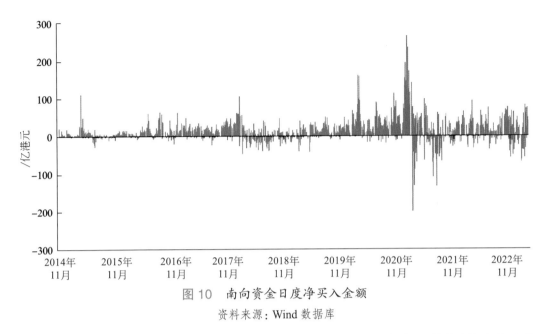

图 10　南向资金日度净买入金额

资料来源：Wind 数据库

　　进一步对比观察北向资金和南向资金日度净买入数据，可以看到：一是北向资金的日度净流入/流出水平整体上高于南向资金。二是北向资金净流入/流出波动较大，在较短时间内就可能有资金净流向的反转，即所谓的大进大出；而南向资金相对稳定地保持流入，除了2018年和2021年，南向资金净流出的比例整体较低。

　　北向资金的日度净买入量是内地媒体和投资者非常关注的实时信息：一方面，北向资金购买作为一种信号，可以帮助境内资金将境外投资者拥有的独特信息纳入定价，提高股票市场定价效率；但另一方面，北向资金的大进大出可能影响市场情绪，特别是陆港通只规定了每日净流入资金的限额，而没有规定卖出限额，在特殊情况下可能带来潜在的市场风险。

交易活跃

　　图 11 展示了北向资金和南向资金的日度交易情况。从总体成交情况来看，北向资金在2019年之前的成交量较低，日度买入和卖出金额都在200亿元人民币以内；而2019年至今，北向资金的日度交易量大幅度提高，沪股通日度交易总量超过400亿元人民币的比例超过50%，深股通比沪股通的交易更为活跃，日度交易总量超过400亿元人民币的比例达到67%。

　　在项目开通初期至2019年以前，南向资金与北向资金的日度成交金额都比较低；然而，2019年之后，北向资金的成交额快速增加，但相比之下，南向资金的成交量始终较为平稳，单日交易总量最大为1021.6亿港元（2021年7月27日，沪市港股通交易548.1亿港元，深市港股通交易473.5亿港元）。2019—2020年，只有15%的时间里南向资金通过两市交易的日度总量超过400亿港元。

活跃的北向资金和平稳的南向资金在两地市场中的重要性日益凸显，从北向资金 / 南向资金成交额占相应市场总成交额的比例来看：2022 年，沪市总成交约 96 万亿元（其中主板A 股总成交 84 万亿元，科创板成交 12 万亿元），沪股通总成交额 10.7 万亿元，占沪市总成交额的 11.1%；深市总成交 128 万亿元（其中主板成交 83 万亿元，创业板成交 45 万亿元），深股通总成交额 12.6 万亿元，占深市总成交额将近 10%。2022 年香港交易所成交总额为30.7 万亿港元，港股通总成交额为 7.2 万亿港元（其中沪市港股通成交 3.63 万亿港元，深市港股通成交 3.6 万亿港元），沪深两市的港股通成交额在港股总成交额中占比达到 23.6%。自陆港通开通以来，北向资金交易量占比呈上升趋势，南向资金交易量占比在 2018—2019年经历下降及平台期后，于 2020 年大幅度上升。

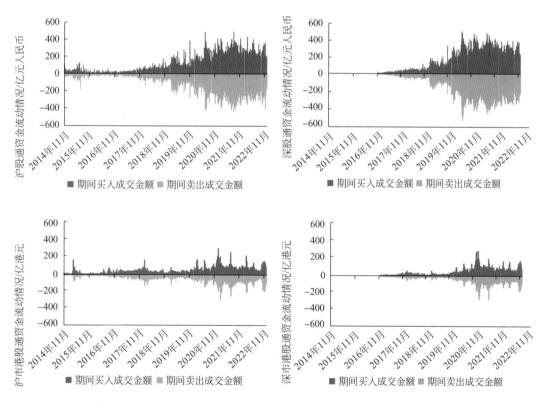

图 11 陆港通日度交易量

资料来源：Wind 数据库

结束语

习近平总书记在出席第二届中国国际进出口博览会开幕式时强调"站在新的历史起点，中国开放的大门只会越开越大"。党的二十大报告指出，"高质量发展是全面建设社会主义现代化国家的首要任务"，要"推进高水平对外开放。依托我国超大规模市场优势，以国内大循环吸引全球资源要素"。通过参与国际市场竞争，更好利用国内国际两个市场两种资源，使国内市场和国际市场更好联通，提高在全球配置资源的能力。[①]

在资本市场尚未完全开放的情况下，点对点的互联互通模式构建了资本市场双向开放的桥梁，具有巨大的制度优势。双向开放的陆港通得到了境内外投资者的认可，交易活跃，运行平稳，在资本市场中发挥越来越重要的作用。从沪港通到深港通，香港与内地资本市场互联互通不断加码，为两地市场带来了增量的投资资金，丰富了投资品种，优化了投资者结构，降低了市场投资风险。尤其对于香港市场而言，增加了香港股市的吸引力，对巩固和提高香港的国际金融中心地位意义重大。

实行高水平对外开放不仅是构建我国经济新发展格局的必然要求，对于资本市场来说，也是扩大高水平双向开放的新机遇。与此同时，在当今逆全球化趋势更加明显，全球贸易格局、生产要素配置格局面临巨大冲击的情况下，资本市场对外开放也面临更多风险挑战。我国资本市场开放如何走稳渐进式改革之路？成功的互联互通模式应满足哪些条件？陆港通等互联互通机制对我国资本市场产生怎样的影响？这些是陆港通案例带给我们值得深入思考和总结的问题。随着我国全面实现注册制、金融监管体系的国际接轨和双向开放步伐逐渐加快，投资中国证券资产将具有良好的风险分散功能，人民币资产有望成为全球财富管理和资产配置的重要组成部分，中国资本市场对境外投资者的吸引力将会不断提升。未来，不断加强境内外市场的信息沟通，不断提高跨境互联的运营效率，并在合适时机开启更多市场的双向开放业务，必将是实现资本市场跨境互联的长远之路。

【研讨题】

1. 我国资本市场开放如何走稳渐进式改革之路？

2. 互联互通模式要获得成功，应满足哪些条件？

3. 陆港通等互联互通机制对我国资本市场产生怎样的影响？

---

① 韩保江.加快构建新发展格局，着力推动高质量发展[J].科学社会主义，2022(6): 34-41.

案例分析

中国资本市场的开放历程展现了我国对全人类共享投资机遇与经济发展红利的开放态度。近年来，我国资本市场对外开放紧锣密鼓，相继开通了沪港通、深港通、中欧通、ETF互通等。随着与全球主要资本市场互联互通的桥梁不断搭建，越来越多资本得以跨境流动，市场活跃度和韧性明显增强。[①] 本案例梳理了我国资本市场开放的历程，介绍了陆港通的机制设计和市场表现，在展现我国资本市场跨境互联互通发展图景的同时，引发对资本市场如何实现高质量发展的思考。下面将在总结案例现实意义的基础上，围绕我国资本市场开放如何走稳渐进式改革之路、成功的互联互通模式应满足的条件、陆港通等互联互通机制对我国资本市场产生怎样的影响三个问题展开具体分析。

一、案例的现实意义

高质量发展是全面建设社会主义现代化国家的首要任务，实现高质量发展是中国式现代化的本质要求之一。而要解决发展问题，必须先解决发展观或者明确发展理念。2015年10月，习近平总书记在党的十八届五中全会上提出了创新、协调、绿色、开放、共享的新发展理念，强调坚持新发展理念是关系我国发展全局的一场深刻变革。"开放"的发展理念表明，对外开放、与世界各国合作共赢是一个国家实现现代化的必由之路，在我国现代化建设中要提高内外联动性，进一步主动参与、推动、引领经济全球化。[②]

可以说，现代化进程中的国家发展本质上是一个国家主动顺应经济全球化潮流、坚持与世界各国合作共赢从而实现国家繁荣发展的过程。推进中国式现代化必然要求建设互利共赢、多元平衡、安全高效的开放型经济体系。在构建开放型经济体系中，我们要不断增强我国国际经济合作和竞争新优势，增强国内国际两个市场两种资源的联动效应，依托强大的国内经济循环体系和稳固的基本盘，更好形成对全球要素资源的强大吸引力、在激烈国际竞争中的强大竞争力、在全球资源配置中的强大推动力。

我国经济高质量发展需要一个更加开放的资本市场。当前，我国股市和债市规模均已位列世界第二大，A股上市公司已突破5000家[③]，如此庞大的市场规模需要在更加开放的环境下优化配置，提高市场效率。加快融入全球金融体系，既可以引入海外中长期资金来降低市场波动，便利国内企业多元化融资、降低资金成本；也能够推动国内金融机构积极参与国

[①] 金观平.资本市场对外开放再提速 [N].经济日报,2023-02-15.

[②] 黄群慧.中国式现代化的理论价值及实现路径 [J].北京工业大学学报（社会科学版）,2023,23(4):1-12.

[③] 沪深京证券交易所官网数据显示，截至2023年3月20日，上证主板上市公司1682家，深证主板上市公司1518家，科创板509家，创业板1244家，北京证券交易所182家，A股总计有5135家上市公司。

际竞争、经受风雨历练、提升核心竞争力，推动科技创新和实体经济转型升级。

陆港通等资本市场互联互通的深入开展，对推动人民币的国际化、提高人民币在全球金融体系中的地位具有重要意义。香港作为全球最大的离岸人民币中心，陆港通使得境外投资者能够通过香港市场直接购买内地 A 股，进而增加了境外投资者对人民币资产的需求，人民币资产的持有量和交易量也相应上升，使得境外投资者在国际贸易和投资中更加愿意使用人民币作为结算货币，从而提高了人民币的国际地位。同时，随着境外投资者对内地 A 股市场的投资逐渐增加，人民币汇率市场化改革的需求也随之增强。为满足国际投资者的需求，我国正逐步推动人民币汇率市场化改革，以提高人民币汇率的灵活性和可预见性。这有助于提升人民币在全球金融市场上的信任度，进一步推动人民币国际化。

当今，世界百年未有之大变局加速演进，错综复杂的国际环境充满不确定性和挑战，逆全球化趋势更加明显，全球贸易格局、生产要素配置格局面临巨大冲击，资本市场对外开放面临更多风险挑战。在不断完善相关制度安排、进一步便利境内外投资者跨境投资的同时，还要把握好开放的节奏和力度，加强对跨境投资行为和资本流动的监测、分析、研判，防范可能出现的各类金融风险，坚持放得开、看得清、管得住。

二、加强风险防范，走稳渐进式改革之路

我国资本市场已走过了三十多年的历程，从无到有、从小到大，从封闭逐步走向开放，不断拓展深度和广度，资本市场对外开放呈现循序渐进和逐步加速的特征。在跨境互联模式推出之前，我国资本市场对外开放以 QFII、RQFII、QDII 等"Q"系列措施为主体。2002年以来"Q"系列措施历经多次松绑与升级，显示了我国对外开放的步伐从未停歇。随着我国资本市场的对外开放与国际化，资本市场互联互通已经成为我国资本市场双向开放的重要通道，其中，又以陆港通取得的成绩最为瞩目。与"Q"系列开放措施相比，陆港通制度在投资主动性、便捷性、交易成本等方面具有明显优势，且有助于加速人民币的国际化进程，提升人民币的国际地位。但资本市场跨境互联模式仅适用于境内外证券投资尚未完全开放的情况，是我国资本市场渐进式改革之路上的重要一步，却绝非终点。

对比历史上一些国家因金融开放而遭受的负面冲击，很大程度上是由内外部压力打乱节奏，政府在开放过程中丧失控制力导致的。而作为世界上市值第二大的资本市场，我国资本市场开放遵循渐进式改革的方式，是对自身乃至全球金融稳定负责任的改革之选。

首先，要坚持开放的发展理念。开放的发展理念是贯彻新发展理念的重要组成部分，是实现高质量发展的必然要求，而实现高质量发展又是中国式现代化的一个本质要求。要充分意识到扩大开放对于金融市场及实体经济的好处，在扩大开放的同时，积极引进外资先进的做法，同时保持资本市场流动性的充裕度，提高市场的活跃度，提高其服务实体经济的能力。

其次，始终保持开放的自主性。结合我国自身经济发展阶段、金融市场情况进行综合

考量，以我国自身可承受限度为依据，自主把握开放节奏和路径。尤其是在资本项目开放方面，更是需要稳妥审慎推进。资本项目开放对国家经济金融发展是一把"双刃剑"，要坚持积极、稳妥、有序开放，在风险可控前提下逐步放松资本账户交易管制。

再次，营造与资本市场高水平开放相配套的制度环境。当前，我国资本市场注册制改革全面落地实施，能够有效畅通企业上市融资渠道，推动行业实现较快发展。全面注册制下，信息披露将更加透明，在"申报即担责"原则下，发行人及实际控制人的责任将进一步被明确，同时对于欺诈发行、财务造假等违法违规行为采取"零容忍"态度，投资者的核心利益将得到切实保护。[①] 但我国资本市场现行的信息披露、分红制度、退市制度、信用制度等仍无法满足全面开放的要求，仍需进一步全面对接国际高标准市场规则体系，有效利用全球要素和市场资源，使国内市场与国际市场更好联通。尤其是在完善上市公司信息披露制度方面，推动国内会计和审计准则与国际通行制度接轨，提高信息披露客观性和可比性。

最后，平衡好对外开放与防控风险的关系，守住不发生系统性金融风险的底线。一是加强风险管理，尽快补齐金融监管短板，适时引入做空机制，多头、空头策略共存更有利于实现资本市场价格发现功能，使市场能够准确定价并提供足够的对冲工具，使各类投资者能够有效地对冲风险，有效地管理风险。二是切实防范跨境资本流动风险。构建跨境资本流动宏观审慎管理，完善跨境资本流动的预警和响应机制，对短期投机类境外资金流动加强监管并建立预警指标等。[②] 三是关注北向资金大进大出可能引发的羊群效应，内地部分投资者视北向资金为风向标，因此，北向资金大进大出可能加剧市场波动，甚至引起一系列金融风险，因此要加大对于北向资金的监管力度和正确引导。[③]

三、成功的互联互通模式应具备的条件

从国际经验来看，订单路由和产品路由模式下均有相对成功的跨境互通案例。跨境互联模式的流动性是其是否成功的重要考量标准。流动性不足一方面无法保证连接两地市场的效率，另一方面也必然很难形成强有力的价格信号，进而逐步失去对专业机构投资者的吸引力。跨境互联模式能否获得较充裕的流动性，应从市场需求、交易结算运营效率、投资者信息优势等方面进行考察。

1. 市场需求是开展跨境互联的首要条件

点对点的资本市场跨境互联模式，在境内外资本市场尚未完全开放的情况下能够凸显开放"窗口"的优势。陆港通就是在此背景下，为进一步丰富跨境投资方式，提升资本市场对外开放程度而做出的机制安排，因而具有巨大的制度优势和市场需求。

① 吴黎华. 全面注册制正式实施 资本市场迎里程碑式变革 [N]. 经济参考报, 2023-02-20.
② 范若滢. 我国资本市场加快对外开放的影响及相关对策建议 [J]. 中银研究, 2019(26).
③ 陈雳. 资本市场互联互通的稳与进 [J]. 中国金融, 2023(3).

从陆港通模式的发展经验来看,内地与港股市场投资者均对对方市场的股票资产持有旺盛需求。首先,外资高度关注和认可不断开放的中国资本市场,保持稳步流入A股市场的总态势。截至2023年1月6日,北向资金累计净流入1.74万亿元,持股总市值为2.29万亿元。在成交规模方面,内地与香港交易所的数据显示,2022年北向资金总成交额23.28万亿元人民币,同年A股全年总成交额为223.87万亿元,北向资金成交额占A股全年总成交额的10.40%,北向资金已成为A股市场上的一股重要力量。从纳入股票数量来看,当前沪深股通成分股涉及的上市公司共计1493家,占A股上市公司总家数的30.36%。在港股方面,2022年南向资金总成交额为7.24万亿港元,持股总市值为2.35万亿港元,且港股通标的将在原有基础上进一步扩容[①]。可以说,陆港通已经成为满足境内外投资者市场需求的重要渠道。

2. 投资者信心与信息优势对跨境互联模式具有决定性作用

投资者在进行投资选择的过程,是基于一定信息基础上的风险收益权衡过程,因此投资者对投资标的是否了解,会直接影响投资者的投资动机,这也形成了投资者的本土投资偏好。以沪伦通为例,目前在伦交所发行GDR的境内企业在英国市场并没有非常密切的业务往来,英国投资者对于境内企业的了解程度远不如本土投资者,一定程度上抑制了沪伦通的投资交易活力,同时也导致了境内企业通过GDR赴伦交所上市的热情不高,英国企业也缺乏通过中国存托凭证(Chinese Depository Receipt,CDR)登陆中国市场的热情。而为境内投资者提供全球配资机会的ETF通模式也存在同样的问题,由于当前境内投资者对于ETF通联通的境外市场了解相对有限,ETF通形成的互联互通市场目前仍然是小众市场。

不同于沪伦通、ETF通连接两个相对陌生的市场,陆港通连接的中国内地与中国香港市场具备较高的协同性,两地投资者在信息优势上较为均衡,这就为陆港通中南北向投资同时高度活跃打下了良好的基础,而较高的投资活跃度以及随之形成的市场定价权进一步吸引了境内外资金参与到陆港通中来。

不断提高上市公司运营能力,以提升的股权价值增强对投资者的吸引力,同时加强两个市场的信息沟通,使境外投资人对境内上市公司更加了解,不断提高跨境互联的运营效率是实现资本市场跨境互联的长远之路。

3. 运营成本、组织效率以及所受限制对模式具有重要影响

不同类型互联互通机制的监管要求不同,连接境内外市场的效率也不同。相比陆港通,沪伦通对于标的、参与者、投资总额都有更高的要求,较多的限制以及并不十分便利的交易结算,一定程度上限制了沪伦通的规模。此外由于在沪伦通下投资者直接交易的对象是CDR、GDR而非股票本身,这导致沪伦通必须专门设计一套定价机制。特殊的定价机制使

---

① 陈雳. 资本市场互联互通的稳与进 [J]. 中国金融,2023(3).

得投资者交易价格实际上与目标股票价格存在一定偏差和套利空间。而陆港通下，境内境外两个市场打通了数据渠道，两地金融市场通过订单路由的互联互通模式实现高度一体化。陆港通没有总额度限制，港股市场交易时间上与境内市场基本重叠，交易操作方式也更符合境内外机构与投资者的习惯。高效的交易与结算，以及高度一体化的跨境市场使得陆港通不仅成为互联互通中效率较高的联通方式，同时也成为境外投资者参与境内资本市场的首选途径之一。另外，跨境互联模式的效率还取决于该模式是否能为境内外双方市场带来互利共赢。单一方向的联通，或者市场规模完全不相当的联通，必然导致收益不能平衡分配，从而影响长远发展。而陆港通采取双向对称的交易结算机制，为南北向投资同时高度活跃打下了良好的基础。

四、互联互通提升资本市场质量的作用机制

以陆港通为代表的互联互通模式为我国资本市场架起了双向开放的桥梁，在提升两地资本市场的国际吸引力和扩大资本市场规模的过程中，发挥着重要支撑作用。对上市公司而言，两地资本市场互联互通不断深入，可以为上市企业提供多种金融支持，满足上市公司不同类型的融资需求，推动企业高质量发展。[①] 对投资者而言，互联互通简化了资金入市程序，提高了两地资本市场的便利性，为投资者提供了更广泛的投资范围，扩大了投资者分散组合风险的选择空间。同时，互联互通也在提高股价信息含量、降低崩盘风险、影响上市公司行为等方面提升了我国资本市场质量。

从总体上看，陆港通的启动有助于提高标的股票的股价信息含量，促进了中国资本市场的定价效率。当企业面临着严重的信息不对称问题，或者存在着低效的公司治理机制时，资本市场开放对股价信息含量的提升效应更为明显。信息透明度和公司治理结构通常内生于所在地的制度环境。省级层面的研究发现，在司法环境完善的地区，开放资本市场所带来的效率提升效应会被显著削弱。[②]

研究的实证结果显示，沪港通的实施显著降低了沪股通标的股票股价异质性波动和股价崩盘风险，且这一效应对于沪股通活跃成交股更为显著，进一步验证了引入境外投资者的积极效应。沪港通降低沪股通标的公司股价崩盘风险的路径在于：沪港通提升了沪股通标的的公司的信息透明度，降低了噪音交易者对沪股通标的的公司的参与程度，从而降低了股价异质性波动。进一步研究表明，沪港通对沪股通标的的公司崩盘风险的负效应主要存在于对外开放程度较低地区的上市公司中。沪港通对港股通标的的公司股价崩盘风险没有显著影响。这说明沪港通政策有效改善了我国内地资本市场的信息环境，从而降低了我国沪股通标的的公司的股

① 陈雳. 资本市场互联互通的稳与进 [J]. 中国金融 . 2023(3): 72-73.
② 钟覃琳，陆正飞 . 资本市场开放能提高股价信息含量吗？——基于沪港通效应的实证检验 [J]. 管理世界 , 2018, 34(1): 169-179.

价崩盘风险。[①] 资本市场对外开放通过引入境外投资者，有助于促使企业提高信息披露质量，降低股价异质性波动，对于维护资本市场稳定健康发展具有重要意义。[②]

2015 年 10 月，习近平总书记在《以新的发展理念引领发展，夺取全面建设小康社会决战阶段的伟大胜利》中明确指出，当今世界"国际经济合作和竞争格局正在发生深刻变化，全球经济治理体系和规则正在面临重大调整，引进来、走出去在深度、广度、节奏上都是过去所不可比拟的……现在的问题不是要不要对外开放，而是如何提高对外开放的质量和发展的内外联动性……为此，我们必须坚持对外开放的基本国策，奉行互利共赢的开放战略，深化人文交流，完善对外开放区域布局、对外贸易布局、投资布局，形成对外开放新体制，发展更高层次的开放性经济，以扩大开放带动创新、推动改革、促进发展"[③]。可以预见，未来的中国资本市场必将以陆港通的成功经验为基础，以更加积极的姿态拥抱全球化，与海外市场形成更加紧密、良性的互动，为全球投资者创造更多中国机遇；必将实施更加积极主动的开放战略，坚持"引进来"和"走出去"并重，提高国际投资合作水平，以资本市场的高质量发展为我国全面实现中国式现代化作出更大贡献。

① 李沁洋，许年行.资本市场对外开放与股价崩盘风险——来自沪港通的证据 [J].管理科学学报，2019(8): 108-126.
② 钟凯，孙昌玲，王永妍，等.资本市场对外开放与股价异质性波动——来自"沪港通"的经验证据 [J].金融研究，2018(7): 174-192.
③ 习近平.以新的发展理念引领发展，夺取全面建设小康社会决战阶段的伟大胜利（2015 年 10 月 29 日）[M]// 十八大以来重要文献选编（中）.北京：中央文献出版社，2016: 826.

12

多层次资本市场条件下的上市板块选择 *
——华熙生物的股权融资之路

目 案例正文

【引言】党的二十大报告明确指出要"健全资本市场功能，提高直接融资比重"，这是构建高水平社会主义市场经济体制、推动高质量发展对资本市场提出的新要求。中国证监会研究部署贯彻落实中央经济工作会议措施时提出，深入推进股票发行注册制改革，突出把选择权交给市场这个本质，放管结合，提升资源配置效率；紧紧围绕制造业重点产业链、科技创新、民营企业等重点领域和薄弱环节，完善资本市场制度供给，助力"科技—产业—金融"良性循环。"创新行业和企业迫切需要长期可靠、有较强风险承受能力、能适应现金流不均衡前景、未来收益虽不确定但前景可期的资金投入，银行信贷明显不能满足需要。我们要加快融资结构转型以促进金融产品创新、服务创新、支持科技创新发展。"[①] 面对更开放的金融多层次市场和更多的金融服务，科技创新型企业该如何从中选择最适合自己的金融助力？

【摘要】华熙生物在短短二十余年期间，从亏损的科学家创业企业发展成全球玻尿酸龙头、我国科创板上市的生物科技龙头企业之一，经历了多次重要的挑战和突破；华熙生物的两次上市历程，也为企业的不同发展阶段提供了不同的推动力量。本案例将通过对华熙生物发展历程的描述，着重介绍华熙生物在发展过程中遇到的三次重要股权融资，以及其中两次上市的决策经验，从而为其他高科技企业提供上市板块选择等方面的经验。

---

* 案例作者：弋隽雅，清华五道口金融学院。指导教师：田轩，清华五道口金融学院教授。案例信息包含访谈华熙生物获得的一手信息。

① 资本市场改革发展展望：健全资本市场功能，提高直接融资比重 [EB/OL]. (2022-12-26)[023-07-15]. https://www.custeel.com/shouye/common/viewArticle.jsp?articleID=7092928.

类似于企业的并购整合过程，并购只是第一步，后续的整合是否成功才是判断并购绩效的关键；企业的首次公开募股（Initial Public Offering，IPO）只是第一步，后续是否在这个板块得到自己希望获得的资源和收益，才是判断 IPO 战略是否长期绩效良好的关键。而目前，许多未上市的中国企业的资本运作经验不足，在各投行人士的科普下，主要以企业是否能成功上市为主要考虑因素，IPO 的股价和融资总额为次要考虑因素；大部分公司因缺乏经验往往会忽略上市板块对公司长期发展的影响，或是想分析但是缺乏方法和框架。本案例仅以华熙生物为例，分析探讨"各上市板块特点的差异，以及如何根据板块特点选择上市板块"。

【关键词】高科技企业融资；企业上市地选择；多层次资本市场

玻尿酸是人体可自行合成的一种物质，广泛分布于人体的皮肤、眼球、关节等重要部位。由于玻尿酸在人体内分布范围大且具有比较重要的功能，除了护肤品和美妆产品之外，内含玻尿酸或以玻尿酸成分为主的医药产品、食品也是玻尿酸产业链中的重要组成部分。

华熙生物，作为玻尿酸原料全球重要的供应商，为各大美妆护肤企业、医疗企业和食品企业提供原料。华熙生物从原料生产向下游产业链延伸，已经开始大规模生产和销售自主品牌的、以玻尿酸为主要原料的医药产品、护肤品、食品等，意图成为中国乃至全球范围的、以玻尿酸为核心成分并打通全产业链的生物科技优质企业。

华熙生物的业务，主要围绕其核心产品玻尿酸展开。华熙生物三大主营业务包括原料产品（即各种规格的玻尿酸）、医疗终端产品（以玻尿酸为主要原料）、个人健康消费终端产品（以玻尿酸为主要原料的功能性护肤产品、食品等）。2018—2020 年华熙生物的收入分别为 12.6 亿元、18.9 亿元、26.3 亿元人民币，华熙生物的收入水平较高且实现了快速增长；与此同时，华熙生物主营业务毛利率 2018—2020 年一直保持在 75% 以上，并在 2020 年为华熙生物贡献归母净利润 6.47 亿元人民币，其净利润率约为 24.6%。

与一般工业产品相比，玻尿酸等产品的产量相对较低，但是公司收入和利润水平相对较高，主要是因为华熙生物在玻尿酸及其下游产品的制造方面具有核心专利技术，该技术的领先使公司产品的售价、毛利率较高；高毛利产品的顺利推广，为华熙生物带来了良好的业绩增速，而这一持续的利润增长又为华熙吸引了资本市场投资者的关注，从而获得更多的投资、曝光及相关发展机会，进而形成一种良性循环。

根据 Frost & Sullivan[①] 机构的调研数据，华熙生物的玻尿酸市场份额多年位居世界第一。2018 年华熙生物玻尿酸销量占全球市场份额的 36%；至 2020 年 6 月，华熙生物公告收购玻

---

① 说明：Frost & Sullivan，即弗若斯特沙利文，简称"沙利文"，是一家 1961 年成立于纽约的企业增长咨询公司，为企业提供投融资及其他专业咨询服务，包括尽职调查、估值、战略和管理咨询、财务顾问等。该机构为华熙生物在科创板上市的 IPO 文件提供了调研和分析支持。

尿酸全球市占率第四名的东辰生物，实现了产能产量的进一步提升。2020年，华熙生物销售的玻尿酸量约为195吨，占2020年全球玻尿酸450吨[①]需求的43%[②]。华熙生物通过上市募集资金扩张产能、市场并购竞争对手、拓展C端市场等方式，维持其在全球玻尿酸市场中的龙头位置，并逐步提升自身的市场占有率。

华熙生物自2000年创立到发展至上述的规模，并非一朝一夕达成，而是通过20余年，借助资本市场的力量逐步发展而成。从华熙生物创立至今，其发展历程可以划分为以下三个阶段。

2000—2008年：技术储备及原料产品开发阶段。2000年公司的前身成立，并于发展初期进行股权融资引入新控股股东，然后通过一系列的改革成功实现公司的扭亏为盈。后续，随着华熙生物在玻尿酸技术研发上不断地投入，完成了微生物发酵法生产玻尿酸、酶切法规模化生产低分子量及寡聚玻尿酸等核心技术的研发创新。技术升级的同时，华熙生物的生产规模、生产效率也在稳步提升，并于2008年在香港主板上市。

2008—2017年：下游C端＋医疗产品市场拓展阶段。2008年10月港股上市后，开始研发玻尿酸下游产品。除了护肤、医美等C端产品的拓展，在这一时期积极进军玻尿酸医疗市场，如2012年推出医美领域的产品，2013年推出眼科医用产品，2014年推出骨科产品等。此外，还积极推进国际化研发合作。2017年，基于各种考虑，华熙生物从香港私有化退市。

2018—2022年：品牌打造及多元产品开发阶段。经过长期的研发积累及产品战略的加码，华熙生物C端产品和品牌的发展进入加速阶段。2018年3月，公司一举推出5个子品牌的终端新品；2018年12月，公司与故宫博物院合作推出故宫系列产品，有效提升品牌知名度。2019年，公司成功登陆A股科创板，并加大了国内市场的扩张力度。

华熙生物的创立、初期亏损和融资困难

华熙生物的发展之路并非一帆风顺。实际上，华熙生物在发展初期就面临了高科技企业常见的亏损难题。为了延续公司的经营，华熙生物的创业团队被迫寻求外部融资，融资过程也面临了各种问题。

玻尿酸最早于20世纪在牛眼中提取发现，后续研究表明玻尿酸同样存在于马、鸡等动物体内，而且人体内也被发现有玻尿酸的存在（主要集中于人体的皮肤、眼球、骨关节等位置）。发现初期，玻尿酸主要从鸡冠等动物组织中提取生产，由于原料难得且提取和提纯相对困难，早期鸡冠提取法制玻尿酸的成本极其高昂。极高的价格使玻尿酸早期的使用范围极小，主要用于价格高昂的眼科或骨关节手术中，例如在白内障手术中替代硅油作为支

---

① 说明：因疫情影响，2020年全年玻尿酸销量下降属于一次性的短暂下滑。
② 全球需求和华熙生物玻尿酸产能，引自华熙生物年报，占比数值由此计算得到。

撑物[①]。

"是否能用更低的成本大规模国产玻尿酸，从而使更多眼科、骨科手术患者可以使用？"[②]——这一想法促使我国科学家进行自主研究和探索，在 20 世纪 80 年代，山东大学药学院的教授张天民及其团队率先成功提取玻尿酸，后续，张天民教授的学生郭学平完成国家"八五"科技攻关计划项目《微生物发酵法生产透明质酸[③]》，成功研究出生物发酵法生产玻尿酸的技术，该技术显著降低了玻尿酸的生产成本，吸引了国内多家企业的关注。

科学家团队最初通过专利授权的方式，与两家生产企业签订合同授权其利用新技术批量化生产玻尿酸。然而由于玻尿酸的新生产技术相对复杂，获得技术授权的企业并未顺利生产出合格的玻尿酸产品。面对技术推广不顺利的情况，基于对自主研发技术的信任，研发玻尿酸生产技术的 30 余位科学家团队内部筹资 800 余万元，自行组建公司进行玻尿酸的生产和销售，这家企业即华熙生物的前身——山东福瑞达生物化工有限公司[④]。此时，我国的玻尿酸市场处于刚起步的阶段。

由于创业团队技术水平较高，华熙生物的前身顺利实现了玻尿酸的生产，并出售给几个国内客户。然而由于公司的客户非常集中，且缺乏市场经营理念和客户开拓经验，因此在面临大客户暂停订单时未能顺利开拓新的市场，导致企业创业初期就出现了亏损，于是科学家创业团队被迫出售公司股份寻求外部融资。

然而，公司在准备融资时发现自身面临一系列现实问题。一方面，华熙生物在创业初期属于轻资产生产模式，且公司处于亏损状态，因此公司很难在银行系统获得贷款融资和债权类融资。另一方面，华熙生物在寻找股权投资者时，也面临"技术新"带来的玻尿酸生产技术难以理解、玻尿酸未来的市场空间不明确、公司长期盈利水平难以判断、历史现金流情况不佳、无法对未来现金流进行推测和贴现估值、技术难以估值定价等问题。

由于有上述对融资不利的因素存在，华熙生物在寻找融资的过程中曾屡次受挫，即便邀请部分产业基金或私募基金投资者到公司现场参观，也很难说服投资者进行大额投资。

通过引入新控股股东以及一系列改革实现扭亏为盈

在融资不顺的情况下，公司的一名主要技术专家邀请同为商学院同学的赵燕女士参观公司、商谈融资事项。在参观的最初，赵燕女士觉得"这个技术一开始并没有打动我，因为

---

① 如果用硅油做支撑物需要对患者眼球进行二次开刀洗除硅油；而玻尿酸是人体可以自己生成的物质，用在眼科手术中患者可以自行代谢无须二次开刀，因此可以减少对患者的手术伤害。

② 这段话出自对华熙生物赵燕女士的访谈。

③ 透明质酸即玻尿酸，是其另一种名称，为了便于阅读，全文除此处文件名之外，统一称为"玻尿酸"。

④ 2000 年 1 月 3 日福瑞达生物化工在中国以 300 万人民币注册（中外合资）。股东包括正达科技 25%（13 名独立第三方人士）、福瑞达医药集团 25%（国有企业，由生物医药研究院持有 100%）、福瑞达美国 25%（程先生）、正大福瑞达 25%（福瑞达医药 40%、福瑞达美国 5%、独立第三方 55%）。

我那个时候还不知道和了解这个技术"。通过讲解，毕业于生物专业的赵燕女士被郭学平博士对玻尿酸功效的描述所打动，赵燕女士说："我当时想，玻尿酸应该不仅可以应用于骨科、眼科，如果能用到化妆品里，其市场前景可能更大。"

经过调研和分析，赵燕女士很快就决定投资华熙生物，理由包括：（1）对玻尿酸未来的市场前景有一定的判断；（2）对公司创业团队有一定的信任基础；（3）了解到公司创立初期客户订单正常时已经实现盈利，亏损主要由于早期客户的订单流失而导致，若开拓新客户或许可以解决营利性问题。虽然确定了投资意愿，但是由于公司轻资产生产、现金流不佳、出现亏损，传统股权投资中常见的资产估值法、现金流贴现法、PE估值法[①]等均无法适用，如何确定投资金额和公司估值成为新的问题。当时赵燕女士认为，华熙生物的主要价值是玻尿酸生产技术和研发人员的科研能力，确保技术独家且科研团队的稳定非常重要——为了激励核心技术人员，赵燕女士以科学家团队初期总投资800万元的1.5倍价格（即1200万元）进行投资，并获得公司50%的股权。这一出资金额远超另一个潜在融资方的报价，也超过了科学家创业团队的预期，因此融资过程较为顺利。作为股权投资的前提，赵燕女士要求公司的核心玻尿酸生产技术归属于公司（即归属权不存在疑问），并且核心技术人员必须在公司中任职至少5~8年，这两个条件均被科学家团队接受了。[②]

引入新控股股东并完成股权结构调整之后，公司获得了新的资金，那么借助这笔资金解决公司的亏损就成为下一个主要任务。华熙生物的管理层对公司创业初期的亏损进行了分析，认为导致亏损的主要原因包括管理销售体系的随意化和非标准化，这些缺陷带来了华熙生物初期的客户单一且不具备开拓市场的能力，生产流程非标准化使得产品质量不一致和产品议价能力较低，研发过程非标准化不利于后续进一步研究等问题。为了解决这些问题，2001年华熙生物以50万元/年的薪酬聘请了一位具有丰富公司管理经验的总经理，邀请他对公司进行大幅的管理体系调整。

首先，总经理帮助华熙生物搭建了现代化的公司治理架构，将各方人员进行专业化配置（即区分专业的管理、销售、研发人员体系，让员工各司其职）；其次，对于企业的生产和研发环节进行标准化和ISO9000认证。这一规范化的改革不仅保证了公司玻尿酸产品的质量提高（产品质量提升提高了产品的议价能力），也保证了研发过程的标准与留痕，从而保证了技术的研发方向正确且可持续迭代；最后，建立市场营销体系，摆脱单一客户依赖，同时向毛利率更高的海外市场进军，从而使公司的收入和利润实现显著提升。

一系列改革的效果非常显著，公司2001年进行整改，当年的收入超过800万元人民币，

---

① PE 是 Price Earnings Ratio 的简称，即市盈率；PE 估值法即市盈率分析法，是以股票的市盈率和每股收益之乘积来评价股票价值的方法。

② 2001 年 5 月 18 日，生物医药研究院将玻尿酸技术转让给福瑞达生物化工（华熙实体），价格为 45 万元人民币。转让技术的后续研究成果由生物医药研究院（即华熙生物的一名重要股东）和华熙生物共同拥有，且技术不得再次转让。

利润超过 300 万元人民币，成功实现扭亏为盈。

华熙生物在发展中遇到的投资分歧和管理难题

自 2001 年顺利扭亏为盈后，华熙生物继续积极向外培育和开拓市场，因此在接下来的几年内，公司步入了发展的快车道，收入和利润均快速提升至千万元的水平。然而伴随着公司的发展，新的问题又出现了。

在发展的过程中，关键股东对公司的后续投资计划出现分歧。一方面，2003 年公司计划进军国内外高端医疗玻尿酸原料市场，需要通过 FDA（美国）、CFDA（中国）、WHO-GMP（世界卫生组织的生产质量管理规范）的认证[①]，为了通过上述认证公司需要更卫生、更专业的生产场地；另一方面，公司的产能提升也是发展的刚需。基于以上两个因素，控股股东赵燕女士认为投资 8000 万元自行买地建厂是华熙生物发展的需求。一个股东[②]考虑到华熙生物 2002 年的收入仅为 2000 余万元，建厂投资金额较高，基于各种考虑并未跟投。因为投资和经营思路的不一致，各股东之间进行了股权转让并将一部分股权转为优先股。变动之后，8000 万元新厂房投资，获得优先股的股东未出资，由公司其他股东出资。

这一建厂的决策收到了良好的回报：2005 年公司第一座自有工厂的建成投产使公司玻尿酸的产销量得到显著提高，2007 年时华熙生物的玻尿酸产品市场占有率提升为全球第一。

然而成为全球玻尿酸龙头之后，华熙生物难以避免地遇到了另外的管理问题，即业务团队的惰性和内部人控制问题。2005—2007 年，由于华熙生物的玻尿酸产品处于供不应求的状态，公司处于卖方市场；中高层的平均收入达到 20 万元 ~ 70 万元，远高于当时企业所在地的平均收入水平。在此条件下，很多业务人员失去了创业初期进取的心态，不仅对客户的耐心降低，对大股东赵燕女士提出的"企业需要持续发展"的想法也较为抵触。

面对上述问题，华熙生物的管理层决定用上市的方法进行解决，原因包括以下三点。首先，上市可以促使企业具备更广阔、更全球化、更市场化的视野，若企业可以从其他优秀企业学习先进经验或将有助于解决团队的惰性等问题。其次，由于各主要股东对华熙生物日常管理的参与力度并不高，借助资本市场的力量和小股东的力量来监督和督促企业发展，或许是一个解决内部人控制问题的可行选择。最后，上市之后，公司将掌握期权这一有力的激励方式，可以促使核心团队长期保持进取心和斗志，将公司的发展与自身的发展结合起来，从而利于解决公司的各类管理问题。

华熙生物决定上市之后，立即面临上市地和具体上市板块的选择问题。2005—2008 年

---

① 经过该地区的专业认证后，某一企业的玻尿酸产品才被允许在该地区销售。
② 该股东为福瑞达医药集团（国有企业，生物医药研究院 100% 控股），当时持有华熙 25% 股份。

期间，华熙生物面前潜在的、可选的、常见的上市板块包括港股主板、A股主板、A股中小板等，2008年3月21日中国证监会公布了《首次公开发行股票并在创业板上市管理办法（征求意见稿）》，在这样的情况下，在2008年华熙生物实际上具有"多等一年，到2009年于A股创业板上市"的备选方案，因此将2009年设立的创业板加入本次对比。（详见表1，其中灰色部分为华熙生物当时并不符合的条件。为了筛选华熙生物2008年前后能够上市的板块，因此标出不符合条件的部分作为"排除法"的依据。）

表1　2008年前后，港股、A股主板/中小板、A股创业板的上市条件对比表

条件	板块及相应上市条件的文件名称		
	港股主板 《联交所主板上市规则》 （2008年版）	**A股主板/中小板** 《首次公开发行股票并上市管理办法》（2006年版）	**A股创业板** 《首次公开发行股票并在创业板上市管理暂行办法》（2009年版）
主体资格	注册在香港、百慕大、开曼或中国，有连续3年营业记录。	依法设立且持续经营3年以上的股份有限公司。（国内企业＋无优先股）	依法设立且持续经营3年以上的股份有限公司。（国内企业＋无优先股）
盈利要求	第一类【盈利】：扣非归属净利润最近一年不低于2000万港元，再之前两年累计不低于3000万港元。或 第二类【市值＋收入＋现金流】市值至少20亿港元，最近一年收益至少5亿港元，3年经营产生的现金流合计至少1亿港元。或 第三类【市值＋收入】市值至少40亿港元，最近一年收益至少5亿港元。	【盈利＋现金】或【盈利＋收入】 最近三年扣非净利润均为正数且累计超过3000万元； 最近三年产生的现金流量净额累计超过5000万元或者营业收入累计超过3亿元； 最近一期末无形资产（扣除土地使用权、水面养殖权和采矿权等后）占净资产的比例不高于20%； 最近一期不存在未弥补亏损。	【增长的盈利】或【盈利＋增长的收入】 第一类：最近两年连续盈利，且净利润累计不少于1000万元，且持续增长。 第二类：最近1年盈利，净利润不少于500万元＋营业收入不少于5000万元；且最近两年营业收入增长率均不低于30%。 最近一期末净资产不少于2000万，且无未弥补亏损。
主营业务	未有显著的规定。	最近三年内主营业务没有发生重大变化。	发行人主要经营一种业务，其生产经营活动符合各项规定。

资料来源：根据香港联交所、中国证监会等官方网站公开的资料进行整理

经过选择，华熙生物于 2008 年在港股 IPO 上市

在选择上市板块时，华熙生物的管理层希望："通过上市使企业具备更广阔、更全球化、更市场化的视野。"因此华熙生物倾向于选择境外的板块进行 IPO 融资。对比当时的国际股票市场板块，可以发现新加坡股市的流动性相对较低；而美股虽然流动性较好且符合"市场化＋国际视野"的条件，但是若在美股上市华熙生物将面临以下几方面问题：（1）路演时用英语交流，可能会因生物专业词汇艰深使得沟通不顺畅，从而影响国外投资者对华熙生物的产品、业务、优势等信息的判断，进一步影响投资者对公司的估值；（2）英文信息披露时，上述路演过程中遇到的高科技企业理解门槛和语言翻译存在偏差的问题，同样也会出现；（3）与股东日常沟通不便，可能出现语言表述不准确、时差大、思维方式差异等问题。

一方面，与美股相比，港股与内地距离较近、基本没有时差，所以路演和日常交流便利，且均用中文沟通即可，彼此的文化差异较小，可以避免上述几方面问题。2005—2007 年港股上市企业的市场化程度比同时期 A 股企业的市场化程度高，也符合公司的上市诉求。另一方面，通过华熙生物与各板块上市条件的对比，可以发现 2005—2007 年公司基本满足港股主板上市的所有条件。与之对应的是，若华熙生物选择 A 股的主板或中小板上市，则需要进行股东、股权结构等大规模的变动（因为需要解决外资股东问题和优先股问题）。对比客观条件，若华熙生物选择港股主板 IPO 上市，其理论上需要解决的阻碍较小。基于种种考虑，华熙生物最终选择在 2008 年于港股主板进行 IPO。

为了成功上市，华熙生物于 2004 年即开始进行相应调整，包括从中外合资变成中外合作经营企业，转换部分股权为优先股，搭建红筹股权架构，增资扩股，进行股权激励，引入财务投资者等。2008 年 1 月，公司正式启动港股上市流程。经历申报、审核注册、路演等工作之后，2008 年 10 月 3 日华熙生物[①]成功在港股 IPO，发行 7800 万股（占发行后总股本的 25%），募集资金 7800 万港元。募集资金主要用于扩大玻尿酸产能、增加宣传费用、提升研发能力、补充运营资金。

华熙生物 2017 年退出港股，并于 2019 年回归 A 股科创板

在港股主板 IPO 之后，初步解决了管理问题，华熙生物的发展进入了一个新的阶段。2008 年港股 IPO 之后，借助股权激励机制、中小股东及外部监督机制，华熙生物曾出现的团队惰性、内部人控制等问题基本得到了解决，企业的收入、净利润水平实现了多年持续的增长（见表 2）。

---

① 华熙生物在港股上市期间的名称为"华熙生物科技"。

表2　2010—2016年华熙生物收入、毛利、净利润情况

类别	2010年报	2011年报	2012年报	2013年报	2014年报	2015年报	2016年报
营业收入（万元）	15366	20606	27497	37518	48130	65087	84439
毛利（万元）	12056	15089	19065	29986	37540	48724	59243
净利润（万元）	6044	7263	8927	9440	16207	19039	22810
净利润同比增速		20%	23%	6%	72%	17%	20%

资料来源：Wind数据库，华熙生物公司年报

然而，港股上市并未完全达到华熙生物的预期上市目标。华熙生物在港股上市一方面利用了外部治理压力和股权期权激励，使得公司的发展速度和实际业绩得到了显著的提升。另一方面，也出现了许多之前未预料到的问题。华熙生物遇到较为突出的问题是机构投资者对华熙生物的关注度低、投资热情不高，进一步带来融资金额少、估值较低、市值较低、股价波动性大、流动性低[①]等问题。根据华熙生物管理层的分析，导致上述问题的原因包括：港股主板上市公司以传统行业为主，因此港股的机构投资者和券商分析师也主要关注传统行业的龙头企业；在这种情况下，愿意且能够理解较为小众、高科技的生物医药行业和玻尿酸产业的分析师较少；分析师和研究报告较少，使得华熙生物因没有足够的科普与分析报告，不能降低公司的研究门槛，因此非生物专业的投资者较难理解公司的基本面，从而使港股市场对华熙生物的定位和认知与实际情况存在一定偏差。上述各类问题的出现，也制约、影响了华熙生物后续向C端市场大幅度拓展战略的落地（当时华熙生物计划大幅度调整组织架构和战略方向，以达成全面进军C端市场的战略目标）。[②]

华熙生物出于发展战略的考虑，选择于2016年启动私有化工作。基于对华熙生物基本面的信任，并考虑到引入外部投资者可能带来的公司调整阻碍，华熙生物控股股东通过抵押等方式获得银行贷款，并支付约30亿元~40亿元人民币的私有化成本。最终，2017年11月1日，华熙生物正式从港股退市，结束了自2008年以来的十年港股上市历程。

华熙生物自港股退市后，恰逢A股科创板于2018年11月5日宣布设立；2019年6月13日，科创板正式开板。搭乘科创板创立的东风，2019年11月，华熙生物成功登陆科创板，回归A股；其科创板IPO的发行价格为47.79元/股（发行市盈率为54.6倍），发行数量为

---

① 上述问题中，各类数值偏低，主要是将华熙港股时期数据与科创板时期数据对比而知，即同一家企业在不同板块的市场数据因存在信息不对称、市场偏好不同、估值方法差异等问题，会表现得差异较大。类似情况在港股其他企业也可以发现（尤其是A/H两地上市的企业，即便理论存在跨市场套利，但是同一个企业依然会出现A/H股价格及其他数据的显著差异）。

② 说明：因公司在港股上市期间流动性偏低，导致较小规模的交易额就可能大幅影响公司的股价和市值，在此情况下若进行大规模公司战略变化，可能会因部分中小股东买卖股票导致公司市值暴涨暴跌，从而进一步影响公司银行端和债权端的授信额度等，这样对公司的稳定发展不利。

4956 万股，占发行后总股本 4.8 亿股的 10.3%。此次募集资金总额为 23.7 亿元，募集资金主要用于产能扩建、研发等方向。

在 A 股科创板重新上市，首先帮助华熙生物解决了"市场定位"问题，使市场了解到华熙生物在玻尿酸及相关行业不仅市场占有率较高，在相关领域的技术研发方面也处于国际领先水平。"市场定位"的重塑以及市场资金的支持，推动了华熙生物 C 端业务的拓展及横向收购，也实现了利润的持续提升（见表 3）。通过转换上市板块，华熙生物实现了估值的提升、股票流动性的提升和市场投资热情的提升，解决了港股上市时遇到的问题。

表 3　2017—2022 年华熙生物收入、营业利润、净利润情况

项目	2017 年	2018 年	2019 年	2020 年	2021 年	2022 年
营业总收入（亿元）	8.18	12.63	18.86	26.33	49.48	63.59
营业利润（亿元）	2.84	5.24	7.00	7.57	9.06	11.36
净利润（亿元）	2.22	4.24	5.85	6.45	7.76	9.61
净利润同比增速（%）		91%	38%	10%	20%	24%

资料来源：Wind 数据库，华熙生物公司年报

结束语：华熙生物两次上市获得的助力

华熙生物，从白手起家的科学家创业企业，逐渐成长为国内外玻尿酸原料领域的头部企业，离不开资本市场对其发展的各种助力。各次股权融资和上市，给华熙生物带来的助力包括但不限于：

（1）首次引入大股东：为企业提供关键的投资，为公司引入对于实现扭亏为盈非常关键的"现代公司制度"。

（2）港股上市：上市募集的资金，帮助企业提升玻尿酸的产能提升、补充研发资金和宣传费用。港股上市公司的身份，为企业进行了信誉担保，便于企业海外扩张（减少海外客户初期的不信任和漫长的企业背景调查过程）。企业利用资本市场的激励工具和中小股东治理压力等，帮助公司管理团队克服惰性，提升公司的业绩。

（3）A 股科创板的二次上市：为公司在国内的 C 端市场扩张进行了信誉担保，同时，募集的资金为公司的进一步发展提供了支持等。

基于以上资本市场为华熙生物带来的发展助力，可以发现我国多层次资本市场对实体企业的发展，不仅仅只是提供发展资金，更具有多种多样的促进作用。因此，华熙生物的案例，或许可以为遇到类似问题的企业提供"解决方案参考"。例如，遇到亏损和企业经营架构不完善问题的科创企业，可参考案例引入具有丰富的投资和改革经验的投资者，从而辅助

自身完成内部改革；希望提升"外地市场（包括外省或者外国）"份额的企业，可以借助上市，为企业提供良好的信誉担保，从而极大程度减少扩张阻碍；资本市场的激励工具可以某种程度上提升企业管理层和员工的发展动力；新型科创型企业，其研发风险相对传统企业更高，投资风险更高，与之对应的投资回报也可能更高，因此可以考虑在适合自己的板块上市，从而吸引更具备"高风险＋高收益"投资偏好的投资者成为自身长期的战略发展伙伴；等等。与之对应的，相对风险较低、投资收益也相对稳健的企业，也可以考虑在适合自己的板块上市，从而避免因收益率不及预期或受到的关注度过低，进而影响企业的后续融资。

【研讨题】

1. 从华熙生物的角度，其选择上市板块、更换上市板块、上市收益方面，有何经验？
2. 对比华熙生物的两次上市，其利弊有何异同点？
3. 借鉴华熙两次上市的经验，高科技企业如何选择适合自己的上市板块？

📄 案例分析

案例正文中，在对华熙生物进行简要介绍之后，通过回顾华熙生物创立和发展时期遇到的融资问题、发展问题和战略转型问题，着重介绍了华熙生物是如何通过三次重要的股权融资解决上述难题。华熙生物两次上市的决策过程，也为其他企业提供了一些借鉴经验。由于时代的发展，当今企业在我国多层次资本市场面临更多的、可选的上市板块，我们如何从华熙生物的经验出发，总结出更适合当下的、适用范围更广的经验？在下面的案例分析中，将从华熙生物两次上市的经验总结和利弊分析出发，进一步分析企业应如何选择适合自己的上市板块，以及华熙生物两次上市的经验或许可以给其他企业带来的启示。

一、华熙生物科创板再次上市的经验总结

不同上市板块由于其特点不同，会为上市企业带来截然不同的影响（如港股主板和 A 股科创板对华熙生物的影响截然不同），而所有的影响如同硬币的两面，既有好的一面，也有不利的一面。在我国发展多层次资本市场、放开注册制的各种改革措施下，类似华熙生物的"在不同板块上市会受到不同方面的影响"显得尤为明显，那么，当面临更多的选择时，企业应如何选择适合自己的上市板块？

华熙生物作为先行者，对"如何选择上市板块""更换上市板块"以及"上市可能带来的收益"有自己的经验。

基于对华熙生物管理层的访谈，他们认为：首先，一家高科技企业在不同的发展阶段有

不同的发展目标、发展侧重点和发展问题，因此需要对"上市的初心"（即企业希望通过上市解决何种问题）非常明确。确定需要解决的问题后，才能判断企业在哪个板块上市能够解决问题。

其次，华熙生物在港股主板、A 股科创板两次上市的经验表明各上市板块的特点差异较大，因此在不同板块上市可能会对同一家企业有不同的利弊作用。通过上市解决企业的初步问题之后，资本市场的"双刃剑效应"可能会带来新的问题。新的问题是否已经成为阻碍企业发展的重点问题，这是影响企业更换上市板块的关键。

最后，上市为公司带来了三大收益。第一，上市后企业作为公众企业，通过信息披露和市场分析，可以更容易得到市场、社会、合作伙伴等方面的认可（即信誉担保、减少信息不对称、明确企业定位、为企业进行宣传等）；第二，上市企业通过搭建和应用合理的公司治理与管理结构，可以使企业的管理体系更规范化、流程化，从而减少由核心管理人员带来的"内部人控制问题"；第三，上市企业相对更容易吸引人才，从而促进企业的进一步发展。

二、华熙生物两次上市的利弊对比

通过对比华熙两次上市的初衷，可以发现两次上市基本都实现了华熙的主要目标。然而对比两次上市带来的短期成本收益，可以发现华熙第二次在科创板上市带来的收益水平显著更高（见图 1）。

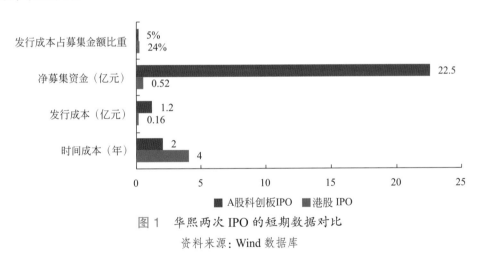

图 1　华熙两次 IPO 的短期数据对比

资料来源：Wind 数据库

比短期收益更为关键的是一些板块给企业带来的中长期利弊，这些利弊虽然可能并未被纳入企业上市前的考虑中，但却在后续对企业的发展产生了显著的影响。例如港股主板时期公司的市场认知、估值偏低和流动性问题；又例如 A 股科创板时期的过度关注、估值较高和波动率显著提高等问题。表 4 给出了华熙在两次上市期间的中长期利弊对比。

表4 华熙在港股主板、A股科创板上市的利弊对比（截至2022年12月底数据）

大类	具体的利/弊	港股主板时期	A股科创板时期
有利之处	融资	IPO融资7800万港元；2015年配发募集1.56亿元人民币	IPO融资23.7亿元人民币
	股东财富增长	港股市值最低2亿港元，最高89亿港元，平均市值29亿港元（平均估值20倍）。大股东身价约为1.2亿港元～49亿港元	科创板市值在366亿～1473亿元人民币之间，平均市值691亿元人民币（平均估值101倍），大股东身价约为216亿～866亿元人民币
	利于收购其他企业	2015年以5900万欧元，现金收购V Plus SA 37.32%的权益。2017年以2515万欧元，现金收购法国公司Revitacare的100%股权	2020年以2.9亿元人民币收购东营佛思特100%股权
	企业美誉度	主要提升国际名誉	国内知名度和美誉度提升
	增加外部治理压力，克服发展惰性	显著，公司业绩增速20%左右	显著，公司预期增速约20%～30%
	外部分析师建议	1年2个月内：8家机构给出14份研究报告	1年2个月内：有20家以上的机构给出84份研究报告。至2022年12月底，报告总数达到500份以上
不利之处	IPO直接成本	成本率高，募资总额的约24%	成本率低，募资总额的约5%
	IPO的抑价	因遇到金融危机，IPO上市后的涨价并不显著。发行价1港元/股，上市首日开盘价1港元/股，收盘价仅为1.04港元/股	发行价为47.79元/股，2019年11月6日上市首日开盘价为78元/股，收盘价为85.1元/股；后两日的收盘价分别为91.5元/股和100元/股，较发行价上涨明显
	披露带来的风险	相对较低	相对较低
	股价波动和敏感性	相对较低	较高
	被收购可能性增加	市值偏小（2亿～89亿港元），但是大股东持股比例高（50%以上）	市值较高（366亿～1473亿元人民币），同时大股东持股比例高（59%）
	加剧代理成本	可进行股权/期权激励，代理成本较低	预期可进行股权/期权激励，代理成本较低
	人才流失	较少	较少

资料来源：Wind数据库，中国金融案例中心整理

三、高科技企业选择上市板块的几个要点

对比华熙生物两次上市的经历，可以发现选择不同的板块对企业发展的助力是不同角度和不同程度的，而且区别极大，因此"选择适合自己的上市板块"是企业 IPO 之前就需要慎重考虑的战略问题。而目前，中国企业的常见情况是大部分公司自身的资本运作经验不足，主要以企业是否能成功上市为主要考虑因素，IPO 的股价和融资总额可能为次要考虑因素；但是由于长期利益并不相关，投行并不会为公司分析"公司在这个板块长期发展是否有某些利弊"这个问题，而大部分公司一般因缺乏经验也会忽略上市板块对公司长期发展的影响，或是想分析但是缺乏方法和框架。

本案例仅以华熙生物为例，分析探讨"各上市板块特点的差异，以及如何根据板块特性选择上市板块"。在板块对比的过程中，以下一些要点通常是相对比较关键的指标，企业选择上市板块时需要特别关注，包括但不限于：板块融资情况、整体估值、流动性（成交量、换手率等）、监管严格程度、公司架构/同股不同权等问题的规定、文化和投资机构关注理解程度、IPO 的成本、IPO 的发行价上涨或破发情况等。

怎样利用这些板块的特点来判断该板块是否适合本公司 IPO 呢？表 5 列出了上述板块特点及其可能影响公司的哪些方面。

表 5　板块特点以及该特点对公司的影响

分类	板块整体特点	该特点可能影响公司的哪些方面
中长期影响	整体融资情况	融资、股东财富自由、收购
	估值	融资、股东财富自由、收购、更多曝光和形象塑造、提高外部治理压力
	流动性、成交量、换手率	融资、股东财富自由、收购、更多曝光和形象塑造、提高外部治理压力
	监管严格程度	融资、收购、提高外部治理压力
	对公司架构、同股不同权等方面的监管	收购、提高外部治理压力
	披露要求、外界关注度	更多分析师建议和预测、披露风险、更多曝光和形象塑造、提高外部治理压力
	文化/投资机构情况	融资、更多分析师建议和预测、更多曝光和形象塑造、提高外部治理压力
中短期影响	IPO 直接成本	公司的 IPO 成本
	IPO 的抑价或破发情况	公司 IPO 之后的股价走势

资料来源：作者整理

待上市企业可根据最重视的要点，观察影响这一要点的几个板块特点即可。例如，某公司最重视长期融资，那么根据表 5 的对应关系需要重点关注备选上市板块中同类企业的融资情况、估值、流动性、监管严格程度、文化/投资机构情况。如果某公司更重视引入长期战略投资者，那么就需要格外关注备选上市板块的信息披露要求、外界对板块的关注度、文化/机构投资情况等要点。

为了进行对比，选取 A 股主板、A 股中小板、A 股创业板、A 股科创板、港股主板、美股（均为常见潜在可选上市板块）的估值、流动性、融资等数据进行横向分析对比，分析各板块的差异，并讨论该板块中的哪些特点适合 2018 年的华熙生物[①]。

1. 估值：除了短期估值，还需要关注估值长期变动趋势

常见的估值对比，一般是单一时间点的静态对比，然而根据华熙生物的市值和估值波动可以发现，公司、行业、板块乃至交易所的平均估值，会因为该主体的发展速度、发展质量、行业热度和宏观估值中枢的变化而变化。因此需要以长期、动态的视角来分析各个板块的估值中枢区间。然后，对各个板块进行行业拆分，具体对比各板块医药行业估值中枢的变化情况。根据这些动态估值对比，得到的板块特点才更趋近于实际情况（见表 6）。

表 6　A 股各板块、港股主板、美股的整体 PE 估值和医药股 PE 估值对比

交易所	板块估值均值（2018—2020 年）	整体估值波动特点（2018—2020 年）	该板块医药股估值区间	医药股估值波动特点
A 股整体	13 ～ 20 倍	波动幅度缩窄	30 ～ 45 倍	长期大幅波动，2020 年前后估值提升
—A 股主板	13 ～ 15 倍	估值中枢下移，波动区间变窄	30 ～ 40 倍	相对 A 股其他板块估值低，波动小
—A 股中小板	30 ～ 50 倍	调整期估值中枢波动相对平稳，牛熊期波动加剧	25 ～ 50 倍	相对 A 股主板估值略高，波动较大
—A 股创业板	50 ～ 125 倍	调整期估值中枢相对平稳，牛熊期波动幅度加剧	40 ～ 60 倍	估值显著高于主板和中小板医药股，波动较大
—A 股科创板	60 ～ 100 倍	调整期估值中枢波动相对小，牛熊期波动幅度加剧	70 倍左右	估值为 A 股最高，后续可能会降低

[①] 选择 2018 年的华熙生物作为分析探讨的对象，主要是为了模拟一家企业上市前的状态，作为其他企业的参考。

交易所	板块估值均值（2018—2020年）	整体估值波动特点（2018—2020年）	该板块医药股估值区间	医药股估值波动特点
港股主板	10～13倍	波动幅度相对小	27～30倍	PE正负分化，估值波动较小
美股整体	标普500约20～23倍	波动区间相对缩窄	35～55倍	2020年前后出现大幅波动
—美股纽约证券交易所（NYSE）	参考标普500	参考标普500	28～38倍	相对稳定，有向上提升的趋势
—美股纳斯达克证券交易所（Nasdaq）	30～40倍	波动区间相对缩窄	35～45倍	PE正负分化，估值波动区间缩窄

资料来源：Wind数据库，作者整理

对于发展相对稳健的公司，其市值的稳定性或许较为重要，因此估值相对较好且估值波动性较低的A股主板、美股纳斯达克是相对较好的选择。值得注意的是，美股的纳斯达克医药股数量较多，且PE呈现两极分化，这对机构投资者而言分析复杂度大、难度提升；对医药公司而言，脱颖而出的难度相对较高。

对于如华熙生物这样发展较为迅速的医药（含生物科技）企业而言，A股创业板和科创板可能是较好的选择，因为其估值水平较高，可以为公司再融资或收购时提供更多的资金来源，从而助力公司的快速发展，但是公司市值的大幅波动是难以避免的，如何减少因市值大幅波动带来的负面影响和管理成本，是公司IPO之前需要提前思考的问题。

2. 流动性：影响公司投资价值的另一个关键指标

除估值之外，板块的流动性也是影响公司管理层财富自由／激励变现／投资者进入退出等方面的关键因素。

根据以上的数据，对比华熙生物2018年的情况，可以预判华熙生物若是选择从港股回归科创板，其股票的年成交量和换手率预期会有显著提高——这一点有利于股东实现财富自由，也有利于投资者离场变现；但是其市值波动性和股票收益率的波动率预计也会同步提升（见表7）。如何在市场的高度关注下避免市值波动带来的融资额度波动等问题，是公司上市前就需要考虑的问题。

表7　A股各板块、港股主板、美股的成交量、换手率和收益率波动率对比
（截至2020年数据）

交易所	平均成交量（亿股/企业/年）	平均换手率	收益率波动
A股整体	相对高	各板块存在差异	各板块存在差异
—A股主板	11～24	2%～4%	6%～8%
—A股中小板	11～24	2%～4%	6%～8%
—A股创业板	8～17	2%～4%	6%～8%
—A股科创板	数据不足	12%～15%	7%～9%
港股主板	相对高	极低	中等
港股主板（数值）	10～20	0.3%～0.4%	6%～8%
美股整体	相对低	各交易所差异大	存在差异
—美股NYSE	4～6	0.8%～1.4%	4%～10%
—美股Nasdaq	1～2	1.6%～3.4%	9%～16%

资料来源：Wind数据库，作者整理

3. 融资情况：影响公司未来发展的关键指标

除了流动性，各板块的历史融资水平也是关键参考指标。根据美股NYSE、Nasdaq和美国证券交易所（AMEX）的数据，以上三者的IPO融资金额之和自2012年起有一定的提高，然而其再融资规模之和在2014年之后有一个较为显著的降低。分交易所来看，NYSE的IPO和增发再融资金额在2008—2014年均保持了较高的400亿～900亿美元的水平，2014—2020年其IPO和再融资规模之和降低至20亿～400亿美元的区间。

观察A股的融资情况，可以发现在2000—2006年，我国A股的IPO融资和上市后再融资金额普遍偏低，大约为300亿～700亿元人民币；2007年之后，A股的融资水平得到了快速提高，尤其是2014—2020年上半年期间A股的再融资水平提升至5000亿～1.9万亿元人民币，相较同期的IPO募资总额（700亿～2500亿元人民币）而言得到了数量级的提升。港股主板的IPO募资金额和上市后再融资金额，除了2014—2015年之外，大部分在1000亿～4000亿港元之间。2020年前后港股的IPO募资金额和A股整体的IPO募资金额水平基本相当，但是其再融资水平较A股水平相差很大。

对比各板块再融资的总金额水平和变化趋势，A股对需要再融资进行发展的企业（如华熙生物）而言是一个相对较好的选择。

4. 监管差异：细微的区别可能会带来巨大的差异和风险

除了板块表现的差异（如估值、流动性、融资情况等），不同地区和国家在监管方面也存在一定差异，值得关注的要点包括但不限于监管思路差异、对存量上市公司筛选机制的差异、对虚假违法事件的判罚差异，以及对同股不同权管理思路的差异等。限于篇幅，本节主要简述同股不同权的监管差异。除此之外，因国际政治局势变化带来的海外股票市场监管规则波动风险，也是企业在选择上市地时需要特别注意的问题。

同股不同权，意味着少数股东（一般为公司创始人、核心高管等）虽然仅持有少数股权，但是通过一定的架构设计可以拥有更大比例的表决权，从而实现对公司的实际控制。这一制度的设计，主要是保证一些研发期长、潜在成长空间大、高科技的企业在发展融资过程中能保证管理层、发展战略等稳定，从而获得更长期的发展收益。然而这一目标的实现是建立在"拥有关键少数股权的核心管理层勤勉、尽责且战略方针正确"的基础上，否则可能出现损害其他股东的管理层怠惰、贪腐、利益输送、内部人控制等问题。

由于对"同股不同权"制度风险和收益的重视程度不同，各国/各地区对此制度的监管思路差异较大。

整体而言，美国和欧洲更重视"同股不同权"带来的优点，因此对其管理相对宽容。美国允许"同股不同权"的企业上市；法国、荷兰、芬兰、瑞典等国家允许公司 2/3 以上股东赞成时发行具有不同表决权的普通股；英国则要求超过 3/4 股东同意方可发行，但在 2014 年之后英国监管部门正式禁止伦交所主板上市公司采用同股不同权。

我国内地的资本市场一直坚持"同股同权、同股同价"的政策，直到 2018 年 3 月中国证监会发布《关于开展创新企业境内发行股票或存托凭证试点的若干意见》我国才开始允许部分"同股不同权"企业进行上市试点，但要求企业充分披露相关的公司治理信息和风险信息。我国香港地区 20 世纪七八十年代曾允许"同股不同权"的公司上市，然而出于对其风险的担忧于 1989 年正式废除该制度；2018 年，为了促使更多高科技"同股不同权"企业来香港上市，香港修订上市规则，再次允许"同股不同权"企业在港交所主板上市。

5. 其他差异（包括其他各种需要关注的因素）

除了上述的板块估值、流动性、融资、监管等差异，各板块还存在上市审批方式、审批时间、上市条件、信息披露机制、对公司治理结构的要求、研究覆盖、后续发行难易程度等众多不同。表 8 为一些常见差异的总结，供读者参考。

表8　其他方面差异情况（截至2020年的情况）

项目	A股		港股	美股
	科创板	主板/中小板/创业板（改革前）		
上市审批	注册制，降低准入门槛，重信息披露	核准制（2022年推进注册制），准入条件较严格	注册制，上市审批相对宽松	注册制，上市审批更宽松
审批时间	原则6个月（审核3个月＋复问询3个月）	审核时间存在不确定性，据中国国际金融股份有限公司估算可能需1年	流程较快，一般6～8个月	流程较快，一般5～7个月
核心上市条件	5套上市财务标准，对无盈利、无收入均设定相应标准	对公司盈利能力要求较高，目前亏损企业暂时无法上市	多套标准，收入＋净利润或市值、收入＋市值＋现金流	纽交所、纳斯达克有不同上市标准，包括盈利、市值、现金流组合
信息披露机制	强调信息披露，强化行业信息、经营风险披露	注重事前监管，信息披露及退市制度还有待进一步完善	有较为成熟的后市监管法规及退市制度	有较为成熟的后市监管法规及退市制度
监管要求：公司治理	主业、控制权、管理层稳定，允许设置差异化的表决权	主业、控制权、管理层稳定；对同业竞争、关联交易监管严格	要求较高，需要公司有成熟、完善的治理架构	要求较高，需要公司有成熟、完善的治理架构
法规环境	须遵守中国的法律法规，未来主要审核主体为交易所	须遵守中国的法律法规；审核主体为中国证监会	受香港证监会及联交所法规监管，相关法规体系成熟	受美国证监会监管（美国诉讼文化流行，约7成中国概念股受过诉讼）
研究	受全面的研究覆盖	优质龙头企业受到境内外较全面的研究覆盖	主要由境外投行进行研究覆盖	由境外投行进行研究覆盖，对中国概念股覆盖有限
投资者及估值	有适度的门槛，采取市场化的定价方式	投资者以散户为主，有助于理解公司业务及提高估值	相较美国，香港拥有更多专业的中国投资者，南下资金活跃	以国际机构投资者为主，对中国概念股公司的理解存在一定困难
后续发行难易	重大资产重组及再融资效率更高	目前A股再融资实行核准制，限制较多	可采取董事会授权范围内发行，较灵活	较为灵活，发行后向SEC备案注册即可

资料来源：作者根据公开资料整理

四、华熙生物案例带来的启示

1. 高质量发展、推动科技创新是我国经济发展的重要目标

党的二十大报告指出，"高质量发展是全面建设社会主义现代化国家的首要任务"，"没有坚实的物质技术基础，就不可能全面建成社会主义现代化强国"[①]。

经济的高质量发展，意味着我国的经济发展重点从解决"有没有"这个问题转向解决"好不好"这个问题；也意味着各行各业需要进行产业的技术、结构、能源等方面的大规模升级改造。为了完成这样的经济转型任务，创新成为第一动力。因此，如何利用资本市场的力量，更好地服务实体经济行业的创新和转型发展，成为当下非常重要的问题，这关系着我国高质量发展的速度和质量。

针对这一问题，下文将会列举几个科创型企业在融资时可能会遇到的典型问题，分析我国多层次资本市场如何为解决此类问题提供帮助。

2. 科创型企业融资难题一：信息披露难题

新创立的企业，融资时首先面临的就是信息披露难题。为了达成一笔大额的投资谈判，股权投资者首先需要对被投资的企业进行大量的数据和资料搜集，从而判断此次投资的潜在风险和收益，并对"是否投资这个企业"提供决策基础，这些问题包括但不限于：公司是否真实存在？公司所描述的主营业务是否真实？公司业务的收入水平（客单价和客户数量等）是否真实？公司现金流情况是否真实？公司是否存在大额的赊账、坏账、贷款、担保或者其他潜在损失？公司的管理层是否诚信合法、发展方向是否合法合规？……而创新型的企业，由于技术太新难以理解，还面临技术是否真实、竞争优势是否真实、潜在市场规模有多大、替代性技术研发难度多大、监管环境和监管态度如何等独特的问题。

上述的信息披露一般而言是很复杂的，因为初创型公司在面对诸多潜在投资者时，需要对每一个投资者都提供一次全部的资料，并重复证明一次资料的真实性。这样的工作耗时耗力，而且会增加企业技术、业务模式、核心商业机密泄露的可能性。若借助资本市场的力量实现企业上市，就可以借助注册制在IPO时将上述信息披露规范化、公开化，例如：企业需提供被审计后的财务报表，减少财务造假的概率；企业需要在合理范围内披露需承担法律责任的技术分析等资料，降低企业"夸大技术"或"虚假宣传"的概率。

更进一步的，创新型初创企业上市之后，还可以借助市场各方参与者的主观能动性，进一步提升市场对企业的创新技术、对应市场、未来前景等方面的研究判断能力，从而使企业的信息披露和未来的预期信息更加丰富和充分，帮助企业吸引更多、更优质的投资者。

---

① 央视网. 二十大报告学习笔记｜高质量发展篇 [EB].(2022-12-14)[2023-03-09]. https://baijiahao.baidu. com/s?id=1752195403162368744&wfr=spider&for=pc.

3. 科创型企业融资难题二：初创期较难获得传统的银行融资

我国传统的融资市场中，以银行为主的债权融资方往往属于风险厌恶的投资者，因此相对偏好对传统行业、现金流或利润稳定、重资产的企业发放大额贷款；相反，对于"高风险高收益"类型的科技创新型初创企业，银行体系出于风险控制的考虑，对其贷款审批相对比较谨慎，一般需要企业提供相应的抵押品。而我国传统的股票市场板块，由于上市企业主要以传统行业的大型企业为主，因此聚集的股票投资者的风险承受能力一般也相对较低。

在上述的情况下，对于初创时期的华熙生物，其融资曾遇到很多问题。首先，华熙生物初创时属于轻资产生产模式，2000 年公司仅有租赁获得的约 400 平方米的生产和办公场地，其主要生产设备为一个发酵罐，净资产不足 300 万元人民币，且公司处于亏损状态。这样的情况，使得公司很难在银行系统通过抵押进行贷款融资，也无法通过未来预期收益现金流进行债权类融资。其次，华熙生物在寻找股权投资者时，也面临"技术新"而带来的玻尿酸生产技术难以理解、玻尿酸未来的市场空间不明确、公司长期盈利水平难以判断、历史现金流情况不佳无法对未来现金流进行推测和贴现估值、技术难以估值定价等问题。

由于有上述对融资不利的因素存在，华熙生物初创时在寻找融资的过程中曾屡次受挫。华熙生物曾遇到的融资问题，预计也将是很多轻资产类型的初创企业会遇到的问题，国际经验中，此类"高风险高收益"的融资一般由风险承受能力较高的天使投资人或是 PE/VC 机构来进行。

在我国，多层次的资本市场划分，有助于解决上述创新型企业的股权融资难题。通过设立创业板、科创板、中小企业板等不同的板块，为科创型企业和初创企业提供了大量的"潜在可选投资者"。如同上文的分析，不同上市板块中，由于被投资企业的特点不同，会逐渐形成不同的板块特色，例如 A 股的科创板与主板对比，其估值倍数整体偏高、市场关注度较高、换手率偏高，体现了该板块"高风险高收益"的企业吸引来更多的"风险偏好类"投资者的特点。类似 A 股这样的不同板块和层次的区分，可以使不同类型、不同发展阶段的企业，选择适合自身发展的板块，从而更易于找到偏好自身类型企业的投资者。

初创型企业可以从这些板块里，选择适合自己的板块，并通过对应板块中上市企业披露的股东列表和各投资机构投资信息，选择可能适合自己的投资者进行接触，从而获得研发和发展所必需的股权投资资金。

4. 科创型企业融资难题三：复杂的投资者接触和谈判过程

科创型创新企业，一般由具有技术优势的科研团队组建，由于初创团队的人员相对较少，因此普遍缺乏"懂展示、懂谈判"的专业性人员。在这种情况下，科研人员往往易于低估自身成果的理解门槛，同时高估自身科研成果的市场估值。这就使得初创企业在与潜在的投资者接触时，会出现"投资者听不懂、投资者觉得贵"等问题，从而使得本来就复杂的投资谈判变得更加困难。

若借助多层次资本市场的力量，科创型创新企业可以借助"专业第三方"（如投行、会计师事务所、券商分析师等）的帮助，将自己较为前沿、难以理解的技术，转化为普通人能理解的语言，并借此找到"证明自己技术优越性"的可靠途径。同时，在谈判的过程中，也可以借助第三方的帮助，获得更好的谈判效果。若企业上市，则可通过分析师研报、投行／分析师协助公司进行路演等方式，展示自己的技术和优势。企业上市后的市场化报价，也为后续的融资谈判提供了一个很好的投资价格谈判基础，极大地降低了融资的难度。

5. 小结

通过分析，可以发现我国的多层次资本市场，通过对企业进行专业化的信息披露，省去了初创企业（尤其是科创型企业）反复多次的"一对一"信息披露过程，提高了吸引投资者的效率。我国也通过多层次交易板块的设立，将具有类似特点的企业聚集在一起，同时吸引类似风险偏好的投资者，便于两者在同一板块寻找投资者和被投资企业，提高了融资时的"配对效率"。另外，多层次资本市场提供的专业第三方团队可以辅助科创型初创企业的展示和谈判过程，而上市后企业的股价也为融资时的价格谈判提供了坚实的基础。

以上是多层次资本市场促进科创型实体企业发展的几个基本方面，其促进作用包括但不限于：提供发展资金、为企业信用担保、外部治理压力、引入战略投资者等。由此可见，多层次资本市场对企业高质量发展的助力是多方面的，若企业能主动学习利用这些助力，或将获得更好的发展机会。进一步，当科创企业借助资本市场的各类助力，在各行各业发展更佳之后，将会为资本市场吸引更多的企业和投资者加入，更多的参与者有助于完善我国资本市场制度，也有助于健全资本市场功能和提高直接融资比重，助力"科技—产业—金融"良性循环，从而提升我国实体经济和金融双方面的发展。

13

用友转型云服务 *

——业务创新平台助力中国企业数字化转型升级

📋 案例正文

【引言】习近平总书记在党的二十大报告中强调要"建设现代化产业体系","加快建设制造强国、质量强国、航天强国、交通强国、网络强国、数字中国","加快发展数字经济,促进数字经济和实体经济深度融合,打造具有国际竞争力的数字产业集群"。在这一背景下,企业服务业如何抓住机遇,面向数字经济高质量发展和中国式现代化的使命要求,更新组织能力和产品服务,并引领行业发展,成为领军企业必须直面思考和探索的重要议题。

【摘要】2010 年前后,诞生于 2006 年的"云计算"概念在中国软件行业迅速渗透,又很快以势不可挡的速度参与到企业的信息化发展进程中。已经多年蝉联中国企业资源计划(enterprise resource planning,ERP)行业榜首的用友并不是第一批探索云计算应用的公司。在全球范围,国际厂商对云计算也是态度各异。但到了 2022 年,用友已经实现了自我重塑,成为全球知名企业云服务提供商,一边力图打造基于中国市场的强大平台体系,与国际厂商进行"生态之战"与"标准之战",一边与本土厂商比拼转型速度。

【关键词】云计算;管理软件;平台模式;行业生态;转型升级

---

* 案例作者:于春玲,清华大学经济管理学院副教授;李纪珍,清华大学经济管理学院教授;赵子倩,清华大学经济管理学院中国工商管理案例中心行政主任;尹西明,北京理工大学管理与经济学院副研究员、预聘助理教授。

"骑在牛背上"的王文京

"平台化、生态化是新的生产和社会运行方式；数智商业时代，所有企业都是生态化的企业，未来企业服务市场的竞争，不仅是产品与服务之间的竞争，更是生态之间的竞争。"这段话源自用友网络科技股份有限公司董事长兼首席执行官王文京在2021年用友生态大会上的发言。

用友软件股份有限公司在1988年创立，2015年更名为"用友网络科技股份有限公司"，以下均简称"用友"。曾有专家将管理软件行业比喻为"骑在牛背上"的行业，因为它既要注意脚下节奏，又要时刻看着前方。[①] 在大的信息通信技术（information and communications technology，ICT）行业，新的科技一浪一浪袭来，竞争对手一波一波倒下，而用友已经独领风骚三十余年。

从 1.0 到 3.0 的蜕变

用友 1.0：财务软件厂商

1988年，为推动"会计电算化"，在国务院机关事务管理局工作的王文京在领导的支持下，奔走在各部委机关。从组织软件开发到推广，他们在两年时间内，让中央国家机关的财务工作实现了从手工时代到电脑时代的转变。

同年，在后来被称为"中国硅谷"的北京中关村地区，中关村科技园的前身北京市高新技术产业开发试验区成立了，这是中国第一个国家级高新技术产业开发区、第一个国家自主创新示范区。在机关里工作，是难以深入去做软件市场化推广的，因此王文京决定"下海"，和大学同学苏启强开始了艰苦的创业之旅。

当时，整条街都在卖硬件，而初创的用友做的是软件。在当时的中国市场，做有知识产权的软件产品难度是相当高的。两年后，用友推出的UFO（user's friend office，意为"用户之友办公软件"）报表热卖，被称为"中国第一表"。到1991年，用友已经坐上了国内财务软件的头把交椅。[②]

用友 2.0：管理软件厂商

几年后，中国的ERP软件市场发展起来。单纯的财务软件已无法满足企业对于实现更

---

① 财富观察：王文京不过是骑在牛背上 [EB/OL]. (2002-07-30)[2022-09-01]. https://business.sohu.com/78/32/article202383278.shtml.

② 张静波. 隐身446万企业幕后的行业之王 [EB/OL]. (2018-12-07)[2022-09-01]. https://www.163.com/dy/article/E2DNEFQD0518SM1R.html.

高管理效率的需求，因此用友在 1996 年开始向 ERP 市场发展。从 2002 年起，用友就已经超越国际厂商，成为中国 ERP 市场最大的独立软件供应商。后来，用友又从 ERP 软件拓展到大的管理软件领域，开发了面对多个管理领域细分市场的对应软件，例如供应链、人力资源、协同办公、客户关系管理、商业智能等。

然而，由于 ERP 及相关软件背后的管理思想来自西方，国际厂商也对中国市场进行了大力投入，在高端市场占有优势的一直是德国的思爱普公司（System Applications and Products in Data Processing，SAP）和美国的 Oracle（甲骨文公司）。为了突破高端市场，用友承担了很高的风险，投入 2/3 的研发资源到定位于高端市场的 NC 产品线（NC 为产品名，New Century 的缩写），并在产品发布初期呈现亏损时继续坚持，从发布到实现盈利共历时 5 年，终于迎来了收入迅速增长的局面。

彼时的管理软件，配套的服务模式是"咨询＋解决方案＋实施"。NC 的定价更高，因此用友下沉到产业链下游，凭借在全国建设一百多家分公司进行直销的方式，给客户提供原厂而非外包、价格更加划算的定制化服务，取得了竞争优势，这让用友在中国本土市场有了与国际厂商一决高下的资本。

可以说，作为本土厂商，用友更了解中国企业的管理文化，这也成为用友一个特殊的竞争优势。相对照的是，国际厂商主要将实施部分外包给下游公司，例如美国的埃森哲。"用友"的中文名和其当时的英文名 UFIDA（user's friend ＋ fidelity 的缩合，寓意"用户的忠诚朋友"），也体现了公司强烈的客户导向。

用友 3.0：企业云服务与软件提供商

2012 年以来，金融危机所产生的后续影响和管理软件行业在前几年的急速扩张，使得管理软件行业遭遇行业寒冬。在以往的服务模式下，高昂的人力成本早已使公司管理层认识到"成也萧何败也萧何"的风险，但公司发展的路径依赖使得问题一时难解。王文京知道，要向科技和知识密集型的产业链上游发展，集中精力回归产品开发，就必须找到下游的替代方案。

用友很早就感知到云计算可能是行业和用友未来的发展方向，开始对云计算进行尝试性投入，例如建立研究部门、分阶段发布云战略等。2010 年 12 月，用友发布"S+S"（软件＋云服务）模式的云战略，突出云服务，区别于以往单纯基于软件的 SaaS（software as a service，软件即服务）模式。他表示："云计算是中国软件企业可以实现跨越式发展的战略机遇，可以加速成长出新的世界级 IT 服务提供商。"[①]

然而，当时的市场成熟度，还无法对新业务的业绩提供足够的支撑。在 2001 年就已经

[①] 新华网.用友发布云战略"S+S"架构创新云计算核心 [EB/OL]. (2010-12-24)[2022-09-01]. http://inews.nmgnews.com.cn/system/2010/12/24/010539379.shtml.

成为上市企业的用友还需要考虑如何"稳中求变"。从 2012 年开始，用友就在不断打造下游的产业集群，尽量扶植下游的合作伙伴，目的是让自身更专注于打造云服务时代的产品服务。

2012 年，用友发布"用友企业云平台"，初步推出云平台和云服务。① 2015 年，正式更名为"用友网络科技股份有限公司"，代表了其对于互联网和云计算正式大举投入的决心。2016 年，用友宣布进入 3.0 战略，全面提供"用友云"企业服务，2017 年云产品正式上线。从 2018 年到 2021 年，用友云收入的占比从 27% 提升到 55%，这是用友积极向"云"迈进的结果。2021 年以后，用友已经成为名副其实的云服务公司了。

在这个过程中，用友的平台化思想开始实施，即将业务模式从 SaaS 拓展到 PaaS（platform as a service，平台即服务）层面，这要求很多专业合作伙伴的加入，帮助用友形成行业生态。2015 年，用友将植根于 NC 产品的封闭开发平台——大中型企业和公共组织统一应用平台 UAP（unified application platform）加以升级，变为 iUAP（i 代表互联网，也代表用友的互联网转型），对合作伙伴即 ISV（independent software vendor，独立服务提供商）开放，提升 ISV 合作伙伴的开发效率。

2020 年 8 月，用友 BIP（business innovation platform，商业创新平台）作为用友 3.0 阶段的核心产品和服务正式发布，标志着用友 3.0 战略第二个阶段的到来，从产品服务模式升级到平台服务模式（见表 1）。该生态体系聚合 IaaS（Infrastructure as a Service，基础设施即服务）战略合作伙伴、ISV 伙伴、创新开发者、渠道分销、咨询实施、业务服务、数据服务、金融服务等数字化产品与服务提供商，构建"共生、共创、共荣"的用友云生态体系（见图 1）。

表 1 BIP 与 ERP 的差异

ERP（企业资源计划）	BIP（商业创新平台）
降本增效	商业创新，重构新发展力
流程驱动	数据驱动
业务支撑	在线业务运营
软件包赋能	云服务及平台赋能
企业内协同	产业互联网 / 社会化商业协同
企业竞争	生态竞争

资料来源：用友网络

用友内部在梳理自身成长轨迹时也不断强调，用友从 1.0 到 3.0 的变化，是从仅仅服务于财务部门的一个部门级应用，到贯通企业内部各个职能的工作流程的企业级应用，再到跨越企业边界、服务于产业供应链的商业创新平台，成为一个社会级应用。用友成长过程中的一次次创新，支持着中国企业的时代需求，这正体现着用友价值观的第一条——用户之友。

---

① 聚合的力量：用友云平台发布会暨用友品牌新标识新闻发布会 [EB/OL]. (2012-04-23)[2022-09-01]. https://topics.gmw.cn/node_25904.htm.

在此过程中，走过 34 年历程的用友实现了自身的成长，对未来的期待也在一步步提升。王文京说："我们做财务软件的时候，并不知道欧美的产品是怎样的，我们就根据中国客户的需求去做，做到了中国领先。我们做第二代产品 ERP 的时候，做到了全球前十，亚太第一。现在第三代产品推出，我们一开始定的目标就是全球领先，大家以终为始，按照这个目标去推进各项工作。"

图 1　用友十大领域服务

资料来源：用友网络

行业概况

云计算趋势

不论是国际市场还是中国市场，ERP 行业自诞生至今都已经发生了深刻的变化。根据 ERP 行业鼻祖高德纳咨询公司（Gartner, Inc.）的观察，不论从客户还是厂商角度，以服务形式替代产品形式的云上 ERP 解决方案已经成为原先 ERP 软件行业的主流发展方向。① 行业研究机构赛迪顾问也观察到，受新冠疫情的影响，大量企业数字化转型的意愿强烈，企业需要管理软件等数字化手段来提升管理效率和控制风险。②

---

① Dixie John, Denis Torii, Paul Scheck, et al. Market Guide for Service-Centric Cloud ERP Solution[R]. Gartner. Inc., 2021-10-06.

② 王云侯，赛迪顾问.2020—2021 年中国企业级应用软件市场研究年度报告 [EB/OL]. (2021-06-01). http://www.mtx.cn/#/report?id=684669.

按照基础设施的不同，云服务可以主要划分为基于第三方共享的基础设施上的公有云（订阅即可使用，因此适合中小企业）、基于大型企业自建基础设施上的私有云（由于价格昂贵适合对数据安全性敏感的大型企业）、混合云（提高敏捷性的同时，兼顾风险与成本）。

全球公有云服务市场的整体规模保持较高的增速，2020年增速为24.1%。美国市场占全球公有云服务市场份额的六成，其次是西欧市场，占比约两成。中国市场所占份额为6.2%（2020年），是全球第三大区域市场，正在以超过全球总体水平的增速前进，2020年同比增长约50%。[①]

从企业级应用软件市场来看，全球市场规模在2020年已经超过了2000亿美元，增长率略有下降。从复杂的产品结构来看，包括ERP、CRM（客户关系管理）、FM（财务管理）、HRM（人力资源管理）、BI（商业智能）、SCM（供应链管理）、EAM（企业资产管理）、OA（协同管理）等，其中占比最大的是ERP和CRM，两者销售额合计超过总体的50%。

头部厂商

在管理软件大步跨向云战略后，领先的云ERP厂商纷纷发生了脱胎换骨的变革，分别在建设自己的平台能力，以适应不同行业客户的战略目标和发展需求。研究机构国际数据公司（International Data Corporation，IDC）认为，未来各大生态格局会逐渐形成自己的特色，差异化发展的格局已经初现，未来的竞争将会越来越激烈。[②]

根据赛迪顾问2021年的数据，SAP是全球领先的业务流程管理软件供应商，《福布斯》全球企业2000强中有92%是SAP的用户。SAP通过不断收购不同的细分行业龙头强化自身的解决方案，为客户提供数字化转型服务。2020年SAP总收入约362亿美元。[③]

第二名是微软，2020年企业级应用软件营收为335亿美元，其优势在于能够顺畅地与其他微软产品协同使用。第三名是美国的Salesforce，2020年营收达到213亿美元，其收入大部分来自SaaS产品。作为曾经的巨头，美国的Oracle由于未能迅速拥抱云计算，在企业级软件市场中增长乏力。用友是唯一进入2020年全球企业级应用软件市场前十名的中国厂商，凭借深耕中国市场，营业收入约13亿美元。

SaaS市场

云服务与SaaS是天然合拍的。在应用软件时代，SaaS思想是用卖服务替代卖软件，用长期收费替代一锤子买卖的销售，更体现客户导向和效果导向。SaaS的概念先于云计算概念之前就出现了，随着云计算技术的发展，它得到了更好的发展。SaaS意味着供应商提供

---

①② Wenting Xu, IDC. 中国企业级应用软件(EA)SaaS市场跟踪研究报告2020H2[R]. IDC.com. (2022-03)[2022-09-23]. https://www.idc.com/getdoc.jsp?containerId=CHC47427221.

③ 王云侯，赛迪顾问.2020—2021年中国企业级应用软件市场研究年度报告[EB/OL]. (2021-06-01). http://www.mtx.cn/#/report?id=684669.

了一个以使用为导向的软件解决方案，无须用户安装、软件升级和维护，平台供应商将软件统一部署在自己的服务器上，供客户订购使用。

根据 IDC 在 2020 年年底的预测，中国市场未来的发展趋势是，标准化应用 SaaS 将主要满足中小企业的需求，平台化应用 SaaS 将配合中大型企业数字化转型的需求，重点是平台的能力（支持客户企业的商业模式）、低代码（客户企业可以做简单开发）以及模块化（即插即用性），以对企业赋能为主要方向。其中，企业级应用软件（enterprise application，EA）是整个 SaaS 市场快速发展的主要驱动力。[①]

此外，SaaS 市场的复杂度很高，大中小型企业的需求有着根本性的差异，也存在迥异的行业需求。以往的行业头部厂商难以实现全行业、全领域覆盖。制造业是最大的垂直细分市场，同时，在不少垂直行业中将出现初创型 SaaS 厂商，让市场集中度变得相对分散。

中国市场

在 ERP 软件占据主流的 21 世纪初，中国市场的集中度较高，主要的竞争者包括占据高端市场且呈现该市场垄断之势的国际厂商 SAP 和 Oracle，国内厂商为用友、金蝶，以及各有所长的其他本土厂商。2020 年，中国本土软件厂商已经基本能在市场份额上压过国际软件厂商。根据赛迪顾问的数据，中国 ERP 软件市场的品牌结构已经变为用友（22.5%）、SAP（22.2%）、金蝶（9.4%）、Oracle（8.6%），ERP 云市场的品牌结构为用友（34.1%）、金蝶（22.6%）、SAP（17.5%）、Oracle（5.7%）。[②]

新冠疫情也加速了中国企业的数字化转型进程，企业制定信息化决策会优先考虑云的部署方式。同时，中国政府出台了相应政策，例如新基建、软件国产化等，均鼓励企业上云。[③] 中国市场需求的膨胀，以及企业对于创新商业模式的追求，对国内厂商来说既是挑战也是机遇。

自我重塑

应对市场变化

从单一的会计软件，到 ERP 产品，再到各个管理领域的产品，最终到用友 BIP 的推出，

[①] Wenting Xu, IDC. 中国企业级应用软件 (EA)SaaS 市场跟踪研究报告 2020H2[R]. IDC.com. (2022-03)
[2022-09-23]. https://www.idc.com/getdoc.jsp?containerId=CHC47427221.
[②] 王云侯，赛迪顾问 .2020—2021 年中国企业级应用软件市场研究年度报告 [EB/OL]. (2021-06-01).
http://www.mtx.cn/#/report?id=684669.
[③] 定制链 . 政策 | 两部委发文推进"上云用数赋智"，对企业来说意味着什么 ?[EB/OL]. (2020-10-24)
[2022-09-01]. https://www.163.com/dy/article/FOJI2BGU0538AUYG.html.

用友的发展既是产品和服务的一路升华，也是频繁的自我颠覆。"以用户为中心，为客户创造价值"的理念镌刻在每一代产品之中，随着发展的脚步，用友已经从一个典型的软件厂商，升级成"企业服务提供商"。

用友的领导层非常清楚，新时期客户的诉求已经从实现降本增效、流程优化的"管理工具"演变为追求"业务效果"——在数字化竞争中生存、变革、发展并取得成功。换句话说，是从流程驱动变为创新驱动。在过去的工具性价值观下，企业为了过程而管理，导致流程规范越来越复杂，从购买软件、培训到实施都花去很大成本和精力，但这些工具只能提升固化流程中的效率，未必有助于企业应对复杂的环境进而取得成功。

在环境变化越来越快的时代，很多企业更需要的是成本相对低廉、即插即用型的能力，以更快的速度和灵活性去实现创新。

自我颠覆之路

基于对环境变化的认知，用友意识到自身为客户提供的价值应该发生如下变化：从乙方到平台，从产品到服务，从工具到经验……用友从 2012 年就开始不断推进云战略，直到 2016 年推出云服务，此间为此不断探索和调整。到了云服务真正落地和成功之际，公司内部已经发生了巨大的变化。在组织结构上，公司也已经把用友 BIP 放在了非常重要的位置（见图 2）。

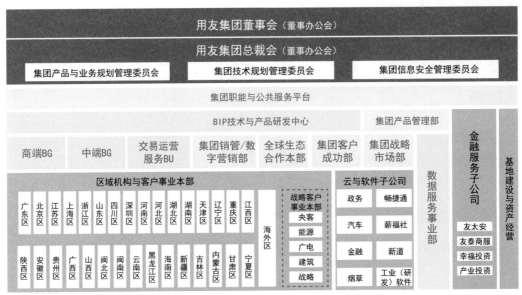

图 2　用友组织架构（2021 年）

资料来源：用友网络

用友 BIP

在客户越来越强烈的创新诉求下，用友知道下一代产品将是非常复杂的平台级产品，它将汇聚市场上各种新技术和服务提供商，共同助力客户的企业数智化转型，对客户"赋能"和提供同行的管理经验，这些对于数智化转型大潮中的大量企业来说，是非常有价值的。当前，用友所在的市场已经再难用"管理软件市场"去定义，公司提供的服务也变得更加底层化、抽象化，更突出对客户的赋能。

王文京这样去解释 BIP 的难度："坦率来讲，这是一个特别复杂的产品。BIP 是融合了工具、能力、资源服务、应用、业务、数据、知识、专业服务等的平台化、生态化的多元服务群 / 体，里面有平台，有领域应用[①]，还有行业应用。除了平台服务 PaaS、应用服务 SaaS、业务运营服务 BaaS，还有数据服务 DaaS，既要满足公有云的部署和运行，还要去满足大型企业混合云的部署[②]，更要确保对私有部署的快速部署和迭代……多种服务形态，都要在一个平台和产品体系中去实现。"

从信息化到数智化，从上一代企业信息化应用系统 ERP 到新一代数智商业创新平台 BIP，企业服务的产品结构与形态都发生了巨大变化：平台底座变得越发重要、多元、强大；提供的服务也从流程应用服务（pSaaS，p 表示 process 即流程），向流程应用服务与数据应用服务（dSaaS，d 表示 data 即数据）相融合的结构转变；形态上从工具型、套件式应用系统，跃升为融工具、能力、资源服务、应用、业务、数据、知识、专业服务等于一体的平台化、生态化多元服务群；各服务商之间的产品与服务必须融合化提供，不能再把一堆"烟囱"插到企业上（见图 3）。

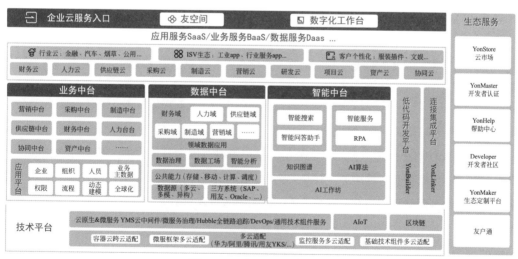

图 3　用友 BIP 服务架构

资料来源：用友网络

---

① 例如人力、财务等职能。

② 出于数据安全的考虑，很多大型公司选择私有云的部署方式。

回归产品

在过去，用友凭借对中国管理文化的理解，采用大量人力为大型企业做定制化开发、前期咨询和后期实施，因而得到了大量重视原厂服务的客户的认可。用友的市场优势在于大客户和国企的长期依赖，也正是这部分市场更需要定制化的服务。用友的客户包括80%的中国"世界500强"企业，65%的中国500强企业，65%的央企，尤其是事关国家能源、重要产业安全的领军企业。

在云战略下，用友为实现用友BIP主流生态平台的竞争地位，需要基于互联网公司的业务逻辑，将自身的主要力量集中于吸引大量企业入驻，迅速增大业务流量，再不断迭代新的产品。为了避免自身精力过于分散，用友尽量将需要人工的业务外包给生态伙伴。王文京说："因为整个产业的发展趋势就是平台化、生态化，用友构建了一个开放的生态化平台，已对接了超过2000家ISV，600多家专业服务伙伴，70多家战略伙伴，入驻生态伙伴超10000家，21000多个应用产品一起去服务我们的客户。"

与以往的核心竞争力道别，把过去擅长的业务外包给其他人，对于用友来说是一个相当困难的决定。云计算作为一种正在席卷行业的技术趋势，是所有竞争者都能清楚看到的。而做出这个决定对于用友来说，最需要考虑的是：一方面，云战略的实施是否能"踩准"行业需求变化；另一方面，要支持客户成功，平台的能力必须足够强大，这无法依靠闭门造车的开发，而是需要海量客户的使用行为来打磨，然后迭代升级。

用友带着"壮士断腕"的决心，把精力高度集中在打磨用友BIP这个社会级、生态级产品之上。此外，用友结合产业链企业的实际情况，创造性地推出两款BIP产品，分别是YonBIP和YonSuite（suite意为套件），以满足不同规模企业的需求。其中，YonBIP适合大型企业，强调功能的全面性，并且围绕自身价值链构建生态；YonSuite适合成长型企业，强调使用的灵活性，可以帮助成长型企业加入到核心企业产业链上下游的运营中来，成为产业链的一份子。

渠道变革

以往用友针对小微企业客户采取分销的渠道策略。因为其提供的产品是标准化的，只需要向客户提供培训和运维服务。针对大企业，用友采取直销策略，工作模式是"顾问型销售"——由前端团队拜访与获取客户，再由后端团队对客户服务，主要包括对于解决方案的客户化开发，其中包含咨询与实施等各个环节。

转型后，原有渠道策略完全调整，针对小微企业，用友的商业模式从销售变为订阅，客户入驻用友的云服务，直接开通账号使用即可。针对大型企业，不论技术如何发展，业务场景的复杂程度永远存在，大企业对数据安全的要求也很高，因此还是需要足够的人工服务支持，在解决方案服务和定制开发方面，用友略作保留。

此外，咨询业务几乎完全改为由生态伙伴来承担，例如埃森哲等世界知名的咨询公司代理用友的产品，其团队接受用友的认证，并代用友对客户服务。在运维业务方面，用友的目标是，把公有云的运维全面纳入自身业务，这是保证云平台运作的基础之一。而私有云的运维需要大量人工，则尽可能外包给生态伙伴。

转型挑战

面对一个客户，卖软件的收入可能首笔就能达到数百万，后续收入来自持续的运维。但转为云服务后只能收订阅服务费，每年可能只有几十万，只有将客户保留在平台上，才能持续收取稳定的费用。从客户角度来看，可能只是收费方式的变化，但从用友自身转型的角度来看，公司为了开拓新的战略方向承受着巨大的业绩风险，公司和基层员工付出的努力都是巨大的。

用友是上市公司，需要为业绩的稳定发展负责。在投身云战略的前几年，面对大客户的服务代表了"现在"，拥抱云计算则代表了"未来"。虽然发展方向已经清楚，但脚下的路却十分难走，左右平衡不易达成。例如，面对同一个客户，到底是卖云服务还是卖软件？用友坚定走云服务路线后，从公司层面看，没有十倍于过去的客户数量，就撑不起来原先的收入规模。这样，一线员工的工作量与收入在短期内就无法匹配，出现了基层积极性不足的现象。

为了推行云服务走向市场化，用友为一线员工实施了奖金倍增计划，极大激励了员工的积极性。2021年用友整体收入与往年相比实现持续正增长，全年云收入占比超过55%，在市场拓展方面付出的努力、资源与原来卖软件时期相比早已不可同日而语。

聚力生态

从软件时代到云平台时代，可以比作从狩猎时代走入农耕时代。[①] 在整个 ICT 产业里，掌握顶尖话语权者是制定软件行业标准的行业玩家。在原先 ERP 领域里，制定标准者是 Gartner 集团，其他竞争者必须采用与行业标准相统一的接口才能实现数据互通，这让中国公司的开发工作不得不尾随西方标准，不断去趋近并试图超越业界顶级水准。

在云计算风潮来临时，软件开发的技术架构和底层逻辑发生了彻底的变化，在行业发展早期获得巨大红利的厂商们拥抱云计算的时间有先有后。用友认识到，只有踩准市场需求并占领先机者才有可能突破原先的市场结构，赢得突出的成就。用友认为，自己至少有机会凭借中国市场的巨大潜力，以及用友多年来积累的品牌口碑，将用友 BIP 打造成一款航母级的平台产品。在其之上，可以聚合千行百业的 ISV 伙伴，持续构建细分领域和行业应用，

---

① 刘晶晶 .【畅享专访】云时代从疯狂狩猎走向细作的农耕文明 [EB/OL]. (2017-09-13)[2022-09-23]. http://www.vsharing.com/k/vertical/2017-9/721877.html.

应对企业客户多变而复杂的需求。

用友认为，作为企业服务市场的引领者，势必要担负起构建平台和生态的使命。因此，2022 年年初，"扩生态"和"强产品""占市场""并购投""提能力"一起成为用友当年的五大战略任务，"扩生态"全面上升到公司的战略高度。与此同时，用友宣布开启以"融智·聚力"为核心的生态新时代。所谓"融智"，就是用友和伙伴的技术能力、产品方案能力、服务能力，融合共创，特别是共创联合解决方案；"聚力"则是把用友和伙伴的生态资源、客户资源、人力资源、市场品牌，聚力协同在一起，联合创新，共筑数字力量。同时，用友提出全面构建"用友生态伙伴网络"（Yonyou Partner Network，YPN）。用友认为，生态的建设不只是用友与一个个生态伙伴的紧密合作，而是要让伙伴与伙伴之间形成彼此交叉的网状合作，并通过这样的合作为最终客户创造价值，这才是生态战略的核心所在。

为了推动生态战略的落地，2022 年用友在升级五大生态计划（见表 2）加速生态建设的同时，支撑伙伴快速成长。这样一个升级，对生态建设的促进作用逐步显现。截至 2022 年年中，用友 BIP 的 ISV 伙伴已有 2032 家，开发者生态人数超过 108 万；用友 BIP 生态的专业服务伙伴 332 家，战略伙伴 72 家，技术平台伙伴 176 家，增值销售和服务伙伴超过 3000 家；用友云市场 YonStore（store 意为商店）上市 BIP 原生产品 23 款，入驻伙伴超过 10000 家，入驻产品超过 21000 款；用友 BIP 还与超过 1700 家银企开展生态合作。

表 2 2022 年用友五大生态计划

序号	主要内容
计划 1	加强与 ISV 伙伴的合作，持续构建细分领域和行业应用，助力千行百业的数智化转型
计划 2	加强和咨询、实施、客户二次开发专业服务伙伴的合作，大规模、高质量地交付客户项目，能使客户更便捷地构建所需的数智化平台和应用体系系统，支撑其业务创新和管理变革
计划 3	加强与云计算、运营商、银行等战略资源伙伴的紧密合作，将云计算资源、电信服务资源、金融服务资源，与平台和应用系统紧密结合，在企业里发挥和创造更大的价值
计划 4	加强与教育、培训机构的合作，依托用友 BIP 大规模地培养数智化人才，满足诸多企业开展数智化的人才需求
计划 5	加强与独立开发者、独立顾问的紧密合作，满足客户更多的个性化需求

资料来源：用友网络

用友的高管团队意识到，中国企业的数智化进入到更加深入推进的新阶段，越来越多基于数字技术推动商业创新的中国企业正在进入全球各行各业的前列，这对提供数智化平台与应用系统、提供数智化专业服务与各种增值服务以及融合资源服务的厂商和服务商，提出了更高的"融合"要求。

经过 6 年的规模研发、持续迭代，近期用友重磅发布的用友 BIP 3，将着重突出生态聚合能力，帮助用友加强与各类伙伴的合作，携手共助企业数智化转型。用友关注 BIP 3 的产品力，以及有意令它向更加开放的方向发展。它不仅涵盖六大平台、十大领域，而且也包含了大规模生态的融合服务群。它的出现，不仅让用友的目标客户群体发生了重大改变，而且也让生态空间有了新的变化。

在集成方面，以用友 BIP 3 为能力底座，用友将合作伙伴成熟的产品与平台深度集成，形成联合解决方案，并入驻用友云市场商城（YonStore）快速变现；或是伙伴与用友共同开发产品，创新解决方案，从而赋能行业和领域客户的数智化转型。

在被集成方面，细分行业的龙头厂商、互联网企业或是传统企业的科技公司都可以基于用友云原生的 PaaS 平台 iUAP，快速构建各类场景化服务或产业互联网平台，从而更好地赋能产业链上下游伙伴。用友很清楚，只有补齐"被集成"这块短板，才能让用友 BIP 3 演变成全球领先的企业服务产业共创平台。

展望未来，用友看到，企业数智化市场的需求是确定的，企业服务产业的发展机遇也是确定的。在这样的背景下，用友将在平台化、生态化的企业服务产业趋势下，让更多的中国企业走向全球同行业的前列。根据行业研究公司 IDC 的调研数据，预测到 2030 年，用友将累计创造 4.5 万亿的经济体量，用友每收入 1 元将为生态伙伴带来 6.3 元，同时也将带动 256.5 万的就业。

未来

夜来风雨声，花落知多少。一个科技浪潮席卷而来，将数不清的竞争者托起又淹没。全球市场上的云服务标准正在纷纷建立，迟早会出现分庭抗礼之势，SAP 积聚多年之力，2021 年在以往的 SAP Cloud Platform（SAP 云平台）基础上，推出了自己的云时代集成平台——业务技术平台 BTP（business technology platform），它是集成 SAP 所有服务的底座，也代表着 SAP 自身的标准。Gartner 集团也提出了 EBC 平台（enterprise business capacity，企业业务能力），中国厂商金蝶、浪潮选择联手 Gartner，采用 EBC 平台的标准。

在云计算时代，选择自创平台和标准的用友将如何脱颖而出？国内市场对"软件国产化"的呼声越来越大，国家支持国产软件行业的税收优惠政策频出。[①] 同时，各级政府对央企和国企的数字化转型都提出了明确的要求和指引，这些企业非常需要能够支持信创（信息技术应用创新产业）安全的企业服务供应商，这为用友提供了巨大的市场机会。例如，用友 BIP 的客户包括中国工程物理研究院（中国唯一的核武器研制生产单位）、中核工业（以军工工程、

---

① 王文信. 解读软件国产化：价值、挑战与策略 [EB/OL]. (2022-07-05)[2022-09-01]. http://www. ciotimes.com/IT/210562.html.

核工程、核电工程建设为主业）等国家机要单位，也帮助了各行业的本土翘楚如新能源汽车领域的比亚迪、工程机械领域的三一重工、全球最大的移动运营商中国移动、全球最大的船舶工业集团中船等。

不过，由于商业模式转型，用友依然面临收入连续三年横盘（2019—2022年）、大举研发投入以及销售费用增加影响利润、在公有云领域市场竞争力有待进一步提升，以及ARR（订阅服务年经常性收入，这是SaaS订阅业务最关键的指标）占比不高等挑战（见表3）。机遇与挑战并存之下，用友决心在中国市场上与国际企业好好打一场"标准战"，也与国内竞争者好好打一场"转型战"。

表3　用友2017—2021年主要财务指标　　单位：亿元（人民币）

指标	2017年	2018年	2019年	2020年	2021年
营业收入	634.4	770.3	851.2	852.8	893.2
净利润	38.9	61.2	118.1	98.5	70.8
扣除非经常损益的净利润	29.3	53.2	67.8	90.6	40.5

资料来源：用友网络

结束语

企业服务软件行业瞬息万变，用友和其他竞争者正在接受一波又一波科技浪潮的冲刷和洗礼，必须一次一次进行自我颠覆和转型。云计算自2006年提出至今，实现了突飞猛进的发展，全球云计算的市场规模在快速增长。2020年4月7日，国家发展改革委、中央网信办联合印发的《关于推进"上云用数赋智"行动 培育新经济发展实施方案》中，鼓励在具备条件的行业领域和企业范围内，探索大数据、人工智能、云计算、数字孪生、5G、物联网和区块链等新一代数字技术应用和集成创新，为企业数字化转型提供技术支撑。政策的支持固然是一个利好方面，但转型对企业的考验依然是巨大的。单就企业服务软件领域而言，在过去的一次次科技浪潮中，已经有数不清的企业或因方向选择不正确，或因发展节奏失衡而倒下。

那么，用友是如何看待自身发展的呢？除了作为用户之友，用友的另外两条核心价值观是持续创新、专业奋斗。三者都是围绕客户需求的变化。身经百战的王文京这样认为："在整个公司里，承压最重的还在于产品要持续迭代，因为客户需求在不断变化。挑战的话，我倒觉得没有特别的，其实我们只要把产品做好，把客户服务做好，公司就会持续不断地往前发展。"

【研讨题】

1. 用友从 1.0 到 3.0 的发展，体现了中国企业和产业的创新发展需求发生了怎样的变化？用友的商业模式与组织能力是如何调整的？

2. 与普通制造行业相比，企业服务软件行业的产业链有哪些独特之处？为什么"标准"如此重要？

3. 用友已经建立了生态和门槛，它能否保持云服务领域的竞争优势？

📋 案例分析

　　本案例系统描述了创立于 1988 年的用友从 1.0 阶段向 3.0 阶段的创新与变革历程。用友最初以财务软件立足于中国市场，又随着市场需求的不断发展而拓展自己的业务，成为中国领先的管理软件厂商。2010 年以来，随着"云计算"技术在全球管理软件行业的渗透，管理软件行业的商业模式正在发生着深刻的变化，从为企业提供工具性的软件产品，发展为给企业提供丰富的"即插即用型"的云服务平台。本部分将从用友转型云服务的时代背景变化、企业服务软件行业的产业链特征、用友如何保持云服务领域的竞争优势三个方面，系统分析用友云服务转型背后的时代背景、产业特征与自身竞争优势的重塑。首先分析用友转型所折射的中国产业演进与企业创新发展需求演变，然后分析企业服务软件产业链在数字化时代的新老更替对云服务企业提出的新要求，最后探讨用友在云计算、人工智能等新技术变革的浪潮下，如何应对来自资本市场和国内外竞争的双重压力，找到能够保持竞争优势的商业模式，进而持续赋能中国产业数字化、智能化、融合化和绿色化发展，为加快构建现代化产业体系、支撑中国式现代化贡献企业服务业的力量。

一、中国产业创新演变与用友的持续变革转型

　　用友从 1.0 到 3.0 的发展，体现了中国企业和产业在创新发展需求上的巨变和持续跃迁。为了适应乃至引领中国产业创新的持续演变，用友不仅需要对商业模式进行动态调整和转型升级，更要完成组织能力的适配。

　　做强做优做大数字经济，已经成为新形势下我国抢占科技与产业竞争高地的核心议题。抓住全球数字经济发展机遇，加快数字化转型，促进数字经济和实体经济深度融合，是加快建设现代化产业体系、实现高质量发展、支持中国式现代化的关键。用友从诞生之初就扮演了推动企业软件进步和企业信息化、智能化、高质量发展的重要角色，并在从 1.0 到 3.0 的发展过程中不断践行初心使命。通过对国家战略需求、产业发展趋势和企业经营管理规律的深刻把握，不断更新商业模式和组织能力，来满足中国企业和产业不断变化的创新发展需

求。尤其是在新发展阶段，用友向云服务的全面转型，正是瞄准了传统产业数字化、智能化转型和高质量发展背景下涌现出的新需求，通过商业模式和组织能力的调整，提供高质量的云服务，有效赋能中小企业数字化转型，为加快构建现代化产业体系、推进高质量发展提供了重要支撑。这也是行业领军企业发挥产业链"链长"作用，助力中国式现代化的一个缩影。

在 1.0 阶段，用友作为财务软件的开创者之一，实现了革命性创新（在国家推动会计电算化的大背景下，同期也有不少其他品牌的财务软件厂商进入这个市场，但很多厂商在竞争当中消失了）。在这个阶段，用友是靠自己研发产品，产品比较简单也不需要很多的咨询和实施服务，所以软件仅仅作为产品出售。

在用友 2.0 阶段，国内企业对于 ERP 软件的需求出现大幅增长。一方面，大型中国企业在管理上需要提升，实现与国外企业的管理能力对标；另一方面，国外 ERP 软件不断渗透中国市场。市场空间已经打开，用友从财务软件逐渐扩展到其他领域，包括供应链、人力资源、协同办公、客户关系管理、商业智能等，合称企业管理软件。用友在这个阶段的努力方向主要有：（1）开发新领域的产品（管理领域）；（2）打开新的行业市场；（3）打造本地咨询与服务的能力，突出原厂一体化服务优势（与国外竞争者区分开，国外竞争者通常缺乏本地咨询和实施的能力，采用埃森哲作为本地咨询和实施的供应商）。由于企业管理软件的开发成本很高，市场分化了高中低端用户不同的需求，所以用友开发了不同的产品序列，用标准化产品面对低端市场（软件分销模式），用 ISV 开发细分行业产品，用更加定制化的产品与更周到的咨询与实施服务面对高端市场（如 NC 系列）。用友的战略在中国市场得到了验证，然而在云计算到来之后，市场环境又发生了重大变化，这让以往的战略不再奏效。

2010 年后市场的主要变化有：

- 云计算技术的到来降低了企业采用技术作为管理工具的成本；
- 中国的中小企业活力增加，国家鼓励创新创业，而中小企业对管理工具的要求是低成本、有实效；
- 人力成本的提升让咨询和实施的毛利变低；
- 中国宏观经济发展进入增速放缓期，中小企业盈利能力不足，对企业服务软件付费意愿较低；
- 互联网龙头企业和实业巨头纷纷进军企业服务业，带来了"业务 +IT"一体化的新生涯模式，对用友的传统 IT 软件服务模式形成巨大冲击；
- 产业数字化转型逐渐加速，客户对于企业服务的需求重点从聚焦企业内部管理的"稳态业务"，转向从外部寻求发展机会、结合内部资源进行商业模式变革的"敏态业务"。

因此，对于用友来说，高成本的产品投入和高人力投入的服务模式已经无法持续，且聚焦中小企业的业务模式也进入了增长瓶颈期，同时面临着被金蝶软件等竞争对手反超的巨大挑战。最好的选择是找到合适的时机，转型为低开发成本、低人力投入的模式，并在产品功能上加以创新，支撑企业主动整合内外部资源与多方合作伙伴的敏捷协同需求。用友需要考虑如何通过云计算技术实现这些目标，同时要将高中低端市场的不同需求考虑进去。

中低端市场对定制的要求并不高，以往用友对中低端市场提供软件产品和少量服务，转型云计算后把软件产品变为基于互联网的服务，收费方式从一次性的产品购买费用变为按年收服务费，这样可以降低客户的年度成本，也降低了客户加入的门槛和风险，同时丰富了客户同时可选的服务种类。如果客户长期采购服务，总的付费并不会低于购买软件。这样，用友的云平台实际上让中低端客户的经营变得更加灵活，对他们的服务也就更能体现出实效。

高端市场依然需要高度定制，它们对数据安全的要求高，对于云计算的顾虑更多。用友过去的优势正是在高端市场，转型云平台模式，并不能让用友在高端市场降低很多成本，反而由于技术投入的原因会增加成本。可以这么理解，用友过去的市场优势——定制化产品和定制化服务，实际上并不能让云平台模式成为取得显著成功的抓手，反而会形成一定的桎梏。从软件和定制服务转型到云平台，加之公有云和私有云之分，甚至更复杂的混合云，对应了标准化和定制化的不同需求，一些问题可以被提出来讨论，这些问题并没有答案，或者只有部分答案。

- 资本市场：新老模式的更替下，用友应当如何把握更替节奏，才能稳定财务指标？
- 大客户：推荐价格贵的软件产品，还是云平台按年付费的服务？有的客户要求比较复杂（混合云），用友面临的终极问题是，要在多大程度上满足客户的定制需求？
- 员工：是否有与战略（以及变革节奏）相匹配的激励方案？这直接关系到执行结果能否实现总的战略目标。
- 竞争者：用友把咨询和服务外包，是否会把市场让给坚守传统商业模式的竞争者？或者说，用友实现剥离人力密集型的业务，但还将他们留在生态系统内，如果变革没能成功，用友还能退回原来的模式、找回原来的市场吗？是否要努力保留当前的高端客户，满足他们的需求？
- 政府：打造自主知识产权的软件平台符合国家发展数字经济、推动产业数字化转型、构建现代化产业体系的需要。
- ISV：他们需要决定是否跟随用友平台，是否接受用友平台的独立标准。用友需要增加自己的生态对 ISV 的吸引力。

本质上而言，用友从 1.0 到 3.0 的变革，背后是以数字技术为代表的新一轮科技革命驱动中国企业从电算化走向信息化再到数字化转型的不断转型升级。据中国信息通信研究院统计，2021 年，全球 47 个国家和地区的数字经济增加值达到 38.1 万亿美元，占世界国家和地区 GDP 总量的 45.0%；产业数字化作为主引擎，在数字经济中占比高达 85.0%。

2022 年国务院印发的《"十四五"数字经济发展规划》中提出要加快企业数字化转型升

级，推行普惠性"上云用数赋智"服务，全面深化重点产业数字化转型，鼓励和支持行业龙头企业立足自身优势，开放数字化资源和能力，帮助传统企业和中小企业实现数字化转型。这一国家级的战略规划，为用友的云服务生态发展提供了新的市场机遇，同时也为用友通过云服务赋能中国千百万中小企业数字化转型，推动中国制造业向高端化、智能化、绿色化转型升级提供了海量需求场景。用友多年的创新转型和积淀，在这一新的国家战略需求下，将承担更大的使命，为数字化转型和高质量发展作出更多贡献。

与此同时，这些产业链现代化和数字经济的新发展模式、新发展需求，对企业服务厂商提出了全新的要求。总之，用友必须把握好转型的节奏，在所有时间节点都考虑好自身在各方面的号召力是否足以支持其继续向云计算方向前进。

二、企业服务软件行业的产业链特征

和普通制造行业相比，企业服务软件行业的产业链存在不少独特之处。因为软件开发会形成知识产权，而企业往往需要同时在多个业务领域都采用管理软件，如果选取的供应商不同，可能因标准不同出现无法"适配"的情况。因此，对于强势的品牌来说，"标准"变得非常重要，有助于形成自己的软件生态护城河。

1. 产品与 SaaS 时代的企业软件产业链

普通制造业产业链的上游是研发与原材料供应商，中游是零部件生产和组装工厂，下游是分销商和零售商。大多数情况下，企业根据以往的业务情况和市场环境变化预判未来的市场走向（设计样式与数量多寡），产品标准化程度高，批量生产以降低成本，因为市场预判可能有偏误所以风险较大。下游市场信息逆向回流到上游，这中间有比较长的时间差。

企业服务软件行业处在纯产品时代时（如用友 1.0），在一定程度上类似上述流程。在财务软件这个领域，需求通用性比较高，所以用友的"中国第一表"能成为爆款。随着企业管理软件产品的丰富性增加，用友进入到更多的管理领域市场，管理需求依企业情境而不同，这就出现了上游的咨询服务（售前）和下游的实施服务（售后）的需求。咨询服务是深入到企业业务流程的，需要与软件功能与流程逻辑相匹配，因此在咨询时就基本决定了客户后续对于厂商的选择。对于高端市场而言，客户的决策时间点相对更加靠前，他们普遍要求学习西方的管理经验，默认供应商采用国际标准，否则可能就不会选择用友。所以用友和很多本土软件厂商的唯一选择便是加入西方 ERP 标准。客户会参与服务的实施，这是服务营销的基本特点之一。此外，客户希望保留随时更换软件供应商的权利，也会要求供应商采用国际通用的标准与接口。

2010 年前后，用友在高端市场的竞争地位是逊于国际厂商的。用友和其他本土厂商与国外厂商在同一个体系竞争，只是通过不同的市场定位来划分市场并构造自己的竞争优势。中国本土高端客户主要考虑的是国外软件不符合其自身业务需求，且难以定制化开发，而选择第三方实施又意味着更高的成本。用友的战略恰恰是打通上下游，打造了原厂服务，也就是借助产业链整合的优势，用更合理的价格和更好的定制化服务提供了高性价比的方案，抓住了不少中国本土高端客户。

2. 云计算时代的新老产业链更替

在 ERP 时代，几乎所有的软件厂商都必须遵循统一的技术标准，一个生态的成员可以用较低的成本转移到另一个生态，或者同时在多个生态之中提供产品和服务。在云计算时代，技术标准还未实现统一。市场强者有机会在打造新的生态系统的同时设置独立的标准。用友在进入云计算领域的初期，就必须考虑新生态系统的"封闭—开放"性。也就是说，用友必须选择加入别人的标准，还是自创一套标准。标准在本质上不是技术问题，而是增加生态的准入门槛。同是否转型云计算一样，这个决定也会对各种利益相关方产生不同的影响。

在是否投入到云计算，以及"封闭—开放"问题上，任何厂商都无法轻易作出决定。从推出概念，到确定战略，到发布产品，再到收入占比提升，耗费了用友大量精力与时间。虽然王文京很早就部署云计算战略，但在云计算潮流并不明晰的前提下，作为国内最大的企业服务本土厂商，用友过去的竞争优势某种程度上形成了"路径依赖"，"船大难掉头"，很难迅速采取自我颠覆的路径。

站在 2023 年的时间点，用友已经选择大步朝相对封闭的生态方向走去，提升了进入其生态的准入门槛。利益相关方是否选择加入用友这一相对更加封闭的平台，取决于用友是否能持续提高产品力，以及给出令人满意的真实的市场业绩。

三、用友在云服务领域竞争优势的延续

从产品力角度，用友的 YonBIP 脱胎自 NC 的封闭开发平台 iUAP，其产品和技术是否能满足用户需求呢？用友只有准备足够的研发投入，才能做到让平台级产品带动整个生态的发展，并保持生命力。这个过程中需要 ISV 和服务伙伴的认同，也需要客户对整个"产品＋服务"结果的认同，两者相辅相成，共同推动这一生态走向繁荣。除了产品之外，客户开发与激励销售团队势必会推高销售费用，用友需要在研发与营销之间做好平衡（见图 4）。

从生态建构角度来看，2022 年用友在升级五大生态计划、加速生态建设的同时，支撑伙伴快速成长，并发布最新的商业创新平台 BIP3，包含了更大规模生态、覆盖更多场景的融合服务群。用友通过基于数智化的基础设施，直接赋能中小企业和联合细分行业领军企业间接赋能中小企业的两条路径，逐渐聚力平台化、生态化和场景化的发展，初步形成了生态竞争力。

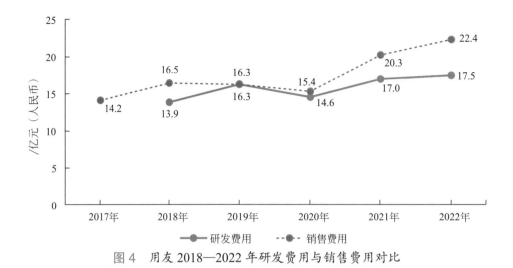

图 4　用友 2018—2022 年研发费用与销售费用对比

从市场竞争力和绩效角度来看，2021 年用友的云业务占比首次超过软件业务，云服务关键指标均实现高速增长；2022 年上半年云业务收入增加 52.6%，营收占比从 2021 年的 59.6% 上升至 65%，在经济下行压力与疫情冲击下实现了超预期增长；多个国内大型券商在 2022 年首次给予用友网络股票"买入"评级。说明市场对用友的云服务转型给予了积极的响应，这也是云服务综合竞争力的体现。

但从初期资本市场反馈的角度来看，2022 年用友发起定增计划，在股价高位吸引不少资本参与，这体现着资本市场对于用友投入云服务的期待。但是资本的进入更多体现的是对云计算业务发展的一种预期，并且为预期的实现提供了资金基础，实际上是对用友提出了云计算业绩上的新挑战。

能否形成持续的竞争优势，实际上还是要根据细分市场而言。用友在高端市场的早期优势，是否会因为推行云平台而有所减弱？一方面要看用户的接受度（业务上是否需要，以及政府对于"信创"的要求），另一方面要看竞争对手（例如 SAP）是否能够提出更好的云计算产品。用友在中低端市场的成绩，用年度经常性收入（Annual Recurring Revenue，ARR）的增长和占比更加能够说明问题，因为低端用户选择不同平台的替换成本更低，长期订阅服务的唯一决定因素应是产品/服务能否真正有实效地服务他们的需求。实际上，中国软件企业的 ARR 普遍低于美国，在中国企业的 IT 支出结构中，软件长期占比不足。换句话说，"蛋糕"原本就小，服务订阅模式更缺乏市场空间。

对于细分行业的需求，用友是否能够满足？对于企业服务软件行业，按照行业还是地域划分其组织结构是一直存在的问题。聚焦通用性、普适化软件产品（U8/U9/NC 等）的用友，在 2023 年 1 月的"23 大行业客户与解决方案事业部成立与誓师大会"上正式向社会公开了新的组织模式，新组建了离散制造、消费品、流程制造、装备制造、军工、能源、交通运输、公用、现代服务、农牧等 23 个行业客户与解决方案事业部。王文京在会上提出了"以行业为主，行业＋地区"的运行模式。高端客户往往是跨地域、跨国经营的大型集团，一方面对于集团化运营和管理的要求很高，另一方面也希望企业服务供应商（在软件时代称"企业软件供应商"）有更高的行业专业能力，从而帮助他们进行数智化转型。在客户更加专业、客户要求更高、客户需求更加细分的环境下，用友需要从过往画地为牢、在地域内跑马圈地的经营模式转变为资深行业专家，这并不是一次组织转型就能直接实现的，而是需要长期的经验积累。此外，考虑到用友云平台生态的特点，用友也必须有能力号召 ISV 和专业服务生态伙伴一起配合转型。可见，转型为平台后，建设生态与带动生态均是系统工程，在二十多个行业同时出击并不简单。随着企业需求越来越个性化，一些更加专业和细分的需求，可能会逐渐被聚焦垂直市场的小厂商所满足，作为头部平台的用友，正在经历所谓的"降维打击"。

在 2022 年用友生态大会上，王文京提出全面构建"用友生态伙伴网络"，升级五大生态计划，建立四个生态支持体系，与伙伴一起联合创新，营建全球领先的聚合型企业服务生态。这一战略宣言，标志着用友有意向更加开放和通用型的云服务生态发展。然而，面对日趋激烈的国内外竞争，以及随着 AIGC（人工智能生成内容）等颠覆性技术和 AIaaS（AI as a Service）新商业模式的出现，用友基于 SaaS 的云服务商业模式，是否以及能否成功向新商业模式跃迁，仍然是迫在眉睫的挑战。

总之，用友在高端市场和中低端市场面临着双方面的夹击，必须在"通用—专精""现在—未来""封闭—开放""投研发—投市场"等决策中找到一条可持续发展的道路，并主动拥抱复杂多变、模糊不定的产业竞争环境背后的挑战与机遇，才能在保持持续领先优势的前提下，更好地践行其用信息技术推动商业和社会进步、赋能中国产业数字化转型的使命。

回顾用友的创立与发展，用友从 1.0 到 3.0 的创新变革，不但是改革开放以来中国企业通过自主创新实现跨越式发展、打造一流产品和一流企业的缩影，也是企业服务业的创新者面向中国经济社会发展的转型需求，不断推进组织管理和商业模式变革，服务中国自主创新和产业现代化的典型探索。用友的云服务转型探索表明，面向数字经济高质量发展和中国式现代化的使命要求，不断更新组织能力和产品服务，不但能够为企业自身发展提供强大的内生动力，也能够为加快发展数字经济，促进数字经济和实体经济深度融合，打造具有国际竞争力的数字产业集群起到引领性贡献。尤其是用友作为企业服务产业链的"链长"，其向云服务、数智化的转型与变革，有力支撑了企业服务业的现代化和高质量发展。用友的探索，也启发中国其他产业链的"链长"，积极响应中国式现代化对建设数字中国、实现高质量发展的国家战略使命和产业数字化、智能化转型的重大需求，坚定自主创新的战略定力，通过组织变革和持续技术创新，在开放环境下打造持续竞争优势，在加快成为世界一流创新型企业的同时，为中国产业智能化、绿色化、融合化发展提供持续支撑，助力不断开辟新领域、新赛道，塑造国家发展新动能和新优势。

14

福田汽车的数字化升级之路 *

📑 案例正文

【引言】习近平总书记多次强调制造业在经济发展中举足轻重的分量:"制造业是国家经济命脉所系","制造业高质量发展是我国经济高质量发展的重中之重"。在数字经济高速发展的大背景下,产业数字化成为数字经济的主战场。汽车产业作为高端制造业的重要标杆,是我国国民经济的支柱产业,产业链条长、产值规模优势突出、技术门槛高、带动效应强。近十年来,电动化、智能化、网联化、共享化的新技术变革浪潮,给汽车产业带来了巨大的机遇,同时也蕴藏着众多挑战。面对新形势,北汽福田汽车股份有限公司(以下简称"福田汽车")不仅在自身的信息化、数字化建设方面取得了显著成效,而且在推动产业链数字化、产业生态数字化升级方面同样发挥了积极影响,可以为制造业企业的数字化转型提供有益的借鉴。

【摘要】自 1996 年成立以来,福田汽车一直在稳步推进企业的信息化及两化融合建设工作。2015 年后,结合各类数字化技术的探索和应用,福田汽车开始发力数字化升级建设,到 2021 年基本搭建完成了企业内部"一云、四联、四化"的数字化体系架构,并在近些年持续推进优化升级,在智能化生产、规模化定制、服务化延伸等方面取得了诸多成效。在这一进程中,福田汽车通过数字化建设重构了企业价值链和产业价值链,建构起突破传统产业界限、内外联动的价值网络体系,聚合更多的生态伙伴,形成了集整车制造、核心零部件、汽车金融、车联网、电商平台等为一体的数字化汽车生态系统,在提升自我的同时广泛赋能产业链的上下游连接者。

【关键词】数字化升级;产业数字化;产业链协同;商业生态系统

---

* 案例作者:李东红,清华大学经济管理学院创新创业与战略系教授;杨主格,清华大学全球产业研究院研究总监;李晓辉,清华大学经济管理学院中国工商管理案例中心案例研究员。

福田汽车成立于 1996 年，于 1998 年在上海证券交易所上市。福田汽车的整车业务覆盖包括中重卡、轻微卡、大中客、轻客以及工程机械、环境装备等多个细分市场。截至 2022 年 9 月，福田汽车累计产销汽车突破 1000 万辆，海外累计出口 80 多万辆，出口量连续多年居中国商用车行业第一位。截至 2022 年年底，福田汽车已在全国建立了 15 个智能创新研发中心，在国内 7 个省份布局了 18 个整车及零部件数字智造工厂、8 个整车应用开发中心和 3 个合资技术中心布局，并在全球建设了总产能达 8 万辆的 22 个散件组装（knockdown，KD）工厂。2022 年，福田汽车销量 460126 辆，其中新能源汽车销量 21761 辆，同比增长 154.81%；营业收入 565 亿元，资产总额 861 多亿元，员工近 4 万人，产品和服务覆盖全球 110 个国家和地区。

福田汽车在 2000 年前后开始信息化建设。当时，伴随福田汽车商用车的全系列发展、汽车产销量的大幅增加，以及国际化业务的拓展，企业 IT 能力无法匹配业务发展，如 IT 基础设施和管理系统匮乏、IT 组织体系不够完善等。2002 年，福田汽车高层领导在海尔集团参观交流时颇受海尔信息化建设成效的触动，随后制定了企业信息化建设总体规划，分阶段推进信息化系统建设，包括构建并完善集团信息系统框架、推进系统应用及数据准确性工作、建立财务统一平台、搭建全球化平台与信息安全平台体系等。

2014 年，为响应国家"两化融合"①政策的号召，同时也基于企业自身发展的需要，福田汽车提出了两化融合体系"三阶段"建设规划，逐步建立了两化融合管理体系，对内重点加强了产品质量保证体系、订单到交付的信息化支撑体系，并对集团的多种管控模式提供信息化支持；对外则将重点放在与客户、经销商、服务商、供应商建立连接，从服务于内部向同时服务于外部转变。在此进程中，福田汽车也同步开始了数字化升级建设。

打通"数据孤岛" 构建企业数字化能力底座

2010 年以前，国内商用车市场一直保持增长态势，之后出现多年的低迷，累计销量同比负增长，2016 年后虽逐步回暖但增速较慢。相比之下，同期商用车后市场②的规模则逐年增大，智能化、网联化趋势明显。

福田汽车对商用车市场的市场动态和发展趋势进行分析后认为：一方面，国内商用车销量开始从"增量分享"转向"存量博弈"；另一方面，国内商用车客户结构逐渐从以散户为主转变为以大客户为主，车队用户占比不断提升，客户专业化、需求多元化、购车定制化的趋势愈加明显。如何顺应市场潮流，更贴近用户需求，为用户带来更大的价值，成为福田汽

---

① 两化融合即信息化和工业化的高层次深度结合，指以信息化带动工业化、以工业化促进信息化，走新型工业化道路。两化融合的核心就是信息化支撑，追求可持续发展模式。

② 汽车后市场是指在汽车销售完成之后围绕汽车使用过程中消费者所需服务而形成的新兴市场。

车在推进"两化融合"建设中持续思考的问题。

数字化技术的快速发展和应用落地，为福田汽车应对这些挑战提供了一条可行途径。从 2015 年起，结合各类数字化技术的探索和应用，福田汽车开始落地主数据管理、搭建企业大数据平台，从而开启了数字化升级之路。

在推进数字化升级之初，福田汽车最先从业务需求出发，发力前端 APP、线上平台等各类轻量化的应用建设，希望借此与客户、供应商、经销商、服务商等进行广泛互联。但团队很快发现，由于企业在以往的信息化及两化融合建设中一直是"以应用为中心"，导致旗下各品牌、各事业部中各类"烟囱式"的应用系统不断上线。每个系统都拥有一套数据，应用与数据捆绑，整个系统相对僵化，无法实现数据共享，且数据标准不统一、数据质量参差不齐，无法建立统一的管理标准和运维标准，"数据孤岛"问题凸显。这不仅拖慢了前端数字化应用建设的开发节奏，还导致新应用的建设价值大打折扣。

为解决"数据孤岛"问题，福田汽车采取总体规划、分步实施的策略。首先提出了数据管理的总体规划：以数据为中心，通过统一标准、规范质量、搭建平台、建立组织流程，实现资源共享、价值挖掘和用户体验提升，以支撑"一个福田、一个体系、一个标准"的战略目标。

在分步实施方面，福田汽车提出了实现数据集成与数据共享的目标：一方面要实现来自不同系统的各项业务数据的汇集，并确保数据的准确性、完整性和一致性；另一方面要实现数据在不同业务间的共享，并能够实现集中管理和维护。

立足于此，福田汽车着重以主数据管理来推动这些目标的事项。对于"主数据"，福田汽车将其定义为企业最核心的、在整个企业范围内各个系统（操作/事务型应用系统以及分析型系统）间要共享的重要数据。福田汽车梳理了核心流程架构，将主数据分为基础类、组织类、人事类、客商类、财务类、物料类、产品类、项目类等八大类型，并采取分步骤实施的方式来推进各类主数据的管理，同时针对各类数据分别制定了企业的数据管理办法。为解决数据质量问题，针对各系统中已有的历史数据，福田汽车按业务系统或主题分批对数据进行剖析和清洗。对于当下的数据，根据数据质量检查规则，对数据质量进行周期性的监测。对于未来的数据，则侧重通过制定相关标准、源系统改造等方式保证数据质量。

在进行主数据管理的基础上，福田汽车进一步打造了 5 层架构的企业大数据平台，自下而上分别为源数据层、数据采集层、数据基础层、数据分析层、数据服务层，为实现在数据高度共享基础上的能力提升与业务拓展奠定了基础。

搭建数字化体系架构　推动企业全面升级

在进行主数据管理、打造大数据平台的同时，福田汽车搭建了"一云、四联、四化"的工业数字化体系架构，以此全面推进整个公司的数字化升级。

"一云"：混合云平台

"一云"在福田汽车工业数字化体系架构中指的是由公有云和私有云共同构建的福田混合云平台。2017 年起，福田汽车开始迁移业务上云。对于传统应用系统，包括传统的核心业务如 ERP（企业资源计划）、SCM（软件配置管理）、PLM（产品生命周期管理），传统非核心业务如 OA（办公自动化）、门户、测试开发等，以及对安全和延时要求高的系统（生产线工控），福田汽车采用私有云方式部署。对于 ToB（面向企业用户）、ToC（面向个人用户）的互联网型业务，如车联网、自动驾驶、汽车电商、网页、移动应用等具有鲜明互联网特征的创新型业务，则采用公有云部署。

历经 6 年建设，福田汽车初步搭建完成了福田混合云架构。到 2022 年年底，混合云中，传统资源占比 36%，私有云占比 45%，公有云占比 19%，承载了 193 套业务系统的稳定运行。"公有云＋私有云"从 2017 年的 TB（太字节）级增长到 2020 年的 PB（拍字节）级，企业数据量不断增长。同时，公有云和私有云的交互量由 2017 年的 20 兆 / 秒，提升到了 2022 年的 600 兆 / 秒，提升至 30 倍。

稳态和敏态相结合的"混合云"双模式平台，为福田汽车的全面数字化提供了稳定、安全、可靠运行的计算与存储资源，帮助福田汽车实现了面向"客户"的高效率高质量云化服务，加快了企业 IT 基础设施交付速度，降低了 IT 总体成本。到 2022 年年底，福田汽车服务器、存储设备、网络设备等硬件设备成本降低了 30%，运维成本降低了 20%。受益于混合云的按需使用、可弹性伸缩配置、弹性开放 / 释放等特点，福田汽车可对云上资源实行全生命周期管理，平均每年降费超过 100 万元。

具体到实施工业互联网的业务领域，福田汽车的混合云平台承载着 210 万辆车，支撑 PB 级数据在云上的运算和存储，为福田车主提供全方位的安全出行服务，能够满足福田汽车业务的快速创新需求。

混合云也成为推动福田汽车"端到端流程变更与数字化转型"落地的重要基础。在"混合云平台"的支撑下，福田汽车逐步建立了以客户为中心的商业生态系统，通过数据接入、数据基础平台、数据集市、分析模型、数据服务和数据增值六大层级，融合 IT+OT[①] 的数据，福田汽车能够提供涵盖汽车业全价值链的大数据服务。利用大数据驱动企业管理智能化，再通过智能产品、智能工厂及智能制造，福田汽车可以实现大规模的客户个性化定制。

"四联"：泛在连接网络

"四联"在福田汽车工业数字化体系架构中指的是，通过四种互联方式构成泛在连接网络，包括工厂内部互联、产品互联、客户互联、产业链系统互联。

---

① IT 和 OT 分别代表了信息技术（Information Technology）和运营技术（Operational Technology）。

（1）工厂内部互联：提升设备运行效率

根据生产制造过程中的实际需求，福田汽车从 2018 年起应用 4G/5G 工业网关、RFID（射频识别技术）、工业以太网、总线技术、Zigbee① 等技术手段，在部分新建工厂中进行内部互联的尝试与探索，初步搭建了工厂内部人、机、料、法、环互联。到 2022 年 6 月，福田汽车已实现 2 万工人、7.5 万套设备、570 套物料、35 套数据化工艺、180 种制造环境仪器仪表的内部互联。

以视觉检测系统为例，在涂胶机器人作业方面，以往福田汽车生产线上车门涂胶的质量检测一直依靠人员抽检。抽检时需停机检验测量，不仅耗时长且人为识别容易出错，导致车门涂胶质量不稳定，经常出现断胶、拉丝等问题。此外，在零部件外检作业方面，福田汽车超卡（超级卡车）工厂共有左侧围② 20 种、右侧围 24 种，人为识别侧围型号很容易出错。超卡生产线一直存在侧围识别易出错的问题，导致侧围运输至主线无法焊接，需要停线后由工人将侧围抬下更换，每次需要 30 ~ 40 分钟。

基于工厂内部互联，2019 年 9 月，福田汽车引入"5G ＋ 3D 高速跟随视觉检测系统"，应用在涂胶机器人作业和零部件外检作业方面。针对涂胶机器人作业，这一系统通过 5G 技术与工业互联网融合，实现海量图片的瞬时传输，借助视觉检测技术和 AI 技术，通过智能相机捕捉零部件外观质量、器具位置、胶线缺陷等信息，实时动态检测车门的涂胶质量，完成对胶条宽度、位置的检测，并标识不合格区域，为胶枪调整和机器人轨迹调整提供数据支持，能够在不影响生产节奏的情况下，指导机器人更高效地作业。一旦出现涂胶质量不合格，系统还能够实时进行灯光报警。作业人员通过查看系统，可以快速锁定涂胶质量不合格的位置，有针对性行地进行机器人轨迹调教，避免产品批次不良。针对零部件外检作业，视觉检测系统还能够实时检测侧围的型号，减少因人员上件错误导致的停线。

2020 年 1 月系统应用上线后，检验数据由以往的事后录入转为实时采集。车门断胶、溢胶、涂胶不良等问题诊断率提升至 99%，产品涂胶不良率降低至 0.5%，涂胶检验数据追溯性提升至 100%，侧围识别准确率提升至 100%。

（2）产品互连：实现全品类可追溯

和乘用车不同，商用车的使用场景和动力需求差异较大，往往定制比例更高。福田汽车旗下各品牌商用车根据客户需求有不同梯次的定制方案，例如客户可以选配不同品牌、不同性能的发动机、变速箱、轮胎、空调、座椅等。

由于供应商众多，单一品类也存在多家供应商供货情况，在信息采集环节一直存在错采、漏采等情况，直接影响零部件质量追溯效率和效果，导致出现质量问题后责任判定困难，人工反复核对和审核导致沟通协调效率低。另外，一直以来，在客户、服务商、车企、零部

---

① 一种应用于短距离和低速率下的无线通信技术。
② 汽车侧围指汽车前杠和后杠组成的车裙部分，是整个汽车骨架中的重要部件。

件供应商构成的商用车产业链条上，零部件恶意索赔、骗保的事件屡屡发生。例如，一些客户会将其他车辆上已经损坏的同型号发动机拿到服务站进行索赔。由于零部件供应商、福田汽车以及数千家服务商之间信息并不互联互通，服务站维修人员很难确定是否为恶意索赔。而为客户更换配件的费用和损失大部分需要零部件供应商承担。某些发动机的供应商每年因恶意索赔带来的损失高达数千万元。这也造成了零部件供应商、福田汽车以及维修服务站之间索赔争议不断。零部件供应商对此颇有抱怨，但也十分无奈。

为解决这一难题，在调研了同行业企业在内部生产端防错场景应用及效果的基础上，福田汽车借鉴已有经验，决定推动实施"一件一码"，除了打通企业内部从研发、生产到销售的环节外，还将其推广至上下游全产业链，来解决零部件质量追溯和恶意索赔问题。福田汽车的具体思路是：基于物联网、5G/4G 等技术，在研发端就将每种零部件打上永久性唯一标识，以自动化识别与人工识别共同互补为手段，依托数据中台打通研、产、采、销、服等各环节数据，实现数据的实时更新共享，以此来提升信息的可追溯性和准确性。

如果能够打通"一件一码"在产业链上下游的应用，不仅可以实现核心零部件质量的透明化及可追溯性，提供精准的装机档案及维修记录等，还能够减少索赔争议和供应商抱怨，提升客户满意度及对产品的认可度，一举多得。但摆在福田汽车面前的问题是，不同于只应用于企业内部生产防错，如果将"一件一码"拓展至上下游产业链，不但会涉及从研发端、供应端、生产端、配件及服务端等企业全价值链的各主要环节，还将会涉及产业链上其他各方的系统改造和资金投入。那么是否能得到上游供应商，以及下游销售商、服务商的配合与支持至关重要。此外，如何说服合作伙伴开放内部数据也是一项挑战。

面对诸多难题，福田汽车先从最为关键的上游零部件供应商开始推动，并将其分为三类：第一类是国内及国际知名零部件供应商，这类供应商资金雄厚，以往因恶意索赔带来的损失很大，且部分企业已经在"一件一码"上做了一些探索和尝试，参与的意愿最为强烈；第二类是规模和品牌知名度次之的供应商，恶意索赔带来的损失相对较少，大部分还没有建立起自己的产品质量追溯体系，对"一件一码"的认可度有限；第三类是国内中小型零部件供应商，数字化建设相对落后，投入资金参与其中的难度较大。

福田汽车选择先与第一类供应商接触，探讨项目的可行性，很快收到了积极的反馈。一些供应商还分享了自己推行"一件一码"的经验，帮助福田汽车共同完善项目设计和落地方案。针对第二类、第三类供应商，福田汽车采取了"宣讲"的方式，陆续组织了 20 多场培训讲座，向供应商宣讲"一件一码"的实施为各方带来的好处。对于第三类供应商中少数无法参与的企业，福田汽车则选择将其从供应商体系中优化出去。

在获得供应商的支持之后，以双向数据共享为基础，福田汽车于 2018 年进行了项目可行性研究，相较于之前只在企业内部推广，这一项目经费预算大幅增长。在实施前的讨论阶段，福田汽车高层领导大力支持，最终推动项目实施。2018 年年底，福田汽车正式启动了"一件一码"项目建设，并先以重卡（重型卡车）板块为试点，选择若干供应商作为第一批试点伙伴，经过多方讨论确定了试行阶段关键零部件的实施范围、每种零部件永久性唯一标识打刻标准、赋码平台及数据共享中台的建设，以及上下游系统改造等，并解决了永久性唯一标识技术上的难题。

2019 年 8 月，"一件一码"项目在福田汽车重卡板块上线试运行。零部件供应商在零部件制造过程中，针对每个零部件进行永久性唯一标识打刻。之后，福田汽车在工厂入库检验环节增加了零部件唯一码验证项，在生产总装环节扫码校验并与整车绑定，在配件物流环节进行出入库扫码以确定流向跟踪，在服务维修环节扫码进行真伪校验及信息更新。

项目试运行后，福田汽车重点关注了下游经销商、服务商的协同和配合问题，采取多种管理手段，对供应商、服务商实施监督，例如对于未扫码、漏扫码的经销商和服务商采取扣分等惩罚措施等。

2020 年 1 月，"一件一码"推广至另外两个事业部上线。实现打码的零部件从最初的发动机、变速箱等关键零部件拓展至更多的零部件。到 2022 年年底，通过"一件一码"的实施，福田汽车实现了超过 62 万辆车辆的整车质量追溯和超过千万个核心零部件的质量追溯。

在实施"一件一码"后，福田汽车还进行了配套的一系列管理变革，包括新管理办法的制定和启用、生产工艺的调整、服务体系流程的改变等。在总装过程中，"一件一码"的实施使防错效果得到了明显提升，一次准确率达到 100%，下线准确率达 100%。追溯某批零部件的装车明细效率提升了一倍，结果更为精准。同时，福田汽车某板块的索赔费用降低超过亿元。

（3）客户互联：促进精准营销

依托车联网平台、会员体系、"福田 e 家"等线上线下系统，福田汽车逐步建立了与客户的互联互通体系，同时在业务运营中积累了大量的客户数据。在商用车市场"新增客户拓展"逐步转向"保有客户营销"（对已有客户进行再营销）的大趋势之下，福田汽车开始思考如何挖掘这些客户数据的价值以促进精准营销。

2019 年起，基于已有的平台和数据基础，福田汽车通过数据获取、数据整合、客户标签、数据挖掘逐步打造精准营销平台。团队首先获取福用 e 家 APP、福田官网、福田微信、随车行、福田车 e 购等会员行为数据，其次将互联网数据、车联网数据的动态数据与静态数据进行整合，完善数据视图、静态标签，建立动态（分析）标签，实现客户标签的动态更新和会员画像的全面维护。在此基础上，团队进一步按业务场景开展数据挖掘，持续对挖掘模型调优，精准客户分群。

在推进这一工作的过程中，福田汽车坚持"小步快跑、边实施边优化"的思路。2019年 7 月系统上线后，福田汽车选择了一些"价值高、有经验基础"的项目先开展场景应用。例如，通过精准营销平台，结合客户车辆的使用场景（保养、故障）进行精准推送，并对客户对推送内容的点击、浏览、回厂、客单价等各个环节进行分析，优化售后返厂策略，量化售后返厂指标，促进售后服务返厂率逐步提升。再如，针对会员精准互动场景，通过平台系统计算，指导营销活动制定，实施客户生命周期分阶段策略，在避免过度打扰的情况下持续激活客户，实现营销活动敏捷管理。此外，集团客户服务部通过客户价值模型，利用会员过去的消费行为偏好来预测会员今后的消费行为，进而制定不同的营销或客户维系策略。

到 2022 年 12 月，福田汽车连接的在线客户总规模达到 510 万人，月活量 75 万人。福田汽车建立了以"线上 + 线下"数据相结合的全维度会员数据库，打通线上线下的客户体验通道，有效挖掘与掌握会员即时动态与行为特征，扩大数据获取范围，整合数据、建立标签体系、尝试挖掘数据价值、在营销过程中实现营销策略管理自动化。在线索挖掘方面，保客（保有客户）线索成交率达到 35%，潜客（潜在客户）线索成交率达到 9.7%。

（4）产业链互联：赋能经销商

汽车生产商和经销商是汽车产业链上前后紧密连接的环节，既相互依存，又存在利益矛盾点。在以往传统的营销模式下，客户资源和客户数据大多掌握在经销商手中，汽车生产商对经销商大多"重考核、轻服务"。经销商的运营和服务水平则参差不齐。面对这些问题，福田汽车开始思考如何通过产业链系统互联，突破现有销售模式，提升经销商的运营水平，同时又能与客户建立更直接的连接，促进企业的精准生产和营销。

要想实现这样的目标，福田汽车当时面临诸多困难。一方面，由于福田汽车奉行多品牌战略，旗下轻卡、微卡、中卡、重卡等品牌众多，各业务的消费群体特征、消费需求、购买行为和品牌受众传播等差异性很大，统一性和个性的需求很难把握。另一方面，在营销领域进行相关平台、应用建设，福田汽车内部缺乏既懂业务又懂制造，且对互联网营销也有经验的复合型人才，如何组建一支建设团队也是一道难题。

2017 年年底，福田汽车开始启动营销端应用建设。最初，企业采取引入外部咨询团队的方式，但方案在落地实施中因"水土不服"而夭折。评估之后，福田汽车转而选择自建团队，并从外部汽车互联网企业等招聘适合的人员，组建了一支复合型团队。

2019 年年初，福田汽车从旗下品牌"欧曼"开始，推出"爱行销"平台。这是一个以经销商为基础、福田汽车支持的从客户需求到交易转化的系统化管理产品。2019 年 5 月，欧曼行业版首期 PC 端及移动端的功能上线。在试运行一段时间后，福田汽车进一步围绕其他各业务特性和个性化需求，将"爱行销"平台全面推广到旗下时代、欧马可、奥铃、图雅诺、拓路者及海外事业部。

为了更顺利地在经销商群体中推广"爱行销"平台，福田汽车在平台设计之初便将重点放在了对经销商及其销售人员的赋能上。在"爱行销"平台上线之前，福田汽车已有的FCM（线索管理系统）仅作线下客户信息录入和线上线索跟进使用，缺少客户开发方案和过程管理。为此，最初上线的欧曼"爱行销"特别针对大客户开发了客户开发流程和过程审批监管，以及面向散户的客户群管理和行销活动管理，搭建以联系人为中心的客户档案、商机、车辆、合同往来活动等一系列的业务模块组合，通过组合的方式改进不同业务场景下的销售策略。同时，为了提升销售顾问的业务能力，"爱行销"还搭建了业务提升体系，帮助每一名销售顾问针对自身的特点及行业发展趋势进行个性化学习。

对经销商来说，"爱行销"平台不仅能够每天增加 5 ~ 6 条销售线索，还能够提供分析及改进建议，帮助经销商提升对客户需求的理解。对于经销商的销售人员来说，通过使用"爱行销"平台能够在日常跟进客户、与客户沟通等过程中获得销售策略的指导，提升自己的推广能力，拉动新老客户的复购。此外，平台还可以记录销售人员的行为轨迹，帮助经销商提升人员管理效率。到 2022 年 12 月，"爱行销"平台针对分销业务实现福田汽车经销商100% 全覆盖，针对战略客户业务覆盖 200 个客户名单，并实现了客户信息每月更新一次。

对于福田汽车来说，了解客户的反馈和需要，解决新一代产品规划的问题是企业的一项核心工作。借助"爱行销"平台，以及已有的后端辅助系统，如 DMS（汽车经销商管理系统）、PMS（配件服务管理系统）等，福田汽车一方面通过平台了解客户购车情况，以及客户在后市场中的服务情况及满足度等，另一方面则能够收集更多的客户真实反馈和建议，并结合线下客户数据建立各品牌统一的客户档案，帮助福田汽车从市场变化、区域变化、车型需求等多维度获取信息，定位精准生产及营销。

"四化"：场景化应用

"四化"在福田汽车数字化体系架构中指的是数据驱动四大业务流程，重在场景化应用，包括规模化定制、智能化生产、服务化延伸、网络化协同。

（1）规模化定制：满足客户个性化需求

随着客户结构的变化，规模化定制成为商用车行业发展的趋势。近几年，福田汽车的客户结构从以散户为主转变为以企业大客户规模采购为主，尤其是在重卡行业，大客户购车量增长至近一半。购车需求逐渐从通用化需求转变为定制化需求。

实现规模化定制，难点在于如何基于应用场景进行产品创造流程再造，打通各环节业务流与数据流。福田汽车应用 BOM（物料清单）管理体系提供支撑，理顺产品配置信息与研发 BOM、制造 BOM、服务 BOM 间的数据流通与共享，从而实现从产品创造到商品制造流程的顺利过渡。在此基础上，福田汽车基于用户使用场景和明细表，围绕客户"选车、配车、订购、查询、提车"5 个环节，开发了面向终端和用户的线上点单系统。

在选车环节，客户登录后可以根据使用场景问答式选车（如所拉货物的类别和距离），也可以自行筛选式选车（如筛选发动机、箱长、马力、驱动等），或者选择高阶直配模式。在第二步配车环节，通过福田车 e 购 APP，客户能够实现可视化配车，并通过微信线上支付定金。在之后的厂家订单履行环节和生产环节，客户可以随时看到所购车辆的生产交付进度。提车后，客户还能够通过 APP 进行评价晒单。

（2）智能化生产：分阶段推进智能化、柔性化改造

在智能化生产方面，福田汽车首先梳理了由商业智能、智能管理、智能汽车、智能工厂、其他价值链智能化（采购、物流等）构成的智能制造五大体系。其中，在智能工厂建设方面又分成四层体系架构，包括智能设备层（现场生产设备、机器人、数控机床、检测工具等）、智能控制层（底层设备实施逻辑控制）、智能管理层（包括制造执行过程管理，利用生产信息化管理系统实现工单生成及车间任务分配等）、智能决策层（依托生产数据的运营管理决策）。

以智能工厂业务为例，福田汽车分三个阶段进行建设推进。首先，考虑到当时企业自身整体自动化和数字化程度不高，离智能制造还有很大差距，而智能制造是以智能装备和工业机器人、设备自动化为基础。因此在第一阶段，福田汽车选择重点推进公司制造资源的自动化、数字化、柔性化的改造和升级。在第二阶段，福田汽车以应用信息技术，实现数字化、网络化为目标，通过采取先进的信息技术软件和系统，实现企业资源规划、物流管理和生产运营管理的最优化，包括工厂生产计划、成品发货、原料接收、库存、作业派遣、生产调度、订单执行追溯、数据采集、质量管理等。

到 2020 年年底，福田汽车智能工厂业务已基本完成了前两个阶段的建设目标，并以实现智能化为目标，开始推进第三阶段建设，期望立足于数字化、自动化、网络化的工厂，依托智能装备和智能产品，推进生产过程智能化，培育新型生产方式。对于新工厂建设，福田汽车采取高起点导入方式，大量应用新技术。对于现有的工厂和生产线，则重在应用新技术进行适用性改造，提升制造工艺水平，包括通过大数据平台建模，为生产现场的智能化设备提供决策依据，构建以大数据决策为基础的智能化生产。

（3）服务化延伸：上线预见性服务

在服务延伸化方面，汽车产品的升级换代、消费者理念的变化以及商业模式的改变，都对服务提出了新的要求。针对传统服务模式下的服务被动、技术单一、信息滞后、耗时冗长等痛点，福田汽车在 2020 年 3 月上线了福田汽车远程智能医生首批预见性服务产品，依托智科车联网、专家诊断系统等平台，通过预见性诊断、云标定（OTA）服务、云管家、智能点检等服务产品，提升用户体验。

针对配件保养，以往福田汽车的配件管理依靠传统线下层级分销模式，从代理库到中心库再到快修服务站层层压货，不仅服务时效性低，服务商的零配件存销比也很高，库存结构不合理，周转率低。随着客户群体的变化，"90 后"车主的消费习惯从线下转向线上。2016 年后，福田汽车逐步开通各类线上销售渠道，包括福田汽车自己的电商平台，以及京东等第三方平台，逐步推动线上线下模式融合。2020 年上半年，配件电商销售额达到 5 亿元左右，占比达到 5%。借助于"一件一码"，福田汽车还推广了"码营销"。客户直接扫描零部件上的二维码，不仅可以查真伪，还可以进入福田电子商务平台，购买正品配件。

同时，福田汽车在配件保障方面推行智能补货模式。在原有的配件管理模式下，经销商、服务商等对于零配件库存是否足够、是否需要进货、需要进货多少、哪些需要进货大多基于经验判断。福田汽车引进智能管理系统，根据历年销售情况、辖区内汽车保有量情况，结合车联网相关数据，进行各类配件销售预测，帮助数千家代理商、服务商等科学控制各类零配件存销比，可以提前将可能需要的配件发到代理库中，帮助服务商提高客户线下维修换件的效率。

在传统线下维修模式下，车辆一旦在行驶过程中出现故障，车主须电话联系最近的服务站。维修人员到达故障车辆后才能进行检查，若所需的零配件缺货，维修时间则可能进一步延长。基于大数据平台，福田推出线下维修"智能预约"服务。客户车辆一旦在路上出现故障，可以在APP进行预约。通过车联网与移动互联网技术，APP主动分配最近的服务站调配救援车辆，用户的车辆位置与故障信息会一起发送给救援服务商，服务商会在5分钟内与客户取得联系，根据车辆故障信息提前将救援的工具和配件准备齐全，并根据车辆位置准确导航尽快到达现场。2022年，"智能预约"系统共收到维修工单处理6.2万条，紧急救援22031次。

此外，福田汽车还推出"预见性诊断"服务，通过设置在车辆内的各种传感器，采集各类零部件运行中的数据指标，通过模型进行大数据分析，识别出包括电控系统、OBD（车载自动诊断）系统、燃油系统、润滑系统、进气系统、后处理系统在内的6大系统的安全情况，提前感知车辆可能存在的故障，并告知车主。

故障发生时，福田智能车联网平台还能够将报警信息传输到福田汽车客户服务中心，客户服务中心会结合低级、中级、高级三个不同的故障等级，依据紧急程度选择通过福田e家APP、短信或电话等不同方式对客户进行提醒。到2022年12月，该功能已覆盖超54万台车，向车主发出保养提醒超13万条、尿素液位预警近32万条。

当系统检测出车辆存在的故障后，客户服务中心一方面督促客户返厂维修，另一方面同时向经销商或服务站精准推送故障工单，提前告知诊断结果以及提示服务站工具配件准备，从而缩短用户进站维修时间，同时也帮助服务商进一步增加了服务收入。

（4）网络化协同：提高产品交付能力

除规模化定制、智能化生产、服务化延伸外，福田企业也在同步推进包括供应协同、制造协同、运输协同等在内的网络化协同，以提高产品交付能力。依托于"一云、四联、四化"数字化体系架构，福田汽车对内服务于企业价值链，包括研发、制造、营销、物流、质量、采购、金融、服务；对外服务于汽车产业链，包括客户、司机、供应商、政府机构、车队、合作伙伴、经销商和服务商。

到2022年7月，福田汽车"一云、四联、四化"数字化体系搭建已取得阶段性成效。

在规模化定制层面，存销比降低约 25%；在智能化生产层面，制造成本降低约 17%，能源利用率提升 13%，质量满意度提升 22%，可靠性同比改善 11%，三包索赔降低 28%，百台缺陷 DRL（一次生产通过率损失）降低 40%；在服务化延伸层面，服务成本降低 7%，金融渗透率提升 23%；在网络化协同层面，采购成本减低 5%，同类产品模块化共用率高于 50%。

结束语

2020 年 12 月，在"2020 中国制造业双创发展高峰论坛"上，福田汽车对外发布了工业互联网自主品牌——智云（FOTON-ICLOUD），拓展"智能 +"，提供场景化的商用车智能制造解决方案。在随后的两年多时间里，基于智云 APP、福田 E 家数字化平台，福田汽车深入"场景 + 工况"定制，精准面向 385 个细分场景，布局 77 个系列多达 1000 多种车型，让数字化应用体验贯穿客户选车、购车、用车、养车和换车全过程。这一进程中，福田汽车的数字化升级也进一步覆盖了全产业链的数字化研发、数字化生产、数字化产品、数字化服务等。

面向未来，在商用车行业快速变革的大趋势下，福田汽车在数字化建设方面的目标是进一步将大数据与车联网深度应用，并在可视化与智能化方面进一步探索。在这一过程中，如何以数据支撑国内和海外数字化运营，如何更好地与上游供应商、下游经销商及服务商共同为客户创造价值，如何延续自身在数字化服务方面的优势，是福田汽车高层管理者们持续思考的问题。

【研讨题】

1. 福田汽车在推动自身数字化升级过程中遇到了哪些障碍？公司是如何应对的？

2. 福田汽车数字化升级取得阶段性成功的关键点有哪些？

3. 福田汽车的数字化升级实践对其他企业有何启示？

📋 案例分析

随着数字经济时代的到来，数字化已进入生产生活的各个环节，带来一系列新的机会和挑战。面对这一变革，传统企业纷纷进行数字化转型与升级。先行企业在推进数字化过程中创造性地解决难题的实践探索，能够提供有益的经验与启示。

一、福田汽车数字化升级中的主要障碍及应对举措

企业在推进数字化建设的过程中遇到的难点很多是共通的。福田汽车作为一家制造业企业，尤其是产业链较长的传统汽车制造企业，在推进数字化升级过程中遇到的阻碍主要来自于数据管理、产业协同和人才缺乏三个方面。福田汽车立足自身的实际情况，扎实推进各项工作，有效消除了这些障碍，确保了数字化升级工作的顺利推进。

1. 数据管理方面的障碍与消除

在推进数字化升级之初，福田汽车在数据管理方面遇到了很多企业普遍遇到的问题——"数据孤岛"。"数据孤岛"的出现主要是由于福田汽车先前在推进信息化建设过程中一直是"以应用为中心"，在取得一定成效的同时出现了旗下各品牌、各事业部中各类"烟囱式"应用系统的不断上线，每个系统都建设一套数据，应用与数据捆绑，结果形成一个又一个的"数据孤岛"，系统相对僵化，无法有效实现数据共享。

为解决"数据孤岛"问题，福田汽车采取总体规划、分步实施的策略，提出了数据管理规划的总体目标和阶段目标，提出从"以应用为中心"转向"以数据为中心"，推行主数据管理并建立 5 层架构的企业大数据平台，推动数据集成和数据共享，建立起了数据有序共享的架构体系、流程规范与治理机制。

2. 产业链协同方面的障碍与消除

在福田汽车推进数字化建设过程中，很多项目的实施不仅涉及企业自身，还涉及产业链上游零部件供应商的协同以及与下游经销商之间的协同。但在以往传统的产销模式下，福田汽车与上下游商家虽然相互依存，但同时存在着利益矛盾点，相互之间的协同非常有限。

为了解决零部件质量追溯和零部件索赔争议问题，福田汽车实施了"一件一码"，不仅打通了企业内部从研发到生产销售的环节，而且借助宣讲、分批攻破、示范合作等方式和扣分等惩罚措施，将其推广至上下游全产业链，不仅很好地解决了追溯和索赔中的责任问题，而且促进了总装过程中防错率的显著提升，产业链各方都从中受益。

为了促进营销和销售工作，福田汽车还建设了营销端应用"爱行销"平台，并将其应用于经销商群体。借助这一平台，经销商能够每天增加 5～6 条销售线索，获得分析及改进建议，提升对客户需求的理解，还能够提升人员管理效率；经销商的销售人员能够在日常跟进客户、与客户沟通等过程中获得销售策略的指导，提升自己的推广能力，拉动新老客户的复购。这项工作显著赋能经销商，进一步促进了福田汽车与经销商之间的深度协同。

3. 数字化人才方面的障碍与消除

福田汽车在数字化升级过程中遇到的人才方面的障碍主要是如何组建一支数字化建设团队。例如，在营销领域进行相关平台、应用建设，福田汽车内部缺乏既懂业务又懂制造，

还对互联网营销有经验的复合型人才。最初，企业引入了外部咨询团队，但方案在落地实施中因"水土不服"而夭折。

对此，福田汽车认为外部团队失败的重要原因在于福田汽车品牌众多，各业务的消费群体特征、消费需求、购买行为和品牌受众传播等差异性很大。外部团队对商用汽车行业和福田汽车各业务的理解不够深入，对企业数字化统一性和个性的需求把握不准。之后，福田汽车转而选择自建团队，并从外部汽车互联网企业等招聘适合的人员，组建了一支复合型团队领导企业数字化建设，取得了较好的成效。

二、福田汽车数字化建设取得阶段性成功的关键点

福田汽车作为一家传统汽车制造企业，在产业数字化变革的背景下积极行动，通过内部数字化建设以及与产业上下游伙伴协同变革，建立了企业大数据平台和数字化体系架构，数字化升级工作取得了阶段性成功。福田汽车成功推进这一工作的关键点包括如下五个方面。

1. 把握痛点，消除障碍

福田汽车的数字化升级工作，不仅需要福田汽车内部的各个业务单元和职能部门参与其中，而且涉及外部供应商、经销商、客户的参与和协同，牵一发而动全身，是一项典型的系统工程，在数据管理、产业链协同和数字化人才方面存在着多个明显的痛点，形成了数字化升级工作的主要障碍。立足于此，福田汽车着力消除这三大障碍，解决了工作中的痛点，确保了数字化升级工作的推进。

2. 一把手重视，持续投入

从信息化、两化融合到数字化，福田汽车企业高层领导十分重视，将数字化转型上升到了战略高度，不断地投入资金，不断推动其数字化建设取得进展和成效。例如，2000 年后福田汽车开始信息化建设，重要推动因素之一是企业高层领导到海尔集团参观交流时，其实施成效给福田汽车高层领导很大的触动。再如，福田汽车连接上下游产业链，实施"一件一码"，这一项目的经费支出相较于只在企业内部推广大幅增长，正是因为企业高层领导自项目实施前的讨论阶段便给予了大力支持，拨付更多项目经费才最终推动成功实施。

3. 积极借鉴行业先进经验

一直以来，福田汽车积极借鉴行业数字化建设的先进经验，并与企业自身的发展阶段和需求相结合。例如，在信息化建设过程中借鉴海尔集团等制造业企业的建设经验。福田汽车"一件一码"项目的实施，也是企业团队在调研了同行业企业的应用场景（主要应用于内部生产端防错）及效果的基础上，借鉴了其他行业的成功经验。

4. 小步快跑，适度投入

福田汽车各个数字化项目建设周期普遍为6个月至1年，各个项目的实施不求一步到位，而是从企业的自身情况出发，适度投入、小步快跑。例如，在主数据管理方面，企业先梳理核心流程架构，再按照重要性测序采取分步骤实施的方式来推进八大类主数据管理。在实施"一件一码"过程中，福田汽车对于合作伙伴的选择，从国内及国际知名零部件供应商分批拓展至规模和品牌知名度次之的供应商，以及中小型零部件供应商；"一件一码"项目中打码零部件的范围，逐步从最初的关键零部件拓展至更多重要核心零部件；再如，考虑到自身整体自动化和数字化程度不高，离智能制造还有很大差距，福田汽车分三个阶段进行推进智能工厂业务；等等。

5. 开放创新，互利共赢

福田汽车在其数字化升级过程中，一直以开放创新的姿态、互利共赢的原则，积极与产业链上下游合作伙伴开展合作。这在其打造"一云、四联、四化"数字化体系架构的各个项目中均有体现。

三、福田汽车数字化升级之路的启示①

制造业是立国之本、强国之基。党的二十大报告提出加快建设制造强国，推动制造业高端化、智能化、绿色化发展。福田汽车等走在数字化转型升级前列的典型标杆企业正在通过自身的积极探索，借助数字化技术和工具，变革传统生产方式、降低生产成本、提升企业创新效率，同时协同多方力量和资源推动开放式创新，促进企业自身和产业链伙伴企业提质增效及绿色可持续发展。其数字化升级之路对于正在探索自身数字化转型升级方向和路径的各行业企业均有所启示。

第一，面对蓬勃发展的数字经济，推进企业数字化转型升级成为必然趋势。福田汽车数字化升级的实践反映出当前企业数字化转型升级工作整体上呈现三大显著态势。首先，数字化与企业全面融合。数字化不仅在传统的财务、人力资源、内审、行政办公等职能管理领域与企业更为紧密地融合，而且深入到技术创新与产品开发、物流与仓储、生产过程与设备维护、销售与售后服务等业务发展的各方面。企业生产经营过程中的每个环节、每项行为活动，都有数字技术与管理参与其中，甚至发挥主导作用。其次，数据全面汇集成为新的生产要素。企业内部的部门与人员、机器设备、零部件与产品、生产与作业现场，以及企业外部的供应商、客户与横向合作者，都在生产、协作与交易中源源不断地产生出以文本、图像、

---

① 本部分内容主要参考了笔者已发表的文章：李东红，杨主格.数字化重构价值创造模式 [N]. 中国工业报，2020-08-25(A2)；李东红.企业数字化转型要找准切入点 [N]. 学习时报，2020-09-18(A3)；李东红.破解中小企业数字化转型的现实难题 [N]. 学习时报，2022-08-19(A3).

声音、视频等多种方式呈现的信息，在实现数字化转换后，形成海量数据。这些数据在经过标准化清洗后进行存储，成为企业的"主投入"或"辅助投入"，从而具有了突出的企业生产要素特性，甚至成为支撑企业未来发展的战略资源。再次，智能化决策全面显现。大数据、云计算、边缘计算等技术广为应用，带来了企业对消费者更为精准的画像与预判，企业决策更多地依赖企业的数字化、智能化系统作出分析。

第二，数字化转型升级并非一蹴而就，企业内部从上至下需要对此形成广泛的共识。新技术变革及其对市场需求等的影响是不断推进的，企业对数字化转型升级的认识和行动也是有一个过程的。其中，国家政策引导、企业高层领导意志、产业发展趋势的迫切要求等，都是推动企业相关建设的关键影响因素。同时，企业的数字化转型升级是一个持续的、渐进的过程；企业管理团队需要对此充分认识且认同，并愿意带领员工一起投身转型升级的工作之中。

第三，企业要制定出全面推进数字化转型升级的战略方案。企业要有较为明确的数字化转型的总体目标与核心任务，特别是所要建立的数据库、数据治理机制、数据模型的整体架构及其功能、数字化系统的预期成效，各部门转型工作粗线条的任务分工与协作，主要时间节点的工作进展，各数字化模块的内在联系与相互支撑机制等。这些共同构成企业有计划、有步骤、有系统地推进其数字化转型升级的行动纲领。数字化转型升级是一项长期的战略行动和系统工程，需要长期投入和着眼于企业的长期绩效提升，从战略发展的高度出发，源源不断地投入资金和人员，算大账，算长期账。

第四，企业要把推进数字化转型升级的每一项具体工作视为全面推进转型的有机组成部分。以内部立项的方式推进数字化转型——形成一个或多个项目，确认项目的目标、任务与场景，组建项目团队，划拨资金，监控项目执行过程，项目完成后验收并投入运行。对于每个项目的建立与执行，都要有全局视野，要有统一的基础标准。单个项目所形成的子系统一定要避免各自为战、互为孤岛和低水平重复建设，要能在遵循一定治理准则的要求下顺畅地实现相互连通和数据共享、相互赋能并能共同对企业的全面转型形成强有力的支撑。对于项目推进中暂时无法实现充分连通的子系统，要预留出足够的接口。

第五，企业需要找准切入点，在以点带面中推进数字化转型升级不断取得新成效。福田汽车数字化转型的实践取得阶段性的成效，很重要的原因是企业找准了数字化转型的切入点。企业的数字化转型应如何寻找适合的切入口？首先，应着眼于消除痛点。每个企业，都会面临一个或多个制约其发展的痛点。企业选择数字化转型切入点时，可以首先考虑从企业痛点入手施行数字化转型。其次，格外关注价值点。企业推进数字化转型，不是赶时髦，而是为了谋求持续发展。为此，企业在选择切入点时，有必要充分考虑在哪个或者哪些关键点率先推进数字化转型能够带来可观的价值。这样的价值，可以从两个维度来衡量。一是为客户带来性价比更优的产品或服务、更好的体验；二是为企业带来收入和利润的增加。再次，高度重视成熟点。企业分阶段、分职能或业务领域、分模块推进的数字化转型，应该走先易后难的道路，率先把相对成熟的领域作为切入点。这里所讲的成熟领域，包括两层含义：一是就企业自身而言，以往的信息化、自动化等工作已经为数字化转型作了不少积累、基础较好；二是就全社会的数字化进程来看，产业中已经有较为成熟的技术手段和软硬件作支撑，有清晰的实施步骤与办法和不少成功范例、易于落地。此外，优先考虑牵引点。企业的数字化转型的最终目标是全面数字化，切入点只是最初的关键一步。既然如此，能够发挥牵一发而动全身、对企业其他组成部分的数字化转型具有较强领和带动效应的领域，显然应该优先作为数字化转型的切入点。而具体到特定的企业，选择数字化转型的切入点时并不需要同时满足上述四个方面的要求。重要的是，企业可以从以上四个维度进行深度分析和推演，更好地甄选出切入点，从而更为从容和有效地推进数字化转型工作。

第六，行业中的领先企业应以更加开放的姿态谋求与产业链上下游企业的合作创新。数字经济时代下生态化发展的特征对于头部企业提出了特别重要的使命。跨界合作、相互打通要求所有的企业都以客户数据定义它的产品和服务。在福田汽车的数字化升级实践中可以看出，在产业变革期，一些行业中领先企业以更加开放的姿态谋求与产业链企业的合作创新，不仅能够加速整个行业的数字化进程，还有利于自身在数字化产业新生态中拥有更大主导地位和话语权。

15

深科技的人力资源管理数字化转型 *

📋 案例正文

【引言】习近平总书记在党的二十大报告中指出，要"加快发展数字经济，促进数字经济和实体经济深度融合"。推动企业数字化转型，以数字化赋能企业高质量发展，是贯彻落实二十大精神的重要举措。广大企业的数字化建设，推动了传统生产方式的转型升级，是推动产业数字化和我国数字经济健康可持续发展的主体力量。作为较早开启数字化人力资源管理探索实践的企业，深圳长城开发科技股份有限公司（以下简称"深科技"）通过不断革新的数字化思维以及管理工具来搭建先进的人力资源管理系统，为众多企业的人力资源管理数字化实践提供了宝贵的经验。

【摘要】在大数据、人工智能等新技术的推动下，深科技不断探索人力资源管理的新模式，在数字化管理工具层面，通过不断更新和迭代，构建了具有企业特色的数字化人力资源管理综合系统，实现了对人力资源板块在企业层面的一体化管理。为满足员工层面的精细化管理需求，深科技在生产信息化系统之上搭建人力资源管理模块，聚焦于员工生产工作现场的表现反馈。此外，为满足对外招聘，以及对于轮岗职工和新职工的培训、评价等需求，深科技还搭建了人才培训管理系统、人才评价管理系统等，满足了员工数字化学习的发展需求，提升了企业人力资本的存量和价值。系统化的人力资源管理数字化转型为深科技的战略发展提供了强有力的支撑。

【关键词】人力资源管理；数字化转型；系统化变革；制造业

深科技于 1985 年在深圳蛇口成立，1994 年在深交所上市，拥有 30 余年产品生产制造经验，是全球领先的 EMS [①] 企业。截至 2022 年年底，深科技在全球拥有 2 个行政中心、2

---

* 案例作者：李东红，清华大学经济管理学院创新创业与战略系教授；谢秋实，清华大学经济管理学院博士生；杨主格，清华大学全球产业研究院研究总监。

① EMS: Electronic Manufacturing Services 的缩写，即电子制造服务。EMS 企业指为电子产品品牌拥有者提供制造、采购、部分设计以及物流等一系列服务的生产厂商。

个研发中心，以及 9 个生产制造基地，并在美国、英国、荷兰、新加坡等 10 多个国家或地区设有分支机构或拥有研发团队，员工超过 2 万人，是国际商业机器公司（IBM）、华为、索尼、金士顿、希捷等众多国际领先企业的合作伙伴。

深科技自 1985 年起开始生产计算机硬盘磁头，在 1996 年后开启了以硬盘基片[①] 业务、固态存储产品[②] 制造业务、智能电表制造项目为主导的多元化发展进程。2007 年后，深科技继续拓宽智能手机合作制造、半导体封测、无人机生产制造、光学设备制造等业务领域，涵盖计算机与存储、半导体、通讯与消费电子、医疗器械、商业与工业、汽车电子、人工智能、自动化、计量系统九大领域，其中计算机与存储、半导体、医疗器械等领域均属于国家重点发展的战略性新兴产业范畴。

在深科技，对员工的关注和培养一直是企业使命和价值观中的重要一环。面对日趋复杂的外在环境，企业人力资源管理工作如何紧跟时代步伐？如何满足深科技多业务、多地域、多用工类型、多种工时管理等方面的要求？一直是深科技在思考的问题。

由最初推广无纸化办公、搭建基础的员工信息汇集系统，到如今成功实现员工从入职到离职全生命周期工作信息的透明化与可视化，深科技在数字化升级的过程中一直坚持探索如何以充分可视化的数据以及高度智慧化的人力资源管理工具，来打造智能化的人力资源管理新模式。

变革：以战略为指引

2022 年，深科技从初始的单一生产硬盘磁头已经拓展到近 15 类产品的多产品线。在过去十数年间，智能制造、人工智能等的创新应用，不断冲击着深科技所在的电子制造服务领域。回顾历史，深科技的数字化转型始终紧紧围绕公司应对技术进步与产业变革、持续拓展业务与提升市场竞争力展开，分为五个战略阶段。

1.0 阶段是信息化阶段，目标是搭建起基础的信息系统，并依据数据集成需求搭建起相应的数据平台。由于这一阶段是深科技信息化建设的起步阶段，该阶段的信息系统仍具有明显的短板。可视化的数据虽然满足了企业数据分析的需要，但各数据平台"各自为战"，并不统一，不同平台之间的数据难以实现共享，阻碍了管理效率的提升。

2.0 阶段旨在打破不同信息平台之间的壁垒，建立高度系统化、自动化、智能化的内部运作流程，全面提升运营效率。

3.0 阶段为聚焦阶段，这一阶段承上启下，关注组织中每一个角色所承担的功能，强调让员工直观、清晰地明确在组织中的定位，共同打造高度成熟与流畅的运营流程，将"聚焦

---

① 盘基片由坚硬的金属材料制成，是硬盘最基本的组成部分。
② 如硬盘、U盘、光盘、移动硬盘等。

于角色"升华为"聚焦于流程",达到运营效率高度提升的效果。

4.0 阶段为数字智慧阶段,这一阶段通过智慧流程的实现、智能化设备终端的引入、智能化系统等新技术实现运营与管理高度融合,满足员工与管理者及时、准确掌握信息的期望,充分发挥信息的价值。

对于 5.0 阶段,深科技计划在数字化的基础上,探索智能化的管理模式。通过发明或引入新技术与新设备,打造以人为中心的体验设计,实现智能连接与生态互联。

深科技的人力资源管理数字化转型,以公司的数字化转型整体战略为指引,致力于为公司的业务布局与市场竞争提供强有力的支撑。近年来,深科技在战略层面再次进行优化,将业务聚焦于三大板块,即 EMS 高端制造、半导体和自主品牌,并鼓励各板块不断提升核心竞争力。另外,深科技进行了事业部制改革,将以往趋于扁平化、分散化的管理模式调整为总部职能、工厂群、事业部三线共行的矩阵式管理模式,其核心特点是根据业务领域进行纵向化的拓展管理,不同的事业部专攻不同的业务,而不同的事业部所负责的同一类型的"子业务"则会由横向的"工厂群"落地。

深科技首席人力资源官辛艳霞谈到,这次组织架构调整帮助深科技实现了流程聚焦,并且这种矩阵式的管理模式也有助于深科技有效地把每一类业务走实、走细,并有效地提升了各类业务运作流程的韧性。与此同时,集团鼓励各事业部之间通用能力横向拓展,人才与技术互联互通,实现组织效能与技术发展同步提升。

立足于此,深科技在人力资源管理数字化转型方面着力推进数字智慧和智能化管理,创新员工管理模式。

提升:建构数字化人力资源管理系统

如何建构起企业的数字化人力资源管理系统? 辛艳霞将深科技的实践概括为以下两点:其一是树立起长期转型理念。深科技的数字化人力资源管理工具源于 21 世纪初期公司提出的"无纸化"概念,历经二十余年的发展历程,深科技基于不同阶段的发展需要,在人力资源管理系统中逐步引入了各式的管理工具,并不断实现系统的更迭和升级。辛艳霞介绍说:"可以说,数字化转型是一个长期的过程,搭建数字化平台、帮助员工树立数字化办公意识都需要长期的努力,不会一蹴而就。"其二是要对系统的构建有一个清晰的顶层设计。在深科技看来,在数字化转型过程中,企业会接触到各类数字化管理的理念、技术、工具和方法,这就需要将其与自身实际情况、所处的发展阶段及目标等相结合,作出最为匹配的甄选。

2005 年之前,深科技的业务相对单一,地域分布相对集中,人力资源一直延续传统的人工管理模式,随着企业业务领域的不断扩充,多地工厂拔地而起,传统的管理模式已无法满足多样性和精准高效的管理要求。多业务、多地域、多用工类型、多种工时管理,以及计薪管理的复杂要求等给深科技的人力资源管理带来的诸多挑战。

2005 年后，深科技陆续上线了多个人力资源管理相关系统，包括 2007 年上线的 SAP-HR（SAP 人力资源管理）模块①，成功将人力资源的管理过程流程化，完成了对人力资源板块的一体化管理；2014 年上线了 MES-HR（MES 人力资源管理）系统②；2016 年完成了对 E-Training（数字化培训）系统的部署，打造了线上化与定制化的员工内训流程；2018 年完成了 E-Talent Management（数字化绩效考核）系统的部署，成功将集团所有员工的目标设定管理、绩效考核管理、员工发展规划、人才盘点流程电子化；2019 年完成了对 SAP-HR 系统的全面升级，能够支持更高级别运营量的运转，并将人力资源模块更紧密地集成到企业平台之中，提升了不同业务板块之间的协同性。

深科技的 SAP 人力资源管理系统

2007 年，深科技的 SAP-HR 系统全面上线。在接下来的三年时间里，深科技完成了对 SAP-HR 功能的深耕，在保证合法、合规、高效、准确的前提下，SAP-HR 肩负起整个集团的组织管理、人事管理、时间管理以及薪酬管理任务。

在组织管理方面，SAP-HR 系统主要发挥两项功能：一是根据各机构和岗位的调整情况，增加、修改、删除组织机构和岗位信息，并依据相应信息生成当前或历史组织机构和岗位的层级图与树状图，以再现历史机构负责人及其人员配置；二是根据组织机构发展规划，制订组织与岗位设计方案。

在人事管理方面，SAP-HR 系统的功能主要在于完整保存员工各种人事、组织、技能、劳动合同等相关数据及历史纪录。通过将所有人事信息实现部门间有效共享，提高数据的实时性、准确性以及相关岗位的工作效率。

在时间管理方面，SAP-HR 系统主要起到规范员工考勤记录、管控员工的假期限额，并通过时间评估会诊工时状况的作用。比如，规范各类休假制度，通过对各类假期规定的电子化管理，实现员工休假与薪资计算的集成；或是依据员工的电子打卡数据以获取考勤记录和员工加班记录，产生员工月请假、加班汇总报表，并系统地计算加班费用。

在薪酬管理方面，该系统的作用主要体现为记录员工的薪资等级信息并能够准确、快捷地核算员工薪资。此外，SAP-HR 系统还能够根据部门提供的员工薪资汇总，编制各种薪资分析报告，如岗位、工龄、职级等与员工薪资间的关系，并为管理者提供参考。

然而，在十余年的发展历程中，深科技在使用初始版系统过程中也遇到了一些问题：一方面，随着企业的发展，深科技改变了以往以独立法人实体（公司）为单位的管理结构，转

---

① SAP 是一家总部位于德国的知名企业管理软件供应商，中文名称为思爱普。SAP-HR 是指其管理软件中的人力资源管理模块。
② MES 是 "Manufacturing Execution System" 的缩写，是一套面向制造企业车间执行层的生产信息化管理系统。MES-HR 是该软件中的人力资源模块。

而采取"矩阵式"的管理模式，组织结构发生了重大的变化。该管理模式同深科技搭建的初代版本 SAP-HR 系统架构并不协调，且集团的大量外转系统架构复杂。另一方面，由于历史遗留问题，十几年的系统数据需迁移，初代版本的系统数据框架并不统一。差异化数据、异常数据需要归档或修复，集团的数据整合遇到困难。此外，深科技最初采用的 SAP-HR 版的考勤与薪酬管理的模式较为单一，难以满足人力资源系统对员工多元化考核的需要。深科技的业务模式变化也对流程优化及新功能模块提出了新的需求。

为此，深科技在 2019 年年初开展了对 SAP-HR 的全面升级，将老版本 ERP（Enterprise Resource Planning，企业资源计划）软件升级到新一代数字核心 SAP S/4HANA①。深科技的人力资源部门在系统升级前便定下了四项主要目标：一是从人力资源的顶层设计上对集团管理模式进行梳理，打造以横向管理模式为基础的"矩阵式"管理结构；二是基于新的管理结构重新梳理各组织层级的管理权限范围，明晰总部与各子公司的管理权；三是整合人力资源线上线下业务以及系统内外的员工管理方式；四是强调数据应用，发挥好新版本 SAP-HR 在数据集成、共享、统计分析、数据监控等方面的优势。

深科技结合 SAP 系统的标准结构与深科技特色的组织结构，建设了符合 SAP 框架标准的、具有深科技特色的 SAP-HR 架构，突破了初代 SAP 在企业管理结构上的局限之处，能够通过多种展示工具对系统数据进行实时输出与图像输出，并首次实现将具有深科技特色的组织结构图在系统里直接进行采出。

除系统本身的升级外，深科技还高度重视赋能员工，让员工掌握新系统的操作规则，强调人与系统的交互，让员工切实发挥好新版本 SAP 的优势。基于新结构，深科技对各家子公司进行宣传和指导，针对两万余名员工的数据完成了结构升级和更新，并设置了一系列的技能培训与数字化竞赛活动，通过多种方式让员工熟悉新版本、适应新架构。

通过系统升级之旅，辛艳霞谈道："管理工具的升级过程也是对组织脉络重新梳理的过程，特别是在这次 SAP-HR 系统的升级过程之中，对人力资源顶层设计的优化也为深科技实现分层级和跨地域的统一管理打下了基础。"

使用 SAP-HR 系统十余年来，深科技通过对系统的更新与升级，成功实现了从单一的人力信息管理到复杂的人力信息分析与预测的跨越。在日常经营管理活动中，相比于传统管理工具，SAP-HR 系统可以更加灵活地进行个人多维度、组织多维度、信息多维度的分析与管理；在重大组织结构变革过程中，SAP-HR 系统能够帮助企业将管理对象进行更精细的管理维度分解，再通过特定算法灵活地组合管理维度，从而支持企业快速、稳固地完成组织架构改革。

举例来说，随着深科技在国内及国外的业务版图不断增加，在新工厂建厂之初，为确保顺利投产，更好地支撑业务落地，深科技一直通过外派这一灵活的用工方式源源不断地输

---

① 思爱普（SAP）公司推出的 ERP 云解决方案。

送大量员工到异地工厂开展工厂建设及业务支持工作。在人力资源管理数字化转型之后，深科技外派员工的管理从建立劳动关系的法人实体变更为工作地本地化管理，SAP-HR的升级为外派员工的管理提升了至关重要的作用，实现了员工信息异地共享、管理授权与工作流互通互联，极大地减少了沟通成本，同时提升了员工的工作感受。

可以说，深科技的SAP-HR系统有效地解决了如何协调人力资源，以更好地为组织架构和整体战略服务的问题。

深科技的 MES-HR 系统

"SAP-HR系统将企业的人力资源视为一个整体，考虑如何用人力资源盘活和协调企业的整体资源；而MES-HR系统在管理上则更加微观，主要聚焦于如何盘活企业的人力资源。二者定位不同，分工明确，紧密关联，缺一不可。"辛艳霞认为，SAP-HR侧重于宏观层面，强调以纵深视角从顶层设计开始，逐级分解资源类型和应用方向，完成企业资源的战略规划和监控，是业务管理级的系统；而相比之下，MES-HR则是以横向的视角，聚焦于人力资源管理中每个环节的应用、功能与服务，全面收集、记录、分析以及挖掘企业人力资源层面的海量数据，其主要功能是对SAP-HR系统中各项业务在员工实际操作层面的监控，是对SAP-HR系统中的业务管理在生产过程当中的具体反馈，是现场作业级的系统。二者矩阵式的结合，能够有效地发现与捕捉企业在资源的调配、重组和补充等方面的薄弱环节，为迭代的战略部署提供有效的决策支持。

深科技高层认为，企业资源不仅仅局限于财、物、数据，更重要的是"人"。立足企业发展的宏观战略，定位如何盘活人力资源、如何有效合规地释放人力资源成为MES-HR系统的主攻课题。2013年，在对集团人力进行多维度分解分析之后，深科技的MES-HR系统正式进入立项开发环节。深科技致力于通过MES-HR系统建立健全员工的企业全生命周期管理系统，力争将从新员工的入职开始，到员工考勤、绩效管理、薪酬激励，再到员工离职等的所有环节都纳入数字化管理之中。具体而言，作为盘活企业人力资源的关键工具，MES-HR系统在如下具体方面发挥着重要作用。

一是工位及人事信息管理。MES-HR系统是深科技进行员工现场管理的基础，该系统可以通过定义关键工位来实现对不同工位的星级管理。此外，MES-HR系统还可以帮助管理者随时调出当天部门内所有在职人员的信息明细（所在组织信息、个人信息等），实现工位及人事信息的可视化。

二是考勤管理。MES-HR系统能够实时输出每位员工的排班、调班、缺勤等记录报表，便于管理者查看员工连续上班天数的分布情况，并帮助安排员工休息计划。此外，MES-HR系统还可以系统性地输出公司、部门、区域、成本中心、职级五大维度的工时整体情况。管理者能够据此直观地了解每个月部门工人连续上班天数分布是否超出管控要求。

三是培训管理。深科技大力提倡"轮岗制度"，力争让所有员工都具有不同岗位的技能，以确保员工在生产线上的生产效率和品质保证。MES-HR 系统能够帮助深科技实现培训需求自动化处理，直接经由系统实现向各位培训师提供学员的工位分布情况、培训课程需求情况等，能够有效地提高沟通效率，减少需求统计的工作量，解决需求管理中的遗漏、错误等问题。此外，企业管理者还可依据系统实时查询培训认可度，为培训改进提供依据。

四是生产率及排岗管理。MES-HR 系统能够直接输出生产线的实际生产率、有效生产率、理论工时等数据。排岗看板还能够实时滚动展示各生产线的在产产品、工人排岗、上岗认可等现场管理情况，帮助管理者线上监控各生产线员工的人力排布、合规上岗等情况。此外，MES-HR 系统还可帮助管理者了解部门员工在不同工位的上岗时长，帮助管理者监督生产现场管理和奖励的公平公正。

五是绩效考核管理。MES-HR 系统能够自动计算并输出每位员工每日在产出、品质、出勤、纪律等维度的加减分明细。各管理者可以依据员工的表现明细制定更有针对性的绩效改善措施。

六是星级评定管理。员工的星级是工作提拔、奖金分配的重要依据，深科技会根据员工的工作表现来评定星级。MES-HR 系统可自动统计团队内员工星级分布及各星级占比情况、增减情况，帮助各业务单元的负责人更合理、更有效地进行员工激励，提高员工的工作积极性和敬业度。

从整体来看，深科技 MES-HR 系统的 6 大模块、25 项主要业务流程相互配合，共同构成了一个电子化、流程化、集成化的人力资源信息工作平台，有效满足了以下三点管理需求：一是规范、简化业务流程，提高流程效率；二是提供线上管理监督手段，如可通过可视化看板显示员工上岗及合规情况；三是集成业务数据，自动输出各类报表，为不同层级的管理及决策提供参考。

深科技的数字化培训管理系统

随着业务规模的不断扩大，深科技在总部及各地工厂开展的培训项目日益增多，对培训数据与信息管理的重要性日益凸显。为此，深科技于 2016 年自行开发并导入了 E-Training（数字化培训）管理系统。该系统以课程管理为基础，主要对课程、计划、讲师、学员及实施过程等数据进行标准化管理，从而提升培训管理效率。深科技的 E-Training 系统主要在以下五方面发挥作用。

其一是课程管理。根据公司建立的五大系列课程体系，E-Training 系统对每门课程进行唯一码编号管理，并对课程名称、课程对象、是否必修、课程版本、课时等进行规范，形成标准课程库。同时把课程编号与培训计划、课程开发、讲师认证、组班开课、岗位需求、授课津贴等相关联，确保了课程的唯一可用性，实现了多地域、多工厂间的课程信息打通。

2022 年，公司对系统进行了升级迭代。E-Training 升级后实现了以 "E-Training 与 E-Learning" 的组合模式来整合多系统的培训数据，实现岗位课程匹配、系统自动派课、员工在线学习、学习路径地图、可视化报表分析等功能，并通过"线上 + 线下"混合式学习、直播、社群化学习、在线测评等数字化学习方式，大幅提升员工学习意愿及学习效率，E-learning 的引入广受员工好评，更好地助力公司人才发展。

其二是员工管理。E-Training 系统中的员工信息与 SAP-HR 系统同步，能够实时抓取员工的工号、姓名、职级、岗位等基础信息。同时，考虑到公司有很多兼职角色，并设有相应的角色系列课程，平台采用了标签技术给员工增加角色标识，并将角色名称按"地域 + 名称"来进行规范，如总部内审员、东莞内审员、东莞安全员等。最终形成了"职级 + 岗位 + 角色"的多维度员工信息，使课程匹配更加灵活。

其三是讲师管理。为满足为员工提供优质课程的需要，深科技利用 E-Training 系统详细地记录了每位讲师的授课风格、专业特长等个性化信息，以便学员开课前更多地了解讲师。同时系统中还对外部合作培训机构信息进行管理，对外部机构的名称、地址、擅长领域、联络方式等信息进行长期维护更新，为各工厂选择外部课程提供了便利和集中竞价优势。

其四是培训计划管理。一是年度培训计划的管理，培训部门负责人每年年底会通过对各部门的需求调研和必修课的匹配形成下一年度培训计划，经过相应的审批后，导入到系统中；二是月度开课计划的管理，系统会在每月月底形成下一月度的开课计划，相关负责人可在系统中添加或维护课程讲师、开课地点、开课时间、课程负责人、学员人数、报名要求等信息。随后系统会自动通过邮件或公告发出，启动正式报名，当达到开课人数时，系统会将已报名员工组建班组，并将开课信息发送到员工邮箱予以提醒。

其五是培训实施管理。该模块主要用于评估培训实施的情况，实现对培训效果的监督。在相应的培训课程结束后，系统会关闭培训班，锁定培训数据。在学员反馈的基础上，系统能够提供员工、讲师、课程、计划等多维度查询功能，并根据培训平衡计分卡（Balanced Score Card，BSC）指标组合成数据源，方便呈现培训效果。

"E-Training 系统能够有效地满足我们所有的线下培训需求。"辛艳霞介绍道，通过电子培训系统的建立和建设，深科技能够更为立体和全面地掌握员工的培训需求以及讲师的授课能力，从而更为精确、智慧地将二者实现匹配。并且依靠该系统，深科技能够更有条不紊地开展员工培训，将员工的学习活动常态化。"数字化学习的兴起以及在线学习系统的引入，促使传统的培训管理模式发生变化。随之而来的系统集成、大数据分析、智能推荐等新兴技术将给培训管理带来新的挑战和机遇。"

深科技的数字化人才招聘系统

随着深科技业务版图的不断扩大，人才的缺口随之增加，雇主品牌、招聘效率、人才质量、人才数量、招聘流程合规等各方面的短板日益突出。2019 年，经自主设计开发，深科技上线了 E-Talent Acquisition（数字化人才招聘管理系统，简称 E-TA）系统，其包含了人才需求申请、面试安排、面试评价体系、录用审核流程、offer 发放、入职办理、背景调查、黑名单管理、人才库九大功能。该系统的实施为深科技招聘活动的开展提供了重要的支撑。

一方面，E-TA 的上线实现了集团职位的官方网站自动发布和候选人移动端自主应聘及面试流程自助操作，方便员工更加便捷地一键转发宣传招聘信息；同时，极大地缩短了入职流程的办理时间。系统上线前，新员工办理入职需在入职信息填写、资料审核、工牌制作、门禁授权、电脑及账号申请、住宿办理等各个环节等待，且完成入职手续第二天才能领取电脑申请账号，系统上线后打通了各个部门及流程，提前在员工办理入职手续前完成所有步骤，入职当天即可顺利开展工作，并自动串联新员工培训通知。

另一方面，系统的实施将候选人、用人部门与招聘流程紧密串联，候选人通过官网自主应聘，需求部门及招聘人员在线筛选简历并安排面试，并实现面试及时提醒，候选人通过移动端自助扫码填写个人信息，面试官在线填写标准化能力评价反馈，一键发送录用通知，一键打印入职信息表，新员工信息一键导入 SAP-HR 系统，新员工试用期自动提醒等。上述功能均由系统自动实施，极大解放了招聘人员的事务性工作，更加聚焦于人才的挖猎工作。

此外，系统规范了人才需求、招聘、录用、入职及试用期管理的流程，使各流程统一、合规，例如，对于外部黑名单的管理可以更好地帮助集团各分子公司防范在人才选拔方面的风险，防止员工因遗漏签署入职文件而带来的法律风险。系统还将招聘流程可视化、数据化，让用人部门实时掌握招聘进度。

深科技的人才评价与管理系统

E-Talent Management（人才评价与管理系统，简称 E-TM）是深科技搭建信息化人才管理体系的重要一环，涵盖了"基础信息管理、评价标准管理、人才评价、评价结果分析、员工发展、权限管理"六大模块。

系统以"一个信息共享平台，两条业务、职能为基础的组织架构主线，三大标准、评价、发展的主要功能"贯穿人才评价与员工发展的全流程，帮助管理者厘清团队人才现状，及时发现组织人才问题，提前做好用人规划，搭建梯队，培养后备。其中代表性的是在已建立的选拔和培养体系基础上搭建的电子化人才评价系统，基于该系统将信息整合并分层分类，进行关键及后备员工识别并逐级建立核心人才库，强化核心人才的能力提升和梯队建设，帮助管理者做好人才盘点和用人规划。

持续优化：打造智能化的人力资源管理模式

自 2007 年上线 SAP-HR 模块以来，深科技在十余年间上线应用了多个系统平台。企业的人力资源管理人员逐步从事务性工作中解放双手，投入更多精力至人才培养、人才发展、组织发展、人才保留与激励等为公司创造价值的项目中。人力资源系统的互联实现了员工从入职到离职整个生命周期的信息贯通，对员工的管理更加精细化、精准化，有效提升了公司运营管理中的风险防范及工作合规。招聘体验、入职体验……员工自助、高效的服务等让员工感受到公司以人为本的价值观。绩效管理系统的落地帮助深科技更好地实现了组织战略与员工目标分解的一致性、考核与目标关联的一致性。

同时，深科技的人力资源数字化转型对各业务领域、各职能部门、各流程也带来了重要影响。当组织或人员变更时，企业能够通过人力资源管理角色库对集团所有人、财、物、风控等 260 多个电子工作流实现快速切换。人力资源信息的显性化也同时可以帮助管理者及时了解员工动态，提升管理效率。管理者通过对人才队伍信息的实时掌握可以更加聚焦于核心员工的培养与保留，以及人才队伍能力的建设；可以引导各部门通过人才质量的提升逐步夯实组织能力，实现组织效能的提升，朝向更加智能化高端制造方向发展，真正实现为公司创造价值。

在 2020—2022 年的新冠疫情考验面前，深科技依托数字化平台迅速建立起系统性的人事策略与动态规则，通过快速启动线上办公模式，及时、有效地保障了深科技在世界各地完成业务和运营数据的实时互动与分享，确保了深科技的供应链、物流、人力资源、财务等业务活动能够全面在线运转，既保证了生产的安全性，又保证了交付的及时性。

为使人力资源各系统中的数据更好地为管理服务，发挥信息的管理决策价值，2023 年，深科技着手升级人力资源信息的数字化管理平台，这一平台将更加助力人力资源聚焦更有价值的领域：流程更加精细化、智能化；实现员工个人自助服务，释放人力资源人员的工作精力，更加聚焦于提升员工敬业度，提升员工能力，提升组织效能，实现公司价值的创造；打造管理者驾驶舱，为管理者提供多维度人力资源信息的分析及预警，为人力资源管理决策提供更有价值的信息。

"在快速变化的时代，如何才能更有信心地把握未知与不确定性？关键还是要依靠数字化工具为员工赋能。"这是辛艳霞在近二十年的转型实践中最深切的体会。迈入下一个十年，如何利用数字化成果更好地赋能员工，如何利用智能化的技术和应用建成"以人为核心"的企业生态，是深科技高层管理者们正在进一步思考的问题。

【研讨题】

1. 深科技推进人力资源管理数字化转型的关键举措有哪些？

2. 数字化在深科技人力资源管理领域的应用主要有哪些？

3. 深科技的人力资源管理数字化转型对其他企业有何启示？

📄 案例分析

在企业的数字化转型过程中，"人"是一个核心要素。深科技人力资源管理数字化转型的实践，反映出数字经济时代企业人力资源管理面临新机遇和新挑战，企业的高质量发展需要以人力资源管理数字化转型为支撑。同时，这一过程还必须与企业战略调整、组织变革等协同推进。

一、深科技推动人力资源管理数字化转型的关键举措

深科技的高层管理者认为，以大数据、人工智能等为代表的新型技术革命，给深科技所处的行业造成了巨大的冲击，也带来了新的机遇。立足于此，深科技十余年来始终致力于通过数字化转型改进人力资源管理模式，实现了人力资源管理模式的新飞跃。深科技推进人力资源管理数字化转型的关键举措体现在如下三个重要方面。

一是在人力资源管理系统中引入数字化管理工具并持续迭代优化。深科技将数字化工具引入人力资源管理系统的工作始于21世纪初期公司提出的"无纸化"概念。历经20余年的发展，深科技基于不同阶段的发展需要，在人力资源管理系统中逐步引入了各式有效的数字化工具，并不断进行系统的更迭和升级，包括上线了SAP-HR系统、MES-HR系统、E-Training系统等。

二是系统推进人力资源管理数字化转型。从2007年首次上线SAP-HR模块之后，深科技通过一个又一个人力资源管理"子系统"的有序搭建，最后实现了集团整个人力资源管理系统的数字化。这一过程中，深科技以公司的数字化转型整体战略为指引，明确了人力资源管理数字化转型的战略目标和职能定位，经过不断的评估、改进和优化升级，推动了企业人力资源管理的数据化、自动化、智能化；同时将人力资源系统更紧密地集成到企业平台之中，提升了不同业务板块之间的协同性，系统地推进了集团人力资源管理数字化转型。

三是通过人力资源管理数字化创新员工管理模式。随着数字化管理工具在人力资源管理系统中的引入，深科技以往难以实现的员工管理模式逐步变为现实。一是精准地把握员工的工作状态，例如可通过可视化看板显示员工上岗及合规情况，提高人力数据的实时性、准确性；二是通过诸如培训需求自动化处理的实现，支撑"轮岗制度"的落地，推动了人才的合理流动；三是通过外派员工工作地本地化管理，解决了如何协调人力资源的难题，以更好地支撑业务落地；四是满足了员工数字化学习的发展需求，实现了员工学习活动的常态化；五是基于人力资源系统的互联，实现了员工从入职到离职整个生命周期的信息贯通，对员工的管理更加精细化、精准化。

二、数字化在深科技人力资源领域的重要应用 ①

第一，运用数字化手段进行招聘创新。解决企业数字化转型中人力资源问题的主要途径之一是进行招聘创新，即从源头吸引、遴选兼具数字化技能和业务知识的人才，以匹配企业战略转型产生的新岗位和新需要。这类具备一定从业经验的复合型人才不仅数量短缺，且往往受到诸多岗位需求的吸引，市场竞争激烈。由此，在进行数字化转型的过程中，企业可以借助数字化管理工具，以战略目标为导向，通过指标识别体系和评级标准等方法，搭建人才标准，刻画、识别关键岗位，明确招聘需求，并充分结合移动互联网环境下新型招聘平台和工具的辅助，精准、快速、高效地满足企业的发展需求，搭建一支成熟的人才队伍，为数字化转型储备充足的人力资源。深科技通过应用数字化人才招聘系统，不仅规范了人才需求、招聘、录用、入职及试用期管理的流程，提升了招聘效率，同时将候选人、用人部门与招聘流程紧密串联，极大地解放了招聘人员的事务性工作，使他们更加聚焦于人才的挖猎工作。

第二，企业数字化转型下的人才战略与培训开发。解决企业数字化转型人力资源问题的另一主要途径是通过制定新的人才战略，对现有人力资源进行培训和开发来不断适应新的企业整体战略发展需求。一方面，企业应进行数字化转型过程中关键人才的盘点与识别，根据基层、中层和高层等不同层级任职标准和能力要求，设计适当的人才评估工具和体系，结合现有人员素质的实际分布情况来识别、建立分层分类的人才库。另一方面，结合新兴岗位、新任职资格等要求，整合现有分层分类人才库，对各类人才设计定向培养方案，有效提升人才质量，综合采用组织内外的资源帮助关键人才快速成长，以满足组织战略转型的需要。深科技自行开发的 E-Training（数字化培训）管理系统在课程管理、员工管理、讲师管理、培训计划管理、培训实施管理方面满足了深科技所有的线下培训需求，促使深科技传统的培训管理模式发生变化。同时，深科技通过应用 E-Talent Management（人才评价与管理系统），在基础信息管理、评价标准管理、人才评价、评价结果分析、员工发展等方面推进深科技信息化人才管理体系搭建，帮助管理者做好人才盘点和用人规划。

第三，基于数字化转型战略的绩效管理与全面薪酬设计。绩效管理和薪酬管理位于企业人力资源管理工作的核心地位。企业新的人才战略与培训开发体系的建立要匹配相应的薪酬激励措施、绩效考核标准和管理机制，形成管理闭环，这样才能切实为队伍建设的落地提供底层保障。为了应对企业数字化转型的整体战略调整，从深层次对员工队伍提升自身数字化素养产生激励和促进的作用，企业可以结合前沿的绩效管理工具，深入细致地剖析在数字化转型过程中绩效管理和薪酬激励等核心问题，并结合企业不同部门、不同层级的数字化变革程度，针对重要类别员工的绩效管理和薪酬管理的理念和工具进行更新和重构，建立差异化的薪酬激励机制，打通绩效管理闭环，实现员工压力和动力的双轮驱动。在绩效管理方

---

① 本部分内容主要参考了笔者曾撰写的报告：李东红，葛菲，杨主格，等. 中国企业数字化转型研究报告（2019）[R]. 清华大学全球产业研究院，2019: 39-41.

面，针对工厂一线员工，深科技通过应用 MES-HR 系统能够实时输出每位员工的排班、调班、缺勤等记录报表。在薪酬管理方面，深科技通过上线 SAP-HR 系统，实现准确、快捷地核算员工薪资，并根据部门提供的员工薪资汇总来编制各种薪资分析报告，如岗位、工龄、职级等与员工薪资间的关系，并为管理者提供参考。

第四，数字化转型背景下的劳动法规与劳动关系管理。通常，企业的所有制性质、组织形式、规模、用工形式等都会对劳资关系产生不同的影响。当前，企业的数字化转型会引发潜在的岗位变动和人员去留问题，塑造着新的劳资关系特征，这些变化涉及规范、道德、法律等不同层次。在数字化转型背景下的队伍建设过程中，借助数字化管理工具，企业通过规范选、育、用、留、裁各个环节来构建和谐的劳动关系，能够为企业进行数字化变革奠定坚实的基础。例如，在人力资源管理数字化转型之后，深科技外派员工的管理从建立劳动关系的法人实体变更为工作地本地化管理，SAP-HR 的升级为外派员工的管理提升起到了至关重要的作用，实现员工信息异地共享、管理授权与工作流互通互联，极大地减少了沟通成本，同时提升了员工的工作感受，有效地解决了如何协调人力资源，以更好地为组织架构和整体战略服务的问题。

三、深科技人力资源管理数字化转型实践的启示 [①]

第一，人力资源管理数字化转型以战略为导引。一是企业要对整个企业的数字化转型工作进行顶层设计，明确企业的数字化战略，这一战略要以公司的总体战略为导引，服务于公司的业务布局以及各项业务的市场竞争战略。二是企业的人力资源管理数字化转型工作要以企业的数字化战略为导引。上述两个层面的战略导引，既可以确保企业人力资源管理数字化转型工作有章可循，在企业内部各个部门之间形成高度统一的共识，有效配置相关资源，又可以确保人力资源管理系统的各项数字化转型工作都能紧紧围绕战略展开，对公司战略的落地形成强有力的支撑，并为公司未来新的战略布局和优化奠定人力资源等方面的坚实基础。

第二，人力资源管理系统的数字化转型不仅体现在管理工具的革新应用上，还包括管理理念的改变和管理模式的重塑上。首先，人力资源管理系统的数字化转型绝不是简单地把企业的人事管理工作上线、上系统、上平台、上云等工具化行动。这一工作首先需要上至下、从人力资源管理部门到非人力资源管理部门所有管理者到被管理者的理念发生根本性改变，需要企业中每一位员工都能充分认识到数字化的大势所趋和重要价值，以高度开放的态度积极拥抱数字化转型，既在管理他人中以数字化思维推进工作，又在被管理中接受数字化的方式和过程等。其次，人力资源管理系统的数字化转型也意味着企业人员管理模式，乃至企业的全部管理模式的改变。人的管理贯穿企业所有部门、岗位、过程和环节，人力资源管理的

---

① 本部分内容主要参考了笔者曾撰写的报告：李东红，葛菲，杨主格，等 . 中国企业数字化转型研究报告（2019）[R]. 清华大学全球产业研究院，2019: 39-41.

数字化转型直接带来员工管理模式的改变，也会推动企业市场推广模式、产品开发模式等的变革，并与其他模式的变革一起带来整个公司的模式创新。例如，深科技通过依托数字化的运算逻辑，能够更为清晰、公正地衡量研发人员的研发效率，并以此对研发人员的工作绩效进行科学合理的核算。深科技在此基础上推行了弹性工作制，从而有助于进一步释放研发人员的工作活力，提升管理效率。

第三，人力资源管理数字化转型的归宿在于全体员工数字化素养的提升和企业数字化文化的形成。在推动企业人力资源管理系统数字化转型的进程中，系统性的改变将带来工作环境、工作方式、思维方式、工作习惯等的巨大变化，最终不仅带来人力资源管理观念和手段的转变，而是意味着管理者和被管理者都要逐步厘清其学习、接纳新的数字化思维与工作方式的行为规律和心理状态，切实培育出将数字化渗透至思维和行动每一个角落的能力，充分提升数字化素养，并在整个公司内部形成强大的数字化文化氛围。

16

现代化风控管理 *
——小米集团的数字化风控

📋 案例正文

【引言】习近平总书记在 2022 年 1 月《求是》杂志上发表的《不断做强做优做大我国数字经济》一文明确提出，要"完善数字经济治理体系"，"重点加强数字经济安全风险预警、防控机制和能力建设，实现核心技术、重要产业、关键设施、战略资源、重大科技、头部企业等安全可控"。在中国式现代化的发展过程中，数字化技术已经成为促进经济和社会发展的重要手段之一。企业层面的数字化风控体系可以帮助其快速、准确地识别、评估和控制各种风险，提高经济运行效率，增强社会治理能力，是推进中国式现代化的重要条件之一。小米集团作为互联网科技头部企业，在快速发展的过程中打造了一套集内控、内审、合规和监察"四位一体"的风险管控（以下简称风控）体系，通过数字化工具加强风险预警和管理能力，并通过独特的"生态链模式"，将这套风控能力输出给生态链上的数百家企业，服务公司的平台战略。小米集团的现代化风控管理思路走在行业前列，是响应党的二十大报告中"加快构建新发展格局，着力推动高质量发展"论述中提出的"加快发展数字经济，促进数字经济和实体经济深度融合，打造具有国际竞争力的数字产业集群"要求的典型商业案例。

【摘要】小米集团于 2010 年 4 月成立，以硬件——小米手机起家，产品线不断扩展到智能硬件和物联网（Internet of Things，IoT）；2014 年，小米集团开始打造生态链，将商业模式进一步进化为平台，力图打造智能硬件的舰队型企业生态。小米创始人雷军将公司的成长基因归结于"专注、极致、口碑、快"的互联网七字诀。随着公司规模扩大、

---

* 案例作者：王琨，清华大学经济管理学院副教授；赵子倩，清华大学经济管理学院中国工商管理案例中心案例研究员；白冰峰，清华大学经济管理学院中国工商管理案例中心实习生。

商业模式日趋复杂化、相关方越来越多，公司所承受的风险也不断增大。面对"强合规"的市场监管环境，小米对风险管控工作提出了更高的要求，不断提升公司内部管控效率，令其与业务增长更加匹配。在"强合规""强监督"的国内外行业监管环境下，从2016年建立风控团队开始，小米风控工作的系统性逐渐提高。在"信任文化"下，小米风控团队的角色定位是做业务的守护者、教练和医生，对内部强调"有监督的信任"。风控工作专注于流程的数字化，力图用"灯塔思维"看穿每一处风险所在。在雷军主张"无为而治"的宽松环境和创业土壤下，小米风控团队力图在对集团内部产生价值的同时，打破企业边界，对自身的风控体系进行产品化改造，向整个小米生态输出价值。不过，团队遇到的最大挑战实际上并不在于产品化的难度，也不在于生态的复杂性，而是在于如何转变中小企业对于风险的观念。

【关键词】生态链；风控体系；数字化

《"十四五"数字经济发展规划》指出，要"增强关键技术创新能力。瞄准传感器、量子信息、网络通信、集成电路、关键软件、大数据、人工智能、区块链、新材料等战略性前瞻性领域，发挥我国社会主义制度优势、新型举国体制优势、超大规模市场优势，提高数字技术基础研发能力。以数字技术与各领域融合应用为导向，推动行业企业、平台企业和数字技术服务企业跨界创新，优化创新成果快速转化机制，加快创新技术的工程化、产业化。鼓励发展新型研发机构、企业创新联合体等新型创新主体，打造多元化参与、网络化协同、市场化运作的创新生态体系"。小米集团作为互联网科技公司的头部企业之一，在网络通信、大数据、人工智能等领域不断创新，夯实自身的研发能力；并以核心技术为基础启动"生态链计划"，利用自身在数字化领域的领先优势和品牌影响力，推动产业链上的企业开启数字化转型，共同打造丰富而繁荣的小米生态系统。

小米生态

成立于2010年4月的小米集团是一家以手机、智能硬件和物联网（IoT）平台为核心的互联网公司。2019年，小米集团首次入选《财富》世界500强，成为名单中最年轻的公司。2020年，小米集团再次入选《财富》世界500强，排名422名，较上年提升了46名。小米发展迅猛，按智能手机市场出货量统计，小米从2011年首次发布手机以来，不到三年，手机出货量就问鼎中国第一、世界第三。在2016年经历短暂的低谷后，2017年公司成功实现逆转，收入超过千亿元，2018年手机销量突破一亿台，名列世界第四。2018年7月9日，小米在香港主板上市。2019年小米手机全年出货量1.25亿台，稳居全球第四大智能手机厂商，全球MIUI（小米自主开发的手机操作系统）的月活跃用户达到3.1亿。2023年小米手机年出货量达 1.464 亿台，继续保持领先态势，公司收入与利润如图 1 所示。

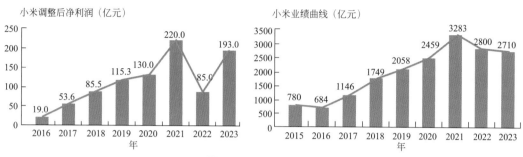

图 1　小米集团业绩

资料来源：小米集团

　　小米是一家技术至上的互联网科技公司。创始人雷军在北京市海淀区保福寺桥银谷大厦 807 室创办小米，创始团队核心由 6 个工程师、2 个设计师组成，核心团队全部拥有技术背景。自诞生就携带技术基因的小米，在 5G 技术（第五代移动通信技术）上处于领先地位，拥有 5G 技术意味着面向高端市场的竞争力。小米在 2016 年就开始针对 5G 进行研发，并得到了合作伙伴高通的支持。2019 年 2 月，小米在巴塞罗那发布了智能手机小米 MIX 3 的 5G 版本，合作伙伴高通将首款 5G 基带——骁龙 X50 基带用在了这款机器上面，首发于欧洲的小米 MIX 成为当时全球性价比最高的 5G 手机之一。先进技术的背后是小米不断加大的研发投入，2019 年小米研发投入达到 75 亿元，2020 年研发投入预计超过 100 亿元，2017—2020 年研发投入的复合增长率为 53%。除手机外，小米也自主研发了智能电视与笔记本电脑等重量级产品，成功拓展出 100 多类其他产品，其中多款产品销量居世界第一，小米的品类拓展能力得到市场的验证。小米还建成了世界上最大的消费级物联网平台，截至 2020 年第二季度，小米物联网平台连接设备 2.71 亿台，连接 5 个以上小米物联网设备的用户数量达到 510 万，这让小米成为中国智能生活市场的翘楚。值得一提的是，在复杂的小米生态体系下，小米的创新力获得了全球专业机构认可。2014 年、2016 年，小米两次获得波士顿咨询公司（BCG）"最具创新力公司"荣誉，2015 年荣获《麻省理工科技评论》"全球最智能公司"荣誉，2017 年荣获商业杂志 *Fast Company* "年度最具创新力公司"奖项。

　　小米的使命是始终坚持做"感动人心，价格厚道"的好产品，让全球每个人都能享受科技带来的美好生活。小米想做一个有"温度感"的品牌。作为全球少有的拥有粉丝的科技公司，小米的愿景是和用户交朋友，做用户心中最酷的公司。小米将自己的商业模式归纳为"铁人三项"："硬件＋新零售＋互联网服务"。"硬件"包括手机、电视、路由器和生态链，"互联网"包括互娱、影业、金融、云服务、MIUI，"新零售"包括小米商城（自有电商平台）、小米之家（高坪效线下直营门店）、全网电商（第三方电商平台）以及小米有品（精品电商）

的新零售布局。在硬件方面，手机与物联网平台生态是小米未来 5 年的"双引擎"核心战略，小米意图发挥乘数效应，打造两者相互加持的统一整体。手机方面，小米（MI）和红米（Redmi）作为独立品牌运作，小米手机作为主品牌主打极致体验、专注新零售市场和高品质创新，Redmi 品牌则关注极致的性价比，专注于电商市场。在新零售方面，小米专注于打造线下门店——"小米之家"，以场景化的陈列方式，打造沉浸式的购物体验（见图 2），并令其实现了在全球范围内仅次于苹果商店的高坪效。小米之家 2015 年首家店开业，2017年开始大规模线下扩张，2020 年底达到近 1000 家门店，2021 年之后小米之家数量迎来爆发式增长，至 2021 年 10 月底，小米之家门店已突破 1 万家。

图 2　小米之家

资料来源：小米集团

2014 年小米集团启动"生态链计划"，用 5 年时间孵化 100 家小米模式的智能硬件公司，实现了"从大船到舰队"的战略转型。小米要构建的不仅是一个连接产业上下游的超大平台，更是数字时代生活方式的创立者和推动者。雷军认为，要实现让全球每个人都能享受科技带来的美好生活这一目标，一家小米远远不够，需要 100 家甚至更多的"小米"，一起建立起丰富而繁荣的商业生态。"德不孤，必有邻"，通过独特的"生态链模式"，小米投资和带动了很多志同道合的创业者，形成了数百家的生态链企业，围绕手机业务构建起手机配件、智能硬件、生活消费产品三层产品矩阵。

2020—2021 年，尽管疫情与经济环境波动并行，但小米实现了逆势增长，营收和利润都超出市场预期，小米手机销量稳居全球第四，智能电视、智能音箱、智能可穿戴设备等核心业务也稳健增长。

高速成长带来的风险

习近平总书记在《不断做强做优做大我国数字经济》一文中指出，要"完善数字经济治理体系"，"重点加强数字经济安全风险预警、防控机制和能力建设，实现核心技术、重要产业、关键设施、战略资源、重大科技、头部企业等安全可控"。小米创业成长的十年，是商业模式不断迭代升级的十年，也是小米规模不断裂变生长的十年。小米的管理层意识到，随着公司的规模增大、商业模式日趋复杂化、相关方越来越多，公司所承受的风险也在不断增大。公司内部强调，"管理就是管理风险"，雷军本人也曾多次总结公司的发展进程为"公司正在从游击队转变为正规军"。在国内经济下行压力大、国际贸易环境正在恶化等环境因素影响下，未来公司面临着很高的不确定性，5G、AI（人工智能）、物联网的发展给智能硬件和互联网领域带来了新机会，也会对现有的市场格局造成冲击和挑战，公司需要确保自身优势的可持续性。因此，为提升管理效率，抓住新的发展机遇，小米对风险管控工作提出了更高的要求，不断优化公司内部管理机制，令其与业务增长更加匹配。小米管理层内部讨论，风控工作之所以重要，原因主要在于在以下四点。

第一，业务部门急速变化。由于小米业务模式的形态复杂，公司体量高速增长，员工人数不断扩大，公司的管理成本日益增高。伴随着业务部门的急速变化，一方面如何维持高效率的管理和有效的管控成为当务之急，另一方面网络环境风险凸显，小米需要有所准备。面对业务数字化程度不断增高、业务运营趋于自动化的背景，小米需要对如何做好风控工作交出一份优秀的答卷。近几年来，国内外关于个人信息保护的法律法规陆续出台，行业操作日趋规范化，例如欧盟《通用数据保护条例》（GPDR）中的个人隐私保护规定，数据管理需对其使用个人数据的安全性、可用性、保密性和完整性负责。诸如此类的监管对小米的风控工作提出了更严格的要求。

第二，内控测试难度大。小米集团内控测试过程聚焦于公司业务层面的查漏补缺工作，由于小米的业务场景和流程较为复杂，数据量庞大，业务部门忙于发展业务，对风险控制可能会有所疏漏，因此需要专门的风险控制团队对业务发展起到辅助和监督的职能。

第三，弥补管理缺失，提升管理质量。小米对自身的发展保持着清醒的头脑，作为一家成立仅十多年的民营企业，不可避免地会存在业务发展过快遗留下来的管理漏洞和盲点。小米认为，通过数字化风控提升公司管理质量，既可以有效应对外部"强监管"环境的要求，也是提升内部管理效率的必然选择。

第四，复杂业务对于风险监控数字化的要求。由于业务复杂、风险点较多，利用大数据分析技术改造传统抽样的风控方法，从而进行大数据"全量"扫描的数字化风控是势在必行的。然而，数字化的全量风险监控是有困难的，数据本身的量级是一方面原因，业务的复杂性是另一方面原因：不同的产品、类别有不同的销售渠道；售后、物流、客服等业务穿插配合，全面采集数据和分析问题难度较大。

上述风险的体现形式千差万别。但小米集团认为，企业最有价值的资产就是数据；只有从数据中挖掘价值，才能更好地防控风险。

数字化的风控体系

风控团队

在"强合规""强监督"的国内外行业监管环境下，小米集团风控团队的定位是做业务的守护者、教练和医生。2016 年，在小米集团营收达到 684 亿元时，开始重视风控职能，风控部门成立。2017 年，小米集团营收达 1146 亿元，风控部门工作的重点在于内控和档案的体系建设，同时在香港上市的内控合规要求也促进了小米业务合规性的提高。2018 年，当小米集团营收达到 1749 亿元时，风控部门增加了内审工作，建立了内控 BP（业务合作伙伴）制、内审团队，覆盖手机供应链、中国区等领域。2019 年，小米集团营收超 2058 亿元，风控部门又增加了监察与合规工作，形成了"四位一体"的全面风险管理体系，持续深入到业务单元（海外、互联网等）之中。

小米集团风控团队传承了公司"真诚"和"热爱"的价值观，又发展出"正直、专业、合作、开放"这些风控部门独特的价值观。"正直"指的是正确和正义的价值观和站位，"专业"强调了工作方法经得起推敲，"合作"指的是与业务部门之间的关系，"开放"指明了未来风控工作向生态圈企业延展的方向。风控团队希望站在集团角度看问题，平衡风险与效益的关系，令公司管控能够收放有度。风控团队的定位是与业务部门协同合作，同时对管理层、董事会负责，从而体现"大局观"与"责任心"。

小米风控早期的定位主要是贴近业务、服务业务，以支持公司的业务发展为重点。随着小米发展，风险控制的需求被提出和强调，风控职能逐渐被强化，风控团队与业务部门的关系也有了调整，希望更多加强管控的作用。不过，找到管控和发展两种力量的平衡点是不容易的，尤其是在竞争激烈的市场上，小米多领域同时出击的商业模式需要业务上更多的自主权和灵活性，过多的管控难免掣肘。雷军曾在公司高层会议上提出，小米的职能部门可以对业务说"No"，但是要温柔地说"No"。

小米风控的使命可以由"PULSE"来概括：P 即 Process，防范存在于流程中的风险；U 即 Value，指风控的价值观依托于公司文化；L 即 Control，指对于风险的管理与控制；S 是 Strategy，强调风控工作的战略导向；E 为 Evaluation，即对风控工作效果的评估监督。小米风控团队认为，实施 PLUSE 模型需要从信息、沟通、文化、价值观等方面去着手，围绕内审、监察、内控、合规四种工作方法，瞄准战略目标，通过对人员、系统、流程的梳理和监控来实现风控工作的提升。

体系设计

2017 年小米集团的风控团队成立时，主抓的是内控工作。不久，为应对 2018 年公司上市的需要，部门又发展了内审团队。而后，针对香港上市规则《第 21 项应用指引》（PN21）的规定，进一步开拓了合规和监察两支队伍。在小米，内控、内审、合规和监察是风控团队分化出的不同角色，形成"四位一体"的风险管控体系，出于不同业务层级和运营角度的差异性对风控工作提出了要求。

内控方面：内控工作广泛体现在业务端，虽然和业务部门配合度较高，但是与业务部门自身所进行的风险防范工作不同，内控团队属于风控团队的一部分，保有风控团队的独立性，主要负责公司流程、制度和责任在业务层面的落实。比如，在供应商准入、评估、招投标等流程方面，内控团队的 BP 会帮助业务部门做补充，开展业务须进行风控的测试（内控测试），如有必要，内控部门会以书面形式对业务部门出具相应的风险提示函，以弥补业务部门的疏漏。

内审方面：内审工作体现在业务监督方面，具体到事，例如调查某个类型的业务舞弊、学历造假、虚假报销等事件。与内控相比，内审具备更高的独立性，完全脱离业务部门，向董事会负责。内审工作往往不仅仅是针对个别人或者事进行，而且是以小见大，根据线索去彻底解决一个门类的问题。

监察方面：监察比内审更加具体，具体到一人和一事，落实到对人的奖惩。

合规方面：合规是风控工作的目标之一，合规涉及的范围较广，包括贸易合规、信息安全合规、人力资源合规、反腐败合规、反不正当竞争合规、金融与证券合规、财税合规、知识产权合规以及环境监控合规 9 大领域。在工作方式上，小米的风控工作更多采取宣传的方式来提升整个公司的合规意识。

这些工作形成了小米集团"三道防线"的风险管控体系。第一道防线是业务部门的自查，第二道防线是风控部门贴近业务部门进行内控。前两道防线是服务于公司管理层的，从流程体系上确保业务部门工作的合规性。第三道防线是内审（某一类问题的穿透性调查）和监察（解决个例）。

"三道防线"共同护卫和打造着更完善的流程体系、责任体系、合规体系和监督体系。第三道防线是服务于公司董事会的，将实际发生的风险调查出来并解决，很能凸显事后防的成果，但就事论事的工作方法仅仅是"治标"而不是"治本"；而前两道防线治的是"本"，也就是风控人员与业务部门合作，一起建立更加严谨的工作流程和体系，不过，防患于未然的投入对效益的提升往往很难量化，公司往往难以判断投入多少资源才是合适的。"防"和"控"是从完全不同的出发点去面对问题和解决问题，在工作方法、波及范围和解决方案上存在巨大的差异。

工作思路

小米风控的工作思路主要有三条：

第一，匹配业务，助力成长。作为全球最年轻的世界500强企业之一，仍然在国际化征程上狂飙的小米集团，业务发展速度极快，各种各样的风险也随之而来。小米集团的"四位一体"风控模式在大多数公司里并不常见，因为风控部门并不直接创造效益，这部分工作很容易被忽略。但在小米集团内控审监察部副总裁刘少顺看来，风控团队的工作就是为公司的发展保驾护航："如同一个有机体，它健康与否，除去外表的光鲜亮丽，它的风险和管理认知水平的内核如何，这就需要风控团队去集中处理一些前期性的、铺垫性的，或者隐含性的工作，这是小米开展数字化风控体系的核心初衷。"

第二，灯塔逻辑，流程数字化。小米集团将风控体系的构建逻辑命名为"灯塔逻辑"，即用数字化这一"灯塔"，把小米集团整体业务各种流程中的风险照射出来。传统的风险判断由人工完成，但由于小米业务的发展速度和复杂性，人工的方式不仅烦琐也无法全面覆盖所有风险，因此风控的关键在于梳理流程，从流程中判断风险所在，再搭建模型去防控和识别风险。

第三，快速跟进，大胆应用。公司的文化基因即雷军反复提到的"专注、极致、口碑、快"的互联网七字诀，小米风控的数字化建设能否更快具备两层含义，一是小米风控与业务的协同速度，二是小米风控在自身建设中的加速度。面对小米集团各业务、数据、场景的错综复杂，风控团队无法依照传统模式进行过多的常规风险评估，必须在从信息化到数字化转型的过程中，开拓一些业内尚未成功应用的数字化工具来加强风控部门自身的能力。小米风控必须跟小米成功的基因相匹配才能生存。

继续前行的小米风控

《"十四五"数字经济发展规划》在大力推进产业数字化转型时提出，"支持有条件的大型企业打造一体化数字平台，全面整合企业内部信息系统，强化全流程数据贯通，加快全价值链业务协同，形成数据驱动的智能决策能力，提升企业整体运行效率和产业链上下游协同效率……鼓励和支持互联网平台、行业龙头企业等立足自身优势，开放数字化资源和能力，帮助传统企业和中小企业实现数字化转型"。对照规划，小米集团首先夯实自身的数字化风控体系，下一步逐渐将风控能力输出至生态链上企业，对整个生态链的数字化转型提供更多价值。

夯实自身

小米集团一直有这样一个意识：对于风控工作，如果不走数字化就没有未来。捕捉到的所有交易流、信息流和物流，甚至资金流风险，都可以转成数字。刘少顺强调，"面对风险，小米风控做的是未雨绸缪，而不是亡羊补牢"。简言之，"不出事"就是小米风控最大的贡献。小米风控团队将持续深入推进数字化的建设工作。相较于其他企业发展到需求紧迫时才被动地寻找第三方公司，或者委托事务所处理一些微型项目，小米风控团队涵盖开发人员、产品人员，不断致力于自主创新之路。小米风控正在进行新技术的探索，包括流程挖掘、智能仪表盘、AI 与机器学习、区块链技术、开发工具、流程自动化管理工具、集成信息系统管理以及网络安全战略框架等八大方向，这些应用在企业风险控制领域均属于前沿技术。

能力输出

小米风控认为自身的使命并不局限于作为一个职能部门服务于公司内部需求，未来的发展目标是将风控能力输出，赋能给生态链企业，服务于公司的平台战略。要实现这个目标，就需要加速将风控从一种"服务"转向一种"产品"的产品化进程，尽量从"定制化"走向"标准化"。具体来说，产品化的思路是把公司所有的风控活动，无论是面对合规风险，还是财务性、运营性风险，还有舞弊风险，都从小米自身业务部门的工作流程中沉淀出来，制作为数字化产品，再反向赋能给业务部门——他们是第一道风险管理者。风控服务只有成为模块化、标准化的产品，才可以复制、定制和售卖，未来产品化、标准化的风控能力输出也将对生态链企业的赋能产生更大价值。

截至 2019 年 12 月 31 日，小米集团共投资超过 290 家生态链企业，总账面价值 300 亿元。小米集团已然成为国内第一大生态链企业。优秀的生态链企业包括华米科技、紫米科技、绿米联创、北京智米科技、佛山云米科技、小蚁公司等众多公司。生态链产品涉足众多领域，包括小米体重秤、移动电源、便携音箱、随身风扇、空气净化器、净水器、智能摄像机、运动相机等各种品类，数不胜数。小米生态链企业的利益与小米集团的利益拥有共同的价值诉求。小米利用集团在供应链、工业设计、品牌和渠道等方面的优势持续赋能，加速生态链企业的成长。2020 年 2 月，小米投资的石头科技在科创板上市，这是小米生态链中首家成功在 A 股市场上市的公司，也成为其他生态链企业的标杆。

对于生态链企业，小米集团的管理原则是"帮忙不添乱、投资不控股"，因此对生态链企业更多起到的是引导作用，而不能强制其采取某种行动。小米风控团队能够提供给生态链企业的能力，就体现为一些可以产品化的风控工具。例如，小米风控团队已经开发和应用的一些成熟风控工具可以直接提供给生态链企业使用，从而节省它们自身摸索的成本。未来，这类产品将不断丰富。当下，小米风控团队对于生态链企业的赋能尚属起步阶段，在未来风控部门将逐渐从成本中心转向利润中心。

外部环境充满挑战，小米风控团队对提升业界乃至全社会对于风控的认知充满信心。在很多实际场景中，即使风控团队风险管理工作开展得再好，也只是帮助公司控制损失，而非直接创造效益。因此，在中小企业里，风控工作往往得不到应有的重视，企业往往在发展壮大准备上市时才为了遵守监管要求而开始重视自身管理能力的提升，其中就包括风控。刘少顺提出："对风险的认知要从过去的'无知无觉'，慢慢过渡到'无知有觉'，再到'有知有觉'，直到最后的'先知先觉'。"已经有了较为完备风控体系的小米，其风控团队在生态链的整个舰队中意图发挥小米的"旗舰"作用，让生态链企业至少从文化、理念和认识的角度提升风险意识。

结束语

通过能力输出，小米风控团队希望真正做到独树一帜，为整个社会的风险管理认知添砖加瓦，体现小米集团的社会责任感和价值观。在数字经济已经提升为国家战略的今天，在数字化转型已成为推动我国经济发展的新引擎时，希望小米集团这样一家中国企业在数字化风控领域能走得像知名西方企业一样扎实，在高速发展和创新之路上走出自身的特色。

【研讨题】

1. 小米集团建立风控体系的背景是什么，经历了怎样的发展过程？
2. 小米集团是如何塑造风险文化的，风控体系的特点有哪些？
3. 小米风控团队该怎样输出风控能力，对行业的数字化发展有哪些启示？

📋 案例分析

在高速变化的中国商业环境中，小米集团通过大量投资参股实现了规模上的迅速壮大，生态链的业务复杂程度日益提高。同时，公司也面临着各个业务方向上政府监管趋向收紧的外部环境。小米集团意识到，和业务相关的风险无处不在，因此从集团战略的较高层面重视风险管理，其风险观念和应对机制也从一般企业常用的事后惩罚转变为系统性的自我纠错，在很大程度上提升了对事前控制的重视程度。

小米集团的风控部门在塑造自身工作体系时，首先关注如何从集团公司战略层面上获得支持，其次用心打造了一个完整的风控体系，过程中风控团队与业务部门之间的关系从对立变为为其保驾护航，也同时注意到塑造整个公司的风险控制文化。在小米集团的风险控制体系逐渐成熟之后，风控团队进一步将这种能力对生态链企业输出，协助整个行业更稳妥发展。

一、小米集团建立风控体系的原因和历程

1. 建立风控体系的原因

进入 21 世纪以来，一大批中国企业受益于庞大的市场需求和技术创新能力，规模和收入迅速扩张；企业的产品种类、业务模式、上下游合作伙伴也日趋庞杂，这些因素都导致管理条线拉长、审批层级和相对方增加，管理难度升级。另外，部分企业业务拓展至异地或境外，还面临着信息沟通不畅、管理文化差异等新问题。为保障企业在转型升级、高质量发展的过程中平稳致远，全面风控体系不可或缺，不但能为业务实践查漏补缺，为企业提供政策、法律合规方面的专业意见，更能从根本上为全体员工树立未雨绸缪的风控理念，把风险扼杀在襁褓之中。

结合小米集团的企业发展情况，企业从 2011 年首次发布手机以来业务实现了惊人的增长，产品、场景、合作伙伴快速增加，内外部环境日趋复杂。小米集团的产品品类拓展、生态链建设加速；国内外监管环境的新趋势是"强合规""强监督"，而小米原有的"兄弟文化"本质上属于人情管理，对于大型公司可能并不适宜；"真诚、热爱"的价值观仅作为文化引领方向，不能代替管理，公司需要迅速走向制度化，弥补管理缺位，延续自身优势，并且识别内外部威胁。这些都是促成小米集团建立风控团队的客观原因。

2. 风控体系的发展过程

小米集团的风控体系是逐渐从单一的内控职能发展起来的，后续又增加了内审、监察和合规，实现多角度、多层面的风险控制。小米的"三道防线"风险管控体系突出体现了全面风险管理的理念。

对于"防"和"控"的区别，理论和事务界一直对此持有争议——到底风险管理和内部控制谁包含谁。风险指的是不确定性，这是一个中性词，可能代表着不利面，也可能代表着有利的机遇，但提到风险二字，其一般意义总是偏重于前者，例如 1995 年加拿大 COCO[①] 报告认为风险的定义是"一个事件或环境带来不利后果的可能性"。[②] "防"指的是对于具体风险已经识别出来以后，采取措施防患于未然，指的是对风险的管理；"控"指的是对组织中和实现目标相关的各个要素的集合实施管理，从而实现减轻和控制风险的目的。也有观点认为，这两个概念本质上是统一的。

从小米的实践来看，"三道防线"有防也有控，交错起作用，但小米风控部门的不同分支确实面临着不同的认可度，实施全面风险控制的难点之一在于，如何让公司上上下下认

---

① 加拿大特许会计师协会（Canadian Institute of Chartered Accountants）负责的控制规范委员会（Criteria of Control Board），简写为 COCO。
② 李晓慧，何润玉. 内部控制与风险管理：理论、事务与案例 [M].2 版. 北京：中国人民大学出版社，2016: 19.

同一些预防性工作的价值。换句话说，第三道防线是"治标"，是发生问题后再去追根溯源，通过监察去处理风险已经发生并可能造成损失的个例，或者以此为线索通过内审进行一类问题的穿透性调查。在风险发生和得到有效防范的对比之间，这一类工作往往容易衡量产出。然而，前两道防线才是"治本"。

对业务部门来说，在追求增长的压力下，自查往往缺乏动力；如果以风控团队为主体对业务进行独立调查，又容易引发矛盾。此外，以"保驾护航"为目的的前两道事前防控，因看不到实际的产出，容易被判定是在作茧自缚，缺乏实际的价值。这是风控工作较为尴尬之处，这里引发了第二个讨论问题——公司领导人的支持，以及将风控工作放在公司战略层面的必要性。

3. 建设风控体系与企业高质量发展的关系

小米集团风险控制体系的建设历程亦是企业高质量发展的历程，因为风险控制体系是保障企业高质量发展的基础。首先，风控体系有助于减少企业面临的不确定性，提高企业运作的稳定性。在中国企业面临外部环境不确定、市场竞争激烈的背景下，完备的风险控制体系可以帮助企业识别、评估和管理各种风险，及时应对市场变化和风险挑战，从而提高企业的竞争力和抗风险能力。其次，建立完备的风险控制体系有助于规范企业的经营行为，提高企业的管理水平。通过建立科学的风险评估、预警、监测和防范机制，企业在追求高质量发展的过程中不仅能够实现规范经营，而且能够为实现高质量发展提供更加坚实的管理基础。此外，建立完备的风险控制体系也有助于提升企业的品牌形象和信誉度。在面临市场竞争激烈的环境下，企业的声誉和信誉度对企业的生存和发展至关重要。建立完备的风险控制体系可以防范企业出现各种风险，降低经营风险，提高企业的品牌形象和信誉度。这样，企业不仅能够为实现高质量发展提供更加有利的外部环境，而且能够为企业长期发展奠定更加稳固的基础。

随着法律法规的不断完善，我国不断加强对企业的监督和管理，出台了一系列政策措施来规范市场秩序和经济行为。因此企业的管理水平和规范化程度也必须不断提升，形成一套科学、规范、透明、有序的市场体系。从发展初期开始，企业就应该建立初步的风险控制机制，包括建立内部控制制度、制定完善的合同和协议、加强财务管理等。这些措施可以有效避免或减少初期经营风险，为企业发展打下坚实的基础。随着发展，企业的业务范围和规模会逐渐扩大，面临的风险也会相应增加，这时需要建立更加完善的风险控制体系，包括风险评估、预警、监测和防范机制。企业需要对市场、财务、经营等方面的风险进行全面评估，制定相应的风险防范措施，确保企业的稳定运作。在企业发展到成熟期，尤其是涉及大规模投资、复杂的金融业务等高风险领域时，更需要建立健全的风险控制体系。需要通过严格的审批、风险评估和监测，确保投资和金融业务的风险在可控范围内，避免企业因为高风险活动造成损失。本案例通过对小米集团风控体系的描述，体现了企业自身发展与风控体系建设之间的必然关系，对于中国企业在当前市场环境下提升管理质量具有一定的启示。

二、公司高层对小米集团风控工作的态度，以及公司塑造风险文化的过程

中国大量的民营企业创始人拥有技术或销售背景，在企业发展的过程中重业务轻风控的情况比较常见，当简单粗暴的管理方法已不适应公司规模、业务复杂程度时，许多领导者并没有完成从"人治"到"法制"思想的转变。如果企业走出国门、走上国际化道路，这种风险意识和治理文化更无法与海外公司融合。因此，企业风险文化的塑造、风控体系的建立，与创始人和高管层的支持和重视密不可分，这也是企业实现高质量发展的必经之路。

1. 集团高层对风控的态度

小米集团的创始人雷军是技术出身，但他很早就意识到公司制度化（institutionalization）的必要性。他在多次发言中提到，"公司正在从游击队转变为正规军"，体现了他对公司制度化进程的清醒认知。制度化指的是公司业务从随机性和任意性逐渐走向规范和有序的变迁过程，在这个过程中，组织的制度体系逐渐走向完备。对于小米集团这种快速增长为平台公司的组织而言，业务的迅速增长和复杂性的提升，都大大增加了公司的风险因素。同时，小米集团还意识到公司面临的环境具有高度不确定性，这也是风险的重要来源。因此，小米集团高层实际上从公司内外两方面都看到了风险的增高和风险管控工作的必要性。

公司最高层对于风险管控工作的态度和身体力行的支持，对于建立高效的风险管控体系来说是非常必要的，甚至是关键所在。原因是，风险管理的理念已经从传统的风险管理转变为全面风险管理，不再仅仅是对财务风险进行管理，也不再被视为成本中心，仅仅是"有必要时"进行的事情，而是要对全公司上上下下普遍和持续地实施控制和约束，形成一套完备的体系，从事后反应走向事先预防，主动为企业提供价值，目标是实现所有利益相关者共同利益的最大化。要实现这样的高度完备性，必然是在董事会和管理层高度支持的条件下才能实现的。

现实中，很多企业在构建内部控制时，董事会和管理层虽然都强调严格执行内部控制，但还是存在一些原因阻碍着内部控制的高效实行。首先，要实现全面而严格的内部控制意味着高额的成本；其次，作为公司走向制度化必然带来的成本之一，实施内部控制也会在某种程度上降低运营效率；最后，发达的内控程序虽然规范了绝大多数流程的处理程序，但也可能限制了管理层对于特殊事例的发挥空间，制约了部分特事特办的处置权，导致管理上的"异化"和不够人性。

此外，实现高效的全面风险管理，需要以全面而发达的信息系统为支撑，这方面隐含着高昂的成本，意味着该项目必须获得公司高层的全面支持。在中国，出于成本和精力有限的原因，很多中小企业的信息系统无法涵盖所有控制对象，线上和线下管理呈现"两张皮"

的现象，这样不仅风险管控不到位，没有实现企业利益最大化的目标，还反而拖累了效率，这种负面现象广泛地为企业观察家所诟病，甚至导致不少企业家对管理信息化持负面态度。

2. 公司塑造风险文化的过程

如何让外在的内部控制系统与企业运营的实际结合起来？全面风险管理始于高层的推动，却不应该终于高层行动。全面风险管理要求公司的内控体系建设不仅仅为满足上市监管要求（这只是对上市公司的最低要求而设置，而不是公司意识到风险管理能够为自身增加价值而进行的主动行为）。此外，全面风险管理不仅仅是风控团队对业务团队的监督，而应该是多主体、多方向、多条线的，从小米集团的风控体系（内控、内审、监察、合规）当中可以看到这张网是如何编织出来的。值得注意的要点是，小米风控团队的角色并不是监察官，而是体系的建设者和保障者，具体在这个体系当中活动的角色实际上有很多，体现了全面风险管理的要义。

正因上述原因，公司管理者应想方设法让企业每个员工都能意识到自身在全面风险管理当中的角色是有意义的，提升员工对于风险控制的责任感和使命感，这就涉及公司如何将风险控制编织到企业文化当中去。只有真正实现文化上的"嵌入"，才能实现企业整体在风险控制上的核心竞争力。正因为风险控制工作是全员的而不是个别人的，要对繁忙的、背负业务指标的业务部门施加影响，小米风控部门需要发挥自身在全公司风险管理方向上的领导力，但是风控部门和业务部门之间是平行的关系（至少不是直接上下级关系），而且每个部门之间都有自己的工作议程，实现成功的引导和影响实际上是颇具挑战性的课题。

从风险控制工作价值的源头来看，风险控制团队需要证明自身工作的意义、价值和合理性，首先要和公司的愿景、使命和基因产生高度的联系。小米公司创始人雷军反复提到的互联网七字诀被广为传颂，"专注""极致""口碑""快"，它们和风险控制工作产生的联系是什么？小米风控团队必须能够清楚地回答这个问题。对于任何一个风险控制团队而言，至少目标是清晰的：首先，应当做到不拖累业务，其次做到给业务发展保驾护航，最终参与到新的发展方向讨论当中，有助于提升公司核心竞争力。

在实施的层面上，前面的分析已经提到，一些预防性的工作可能无法在当期提供显性的价值，因此在申请高层投入和引导全员参与这两方面，可能缺乏一些具有说服力、有依据的事实性成果，其潜在价值、紧迫性高低可能更多依靠主观的说服去传达，也依赖接受者的主观判断。在建立风险控制文化时，公司关键领导人的相关讲话，和风险控制团队负责人的沟通能力，可能会成为重要的影响因素。此外，在数字化程度较高的企业当中，风控团队和业务团队共同梳理流程，以顾问的角色出现，这本质上属于参与式的决策方式，更有利于提高全员接受程度。公司花大成本、花大力气梳理流程，本身也可以对全员增强风险意识起到信号作用，让他们清楚地知道，信息系统与实际管理不是两张皮，梳理系统流程就是在梳理日常工作。只有实现两者的一体化，"灯塔逻辑"才能够真正走得通。

三、小米风控体系的特点

企业风险控制体系以专业管理制度为基础，以防范风险、有效监管为目的，通过全方位建立过程控制体系、描述关键控制点和以流程形式直观表达生产经营业务过程而形成的管理体系。风控体系以风险为导向，将内部控制嵌入风险管理的全过程，通过"关键控制点"统一规范风险与内部控制要求，为企业稳定健康发展保驾护航。

小米集团于2016年开始建设风控职能，在打造"全面风险管理体系"的基础上发展出自身特色。风控部门起初的工作重点是内控和档案建设，后续随着业务规模扩大和在香港联交所上市，逐渐增加了内审、监察与合规等职能，形成"四位一体"的全面风险管理体系，并深入到业务单元（海外、互联网）之中。相比业内其他企业，小米集团的风控体系功能更全面，规则更具体、更有针对性。例如，合规的工作目标包括了贸易合规、信息安全合规等业务部门亟须规范的内容，监察工作具体到一人一事等。

小米集团风控体系的第二个特点是风控与业务相结合，而非单纯对业务实施管控。从理念上，小米风控团队的价值观包括"合作、开放"，这里的"合作"指的是与业务部门的关系，"开放"指明了未来风控工作向生态圈企业延展的方向。从实施层面上，小米的风险管控体系有"三道防线"，其中第一道防线是业务部门的自查，第二道防线是风控部门贴近业务部门进行内控，前两道防线本质上都是以业务为基础、从业务内容出发进行的主动核查，将风险防患于未然；只有第三道防线才是业务之外的内审和监察。

小米风控体系的第三个特点是风控赋能业务。首先，小米的风控职能广泛体现在业务端，并随着业务发展而不断升级、创新。比如，内控团队的BP会帮助业务部门对供应商把关，在供应商准入、评估、招投标等方面提供意见，如有必要会对业务部门出具风险提示函。其次，由于小米集团业务快速发展、产品和场景不断复杂化，风控团队还在数字化转型过程中，开拓了一些业内尚未成功应用的数字化工具，确保风控和业务的协同速度保持一致。最后，小米风控团队将能力输出至行业上下游和生态链企业，加速整个生态链企业成长，服务集团的平台化战略。小米风控系统正在从"定制化"走向"标准化"，将公司所有风控活动从工作流程中沉淀下来，制作成数字化产品，并复制、销售给生态链企业。在这个过程中，小米的风控理念、风控手段得到推广，风控部门也产生了从成本中心走向利润中心的可能。

四、小米集团风险控制能力输出的意义

从政策层面来看，小米集团打造"生态链"、风控能力输出的做法紧跟政策引领，符合数字化转型的发展方向。《"十四五"数字经济发展规划》在论述加快推动数字产业化时提出，要加快培育新业态新模式，营造繁荣有序的产业创新生态。具体措施包括：引导支持平台企业加强数据、产品、内容等资源整合共享，深化共享经济在生活服务领域的应用，拓展创新、生产、供应链等资源共享新空间。另外，要发挥数字经济领军企业的引领带动作用，加强资

源共享和数据开放，推动线上线下相结合的创新协同、产能共享、供应链互通。

对小米集团而言，风控能力输出在某种意义上体现了风控团队在积极寻找跨越集团边界之外的更大意义。小米风控团队是小米集团的一个职能部门，首要工作是服务于集团内部。能力输出这一项工作，在一定程度上是稀释了小米风控团队支持小米集团工作的资源，小米风控团队需要证明的是，能力输出对于生态链企业的价值最终能够体现在小米集团整体的利益上。在这个方向上，前期取得小米集团高层的认可，中期在一些试点单位取得小范围的成功，后期再获得更大的支持和实现更大范围的推广，这样的逻辑可能更合理。其中试点单位的成功需要具备可复制性，也需要切实的证据证明其贡献，其中不仅包括对试点单位的贡献，也要包括对小米集团的贡献。这些都是获得后续发展机会的基础。

能力输出的过程看似容易，但实际上挑战很多。对绝大多数生态链企业来说，因为很多企业是初创企业，或者至少是成熟企业的初创业务，提升公司内部风险管理部门的地位、风险管理工作的进度等，都还没有在议程上，要接受外部（小米集团）的风险管理产品或服务的确是一件难事。更何况，如果要实现较为完善的风险控制能力输出，小米风控团队势必要对产品进行反复的打磨，其中少不了定制化开发，这意味着高昂的成本，而说服生态链企业花钱可能会遭到误解，或者被视为一种强迫购买的行为。

任何能力都是很难移植的，而技术是容易被复用的。在具体策略上，如果前期能够先着眼于一些相对标准化的、适用于多行业、多场景的软件或者软件运营服务（Software as a Service，SaaS），而非高度客户化的服务，可能成功率会更高一些。

新时代十年，在党中央"以信息化数字化驱动引领中国式现代化"思想的指引下，数字经济长足发展，尤其是信息科技领域，以集成电路、基础软件、云服务为代表的核心技术产业体系快速发展，形成较强的市场竞争力；数字产品的竞争力不断增强，计算、存储、通信、功率、接口等产品体系不断健全，手机、彩电、计算机、可穿戴设备等终端产品性能持续升级。在技术进步和需求扩大的双重优势下，新兴市场涌现出一批数字化转型骨干企业，小米集团就是其中的杰出代表。

在小米集团发展的过程中，公司规模快速增长、商业模式日趋复杂、相关方越来越多，公司所承受的风险不断增大，这也是许多企业在发展壮大过程中遇到的共同问题。为提升管理效率，防范风险隐患，小米建立了一套数字化的风控体系，用数字化工具识别风险、评估风险、应对风险；另外还成立了一个五十多人的风控团队，涵盖开发人员和产品人员，根据企业实际需求不断自主创新。小米的流程化、数字化风控系统，对企业高质量发展起到了保驾护航的作用。

党的二十大报告中提出"高质量发展是全面建设社会主义现代化国家的首要任务"。企业作为高质量发展的核心经济主体，对建设现代化经济体系、全面建成社会主义现代化强国至关重要。加快企业数字化转型，不仅强调促进数字技术发展以催生更多新业态新模式，而且强调推动传统产业及中小企业加快实现数字化转型，以数字化战略变革实现企业转型发展。小米集团的数字化风控体系建设是企业实现数字经济与实体经济深度融合的一个典型案例。同时，企业将其数字化风控能力输出至合作伙伴和产业链上下游，形成针对生态链企业的风控管理原则和方法，对培育数字服务生态、做大做强产业集群都起到了积极意义，在推动中国式现代化在科技、创新等领域的实践贡献了宝贵经验。

附录

小米数字化风控能力输出的八大应用场景

场景 1 是针对资金风险。为避免早于账期的提前付款对现金流造成直接损失，小米风控尽量接近最迟付款日进行操作。

场景 2 是财务风险。为避免潜在重复付款，小米风控对重复付款的涉及笔数、涉及实体、涉及总金额，以及重复付款的供应商进行风险管控。

场景 3 是过期合同仍关联采购订单导致的采购风险。小米风控及时补充有效合同，规范采购行为，规避采购订单的权益损失。

场景 4 是长期未完成的采购订单导致的采购风险。对于长期未完成的采购订单，小米风控考虑下单数量是否超过实际需求，同时需考虑供应商交付效率是否过低。

场景 5 是 IT 风险数据库异常访问和操作。小米风控根据数据库和堡垒机访问日志，分别从敏感数据访问、非 DBA 人员直接访问数据库方面进行数据分析。

场景 6 是流程挖掘与分析。针对内控的流程，通过历史数据、平均周期等进行流程的探索和改善，更好展现内控的数字化价值。

场景 7 是舞弊监察模型。小米风控捕捉高风险数据，通过多个系统联动大数据模型，发现异常人员、异常交易、异常行为和异常规律。

场景 8 是小米风控自开发数字化工具。小米风控开发了假发票自动核查工具、外包派遣员工审计工具、供应商审计工具，以及集团权限的 IT 系统管控平台。

资料来源：小米集团

17

金鹰集团：以环保创新化解"邻避"路径 *

📋 案例正文

【引言】高质量发展是中国式现代化的本质要求之一。2017年，党的十九大报告明确我国经济已由高速增长阶段转向高质量发展阶段。2017年12月18日，习近平总书记在中央经济工作会议上的讲话中，进一步诠释高质量发展为"能够很好满足人民日益增长的美好生活需要的发展"，是"创新成为第一动力、协调成为内生特点、绿色成为普遍形态、开放成为必由之路、共享成为根本目的的发展"。2020年10月29日，在党的十九届五中全会第二次全体会议上，针对新发展格局的构建，习近平总书记特别强调，"我国经济已经深度融入世界经济"，应使国内市场和国际市场更好联通，以国内大循环吸引全球资源要素，提高全球资源配置能力①。2022年10月16日，党的二十大报告指出："高质量发展是全面建设社会主义现代化国家的首要任务"；"必须完整、准确、全面贯彻新发展理念，坚持社会主义经济改革方向，坚持高水平对外开放，加快构建以国内大循环为主体、国内国际双循环相互促进的新发展格局"。

【摘要】本案例描述了金鹰集团下属的两家制造企业——亚太森博（山东）浆纸有限公司和赛得利（福建）纤维有限公司，在环境保护问题上遇到的挑战和采取的创新措施。

自赛得利集团2002年进入中国、亚太森博（山东）浆纸有限公司2005年正式成立开始计算，过去二十年中这两家企业在中国的生产经营面临的是压力下的成长，既赶上了中国制造业飞速发展的时期，也是民众环保意识觉醒并以投诉、抗议等各种方式参与公共决策的爆发期，环境敏感的工厂建设项目和以"好是好，但就是不要建在我家后

---

* 案例作者：李纪珍，清华大学经济管理学院教授；段志蓉，清华大学经济管理学院中国工商管理案例中心案例研究员。本案例成稿于2023年1月。"邻避"一词，来自英文"Not In My Backyard"（意即"不要建在我家后院"），缩写为NIMBY。人们把当地居民因担心建设项目对身体健康、环境质量等带来负面影响，而采取强烈的、有时高度情绪化的集体反对甚至抗争行为称为"邻避效应"。

① 习近平. 新发展阶段贯彻新发展理念必然要求构建新发展格局 (2020年10月29日)[J]. 求是，2022(17).

院"为主题的邻避运动产生了不可避免的碰撞。

2013 年的亚太森博（山东）纸浆有限公司和 2015 年的赛得利（福建）纤维有限公司分别经历了各自"决定企业生死存亡"的环保事件。搬迁还是留下，留下又如何与所在的城市共生共荣，是摆在金鹰集团两家企业领导面前的共同议题，其解决的过程和形成的方案对企业的技术创新和环保管理制度产生了深远的影响。

【关键词】邻避效应；环保管理；企业社会责任；技术创新

总部位于新加坡的金鹰集团，是一家全球总资产超过 300 亿美元，拥有 6 万多员工的企业。自 20 世纪 90 年代进入中国以来，金鹰集团已累计在北京、山东、江苏、上海、重庆、江西、福建、广东等地投资超过 900 亿元人民币，旗下拥有多家制造企业和清洁能源企业。其中，赛得利（福建）纤维有限公司是全球纤维素纤维行业的领导者，也是中国第一家外商独资纤维素纤维生产企业；亚太森博（山东）纸浆有限公司（以下简称亚太森博）是全球领先的浆纸、浆纤垂直一体化企业。

"市区里的浆厂"

背山面海的山东日照是一个美丽的小城，亚太森博就坐落在这里。"日照最高的工业建筑就是我们的大烟囱"，对于自家工厂的设施成为城市地标，亚太森博的员工有一些骄傲又有一些无奈。实际上，近年来随着城市的发展，原本位于远郊的亚太森博浆纸工厂逐渐成为城市中的一座工厂，距离日照新城中心仅四千米。正因为如此，2020 年 2 月，刚上任不久的市委书记就注意到这座陪伴日照市民多年的大烟囱，其上升腾的水蒸气在冬季形成了白色烟羽，她用手机随手拍下这一景象。虽然后来消除了"毒气"的误解，但"视觉污染"的存在，促使亚太森博在决定投资 6000 多万元开展烟气深度治理项目基础上，再斥资 3.27 亿元与余热供暖相结合，进行一体化治理改造。项目全面建成后，将在可见烟气的冬季达到"消白"的效果，同时可以为工厂所在的日照开发区居民供暖 600 万平方米。这一座烟囱，见证了中国第一家商品木浆生产企业的诞生、亚太森博的合资过程、其后近二十年的风雨发展以及所伴随的"邻避"运动。

造纸业大省山东

造纸行业是最古老的化工行业之一。现代造纸业包括制浆、制纸和纸制品制造三个部分，位于产业链前端的制浆对全行业有着举足轻重的作用。纸浆按照制浆原料可分为木浆、非木浆（如草、竹、棉）和废纸浆三大类，其中以木浆占比最高，且主要用于中高端产品。制浆是产业链中环保压力最大的部分，因为木片转化为木浆的过程中会产生黑液和臭气。相对而言，产业链中游的造纸，以及下游的纸制品加工，用能、用水、排放会越来越少，而产品附加值会越来越高。

随着中国经济的快速发展，中国已经跃居全球纸品产销第一大国。从 2012 年开始至今，中国木浆消耗呈直线增长趋势，根据中国造纸工业协会的统计数据，2022 年中国木浆产量为 2115 万吨，几乎是 2012 年产量的三倍，但相对于需求仍然有较大缺口，只能靠进口木浆来补足。

山东省在中国造纸业的全产业链上都具有优势，整体产值、利税等主要经济指标连续 20 多年居全国首位，纸及纸板产量占全国近 1/5、亚洲的 1/10、全球的 1/20。[①] 2021 年，山东省造纸行业累计生产纸浆 550.1 万吨、机制纸及纸板 2473.9 万吨，均居全国第一位。其中纸浆生产规模优势尤其明显，几乎是第二、三、四位的总和（见图 1）。在连续投资进行结构优化之后，木浆在山东省纸浆产量中占比 52%，直接支持了以木浆为主要原料生产的中高档纸和纸板产品，令这类产品在总产量中的比重达到 75% 以上。

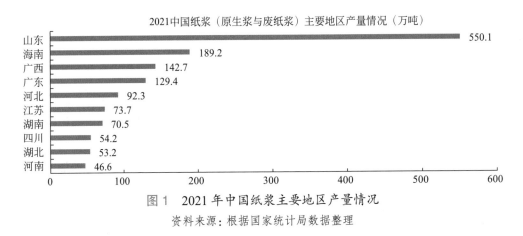

图 1　2021 年中国纸浆主要地区产量情况

资料来源：根据国家统计局数据整理

中国第一家商品木浆生产企业

世界上很多大型木浆生产企业都建在森林边。木材砍伐之后先加工成木片，再将木片运到浆厂里制成木浆，工厂如果在森林边上就解决了很多物流问题，可以最大限度地节省运输成本。此外，由于木片非常蓬松，用于造纸时需求量大，适合水运，因此同样是出于运输成本方面的考虑，靠近海港、河港的区域也是建浆厂的一个选择。

20 世纪 90 年代，中国还没有自己的商品木浆生产企业，所有木浆都要进口。政府将在沿海区域布局几个大的木浆生产企业的想法提上议程，已经开始建设海港的日照因此入选。

---

① 张洪成. 推动山东造纸产业高质量发展报告 [R]. 山东省造纸工业研究设计院, 2022-05-17.

当时日照是一个以农业、渔业为基础的比较贫穷的县，市区还未发展起来，浆厂选址在离市区较远却靠近海港的工业区，进口木片运到海港，再在日照生产。

1999 年，拥有中国第一家商品木浆生产工厂的山东日照森博浆纸有限责任公司以下简称日照森博正式成立，由两家国有企业共同出资，一家是日照市第一轻工业公司，另一家是山东省国际信托投资有限公司。

合资企业亚太森博

日照森博建立时，正值中国的国有企业改革进入深水区。1997 年 9 月，"抓大放小"[①]政策在党的十五大报告中被正式提出，要求结合国有企业具体情况进行企业重组。在一些竞争性行业，这项政策推动了产权多元化格局的形成。

纸浆市场的竞争性已经初现端倪。年产木浆只有 22 万吨的日照森博虽然是当时中国最大的商用木浆生产商，并且拥有木浆第一品牌"森博"，但已经感受到巨大的竞争压力。与大多数亏损的中小国有企业一样，突破的瓶颈不仅在于资金，还在于行业经验和人才的缺乏，因此，日照森博成立后不久就开始积极寻求与有成熟经验的国际企业合资。

金鹰集团在接触中脱颖而出。1967 年由陈江和先生初创于印度尼西亚，1973 年在新加坡正式注册的金鹰集团，是一家在市场、技术、管理方面都很成熟，且拥有大量上游林业资源的跨国企业。陈江和先生是一位知名侨领，金鹰集团从 20 世纪 90 年代开始投资中国，对国内的商业环境已经有所熟悉。

双方很快达成意向，金鹰集团委托所属的亚太资源集团对日照森博进行并购。2005 年，亚太资源集团占股 90%，原国有企业两股东占股 10% 的亚太森博正式成立，完成对日照森博的收购。

搬迁危机："邻避"初现

现任亚太森博企业资讯总监的许广利当年是被家乡的巨大发展前景吸引到日照森博的。1999 年 3 月 29 日，一条国家领导人出席日照木浆项目设备引进仪式的新闻引起了当时还是大四学生的许广利的注意，也促成他后来成为亚太森博最早的一批员工之一。他回忆：

> "20 世纪 90 年代初完成选址，工厂开始建设的时候，日照的城市重心已经从西边的区域东移到靠近海边，城市化的速度非常之快。"

2007 年，亚太森博进行了第一期技术改造，木浆产量从之前的 22 万吨扩充到 31.5 万

---

① "抓大放小"的基本思路是以市场为导向，以资产为纽带，通过强强联合，在一些重要行业或关键领域组建一批大型企业集团，同时采取改组、联合、兼并、租赁、承包经营和股份合作制、出售等形式，加快放开搞活国有小企业的步伐。

吨,白卡纸板则维持 17 万吨不变。总投资 113 亿的第二条木浆生产线完成了审批,准备开建。虽然这是山东省改革开放以来最大的项目之一,各级政府都很重视,但在快速的城市化进程下,"邻避"效应也随之到来……听闻制浆企业可能会有污染,搬迁工厂的动议被提起,要求企业搬到距城市 25 千米左右的另一个工业区的呼声一时高涨。

此时中国的宏观经济进入了一个敏感期,居民消费结构升级,对房、车等固定资产需求旺盛,极强地推动了对重化工业和房地产的投资。2006 年 4 月 28 日到 2007 年 12 月 21 日,中国人民银行八次上调贷款基准利率,意图遏制过热的投资。如果在这个点上搬迁,意味着包括码头、土地、水、电等投资条件都将发生改变,百多亿的投资可能直接打水漂。

最终,虽然"邻避"效应带来的搬迁危机被暂时化解,项目得以推进,但该事件还是给合资后的亚太森博的管理层造成了很大的冲击,他们意识到,对亚太森博这样一家和主城区离得如此近的浆纸企业来说,要想化解"邻避"效应,不能只满足于仅仅是达到了国家的环保标准,而是必须要从当地政府和工厂周边居民的角度来审视自身环保水平,实现可持续发展。

臭味泄漏事件

为了做好环保工作,自合资伊始,几年内亚太森博在环保领域的投资就达到了 30 亿元,企业努力尝试与城市在"亲密距离"下共生。然而,最大的考验还是在 2013 年到来。

2013 年 8 月 1 日到 11 日,亚太森博的工厂按计划进行年度大修。大修开始的时候,曾出现轻度臭味泄漏,但因为影响面不大,并未引起足够重视。一些管理人员的话反映出行业中的某种流行态度:"浆纸工厂就是这样的,有气味是正常的,尤其现在不是正在大修吗?免不了。"

8 月 10 日这一天,天气格外潮热,大修已接近尾声。下午三时,市区出现大面积难闻臭味,如同液化天然气,市民在恐慌中纷纷打电话投诉,日照市安全、环保、消防等部门撒网全城寻找气味来源,而亚太森博的环保、资讯、公关等部门也接到大量问询电话。公司也开始意识到问题的严重性。

调查发现,事情的起因是在对臭气燃烧处理系统进行检修清洗时,有工人操作不当,防控措施不到位,造成臭气泄漏。

事件发生时正值夏季,数十万游客涌入日照旅游。事故被核实后,大众的反应非常强烈,要把亚太森博赶出日照或搬离现有厂址的舆论前所未有得激烈。

危机后的亚太森博

"那次危机,工厂开除了董事长还有负责环保的人员,一方面被罚款,一方面在电视和其他媒体上公开道歉,企业声誉受到历史上最严重的一次影响。虽然事情已经过去了九年,其实它的影响到现在也没有完全消除掉,偶尔一些气味和一些看到或看不到的水蒸气,会重新勾起回忆。”

这是亚太森博一段特别痛苦的时期，有当时的亲历者回忆起来依旧历历在目。由于企业配合政府积极努力与市民沟通（见附录1），加上暴雨天气等各种外部因素的影响，最终群众对事件的关注度下降，大规模群体事件没有发生，但企业的声誉跌倒了谷底，管理层意识到，如果不快速赢回公众的信任，企业将没有明天。

为了处理这一危机，金鹰集团创始人兼主席陈江和也来到了日照，他说亚太森博目前面临着“不是企业消灭污染，就是污染消灭企业”的局面。公司彻底“动”了起来，一场“由内向外”的变革开始了。

（1）组织建设

自2013年“8·10”事故后，管理层提出“零故障、零气味、零投诉”三零目标和“不是企业消灭污染，就是污染消灭企业”的环保警示，并采取了一系列相应措施，首先是设立环保委员会和环保部，赋予内部环保执法、督查、约谈、通报、考核权。同时，建立环保隐患统计跟踪表，环保员协助各车间每日跟踪检查，每周向管理层报告整改情况，对上千项各类安全环保隐患，具体到人，设定时间表，逐项消除。

此外，为保持对污染源的敏感性，还组建了臭气在线检测监控微信群，调度与现场联动，实时监控状态，及时提供异常信息。

“8·10”事故让亚太森博深刻体会到环保意识的重要性，在其后加强了演练和培训。“要用维修飞机的方式来维护设备，尤其是可能造成污染泄漏的设备。”在陈江和主席的叮嘱下，公司直接请来了飞机维修师为员工做培训。

（2）直达的信息

公司对环保信息空前重视，新上线了臭气在线监控系统，对排污信息进行公开。陈江和不仅亲自到企业召开主持讨论会，还要求亚太森博每个月发一份环保投诉记录给他。这份记录不仅包括投诉次数，也包括对投诉问题新旧的判断，以及原因何在、如何解决。

（3）考核体系

亚太森博整个考核体系相应作出了调整。集团层面，在对所有下属公司的环保监管体系中，加入了非常具体的描述，其中一条是一旦出现环保安全罚款，这一项的绩效考核就为零，即使其他方面表现好也无法挽回最终整体绩效的低分。

在工厂层面，新的考核体系全面体现了“责任”的落实，尤其是连带责任。一个车间中某一个班组某一个人的操作失当，如果造成环保或安全事故，那么可能全工厂的人这一个月的环保奖金就没有了。从总经理到生产运营的负责人，再到每一个班组、每一个人员，所有人的绩效考核、薪资、奖金、晋升，都跟环保挂钩。

（4）社区沟通

"城市的发展包围了我们企业，我们在环保上容不得一点点疏忽。"曾任亚太森博董事长兼总经理的陈小荣由衷感慨。

既然在城市的包围中，就必须把城市的声音纳入决策和经营的范围中。为了密切与社区沟通，相关部门的负责人还专门制作了《利益相关者沟通跟踪表》，把其中繁杂的信息梳理得井井有条，以便能及时作出回应。媒体、市民、政府，代表不同类型或不同视角的城市参与者，要获得他们的接纳，就要照顾他们的感受和需求，这样才能形成相互理解的基础。

（5）加大环保投资

为了彻底消除气味隐患，亚太森博之后投资 6000 万元打造臭气备用燃烧系统，实现了双电源、双气源、双水源备用燃烧系统无缝连接，保证紧急情况下臭气系统能立即启动。这是制浆造纸行业首例臭气备用燃烧系统。为了节约水资源，亚太森博还投资近 7000 万元，建设了全国第一个城市中水回用项目。该项目每年可节省水资源 1000 多万立方米，相当于整个杭州西湖的蓄水量，可供 20 万个普通家庭使用。

亚太森博还利用黑液中的生物质能源进行发电，以减少黑液外排对环境造成的影响，实现资源再利用。该项目在全部回收利用黑液的同时，每年可节约 120 万吨标准煤，减少 300 多万吨碳排放。

赛得利的新工厂

亚太森博的日照生产基地并不是金鹰集团唯一一家与城市"亲密接触"的工厂，赛得利集团——金鹰集团下属的纤维素纤维生产企业，先后在江西九江、福建莆田、江苏宿迁和盐城投资了生产线。

2002 年，赛得利集团进入中国，成为中国第一家外商独资纤维素纤维生产企业，在上市公司九江化纤所在地江西省九江市建设了自己的第一座工厂。2007 年，随着陈江和先生回访家乡的行程，赛得利的第二座工厂决定落户福建，金鹰集团与福建莆田政府签订了投资协议。2010 年 6 月，赛得利（福建）纤维有限公司（以下简称"赛得利福建"）成立。赛得利福建与赛得利江西在产品线和地域市场上有互补的优势。福建是东南重要的经济大省，覆盖南方市场更为便捷。另外，从产业链角度考虑，福建长乐地区纺织产业在 2000 年以后保持快速发展，作为福建唯一一家纤维素纤维原料供应工厂的赛得利福建有了贴近客户的战略优势。

家乡莆田

陈江和主席的故乡福建莆田，是中国著名的侨乡之一。莆田陆域面积 4200 平方千米，海域面积 1.1 万平方千米，拥有"世界不多，中国少有"的湄洲湾天然深水良港，可建万吨级以上泊位 150 多个，目前已建成 49 个。[①] 2018 年，湄洲湾港口铁路支线投入使用，连接内陆和海港的交通网络进一步完善。

2021 年，人均地区生产总值（GDP）11.75 万元的福建已经接近初等发达国家水平，其中莆田人均 GDP 为 8.98 万元，低于全省平均线，但当地实际的财富水平却很高，因为莆田人习惯于在外闯荡，在全国各地把生意做得风生水起，形成的财富大量流回家乡的亲人手中。相对于商业基因，在莆田的文化中，变通和勤奋有着更久远的历史。"地瘦栽松柏，家贫子读书"的古训伴着莆田学子的故事广为流传，也是莆田人对家乡文化认同的表现。

从赛得利江西空降到福建去筹建工厂的吴和平被陈江和先生找去专门谈话："吴和平，莆田是我的家乡，这个工厂的建设，它的标准一定是全世界范围之内环保最好的，包括欧洲。"大学毕业就进入九江化纤，2003 年年初离开九江化纤加入赛得利江西，吴和平的职业生涯一直在跟纤维打交道。多次去到欧洲的工厂学习，他的关注点除了工厂设计和生产技术，还有排污处理办法，这也是他被点将的原因。

设计工厂

赛得利集团所生产的纤维素纤维，俗称"人造棉"，原材料来自于种植林木。相较于棉花有生产局限小、吸湿透气性好、穿着舒适、染色鲜艳等优势，同时可降解。纤维素纤维是理想的纺织、无纺布原料，广泛应用于服装及家纺领域，以及与人类皮肤直接接触的卫生用品，如湿巾、面膜和医用辅料。

这是一个前景被十分看好的产业，但生产过程中形成的污水和废气让行业高污染的名声在外。废气，尤其是被视为化工重大危险源的二硫化碳，一直是困扰整个行业的难题。2003 年建设江西工厂时，赛得利斥重资从国外引进了一套工业废气回收装置，能够把二硫化碳吸附回收，重新用作工业原料。由于花费不菲，这套装置的投资回报一度引发质疑，但随着全国上下出于安全考虑关停了很多无法有效回收二硫化碳的工厂，同时二硫化碳原料的价格持续上升，到 2006 年该装置的回报就变得非常明显了。不仅如此，这一套装置后来成了中国粘胶纤维[②] 工厂的设计标准。赛得利的投资带动了行业和环境标准的建立，也让一些有志于这个行业的企业看到了希望，愿意投资这个装置。控制了关键污染源，行业的环保形象开始有明显好转。

作为赛得利集团在华南最重要的产业布局，赛得利福建在立项之初就对工厂设计提出要求，在工业废气处理以及回收、工业废水的处理回用，以及锅炉烟气等方面，不仅要符合国家的环保标准，技术上也要坚持高标准，目标是从质量和环保上都做成集团的标杆企业。

为了完成好设计，赛得利福建从江西工厂抽调了一批骨干，同时将橄榄枝抛向集团外

---

① 莆田市人民政府网站 . [2022-07-09]. www.putian.gov.cn.
② 粘胶纤维是纤维素纤维的主要品种。除了粘胶纤维，赛得利也生产纤维素纤维中的另一个品种莱赛尔，其中有一条莱赛尔生产线设在亚太森博。

的行业精英，现任赛得利福建厂长的郑超就是这样被招募回了老东家，作为生产经理配合吴和平工作。这支团队拥有不同工厂的技术和经验，对工艺路线、设备和场所的选择进行了非常细致的考虑。当时环保技术很多都没有参照，项目团队按处理策略把排放分为"有组织"和"无组织"两类，有组织排放由设施处理，无组织排放则最大化收集，不让它离散到空气中，这样有针对性地把他们自己所知道、能找到的技术都用了上去。最终，福建新工厂建成原液、纺练、酸站、废气处理四大车间，并配套有热电厂、WSA、冷冻站、空压氮气站、软水站、废水处理厂等公用附属设施，环保投资占到了总投资 35 亿元的 17%。

赛得利福建设计了四条生产线，规划产能 20 万吨，第一条生产线于 2013 年 11 月 25 日试投产。2015 年，扩产技改完成，年产量增至 25 万吨，然后在 2016 年、2019 年，产能相继提升至 28 万吨和 30 万吨。

如果说是江西工厂成功把赛得利在全国行业内的知名度打响，福建工厂则又上了一个台阶。"江西出来的产品是全国最好，福建出来的产品是世界最好。"郑超不无骄傲地说。

污染舆情事件

赛得利福建所在的北岸经济开发区为莆田沿海区域，距离市区大约 50 千米，是一个被莆田人称为"界外"的区域，早前经济较为落后。近年来青壮年多在外谋生，改善了经济条件，但也形成周边社区居民多为留守儿童和独居老人的情况。经济开发区成立时间不久，除了八方、罗屿两家港口企业，主要制造企业就是赛得利福建和火电厂。

2014 年 5 月，距赛得利福建 4 条生产线全部投产不到 2 个月，一场延绵数日的暴雨引发了赛得利福建的一次环保事故。当时，大量雨水混合着污水超过了厂内事故池的蓄水极限，外溢后顺着厂内池塘进入排洪渠，再顺势流入附近村民的鱼塘，造成鱼塘内部分鱼虾死亡。

获悉此事后，赛得利福建立刻成立了应急小组，在排查清楚事件原因后，第一时间与当地政府和受影响的村民进行了沟通，并就相关补偿措施在较短时间内达成了一致。因为处理及时，避免了此次事故的发酵。

然而，让管理层没有预料到的是，此次事故化解后，另外一场舆情风暴已经在酝酿之中。

2015 年 4 月 4 日，一名网友在 QQ 空间发布文章《妈祖圣地旁边的毒瘤——赛得利（福建）纤维有限公司》，称赛得利福建造成海产品肿瘤，妈祖是莆田湄洲湾的文化标识，尤其对身在异乡的莆田人有特别的意义，文章产生了 4.3 万的浏览量。

紧接着，4 月 17 日，在当地的一些微信群里，有人开始散布赛得利工厂附近出现了养殖户水产品中毒的消息，还配上了很多照片，直指赛得利的污水是罪魁祸首。4 月 28 日，以"赛得利污染"为主题的微信群在达到 500 人上限之后又衍生出两个相关微信群。有人在微信群中鼓动游行示威、围堵工厂等抗议活动，并计划选择 5 月 11 日妈祖诞辰（农历三月二十三）作为时间点以扩大影响，群体性事件山雨欲来。

在获悉又发生了周边水产养殖户受损的情况后，赛得利福建于 4 月 18 日再次成立了危机应急小组，在内部排查未发现问题的情况下，第一时间找到了养殖方面的专家，协助确定事情的性质和起因。随后，开发区管理委员会也就舆情反映的情况展开了调查。由于各方调查结果都证明这次事件完全是子虚乌有，政府出面进行了澄清，关于赛得利水污染的传言在 5 月 11 日平息了下去。然而一波未平一波又起。5 月下旬，关于赛得利污染的负面舆情再次高涨，这一次针对的是气体污染。附近社区居民反映时不时会闻到工厂里散发出的特殊气味，并投诉这种气味会影响他们的身体健康。

化解"邻避"

（1）确定源头

对于气味问题，以业内的视角看来，赛得利福建所达到的环保标准远优于行业平均水平。尽管如此，赛得利福建还是承诺对相关环保设施进行升级，并以发布声明的形式向当地社区居民作出了公开承诺。

在当初高起点的设计下，赛得利福建从欧洲引进了一套自动在线气体监测装置，安装在排气的出口。这个装置 5 分钟采集一个数据，采集到的数据用以指导生产和进行生产控制。这是行业首次采用这类装置，实时性大大超过之前的人工抽样监测。投产运营后，管理人员经常关注装置提供的在线数据，发现效果不错，所排放的气体量不到我国环保规定的 50%，而且整体很稳定。

除了企业生产装置上的监测系统，赛得利福建还出资在社区建了一个观测站，可以自动在线抽取空气中的硫化氢或二硫化碳这两大纤维生产企业最常见的气体污染物。观测站建好后，交由市环保局管理和运营。投产以来，监测到的数据基本都是零。

然而，对于当地居民来说，他们判断污染的标准跟制度规章中的规定是不一样的。比如硫化氢是一种能刺激嗅觉的高敏感性气体，仪器检测不出来的数值，鼻子仍然能闻到。另一个难点是，虽然鼻子闻得到，也知道可能是混合气体，但并不能确认是哪些气体的混合，因此也就无法找到产生这些气味的源头。

为了解决这一难题，赛得利福建找到了专门研究恶臭污染的天津市环境保护科学研究院，借助一台价值上百万的仪器，对"臭气"生成地和成分全面摸查。拿到成分报告后，如同设计工厂时一样，团队针对每一种成分启动方案寻找和招标，看谁能把它们降低。郑超回忆：

"我们想化学的方法、物理的方法，不同的工艺，把世界上最顶尖的技术都拿来过了一遍，最后选择我们认为比较合适的这些技术做改造，这是一个全方位改造，它不仅仅是某一个局部，它是整个生产线上、整个流程、全工厂范围的一个改造，相当于体系化改造。"

改造中至为关键的一环，是把有组织的排放点数据与工艺流程结合分析，找到生产过程中可能的导因并标记，确定相关性之后"能改造就改造、能降低就降低、能封闭就封闭"。改造完成后，赛得利福建沉淀了17项环保方面的技术专利。

事实上，为了系统性化解一波又一波的舆情，赛得利福建并没有一味闷头于技术改造，而是及时成立应急响应小组梳理了整个事件的背景，并就此采取了一系列针对性措施。

（2）新媒体时代：正视听

这次舆情的始发地是在网络，对此，赛得利福建以网络为核心，建立了舆论监测机制，对合计超过100个的传统媒体、社交媒体和新媒体进行每天至少一次乃至实时的监测。相关负责人在各自负责的即时通信工具、论坛等新媒体上建立账号，日常以监测、观望为主，必要时就直接以适当的方式在平台上进行舆论引导。

在网络流传的各类信息中，不乏对企业声誉损伤很大的虚假言论。针对言论提及的工厂污水、废气、噪声等污染问题，企业联合环保部门和第三方检测机构进行逐项核实，现场比对，取样监测。经莆田市环保局核查，赛得利各项排放指标完全达标，对这些造谣诬蔑的言论，企业向公安部门报案。在政府及相关部门的支持和帮助下，造谣帖子被撤帖、删除，造谣者也被公安部门立案调查。

公司还通过权威主流媒体加强了正面引导的力度。福建日报、莆田市电视台和湄洲日报社等省、市主要媒体对公司环保进行了实事求是的报道。5月7日晚上8点，莆田电视台一套的《莆田新闻联播》栏目播出了长达3分钟的专题报道《赛得利：年产20万吨黏胶纤维促当地经济发展》。5月7日，《湄州日报》在A1和A3版发表了超过2000字的《"长久把节能减排作为社会责任去追求"——探访赛得利项目环保建设与监管举措》的报道，此文在相关媒体获得了59篇转发。

（3）检测与公开

公司还加快了环保设施改造提升进度，一方面，配合政府要求全面停机检修，邀请国家及省环保部门，以及高校的专家对环保排放进行诊断，讨论方案，结合自身的情况形成计划（附录2），并通过周进度表滚动推进；另一方面，建立并完善信息公开系统，在厂门口设立LED信息公告栏、开通企业环保信息公开网站，同时关注环保局监测数据，以其作为沟通基准。

为及时了解公司周边气味情况，企业事务部会同安全环保部每天从早8:30到下午的18:30，至少进行5次周边巡检，节假日不间断。巡检不仅覆盖周边主要干道，还深入到居民村庄，并形成报告。针对一段时间的报告情况分析气味与风向、气压和天气情况的关联，更好地掌握规律，把各项工作科学地落到实处。

（4）"公众开放日"

即使有不断改进的技术方案，解开居民的"健康影响"心结也不是一蹴而就的事。谁是居民最信任的人？针对居民多为留守儿童和老人的情况，赛得利福建通过北岸经济开发区管理委员会找到了当地的镇、村干部，请他们帮助入户做工作，并请社区自聘所信任的人为社会监督员。

因为大部分居民与制造企业接触很少，为让居民走近甚至走进企业，公司一边与当地环保局配合编写环保手册，一边组织外部专家座谈并设立"公众开放日"，成效显著（见表1）。2015年9月11日，工厂迎来了来自山亭、东埔、忠门三镇的共计37位环保监督员的访问；10月5日，在当地影响举足轻重的回乡老板19人，与环保局和镇干部一起，访问了赛得利福建。

通过各方面多管齐下，赛得利福建成功地化解了群体事件危机，并逐渐形成了政府、社区、企业共同理解、共同合作的局面。2016年2月23日，赛得利福建全部四条生产线恢复开机。

表1 2015年赛得利福建组织的公众开放日

参观流程

序号	参观流程	时长	讲解重点
1	临时展厅	10分钟	介绍企业基本概况，包括企业发展历程、发展规划、生产及环保简要流程、产品原材料和下游产品，及所获荣誉
2	项目大厅	20分钟	安全宣讲、参观注意事项、企业环保介绍等 备注：此项待展厅建设完成后，会统一放到展厅一并进行
3	打包车间	5分钟	成品质量的严控性、产品的销售渠道、产品的应用领域
4	浆粕库	5分钟	生产原料的情况、上下游产业链一体化
5	DCS中控室	10分钟	产品生产过程、对生产设备的实时监控、对生产细节严格把控
6	污水处理	10分钟	处理系统、污水处理的效果、污水排放情况
总计	—	1小时	—

2015年参观人数统计

对象	社区百姓	学生	政府官员	银行	媒体	技术团体	其他
人数/人	278	115	895	20	35	69	5
比例/%	19.7	8.1	63.2	1.4	2.5	4.9	0.2
频次	1月/次	2次/年	不定期	不定期	不定期	不定期	不定期

资料来源：赛得利（福建）纤维有限公司

成绩与反思

通过危机之后的不懈努力，两家企业逐渐获得了多方的认可。

作为山东省最大的外商投资企业，亚太森博在环保方面的投资已经超过了50亿元。2020年，该公司入选工业和信息化部第五批绿色制造名单，成为"国家级绿色工厂"。此外，亚太森博还获得了中国造纸工业环境友好企业、山东省节能先进企业、山东省循环经济示范企业等诸多荣誉称号。如今，每年有四五百批国内外人士前来参观访问，亚太森博已成为浆纸行业产业升级、技术进步、绿色发展的标杆企业。

赛得利集团是中国率先签署"建立绿色企业宣言"的企业之一。2019年12月，赛得利福建被中国化纤协会再生纤维素纤维行业绿色发展联盟评为"花园工厂"。2020年，赛得利福建在莆田市企业环境信用评价中被授予"环保诚信企业（绿牌）"，这是当地对企业环境信用评价的最高等级。2021年，赛得利福建获得中国化纤协会授予的"'十三五'绿色发展示范企业"称号。赛得利福建通过前瞻性的环保设施投入和持续提升改造，不仅使自身环保标准达到世界先进水平，还明显改善了周边环境质量，增进了社区和谐。该企业在当地社区开展了"快乐书发""同心同行"等20多项公益项目，并在社区邻里中心设立了志愿者服务中心，使企业与社区的关系更加密切、融洽。

对亚太森博和赛得利福建来说，在可持续发展的道路上，每一步的成绩都不简单，其中有骄傲也有反思。

无味工厂

因为环保方面的努力和发展，亚太森博的"开放日"和接待常常使参观者们感到惊讶。陈小荣不无自豪地说："有很多领导到了这里不相信那是浆纸厂，说从来没有去浆厂闻不到味道的。包括同行也是，来到这里都不相信这是一个浆厂，因为闻不到异味。"

曾任赛得利集团无纺业务副总裁的吴和平同样有着令他骄傲的回忆。他说，还在赛得利福建任职的时候，有一次到北京参加纤维行业环保排放标准修订研讨会。会议一开始，主持人就说，"赛得利福建的吴总不准说话，最后一个问题再问你"。讨论到最后，主持人问："吴总，只问一个问题，大家都认为赛得利福建没有气味，我想问可以复制吗？"吴和平说他已经忘了自己的回答，但当被问及这个问题时感到的自豪即使今天依旧难忘，"赛得利福建最终可以做到这个程度，它颠覆了专业人员对纤维行业环保的认知"。

"安全是生命"

在赛得利福建，生产部门参与社区沟通的深度展示出一家生产型企业的特点。在管理团队看来，正因为是环境敏感型行业，所以内部的环保安全意识一步都不能放松。

"我们刚开始的时候单纯是希望建成集团内的标杆、样板工厂，后来所做的从项目建设开始，包括改造这些项目，环保的比重越来越大，增加的这些都是成本。因为它不能体现在销售利润上面，所以成本是净增加的。但是如果你这个工厂在这个地方都不能生产，就谈不上利润，要生存下去首先必须做（环保）这个事情。另外这也有一种提升的效果，逼着工厂改造升级，环保达到一个更高的水平，质量也水涨船高，所以现在从我们的质量和环保各项指标来看都是世界最领先的。"

无论质量还是环保，生产部门都是承担者，是制度必须落实的地方。在郑超的要求下，严格限定排放物的相关指标允许范围，以污水为例，对污水排放的化学需氧量（COD）、流量、pH 酸碱度、温度等指标都设定管控范围，以最大限度把问题控制在排污前。为了把这些指标控制在要求范围之内，郑超设了一个管理措施：出现超范围的情况，车间主任倒班去找，什么时候把这个找出来，才能上白班，否则就一直上夜班。

位于莆田市湄洲湾北岸经济开发区的赛得利工厂门口，竖有两个大电子广告牌，上面一左一右滚动播放着两句话："我要安全，安全是我的生命"；"宁绕百步远，不冒一步险"。郑超解释说，之所以选它们，一是生命最重要，二是很多人都有喜欢走捷径的倾向。他想了各种办法来达到时刻提醒的目的。

"我们主管工程师以上都有一件马甲，这两句话就绣在马甲上面。我们要求到现场去的主管必须穿上马甲，穿着马甲的主管在员工眼前经常晃，慢慢员工会有印象，在脑袋里形成一些'我要安全'的意识，潜移默化，通过这些事情营造一个安全的文化和氛围。"

前进中的压力

两家工厂都在"渡劫"后的新台阶上有了稳步的发展。

2010 年，亚太森博新生产线上线，木浆年产量提至 180 万吨，2014 年进一步扩至 190 万吨左右，同时纸板又增加了一条 35 万吨的生产线，变成 52 万吨。通过后续技术改造，到 2022 年 6 月，木浆产能达到 220 万吨，纸板为 60 万吨。正在建设中的生活用纸、文化用纸生产线上线后，产品品种扩大，预计 2023 年产量也会进一步增加。

赛得利福建当初设计产能 20 万吨，现在是 30 万吨，产量增加了 50%。按照一般规律，环保排放量也会相应提高 50%。虽然现在经受住了考验，但郑超认为未来这么高产量的情况下如何控制在现有的高环保水平，是很大的挑战。

"有一句话叫高处不胜寒。稍微不注意或者有闪失就可能引出大的事件，这是我现在的感觉，还是有点如履薄冰的样子。不是说我做了这些事情就万事大吉了，高枕无忧了，不是这样子，还是如履薄冰。产量提升这么多，坦白来讲管理的难度、深度都不一样了，原来我可以轻松管得好，现在我要下更大功夫做这个事情，才能维持这种状态。"

压力是常态，也是动力。郑超笑言："我们现在有挑战，也验证我们当初做一些事情是很正确的。"

向前一步："消白"的烟囱

成为日照市一景的大烟囱，不仅见证了日照城市的快速发展，也印证了人们认知的变迁：从"烟囱越多工业越发达越好"，到"排出的气体不要有毒"，再到"不想看到烟囱冒烟"。

因为已经治理到烟囱排出的是无污染的水蒸气，进一步让水蒸气隐形（即俗称的"消白"），在很多业内人士看来没有必要，平白增加成本不说，运转相应设备还会造成更多的能耗。事实上，包括欧美一些发达国家在内，都没有对浆纸生产企业"消白"的要求，我国的生态环境部、科技部也曾专门发文，要求各地"不得强制'消白'"。

对此，被称为目前唯一一个建在市区里的纸浆厂的亚太森博有自己的看法。通过之前的危机教训，管理层已经深刻地意识到，与中心城区 4 千米这样一个特殊的位置决定了亚太森博所面临的"邻避"效应烈度非常高，仅仅满足于符合国家相关法律法规是远远不够的，必须要在高于行业一般认知水平的前提下开展环保工作才能实现可持续。当然，这也绝不意味着不计成本的投入，用亚太森博董事长陈小荣的话来说，就是要足够"Smart"（聪明、机敏）。

陈小荣认为，企业在核算治污成本方面要有一本独特的账，他说"出来了才是污染，留在机器里就是原料"。

在得知亚太森博的大烟囱冬季冒白烟被视为"视觉污染"后，还背负着新厂白卡纸业务扭亏为盈任务的陈小荣果断决定开始调研烟气治理项目的可行性。

基于这种思想，亚太森博的团队找不同方案，最终确定了"烟气深度治理及余热暖民一体化"项目的基础技术，它不仅能把烟气消除，还能够利用余热供 600 万平方米的取暖，相当于几十万吨的标煤。

2021 年供暖季，项目第一期完成。11 月 18 日，日照市银川路片区正式实现开栓供暖。"感谢亚太森博木浆厂为村里供暖，价格也优惠，今年冬天家里非常暖和，有二十多度。"与工厂一路之隔的东韩家村村民张纪金高兴地说。

用余热给居民供暖，减少了供暖煤炭的消耗。在 2021 年企业能耗指标异常紧张的情况下，亚太森博通过节能减排省下来的指标又投资了 50 万吨的文化纸和 50 万吨的生活纸。

"所以这个是多方受益，对于社会来说减少了煤的消耗，余热给居民供暖，对我们来说投资了新的项目，而且我们整个成本下降。因为整改方案包含很多技术细节，不仅仅是消白，还有其他一系列的降能耗措施。"

"现在看来，我们'向前一步'是正确的，真的是利民利国，也有利于我们企业"，陈小荣总结道。

以透明换信任

担任该公司社会监督员的一位退休老师，提到了一个企业以前没有想到的担心：当这个烟囱里面不再冒水蒸气了，有人会怀疑企业是不是把它藏到别的地方去了，反而不如看在眼里知道它冒的是水蒸气，更让人心里踏实。

对此，陈小荣坦言住在工厂周边的老百姓作为利益核心攸关者，因为不了解有一些担心是难免的，企业想要化解这一担心的唯一途径就是透明，包括无味工厂、"消白"等都要做成一个又一个透明工程。

在他看来，亚太森博这些年能够在原址上不断加大投资做大做强，而没有被动搬迁，就说明了企业的污染标签已经逐步淡化，他说只要坚持"以透明换信任"，亚太森博必将摆脱污染标签。

"安全环保是发自内心去做的事情，而不是说政府要我们做。这也是履行我们陈江和主席说的利民、利国、利业，我们企业在这里要对得起当地老百姓。如果有这种心态，工厂其实无论建在哪里我认为可能都不是问题。"

结束语

"邻避"是近十年中我国并不少见的现象，对置身其中的企业是巨大的挑战。因为涉及"邻避"的往往是公共设施或者于整体经济发展有利的项目，如何化解"邻避"就成为一个普遍但亟待解决的难题。

案例中金鹰集团旗下的两家制造业企业所面临的是一类相对比较特殊的"邻避"：在企业经营持续过程中因为条件的改变而成为被"邻避"的对象，而两家企业需要克服的不仅仅是针对企业本身的环保挑战，还有公众对于行业的认知。

企业的环保创新可大可小，可选择的方向也很多，但能让企业的经营获得公众接受的环保创新却需要以深刻理解高质量、可持续的发展为前提，并以其作为指导。期待这个案例能为大家带来有益启示。

【研讨题】

1. 高质量发展对企业的要求与追求高速增长时有何不同？在本案例中金鹰集团旗下的两家制造企业身上有哪些表现？

2. "邻避"的诉求是"建在别的地方可以，就别建在我这儿"，针对这种诉求企业有哪些解决方案？应该依循的原则是什么？

3. 金鹰集团的两家企业在解决环保问题上的创新有什么特点？驱动因素是什么？

📋 案例分析

制造业是现代经济的脊柱，其复杂性也对社会治理提出了很高的要求。一方面，作为中国式现代化科学内涵之一的高质量发展是一项涉及制度、经济、社会和技术因素的系统工程；另一方面，随着新时代的到来，我国社会的主要矛盾转化为人民日益增长的美好生活需要和不平衡不充分发展之间的矛盾，而这样的矛盾在城市化进程中与制造业的外部效应如排污相交织，更需中国式现代化理论中所强调的协调和绿色发展理念指导解决。

中国快速发展的经济环境为企业实践提供了丰厚的土壤。在这个案例中，在企业社会责任意识的指导下，来自政府和民众的环保压力成为进一步技术创新的契机，为企业可持续发展打造出与多方外部利益相关者共议共建的路径，并带动了整个行业的技术和环保标准提升，是中国式现代化下高质量绿色发展的良好例证。

本案例包含了行业分析、选址考虑、环保创新、社会治理、沟通策略等议题，可以用于战略管理、企业社会责任和可持续发展的讨论。

一、中国经济由高速增长转向高质量发展中的企业战略选择

理论与工具：企业经营外部环境 PEST 分析

企业的行业和经营地选择（Where to play）是战略中的核心问题之一，会受到宏观环境的影响，通过使用 PEST 分析法，从政治（Political）、经济（Economic）、社会（Social）、技术（Technology）四个维度思考，可以了解所处行业和特定选址存在的机会和威胁。

金鹰集团于 20 世纪 90 年代进入中国，其创始人陈江和先生是印度尼西亚爱国华商的代表人物，因为对家乡的牵念和对中国现代化建设的看好，金鹰集团在其后的三十年中一直在中国稳步发展。

印度尼西亚有丰富的人工种植林资源，发源于印度尼西亚的金鹰集团在纤维和造纸行业的上游有较大的优势，为其在中国投资纤维和造纸相关制造行业奠定了基础。中国是纤维和

木浆的使用大国，这两个行业在国民经济体系中占有不可或缺的位置，然而，纤维生产中的废水和制浆行业的废气素有"污"名在外，是人们心中的"高污染"行业。正因为这样的矛盾，国家规定了相对严格的排放标准，适用于生产企业选址时的环境影响评价和投产后的排放监督。

2002 年，金鹰集团旗下纤维行业的赛得利集团进入中国，首个制造工厂选址江西九江，当时的九江已经是中国化纤制造的基地之一。2005 年，金鹰集团以合资企业亚太森博接手山东日照新成立不久的国资制浆厂。这两项投资的规模都很大，尤其是山东日照的浆厂，对当地的经济贡献举足轻重。金鹰集团的投资，带来的不仅是资金还有技术，除了用于基础生产设备，重头是环保设备。

虽然跨过了最初立项开工时的行业门槛，但两个行业的环境敏感特征不仅无法忽视，相反，随着中国经济的发展、城市化进程加快，企业所处社区对污染物的关注和敏感程度因影响面的变化出现大幅度上升，成为后续"邻避"现象的导火索。

结合行业的特征，本案例可以两次运用到 PEST 框架。金鹰集团开始考虑投资纸浆和纤维制造时，中国经济正处于高速增长阶段，对各资源要素的需求很大，不仅仅是资金，还有技术和管理，整体的政策十分利好于企业，再加上山东和福建两地意欲打造相关行业的龙头优势，也为企业创造了适宜的政治环境。在经济方面，中国巨大的市场与生产能力的不足都凸显出机会所在，印度尼西亚在供应链上游的优势为在全球范围内的优化布局提供了基础，目标投资地山东日照和福建莆田拥有的港口等基础设施和对区域经济的辐射能力，也成为潜在竞争优势的来源。此外，社会环境对创造就业机会、带动当地经济发展的大型投资也很友好。更重要的是，金鹰集团带来了代表国际先进水平的生产技术和环境保护技术。可以说，金鹰集团是在"天时、地利、人和"的条件下进入了制浆和纤维这两个环保门槛颇高的行业，成为贡献中国经济高速增长的一员。

"邻避"现象的出现，从某种程度上可以说是中国经济从高速增长向高质量发展转变的一个信号。在亚太森博和赛得利福建发生"邻避"事件前后，还有多宗引起全国性关注的类似事件，其中，2014 年 5 月杭州九峰垃圾焚烧发电项目发生的"邻避"活动[①] 非常典型地展现了新时期的社会文化、人们对环境污染的敏感和对美好生活的渴求。

在"邻避"出现的阶段再次分析企业经营的外部环境，会发现各个维度的条件都发生了一定迁移。首先，政策导向上不再一味追求经济的高增长，对过热的投资采取了抑制手段，而在环境问题上不论是监管还是响应都积极且迅速；其次，居民经济收入的上升、财富的累积，以及城市化进程改变了工厂周边社区的社会经济结构；再次，居民参与社会事务意识的加强、社交媒体的兴起，让企业面临更多审视，舆情事件也更容易发酵；最后，以上各方面变化都对技术提出了更高的要求，甚至会超出原有生产和环保技术的边界，如在本案例中的

---

① 王慧敏，江南. 杭州解开了"邻避"这个结 [N]. 人民日报，2017-03-24(19).

臭味监测问题。

针对外部环境的变化，企业通常会调整战略，而与"邻避"关联最紧密的战略选择即是行业选择和选址，或者说，改变行业或者搬迁工厂都能即时令"邻避"危机消除。但企业的资源和能力往往捆绑于某个特定地点，如本案例中的港口等交通设施，或某个特定行业，如本案例中纸浆和纤维的上下游，再加上改行和搬迁都有巨大的成本，所以并不能一避了之，金鹰集团旗下两企业采取的方式都是积极化解。

二、高质量发展中的协调原则

理论与工具：利益相关者模型

利益相关者决定企业是否可以在经营地获得"社会契约"（social license）[①]。

"邻避"是环境敏感企业引发的利益相关者冲突的一种表现。2013年亚太森博和2015年赛得利福建的污染舆情事件，以社区居民为主的利益相关者显现出来的主要诉求是工厂不能在当前所在地继续运营，属于典型的"邻避"。

很多环境敏感行业，比如垃圾处理厂等，均是现代经济生活中不可或缺的部分，因此如何化解"邻避"就变得格外重要，也是对高质量发展的挑战。与解决污染或排放中的技术问题不同，"邻避"的社会化特征更为明显，解决"邻避"需要企业深入了解利益相关者的期望并形成综合性方案。方案要兼顾所有主要利益相关者的诉求，企业借此获得信任，才能继续经营下去，这种无形的约束和许可被称为"社会契约"。

从社会治理的角度，对易产生"邻避"效应的项目，是否能获得利益相关者的接受一般会受到四类因素的影响：感知的风险、预期收益、对权威的信任度，以及程序公平性。在与环境问题相关的"邻避"事件中，利益相关者感知的风险起源于对污染的认知，包括污染对人体健康的危害、污染企业的存在对相关行业（如房地产）和地域形象的影响，以及环境管理相关措施失控的可能性；预期收益则多与企业带来的经济利益有关，如就业、经济发展红利，或者补偿等。因为信息和知识的不对称，具有权威身份的利益相关者（如政府部门和有关方面的专家）是化解"邻避"不可或缺的一环，而对权威的信任度会影响权威所提供信息的有效性。随着中国式现代化的推进，无论是项目本身还是"邻避"化解措施的透明度、告知义务的履行等程序公平性表现，都越来越受到利益相关者的关注。

金鹰集团有重视利益相关者的传统，创始人兼董事会主席陈江和说："良好的商业运作必须对当地人民有利、对所在国家有利、对环境有利、对客户有利。只有这样，才是对企业有利，才能可持续发展。"这句话在金鹰集团内部被称为"五利"，将重要的利益相关者纳入

---

① 对社会契约的解释，可参见 Gunningham N, Kagan R A, Thornton D. Social License and Environmental Protection: Why Businesses Go beyond Compliance[J]. Law & Social Inquiry, 2004, 29(2): 307-341.

了企业的使命陈述，并将满足利益相关者诉求作为企业经营成功的前提。

在亚太森博建立之初，企业为当地带来了两项重要利好，一是大规模投资对当地经济和就业的促进，二是最新环保技术，提升了浆厂的综合竞争力，由此获得了初期的"社会契约"。然而，"社会契约"的建立并不是一次成功就能终身有效，而是会随着重要利益相关者的增减以及诉求的变化，面临挑战甚至失效。对亚太森博而言，日照的城市化进程就是改变利益相关者组成和诉求的关键动因。因为浆厂在城市化过程中逐渐靠近城市中心尤其是居民区，社区在众多利益相关者中突出成为最重要的一方，而企业如果沿袭过往的判断，可能会低估"邻避"事件爆发的风险，并且错过与利益相关者形成解决方案的时机。

就纤维生产而言，赛得利福建的起点很高，作为在赛得利九江之后建设的全新工厂，无论生产技术还是环保技术均远在传统标准之上，再加上莆田是金鹰集团创始人陈江和先生的故乡所在，还有一份情感连接。不过，"社会契约"的特殊性在于它并不是由企业的优势直接转化，也没有办法异地直接移植。九江是我国化纤生产的传统基地之一，居民对于纤维行业的接受程度相对较高，这样的预设在收入水平较高的莆田显然并不成立。社区对污染的风险感知高而对预期收益不敏感，是"邻避"出现的原因，也是化解"邻避"的障碍。

亚太森博和赛得利福建同属金鹰集团旗下企业，也都面临相似的"邻避"问题，但两地之间的差异正说明了"邻避"的本地化特征：起因于本地，解决方案也必须因地制宜。亚太森博发起的"我是小小造纸家"等公益活动，将造纸行业的改变和公众关心的环保问题融入其中，从风险认知角度与利益相关方拉近距离。2022年年中完成的"烟气深度治理及余热暖民一体化"项目更是将感知风险与利益相关方收益结合考虑，以比行业标准更严格的利益相关方期望为要求，缔造"社会契约"。

在以乡亲乡情为重的莆田，赛得利福建邀请从本地走出的专家还有当地社区信任或推举的专家与居民座谈，消除居民心中对污染的疑虑，并且与环保局密切配合，将所有的污染监测信息对外公开，"走出去、请进来"，与社区形成了良好的共建。前者解决了权威的信任度问题，后者提供了程序公平性的保障。

在本案例中，污染舆情事件后，亚太森博和赛得利福建均建立了细致的利益相关者联络机制，设立监督员和工厂开放日，主动追踪重要利益相关者的诉求动向，从而扭转了污染舆情事件的不利影响，获得了内外部利益相关者的信任。企业的行动得到了政府部门（如环保局）、社区（如监督员）等主要利益相关方的支持，效果显著。各利益相关方的协同也是中国向高质量发展转型的关键。

三、以环保创新化解"邻避"，履行社会责任

理论与工具：企业社会责任演变模型

除了作为经济实体而存在，企业应如何管理自身对环境和社会等方面的影响？由此引

出的企业社会责任是高质量发展必须回答的一个问题。

在管理学文献中，关于企业社会责任的讨论通常围绕企业的责任范围展开，其中 Carroll 提出的思想，即企业责任可分为经济、法律、伦理、慈善四个递进层级[①]，产生了非常深远的影响，之后有多位管理学者对企业战略和技术创新随社会责任观念而演变的过程进行了详细观察和分析，总结出规律，并将其应用于指导企业的管理实践。其中 Nidumolu 等学者提出的创新演化模型[②]对高质量发展和人与自然的和谐共生颇有启发意义。该模型细致描绘了将可持续发展理念融入企业经营后，有哪些创新机会，这对企业是一个学习过程，从在合规中发掘机会，进而提高整个价值链的效率，让价值链可持续，随后设计可持续的产品和服务、发展新的商务模式，直至创建可持续创新的平台。

金鹰集团的"五利"是企业的使命观和可持续发展观，也是企业的责任观。在"五利"的指导方针下，金鹰集团的两家企业为减少企业的环境影响，不断校正自己，推陈出新。环保政策中的排放标准，是合规的门槛。金鹰集团投资亚太森博时，以新的环保技术改造已有的工厂，使得企业的环保水平高于同行，获得当地政府的支持，为稳定生产和有效利用港口资源奠定基础，金鹰集团价值链上游的优势得以体现。

金鹰集团的环保创新不仅体现在技术，也体现在管理。在亚太森博之后建设的赛得利福建，吸取之前的经验教训，不仅起点高，产品线从设计时就将整套环保系统融入其中，随后又针对臭味问题形成了独特的巡视、检测、清洗制度，更是开发了所排放气体回收再利用的机制，减少甚至消除污染的同时，也节省了成本，创造了经济效益。这套理念通过金鹰集团的人才管理体系实现了跨业务和企业实体的传播，最终令包括亚太森博和赛得利福建在内的各个旗下组织都受益。

在这个案例中，"邻避"起于企业对经营地的环境影响，但作为一种社会现象，其中也会有感知等非客观因素的存在，如赛得利福建周边的社区居民闻到的气味，还有人们在山东日照看到的大烟囱中的白烟。企业的选择不是以合规作为辩护，而是将其作为环保创新的方向，以更大的投入在管理和技术上双管齐下，才真正化解了"邻避"危机，形成与城市共荣共生的格局。

演变是事物发展的客观规律，高质量发展也并非一蹴而就，但在全社会的推动下，具有社会责任意识的企业会将内生动力转化为能力，从而找到解决环境和社会问题的方案，并不断迭代。

在改革开放后的四十多年时间里，我国经济先后经历高速增长和高质量发展阶段，外

---

① Carroll A B. The Pyramid of Corporate Social Responsibility: Toward the Moral Management of Organizational Stakeholders[J]. Business Horizons, 1991, 34(4): 39-48.
② Nidumolu R, Prahalad C K, Rangaswami M R. Why sustainability is now the key driver of innovation[J]. Harvard business review, 2009, 87(9): 56-64.

商投资的制造业企业能够吸引来自全球的资本、技术和管理技能等资源要素，在其中起了非常重要的作用。两个阶段的要求不同，因而在整体经济发展模式转型时，企业也需要重审环境，快速调整以应对新阶段的挑战。

针对高质量发展所要求的创新、协调、绿色、开放、共享，亚太森博和赛得利福建交出了一份以环保创新为核心的答卷，获得了社区及其他利益相关者的接受，化解了"邻避"这个在社会治理领域极富挑战性的问题。

案例回溯了中国式现代化在不同阶段的体现，尤其是向高质量发展阶段的转型，并且充分利用"双子"案例的优势，有对比、有统合，为理解高质量发展提供了有益借鉴。

附录1

亚太森博"8·10"污染事故后的沟通措施

通过各种媒体向市民真诚道歉，邀请媒体监督。公司充分发挥媒体的监督作用，组织全国网络媒体团、全市社交媒体大 V 团组等到工厂实地采访、了解情况，同时通过媒体对社会关心的问题进行说明。

与市领导，市、区环保局、宣传部等有关部门沟通，寻求理解与支持。

邀请周边社区村居代表座谈参观。组织邀请周边社区村居的居民代表、干部代表、老干部代表等到工厂参观座谈，走进社区坦诚沟通，对市民关心的臭气、污水、固废处理设施、处理工艺、处理效果等进行答疑解惑，了解社区的心声，听取社区的意见。

通过环保社会监督员进行监督。公司建立环保社会监督员制度，由社会各界代表担任，监督员可随时到厂进行监督检查、互动沟通。

通过网络公开交流。公司通过当地最有名的社交论坛、微信公众号等多种网络手段，公开企业环保情况、联系方式，与网民进行互动，邀请网民代表随时到工厂了解环保情况。

通过学校和政府部门进行宣传教育。公司与全市 50 多所学校、政府部门开展环保宣教活动。

通过环保公益活动进行互动。通过全市中小学生环保绘画大赛、"我是小小造纸家"和其他环保志愿服务活动，开展全方位、全时空、持续性的社会互动，使公众对企业和浆纸行业环保情况有了较全面的了解。

加强企业的信息公开。环境信息情况严格按照排污许可证要求在网上进行公开。每年年度检修情况在日照主流媒体和周围社区进行公开，接受公众监督。

资料来源：亚太森博（山东）浆纸有限公司

附录2

2015—2016 年赛得利福建环保提升改造项目——计划与实施情况对比
（1）环保设施提升治理项目计划

序号	原因	影响因素	治理方法	治理计划进度	预计完成时间
1	污水厂生化池曝气时产生混杂气味	气味	生化池加盖及臭气净化处理	计划6月完成施工招标等前期工作，6月底开始施工，10月底前完成并投入运行	2015年10月31日
2	CS2回收8台新鲜风机噪声偏高	噪声	对风机增加消声器	6月底完成安装	2015年6月30日
2	污水厂曝气罗茨风机噪声偏高	噪声	将罗茨风机更换为低噪声的离心风机	计划6月中旬完成施工招投标等前期工作，9月15日前完成并投入运行	2015年9月15日
3	纺丝车间未形成有效负压，气味较大，气体随环境排风进入210米排气塔高空排放	气味	（1）按设计方案对车间环境排风及暖通送风点风速进行调整；（2）对设备密封，杜绝跑冒滴漏，调整排风量；（3）将车间废气引到锅炉焚烧	（1）（2）持续进行；（3）目前有初步技术处理方案	在政府批准文件后，一年内完成
4	烘干所排湿蒸汽含微量油剂，产生气味	气味	暂无技术方案	已委托设计单位研究	整改时间将尽快公布
5	酸站凉水塔运行过程中，极少气味随循环水扩散出来	气味	已有初步处理方案	方案未通过论证，施工完成时间需要一年	整改时间将尽快公布

（2）赛得利（福建）纤维有限公司环保提升改造项目情况

改善项目	治理方法	完成时间	投入费用	国家标准	改善前	改善后	数据来源
烘干尾气治理	烘干尾气采用"碱洗＋等离子"治理	2016年3月25日	1600万元	非甲烷总烃：4 mg/m³	非甲烷总烃：3.17 mg/m³	非甲烷总烃浓度降至0.9 mg/m³，去除率71.6%，年减排2.11t	第三方检测
酸站凉水塔改善	酸站凉水塔改为接冷凝器直间接冷凝器	2016年4月23日	4980万元	H$_2$S：10mg/m³ CS$_2$：10mg/m³	H$_2$S：0.341mg/m³ CS$_2$：0.88mg/m³		第三方检测
污水厂加盖	污水厂生化池加盖及臭气净化处理	2015年10月31日	1700万元	H$_2$S：1.8kg/h CS$_2$：8.3kg/h			自测
210米排气塔碱洗除臭	在废气进入排气塔前增加碱洗，通过酸碱中和消除H$_2$S	2016年3月15日	50万元	国标：21kg/h 环评批复：5.13kg/h	H$_2$S排放速率：0.123 kg/h	H$_2$S排放速率降至0.05kg/h，去除率59.34%	自测
酸站、CS2回收消音降噪	1.安装消音器；2.新鲜风机改装阻性片式消声器；3.风机侧面设立声屏障	2015年9月10日	400万元	夜间：55dB（A）	夜间厂界噪声最大排放值：61.4dB（A）	夜间厂界噪声最大排放值：54.8dB（A）	市环境监测中心站监督性监测
污水厂风机降噪	污水厂离心风机更换为低噪声多翼式风机	2015年9月10日	250万元	夜间：55dB（A）	夜间厂界噪声最大排放值：54.6dB（A）	夜间厂界噪声最大排放值：46.2dB（A）	市环境监测中心站监督性监测

资料来源：赛得利（福建）纤维有限公司

购物中心的新消费时代 *
——正佳广场文商旅融合发展之路

📋 案例正文

【引言】我国进入新时代开启新征程，习近平总书记指出，"当高楼大厦在我国大地上遍地林立时，中华民族精神的大厦也应该巍然耸立"①，"实现中国梦，是物质文明和精神文明比翼双飞的发展过程"②。习近平总书记还指出："只有物质文明建设和精神文明建设都搞好，国家物质力量和精神力量都增强，全国各族人民物质生活和精神生活都改善，中国特色社会主义事业才能顺利向前推进。"③作为我国商业体系中的重要构成之一，实体商业在党的十八大精神指引之下，十多年来历经种种变化。转型升级、向新而生成为我国实体商业发展的主旋律。以正佳广场为代表的中国创新型购物广场，秉承以人为本的核心理念，真正实现以高质量供给更好地满足中国人民对美好生活的新需求。

【摘要】随着商业地产的不断成熟及快速发展，独特的设计理念、规范化的管理、巨大的资金投入不再构成市场的进入壁垒，市场上越来越多同质化产品的出现，使传统购物中心在未来势必面临激烈的竞争与挑战。经过多年的发展，商业地产存量巨大，如何成功转型、实现高质量发展，是当前商业地产市场亟待解决的问题。在激烈的竞争红海之中，坐落于广州天河路商圈的正佳广场，立足中国现实经济与市场环境，面对互联网电商对实体商业的冲击、商业广场由增量转向存量的现状，积极开展组织变革以提升

* 案例作者：叶子、邓颖、李锡雯，清华大学五道口金融学院。指导老师：张弘，清华大学五道口金融学院教授。本案例中数据、图片等资料由正佳集团所提供或来自其官方网站等公开信息。

① 习近平：在文艺工作座谈会上的讲话 [EB/OL]. (2015-10-14)[2023-11-13]. https://www.gov.cn/xinwen/2015-10/14/content-2946979.htm?Bqid=bdc 12364000 6a5d 6000000036492af36.

② 习近平 . 文明交流互鉴是推动人类文明进步和世界和平发展的重要动力 [J]. 求是，2019(9).

③ 习近平 . 胸怀大局把握大势着眼大事 努力把宣传思想工作做得更好 [N/OL]. (2013-08-21)[2024-02-01]. https://cpc.people.cn/n/2013/0821/c64094-22636876.html.

商业效率，通过对自身定位不断变革升级、深入贯彻文商旅融合发展战略、借助概念性创新打造新的生活方式，致力于打造一个"世界级城市中心文化旅游目的地"。

本案例通过深入分析正佳广场的运营发展和战略变化，描述了它如何不断探索升级转型，一步步走上文商旅融合发展之路。本案例作为商业地产行业的一个参考、借鉴的典型，可给予业界有益的启发。

【关键词】正佳广场；文商旅融合；蓝海战略；商业地产

正佳企业集团成立于1993年，历经三十年左右的发展，已成为以商业地产为核心、文商旅融合发展，集商业地产、商品零售、金融服务、休闲旅游、创意百货、广告、电商、文创、大型海洋馆、五星级酒店开发管理等诸多产业于一体的大型多元化现代企业集团。正佳广场是正佳企业集团投资开发和经营的大型购物中心，选址在有着"华南第一商圈"之称的广州天河路商圈（见图1），总建筑面积高达42万平方米，2005年1月正式建成开业后成为亚洲商业体量排名第一的单体购物中心。2007年，正佳广场上榜美国《福布斯》杂志评选的"全球十大购物中心"，此外还在2011年获批成为国家4A级旅游景区。

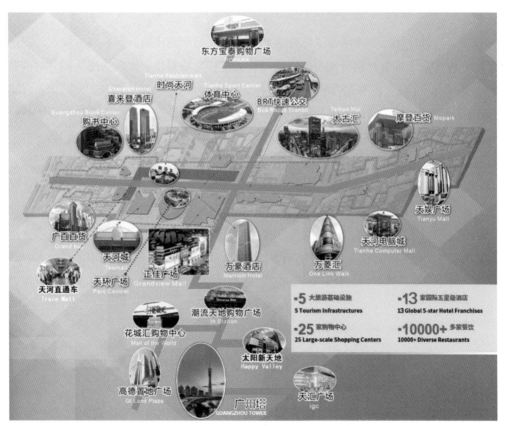

图1　天河路商圈示意图

图片来源：正佳广场

自诞生以来，正佳广场在商业化发展进程中，通过对自身定位的多次变革升级，找到了适合自身可持续发展的、与时俱进的商业定位，即秉承"文商旅融合发展"的核心理念，致力于通过文化、旅游、商业三者融合发展的模式促进自身增长、实现经济效益。作为中国城市商圈广场商业化孵化的案例，正佳广场为中国商业广场的变革升级提供了可借鉴的范本。

开始修炼内功，引入"购物 + 体验"的经济业态

正佳广场从开发建设之初就强调对购物中心进行系统性、全局性地开发，不走传统的"走一步、看一步"的招商老路。在整体设计上，正佳广场由美国著名的商业建筑设计公司捷得国际建筑师事务所（The Jerde Partnership）与广州设计院合作完成。从设施配套来看，正佳广场引入空间层层递增的剧场式设计以及"金三角"客流引导体系等较为先进的布局方式，广场内部包含了大型园林生态中庭、国际电影城、大型室内主题乐园、室内真冰溜冰场和能够容纳近 20 家餐厅的美食广场等，期望让顾客能够一站式完成休闲、购物、餐饮等消费体验。

此外，正佳广场还参考借鉴了海外成熟商业模式的分割比例，即零售：餐饮：娱乐为 52：18：30 的黄金业态比例分割空间，通过扩大正佳广场餐饮、娱乐的比例提升对消费者的核心吸引力。正佳广场率先引进体验经济模式，将购物与"体验"融合。

但刚诞生的正佳广场还是面临着严峻的挑战。一方面，经营如此庞大的商业体当时在国内无先例可循，且正佳广场开业初期商铺承租率低、广场管理经验相对欠缺、后续资金面临挑战，包括营运费用、管理队伍等一系列问题都在考验着这个初生的市场"新人"。另一方面，购物广场间竞争激烈，周边已有天河城、中信广场，如何走出一条有特色的现代购物广场新路，实现购物广场领域新的突破？这关系到正佳广场未来的可持续发展之路。

创建之初，正佳广场将自己定位为打造"亚洲体验之都"。但是，正佳广场在刚开始招商时对商家的类型未作筛选，广场中各种品牌都有，并不清楚这一定位吸引的目标客户群体是什么。对于市场的错误认知及对目标客户群体的错误界定，使得正佳广场的定位升级遇到一定的挑战。

多次定位升级，以文化带动购物中心发展

2008 年以来，互联网电商的蓬勃发展使得在线商业对传统线下实体商业造成巨大冲击。互联网电商相较线下购物，具有明显的价格优势、品类优势，极大地降低了消费者的比价成

本。在这种情况下，国内线下实体商业普遍面临转型难题。为了提高实体商业的活力、吸引更多的客流量、增强消费者黏性，正佳广场将转型升级确定为未来发展的重要战略之一。

2008 年，正佳广场将定位调整为"家庭时尚购物体验中心"，开始走快时尚、多元化餐饮，尝试体验式消费发展道路。但当国内许多大型商业地产项目也开始充斥着快时尚、多元餐饮时，正佳广场再次调整了自身定位，2013 年开启"家庭时尚超级体验中心"，融合商业、旅游、文化三要素，挖掘适合家庭亲子和年轻人的消费场景。正佳广场这次自我变革的核心是文化、艺术、旅游等多种体验与商业的结合，通过打造正佳极地海洋世界、正佳大剧院等方式，进行差异化营销和品牌塑造。

打造正佳极地海洋世界

打造室内海洋馆——正佳极地海洋世界，就是正佳广场对购物中心的首个创新。场馆设计与规划的承接方是曾设计过迪拜海洋馆的澳大利亚伯韬建筑设计事务所（Peddle Thorp Architects），设计者不仅结合多个发达国家的室内海洋馆进行对比参照，还与动物养殖、繁育、保健、水质监控等多领域的业界权威机构、专家进行合作探讨，形成最终方案。该海洋馆将生物展示和科技展示融合，力求为每一位游客带来集观赏、休闲、娱乐、科普、环保为一体的梦幻主题式极地海洋体验。

正佳广场通过这种创新升级尝试摆脱单一的商业租金模式，寻求更加广阔的成长空间。经过一年多的努力，这个空中海底世界终于从图纸变为现实。在业界怀疑和疑惑的眼光中，2016 年 1 月正佳极地海洋世界正式对外开放（入口场景见图 2）。这座室内极地海洋馆打开了正佳广场发展的新思路、新格局和新路径：这里有长达 40.809 米的亚克力单体水族展示缸、360 度大广角海底隧道、20 米长幻彩水母大道，总建筑面积达 58000 平方米，包含 300 种 10000 多只极地海洋动物和十大主题展区……

图 2 正佳极地海洋世界入口实景图

图片来源：正佳广场

建成正佳大剧院

正佳广场还积极融入文化视野，2016年同期建成正佳大剧院（内部实景见图3）。正佳大剧院采用国内先进的声光电设备，力求给观众带来良好的视听享受，是国内极具特色的小剧场之一，曾吸引韩国无言喜剧《乱打神厨秀》等经典剧目进驻，仅《乱打神厨秀》就曾创造引进剧目连续演出401场的记录。正佳大剧院定位为华南文化新地标、广州"百老汇"，参照伦敦西区和美国百老汇风格与标准打造，致力于将多元文化引入广州，丰富广州乃至华南市民的精神文化生活，推动国内外文艺交流。大剧院填补了商圈消费群的文化需求，正佳广场的客流量也为剧场带来了更多活力。

图3　正佳大剧院实景图

图片来源：正佳广场

正佳广场聚焦于家庭人群、时尚年轻人的市场定位，融文化、艺术、旅游等多种体验与商业相结合。在与之相配套的业态调整的过程中，正佳广场打破传统商业空间界限，进行差异化营销和品牌塑造，从而建立具有中国文化特色的购物中心，为商业地产探索出一种崭新的商业模式。

创造多维体验，深化文商旅融合进程

正佳广场的探索体现出文商旅融合发展这一全新商业模式的巨大活力与旺盛生命力。然而进入2017年，科学技术迭代飞快，市场环境快速变化，过往商场的功能性创新已经趋向简单，概念性创新的难度又非常大。对于商业地产来说，又应该如何打造一个新的概念，开创一种新的生活方式呢？

从市场大环境来看，我国旅游休闲的需求不断增长。根据国家统计局测算，2017年我国中等收入群体已超过 4 亿人，这个群体对文化、休闲、旅游的需求不断增长。[①] 而国家旅游局的调查数据也显示，2017 年全年国内旅游达 50.01 亿人次，人均出游达 3.7 次，比上年同期增长 12.8%，国内旅游收入达 4.57 万亿元，比上年同期增长 15.9%。[②] 可见，旅游休闲正在成为人民幸福生活的必需品，也成为衡量现代生活水平的重要指标，对国民经济的贡献也越来越大。在"衣食住行游购娱"中，中国游客的关注点不再只是购物，各种体验已成为重要的关注点。而要实现旅游业转型升级和高质量发展，也需要积极培育旅游业创新能力和创新体系，加大对旅游业产品创新、业态创新、服务创新、模式创新的支持力度，加快以现代信息技术为代表的先进技术在旅游领域的转化应用，通过创新赋能和技术赋能叠加效应，提高旅游产品质量和旅游服务水平，优化旅游产业结构。

2017 年，广州市在政府工作报告中也指出，要深化国家旅游综合改革试点，建设国际旅游目的地和集散地，创建国家文化产业示范区，促进文商旅融合发展。广州开始全力推进文商旅融合发展，鼓励天河路商圈对标全球一流商圈，引导大型购物中心创新发展模式。这为正佳广场进一步探索文商旅融合模式提供了政策指引和实践指南，坚定了其文商旅发展的战略，也推动他们思考下一步的深化之路。

正佳广场团队认为，大多数情况下人们的体验是站在物质的角度思考问题，但是体验也分为很多类别，如物质体验、精神体验、现时体验、长期体验等等。在体验经济、新消费等概念盛行的时代下，为消费者带来物质叠加精神、可持续的体验，最后形成人的情绪、情感和回忆，围绕人性去深耕细作的体验才是更好的体验。

从大西洋的深海到南美洲的部落，从亚马孙的森林到侏罗纪的恐龙，从"广州十三行"到二次元空间，这些地球上的神秘空间和事物，正是在这样的想象力下被组合在一起。正佳广场围绕科技理念、文化理念与生态理念来打造更加真实且独特的超级体验，在城市中央建造了一个多维结构的体验空间。正佳集团认为，在旅游场景的体验中，应该为消费者提供既能满足其社交需求和愉悦的购物体验，又能享受超预期的多种增值服务的场所。

围绕科技理念，正佳自然科学博物馆于 2018 年 5 月 18 日正式对外开放，它专注于恐龙博物馆的定位，推出不少恐龙主题策划及研学活动。馆内有 8 大主题单元、近千件珍稀藏品、40 余项科学互动道具、3 大梦幻唯美打卡展区，讲述地球的诞生、生命的演化及人类对太空的探索。馆内的"镇馆之宝"，是世界范围内发现的第三具、目前国内收藏展示的唯一一具梅杜莎角龙化石（见图 4），更有翼龙、剑射鱼、猛犸象、洞熊、棕榈叶和大型沙漠玫瑰石、紫晶洞等近千件古生物化石、矿石、标本，让来这里的游客饱览 46 亿年地球生命演化的壮丽历程。

---

① 李慧 . 中国中等收入群体已超 4 亿中等收入大军如何"扩群"[J]. 决策探索，2021(17): 37-39.DOI: 10.3969/j.issn.1003-5419.2021.17.022.

② 国家旅游局 .2017 年全年旅游市场及综合贡献数据报告 [R/OL]. (2018-02-16). https://zwgk.mct.gov. cn/zfxxgkml/tjxx/202012/t20201204_906468.html.

聚焦文化理念，正佳广场打造了"广正街"，并于2018年起正式对外开放。广正街是集商业、旅游、文化于一体的中国新型博物馆式、景区式商业街，融合了传统的广府文化与新颖时尚的创意元素，展现了"广州十三行"时期的广府风情。为了让广大市民、游客更好地体验兼具古朴与新潮的粤式文化，焕新羊城文化魅力，2021年正佳广场又对广正街进行了升级改造，街内店铺全新规划，街区场景进一步优化，以期打造更加优质的广府文化体验。广正街不断探索非物质文化遗产的传承与创新，定期开展各式广府文化展与非物质文化遗产活动，将非物质文化遗产活化并融入现代生活，对广府传统文化进行生动演绎，从不同角度呈现广府文化的新面貌，推动这些文化遗产深入游客的生活，让游客踏上一段沉浸式文化体验之旅，感受到更加浓郁的文化氛围。

图4　正佳自然科学博物馆馆藏珍品——梅杜莎角龙化石原件

图片来源：正佳广场

立足生态理念，正佳广场打造了正佳雨林生态植物园，将神奇的大自然搬进城市中心，在室内打造身临其境的真实体验（入口实景见图5）。正佳雨林生态植物园参照国际生态理念设计，2019年上半年对外开放。这是国内首家室内空中雨林生态园，在12000平方米的空间内展现了一个极具生物多样性的"自然生态圈"，植物、瀑布、沼泽、湿地等汇集于此，瞬间感受来自热带雨林的气息，沐浴阳光森林、感受花香鸟语，博览世界珍奇。作为室内空中雨林生态植物园，正佳雨林生态植物园为市民打造了一个寓教于乐的自由空间。

图 5　正佳雨林生态植物园入口实景图

图片来源：正佳广场

　　除此之外，正佳广场还通过"疯兔乐园""正佳大唐千灯会"等一系列的原创 IP 活动，来打造广州城市活动名片，为市民游客带来更多惊喜乐趣和特色体验。通过跨界资源整合，进行文商旅融合项目和内容的研发与创新，不断举办有趣味、有价值、有意义的活动。由此，正佳广场从传统的以租赁为主的商业地产模式，向多元化、多业态的文商旅购物中心模式转变，在消费升级的大背景下，不断满足消费者更高层次的物质与精神需求。

　　通过引入正佳自然科学博物馆、正佳雨林生态植物园、广正街等模式，正佳广场创造与提供了一种新的文化消费模式，包括触碰心灵、情感交互、自然与文化教育，最后形成一种新的生活方式。因此，正佳广场做的是新商业文明，这种新商业文明并非新零售，而是新文化、新技术、新生活，正佳广场也因此成为依托于商业广场发展的科普研学教育基地、文化旅游目的地。同时，正佳广场也建立了自身在商业地产领域的竞争壁垒和商业广场的话语体系。正佳广场的文商旅融合实践也推动了广州建设世界级旅游品牌、打造世界旅游名城和国际旅游目的地集散地的发展目标，为全国其他城市旅游业的发展提供了规律和经验遵循。

　　此外，正佳广场的发展也离不开金融市场的支持。商业房地产抵押贷款支持证券（commercial mortgage-backed securities，CMBS）是近几年在国内兴起的一种融资工具。2018 年，"广发恒进——正佳企业集团正佳广场资产支持专项计划"（即正佳 CMBS）成功发行，总规模达 73.006 亿元，以正佳广场未来 12 年的租金收入作为还款来源保障。这种新型金融产品为正佳广场拓展了新的融资渠道，推动了正佳广场的全面建设，助力其打造"都市型世界级旅游目的地"。

推出正佳科技文商旅智能系统，提供综合智能管理解决方案

随着互联网的不断发展普及，以"云计算／物联网／AI"为代表的新技术正改变着传统行业。与正佳广场文商旅融合战略相适应的，还有其组织管理形式的数字化变革。

2018 年 3 月，"正佳科技文商旅智能系统"正式推出，打通各个业务场景，直面消费者，实现线上线下融合经营。"正佳科技文商旅智能系统"由正佳广场内的零售商家、阿里云的互联网云服务商、全球知名的物联网系统解决方案提供商三方组建而成，帮助线下实体空间实现网络协同和数据智能洞察。

"正佳科技文商旅智能系统"基于新一代物联网技术和互联网云中台技术，为购物中心等大型线下商业空间提供"大数据＋智能决策＋支付营销"的数据智能解决方案。围绕"商业空间大数据获取及价值挖掘→智能呈现及场景应用→商业决策及执行反馈"的数据化逻辑，该系统通过数据与商业逻辑的深度结合，构建商业数据化、在线化、智能化的全场景闭环，帮助购物中心实现场景化流量变现。

为了让购物中心能像线上电商平台一样获取丰富、清晰和有效的消费者信息，"正佳科技文商旅智能系统"通过从"外部数据"（移动服务商、高德、友盟、TalkingData 等大数据服务商）、"线下数据采集技术"（探针、人脸识别、支付系统、智能停车等线下数据交互场景）、"SaaS 化平台业务数据在线化沉淀"三大维度构建采集数据壁垒，将所有采集的数据进行清洗关联，深层次发掘数据的内在关联和规律，保证数据采集的精准性、真实性，从而构建购物中心数字化模式。

"正佳科技文商旅智能系统"希望通过大数据连接购物中心和商户数据智能化场景，打破购物中心组织及系统的数据边界，帮助购物中心建立专属于自己的场景化数据闭环。该系统还可以通过数据大屏呈现更清晰的客户画像，并通过数据中台赋能 AI 决策平台进行智能化梳理，诊断购物中心的运营现状、洞察潜在异常、提供优化建议及预测指导未来，支撑购物中心开展基于数字化能力的多样化流量经营和精细化运营。通过"正佳科技文商旅智能系统"获得客户的清晰画像后，商户和购物中心均可以借助业务中台与购物中心的场景进行整合和打通，从会员系统、支付、营销等方面，增强商户与消费者的互动，不断丰富消费数据，为购物中心的盈利模式创造良性的迭代发展机会，实现数据流量变现的价值。同时，"正佳科技文商旅智能系统"还以支付为基础，以场景为驱动，支持智能 POS、二维码台卡、电子台签、扫码设备应用等，开发了 ERP 系统与收银系统 API 对接，满足购物中心内多场景的收银方式需求。通过为购物中心搭建统一支付体系，解决商场对租户交易数据采集及数据应用的痛点，并以支付即会员为理念，利用高速 WIFI 网络、智能停车系统、电子会员、智能 APP、微信公众号等技术产品，将场内营销资源数字化，在购物中心场景内精准触达用户进行商户的交叉营销。

正佳科技集团坚信只有在大数据技术落地和购物中心应用场景上不断突破和创新，才能真正成为行业的助力者。正佳科技集团将充分地结合现有的新零售的各种互联网技术，再加上自身对本行业的认知，逐步完成"正佳科技文商旅智能系统"对未来世界的洞察，帮助购物中心实现场景化流量变现，并实现在线化、数据化和智能化的最终目标。

共渡疫情难关，"云看展""夜经济"注入新活力

2020 年年初，病毒的侵袭让文商旅产业直接进入寒冬期，企业休眠、门店关闭，行业态势降至冰点。在疫情严重时期，正佳广场的"三馆"（正佳极地海洋世界、正佳自然科学博物馆、正佳雨林生态植物园）采取过暂时关闭或限流措施。然而，受疫情冲击的除了卖场，还有众多的商铺业主。为了缓解商铺业主的经营压力，正佳广场与所有商铺业主及时沟通，争取延长付款期限，并给予一定的租金优惠；同时，加强对卖场下游供应商应收款项的管理，积极缩短回款周期。延长付款期限或者优惠免租等办法，对于商铺业主的帮助不亚于雪中送炭，有利于增强商铺与正佳广场的黏性。除此之外，正佳广场围绕现金流和关键时间节点做策略调整，努力争取各项政府补贴和扶持。通过上述紧急应对措施，正佳广场成功进入平稳过渡期。

人们的消费倾向与消费动机正在悄然改变，如何更好地满足消费者新的需求？商业大环境怎样重构？文商旅产业如何在困境中突围？这些问题影响着正佳广场在后疫情时代的可持续发展，对此，正佳广场必须进一步调整其运营策略。

2020 年 3 月，正佳广场试水"平台销售＋直播带货＋短视频"全渠道销售模式，尝试发展"云看展""云购物"等形式，让消费者在互联网平台体会到逛街的乐趣。

2020 年 6 月，正佳广场根据自身场馆特色，定制夜游方案，打造夜间户外集市，这些举措直接带动了天河路商圈的经济复苏，成功点亮城市"夜经济"的文化及特色魅力。2020 年 6 月 25—26 日，"正佳夏夜嘉年华"夜游特色项目成为广州城内大型综合体推出的首个夜游特色项目。为消费者带来夜游、夜演、夜读、夜宵等一站式的"夜生活"新体验，满足市民及游客的多元需求。在海洋馆，游客可以探索夜晚海洋的秘密，欣赏"花舞鱼间"沉浸式海洋艺术展带来的独特体验；在雨林馆，与变身"夜晚精灵"的小动物们一同挖掘夜晚大自然的"秘密"；在博物馆，讲解员将化身"守夜人"，带领充满好奇心的参观者展开一场妙趣横生的"夜闯"博物馆之旅。此次活动再一次"点亮"羊城夜空，将"夜"和"潮"相结合，融合商圈景色与购物中心，成功打造文商旅一体的"夏夜嘉年华"。

在疫情发生之后，正佳广场积极调整运营策略，对广场、商铺等提供多方位支持；正佳广场还打通了全新商业模式，推出"云看展"，发展"夜经济"，进一步刺激消费、满足客户需求，将文商旅产业的特色发挥得淋漓尽致。

结束语

为了契合市场环境的变化，正佳广场不断调整其定位，在文商旅高度融合的发展之路上不断变革与探索，在竞争激烈的商业地产红海中发展出一片与众不同的蓝海，实现了可持续发展。仅以 2019 年为例，正佳广场日均客流量超 15 万人次，年销售额超过 65 亿元人民币。

当前，城市内商业体的界限正在模糊，单一概念的传统商业体很容易被取代，各地政府都在大力推进文商旅跨界融合项目建设，开启现代商贸转型升级发展新模式。未来，商业、旅游等实体必然会成为城市旅游休闲的公共空间。文商旅中的"文"，不仅是指项目的历史文化沉淀，更指独特的文创特色，能展现多元文化魅力与商业的完美结合，对目标客群形成持续吸引力，只有文商旅结合之后形成全新的体验经济，才能够焕发出无可取代的新活力。正佳广场立足中国现实经济环境，实现商业定位的多次变革升级，使购物与文商旅深度融合发展，对商业地产的转型有一定的借鉴意义。

【研讨题】

1. 正佳广场文商旅融合模式发展的现实意义是什么？
2. 正佳广场是如何融合文化、商业和旅游模式的？
3. 正佳广场是如何突破购物广场竞争红海，实现创新可持续发展的？

📋 案例分析

近年来，我国商业地产不断成熟及快速发展，在激烈的竞争和互联网电商的冲击中，商业地产已经开始从"大规模增量建设"的粗犷发展阶段进入"存量提升改造"的精细化差异化发展阶段。如何打造自身独特的亮点，应对新兴消费群体的需求、满足城市发展的要求？这些都给商业地产的发展提出了新的问题。坐落于广州天河路商圈的正佳广场，立足中国现实经济与市场环境，积极开展组织变革以提升商业效率，通过对自身定位不断变革升级、深入贯彻文商旅融合发展战略、借助概念性创新打造新的生活方式，以精神文化与生态文明为商业地产赋能、拉动地方旅游发展，为商业地产的可持续发展提供了可借鉴的版本。

一、案例的现实意义

正佳广场以"购物＋体验"、多元化内容导向的新文化消费、线上线下全渠道销售、云平台智能管理等多种创新路径相结合的实践，不仅拉动了消费、为商业地产赋能，还凸显了精神文化价值及生态文明价值，具有很强的现实意义及推广价值。以下将主要从三个角度论述正佳广场案例的现实意义。

1. 提供丰富公民精神文化生活的实践指南

正佳广场的探索之路践行了"中国式现代化是实现物质文明和精神文明相协调的现代化"的要求。习近平总书记指出："我们要建设的社会主义现代化强国，不仅要在物质上强，更要在精神上强。精神上强，才是更持久、更深沉、更有力量的。"① 十八大以来，我国不仅经济建设取得重大成就，思想文化建设亦取得重大进展。"马克思主义在意识形态领域的指导地位更加鲜明，中国特色社会主义和中国梦深入人心，社会主义核心价值观和中华优秀传统文化广泛弘扬，群众性精神文明创建活动扎实开展"，"文化事业和文化产业蓬勃发展"，"文化自信得到彰显"。② 落实到商业地产行业，既要汲取全世界优秀文化成果的经验，更要与中国传统文化及当地的人文、风俗、生活习惯、地域特色等城市文化特点进行有机融合，让中华优秀传统文化在新模式之下实现创造性转化和创新性发展，让人们在消费的同时，感受我国传统文化的独特魅力。正佳广场对传统购物广场进行创新，挖掘文化艺术的潜在价值，打造"广正街"和正佳大剧院等，结合城市人文特色和中国传统文化，满足消费者的文化需求；在建筑设计上，邀请全球一流的商业设计公司作主体建筑设计和内部装修，建造大型室内真冰溜冰场、水文瀑布喷泉等，精益求精，匠心独具；在营销宣传上，充分发挥场景营销的优势，致力于打造"没有围墙的博物馆"，在商场各个角落摆放了很多艺术雕塑和颇具传统经典的南狮，引进非遗项目，还打造了"野性城市：非洲动物标本展"，增加了大量文化、艺术元素，提升了观赏性。正佳广场完美融合了传统文化与现代美学、中国特色与世界精华，为中国商业购物广场的创新发展贡献力量。同时，正佳广场的文化建设，也更好地满足了全国人民多样化、多层次、多方面的精神文化需求，增强了中华民族的文化自信。

2. 凸显人与自然和谐共生的价值取向

正佳广场的探索之路也践行了"中国式现代化是人与自然和谐共生的现代化"的要求。习近平总书记在党的二十大报告中指出："尊重自然、顺应自然、保护自然，是全面建设社会主义现代化国家的内在要求。"党的十八大以来，我们加强党对生态文明建设的全面领导，把生态文明建设摆在全局工作的突出位置，作出一系列重大战略部署，如：将生态文明建设放入"五位一体"总体布局中；将坚持人与自然和谐共生加入新时代坚持和发展中国特色社会主义的基本方略中；将绿色融入新发展理念之中；等等。③ 具体到商业地产行业，就是要

① 习近平.在纪念五四运动100周年大会上的讲话（2019年4月30日）[EB/OL]. [2024-02-01]. www.npc.gov.cn/zgrdw/npc/xinwen/2019-04/30/content_2086763.htm.
② 习近平.决胜全面建成小康社会 夺取新时代中国特色社会主义伟大胜利——在中国共产党第十九次全国代表大会上的讲话（2017年10月18日）[EB/OL]. [2024-02-01]. http://www.gov.cn/zhuanti/2017-10/27/content_5234876.htm.
③ 中共中央党史和文献研究院，中央学习贯彻习近平新时代中国特色社会主义思想主题教育领导小组办公室.习近平新时代中国特色社会主义思想专题摘编[G].北京：党建读物出版社，中央文献出版社，2023：374.

推动绿色节能、低碳生态、智能智慧的发展方向，主要包括绿色建筑、智能化设施、智慧技术等方面的推广运用，不断提升商业地产的集约化水平和绿色低碳、智能智慧的技术含量，同时以科技改善消费者体验，满足人民群众对美好生活的需要。正佳广场顺应社会环保绿色节能的潮流，开始尝试建立全绿色环保型购物中心。通过与国际的商业节能龙头企业合作，针对商业设施的分布式新能源自我供给设备节能降耗提升效率，依托高清摄像头和新型数字传感器的智能化管控平台，分项对正佳广场进行改进，重点逐步增强全面数字化、设备低能耗、垃圾废弃物零排放的处理能力，将绿色环保和社会责任作为未来正佳集团商业竞争力的核心要素，为中国商业地产探索持续绿色运营的能力与技术平台。

在实体经济发展中，要坚定地"守好中国式现代化的本和源、根和魂，毫不动摇坚持中国式现代化的中国特色、本质要求、重大原则，确保中国式现代化的正确方向"[1]。中国式现代化的推进需要树立统筹兼顾、整体推进的系统观念；在落实上又要有大胆探索、勇于开拓的创新精神；还应居安思危，增强忧患意识。正佳广场的文商旅融合之路，为商业广场向着中国式现代化的目标发展，提供了良好的范本。

3. 推动中国经济高质量发展

城市是推动高质量发展的主战场，各个商业活动场所又是保持城市经济活跃度的重要组成部分。消费升级、电商快速发展大背景等倒逼线下商业转型。在宏观环境的驱动下，文旅与商业创新性融合，成为时代的发展趋势，文旅商综合体的出现是时代发展的必然结果。以正佳广场为代表的购物广场，通过深入融合文商旅，展现了中华优秀传统文化、世界优秀文化的建设成果，打造了一个符合中国式现代化要求的、以人为本的体验经济商业模式。

二、正佳广场的蓝海战略

市场分为红色海洋（以下简称红海）和蓝色海洋（以下简称蓝海）。红海是已知的市场空间，残酷的竞争使得这片海洋中的企业互相厮杀、流血，海洋变为一片血腥的红海。蓝海则代表市场的空白点，尚未有人进行开发或远没有饱和的空间，充满着不确定性和巨大的发展空间。蓝海战略的本质是创新。这种创新要打破陈旧的观念、打破惯常的思维、打破竞争的战略。它要求企业学会放弃，敢于开拓。这种创新不是旧制度上的体制创新，而是一种彻底的制度创新。具体来说，包括对竞争规则的改变、对战略决策的改变、对基本经济结构的改变、对低成本战略和差异化战略的改变等。

1. 跨越他择产业及产业内部战略集团——文商旅融合发展的变革长征路

他择产业，指的是在通常的产业经营之外的关联性产业。事实上，创新和突破的代价

---

① 习近平在学习贯彻党的二十大精神研讨班开班式上发表重要讲话 [N/OL].(2023-02-07)[2024-02-01]. https://www.gov.cn/xinwen/2023-02/07/content_5740520.htm.

是巨大的，但正佳广场并不满足于仅仅建造一个海洋馆及一座大剧院，它还想在这片蓝海上继续开拓创新，其中运用的重要策略就是跨越他择产业及产业内部战略集团。一方面，正佳广场开始着手布局"三馆一街"产业生态链，即在"正佳极地海洋世界"基础上，打造"正佳雨林生态植物园""正佳自然科学博物馆""广府文化街"，形成"三馆一街"的商业新生态。另一方面，正佳广场通过"超级想象力"从这片商业红海中杀出重围，选择的是"差异化战略"，正佳广场管理层清楚地意识到，"传统商业模式已摸到天花板，单纯租金模式不可持续"，决定在提供零售、餐饮和娱乐等服务的基础上，引入文商旅元素，差异化于传统商业广场，增强创新性。正佳广场通过文商旅战略项目的打造，走出一条跨界融合发展之路，从商业到旅游产业，跨越他择产业而重建市场边界，从而开创了购物中心的蓝海。

2. 跨越针对买方的功能与情感导向——打造"世界级城市中心文化旅游目的地"

正佳广场正在践行着文商旅融合发展的战略目标，5年时间的锻造使其成为跨界融合综合体的领军企业，正佳广场已然开辟了一片商业购物中心的蓝海。

品牌定位方面，正佳广场作为功能齐全、品牌丰富的购物广场，除了能为消费者提供满足日常购物需求的产品以外，历经三次定位升级，将消费者的情感锁定在"家庭"与"亲子"和年轻人社交场所上，以情感为导向，以场内"儿童王国""正佳极地海洋世界""正佳自然科学博物馆""正佳雨林生态植物园"、正佳大剧院等文化和游乐景点为载体，以最终打造"世界级城市中心文化旅游目的地"为目标，使得非顾客在选择市场上有明显的针对性与倾向性。对于一些拒绝购物的顾客而言，传统的商业广场因为不能满足他们的需求，使这部分顾客成为拒绝性顾客。正佳广场打造的娱乐、体验、亲子类文化和旅游主题式购物中心正是发掘了此类顾客的隐形需求，满足了其家庭出游或社交的需要。真正实现购物中心功能性与情感性社交空间相结合的场景呈现。

场景营销方面，正佳广场一直致力于打造"没有围墙的博物馆"，在商场各个角落摆放了很多艺术雕塑和颇具传统经典的南狮制作非遗项目，增加了大量文化、艺术元素，提升了观赏性。广场内阳光充足，引入热带园林景观构筑立体园林空间，采用绿色环保主题设计室内植物，并且安装了空气净化系统，让游客在绿色环绕、生机勃勃的景致下体验全身心的放松。在场景革命下，购物中心与顾客、商家以及与周边环境的关系被重构。在这个重构过程中，不再是以"物理商品"为中心，而是真正以顾客为中心。在购物中心饱受"同质化"诟病之时，用文化和非遗传承项目来克服消费者对购物中心的审美疲劳，既能突破传统艺术"封闭、隔离"的格局，又能让公众在购物休闲时增加趣味和对历史的认知。购物中心和文化旅游结合可以完美实现差异化竞争，吸引消费者将目光更多地停留在购物中心。

3. 跨越时间——把握市场新趋势

所有产业都会受到外部潮流的影响，作为企业的管理者要主动适应潮流，预测甚至是创造潮流本身。未来商业的竞争是文化价值观的竞争，是生活态度和生活理念的竞争，而不简单是产品、价格的竞争。超级IP更强调它的内容化特征和人格化属性。打造原创IP成为各大购物中心拉近与消费者心理距离的一种新方式。正佳广场打造的价值链以顾客为核心，首先通过内容IP来塑造情境氛围，进而传递顾客价值，最终建立与消费者心灵的联结。在这样的逻辑下，正佳广场每年都会举办各种主题活动，通过跨界资源整合，进行文商旅融合项目和内容的研发与创新，不断举办有趣味、有价值、有意义的活动。以此正佳广场从原来传统的以租赁为主的商业地产模式，向多元化、多业态的文商旅购物中心模式转变，通过增加以内容为导向的产品及互动场景，不断满足消费者更高层次的物质与精神需求。

与此同时，正佳广场顺应社会环保绿色节能的潮流，开始尝试打造全绿色环保型购物中心。通过与国际商业节能龙头企业合作，针对商业设施的分布式新能源自我供给设备节能降耗效率提升，依托高清摄像头和新型数字传感器的智能化管控平台，分项对正佳广场进行改进，重点逐步增强全面数字化、设备低能耗、垃圾废弃物零排放的处理能力，将绿色环保和社会责任作为未来正佳集团商业竞争力的核心要素，为中国商业地产探索持续绿色运营的能力与技术平台。

除此之外，面对这个行业发展转变的关键节点，正佳广场推出正佳科技文商旅智能系统，致力于帮助传统零售业构筑出数字化未来的消费场景，面向消费者，解读消费者，建立完善的全渠道系统，开展信息化大数据服务，精准营销，提升服务。

4. 构建全新价值曲线，协调各方价值主张

如何冲破商业地产红海中的血腥竞争，开拓市场空间的蓝海，利用对价值创新和开创蓝海都具有重要作用的战略布局图来做重点分析，可以捕捉商业地产市场竞争现状。分析的主要元素有六个：地理位置、商业定位、业态布局、商户资源、后期运营、行业影响力。这六个元素被认为是商业地产后期运营的关键，从买方角度来看，购物中心的价值曲线有很大的趋同性，商家的战略轮廓基本相同。

不断探索发展的正佳广场通过三次升级定位逐步调整各类业态配比，为适应市场快速发展不断提升体验业态占比，在此过程中剔除了同质化严重的商家品牌，引进有地方特色的差异性品牌。在传统的服饰、珠宝、餐饮、数码、钟表、美容美发、家居、工艺品、琴行、汽车美容、花店、教育、计算机数据服务的基础上，开辟一条以"三馆一街"为核心的产业生态链，准确定位为"世界级城市中心文化旅游目的地"，展现出清晰的战略轮廓（见表1）。

表 1 四步分析法构建新的价值曲线

剔除	增加
过多同质化严重的商家品牌	差异性商家（商户资源） 场景营销加强人与商业的连接 品牌影响力 技术和数据能力
减少	创造
传统零售业占比	"三馆一街"文旅项目 大剧院

5. 掀起组织变革，多维度助力打造客户体验

回顾正佳广场的商业化进程，其从开发商转型成运营商，再转为 IP 的提供者、内容的开发者，在多次转型升级的背后，既体现了正佳广场创新、独特的商业化思维，更体现了集团运营成本优化、组织结构变革的成效。自 2016 年起，中国商业地产整体进入震荡调整期，由增量时代进入存量时代，在此背景之下，运营能力和盈利水平的提升成为业内企业新的战略重点。调整之下，本土开发商选择下沉到二三线城市采用品牌输出的轻资产模式，在扩大市场份额的同时降低成本；与此同时，电商企业开始着眼线下市场，打通线上线下双渠道，进一步提高灵活度。此外，新技术的不断升级也在颠覆人们的生活方式和消费习惯。为了提升商业效率、适应文商旅融合发展道路，正佳广场积极建设智能化运营管理体系，以商业与文化相融合为导向，以与科技相融合为抓手，以打造超级体验为目标，以商业业态全渠道、全场景的再造为战略，发起了涉及业态调整、运营管理、服务标准、智能管理系统等一系列的改革。

总的来说，以正佳广场为代表的中国创新型购物广场，践行了中国式现代化的总体要求，秉承物质与精神文明相协调、人与自然相互协调、以人为本的核心理念，真正实现了以高质量供给更好地满足人民对美好生活的新需求。正佳广场的文商旅融合发展模式，既开拓了国内购物中心的蓝海，又积极顺应消费升级、电商崛起的大背景，促进了中国经济高质量转型升级，为中国商业地产转型升级提供了经验遵循和实践指南，具有丰富的现实意义和时代价值。

19

奇瑞汽车：全球价值链之下的机遇与挑战 *

案例正文

【引言】习近平总书记在党的二十大报告中强调"高质量发展是全面建设社会主义现代化国家的首要任务"，并对高质量发展作出了一系列重要部署，其中包括建设现代化产业体系、推进高水平对外开放等。奇瑞作为中国自主品牌汽车阵营中的佼佼者，自建立以来发展迅速，在自主品牌汽车企业中销量一直名列前茅，并且已连续多年位列中国汽车企业出口的第一位。奇瑞的建立和发展离不开中国庞大而多元的市场需求带来的内部机遇，也离不开全球价值链（Global Value Chain，GVC）之下外资带来的资源及机遇。奇瑞已经开始涉足中高端汽车市场，并积极地开拓海外市场。奇瑞的发展并非一帆风顺，但无疑为中国汽车产业的高质量发展注入了希望。

【摘要】本案例从 GVC 的视角解读奇瑞汽车作为中国民族汽车工业的代表，自 20 世纪 90 年代至今的发展历程。在 20 世纪 90 年代末期，国内价格敏感性需求激增，奇瑞把握住国内低端汽车需求，锚定该细分市场。其次，芜湖地方政府为奇瑞提供了人才、资金和市场，为奇瑞的起步奠定了基础。更重要的是，由于 GVC 的开放性，使得奇瑞能够利用链上要素，迅速搭建自主供应链，成为低端细分市场的领导者。在 2010 年后，面临国内消费水平的提升以及低端市场的激烈竞争，奇瑞把握国内需求结构的转变，并积极利用全球要素条件，在研发设计中占据主导，依靠与外资形成合资完成高端品牌的发展。本案例透过奇瑞汽车的发展历程，展现了汽车产业深度参与全球产业分工，拓展中国式现代化发展空间的良好实践，也探索出一条制造业高质量发展的可行路线。

【关键词】奇瑞汽车；全球产业分工；高质量发展；GVC

---

* 案例作者：陈涛涛，清华大学经管学院金融系教授；陈晓，清华大学经济管理学院 2010 级博士（已毕业）；符宁，清华大学经济管理学院 2012 级硕士（已毕业）；洪槟瀚，清华大学经济管理学院 2020 级博士（在读）。

中国汽车产业的发展历程

第一阶段：初创阶段（1949—1978年）

新中国成立之后，我国首先通过引进苏联的技术建立了自己的汽车工业。1953年，在苏联的技术援助下我国政府投资建立了第一汽车制造厂（以下简称一汽）。苏联不仅提供图纸资料、技术文件，还派出了大批技术人员现场指导建筑施工和生产设备安装，随后一汽还曾先后派出500多名员工到苏联进行学习。再后，一汽等老厂成为技术的来源，通过老厂援建或包建新厂的模式陆续建立了二汽等其他汽车企业。

这一时期是计划经济时期，政府没有把轿车作为发展的重点，汽车工业主要以载货车为主。通过模仿国外车型加上自主研发，我国在载货车领域具备了一定竞争力。零部件企业主要是为特定的整车厂商配套，因此零部件业也集中在商用车领域。在轿车领域，也有少数自主开发的车型，例如，一汽设计开发的主要由政府机关使用的高档轿车"红旗"，以及上海汽车厂开发的"上海牌"轿车等。但因技术较为落后，不具备大批量的生产技术，当时轿车的产量非常少。在政府的主导下，通过初期的技术引进以及之后的模仿和自主研发，加上市场的封闭和保护，我国的汽车产业有了初步发展，但主要集中在商用车领域。

第二阶段：以合资模式为特征的发展时期（1978年至20世纪90年代中后期）

20世纪80年代初期，国内的轿车需求出现超预期的快速增长，但因为国内技术和生产能力有限，所以只能通过进口来填补市场空缺。1981年，我国轿车进口量为1401辆，到了1985年激增至10.6万辆，而国产量仅为5207辆，进口量与国产量的比值高达2031%。[①]我国政府逐渐认识到发展本土轿车产业的重要性。1986年，政府正式把汽车工业列为支柱产业，并确定了轿车工业"高起点、大批量、专业化"的发展原则。为了改变落后的局面，在改革开放的背景下，我国开始逐渐开放市场，希望通过"市场换技术"。由于当时资金有限、外汇短缺，并且为了防止技术的泄露，外资不希望通过许可证的方式直接转移先进技术，因此直接引进技术往往会受到限制。在这样的条件下，吸引直接投资成为必然的选择。虽然政府允许外资的进入，但出于对幼稚本土产业的保护，政府对外资的进入程度有严格限制，包括多政府部门的审批、必须以合资方式进入、约束持股比例等。[②]政府还规定同一家外商在国内建立同类整车产品的合资、合作企业不得超过两家。为了保护国内汽车企业，政

---

① 数据来源：《中国汽车工业年鉴》.
② 外资进入需要经过多个政府部门的审批。在整车和发动机制造领域，外资必须通过合资的方式进入中国市场且持股比例不得超过50%。外资通常会努力避免技术外溢，因此合资企业通常只能获得技术的使用权，难以获得产品开发等相关核心技术。并且在这样的合资模式下，外方很难允许合资企业中存在一个活跃的研发组织。

府对外设置了较高的进口关税，在 20 世纪 80 年代高达 100% 以上，2001 年之前还维持在 70%~80%。并且为了满足上述发展原则的要求，政府以市场集中度和规模经济为政策目标，保护已有的国有汽车企业，对内严格控制轿车行业新企业的进入，使得轿车市场长期处于"三大三小"①的格局。

　　早在 20 世纪 70 年代末期，我国政府就开始与发达国家的多个整车企业商谈合资事宜。然而由于零配件工业基础差，轿车需求低，美国通用汽车不愿与中国合资，日本日产则只愿通过技术转移的方式提供过时车型。当时德国大众在全球汽车业中还不属于一流的竞争者，因此希望能够通过拓展中国市场提升国际竞争地位，所以最终与大众的谈判取得了成功。② 1985 年 9 月，广州汽车公司与法国标致合资成立了广州标致。③ 1991 年，德国大众与一汽集团合资建立了一汽大众。在微型车领域，1986 年天津汽车公司与日本大发和丰田合作，通过许可证方式引入夏利轿车的生产技术。80 年代，由于缺乏来自外部和国内市场的竞争，我国市场轿车的种类很少，车型也相对落后。④

　　政府对于零部件国产化提出了相应要求。在上海大众建立之后，政府对于桑塔纳国产化提出了明确要求，要求三年内国产化率必须达到 40%，否则上海大众就关闭。⑤ 1994 年的《汽车工业产业政策》中明确将"引进技术产品的国产化进度，作为国家支持其发展第二车型的条件之一"，并对于达到国产化率要求的企业给予进口关税方面的优惠。伴随着合资轿车企业的建立，在国产化的过程中，通过引进技术及合资的方式，我国轿车业的零部件体系也逐步建立起来。此外，德国大众坚持按照德国的高标准，也极大地促进了我国零部件企业能力的提升。桑塔纳零部件的国产化率在 1990 年达到了 60%，到 1994 年已超过 85%。⑥ 在合资的过程中，内资企业的产品生产制造能力有了很大的提升，并且也初步学习了现代化的管理经验。开放前基础薄弱的轿车行业已经发展到了一定的规模，到 1992 年我国汽车产量突破了 100 万辆。⑦ 然而，这一时期原本能够成功开发"红旗""上海牌"轿车的内资汽车企业却一直没能推出属于自己的车型，而是被外资品牌占领了市场。⑧

第三阶段：自主品牌涌现（20 世纪 90 年代中后期至今）

　　20 世纪 90 年代末期，随着经济的发展和居民消费水平的提高，我国轿车市场的需求出

---

① "三大三小"，即指一汽、二汽、上汽这"三大"，北京吉普、天津夏利、广州标致这"三小"。
② 李安定. 车记：亲历·轿车中国 30 年 [M]. 北京：生活·读书·新知三联书店，2011.
③ 1997 年，广州标致宣告破产，法国标致以一法郎的价格将所持的全部股份转让给广汽集团后撤出广州标致。
④ 江小涓. 跨国投资，市场结构与外商投资企业的竞争行为 [J]. 经济研究，2002(9)：31-38.
⑤ 陆吉安. 先行一步：桑塔纳轿车国产化案例集 [M]. 上海：上海财经大学出版社，1999.
⑥ 夏大慰，史东辉，张磊. 汽车工业：技术进步与产业组织 [M]. 上海：上海财经大学出版社，2002.
⑦ 数据来源：《中国汽车工业年鉴》.
⑧ 例如，上海大众成立之后，上汽放弃了原有自主品牌"上海牌"轿车的生产，并将工作重心转向了桑塔纳的国产化。因此"市场换技术"的策略受到了一定的质疑。

现了快速的增长，特别是私人消费需求的增长速度远远超过了公务消费。1990 年我国汽车的私人拥有量仅占 14.8%，到了 2005 年已增至 58.5%。[①] 相对于公务消费，私人消费对于价格更加敏感，而合资企业生产的轿车价格偏高，无法满足日益增长的私人消费需求。[②] 因此，私人消费需求的增长以及由此诞生的中、低端轿车市场产品供给的空缺为吉利、奇瑞、比亚迪等自主品牌企业的诞生和发展创造了机遇。由于国家对地方轿车项目进行严格的控制，因此在奇瑞和吉利建立的初期，没有获得中央政府生产轿车的批准，只能在地方政府的支持下生产轿车。由于价格优势，吉利和奇瑞的产品在市场上获得了很大的成功。随着吉利和奇瑞的成功，中央政府放松了对轿车项目审批的限制，在 2001 年正式批准了吉利、奇瑞、哈飞、华晨四个企业进入轿车生产领域。

90 年代末期，为了加快外资企业产品更新换代的速度，政府加大了吸引外资的力度，更多的合资企业建立起来。随着国内市场竞争的加剧，加上我国政府的要求，外资加快了技术转让的速度，引入了更多新的车型。

进入 21 世纪，随着我国市场的进一步开放，政府对于合资合作的管制降低，加上中国市场在全球的战略地位提高，更多的外资企业以合资的方式进入了中国整车市场。伴随着开放程度不断加深，以及政府放宽对国内汽车企业生产轿车的准入限制，我国汽车市场的竞争越来越激烈。这一时期政府开始关注自主品牌汽车的发展，出台相应的政策对自主品牌汽车进行扶持。[③] 在政策的刺激之下，合资企业的中方母公司也越来越多地建立起自己的研发平台，纷纷推出了自主品牌汽车，甚至一些合资企业也推出了"合资自主品牌"。随着乘用车领域自主品牌的壮大，2005 年，中国自主品牌乘用车的市场占有率已达 43.7%，其中轿车市场占有率为 26.1%，到了 2010 年达到 30.9%。[④]

从我国汽车市场竞争趋势来看，进入 21 世纪，外资企业纷纷向低端市场渗透，加剧了中国汽车市场的竞争，也挤压了我国本土汽车企业的市场空间。2010 年起，我国一、二线城市的市场份额受到限购政策和城镇化步伐加快的影响而收缩，但三、四线城市在国内新车市场中的份额却不断提升。跨国车企主动迎合中国低端乘用车市场需求并推出相应车型。自主品牌乘用车市场份额受到了一定的冲击，从 2010 年的 45.6% 下降到 2012 年的 41.9%，2013 年又小幅降至 40.3%。

---

① Chu, W. How the Chinese government promoted a global automobile industry[J]. Industrial and Corporate Change 20.5, 2011: 1235-1276.

② 张明转 . 李书福的偏执智慧 [M]. 杭州 : 浙江大学出版社 , 2011: 30. 当时国内汽车定价大多在 10 万元以上 , 最便宜的微型轿车天津夏利也将近 9 万元。

③ 在 2004 年《汽车产业发展政策》中，明确提出"国家支持汽车、摩托车和零部件生产企业建立产品研发机构，形成产品创新能力和自主开发能力"。2009 年出台的《汽车产业调整和振兴规划》中进一步强调了国家支持自主创新、发展自主品牌，并且对于企业自主开发给予税收等方面的优惠支持。

④ 数据来源 : 中国汽车产业发展报告 , 2013.

奇瑞汽车公司的发展历程

建立背景

奇瑞公司起源于安徽省芜湖市政府的汽车项目。在1992—1993年的经济过热时期，芜湖一家村办工厂生产的几百辆车就产生了一个多亿的产值，利润十分可观。[①] 当地政府领导关注到这一现象，并产生了发展汽车产业的想法。1995年，芜湖市领导考察欧洲汽车工业，得知英国福特一条发动机生产线需要出售，于是决定抓住机会将项目做起来。由于国家政策对轿车项目的限制，这个项目启动时取内部代号为951秘密工程，对外则称"安徽汽车零部件工业公司（筹备处）"。

芜湖政府开始着手组建自己的轿车团队。1995年，芜湖代表团在参观一汽时发现了同乡尹同耀，他于1983年毕业于合肥工业大学汽车工程专业，此后在一汽工作了12年半，曾任一汽大众的车间主任，当选过一汽的"十大杰出青年"。发现这个有地缘关系的人才后，芜湖方面力邀尹同耀回芜湖主持汽车项目。尹同耀被对方的真诚所感动，最终接受了邀请。当尹同耀到达芜湖组建班子时，整个项目核心团队仅有8个人，后以"八大金刚"列入奇瑞史册。1997年，核心团队聚集起来50多人。尹同耀利用自己在大学时期的人脉，力邀专业人才加盟奇瑞，其中车身部部长鲁付俊、"东方之子"的项目经理高立新都是尹同耀在合肥工业大学的同班同学。

1997年3月18日"安徽汽车零部件工业公司"在芜湖经济开发区正式成立，其投资者是安徽省政府和芜湖市政府下属的5家公司。

早期产品开发：迅速拓展低端市场

1996年，奇瑞汽车收购了英国福特在威尔士淘汰的一条生产线，并与英国福特签订了设备与技术转让合同。在取得生产线后，根据合同约定，英国福特要向奇瑞汽车提供发动机生产技术。然而英国技术人员在交付生产线时并未如期为奇瑞提供相应的技术指导。尹同耀咬了咬牙说："让外国人走，我们自己干。"奇瑞汽车遣散了这批技术人员后，开展了为期100多天的技术攻坚，终于成功组装了发动机生产线。[②] 正是因为这样的经验教训，才让奇瑞下定决心自己造发动机，由此开启了奇瑞ACTECO系列发动机的诞生之路。2003年，奇瑞ACTECO系列第一代发动机正式下线，这款发动机也是奇瑞第一台自主产权发动机。

在奇瑞成功自主生产出发动机后，便开始集中力量研发整车。奇瑞"风云"车型在设计时引进了已经被大众汽车淘汰的Seat（西亚特）老款TOLEDO车型和平台。在引进该平

---

① 凤凰网. 奇瑞汽车的历史 [N/OL]. (2009-10-05)[2023-07-15]. https://auto.ifeng.com/culture/culcomposite/20091005/118787.shtml.

② 崔巍. 奇瑞造车记 [J]. 经营管理者, 2007(6): 110-113.

台后，奇瑞公司请外国公司对整车设计进行了一部分改造，大大降低了开发成本。除了引进TOLEDO 车型和平台，奇瑞还在"风云"的设计中参考了捷达轿车的底盘。在 TOLEDO 平台上奇瑞研发出车身，并将模具开发委托给了台湾的福臻集团，请一位有过多年工作经验的退休工程师监制模具。在零配件上，奇瑞充分利用了国内为引进车型国产化而发展起来的配套体系，使得零配件的国产化率达到了 70% ~ 80%。由于 SEAT 的 TOLEDO 平台实际上是在大众第三代基础上开发的，和大众系列的其他车有很多零部件是匹配的，因此它能够利用大众汽车配套体系的产能剩余。[①]奇瑞借助上汽集团为大众配套的零部件工厂，省下了一大笔开支。

1999 年，奇瑞生产的首辆轿车下线。2000 年 5 月 9 日，四川捷顺成为奇瑞公司的第一家经销商，首次订购 100 辆，从此奇瑞轿车正式步入市场。2000 年，安徽省汽车零部件有限公司生产了 2000 多辆汽车。为了让奇瑞能够生存下去，在安徽省和芜湖市两级政府的帮助下，指定奇瑞汽车为芜湖的出租车用车，并为其上牌照。

由于奇瑞造出来的车没有登上国家轿车目录，因此无法在全国市场销售，曾被国家有关部门要求停产。经过多方努力，在国家经贸委的协调下，奇瑞进行了加入上汽集团的谈判。最后，双方签署了《国有资产划转协议》，奇瑞同意将 35040 万元的资产（注册资本的20%）无偿划到上汽集团的账下。2001 年 1 月，安徽省汽车零部件有限公司正式更名为上汽奇瑞。奇瑞轿车也得以上了国家机械局被撤销前最后一次公布的车辆生产管理目录。从此，奇瑞汽车所有的车型在尾部左上角都打上了"上汽奇瑞"的标志。"上汽奇瑞"四个字给了这个新企业良好的市场形象。

2001 年，奇瑞在获得生产许可之后的第一款轿车——"风云"震撼上市。"风云"与桑塔纳、捷达和富康属于同一档次，但价格却低三分之一（定价 8.8 万元人民币），因此市场反响热烈。2001 年上市初年就销售了 2.8 万辆，销售额达 20 多亿元；2002 年，销售 5 万辆，销售额 40 多亿元。

在推出首部整车后，奇瑞在 2003 年一年内推出三款新车型——"QQ""东方之子"和"旗云"，这是我国汽车自主研发史上从未有过的。奇瑞之所以能在短时间内开发三款车型，与来自二汽的技术精英团队的加盟密不可分。这些技术人员和工程师是从二汽离开后加盟奇瑞的，是二汽技术中心开发轿车的骨干，彼此有很高的默契。他们中很多人在法国受过培训，是二汽技术中心在轿车开发领域的中坚力量。在完成"东方之子"和"QQ"的设计任务之后，这个团队又在"风云"的基础上改进，设计出"旗云"。[②]2003 年，奇瑞"QQ"入选了北京市场十大畅销车型，而"东方之子"也荣登《北京晨报》"2003 我最喜爱的十大家用汽车"之列。

---

① 贾可 . 中国汽车调查 [M]. 上海：上海交通大学出版社，2005.
② 詹长春 . 从"市场换技术"到"技术换市场"——奇瑞发展战略转型的分析与启示 [J]. 上海经济研究，
2007(10), 52-55.

战略结构调整：进军中端市场

2003 年，第 10 万辆奇瑞轿车下线，从"风云"系列到"东方之子"系列，奇瑞的产品线日益丰富。此后的几年中奇瑞不断扩充产品线，扩大产量。2007 年第 100 万辆奇瑞轿车下线[1]，奇瑞在不到八年里突破 100 万产量。

但是，快速的增长也给奇瑞带来了新的问题和挑战。2010 年以前，奇瑞的市场定位是低端乘用车，其代表作"QQ"便是一款定位低端消费的 A00 级轿车。[2]自面世以来，奇瑞"QQ"便一直占据着 A00 级车的销量榜首。2007 年，奇瑞第一款 A0 级轿车奇瑞 A1 上市，这款奇瑞与克莱斯勒联合开发的 A0 级乘用车被奇瑞称为"全球性价比最高的轿车"。[3]然而在我国汽车行业中，低端乘用车的利润率是最低的，相比之下大排量大体积的中高档乘用车的利润则丰厚得多。

事实上，多数合资品牌出于对效益的考虑不愿生产 A00 和 A0 的车型，低端车型很多时候被当作跑量的选择。奇瑞的"QQ"、A1 和 E3 等车型一经问世便受到追捧，然而在热销近十年后，"薄利多销"的策略日益受到不断萎缩的市场需求和逐渐缩小的利润空间的威胁。

从 2005 年起，A00 级车市场份额连年缩水，从 10% 下降到 2012 年的 3.9%。2005 年到 2008 年期间，我国 A0 级和 A00 级市场的份额从 38.1% 下降至 22.8%。进入 2010 年之后，市场占有率下降到了 21.6%。[4]因此，作为自主品牌的领先者，奇瑞不能再单纯追求销售数量的增长，而是将注意力转向产品质量、品牌定位和利润的提升。虽然近两年来 A0 级车市场份额有所回升，但随着外资品牌汽车价格的不断下降以及向中低端市场渗透，自主品牌的原有市场也受到了挤压。

尹同耀曾表示，自主品牌汽车仍处于入门级区间，进入门槛不高，切蛋糕的人越来越多。随着消费升级，入门级品牌的市场会逐渐萎缩，自主品牌如果仍然走老路，就会越来越艰难，必须冲破天花板，迈入品牌金字塔的高端。[5]奇瑞决定从品牌打造开始转型，除了造体系、造流程，奇瑞还需要更新理念，提升管理和运作能力，向国外先进的汽车制造企业吸取经验。

奇瑞的转型之路就是学习如何打造一个品牌，从而推动奇瑞迈上永续发展的道路。相较跨国公司，奇瑞在品牌运作上尚未起步，需要向拥有百年造车经验的跨国公司取经。品牌国际化的过程和产品谱系向高端提升的过程，也是奇瑞战略转型的主要历程。

同在这一阶段，奇瑞开始在销售和生产上走向国际市场。为更好适应国际市场的政策

---

[1] 奇瑞公司官方网站：https://www.chery.cn/.

[2] A00 级轿车是轴距为 2 ~ 2.2 米，发动机排量一般小于或等于 1 升的微型轿车。

[3] 上海车展前瞻 - 奇瑞 A1 于上海车展正式上市 [N/OL]. (2007-04). http://info.xcar.com.cn/200704/news-14014-1.html.

[4] 数据来源：全国乘用车市场信息联席会.

[5] 奇瑞董事长兼总经理尹同耀 2012 反思录 [EB/OL]. 汽车之家网站, http://www.autohome.com.cn/dealer/201301/2561722.html.

要求和产品需求，奇瑞加大了对海外市场的适应性研发。在 2004 年进入俄罗斯市场后，奇瑞针对俄罗斯市场的喜好开发了全黑色的内饰系统；在 2008 年进入巴西市场后，奇瑞针对巴西市场特点，开发了可任意比例混合的乙醇汽油混合燃料车。奇瑞在开发国际市场的同时，也将目标市场的设计理念和生产技术引入生产设计，正是这些适应性的技术研发，使得奇瑞在国外市场不断获得认可。在与外企的合作中，奇瑞不满足于仅仅获得知识产权，而是自己派工程师参与设计、试验、装配的全过程，从而形成了自主的研发能力。

为提升设计水平，开发适合中国乃至国际市场的中端车，奇瑞开始在世界范围内与先进生产厂家合作设计。在底盘研发上，奇瑞与日本三菱汽车、德国博世汽车、英国莲花汽车和美国 Arvin Menitor（阿文美驰）先后建立了合作关系。在整车设计上，奇瑞则与意大利博通汽车、意大利宾尼法瑞纳、英国莲花汽车、日本 Mira 和日本 Sivax 展开合作。在涂装线生产上，奇瑞与德国杜尔建立了合作关系。此外，为了开发新能源汽车，奇瑞与美国 Better Place 和英国 RICARDO 开始了合作。[①]

在合作中，奇瑞探索出了"开放式自主创新"的新模式：如意大利设计公司擅长造型，奇瑞就请他们做造型；英国的 Mira 公司擅长做试验，奇瑞就请他们做试验；底盘的开发过程十分复杂，奇瑞就请世界上最有经验的公司来帮助。2005 年奇瑞在上海展出的发动机使奇瑞的制造研发水平得到业界的认可，行业普遍认为奇瑞发动机的主要指标达到了世界先进水平，使我国的发动机制造技术与发达国家之间的差距得到缩小。2006 年奇瑞获得了意大利菲亚特公司年采购 10 万台发动机的订单，这也意味着奇瑞的发动机技术得到了国际市场的认可。

2007 年 12 月，奇瑞汽车与以色列集团合资成立了奇瑞量子，工厂年产量为 15 万辆。2008 年 2 月，奇瑞量子召开第一届董事会第一次会议，会后举行了合资公司的揭牌仪式。2011 年 10 月，奇瑞量子的第一台原型车建造完成，于同年 11 月正式发布品牌，并更名观致汽车。[②]

2011 年 10 月，奇瑞在技术中心成立了预研与共用技术院，以实现对奇瑞新车研发流程的一次彻底"再造"。在预研与共用技术院，奇瑞通过引进国际汽车厂家广泛采用的预研体系，可以在新项目上马之前，利用对前期市场调研数据和结果的分析作出科学决断。

2012 年 11 月 6 日，奇瑞与广汽集团正式签署《战略联盟合作框架协议》[③]，广汽和奇瑞将在整车开发、动力总成、关键零部件等领域开展合作。这一合作有利于奇瑞汽车降低研发成本，同时借助广汽合资企业的平台吸收先进技术，提升研发能力。

2012 年 11 月 18 日，奇瑞与捷豹路虎的合资项目在常熟经济技术开发区举行合资项目

① 张化尧，李德扬，谢洪明．技术截断下的中国民营汽车企业能力升级研究：以奇瑞、比亚迪和吉利为例 [J]．科学学与科学技术管理，2012(2): 122-130.
②③ 奇瑞公司官方网站．

奠基仪式，双方共同组建奇瑞捷豹路虎汽车有限公司，总投资额为109亿元，合资双方股比为50：50。按照奇瑞汽车构想，合资生产豪华车，有利于改变奇瑞汽车毛利过低的现状，也有利于提高奇瑞汽车的研发能力。与此同时，在与捷豹路虎这样的国际汽车巨头开展合资合作时，奇瑞重新梳理并按照国际通行的专业化分工设置的研发体系，及其由标准化流程保证的"正向开发"模式，将更利于中外股东双方进行地位对等的合作和对话。而后者则决定了奇瑞合资捷豹路虎区别于以往任何传统的整车合资项目。双方的合资合作不仅局限在现有产品的导入，而且包括全新动力总成和全新整车平台的联合开发。除此之外，奇瑞还将在造型设计、高端品牌运作和营销管理上向外资伙伴"取经"。

奇瑞根据优势互补、利益共享的原则，建立国际化的战略研发体系，在北京、上海、都灵、悉尼、东京等设立分院的基础上成立了奇瑞汽车中央研究院，使现有研发体系得到了进一步的完善。与国内传统合资合作模式（中方不能对合资公司生产的产品提供丝毫技术贡献）不同的是，经过十多年的发展，奇瑞已在诸多曾仰人鼻息的关键技术研发上取得突破，比如高端发动机、自动变速箱、汽车电子等核心零部件。这些核心技术的掌控，使奇瑞完全具备了与国际巨头"平等对话"的资质，从而以自主技术为支点，向开发中端汽车前进。

奇瑞的国际化发展

国际化起步阶段：以出口中东国家为主

奇瑞在创业之初即展开了国际化进程。2001年，成立仅四年的奇瑞以出口的方式开始了其海外扩展的历程。奇瑞的国际化遵循从出口到海外建厂的发展路径。在国际化进程初期，奇瑞的主要出口国集中在中东地区（包括叙利亚、伊拉克、伊朗、埃及）以及孟加拉国、古巴及马来西亚等十余个国家。[1] 2001年10月27日，首批10辆奇瑞轿车出口叙利亚，拉开了奇瑞汽车出口的序幕。奇瑞在叙利亚的成功销售迅速打开了中东市场。2003年，奇瑞在销售上取得了惊人的成绩：全年共计出口整车1000多辆。[2]

2004年年初，古巴购买了奇瑞汽车作为古巴的国务院用车，随后，古巴的政府企业副总裁又带来了1100台轿车的订单。2004年12月，马来西亚的阿拉多（ALADO）公司以整车进口的方式将1万辆"QQ"运抵东盟市场，扩大了奇瑞在当地的影响力。2005年奇瑞还实现了向西方出口的计划，奇瑞与美国梦幻汽车公司签约，开始向美国市场出口汽车。

---

[1] 陈江.我国汽车企业对外直接投资与技术创新——奇瑞成功案例分析 [J]. 铜陵学院学报，2009(6): 50-51.

[2] 数据来源：新华网 .(2004-02-02)http://news.xinhuanet.com/auto/2004-02/02/content_1294835.htm.

国际化的进一步拓展：积极谋求对外合作，扩大出口和对外投资

奇瑞凭借不断增强的实力进军国际市场，同时通过在国际市场的锻炼增强了自身的实力。由于合资厂商仍占主要地位的本土市场竞争非常激烈，而且很多国家为了保护本土市场也对进口产品设置了贸易壁垒，在这种情况下，奇瑞通过对外直接投资开始在竞争中站稳脚跟，不断加大在海外建厂的力度。

奇瑞在对外投资之初就确定了"以我为主，整合利用世界资源"的自主开发路线。2001 年年底，奇瑞与伊朗 SKT 公司确定了合作关系，经过一年多的报核审批，获得了伊朗政府颁发的生产销售许可证。2003 年，奇瑞与伊朗 SDK 公司的合作正式进入实施阶段，在伊朗设立了首家 CKD（Completely Knocked-Down，全散件组装）整车厂。之后，奇瑞借助伊朗工厂的影响力进入了黎巴嫩市场。在进入中东市场后，东南亚、拉美等地区也进入了奇瑞的视线范围。2004 年 11 月，奇瑞与马来西亚 ALADO 公司签署了技术转让及汽车出口合同，从而进入东盟市场。这家位于马来西亚的工厂可以制造、组装并销售奇瑞提供的各种车型。奇瑞与 ALADO 的合作并不是简单的一次性输出，而是在马来西亚建立自己的 CKD 厂，进行长期的合作，这使奇瑞实现了中国自主轿车企业走出国门办厂的"零"的突破。作为进入东盟市场的重要战略要地，马来西亚的工厂为奇瑞汽车进入东盟提供资源配给、服务货物技术支持，该合资公司陆续在东盟地区召集了 40 ～ 50 家特许经销商，此计划首先在越南和印度尼西亚展开。同时奇瑞还派出了技术人员进行交流指导，并在零部件国产化方面与马来西亚达成了一致。

2007 年 7 月，奇瑞与美国克莱斯勒集团签订战略合作协议，双方将利用奇瑞在中小型汽车产品开发、生产制造以及成本控制方面的能力和克莱斯勒公司在品牌影响力、市场营销方面的优势，开拓北美和欧盟等主要国际市场。[①] 2008 年，奇瑞公司与埃及 DME 集团合作，先后进行 A5 出租车项目、H13 和 A13 等新项目合作，开拓当地市场。

以奇瑞与美国量子公司的合资为例：双方商定由量子公司出资，由奇瑞导入产品和技术，针对美国市场联手打造一个全新品牌。美方曾希望享有品牌 40% 的所有权，但奇瑞方面却坚持品牌必须是奇瑞的，最终量子公司作出了让步。

奇瑞与克莱斯勒的合作也是如此，奇瑞不仅争取到在俄罗斯、乌克兰等国市场使用奇瑞品牌的权利，还为今后奇瑞品牌进入美国等主流市场铺平了道路。尹同耀指出，奇瑞与克莱斯勒合作的目的，是通过克莱斯勒的网络，积累奇瑞在发达国家运行的经验，也能够改变发达国家对国产品牌的刻板印象，认同奇瑞的产品质量。[②]

在与菲亚特成立的合资公司中，奇瑞不仅同样可以导入技术、产品和品牌，合资公司

---

① 奇瑞公司官方网站.
② 新浪汽车于 2008 年对尹同耀的采访 [EB/OL]. (2008-07-02). http://auto.sina.com.cn/news/2008-07-02/1501389212.shtml.

生产的奇瑞品牌轿车，还可以借用菲亚特的渠道销往南美等国际市场。

在三宗合作案例中，奇瑞品牌作为无形资产都得到了确认，也就意味着其凝结的知识产权、技术能力得到了跨国公司的确认。除此之外，奇瑞也通过和克莱斯勒、菲亚特的合作了解了欧美环保排放标准和节能减排技术，从技术上获得了进入欧美市场的支持。

结束语

中国民族汽车产业的发展承载了太多的辛酸与梦想。改革开放四十多年来，伴随着外资的进入，我国轿车产业经历了从小到大、从模仿到自主创新的发展路径。以奇瑞为代表的中国自主品牌汽车企业的涌现使我们感到，成为世界汽车强国的梦想虽然遥远但已不再是遥不可及。在 GVC 下，中国企业获得了发展机遇，与此同时作为后来者在强手云集的舞台上立足并发展也实非易事。在未来的发展中，奇瑞等中国汽车企业必然会面临残酷的市场竞争，前方的路还将充满艰辛。正如尹同耀所说，与百年企业相比，奇瑞还有很长的道路要走，"我们要以更快的速度、更大的努力去追赶或超越"[1]。让我们祝福奇瑞等中国企业，能够在全球汽车市场的竞争中越走越远！

【研讨题】

1. 中国汽车产业各个发展阶段的特点是什么？
2. 奇瑞汽车是在全球价值链之外，利用现有要素条件，自主研发技术并迅速发展起来的自主品牌汽车企业。奇瑞汽车实现链外发展的条件与契机是什么？
3. 奇瑞如何实现能力的国际化延展？

📄 案例分析

在案例正文中，我们从介绍中国汽车产业的发展历程出发，描述了奇瑞公司的发展历程和国际化发展的情况。下面将重点从国家、产业和企业三个层面出发，深入探究奇瑞能够走上独立自主研发之路的政策、产业发展和企业自身的原因，最后给出奇瑞践行中国式现代化之路的经验分析。

---

[1] 尹同耀在 2006 年接受央视《东方时空》采访时的发言 [EB/OL]. (2006-06-29). https://news.sina.com.cn/s/2006-06-29/212710289386.shtml.

一、国家层面：政府创造区位优势，引资发展本土汽车产业

1. 20 世纪 80 年代初期的中国尚不具备区位优势

从市场需求和效率的角度，20 世纪 80 年代初期的中国尚不具备吸引外资的区位优势。第一，中国缺乏足够的市场需求。虽然自 80 年代以来，我国市场对乘用车的需求快速增加，然而整体体量尚未为外资所重视。例如当时通用公司的决策机构认为，中国市场对轿车的需求还很低。第二，国内生产基础薄弱。80 年代初期的中国尚不具备生产汽车的条件，特别是零配件的工业基础较为薄弱，难以保障生产效率。甚至日本的日产公司只愿意通过技术转移，而非直接投资的方式提供过时的旧车型。

2. 政府创造区位优势：将有限市场提供给愿意满足政府要求的外资企业

我国发展汽车产业的区位优势是政府创造出来的。我国在改革开放之后经济快速发展，乘用车市场虽然增长趋势十分显著，然而规模尚且有限，加之政府对外资提出了持股比例、国产化条件等一系列合资要求，美国、日本的一流车企并不愿意进入中国市场。当时，为了吸引外资进入中国，并配合建立本土产业链，政府制定了完善的政策保护外资企业的市场利益。一方面，设定高额的汽车进口关税，控制整车进口。在 1986—1994 年间，中国 3L 排量以下轿车的整车进口关税率高达 180%。另一方面，严格控制市场准入，确立了"三大三小"的发展战略。政府对于市场准入的控制不仅限于后期想进入中国市场的外资企业，甚至控制本土整车企业的建立。因此，为引进外资发展本国轿车产业，政府为外资提供的市场保护使得国内有限的乘用车市场需求对外资产生了吸引力。

二、发展基础：GVC 背景下中国汽车产业的发展与升级

1. 中国汽车产业的初始条件和国际环境

我国汽车产业初始产业条件较为薄弱。从需求条件来看，新中国成立之后，出于对基础设施建设、农业以及军事运输的需要，对于商用车存在一定的需求。然而，由于经济发展水平以及民众意识等原因，当时国内基本不存在对轿车的普遍性需求。从支持性产业与要素角度来看，新中国成立初期工业基础薄弱，包括汽车生产条件。而在轿车领域，即使在民国时期发展出的极少量汽车产业体系也大多在新中国成立之前被迁移至中国台湾地区，只留下部分技术工人和部分非关键生产设施。整体来看，需求不足、技术落后、产能低下是当时我国汽车产业的重要弊端。

我国汽车产业的初始条件与当时面临的外部环境密切相关。我国汽车产业建立之时国际社会正处于冷战时期，作为社会主义阵营国家，在 20 世纪 70 年代前，中国与德、美、日等全球汽车产业主导国家均未建交，甚至面临西方世界的封锁。故在全球政治大环境下，发

展汽车产业难以获得欧美发达国家的支持，只能依靠苏联与中国薄弱的产业基础缓慢发展。

2. 开放发展的过程：政府创造区位优势

改革开放之后，公务轿车市场的迅速发展促使我国政府通过引进外资发展汽车产业。20世纪80年代初，随着国内经济的发展，对乘用车的需求快速增长，然而仅凭国内的供给远远满足不了国内的需求。大量的汽车进口给我国的外汇储备造成了巨大的压力，1984年，我国在汽车进口上消耗外汇28亿美元，造成了外汇储备的显著下降以及外汇市场的波动。面对巨大的外汇甚至走私压力，政府决定发展汽车产业。[①] 汽车产业也被作为重要支柱型产业纳入"七五"计划。

在对外开放的大前提下，面对当时成熟的外部产业条件与薄弱的国内产业条件，引进外部技术成为发展轿车产业的必要途径。在改革开放的大环境下，美国通用汽车公司（General Motors Company）董事长在访华期间提出了中国可以通过合资发展轿车产业的建议，这一想法得到了中央的认可。我国开始寻求通过建立合资企业来发展汽车产业。

为了吸引外资，我国政府制定了相对较为完整的政策来保护外资企业在中国经营的市场利益，例如，设置排他性高关税、保留"三大三小"的市场格局以及限制后期整车外资企业的进入。

3. GVC 的初次进入、政府要求及其发展

（1）外资的选择性进入并与国内企业形成合资企业

政府推出的限制性政策，对外资构成了一定的吸引力。外资企业选择性进入，并同国内企业形成合资，在当时形成了"三大三小"的格局。在具有潜力且受政府保护的内部市场条件之外，这一时期汽车产业的全球竞争态势与中国外交关系的发展促成了国际车企对中国的投资。这一时期，全球汽车产业已经进入了激烈竞争的阶段，国际大型车企开始争夺全球市场，进入早期未涉足的地区。大众作为全球主要汽车企业之一，在亚太地区并没有太多涉足，所以出于战略布局，大众接受了中国政府的诸多要求，进入了中国市场。图1使用哈佛大学的波特教授1990年提出的钻石模型来反映20世纪80年代外资进入初期中国汽车产业所面临的竞争格局以及产业竞争力。

（2）政府的本土化要求与建立国内供应商网络

政府对零部件的本地化提出了要求。以上海大众为例，上海大众在上海政府的坚持下坚定地实行本土化战略。在德国大众进入上海之前，大众方面并不希望建立产业链，其中原因主要有两个：首先，中国当时并没有汽车产业的基础，无法保证质量，而汽车的质量至关重要；其次，成本太高，利用外部产业链有利于规模经济。这一时期全球汽车产业的发展非

---

① Wanwen Chu. Entrepreneurship and bureaucratic control: the case of the Chinese automotive industry[J]. China Economic Journal, 2011, 4(1): 65-80.

常重视规模经济。然而，当时上海政府坚持要求国产化，其中的主要原因包括：首先，政府希望建立产业链，形成支柱产业和产业升级；其次，零部件企业也属于上汽集团，所以上汽集团也能从产业链中获得收益。[1]

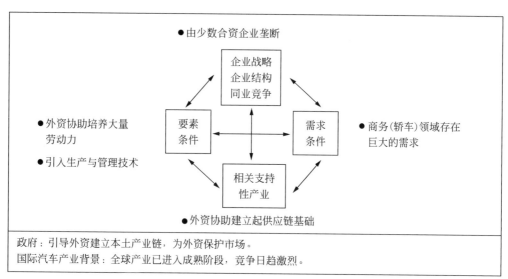

图1　外资进入初期中国汽车产业环境

然而，面对双方的分歧，政府通过多方位的措施激励上海大众进行本地化生产。例如对1.6L排量以下的轿车实行道路限行、对部分其他车型征收许可费以及实施差别进口关税等政策。因此，有赖于政府的合理引导，大众最终选择了嵌入产业链的发展模式，顺应中国政府的产业发展战略，积极配合中国汽车产业供应链网络的建设。

（3）GVC初次进入的积极影响：要素条件与支持性产业条件的显著提升

外资进入后，在国内外产业环境的影响下，我国汽车产业条件中的要素条件和支持性产业条件得到了显著提升。一方面，合资企业需要遵循我国的本地雇佣政策，同时我国客观上也拥有相对良好的劳动力条件，所以外资协助中国培养了大量的包括技术与管理人员在内的劳动力要素。另一方面，当时政府对国产化率提出了硬性要求。在硬性本土化率的要求下，合资企业的外方主动为本土供应商提供技术、设备，提升产能，甚至协助聘请外方专家进行指导。所以当时国内汽车产业的本地化生产能力得到了快速的发展。在上述背景下，本土供应商网络逐渐建立起来。

（4）GVC初次进入的消极影响：外资停滞，内资没有足够动力和实力获取技术

一方面，虽然初次开放有效提升了我国轿车产业的要素条件和供应链，也使得本土汽车产业能够更好地嵌入GVC。但是由于缺乏外部和国内市场的竞争，外资企业并没有技术

① Sun P, Mellahi K, Thun E. The dynamic value of MNE political embeddedness: The case of the Chinese automobile industry[J]. Journal of International Business Studies, 2010, 41(7): 1161-1182.

转移的动力和压力，因此国内市场的汽车种类很少，车型也相对落后，国内形成了相对垄断的竞争局面。在外资停滞不前的同时，本土企业也一直未能推出自主设计的车型，原因有三点：第一，本土企业吸收外资后放弃了原本不多的自主品牌，失去了自主创新的能力。第二，政府对汽车产业设置了极高的关税，而国内市场长期以"三大三小"的格局为主，对轿车的需求也以公务需求为主。而公务用车对价格相对不敏感，因此本土企业只须引进技术，无须在研发上多做投入，即可获得较高利润，失去了自主创新的动力。第三，合资企业事实上由外资主导，核心技术难以为本土企业掌握。这使得本土企业难以获得研发创新实践（链上升级）的机会，逐步接受了依靠垄断地位获取无风险利润的发展模式，丧失了自主研发的信心和动力。[①]

4. 政府引导下的进一步开放与本土汽车产业升级

（1）政府引导进一步开放，本土汽车市场竞争加剧

面对上述轿车领域发展的不利局面，我国政府从20世纪末开始开放市场，进一步引进外资，从而增强了轿车领域的产业竞争。在政府的引导下，更多外资车企开始通过合资的方式进入中国。而在2001年中国加入WTO（世界贸易组织）之后，政府进一步放松了外资车企的市场准入，在全球汽车市场激烈竞争的大背景下，福特、现代、宝马等车企先后投资进入中国市场。与此同时，整车进口关税不断下调，1986—1994年3L以下轿车整车进口关税率高达180%，然而在加入WTO后，整车进口关税率仅为25%。随着新合资企业的建立以及进口关税的降低，中国汽车市场的竞争日趋激烈。

（2）汽车产业进一步升级

在外资和本土产业条件互动作用下，我国汽车产业进一步开放。在这一阶段，国内竞争格局变得更加复杂，外资进入成立了更多合资企业，本土汽车产业得到进一步升级（见图2）。随着国内汽车市场竞争加剧，一方面，外资企业有竞争发展的需求，得以进一步发展；另一方面，由于外资加快了技术转让的步伐，合资企业的实力也得以提升，体现在新车型的研发和生产上，例如，上海大众、一汽大众分别引进了桑塔纳2000、帕萨特、Polo等新车型。与此同时，在政策刺激下，合资企业的中方母公司也越来越多地建立起自己的研发平台，纷纷推出了自主品牌汽车。时至今日，中国自主品牌乘用车市场占有率已经接近50%。

随着外资的进入，国内汽车产业体系得到进一步发展，国内供应商迎来产业升级。首先，外资整车企业的进入新建了配套零部件企业。其次，这一时期新成立的部分合资企业对原零部件企业进行了技术升级。最后，这一时期部分外资通过合资的方式直接在国内成立了零部件企业。虽然这一时期外商投资的零部件网络往往采用的是相对落后的技术，但是在汽车产业完全成熟的大背景下，完善的零部件体系也为此后中国自主品牌的发展提供了重要的支持。

---

① 轿车工业从解冻到"三大三小"的蹒跚起步 [N/OL]. (2013-05-30). https://www.chinanews.com.cn/auto/2013/05-30/4874399.shtml.

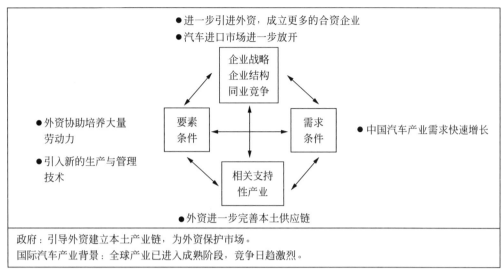

图2　外资与本土产业条件互动作用下的中国汽车产业环境

此外，外资的进入也为自主品牌的建立培养了人力资本，人员流动效应为自主品牌提供了必要的技术与管理经验。例如，奇瑞的尹同耀及部分核心员工就来自这一时期的合资企业——一汽大众，而奇瑞的汽车设计团队来自东风雪铁龙。

5.小结：GVC 的进入对中国汽车产业的影响

在 20 世纪 90 年代末期，我国鼓励外资企业参与中国汽车产业链的搭建，与此同时，外资企业关注到了中国消费者的特殊性需求，并与中国企业通过技术转让、合资等方式嵌入本地价值链。这给中国本土企业带来了链上发展的机会，与此同时，外资也不得不提升技术和产品，以面对更加激烈的市场竞争和广阔的市场空间。因此，在政策、外资的共同作用下，中国本土企业成功实现链上升级。

在外资进入与中国本土企业共同发展的过程中，外资企业把握住中国本土特殊需求，帮助中国本土汽车产业搭建了相应产业环境，进而使相关产业发展要素得到积累和完善。此外，GVC 的开放性也为新兴企业提供了发展机会。

三、奇瑞汽车：把握国内价格敏感需求，利用现有价值链实现链外发展

1.国内需求条件和政府的作用

（1）国内价格敏感型需求涌现，现有产品难以满足需求

国内中低端轿车的产品供给空缺为奇瑞创造了发展机遇。在 20 世纪 90 年代末期，居民消费水平不断提高带动了对私家车的需求，国内出现了价格敏感型的新型细分市场需求。然而，合资企业生产的轿车价格偏高，难以覆盖大多数人日益增长的汽车消费需求，中低端

轿车仍存在市场空白。奇瑞捕捉到了这部分市场需求，并完美地填补了市场空缺。

（2）芜湖市政府对汽车产业发展的支持

奇瑞的成功起步离不开芜湖地方政府对汽车产业发展的支持。奇瑞汽车最早起源于安徽芜湖政府的汽车项目。芜湖市通过对自身产业发展能力的正确认知，精准地发现了芜湖在汽车生产方面的优势。其次，组建奇瑞的工作是芜湖市政府直接操控实施的。芜湖市政府引进尹同耀等在合资企业中拥有丰富经验的员工组建起了人才团队，并且为奇瑞提供了初始建设资金，从而使奇瑞得以从国外购买发动机生产线与平台技术。最后，芜湖地方政府还为奇瑞创造了初始市场，为其生产能力提供了间接的保障。在奇瑞成立初期，中央政府对汽车整车企业的建立采取了严格控制的措施，奇瑞当时并没有获得汽车生产许可证。为克服这一问题，安徽政府将奇瑞的首款车型——"风云"列入芜湖客车目录，协助其在偏远地区销售，并指定为芜湖地方出租车专用车，从而为奇瑞创造了最初的市场。

2. 要素条件

（1）国内要素条件成熟

首先，国内拥有一批优秀的汽车人才。一方面，奇瑞公司的核心成员很多源自GVC体系。例如，奇瑞的总经理及早期的技术骨干尹同耀就来自于一汽大众，奇瑞原副总经理陆建辉曾在机械工业部第四设计院任机械工程师，奇瑞原总经理助理冯武堂也来自一汽。另一方面，国内十余年的开放历程积累下足够多的技术精英，他们在奇瑞进行技术攻关的过程中发挥了关键性作用。以奇瑞早期汽车自主研发为例，2000年年底，奇瑞迎来10余名来自二汽的技术骨干，在短短一年里完成3款车型的研发。

其次，奇瑞在发展过程中得到政府的资金支持。2004年开始，我国政府重新制定了汽车产业发展战略，开始支持本土自主汽车企业的研发与品牌战略。此后，奇瑞的研发受到了各级政府的大力支持。例如，在2007年，奇瑞获得政府补贴约2.85亿元，其中研发补贴将近2亿元。此后两年中，政府补贴不断提升，分别达到4.7亿元（研发补贴2.28亿元）与6.33亿元（研发补贴4.43亿元）。

此外，GVC的开放性特征还使得奇瑞能够在很大程度上利用GVC在本土建立的供应商体系。例如，奇瑞在最初发展阶段曾经从上海大众的三四十家零部件供应商采购零部件。

（2）国际要素条件可以利用

首先，奇瑞引进了外国汽车公司淘汰的生产线。在发动机方面，奇瑞的第一条发动机生产线是从英国福特购得的一条淘汰的生产线并改装而成。在平台技术方面，奇瑞的第一款车型"风云"的开发是在引进大众旗下Seat公司淘汰的TOLEDO车型和平台的基础上进行的。

其次，奇瑞在发展过程中引进了大量丰富专业经验的国际人才。奇瑞在北京、上海、意大利、日本、澳大利亚等地建立了研发机构，引进国际人才，并主动派遣技术人员赴国外学习。

（3）国内竞争环境的变化

在 20 世纪 90 年代末期，家庭乘用车市场的竞争环境相对缓和，这一细分市场并未受到合资企业的关注。本土车企抓住市场空缺迅速发展。面对这一机遇，奇瑞、吉利等一批本土车企相继建立，并依托具有一定质量保证的价格优势，在价格敏感型市场中快速发展起来，实现了初期的积累。得益于奇瑞和吉利的成功，中央政府放松了审批限制，国内价格敏感型轿车品牌呈现多元化格局，但随即而来的是激烈的竞争，进一步推动了产业发展。

（4）国内支持性产业

从支持性产业角度看，前期合资企业在中国建立起了相对完善的零部件体系，加之这一时期汽车产业的标准化趋势，以奇瑞为代表的中国自主品牌能够有效地利用上述零部件体系，实现了快速起步与发展。[①] 由于本土车企充分利用了合资体系中的剩余产能，从而能够在相对低价的前提下保证产品质量。[②]

3. 把握本土特殊需求，利用现有 GVC，成为新的 GVC 领导者

总结来看，国内对价格敏感型轿车的特殊需求给奇瑞等本土企业带来了发展机遇，芜湖市政府对本地汽车产业发展提供了强有力的支持，而现有 GVC 上的资源（包含国内和国际要素条件）为奇瑞等本土企业的建立和发展提供了要素基础，使奇瑞能够快速搭建自主价值链并成为低端细分市场的领导者。

四、奇瑞的进一步升级：把握需求变化、利用 GVC 开放性特征，向中高端市场迈进

1. 国内低端需求巨大，高端市场企业下行，挤压低端市场空间

一方面，伴随着中国城镇化的步伐加快，低端市场潜在规模巨大。正如前文案例所述，一、二线城市市场份额不断下降，三、四线城市市场规模不断上升。而伴随着城镇化的脚步，低端市场份额将进一步提升。根据 2013 年《中国汽车产业发展报告》，中国 6 万～8 万元车型细分市场已有高达 350 万辆的需求。另一方面，跨国企业也在这一时期改变高端定位的战略，主动迎合中国低端市场需求，从而挤占了本土自主品牌的市场空间。自主品牌乘用车市场份额从 2010 年的 45.6% 下降到 2013 年的 40.3%。对奇瑞等主打低端市场的自主品牌而言，外资的进入无疑给中国自主品牌带来了前所未有的威胁。由于低端车是自主品牌擅长的领域，之前外资从未进入该领域，而外资品牌在地位、技术积累方面都占据优势，一旦进入会对国内低端自主品牌的发展造成巨大挑战。从新车型的推出来看，2011 年，通用全球高

---

① 赵增耀，王喜. 独资化趋势下 FDI 对国有企业的溢出效应分析 [J]. 江海学刊，2007(6): 63-67, 238.
② 陈涛涛，陈晓. 吸引外资对对外投资能力影响的机制研究——以中国汽车产业的发展为例 [J]. 国际经济合作，2014, 344(8): 9-16.

端战略小型车雪佛兰爱唯欧在中国上市，使雪佛兰品牌实现对高端—中端—中低端细分市场的全覆盖。从市场份额来看，2014 年 1—2 月份，A 级车市场上德系汽车份额首次超过了自主品牌，成为第一位。因此，从市场竞争的视角来看，奇瑞的转型升级迫在眉睫。

2. 国内需求分化，高端需求更多元化，企业希望进一步向高端发展

从需求层面看，随着中国经济的发展，这一时期国内的汽车需求呈现多元化快速发展的趋势。以乘用车领域为例，一方面，中国汽车销量逐年增长。另一方面，除低端车外，各档次车型均表现出稳定的增长趋势。在 2013 年之前，奇瑞各档次车型基本保持逐年增长的趋势，而在 2013 年之后，低档车销量出现了显著的下滑，与此同时，其余各档次车型销量整体呈现稳定的增长。在整体销量中，10 万 ~ 20 万的中档汽车成为主流车型。伴随着消费升级，低端汽车市场将不再占据主流。自主品牌如果固守低端市场，其前路将越走越艰难。此外，叠加低端汽车的利润率较低，单纯追求销售量的增长恐难以维系。总的来看，从国内需求消费升级的角度，奇瑞也应追求高端市场的发展机会。

3. 国内及全球要素条件：GVC 的开放性特征

GVC 的开放性使奇瑞能够利用现有价值链上最优的要素和相关产业支撑条件，在奇瑞向中端市场进军的过程中，奇瑞在世界范围内寻找最好的团队来合作。在合作的过程中，奇瑞探索出"开放式自主创新"的新模式，即将技术领域拆分为多个细节，每个细节都寻找该领域的最顶尖、最具经验的团队来负责。在合作过程中，奇瑞的团队主动要求参与研发与设计的过程，从而积极吸收技术，甚至在后期能够主导国际合作研发。通过对每个环节质量的把控，奇瑞将其造车技术打磨得炉火纯青。例如，2005 年奇瑞在上海展出的发动机使奇瑞的发动机制造研发水平得到了业界的认可，行业普遍认为奇瑞发动机的主要指标达到了世界先进水平。此外，奇瑞建立了国际化的战略研发体系，在全球搭建产业链的同时能够更好地获取和利用 GVC 上最优的要素条件和供应商体系，从而支撑其在核心技术领域不断突破升级。

面对国内复杂而特殊的需求变化，奇瑞在高端细分市场上，依托合资寻求产品的升级。中国汽车市场需求逐步升级，低端市场竞争越发加剧，面对这一困境，奇瑞在自身开发高端品牌失利的情况下，决定与国际高端品牌合资。通过合资条款不难发现，奇瑞的合资一定程度上是基于前期发展经历而作出的具有明确目的的选择。例如在奇瑞与捷豹路虎的合资中，坚持要求参与发动机的合作研发与合资品牌的销售。显然，发动机技术是奇瑞研发的重点项目，同时奇瑞也已具备一定的发动机研发能力；而参与高端品牌的销售一定程度上是弥补奇瑞在中高端市场销售能力的不足，这也是奇瑞前期品牌战略失利的重要原因。

4. 小结：奇瑞产业升级成功的关键因素

总结来看，奇瑞的成功转型归功于两点：首先，从需求端角度，奇瑞把握住了国内复杂

需求向中高端发展的变化，并及时调整战略安排，进军中端市场。其次，依托 GVC 的开放性，奇瑞能够迅速整合国内外要素条件和供应商并投入到自身的汽车研发中。值得一提的是，虽然受限于高端品牌研发受阻[1][2][3]，但是奇瑞通过与现有 GVC 上的高端品牌形成合资企业，并努力掌握研发技术，最终完成了高端市场的升级。

五、从奇瑞汽车案例解读如何践行中国式现代化之路

1. 中国式现代化的内涵

习近平总书记在党的二十大报告中指出，"从现在起，中国共产党的中心任务就是团结带领全国各族人民全面建成社会主义现代化强国、实现第二个百年奋斗目标，以中国式现代化全面推进中华民族伟大复兴"。全面建设社会主义现代化国家、全面推进中华民族伟大复兴，是新时代新征程中国共产党的使命任务。中国式现代化是实现奋斗目标、完成使命任务的途径。

企业是现代经济体系的主体，在中国经济现代化的过程中，离不开企业的参与。中国的企业和企业家在新时代命题下，必须深刻领悟中国式现代化的内涵和外延，理解中国式现代化的新要求。奇瑞汽车在自身发展过程中，深度参与 GVC，充分利用全球要素条件，并坚持独立自主，在核心技术上开展攻关，为企业积极实践中国式现代化提供了丰富且可行的经验。

2. 奇瑞汽车如何践行中国式现代化

（1）深度参与全球产业分工，利用国际国内要素，拓展中国式现代化发展空间

习近平总书记在学习贯彻党的二十大精神研讨班上曾指出，要不断扩大高水平对外开放，深度参与全球产业分工和合作，用好国内国际两种资源，拓展中国式现代化的发展空间。

第一，在发展的过程中，奇瑞汽车充分利用 GVC 上的要素。首先，奇瑞作为一家当时在落后产业国新成立的企业，早期利用 GVC 中的优质资源（人才、资金、国外过时技术）搭建起自身的产业体系，依靠中国大市场和价格敏感型需求推出适合的低端车型，迅速占领市场。其次，面临转型的迫切需求，奇瑞拥有全球范围内整合最优资源的意愿和能力。为了提升生产水平，奇瑞与全球先进的汽车生产厂家合作，逐渐形成了具有特色的"开放式自主创新"模式，即在全球范围内与汽车部件做得最好的厂家合作开发，在过程中学习积累并沉淀为自身的能力。最后，这种合作不仅局限于国外先进厂家，奇瑞也能够在合作中汲取国内优秀厂家（如广汽集团）的优点，提升自身研发能力。

[1] 汪涛.奇瑞：需要重新出发 [J].汽车观察，2010,59(1): 54-59.
[2] 朱光应.奇瑞汽车由单一品牌向多品牌的战略转移 [J].华东经济管理，2010,24(6): 140-142.
[3] 张闻.奇瑞失败的高端化 [J].中国汽车界，2011(11): 82-85.

第二，利用国内庞大而需求多元的市场动态发展。党的二十大报告中提出了中国式现代化的主要特征，核心主旨就是要不断满足人民对美好生活的向往，而汽车是现代化美好生活的重要标志和载体，也是国民经济的重要支柱产业。在 20 世纪 90 年代，国内庞大的价格敏感型需求为奇瑞提供了市场。随着人民生活水平的提高，社会主要矛盾从日益增长的物质文化需要同落后的社会生产之间的矛盾转化为人民日益增长的美好生活需要和不平衡不充分的发展之间的矛盾，国内自身需求分化开始显现。需求分化和消费升级的趋势以及低端车市场竞争加剧推动着奇瑞向中高端市场迈进。

（2）坚持独立自主、自立自强，在与外资合作的过程中提升造车技术，实现高质量发展

习近平总书记指出，推进中国式现代化，要坚持独立自主、自立自强，坚持把国家和民族发展放在自己力量的基点上，坚持把我国发展进步的命运牢牢掌握在自己手中。这一点在奇瑞的发展中体现得淋漓尽致。

第一，在与外资企业的合作过程中，奇瑞团队不满足于仅仅获得知识产权，而是主动要求参与研发设计，从而积极吸收技术，甚至在后期能够主导国际合作研发。

第二，奇瑞建立了国际化的战略研发体系，能够使其在全球搭建产业链的同时更好地获取和利用 GVC 上最优的要素条件和供应商体系。奇瑞每年投入销售收入的 5% ～ 7% 用于技术研发，在全球建立了包括芜湖总部、上海、欧洲、北美、中东以及巴西的全球研发基地布局，拥有一支来自 10 余个国家、5500 余名设计师和工程师组成的全球化研发团队；奇瑞集团内部建立了近 30 个国家级创新型企业、技术中心和实验室。正如奇瑞官网所展示的，其打造的"没有围墙的研究院"，依托开放式自主创新体系，在多项汽车尖端技术上获得了突破。[①]

---

① 奇瑞控股官网 :https://en.cheryholding.com/article/778.html.

20

兖州煤业并购 Felix：国际化扩展 *

📋 案例正文

【引言】中国虽然是全球海外投资的后来者，但经过多年的发展，已经成为全球海外投资中的重要力量。一方面，在当前日趋复杂的国际背景下，中国企业在走出去过程中面临了大量的海外舆论挑战；另一方面，党的二十大报告强调，新时代新征程中国共产党的使命任务是以中国式现代化全面推进中华民族伟大复兴，而高质量发展是全面建设社会主义现代化国家的首要任务。中国的现代化过程是一个不断发展的过程，是一个从站起来、富起来到强起来的过程，也是一个开放和全球化的过程，因此，总结中国典型企业的优秀海外实践经验，对其他同类型中国企业加快实现高质量发展具有重要参考意义。兖州煤业股份有限公司（以下简称兖煤）是中国国有资源型企业的代表，学习其国际化的成功经验和发展路径一方面有助于世界更好地了解中国国有企业海外投资的能力来源及艰苦努力，从而澄清和回应海外对中国国有企业、资源型企业走出去动机及能力的猜忌和负面舆论；另一方面，国有企业是中国特色社会主义的重要物质基础和政治基础，在党的新时代新征程道路上，及时回顾改革开放以来中国国有企业走出去的经历经验，有助于我们深刻理解和把握中国式现代化进程中企业高质量发展的内涵以及国有企业以开放促发展的宝贵经验。

【摘要】兖煤成立于 1997 年，是国有独资企业兖矿能源集团有限公司（以下简称兖矿集团）发起设立的煤炭企业。与中国早期矿企"走出去"屡屡碰壁不同，兖煤先后在 2004 年、2009 年成功收购了澳大利亚两家煤炭企业，成为中国矿业企业海外投资的一个亮点，其中，2009 年兖煤收购 Felix Resource（菲利克斯资源公司，以下简称 Felix）是中国矿企迄今为止在澳大利亚完成的最大并购交易案。在 2008 年全球金融危机的背景下，兖煤把握住抄底机遇，快速锁定投资目标，以相对合适的价格获取了较为优质的

* 案例作者：陈涛涛，清华大学经济管理学院金融系教授；陈晓，清华大学经济管理学院 2010 级博士（已毕业）；斯琴毕丽格，清华大学经济管理学院 2019 级博士（在读）。

矿业企业资产。兖煤基于企业自身早期国际化及 2004 年收购澳斯达矿的经验，克服了中国和澳大利亚之间存在的语言、经济制度、劳工管理等方面的差异，实现了自身技术能力及并购管理经验的有效转移和应用，既满足了澳大利亚出口优质煤炭资源的国家发展诉求，又实现了自身获取优质煤矿资源等多方面的企业发展需求，促成了跨国企业与东道国共赢发展的结果，其国际化发展路径及跨国并购经验对中国企业在新时期、新发展阶段加快实现高质量发展并进一步推动中国式现代化具有重要的学习和借鉴意义。

【关键词】兖煤国际化；跨国并购；高质量发展

自中国加入世界贸易组织（World Trade Organization，WTO）以来，越来越多的中国企业加入跨国投资的队伍中，《2007 年世界投资报告》中指出，中国正在成为外国直接投资的重要来源，2008 年中国对外投资额高达 520 亿美元，比 2007 年增加 132%[①]；美国次贷危机爆发后全球经济衰退，主要货币汇率剧烈波动，大宗商品价格下跌，西方国家资产大幅缩水，许多国家的支柱性产业都受到严重影响，这为中国企业海外投资创造了并购的机会，于是中国对外直接投资继续增长（见图 1、图 2），2008 年、2009 年中国分别完成海外并购案例 33 起、38 起，并购金额分别达 85.86 亿美元、160.99 亿美元[②]。

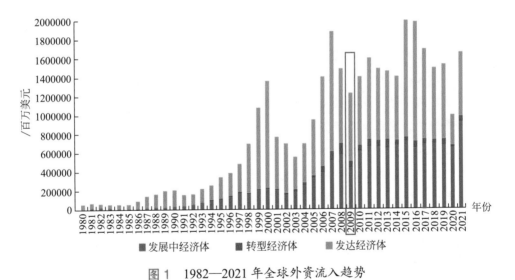

图 1　1982—2021 年全球外资流入趋势

数据来源：联合国贸易和发展会议（United Nations Conference on Trade and Development，UNCTAD）

---

① UNCTAD，《世界投资报告》，2007、2008、2009、2010.

② 谢皓，向国庆．中国企业跨国并购浪潮兴起根源探究——基于"抄底效应"及"经济增长"的视角 [J]．经济问题探索，2014(4): 111-116.

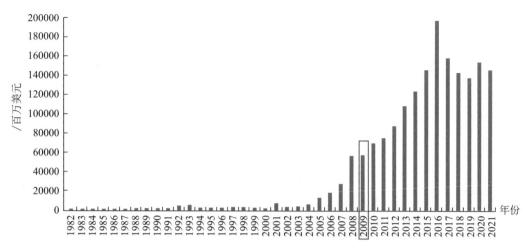

图 2　1982—2021 年中国对外投资趋势

数据来源：UNCTAD

实际上，近年来中国跨国并购在全球海外并购中占比有所下滑（见图 3、图 4），回顾中国企业"走出去"的道路可知，中国能矿企业的国际化道路并非一帆风顺，2002 年中国石油天然气集团有限公司收购俄罗斯拉夫石油公司失败，2005 年中国海洋石油集团有限公司并购美国尤尼科无功而返，2009 年中国铝业集团有限公司并购力拓遭到澳大利亚官方的反对后陷入僵局[①]，然而，同期兖煤在澳大利亚的两次收购都如愿以偿，成为中国矿企海外投资的一个亮点。那么，为什么兖煤能够在众多的并购中脱颖而出呢？这个问题的答案值得我们深思并努力探究。

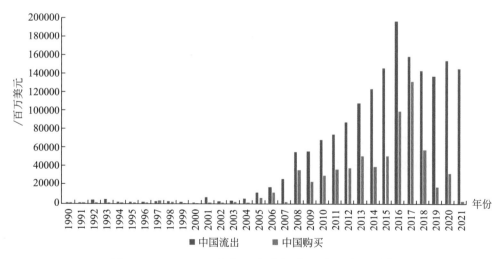

图 3　1990—2021 年中国海外投资及跨国并购趋势

数据来源：UNCTAD

---

① 王亚芳. 从中铝收购力拓失败看中国企业海外并购 [J]. 中国商界 (下半月), 2010(1): 89, 91.

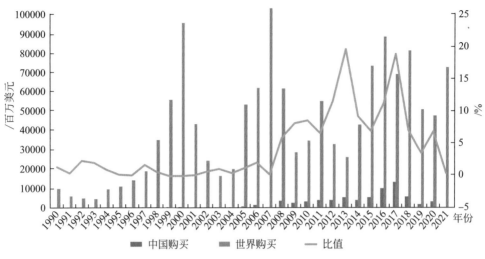

图 4 1990—2021 年中国海外并购及全球海外并购趋势

数据来源：UNCTAD

兖煤基本情况及兖矿的早期国际化探索

兖煤成立于 1997 年，由国有独资企业兖矿集团独家发起设立，公司主营业务为地下煤炭开采、洗选加工、销售和煤炭铁路运输，煤化工及电力业务等。1998 年，兖煤在香港、纽约、上海三地上市，但它并不满足单一的上市融资，而是通过承包海外工程、合资办厂、收购海外企业等方式，赴省外和境外寻求开发新的煤炭项目，积极拓展自身的外延式发展道路。

1999 年，兖矿集团兼并 1967 年建厂的鲁南化肥厂，并以此作为兖矿集团煤化工产业"人才培养、技术研发、管理创新"的基地。同年，兖矿集团首次尝试收购澳大利亚煤矿。彼时，澳大利亚煤炭行业亏损严重，收购当地一家像济宁三号煤（兖煤最为先进的煤矿之一）那样的煤矿只需 5 亿元人民币，而兖矿集团在国内收购同样的煤矿则需 20 多亿人民币。但由于当时国内煤炭行业同样步履维艰，兖矿集团最终没能通过国内审批，抱憾而归。除此之外，越南、印度尼西亚都曾是兖矿集团考虑过海外收购的国家，但都因种种原因而搁浅。

2003 年兖矿集团与美国国泰煤化工控股有限公司合资建设大型煤化工企业国泰化工，项目后续接受了超过 210 亿元人民币投资。

2004 年 5 月，兖矿集团援建委内瑞拉 241.55 千米的铁路项目正式启动，由于委内瑞拉国内局势动荡，这项工程历时 4 年多最终于 2008 年 11 月竣工，期间查韦斯总统多次到工地视察。这段铁路上行驶的动车组也由兖矿集团国际贸易部选购并运抵委内瑞拉。显然，这项中委两国领导人洽谈签订的其政治意义远大于经济意义的项目，使得兖矿集团在国际上拥有了更高的知名度。

2004 年，兖煤成功收购澳斯达。

2005 年 12 月，兖矿集团与世界 500 强企业巴西淡水河谷公司（Companhia Vale do Rio Doce，CVRD）和日本伊藤忠商事株式会社共同出资 22.84 亿元人民币组建的兖矿国际焦化有限公司投产，将中国炼焦技术向前推进了 20 年。

2009 年，兖煤成功收购澳大利亚 Felix，中国企业在澳大利亚最大一笔收购案尘埃落定。

兖煤收购澳斯达——小试牛刀，开启海外并购之路

兖煤收购澳斯达是中国企业首次收购境外煤矿的案例，兖煤凭借自身技术优势，成功开启了自身的海外并购之路。

自 20 世纪 90 年代起，兖煤就已经认识到海外扩张对公司实现自身长期发展战略的重要性，并积极开展海外投资的研究和准备，确立了积极、稳健、审慎的投资和收购标准。

从投资目标国来看，澳大利亚是煤炭企业境外投资较为理想的选择：第一，澳大利亚拥有丰富的煤炭资源，是世界上重要的煤炭资源国、生产国和最大的煤炭出口国，其煤炭资源丰富，地质赋存条件好，且资源质量高，地理位置优越，在世界煤炭市场上具有举足轻重的地位。第二，澳大利亚拥有稳定的政治环境，是亚太地区乃至世界范围内兼具发展潜力和稳定环境的理想投资目的地。第三，澳大利亚具有良好的商业环境，其投资政策较为开放，在煤炭资源的勘探、开发和生产方面具备比较完善和透明的监管体制，政府对于煤炭运输和服务条件的监管体系也比较完善。第四，澳大利亚证券交易所（以下简称澳交所）作为亚太地区排名前列的交易所，有着较为成熟的运营经验、健全完善的法律法规以及透明规范的监管体系，这在一定程度上保证了在该交易所上市的公司信息披露的规范性以及资产的安全性，法律风险较小。通过综合考虑资源条件、投资环境、市场环境、监管体系、资本市场等因素，兖煤选择澳大利亚作为实现跨国经营的目标国。

澳斯达公司前身为澳大利亚南田煤矿，该煤矿地处新南威尔士州猎人谷地区，位于悉尼以北 160 千米，纽卡斯尔港以西 60 千米，有铁路与港口相连，交通便利。煤炭产品为低灰、高发热量半硬焦煤，属国际煤炭市场紧缺煤种，矿井的煤层厚度较大，但因为一直没有能够解决采煤过程中的自燃问题，曾经九易其主，最终被迫关闭。

2000 年，兖煤得知这一消息后，成立由总经理牵头的包括安全、综采（综合机械化采煤）、投资、法律方面专家在内的调研论证组赶赴澳大利亚进行可行性论证。2000 年 12 月，兖矿集团与澳大利亚联邦科学院签署《综采放顶煤开采技术在澳大利亚应用的预可行性研究的合作项目协议》；2002 年 4 月，双方又签署《煤层自燃早期预报和控制技术研究协议》。2004 年兖矿集团自主研发的两柱掩护式放顶煤支架向德国鲁尔工业集团子公司 DBT 公司进行技术转让，专用于澳大利亚。

于是，在 2004 年 10 月，兖煤投资 16097 万澳元收购并重建了澳思达煤矿，兖煤运用其自身的专利技术——综采放顶煤技术使该矿起死回生。该矿后续保持 1 亿澳元额的年利润水平，澳大利亚朝野曾高度评价兖煤带来适用于澳大利亚最好的采煤技术，澳思达煤矿被评为新州北区煤矿安全最好的矿井。

兖煤收购 Felix——大举扩张澳大利亚市场，实现协同效应

在 2004 年成功收购澳斯达煤矿之后，兖煤仍一直密切关注位于澳大利亚等国家海外优质资产的其他投资机会，不仅与澳大利亚的一些矿业公司、设备供应商以及研究机构进行了广泛接触，还考察调研了十余个煤矿项目。

2008 年全球金融危机爆发，大宗商品价格进入大幅下行时期，其中，动力煤和炼焦煤等煤炭产品的价格在经历 2008 年上半年的大幅攀升之后，下跌幅度明显，并带动了煤炭上市公司股票价格的下滑，企业价值出现低估。2009 年年初以来，基于对全球经济复苏的预期，原油、铜、铅、铁矿石等大宗商品价格出现了较为明显的回升势头。而与上述大宗商品相比，煤炭价格的涨幅并不大，煤炭现货价格仍大大低于顶峰时期价位，预期未来仍有上升空间。

澳大利亚是一个开放的资源国，有"坐在矿车上的国家"之称，主要向全球出口铁矿石、煤炭及农牧业产品，其支柱性产业——矿业在此次金融危机中也受到波及。由于国际市场上矿产品价格暴跌，澳大利亚矿业产业缩减生产规模、大幅裁员，矿企股领跌澳大利亚股市[①]，此外，危机爆发后澳元连续大幅下跌，为中国企业低价收购优质能矿资产提供了机会和筹码。

中国是一个制造业大国，对上游能矿资源有着巨大需求，自改革开放以来，中国开始了对外投资的尝试，尤其在 2002 年加入 WTO 之后中国"走出去"的步伐更加积极。在 2008 年金融危机中，中国也遭受了一定的冲击，但在宏观投资计划的调控刺激下并未陷入和发达国家一样的经济衰退当中，基本保持了平稳发展的局面。因此，在这样的背景下，把握机会获取国际市场上优质的资源型资产对中国而言是非常自然的状况。于是兖煤想要抓住煤价稳步攀升前投资资源类公司的宝贵时间窗口，快速锁定投资目标。

由于兖煤之前成功收购了澳斯达，其实力得到了市场的充分认可，加之其在海外上市及多次增发等活动中与国际投行和其他中介机构有较多接触，因此，相关机构会把海外与煤矿相关的资产出售信息源源不断地提供给兖煤。Felix 就是兖煤在十几家可能的并购对象中筛选得出的。

Felix 是一家主要从事煤炭开采和勘探的企业，其产品主要包括动力煤、高炉喷吹煤和

---

① 唐大千, 靳茂勤. 对澳大利亚矿业投资：机会与策略 [J]. 国际经济合作, 2009(6): 80-84.

半软焦煤，主要客户为亚洲、欧洲、美洲和澳大利亚本土的钢铁制造商、发电企业和其他工业企业等。Felix 的前身成立于 1970 年 1 月 29 日，并于当年在澳交所上市。由于该公司的主要股东年事已高，受到 2008 年金融危机影响，主要股东希望将资本变现安度晚年。

Felix 的煤炭资产包括 4 个运营中的煤矿、2 个开发中的煤矿以及 4 个煤炭勘探项目（见表 1）。根据 Felix 截至 2009 年 6 月 30 日的公开披露材料，在 JORC[①] 标准下，目标公司旗下煤矿的总资源量为 25.21 亿吨，探明及推定储量合计为 5.10 亿吨，其中，目标公司按实际持股比例计算的总资源量为 18.90 亿吨，按实际持股比例计算的探明及推定储量为 3.86 亿吨。除上述煤炭资产外，目标公司还持有纽卡斯尔港煤炭基础设施集团（NCIG）15.4% 的权益以及超洁净煤技术（UCC）专利资产。其中，NCIG 由新南威尔士州政府授权负责建造并运营纽卡斯尔港的第三码头，以解决新南威尔士州煤炭出口企业所需基础设施运力不足的问题。NCIG 成立于 2004 年，由 6 家企业共同投资组建，目标公司拥有其 15.40% 的权益。此外，目前 UCC 能源公司（UCC Energy Pty Ltd）已在新南威尔士猎人谷地区开展了试运行测试，生产出的超洁净煤被送至日本进行评估，评估结果显示该产品在燃气涡轮连续运转时具有十分理想的效能。

表 1　2008 年 Felix 被收购前的煤炭资产情况

	项目	股权	储量 / 产量	客户
运营中的煤矿	Yarrabee 露天煤矿	100%	煤矿总资源量为 1.172 亿吨，探明和推定储量为 2750 万吨	
	Ashton 露天煤矿	60%（30% 新加坡，10% 日本）	350 万吨 / 年的商品煤产能	亚洲的钢铁企业和电厂
	Ashton 地下煤矿			亚洲的钢铁企业
	Minerva 露天煤矿	51%（45% 日本，4% 韩国）	260 万吨 / 年的商品煤产能	日本和韩国的电厂
开发中的煤矿	Moolarben 露天煤矿（第一阶段）	80%（10% 日本，10% 韩国）	总资源量为 4.07 亿吨，总探明和推定储量为 2.78 亿吨	低灰分动力煤计划出口，高灰分动力煤销售给澳大利亚本地电厂
	Moolarben 地下煤矿（第二阶段）			

---

① JORC，全称为 Joint Ore Reserves Committee，是一个由澳大利亚和新西兰资源业协会所建立的国际性资源储量估算标准。

	项目	股权	储量/产量	客户
煤炭勘探项目	Athena 地下煤矿	51%（45% 日本，4% 韩国）	总资源量为 5.60 亿吨（毗邻运营中的 Minerva 煤矿）	
	Harrybrandt 露天煤矿	100%	总资源量为 1.025 亿吨	
	Wilpeena 露天煤矿	100%	毗邻运营中的 Yarrabee 煤矿	
	PhillipsonBasin 煤矿	剥离，不在收购范围		

锁定投资目标后，兖煤邀请了具有澳大利亚并购经验的中介机构协助其并购工作。由于瑞银集团刚刚协助完成中国五矿集团有限公司在澳大利亚的收购，且其澳大利亚团队实力较强，兖煤最终选择了瑞银。兖煤自身协调了曾参与 2004 年澳斯达收购的原班人马开展对 Felix 收购的前期调研和论证工作，最终快速达成共识，并提交公司决策层通过，随即展开并购前的谈判。

于是，兖煤并购团队携瑞银及其他中介机构就目标公司的行业特点、经营业绩、经营模式及安全环保等主要方面进行了尽职调查，掌握了公司真实的运营情况及其核心竞争力和行业地位等多方面的信息。根据瑞银在此次收购的《独立顾问报告》中的描述，Felix 作为一家境外公司，其资产和业务都集中在澳大利亚，与兖煤在法律法规、会计税收制度、商业惯例、工会制度、企业文化等经营管理环境方面存在差异，由此可能给兖煤带来业务整合方面的风险；此外，Felix 的日常运营中涉及美元、澳元两种货币，而兖煤的合并报表记账本位币为人民币，不同币种间的汇率波动可能给本次收购及未来运营带来汇兑风险；另外，兖煤和 Felix 分别作为中国和澳大利亚的上市公司，在进行此次收购时需要遵循中澳两国关于境外并购、外资并购的法规及政策，存在相关政府及监管机构对本次交易出台不利政策、法规或展开调查行动的风险。

基于对澳大利亚公司法规定的理解和对企业自身并购风险的考量，兖煤采用了"安排收购"的方式进行跨国并购，并根据对煤炭价格形势、目标公司现有生产能力、未来发展计划、运营参数及运营成本等方面的信息以及对目标公司拟进行股利分配等方面的综合考虑，确定了对目标公司股权价值的评估，并通过几轮谈判，最终确定了收购价格。

然后，兖煤在中介机构的协助下选择了合适的融资方案，即通过中国银行悉尼分行或由其为牵头行组成的银团银行向兖煤澳大利亚有限公司以银行贷款的方式提供本次收购所需要的全部资金，由此降低兖煤此次并购的交易成本、减少经营风险、优化税收结构。

最后，兖煤采用了"安排收购"的方式进行跨国并购的审批申请。澳方政府对于境外投资者并购本国资源企业提出了要求，在本土化经营方面，澳方政府要求兖煤在澳大利亚的煤矿由主要来自澳大利亚的管理团队和销售团队进行管理；并要求兖煤澳大利亚有限公司部分董事的主要居住地位于澳大利亚，首席执行官和首席财务官的主要居住地位于澳大利亚；还要求兖煤澳大利亚有限公司在任何日历年内的大多数董事会会议在澳大利亚举行。兖煤根据对澳斯达矿的经营经验，认为本地化运营有利于企业在当地的良性发展，就同意了澳方政府本土化经营的各项要求。此外，澳方政府还提出了兖煤澳大利亚有限公司应遵循市场化原则运作以及在 2012 年年底前在澳大利亚上市并降低兖煤持股比例的要求，兖煤考虑在满足上述要求后仍能保障自身的控股地位且符合企业运营的长期利益，于是双方达成一致意见，并购审批顺利完成。

在承诺澳方关于本土化经营、市场化运作、上市时间及持股比例等方面的要求，满足澳大利亚对境外投资者需分别通过目标公司股东大会、澳大利亚法院、澳大利亚外国投资审查委员会、澳大利亚联邦财政部长及澳大利亚证券投资委员会的批准等一系列要求之后，兖煤顺利完成了本次并购交易。

兖煤并购后续的国际化拓展

通过收购 Felix，兖煤获得了行业领先的莫拉本（Moolarben）煤矿，成为新南威尔士州煤炭行业的主要参与者和雇主。2010 年，兖矿集团继续通过资本运作的方式，又与澳大利亚铝土矿资源公司（BRL 公司）签署了《项目合作框架协议》，赢得 1000 平方千米优质铝资源 60% 的股权、10000 平方千米铝矾土 49% 的股权、10000 吨氧化铝项目 50% 的股权。铝土资源是当时国内探明储量的两倍，为兖矿集团的高性能铝材产业链，乃至全国电解铝产业提供了资源保障。此后兖矿集团逐步实现海外基地的规模化发展：2012 年，兖煤与格罗斯特煤炭公司进行战略合并，在澳大利亚上市。2017 年 9 月 1 日，兖煤以 26.9 亿美元的价格从力拓收购了联合煤炭（澳洲最大煤企），兖煤澳大利亚有限公司成为澳大利亚最大的专营煤炭生产商，在澳大利亚全部矿业公司中位列第三。2017 年以后，兖煤的境外煤炭产量持续增长，境外煤炭产量占比从 2018 年开始提升至 40% 左右（见图 5）。兖煤成为国内开放程度最高的能源企业，也是中国唯一一家拥有四地上市平台的煤炭企业。在 2021 年世界 500 强排名中，山东能源集团和兖矿集团重组后排名第 70 位。

兖煤收购 Felix 是中国矿企"走出去"的一个亮点，自从兖煤于 20 世纪 90 年代成立以来，它一直积极探索多种形式的国际化道路，不断磨砺和积累自身的技术能力和国际化经验，取得了显著的成就，其中，2004 年和 2009 年的两次海外并购是兖煤国际化拓张的里程碑。一方面，通过积极的国际化战略，兖煤加强了中国企业与国际市场的紧密联系，也为中国企业赢得了更多机遇和资源，其国际化探索经验和发展路径对其他中国企业走出国门具有重要的借鉴意义。另一方面，作为中国国有资源型企业的代表，兖煤收购 Felix 的成功案例也有助于回应国际社会对中国国有企业国际化的疑虑，它向世界展示了中国企业在全球化进程中的成长与自信，证明了中国企业能够在国际市场上与其他企业公平竞争，并为当地社会和经济作出积极贡献。总结而言，兖煤收购 Felix 的成功案例为中国企业走向国际市场树立了榜样，证明了中国企业的实力和远见，中国企业将继续积极拥抱全球化，为世界经济的繁荣与发展作出积极贡献。

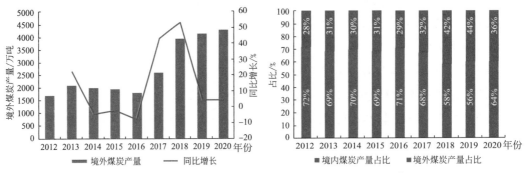

图5　2012—2020 年兖煤境外煤炭产量及占比趋势

数据来源：公司公告、开源证券研究所

结束语

　　兖煤收购 Felix 是中国矿企"走出去"的一个亮点，自从兖煤于 20 世纪 90 年代成立以来，它一直积极探索多种形式的国际化道路，不断磨砺和积累自身的技术能力和国际化经验，取得了显著的成就，其中，2004 年和 2009 年的两次海外并购是兖煤国际化拓张的里程碑。一方面，通过积极的国际化战略，兖煤加强了中国企业与国际市场的紧密联系，也为中国企业赢得了更多机遇和资源，其国际化探索经验和发展路径对其他中国企业走出国门具有重要的借鉴意义。另一方面，作为中国国有资源型企业的代表，兖煤收购 Felix 的成功案例也有助于回应国际社会对中国国有企业国际化的疑虑，它向世界展示了中国企业在全球化进程中的成长与自信，证明了中国企业能够在国际市场上与其他企业公平竞争，并为当地社会和经济做出积极贡献。总结而言，兖煤收购 Felix 的成功案例为中国企业走向国际市场树立了榜样，证明了中国企业的实力和远见，中国企业将继续积极拥抱全球化，为世界经济的繁荣与发展做出积极贡献。

【研讨题】

1. 兖煤跨国并购的根本动机是什么？

2. 兖煤在国内发展中是否积累了核心能力？

3. 2009 年兖煤对 Felix 的收购为什么可以成功？影响其成功收购的最主要因素有哪些？

📃 案例分析

兖煤作为中国国有资源型企业的代表，先后于 2004 年、2009 年完成了在澳大利亚的海外并购项目，这在中国矿业企业以及国有企业出海进程中都是里程碑事件，因此，探索其海外并购成功的影响因素对于中国企业在新形势下继续拥抱全球化、实现高质量发展具有重要意义。后文中我们将从兖煤进行海外并购的动机、兖煤国际竞争力的来源、兖煤在海外并购中遇到的挑战、兖煤两次海外并购能力的成长性等方面对兖煤海外并购案例进行深入研究，以期为中国企业在全球化进程中的发展提供有力支持和指导，促进中国企业走向更高水平的全球舞台，实现更加可持续和高质量的发展。

一、兖煤进行跨国并购的动机——煤炭行业的国际化潜力和东道国的区位优势分析

1. 煤炭行业国际化潜力较大

一家企业是否能够顺利走出海外首先需要看其所在行业是否具备国际化的潜力。一般而言，根据麻省理工学院唐纳德·莱斯特（Donald Lessard）教授的"行业国际化潜力模型"（见图 6），我们应从行业的需求一致性、国家规模经济、国家及企业的比较优势、国家规制四个层面进行讨论。

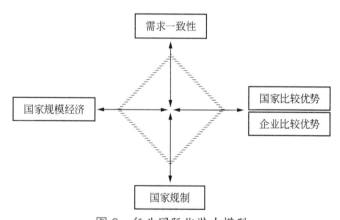

图 6　行业国际化潜力模型

从煤炭行业的需求一致性来看，煤炭行业作为上游能源产业，在世界经济运行中占有举足轻重的地位。尽管各国可能因为自身的产业结构、资源禀赋、国家经济发展水平等不同而对煤炭的需求量有所不同，但作为资源类产业，其在全球市场的需求仍然具有高度的一致性；同时煤炭行业具有较为典型的产品同质化特征，所以各国对于煤炭的需求也较为同质，印度、日本、韩国等国家均是全球煤炭进口大国。

从规模经济角度来看，与其他能源行业类似，煤炭企业的投资和运营需要一定的经济规模，需要较为雄厚的资金实力和一定水平的技术支持，这种对经济规模的要求，也会成为能源类企业国际化扩展的动力。

从国家比较优势/企业比较优势的角度来看，煤炭行业作为资源类行业，与其他资源型行业相类似，也具有资源地理分布不均衡的特征，由此，各国煤炭企业就有动机到海外去开发和获取矿产资源以支持国内经济发展。一般而言，同一行业在不同国家的先后发展顺序可能会影响该国该行业的先进性。对煤炭行业而言，发达国家作为先行者可能积累了更丰富多元的采煤技术和雄厚的资金优势，而那些对资源有着充分的需求，但煤炭储量有限、地理环境相对恶劣的国家，也可能发展出一些小众的、独特的、高水平的采矿技术，例如中国。综合而言，国家比较优势/企业比较优势可以构成煤炭行业采取国际化发展的推动力，掌握了先进技术的企业有动力投资海外获取更多优质资源。

从国家管制角度看，煤炭属于化石能源产业，整体上投资环境较为开放，尤其在澳大利亚，排名前几的煤矿公司都是外国企业，投资环境和政策都开放稳定，有利于外资企业进入。

综上所述，煤炭行业在国际市场上具有高度的需求一致性和显著的规模经济效应，其中具有先进技术的国家和企业具备通过海外投资获取更多资源的动机和能力，且该行业的国际投资环境整体较为开放，是一个国际化潜力很高的产业。

2. 澳大利亚区位优势明显

在兖煤收购澳斯达时，其所看重的区位优势分为东道国和企业两个层面：在东道国层面，澳大利亚具有稳定的政治环境和良好的商业环境，尤其在煤炭资源的勘探、开发和生产方面具备比较完善和透明的监管体制，政府对于煤炭运输和服务条件的监管体系也比较完善。在企业层面，澳思达煤矿地理位置极佳，煤炭质量较好。该煤矿地处新南威尔士州猎人谷地区，位于悉尼以北 160 千米，纽卡斯尔港以西 60 千米，有铁路与港口相连，交通便利。且其煤炭产品为低灰、高发热量半硬焦煤，属于国际煤炭市场的紧缺煤种。但澳思达矿的问题在于矿井煤层厚度较大，早在兖煤收购它之前，澳思达矿曾九易其主，原因是一直没能解决自燃的问题，所以最后被迫关闭。

在兖煤收购 Felix 时，其区位优势仍然分为东道国和企业两个层面：在东道国层面，由于兖煤在 2004 年成功收购澳斯达煤矿之后，仍持续关注澳大利亚煤矿市场的投资机会。兖煤因为企业实力得到了澳大利亚市场的充分认可，澳大利亚相关投行和中介机构便把与煤矿相关资产的出售信息源源不断地提供给兖煤，于是在澳大利亚运营期间，兖煤便与澳大利亚的矿业公司、设备供应商以及研究机构进行广泛接触，考察调研了十余个煤矿项目。2008 年全球金融危机带来了大宗商品价格大幅下行、资产价格被低估的投资窗口，于是兖煤决定再次投资澳大利亚市场、抄底优质煤炭资源。在十几家可能的并购对象中，兖煤看中了 Felix，认为其矿产资源的品类、客户资源、港口资源、技术专利、矿产地理位置都能为兖煤的长期发展带来益处。而兖煤掌握的专利技术——综采放顶煤开采工艺在国际上仍然具有先进性，适用于澳大利亚 Felix 煤矿的开采问题，此外，兖煤的技术包里还增加了矿井防灭火技术及"两柱掩护式"液压支架专利技术，都能显著提高其地下煤矿开采的安全性。并且，兖煤收购澳斯达矿的经历，使其对澳大利亚的政治体制、法律及人文环境有了更深的理解，对当地劳工关系、商业环境、煤矿管理的认识也更加深刻，能够显著降低投资风险，提高获益的可能性。而从国际化的方式来看，兖煤看中 Felix 的矿产资源品类、客户资源、港口资源、技术专利、矿产地理位置等优势只能够通过海外投资这样内部化的方式获得。

二、兖煤国际竞争力的来源——企业所有权优势分析

兖煤的国际竞争力一方面来源于母国产业竞争力，这得益于当时中国煤炭产业的发展需求和实际产业发展条件；另一方面来自于企业自身竞争力和企业早期的国际化经验，这得益于企业自身的战略选择和艰苦奋斗（见图 7 分析框架）。

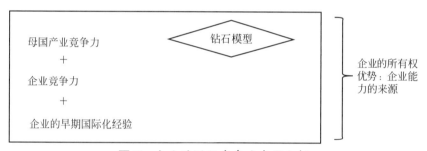

图 7　企业的国际竞争力来源分析

1. 中国煤炭行业的产业竞争力逐步提升

我们可以采用哈佛大学商学院迈克尔·波特（Michael E. Porter）教授的"钻石模型"（见图 8）分析当时中国煤炭产业的国际竞争力。

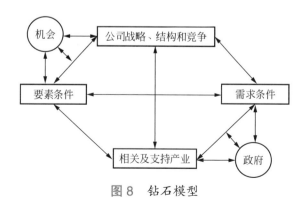

图 8　钻石模型

21世纪初期，中国正处于改革开放的进程中，经济增速较快，对资源的需求旺盛；同时，在国际分工过程中，中国在全球产业链中承担了"世界工厂"的角色，这进一步使得中国需要大量能源供给保障生产的可持续和低成本。国家统计局数据显示，中国煤炭消费量从1995年起不断增加，并在2012年超过了世界煤炭消费总量的50%，消费量和增速都很大；比重方面，在20世纪90年代至21世纪初，煤炭占能源消费的比重达到70%。从需求条件看，中国煤炭行业具有需求大、比重高的特点，有利于推动产业向国际化发展。

从供给端看，中国虽然是储量排名全球第四的煤炭大国[①]，但是人均煤炭拥有量和可采储量均远低于世界平均水平，且煤矿开采条件差、天然好矿区少，整体而言，中国煤炭的地质条件较为复杂。而煤炭作为中国的战略性资源，在集约化的发展要求下，主要由国有企业开采管理经营。于是部分国有企业为了支持国内经济的发展，努力克服恶劣的开采条件，发展创造出了小众的高级采煤技术。同一时期，中国政府颁布了若干政策积极支持煤炭产业的健康发展，2001年开始中国煤炭产业全部进入市场调节阶段，煤炭企业真正成为投资经营主体；2005年发布的《促进煤炭工业健康发展的若干意见》，2007年发布的《煤炭产业政策》，2010年发布的《关于加快推进煤炭企业兼并重组的若干意见》，使得2002—2012年成为了中国煤炭行业的"黄金十年"。

综上所述，在国内经济快速发展带来的强劲需求和政府有力的支持引导下，中国国有煤炭企业创造出高级采煤技术以解决国内煤矿恶劣糟糕的自然条件问题，产生了一定的国际竞争力。

2. 兖煤自身的竞争力突出，具有一定的国际化经验

兖煤作为国内煤炭产业中的领军企业，自1997年成立以来，通过国内多年的稳健发展和积极的国际化探索，积累了一定的国际化能力优势。首先，兖煤具有明显的技术优势。兖煤从2003年开始就通过合资办厂的方式积极学习、吸收先进的煤炭炼采技术知识，不断提升自己的实力和经验，2005年还与巴西淡水河谷公司和日本伊藤忠商事株式会社合资成立兖矿国际焦化有限公司，将中国的炼焦技术向前推进了20年。在兖煤拥有的百余项科技成果中，综采放顶煤开采工艺是世界开采中、厚煤层地下煤矿最先进的技术，能够有效解决煤矿开采过程中的自燃问题。其次，兖矿在国际上具有较高的知名度。2004年5月，兖矿开始援建委内瑞拉铁路，虽然这项工程历时4年多才竣工，但它让兖煤的名字在国际上为更多人所熟识和信赖。第三，兖煤早在1998年就实现了在香港、纽约、上海三地上市，具有雄厚的资金实力。

综合而言，兖煤在国内煤炭产业环境极具挑战的背景下，把握住政府的扶持机会，通

---

① 2020年，中国煤炭探明储量达143197百万吨，全球排名第四，前三名分别是美国、俄罗斯、澳大利亚。数据来源：https://www.chyxx.com/industry/202107/965376.html。

过积极的国际化探索学习国外先进技术、积累自身技术能力，最终具备了技术、品牌、资金三方面的优势，为其实现进一步国际化拓展奠定了重要基础。

三、兖煤国内能力成功转移到海外的原因——东道国的发展需要与企业能力相符

兖煤收购澳斯达，是其首次涉足澳大利亚的投资业务，由于两国地理距离遥远，在文化、制度、经济方面均存在较大差异（见表2），特别是兖煤对澳大利亚产业层面的法律、运作等问题都不熟悉，为其并购澳斯达带来更大的挑战。

表2　中澳两国间的差异分析（CAGE 距离框架[①]）

	C 文化	A 制度	G 地理	E 经济
宏观	语言差异	外资审批制度差异 公司法制度差异	距离遥远	宏观经济形势差异 常用货币差异
行业	环保观念差异	劳工聘用、劳工安全等方面的法律规定差异	地质条件、资源质量差异	目标市场差异 市场格局及竞争程度差异
企业	工会、企业文化等经营管理理念的差异	企业所有制类型差异	企业煤矿地质、基建条件差异	常用货币差异

具体来看，在宏观层面，首先，澳大利亚作为资源型国家，具有更复杂的外资审批制度和公司法制度，并且中澳两国常用货币的差异也会给投资带来一定风险。在行业层面，澳大利亚由于较早开放了矿业市场，市场上存在许多大型跨国企业，企业间竞争较为激烈，且开采的煤炭以出口为主；而中国的煤炭以自用为主，大中型煤矿基本都是国家所有，市场竞争程度与澳大利亚有明显差异。其次，澳大利亚由于较早发展矿业，其环保观念较为先进，尤其重视对煤炭的清洁开采利用，而中国作为发展中国家，煤炭行业仍处于扩大产能的初级发展阶段，对环保的理解和把握相对落后。此外，由于两国经济体制的差异，澳大利亚和中国在劳工聘用、劳工安全等方面的法律规定也存在明显不同。在企业层面，兖煤是国有控股的企业，而澳斯达属私营企业，二者在企业文化、日常运营规定等方面都可能存在明显差异。

整体而言，中澳两国之间在多个层面的差异对兖煤收购澳斯达构成了不容忽视的障碍和挑战。接着，为了进一步分析兖煤如何能够在上述障碍和挑战下将其在国内积累的能力顺利转移到澳大利亚市场进行应用，我们基于兖煤收购澳斯达矿是为了获取优质矿产资源这一

[①] CAGE 距离框架是由哈佛大学 Pankaj Ghemawat 教授开发的分析框架，用于分析企业在制定国际化战略时应该解决的国家间的文化（cultural）、制度（administrative）、地理（geographic）和经济（economic）方面的差异及挑战。

动机，采用 Donald Lessard 教授的 RAT 检验[1]进行测试，这是基于能力外展型企业投资的动机作出的检验选择。

从能力的相关性（R）角度看，兖煤独有的综采放顶煤开采技术，恰好能够解决澳斯达深层煤矿开采自燃的问题，这是之前所有企业都无法解决的难题，由此可以判断兖煤拥有的能力与澳大利亚市场需求具有高度相关性。再看兖煤能力的适用性（A），兖煤收购澳斯达矿之前，该矿曾九易其主，但其自燃问题一直存在，于是最后被迫关闭。而兖煤的进入使得这一煤矿起死回生，对澳大利亚来说是变废为宝，完全符合东道国的利益。最后看兖煤能力的可转移性（T），综采放顶煤开采技术是兖煤自己开发的专利技术，这类无形资产可以较为容易地通过内部化的方式在国外矿区使用，能力的可转移性较好。

总结而言，兖煤拥有的综采放顶煤开采技术能够完美解决澳斯达的生产难题，且未来还有广泛的应用空间，完全符合东道国的产业发展利益，于是该笔投资得到了澳大利亚政府的大力支持。因此虽然两国之间存在前述种种差异和挑战，但由于有东道国政府的支持和协助，兖煤成功收购了澳斯达，并一夜成名。对此，澳大利亚当地给予的评价是：兖煤带来了神奇的技术，使得废矿死灰复燃。这次投资经历成为兖煤国际化进程中最重要的积累，加上此后几年兖煤对澳斯达矿的有效运营管理，使得其在收购 Felix 时对两国间 CAGE 的理解和把握已较为纯熟。

四、兖煤两次跨国并购联系紧密——海外投资能力的成长性分析

与第一次投资类似，兖煤在收购 Felix 时，仍然面临中国与澳大利亚之间存在的语言、制度、文化等方面的差异，但得益于兖煤对澳斯达的收购以及后续稳健的经营管理，兖煤对澳大利亚的商业环境已经有了充分的了解，并且树立了良好的企业形象，有利于其克服种种差异实现成功的投资。与第一次投资类似，兖煤收购 Felix 的主要目的仍是获取优质的矿产资源，仍属于能力外展型投资，因此仍采用 RAT 进行检验。

首先看能力的相关性（R），Felix 矿山与澳斯达矿地理距离较近，其矿山的开采条件较为相似，因此兖煤的综采放顶煤开采技术能够得到较好应用，即说明兖煤当前的能力与对方所需具有较高的相关性。再看能力的适用性（A），对兖煤来说，投资 Felix 能够在其技术进步、资源整合、国际化发展、绿色转型等多方面带来益处；对 Felix 来说，兖煤的投资能够帮助年迈的股东实现其在金融危机后将资本变现退休的愿望，即兖煤此时收购 Felix 对于双方都是较为合适的选择。最后看能力的可转移性（T），兖煤的综采放顶煤开采技术仍然可以通过内部化的方式进行转移，此外兖煤前期积累的对澳大利亚投资环境、煤矿管理规则、

---

① RAT 检验是从 relevant、appropriate、transferable 三个角度进行检验。除了 RAT 检验，Donald Lessard 教授还提出了 CAT 检验，分别是 complementary、appropriate、transferable，这是基于能力增强型企业投资的动机作出的检验选择。

劳工管理规定等方面的项目经验，作为无形资产，也能够在本次投资中得到转移和应用。

综上所述，尽管中澳之间存在多个层面的差异，但得益于兖煤首次收购澳斯达矿的成功经历，兖煤所具备的技术能力和国际化经验能够在收购 Felix 时实现高效转移和应用，即兖煤收购 Felix 通过了 RAT 检验，对兖煤自身和 Felix 都是不错的投资决策。

五、兖煤跨国并购中的关键要点及成功经验总结

1. 兖煤的国际化战略顺应了国家的发展需要及企业自身的转型需求

兖矿的国际化探索始于 20 世纪 90 年代，它曾在 1999 年尝试收购澳大利亚煤矿，但最终无功而返。兖煤对于国际化发展一直抱有热情，在 2008 年全球金融危机爆发之后，在全球矿产资源价格暴跌的背景下，兖煤基于几方面的考虑，重新制定了国际化发展战略。首先，从国家角度来看，中国经济的高速发展需要上游能源产业的大力支持，而国内煤炭资源储备不能满足相应需求，于是兖煤身为国有企业肩负保障国内能源安全的责任，计划通过国际化扩张补充国内煤炭供给缺口。其次，从企业角度看，兖煤处于煤炭资源紧缺的华东地区，需要通过国际化扩张增加自身战略资源储备，以支撑企业长期、稳定、健康的发展。再者，兖煤可以依托国际化实现产业结构转型。由于煤炭深加工产业是兖煤未来进行产业结构优化的重点领域之一，而收购国际成熟企业非常有利于该目标的实现。最后，兖煤在 2004 年成功收购澳斯达煤矿的经历，增强了其外展自身技术优势、获取国际资源的信心。于是，兖煤制定了以跨国并购的方式再次进入国际市场的国际化战略。

2. 兖煤的并购目标选择与时代背景及自身实力相符

在确定国际化的战略目标之后，兖煤需要在当前背景下选择合适的东道国和并购目标企业。一般来说，煤炭行业并购会优先选择澳大利亚、加拿大等发达资源国作为投资目标国，它们不仅拥有丰富优质的煤炭资源，还拥有相对稳定、开放的政治、商业环境和成熟的资本市场。虽然中国和澳大利亚之间 CAGE 差异较大，但因为 2004 年收购澳斯达矿时打下了良好的基础，兖煤对澳大利亚的商业环境已有充分了解，其自身技术优势在本地也获得了广泛认可，拥有良好的企业形象。于是兖煤最终选择澳大利作为其投资目标国。

确定投资东道国之后，就需要收集信息确定并购目标企业。由于在 2004 年收购澳斯达之后，兖煤的实力得到了市场的充分认可，所以澳大利亚投行时常会为兖煤提供并购目标的信息。最终兖煤在数十家煤矿企业中选择了 Felix 作为并购目标企业，原因主要有：第一，Felix 丰富优质的煤矿资源，有利于兖煤扩充其战略储备，支持企业发展结构的转型；第二，Felix 拥有丰富的海内外客户资源，有利于兖煤扩大客户基础；第三，Felix 拥有的澳大利亚港口资源能够帮助兖煤获得港口运力保障；第四，Felix 的超洁净煤技术，及其带动兖煤技术设备输出海外的能力；第五，Felix 与澳斯达矿可以形成协同和规模效应。

3. 兖煤的跨国尽职调查和估值方案有效弥补了因国家间差异带来的企业能力差距

在确定并购目标企业之后,兖煤需要开展尽职调查,把握目标企业的真实运营情况,并对其作出价值评估。于是,兖煤邀请了在澳大利亚具有丰富运作经验的瑞银集团进行尽职调查,同时选用了2004年收购澳斯达矿的原班人马上阵辅助。通过尽职调查,兖煤了解到,首先,Felix在当前市场震荡的背景下仍然能够实现业务的持续增长,具备拥有良好的生产潜力和客户基础,且地理位置优越、财务状况稳定,是澳大利亚排名前五的煤矿生产企业;其次,Felix负责旗下所有矿区的管理及日常运营,管理着所有的煤炭销售公司,且其产品主要出口海外市场,并且在生产环保和安全方面都遵照相关法规运营,具有较好表现。综合考虑煤炭价格走势、Felix现有生产能力、企业未来发展计划、运营参数及成本以及Felix的拟分配股利安排等多方面因素,双方确定了最终收购价格。

4. 兖煤的融资方案选择和谈判交易方案与企业自身实力及东道国环境匹配

在把握了目标公司的真实运营状况并对企业风险和价值给出评估之后,兖煤需要通过谈判确定合适的收购方式以及最终的融资策略。最终在考虑多方面的因素之后,兖煤选择采用"安排方案"进行收购,其优势在于:首先,安排方案具有更高确定性,收购只须多数股东批准即可,便于100%收购目标企业,有利于发挥新企业的协同效应。其次,安排方案在股东批准方面的门槛较低,只须50%以上的股东人数、75%以上的持股价值赞成收购即可;而"要约收购"只有获得90%以上的股份才能启动强制收购程序。最后,"安排方案"能够降低竞争者进入的风险,相比之下,"要约收购"是在公开市场上向目标公司股东发出要约,可能会面临新增竞争者的风险。

在融资安排方面,兖煤最终确定通过银行贷款的方式筹措本次收购所需的全部资金,具体来说就是由中国银行悉尼分行或其为牵头行组成银团,由中国银行山东分行为兖煤进行担保,兖煤进一步为山东分行进行反担保的融资担保结构,通过这种融资安排方式,兖煤能够实现降低交易成本、减少经营风险、优化税收结构的目标。

此外,在并购谈判中,澳大利亚政府也提出了一定的要求,而兖煤基于企业长期发展的考虑也作出了澳方所需的承诺。具体来说,澳方提出了本土化运营的要求,要求兖煤在收购Felix之后的澳大利亚子公司主要由澳大利亚的管理团队和销售团队进行管理,并且要求子公司首席执行官、首席财务官及部分董事主要在澳大利亚居住,还要求多数董事会会议在澳大利亚举行。其次,澳方要求兖煤澳大利亚子公司在2012年年底之前完成在澳大利亚证券交易所的上市,并且降低兖煤在澳大利亚子公司的持股比例。最后,澳方要求兖煤澳大利亚子公司遵循市场化的运作模式。对于上述要求,基于前期对澳斯达矿的运营经验,兖煤明白本地化运营、遵循市场化原则运作对企业长期发展的重要性和必要性,并且考虑到降低持股比例并不影响其持股地位，于是承诺将满足澳方的上述要求，并在实际审批完成后，与 Felix 达成了收购协议。

5. 兖煤的并购后整合得益于前期国际化的经验积累

兖煤进入并购后整合阶段，由于本次收购仍由兖煤收购澳斯达项目的原班人马负责，他们对并购后期的整合驾轻就熟，加上企业通过第一次收购积累了在澳大利亚运营项目的经验，于是中澳双方 CAGE 差距过大的问题已经完全构不成并购后整合的阻碍。

6. 兖煤并购 Felix 的成功经验总结

并购 Felix 是兖煤在澳大利亚完成的第二个投资项目，因为有了第一次并购澳斯达的经验，兖煤对澳大利亚政治、法律、劳工、商业、煤矿管理的规则有了较为透彻的理解和把握，由此顺利克服了中国和澳大利亚之间存在的语言、经济制度、劳工管理等方面的差异，使得兖煤自身的技术能力和并购管理经验得到了有效的转移和应用。

其次，兖煤自身所拥有强大的并购实力，也是支持其完成 Felix 并购项目的关键要素。在确定并购标的之前，兖煤与澳大利亚矿业公司、设备供应商以及研究机构进行了广泛接触，考察调研了十余个煤矿项目，最终确定了 Felix 这一符合其自身发展需求的并购标的；对于跨国并购所需的中介机构，兖煤聘请了瑞银这一刚刚完成中国五矿集团在澳大利亚的收购项目的投资银行为其助力；加上兖煤并购团队自身具有丰富的并购经验，通过高效的决策运营，Felix 并购得以顺利实施。

此外，兖煤能够顺利并购 Felix 也得益于其把握住了 2008 年全球金融危机爆发后澳大利亚资产价格下跌带来的抄底机遇，在恰当的时机以相对合适的价格获取了较为优质的矿业企业资产，最终实现了既利于澳大利亚出口优质煤炭资源的国家发展诉求，又符合兖煤自身产业结构优化、技术进步、资源整合等多方面的企业发展需求，实现了母国企业与东道国的共赢发展。

总结而言，从兖煤并购 Felix 的过程中我们可以看到，跨国并购的早期国际化经验、企业自身实力、并购时机和并购标的的选择都是企业能否成功实施跨国并购的关键要素。

六、启示：中国企业国际化扩张的战略分析框架

兖煤这一案例展示了中国企业进行海外投资之前应该完成的国际化战略分析框架，这一框架包含全球、产业、国家三个层面的背景分析和一个企业层面的综合分析。

首先，中国企业在制定国际化战略之时就应分析把握全球海外投资的趋势和特征，明确理解中国企业在全球投资进程中的后来者身份以及由此带来的种种困难和挑战，提前考虑相应问题的解决方案。

其次，中国企业应该就拟投资产业进行产业层面的国际化潜力分析，从需求一致性、

规模经济、国家/企业比较优势、国家规制这四个方面明确企业所在行业的国际化潜力大小，进一步明确企业国际化战略决策的合理性和科学性。

最后，中国企业应该结合母国（中国）在全球投资进程中的后来者身份对企业所在产业的国际竞争力进行深入分析，从要素条件、需求条件、相关及支持性产业、公司战略/结构，以及竞争、政府、机会这七个角度分析中国企业相关产业的国际竞争力来源，以此把握中国企业在产业层面的国际竞争地位和企业进行海外投资的能力来源。

在三个层面的背景分析基础之上，中国企业应该进一步完成对企业自身的海外投资动机、拟投资东道国的投资环境、企业投资能力及投资策略的综合性分析，具体分析内容包括拟投资东道国的区位优势、企业自身的所有权优势、企业母国和拟投资东道国之间的地理/文化/制度/经济四个方面的差异、企业投资方式选择……通过企业层面的综合分析，一方面，企业能够明确自身对拟投资东道国的理解程度，由此预判企业在相应投资环境中可能面临的挑战和困难，另一方面，企业能够深入理解自身投资能力在拟投资东道国的可转移性及适用性高低，进而评估企业此次国际化扩张的难易程度，为企业国际化扩张进程中可能遇到的困难阻碍提前作出应对考虑，最终提高企业国际化扩张的成功率。

对于兖煤这样一家国有资源型企业来说，其国际化发展路上的每一步都是稳扎稳打、踏踏实实走出来的，其突出技术优势的形成离不开国家产业政策的支持，也离不开企业自身的艰苦奋斗和不懈努力，最终才能使它在稳健的国际化扩张战略下顺利完成两次符合中国经济发展需要的跨国并购实践。可以说，兖煤的国际化发展历程就是中国企业"以开放促发展"的最佳实践，既能够体现中国国有企业的使命担当，也展示了在中国式现代化发展进程中企业迈向高质量发展的价值遵循和实践路径，其两次海外并购的做法和成功经验一方面为其他中国企业走出国门提供了有益的启示和指导，另一方面也有效回应了国际社会对中国国有企业出海动机及能力的质疑。面向未来，国内资源型企业应进一步积极探索高质量发展路径，努力成长为资源节约、环境友好、经营高效的企业，切实提升企业的资源整合能力、技术创新能力，努力融合国内外市场发展需求，通过企业自身的高质量发展推动产业向现代化道路迈进。

21

不一样的 "阿凡达" *

——肯尼亚铁路援建中与马赛部落的协同之路

📋 案例正文

【引言】2013 年习近平总书记提出 "一带一路" 倡议，高举和平发展的旗帜，积极发展与沿线国家的经济合作伙伴关系，共同打造政治互信、经济融合、文化包容的利益共同体、命运共同体和责任共同体。2022 年 10 月 16 日，习近平总书记在党的二十大报告中强调 "中国式现代化，是中国共产党领导的社会主义现代化，既有各国现代化的共同特征，更有基于自己国情的中国特色"，并深刻阐释了中国式现代化的特征和本质要求，强调中国式现代化不走战争、殖民、掠夺的老路，而是坚持走和平发展道路，推动构建人类命运共同体。这是中国式现代化对传统西方现代化模式的历史性超越，也是中国式现代化推动构建人类命运共同体的根本遵循。本案例聚焦于我国援建肯尼亚铁路进程中，面对当地部落社区的威胁、阻工、冲突，秉承人类命运共同体的价值观，以和平共处、互惠共赢和可持续发展为目标，主动承担责任，化解矛盾，不做 "外乡人"，要做 "真朋友"，最终实现互利共赢的协同发展。

【摘要】本案例以 "一带一路" 框架项目 "内马铁路一期" 建设过程中的真实故事为切入口，还原铁路修建时马赛部落原住民由于文化差异和利益诉求，对中方企业进行威胁、阻工等，面对困难，中方代表耐心了解、积极协调、主动帮助，在化解矛盾的同时赢得了部落居民的理解与认可，最终达成来之不易的共赢局面。王智勇也因此收获了一份弥足珍贵的跨国友谊，缔造出不一样的 "阿凡达" 式传奇。

本案例通过对内马铁路中交第一航务工程局有限公司参建标段实施过程的全景式

---

* 案例作者：殷成志，清华大学公共管理学院副院长、长聘副教授；卢伟、孟祥瑞、武俊男、王仁锋、高竞佳，清华大学公共管理学院硕士研究生（在读）。项目负责人、指导老师：殷成志。本案例中出现的人名、地名均在事实的基础上进行了掩饰处理，本案例不对组织绩效和个人得失做评价。

展现，描绘项目顺利建设并获得马赛部落广泛认可背后蕴含的治理之道，从部落社区层面为人类命运共同体落地实施提供又一个事实依据。这也是在中国式现代化的理念和倡议指导下，中国致力于同世界各国共同发展、合作共赢实践的生动体现，展现了中国以现代化建设新成就为世界带来更多机遇，作出更大贡献的坚定信念、决心和行动。

【关键词】马赛部落；内马铁路；一带一路；现代化建设；协同发展

旧帝国殖民肯尼亚　新丝路东风送飞虹

诗曰：

裂谷丰饶肥美地，豺狼虎豹各垂涎。

英帝殖民驱马赛，米轨铁路^①掠资源。

肯亚独立国凋敝，总理访非^②交流繁。

一带一路再合作，中非友好谱新篇。

19世纪末英帝国的铁蹄在东非肆虐，彼时"肯尼亚"这个名称尚不存在。对于英国殖民者而言，这里只是一片无名的荒原，还挡在了他们和乌干达丰富的矿藏之间。^③为方便攫取东非资源，英国殖民者自1896年起历时5年花费550万英镑，修建了"乌干达"米轨铁路。铁路全长931千米，从1896年修建开始到1901年铁路竣工，共有2493名铁路工人死亡。换言之，每一英里（约1.6千米）米轨铁路是由四条铁路工人的生命铺就的，因此乌干达铁路又被称作"疯狂铁路"。

马赛族人（Masai）是东非草原上的游牧民族（见图1），被称为"草原上的贵族"，他们世代在荒原上逐水草而居，繁衍生息，与牛羊为伴，至今部分马赛人依然保留着吃半生肉、饮牛血的饮食习惯。马赛人以耳垂下拳头大的耳洞为美，男性马赛人更以单独猎杀一头狮子为荣。不论是文化还是物质，马赛部落都与现代文明相去甚远。在侵略者到来以前，马赛人本生活在水草丰美的裂谷周边地区，1904年和1911年，英殖民者为了打造完全属于白人的"白人高地"，迫使马赛人签署《马赛协议》。马赛部落因此被驱逐出自然条件较好的北部保留地，被迫向干燥炎热的南部地区迁移。

1963年肯尼亚共和国宣布成立，同年中肯建交。英国殖民者虽被赶走，但"疯狂铁路"与被驱逐的阴影一直残存在每一个马赛人心中。

---

① 米轨铁路：铁路标准轨距是1435毫米，简称"标轨铁路"。米轨铁路宽约1米比标准轨距小。
② 总理访非：指1963年、1964年周恩来总理访问非洲。
③ 姚远，金正.肯尼亚老米轨：这一条"疯狂的铁路"，帮助肯尼亚终结了殖民统治[EB/OL]. https://www.sohu.com/a/144474993_201960.

图 1　传统马赛人

图片来源：MSU Global Focus Photo Contest

　　1964 年周恩来总理访问非洲，此后中国对肯尼亚多次给予援助。1985 年起中国公司在肯尼亚从事工程承包业务。2016 年内马铁路 [①]（见图 2）开工，故事从此拉开序幕……

图 2　内马标轨铁路一期（内罗毕至奈瓦沙）项目示意图

图片来源：受访者提供

"阿凡达"接到新任务　王智勇邂逅尉双全

　　"柯劢酋长走了"，收到消息的一瞬王智勇迟疑片刻，他看了看手腕上鲜艳的手环，紧接着眼眶湿润了起来，一行简短的文字将王智勇的思绪拉回到柯劢酋长送给他手环的那个遥远的下午。

---

① 内马铁路（Nariobi-Malaba Railway），全称"内罗毕至马拉巴标轨铁路"，是一条连接肯尼亚共和国内罗毕郡和布西亚郡的客货共线铁路，由中国交通建设集团按照国铁 I 级标准帮助肯尼亚建设，是蒙内铁路（具体信息见下页脚注）的延长线，为肯尼亚 2030 年远景规划的旗舰项目、东非铁路网的第二段。

　　王智勇是来自中国交通建设集团（以下简称中交集团）第一航务工程局有限公司（以下简称中交一航局）的一名项目现场经理，掌握一口流利英语的他在2012年年初就职公司海外事业部，自2015年起就在"一带一路"倡议的项目中发挥自己的光和热。蒙内铁路^①线下工作^②临近尾声时，王智勇接到公司发来的新任务，他将被派驻到内马铁路一期第三标段^③（见图3）的建设中去，与其他几名同事在内罗毕汇合，成立第三标段先遣队负责施工前的准备工作。此项目中，肯尼亚政府一方面作为业主，通过肯尼亚铁路局与EPC^④总包中交集团签订工程施工合同；另一方面，肯尼亚政府通过肯尼亚环保局等机构对施工过程中环境保护、施工安全等方面进行监管，确保承包商施工过程的合法合规。总承包商中交集团将项目拆分为若干标段，其中内马铁路一期第三标段由中交一航局参与施工建设。王智勇负责具体项目施工，包括与当地居民互动、协助征地补偿、进场施工、用料采购、用工雇佣等事项，接到派驻通知的他没有想到接下来面对的将是怎样的困难，更不会想到在解决这些困难后他将收获一段真挚的跨国友谊。

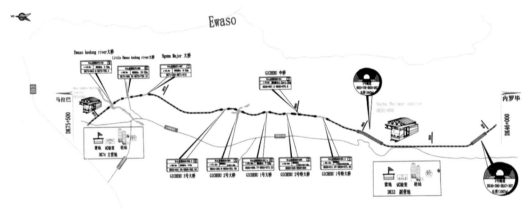

肯尼亚内罗毕至马拉巴新建标轨铁路一期项目三标段施工平面布置图

图3　内马铁路一期第三标段施工平面布置图

图片来源：受访者提供

　　2016年6月王智勇风尘仆仆地来到酒店，他办理好入住手续提着行李到房间，发现他的新上司"老肯"尉双全已经恭候多时。尉双全是内马铁路一期第三标段前期筹备组的主要

---

① 蒙内铁路（Mombasa–Nairobi Standard Gauge Railway，SGR），全称蒙巴萨至内罗毕标准轨距铁路，是肯尼亚共和国境内一条连接蒙巴萨与内罗毕的铁路，由中国按照国铁Ⅰ级标准帮助肯尼亚建设，是东非铁路网的组成部分，是肯尼亚独立以来的最大基础设施建设项目，也是肯尼亚实现2030年国家发展愿景的"旗舰工程"。

② 线下工作：行业术语，铁路工程分为线下与线上部分，线下部分包括勘测设计、修建路基等工作，线上部分包括铺设轨道、接通信号和调试等工作。

③ 第三标段：集团式集群作业为方便施工，中交集团将内马铁路一期线下工程拆分为5个标段，本案例中交一航局负责第三标段，简称"三标"。

④ EPC（Engineering Procurement Construction），是指承包方受业主委托，按照合同约定对工程建设项目的设计、采购、施工等实行全过程或若干阶段的总承包，并对其所承包工程的质量、安全、费用和进度进行负责。

负责人,也是先遣队的队长,铁路的线下部分在施工前需要专业人员进行路线摸排,主要包括线路测定、地质勘探和找寻营地三项工作。简单的相互了解后,尉双全摊开一张施工图向王智勇娓娓道来。

尉双全说:"小王,前几天内马铁路一期正式启动,咱们局主要负责内马铁路一期第三标段的线下部分,三标全长 29.5 千米,目前已知的工程涉及两个隧道和四座桥,剩下的这些路堑、涵洞还需要前期优化,线路实际位置所经过的地形地貌也需要采点复核,所以成立了咱们这个先遣队来探线,主要是负责测定线路和勘探地质,再就是找到一片适合建立施工营地的区域。咱们队一共有 12 人,我是测量专业出身同时负责统筹,你负责外协,其他队员负责人事、机务和相关技术,部分队员还在其他的项目上,目前还没有完全到齐。明天一早咱们就开始探线,考虑到线路地形复杂,咱们驱车并结合徒步探线,业主这边提供了各区域的向导,我们也安排了警察协防,条件虽然艰苦些但安全还是有保障的。工作中有什么问题你尽管提,咱们随时交流。"

面对尉双全的热情与专业,王智勇像吃了一颗定心丸。在接下来的一个月里两人配合默契,探线工作顺利推进。但肯尼亚落后的基础建设、复杂的政治环境和恶劣的自然条件都给工作带来层层阻力,他们需要从首都内罗毕出发向奈瓦沙行进,驾车在崎岖不平的山路上每天往返百余千米,并根据需要随时下车徒步进行测量和勘探,在路途中还要注意周边情况,防备野生动物的同时寻觅合适的营地选址。

在探线工作推进到最后 5 千米时,他们遇见了麻烦,根据图纸显示内马铁路一期第三标段的最后 5 千米需要穿越一个叫"Namuncha"(纳木错)的部落社区,随着汽车缓缓驶入,王智勇发现了部落居民的异样:居民们身着红色长袍手持木棍,腰胯短刀,警惕地打量着先遣队的汽车,口中不时发出呼吼。"他们在干什么?"王智勇惊奇地望向向导,向导解释说:"这是马赛族人,他们可能是在示威,我们已经驶入了马赛族的领地。""你能听懂他们在说什么吗?"尉双全追问道。"我不知道,他们讲的是马赛族的马阿语。"向导回复。

眼看天色已晚,面对未知而潜在的敌意,王智勇决定先驱车返程。

项目组寻觅新营地　先遣队初识马赛人

肯尼亚是一个多族群国家,尉双全作为在肯尼亚工作两年多的"老肯"与肯尼亚的其他族群打过交道,但对于马赛族却知之甚少。在近几天的探线过程中,大家发现距离马赛部落很近的一片空地适合搭建营地。考虑到项目本身也要穿越马赛部落,不如借着搭建营地的机会提前和马赛人建立联系。俗话说"知己知彼,百战不殆",为确保初次接触能留下较好的印象,王智勇提前在网上查阅了一些关于马赛人的资料。

资料显示，马赛人是具有鲜明特色的游牧民族，以强悍勇敢和内向、守旧著称于世。[①]族群内男性掌握权力，由部落首领"酋长"（Chief of Tribe）和长老会议负责管理，族群内的主要语言是马阿语（Maa，又称马赛语）和斯瓦西里语（Kiswahili）。马赛族群虽然较为原始，但在肯尼亚独立后肯尼亚政府为马赛族的经济和文化发展作出了努力，受过教育的马赛人也日益增多。值得一提的是，肯尼亚自1963年独立后由于部分族群规模较大，在所属行政区划地域内给予了族群一定自治权。换言之，某一马赛族部落除受该地区行政长官"村长"（Chief）管辖外，族群内可自行推选一位"酋长"作为首领，其中"村长"为该行政区划内行政长官。

王智勇用了几天时间查阅资料，力图为拜访马赛部落做好充足的筹备，而就在筹备工作临近尾声时营地传来了坏消息，项目组在营地选址清表[②]过程中遭到了马赛人的阻工，王智勇收到消息后第一时间将情况汇报给了尉双全，两人一同赶往营地工程区。

营地施工现场，一群年轻的马赛战士[③]将项目组人员包围起来，企图阻碍施工。两人赶到后王智勇先将施工人员安抚稳定，随即让向导用斯瓦希里语向马赛人喊话，"你们为什么要阻碍施工，谁是你们的负责人？"话音刚落，马赛人群中走出一位老人和两名中年人，只见老人与其中一名中年人相互耳语后，中年人用英语[④]说道："你们侵犯了我们的领地，我们不欢迎你，请赶快离开，不然我们会动用武力。"

面对马赛人的严厉威胁，王智勇为了避免矛盾升级，决定先暂停施工从长计议。从营地施工区撤离后，王智勇与尉双全决定向政府寻求帮助，随后他们找到了纳木错马赛部落社区的村长。通过村长了解到，白天见到的马赛族老人是该部落的酋长柯劭，另外两名中年人是酋长的秘书本森和所罗门，两名秘书都接受过高等教育，精通马阿语、斯瓦希里语和英语。虽然初次接触并不愉快，但王智勇并没有气馁，第二天一早在村长的引荐下，他决定亲自到部落拜访柯劭酋长。

见到柯劭酋长后，王智勇先送上了提前准备的中国绿茶作为礼物，并对之前的冒犯表达了歉意："我们是来自中国的建筑公司，来为肯尼亚修建铁路，初到部落不了解咱们马赛族的风俗习惯，还请酋长多包涵。"所罗门将礼物递交给酋长，酋长将礼物放到一旁温和地说道："谢谢你的礼物，昨天村长已经跟我介绍了你们的情况，我很理解也欢迎你们来部落做建设。但我作为族群的领袖需要为部落的族人着想，如果你们想在我们的部落施工，需要答应我们提出的几个条件。首先，你们施工队中有很多外乡的肯尼亚人，我们部落也有很多年轻的战士，请你将外乡人解雇，雇佣我们部落内的年轻人参与建设，让我们的年轻人在工

---

① 高晋元.勇敢、强悍的马赛人 [J]. 西亚非洲, 1981(5): 74-75, 77.
② 清表：行业术语，指对施工场地的表面清理。
③ 马赛战士：因马赛人传统的生活方式靠游牧打猎为生，猎杀狮子、豺狼、野鹿等大型动物，捕猎的马赛人需要具备强健的体魄、冷静的头脑、迅捷的速度、超人的智慧来实现成功捕猎，这也是18岁成人男性成年礼的外化表现。
④ 斯瓦希里语和英语同为肯尼亚官方语言。

地上学习技术；其次，你们建营地和铁路一定需要沙子、砖块、红土和水等，你们所需要的资源必须全部从我的部落采购，我这里应有尽有；最后，既然你们要在我的部落施工赚钱，就有责任给我们提供一些经济支持，部落的小学需要扩建、道路需要翻修、学生也需要资金来完成学业。"

面对柯劲酋长温和的责难，王智勇有些为难，但他明白这些看似无理的要求背后既有马赛人对中国公司存在的误解，也隐含着酋长内心对族群利益的维护。这些要求不能完全答应，但也不能断然拒绝，还是应该稳住酋长情绪争取信任，通过进一步的交流让彼此间有更多的理解。

王智勇说："您提出的三个要求我已经清楚了，雇佣员工我可以做主，请您在族内挑选几名18～60岁的健康男性明天上午我们做个面试，没有问题的话可以当场录用。企业责任，我们今后可以考虑。但是，供料这个要求并不完全在我的职权范围内，我还需要回营地跟领导进一步沟通请示，请给我们一些时间。"

经过近一天的拜访，王智勇代表公司与马赛人建立了联系。在会晤的最后，柯劲酋长拿出一个鲜艳的手环（见图4）亲自戴在了王智勇手上，代表部落对中国人的欢迎。回到营地后，王智勇将拜访的情况详细地转述给了尉双全。

尉双全说："这种情况我之前在其他项目也遇到过，肯尼亚作为东非国家还是相对落后，马赛人看到我们这么大的工程这么多重型设备，自然就产生了误解，认为中国公司都财大气粗。你今天做得很好，既然铁路要穿过部落，绕是绕不开的，既然绕不开我们不如积极地融入进去。明天咱们先去看看他们的小学和公路，在经费允许范围内为部落作些贡献也是利人利己。"

在随后的日子里，项目组在部落招工400余人，并采取"永临结合"^①的工作思路，为部落修建校舍（见图5），翻修并开辟了20多千

图4 王智勇获赠手环
图片来源：受访者提供

图5 在部落修建校舍
图片来源：受访者提供

① 永临结合：将工程项目建设中的临时设施与永久设施一次施工相结合的做法。这里具体指：修复社区道路既"永久"服务当地社区出行，项目施工期间又"临时"便利了项目各类施工设备和交通工具通行，实现社区和项目的双赢局面。

米的柏油公路，顺畅的公路对于部落是永久的公共资源，对于项目组是提高施工效率的保障。此外，在项目组的引导下部落成立了两家合法的属地公司，专门对接双方的部分物资采购经济事项往来，中方的高效与慷慨赢得了部落赞美，马赛人言出必行的契约精神也得到了中方好评。营地建设有条不紊，在一次又一次的交流中酋长也与王智勇等人建立了理解与信任。

马赛人阻工红线外　王智勇耐心促和解

2016 年 9 月营地顺利建成，蒙内铁路收尾工作也接近尾声，内马铁路第三标段组人员、设备陆续进场完毕。探线、营地建设等开工前准备工作结束后，要在确定好的线路上将红线 ① 放样并确定边桩。兵马未动粮草先行，施工前需要将建材准备完毕，为节约项目成本促进当地发展，项目组决定就地取材与部落居民签订临时征地 ② 合同，在部落内开采片石、红土等资源。资源开采完毕后由土方车运往红线内各处物资集散点。

一天上午，王智勇正在营地里组织施工，一名工人突然跑过来让他赶紧去营地外看看。他跑到营地外，见到不远处有一位身披深红格子裙、腰佩钢刀、面有烫印的马赛人正气势汹汹地拦在项目组的运土车前。走近一看，土方车前躺着一只死羊，王智勇连忙问司机是怎么回事。

司机说："Mr.Wang，我好好地开着车，路上突然不知道从哪冒出来一群羊，我急踩刹车可是惯性太大还是撞上了，我刚想下车看看他就冲了过来，叽里咕噜地不知道对我说啥，吓得我都不敢下车了。"

这时，看到了这边发生的事故，又有几个马赛人围了过来。由于语言不通，王智勇赶快请来了柯劭酋长的秘书所罗门帮忙调解。所罗门赶到后和这位马赛人交谈了一阵，随后为王智勇做了翻译。

所罗门说："这位马赛人是住在附近的村民，名叫马拉，主要以放牧牛羊为生，今天打算把羊群赶往施工便道一侧喝水，结果在便道上被撞死了一只，他现在很气愤，要求你们赔偿他。"王智勇自知理亏，决定先问问马拉的需求："你想得到多少赔偿？"马拉和周围的人低声说了几句，然后大声说道："你们撞死了我的羊，得赔我 15 万先令。" ③

王智勇私下问了所罗门，当地一只羊的市场价在 5000 先令左右，15 万先令无异于天方夜谭。

---

① 红线：行业术语，铁路铺设前以铁路中轴线为中心，原则上以垂直中轴线左右各 35 米为边届划定红线，红线内部为铁路建设路权范围。

② 临时征地：本案例中分为临时征地和永久征地两种。临时征地指施工过程中，开采资源、建设营地所需临时占用土地，在铁路建设完毕后不再占用。由于铁路铺设完毕后长期存在，红线内土地为永久征地。

③ 先令：肯尼亚官方货币为肯尼亚先令，当时汇率为 1 美元 ≈100 肯尼亚先令。

王智勇说："我们撞死了你的羊，是我们的错，理应进行赔偿，但你现在的要求不是诚心想解决问题，一只羊根本要不了那么多钱，我们没办法答应。"

马拉说："15 万先令不仅仅是赔偿我这只羊的损失，你们施工把我们牛羊走的道路给断开了，以前羊群会自己跑到远处的水塘喝水，现在修建的道路影响了我放牧，你们还得赔偿我这些损失。15 万少一分钱都不行！"

和马拉的谈判陷入了僵持，时间一分一秒地过去，东非草原的天气多变，快到中午的时候乌云密布眼看要下起大雨，王智勇一边邀请马拉等人去营地避雨，一边让所罗门去请柯劭酉长来帮忙做工作。进入营地的马拉等人态度稍微缓和一些，但仍然坚持要 10 万先令的高额赔偿。不一会，酉长在大雨中匆匆赶到。

柯劭说："马拉，中国人是来建铁路的，他们在我们部落招工，帮助改造提升我们部落的道路，接下来还会援建我们部落的学校，他们是马赛人的朋友，你这样对待远道而来的朋友实在是太无礼了！而且一只羊也不值那么多钱，你开的价格太高了。"

马拉说："我不管，他们施工影响我放牧。那是我的羊，不是你的羊，我就要这么多钱。"

面对马拉的坚持，酉长面露难色，王智勇看了看表刚好到了午餐时间，心想不能急于一时，便请酉长和马拉等人一起吃午餐。席间酉长又循循善诱地问清了马拉的苦恼，施工以前居民的牛羊可以自由行走，但施工以后牛羊经常被路过的拉取土方的自卸车惊吓，饮水也出现困难。另外，土方车高速行驶会扬起路面灰尘，对周围居民的生活造成了不良影响。

王智勇听酉长这么一说，才发现项目组在这些方面确实考虑不周。之前蒙内铁路项目在设计过程中参考了肯尼亚野生动物保护局提供的动物迁徙路线，特意在察沃公园、基博科湿地和内罗毕国家公园专门设置了 14 处动物通道，一些通道高达 7 米，以便让长颈鹿等大型动物实现无障碍通行。铁路沿线还将建有 600 处涵洞和 61 处桥梁，以供动物穿行。[①] 这些对细节追求到极致的做法备受赞誉，可自己在工作中却忽略了马赛人的放牧需求这些民生问题。

王智勇对酉长和马拉说："真的很感谢你们提出来的问题，我会要求在施工车辆通行道路上加强日常洒水作业，最大程度减轻灰尘对部落居民生活的影响。另外，临时征地在开采土方时形成了一些浅坑，我们可以将这些浅坑底部处理平整再对四周进行修葺顺坡，用作新的蓄水池，让牧民的牛羊可以就近取水，又消除了安全隐患。"

最终经过协商项目组以 2 万先令的价格赔偿了马拉。日后，项目组逐户拜访受到扬尘影响的部落居民，赠送了牛奶和饼干以示歉意（见图 6），并及时为部落修建了水塘，彻底解决了周围居民的牲畜饮水问题。这次"事故"得到了圆满的解决，项目建设继续顺利推进。

---

① 中国经济网."中国标准"铁路在肯尼亚传递友谊 [EB/OL]. https://finance.china.com.cn/roll/20150821/3303446.shtml.

图6 王智勇拜访部落居民

图片来源：受访者提供

老村长提出新要求 感谢金慷慨解民忧

准备工作开展得如火如荼，但真正的难题才刚刚开始。在肯尼亚的铁路建设中，红线内永久征地问题始终是块难啃的硬骨头。1963年以前肯尼亚曾是英国殖民地，被殖民期间马赛人曾被英国占领者奴役，土地所有权也为英国人所有。1963年肯尼亚宣布独立后，英国人将部落地契转售给非马赛族群的名望家族，马赛人虽然长期生活在部落土地上，但身为游牧民族的他们并没有领土确权意识，以至于在独立初期错过了夺回土地所有权的机会。现如今，部落的土地使用权在马赛人手里，但所有权却属于当地外族。土地权属纠纷让肯尼亚政府一筹莫展，而本该先于铁路建设完成的征地工作也举步维艰。

虽然困难重重，但工期绝不能耽误，王智勇决定不等不靠主动出击，挨家挨户亲自沟通。DK大桥是部落红线内的唯一一座桥，由于桥梁施工需要的工期长且桥桩占用土地面积小，从工期和外协角度，桥梁施工红线用地是打开马赛部落红线征拆僵局最好突破口。因此，早在2016年王智勇就在探线过程中与桥桩所在地的地主①—— 老村长彼得②进行过沟通，彼

---

① 地主：肯尼亚独立前为英属殖民地，独立后，政治体制为英式资本主义国家，土地大多私有。地主指拥有私人土地所有权的人。

② 老村长彼得：纳木错马赛部落的族人，曾担任过异地的村长，现已退休。

得在当地颇有威望,但由于准备不足且彼此间缺乏了解,初次沟通无功而返。

2017年6月,经过长期的交流,共建项目组在部落内已经小有声望,王智勇觉得时机成熟决定邀请柯劭酋长一同拜访彼得,两人带着茶叶和地方特产沃伊橘来到老村长家。

王智勇说:"彼得村长,我们这次来还是为了征地问题。"

彼得说:"你不用讲了,我之前说得很清楚,政府的征地款不到位,我是不可能允许你们开工的。"

柯劭说:"老村长,你也知道咱们部落的土地本就有权属纠纷,征地款国家也承诺会兑现。"

彼得说:"多久兑现?哪家真的收到钱了?没有钱就什么都别谈!"

除了彼得村长以外,王智勇拜访其他几户地主时也遇到了同样的尴尬,尉双全看在眼里急在心上,经过一番思考,两人决定破例向公司申请一批"感谢金",以实现阻工地主许可提前进场的目的。

王智勇说:"马赛人的要求也不无道理,在咱们中国拆迁款不到位老百姓也不可能让你动工。"

尉双全说:"是啊,归根结底还是钱的问题,但征地补偿款数额太大,除了肯尼亚政府谁也拿不出来。"

王智勇说:"哎,老尉!我想到一个办法,既然是钱的问题,那咱们就给他们钱。你想,他们也知道自己没有土地的地契,所以即使肯尼亚给补偿,也不一定能给到他们手里。不如咱们分两步行动,第一步尝试跟公司申请一下,设立一个'土地提前进场使用感谢金',从公司拿出一些钱补贴给红线内被征地的居民,用真金白银打动他们,这样也能提高我们进场的效率,尽快促进施工生产,产生的效益远高于这点感谢金。第二步努力通过公司游说肯尼亚政府,推进政府补偿进程,让马赛人看到咱们确实在为他们的利益着想。"

尉双全说:"好,这个办法好。我们就这么办!"

此后的几个月里,两人奔波游走默契配合,一方面向公司申请到适当的感谢金作为对马赛人土地征用的额外补偿;另一方面在公司与肯尼亚政府的积极协调下,成功推动政府征拆相关单位赶赴现场为受红线内施工影响的部落居民进行土地评估和作价(见图7)。王智勇通过多次登门拜访,并借助部落酋长和其秘书的协调努力,最终成功说服了老村长。项目组于2018年2月8日与老村长成功签署该部落第一份红线提前进场施工协议。部落内其他居民不仅看到了老村长的切实收获,更看到了项目组的真心付出。部落酋长多次组织长老大会与部落内居民沟通和协调,在老村长的带动下,红线内其他地主也纷纷签署了提前进场施工协议,截至2018年6月20日纳木错部落铁路红线施工征地工作全部完成,共签署28份事先进场施工协议,这为工程的按期完工创造了决定性的先决条件。

图 7　商谈红线进场事项

图片来源：受访者提供

暴风雨滞留求学人　项目组护航返乡路

在工程建设之外，项目组也经常在生活中帮助马赛人排忧解难。5月的肯尼亚气温依旧在25摄氏度左右，但是5月又不同于往常，因为将迎来一年中最大的雨季，马赛人民对于雨水心存敬意，认为雨水是上帝赐予的甘露，但是马赛部落地处世界大陆上最大的断裂带——东非大裂谷，这里常年干旱，如遇雨季定是暴雨。

5月的一天傍晚，天色阴沉风雨交加，王智勇正在和同事们谈论着肯尼亚这暴雨来得真是突然，工地不得不停工避雨。就在这时他的电话铃响了起来，是酋长的秘书本森打来电话。

本森说："Mr.Wang，有个突发情况想请你帮帮忙，今天我们部落学校组织学生外出交流活动，没想到突然下起了暴雨，现在老师和学生都困在山下，跨沟的小路也被洪水冲毁，水太大了，师生们没办法徒步回来，马上天就要黑了家长们也很着急，能不能麻烦你们派车把他们接回来？"

王智勇挂断电话立刻联系尉双全，到达现场后两人发现原本平坦的跨沟乡土小道已经被洪水漫灌，小路两侧的冲沟深处深至5余米，宽度达20余米，水流湍急、大型机械设备和运载车都无法通行（见图8），王智勇先给本森回拨了电话。

王智勇说："本森，我已经和尉双全到达现场了解情况。你先别着急，让老师带孩子们到安全的地方集中避雨，剩下的事我们想办法。"

王智勇挂断电话赶紧找到司机一起商量对策，连接马赛部落及学校的路本来只有两千米，但是被大雨冲刷到寸步难行。经过多方询问，当地司机提出有一条备用山路，但需要绕行20多千米。

尉双全说："绕！再远也要绕，孩子安全回家要紧。"

经过一番周折，王智勇和尉双全终于跟随大巴车抵达师生受困地点，学校老师看到他们的到来欢欣鼓舞，紧握着两人的手不断说着"谢谢"。在老师的协助下王智勇迅速组织学生登车（见图9），路途中一次次叮嘱司机不要着急务必注意安全，经过两个多小时的艰难绕行终于将师生安全送回部落。

图8　暴雨冲断了部落既有道路　　　　图9　项目组安排车辆转移部落被困学生
图片来源：受访者提供　　　　　　　　　　图片来源：受访者提供

每一名平安到家的学生背后都是一个家庭，一张张学生的笑脸，像一粒粒信任的种子播撒在部落的每一个角落。项目组的倾力帮助，被每一个家庭看在眼里、记在心上。

银桦苗缔结中非情　"阿凡达"名扬纳木错

在建设工作临近尾声时，柯劭酋长邀请王智勇到家中做客，一边对中国建设的质量和效率高度肯定，另一边也对项目组进驻后给本地带来的变化表示感激。席间酋长赠送给王智勇两棵银桦树苗（见图10）。

柯劭说："中国人很勤劳也能吃苦，你们的到来给部落带来很大的变化，族人赚到更多的钱，盖起了新的房子，扩建了更大的学校，每个家庭的情况都在变好，非常感谢你们两年多来对部落的支持和帮助。

图10　马赛捐赠的友谊之树
图片来源：受访者提供

这两棵是银桦树苗，银桦是一种十分耐旱的植物，它的木质也非常坚硬，在我们的文化中银桦树象征着幸福与快乐。请你收下它，希望它能像我们的情谊一样茁壮成长。"

经历了一系列坎坷与波折，项目组与马赛人在一次次摩擦和碰撞中达成了理解与包容，将开始的敌意转化为坚固的情谊，王智勇也成为中交一航局在纳木错部落的新名片。

2019 年 6 月内马铁路一期第三标段线下工程顺利竣工，2019 年 10 月 16 日内马铁路一期正式通车。施工过程中项目组签署红线事先进场施工协议 28 份，发放提前进场施工感谢金约 750 万先令；签署临时取土场征地合同 19 份，征地费用约 1200 万先令；招聘马赛工人 419 人，按照两年实际施工期限计算，为马赛部落劳动创收约 2 亿先令；施工购水为马赛部落创收约 280 万先令；砂石料、红黏土供应为马赛部落创收 1.05 亿先令。铁路项目为纳木错马赛部落直接创收 3.27 亿先令。这些资金直接流入部落，带动了部落各项事业的发展，小学和高中的规模得到了扩建，很多家庭购置了施工建材盖了新房，有的家庭增加了牛羊等牲畜的数量，有的家庭添置了摩托车，甚至购置了家用轿车，部落也正在规划筹建新的部落商业中心，准备年底搬迁。第三标段竣工后，项目组即使迁移到肯尼亚其他地区施工也依然将部分建材的采购生意交给具备价格优势和服务良好的纳木错部落公司，双方保持着紧密的商业合作。

内马铁路的建成彻底驱散了马赛人心中对"铁蛇"的阴霾，内马一期顺利通车在给当地居民提供便利的同时，也给部落带来更多的发展机会。自 2016 年年中项目组入住纳木错村边至 2019 年项目竣工并通车，400 多名马赛人参加了项目建设，不仅使他们直接增加了个人收入，而且学到了铁路施工的一些基本知识，项目组还在当地部落内进行了一大批旧房翻新、新房建造活动。随处可见的摩托车穿行在大街小巷，与村落距离不到 2 千米的卖麦尤车站可直接搭乘标轨，往返于首都内罗毕和第二大城市蒙巴萨，标轨铁路列车每次过往纳木错都会播报其独有的马赛文化，铁路为当地带来了不菲的旅游收入，使该村发生了翻天覆地的变化。

2021 年 7 月柯劭酋长去世，但纳木错部落依然在高速发展中迸发着勃勃生机。

王智勇说道："这个手环我一直带在手上很少摘下来，带了这么久，它的颜色依然鲜艳。虽然国籍、肤色、语言不同，但人类的情感是相通的，每当我看到手上的手环，就总能想起马赛人淳朴的笑脸。中国人永远是马赛人的真朋友。"

现如今，无数像王智勇一样的中国"阿凡达"依然奔波在肯尼亚广袤的大地上，在"一带一路"项目的建设中他们突破层层阻碍，建立起一座座友谊的桥梁，用真诚的付出和辛勤的汗水诠释着中国态度、中国温度和中国速度。内罗毕—蒙巴萨 A109 国道① 翻修，内罗毕—锡卡公路竣工②，蒙内铁路和内马铁路的顺利通车，首都内罗毕环城公路建设，拉姆港建成启用，内罗毕第一条城市高架直通焦莫肯雅塔国际机场……众多援建、优惠贷款、PPP（政府和社会资本合作模式）等合作模式项目的竣工，扎扎实实带动了肯尼亚的经济发展和民生

---

① 2000 年，中国公司承建的肯尼亚 A109 公路建成通车。肯尼亚政府发行了以这条路为主题的国家邮票，亲切地称其为"中国路"，世界银行代表把这条路誉为"世界银行在非洲地区投资项目的典范"。
② 内罗毕—锡卡公路是东非的第一条高速公路。

改善，相信中肯友好关系在未来的合作中依然会发挥积极作用，谱写辉煌篇章。

结束语

为响应国家"一带一路"倡议，越来越多的企业选择"走出去"。与外资进入中国时受到的优待相比形成极大反差，中国企业"走出去"困难重重。他们有的取得了巨大的成功，有的却遭遇各种阻碍损失惨重。本案例重现项目实施过程中，当地居民由于文化差异、利益诉求，对中方企业进行威胁、阻工等，"走出去"企业面对这类经常遇到的一般性非市场困境①以及其他重重困难，如何积极协调、主动帮助，在化解红线征地等核心矛盾的同时赢得当地居民的理解与认可，最终达成来之不易的共赢局面，实现互利共赢的协同发展。

【研讨题】

1. 项目建设过程遇到的非市场困境有哪些？
2. 造成这些问题的根本原因是什么？有哪些关键的相关方？
3. 项目方在东道国如何通过跨文化交流、问题识别、关键人物挖掘来化解困境，实现互利共赢，与各相关方协同发展？

📋 案例分析

本案例以"一带一路"框架项目内马铁路一期三标段建设过程中的真实故事为切入口，还原铁路修建时马赛部落原住民由于文化差异、语言不通、利益诉求等，对中方企业进行威胁、刁难、阻工等。面对困难，中方代表王智勇耐心了解、积极协调、主动帮助，通过找准属地权威代理人建立联系、积极提供经济回报、以公益行动与部落建立更强的情感联系等方式，在化解矛盾的同时赢得了部落居民的理解与认可，最终达成来之不易的共赢局面。王智勇也因此收获了一分弥足珍贵的跨国友谊，缔造出不一样的"阿凡达"式中国传奇。结合案例，以下将在分析过程中通过人类命运共同体、社会资本理论视角、利益相关者界定等三个理论对案例进行详细分析，提出在"一带一路"沿线国家特别是在非洲等发展中国家和地区项目建设的参考建议：一是牢固树立"人类命运共同体"的基本价值观；二是以关键"代理人"为突破口；三是提升跨文化交流能力，主动承担社会责任；四是不以经济利润最大化为目标，以互利共赢、可持续发展为目标。

---

① 非市场困境主要指企业自身除资金、技术、人才、管理、产品、价格、成本、效率、服务等市场因素以外的非市场因素导致的困境。

一、研究意义

"一带一路"是由中国提出的重要跨国经济合作倡议,基础设施是"一带一路"推进的物质基础,也是我国推动"一带一路"建设的主要抓手之一。截至2023年8月24日,中国已经同152个国家和32个国际组织签署200多份共建"一带一路"合作文件。[①] 现有研究主要聚焦在"一带一路"在亚洲尤其是东南亚和中亚的开展,对于非洲的研究相对匮乏,多采用宏观视野进行分析,对微观层面的分析较少。

已有"一带一路"背景下的海外基建研究,证明了基础设施建设对我国和沿线国家的政治经济、社会发展都有重要影响。例如,毛维准的研究表明大国基建具有的信号、杠杆、分化和黏性机制,有利于实现大国在特定地区的外交政策目标。[②] 隋广军等人发现"一带一路"沿线国家的基础设施水平正不断完善,中国的直接投资能促进沿线国家人均实际GDP增长,其中有约30%是通过提高"一带一路"国家的基础设施水平来实现的。[③] "一带一路"背景下的基础设施建设研究具有重要的现实意义,但现有研究存在以下两个方面的不足。

一是由于"一带一路"倡议发展的历史原因,对非洲的研究相对匮乏。据"中国一带一路网"(www.yidaiyilu.gov.cn)发布,2017年第一届"一带一路"国际合作高峰论坛召开时,与中国签订合作文件的65个国家和地区中,仅有埃及一个非洲国家参与。在此背景下,已有的以"一带一路"为背景的研究多聚焦于东南亚等与我国签署双边合作文件国家较多的区域。随着"一带一路"建设不断取得优秀成果,国际社会对"一带一路"倡议的认可度逐渐提升,越来越多的非洲国家与我国签署了相关的双边合作文件。2018年中非合作论坛北京峰会首次提出,中非合作论坛是中国同非洲共建"一带一路"的主要平台,2021年11月29日,中非合作论坛第八届部长级会议顺利召开,截至2021年12月,与我国签订"一带一路"合作文件的140个国家和地区中已有46个非洲国家[④],非洲在"一带一路"建设中的地位和作用不断凸显,相关研究也越来越重要。

二是对微观层面的研究较少。项目的成功执行是实施以上影响的前提,由于海外地区的文化、社会、法律、政治和经济等方面与我国的差异性,项目的实施和管理也面临新的挑战,如何识别和应对这些新的挑战是有重要意义的研究方向。刘浩等人利用世界银行PPI(Private Participation in Infrastructure)数据库重点分析了影响"一带一路"沿线45个发展中国家基础设施PPP项目实施成效的决定因素,发现了政治(政府政策能力、公共服务质量等)、

① 我国已与152个国家、32个国际组织签署共建"一带一路"合作文件 [N/OL]. (2023-08-24)[2024-02-02]. https://www.gov.cn/lianbo/bumen/202308/content_6899977.htm.
② 毛维准. 大国海外基建与地区秩序变动——以中国—东南亚基建合作为案例 [J]. 世界经济与政治, 2020(12): 96-122, 159.
③ 隋广军, 黄亮雄, 黄兴. 中国对外直接投资、基础设施建设与"一带一路"沿线国家经济增长 [J]. 广东财经大学学报, 2017, 32(1): 32-43.
④ 中国一带一路网. 已同中国签订共建"一带一路"合作文件的国家一览 [EB/OL]. (2021-12-09)[2021-12-29]. https://www.yidaiyilu.gov.cn/xwzx/roll/77298.htm.

经济（GDP 增长率、金融市场发展程度等）和法律体系等是影响项目成败的重要制度质量指标。[①] 但在微观层面上，由具体的场域和案例出发，探讨项目建设遭遇的具体挑战，分析其解决办法的研究相对较少，有待进一步补充。

基于现有研究的以上两点不足，本案例选择以中交集团承建、中交一航局参建的内马铁路一期第三标段为案例，通过定性访谈、焦点小组访谈等研究方法收集资料，使用利益相关者理论识别各方在项目建设中扮演的角色，并结合人类命运共同体、社会资本等理论解释如何解决红线征地问题，实现互利共赢，以图丰富已有研究，叙述中国方案和中国智慧，并据此给出结论与相关建议。

二、案例背景

2016 年，中交一航局参建内罗毕至奈瓦沙标轨铁路，该项目第三标段的末尾 5 千米会从一个名叫纳木错的大型马赛部落穿过，要拆除铁路红线内的上百间各类房屋和一个马赛文化展示点，政府虽启动征地赔偿程序，但在进展极其缓慢的情况下，村民没有得到赔偿不肯搬迁，这使得征地工作阻力重重，项目施工用地问题难以解决，施工工程难以开展，施工进度面临较大压力。

首先是文化差异。马赛人是东非的游牧民族，占肯尼亚人口的 1.5%，在肯尼亚的 42 个民族中被视为"战士"，至今仍保留着很强的原始部落传统，有极强的领地意识，男人是影响整个部落的决策者，在部落生活中享有不同的地位和分工，而女人作为男人的附庸，只能听从于丈夫。马赛部落的文化与现代文明的文化观念有较大冲突。其次是语言不通。虽然肯尼亚的官方语言是英语和斯瓦希里语，但马赛人沟通多以其部落语言——马阿语 Maa 进行，仅少数马赛人能用官方语言与外族交流，进一步强化了其社群内部的抱团、与外部生活的割裂。再次是对政府和外来人的不信任。在本案例中，即使后期已经与政府签订了赔偿合同，出于对外来人的不信任，拆迁户不愿意在赔偿款到手前离开原住处，并发动其他不受拆迁影响的部落成员一起向中方项目部人员施压、阻拦施工。

针对上述问题，项目部通过：一是与属地权威代理人建立联系。数次专门登门拜访马赛部落的大长老[②]（柯劲首长）和几位辅佐大长老的小长老，并组织部落长老大会，为其讲解铁路建设对于纳木错马赛人的意义。二是提供经济回报。项目部直接从部落招工，雇佣马赛人做工人、保安，提供了在当地劳动市场上很有竞争力的薪资，带动部落年轻人就业，增加居民收入。对受影响的房屋拆迁户主，项目在政府永久赔偿之前给予一定数额的感谢金，帮助民众拆迁和重置。三是通过公益行动与部落建立更强的情感联系，项目部在当地村落进行

---

① 刘浩，陈世金，陈超凡."一带一路"沿线国家基础设施 PPP 项目成效分析 [J]. 国家行政学院学报，2018(5): 57-63, 188-189.

② 马赛部落"长老"是一个阶级，柯劲首长属于长老阶级，在长老议会中有较高声望，同时又有肯尼亚政府任命其为酋长（chief）的官方身份，故在长老中处于领导地位。

了一系列公益活动，如修建教堂、平整道路、修缮校舍、分享水源等，使所有部落民众受益，收获了部落成员的感谢。

最终，拆迁户全部搬离了原住处，项目部在有效解决项目征地问题的同时，又带动了纳木错的发展。

三、理论分析

1. 人类命运共同体框架下的案例解释

党的十八大后，面对"建设一个什么样的世界、如何建设这个世界"等关乎人类前途命运的重大问题，习近平总书记提出推动构建人类命运共同体，并提出共建"一带一路"、推进全球治理体系变革等。人类命运共同体思想为全球生态和谐、国际和平事业、变革全球治理体系、构建全球公平正义的新秩序贡献了中国智慧和中国方案。"一带一路"建设是构建人类命运共同体的伟大探索和实践，也是走向人类命运共同体的重要路径，理应在中国的本土化理论及话语体系中得到解释。人类命运共同体的基本内涵就是建设持久和平、普遍安全、共同繁荣、开放包容、清洁美丽的世界。人类命运共同体这一全球价值观包含四个部分：国际权力观、共同利益观、可持续发展观和全球治理观（见图 11）。[①]人类命运共同体思想作为习近平新时代中国特色社会主义思想中具有战略高度、具有全局性和现实紧迫性的重大理论思想，为分析本案例提供了基本框架。作为"一带一路"倡议框架下开展的项目，本案例蕴含了上述四个价值观基础。

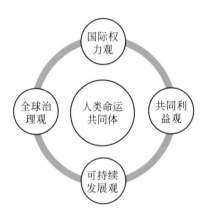

图 11 人类命运共同体的价值观基础

资料来源：作者自绘

（1）国际权力观

国际权力观的核心内涵是认识到人类社会是一个相互依存的共同体，国家之间的权力分配未必要像过去那样通过战争手段实现，不能以邻为壑，转嫁危机，而是可以通过国际合作维持国际秩序、共同应对挑战。金融危机后，二十国集团（G20）机制的出现、联合国等国际磋商机制的建立，以及中国提出"一带一路"合作倡议，都是国际权力观的集中体现。本案例涉及的内马铁路项目正是以国际权力观为基本原则，在"一带一路"合作倡议下与肯尼亚合作开展的框架项目。

（2）共同利益观

全球化背景下，各国的利益高度相互交融，不同国家都是全球价值链上的一个环节，任何一个环节的问题都会导致全球利益链条中断，国际社会都要为之承受代价和损失。在这

---

① 曲星. 人类命运共同体的价值观基础 [J]. 求是, 2013(4): 53-55.

样的背景下，我们应该深刻认识到身为"地球村"的村民，各国人民有着共同的利益，各国利益与全球利益是辩证统一的。"一带一路"倡导的"五通"——政策沟通、设施联通、贸易畅通、资金融通、民心相通，正是基于人类命运共同体的共同利益观，内马铁路一期三标段项目在以上五个方面均与肯尼亚政府和当地马赛部落做到了互通互助，作为全球利益链上的一个小环节，该项目实现了中方与肯方、项目部与马赛社群的合作共赢，维护了人类命运共同体的共同利益。

（3）可持续发展观

人类社会发展先后经历了三次产业革命，每一次都带来了科技和产业的提升、人类生活质量的改善，但同时也伴随着自然资源的过度开发、气候变暖等全球问题，"可持续发展"成为国际社会的共识，联合国大会先后通过了《地球宪章》《约翰内斯堡执行计划》《我们憧憬的未来》等一系列成果文件，提出了 17 个可持续发展目标（SDGs）。中国在 1996 年将可持续发展确定为国家的基本发展战略之一。人类命运共同体作为全球秩序和发展的中国方案，也十分注重可持续发展。习近平新时代中国特色社会主义思想倡导的"绿水青山就是金山银山"生态文明思想等理念和部署，体现的正是中国式可持续发展观。作为中国公司的海外基建项目，本案例在建设过程中的征地、清表、挖方填方等各施工环节，均注意对当地环境的影响，各环节均在肯尼亚环保局审批过后方开始施行，并通过水车喷洒扬尘、改造浅坑为水塘供牲畜就近饮水等方式，力图把对当地环境、部落的影响降到最小，切实践行了可持续发展观。

（4）全球治理观

全球治理观的核心观点是，由于全球化导致国际行为主体多元化，全球性问题也应该由政府、政府间组织、非政府组织、跨国公司等多元主体共同参与和解决，这一过程的重要途径是强化国际规范和机制，以形成一个具有机制约束力和道德规范力的"全球机制"。本案例作为"一带一路"框架项目，以我国与肯尼亚签署的"一带一路"合作文件作为制度保障，有中非合作论坛等交流对话机制，有"真诚友好、平等相待，互利共赢、共同发展，主持公道、捍卫正义，顺应时势、开放包容"的中非友好合作精神，为我国与肯尼亚开展国际合作提供了全面保障，是人类命运共同体全球治理观的集中体现。

2. 社会资本理论视角下的案例解释

社会资本理论被广泛应用于解释社会经济现象。社会资本概念的系统表述最早由法国社会学家皮埃尔·布迪厄提出，"社会资本是现实或潜在的资源的集合体，为其成员提供获得信用的'信任状'"[1]，其后科尔曼从功能观的角度将其定义为"个人拥有的社会结构资源"[2]，

---

① Bourdieu P. The forms of capital(1986)[J]. Cultural theory: An anthology, 2011, 1: 81-93.
② James S. Coleman. The foundations of social theory[M]. Cambridge, US: University of Harvard press, 1990.

罗纳德·博特提出"结构洞"社会资本[1]，亚历詹德罗·波茨、格兰诺维特等人对相关概念的界定和理论发展都有卓越贡献，有学者认为林南对社会资本理论的贡献最大。[2] 考虑到与本案例情景的适配性，本文采用罗伯特·帕特南的社区观社会资本视角，将社会资本定义为"社会组织的特征，例如信任、规范和网络，它们能够通过推动协调和行动来提高社会效率。社会资本提高了投资于物质资本和人力资本的收益"[3]。同时，以林南等人的理论作为分析补充。

（1）社会资本的类型

如上所述，帕特南将社会资本定义为社会组织的特征，他将社会资本分为两种类型。以下以组织（社区、项目部）的视角进行分析。

1）黏合性社会资本

黏合性社会资本主要是在同个"圈子"里形成的强社会联系，有助于加强特定的互惠原则和成员里的团结。帕特南将其比喻为"一种社会意义上的超级强力胶"，本案例中拆迁户寻求部落内其他成员的帮助，一起抵抗和阻碍项目部的施工，这种基于强烈的部落共同体身份认同的求助，体现了该部落社区有较强的黏合性社会资本。帕特南同时指出这类社会资本存在一定的"阴暗面"，即会导致包容程度低，具有排他性，纳木错部落社区成员对外国企业和外来种族的不信任体现了这一点。另外，中交一航局项目部成员间基于民族、企业文化等认同形成的共同体也体现了黏合性社会资本。

2）连接性社会资本

连接性社会资本则是圈子和圈子外的连接，更有助于连接外部网络。连接性社会资本具有兼容性，这也是本案例征地问题最终得以圆满解决的根本原因。项目部与"纳木错"部落之间建立社会联系、推动征地进展、带动当地经济发展均是连接性社会资本的体现。

（2）社会资本的过程

林南认为社会资本理论应该包含三个过程：社会资本的投资、社会资本的动员、社会资本的回报。[4] 现以此为框架进行分析：

1）社会资本的投资

项目部解决征地问题的关键在于通过长老大会与纳木错部落的其他长老们建立了联系。林南指出"社会关系人可以对代理人（如组织的管理者）施加影响，这些代理人在有关行动者的决定中发挥着关键性作用"[5]。长老们无疑是部落社区的代理人，项目部也正是通过友好

① Ronald S. Burt. Structural Holes: The Social Structure of Competition[M]. Cambridge, US: Harvard University Press, 1995.
② 赵晶，王明.利益相关者、非正式参与和公司治理——基于雷士照明的案例研究 [J]. 管理世界，2016(4): 138-149, 167.DOI: 10.19744/j.cnki.11-1235/f.2016.04.012.
③ Robert D. Putnam. The Prosperous Community: Social Capital and Public Life[J]. American Prospect, 1993(13): 35-42.
④ 林南.从个人走向社会：一个社会资本的视角 [J]. 社会科学战线，2020(2): 213-223.
⑤ Lin N. Building a Network Theory of Social Capital[J]. Connections, 1999, 22(1): 28-51.

谈判、经济驱动等手段对长老们施加积极影响，进而对部落社区成员的行为产生带动效应，改变其拆迁态度和行为。通过长老打通两个组织间的通道，获得了连接性社会资本，其本质是一种投资行为。这种以自身不拥有的资源为目标的动员行为，被林南定义为"工具性行动"。

2）社会资本的动员

与纳木错部落建立联系后，项目部一方面通过雇佣当地工人、采购当地产品和践行公益行动等行为进一步加大投资，消解其作为"外乡人"的身份获得部落内的认同；另一方面，以"朋友"的身份动员社会资本，许诺政府赔偿金外的感谢金，请求拆迁户搬迁。

3）社会资本的回报

工具性行动有三种可能的回报：经济回报、政治回报和社会回报。对中方项目部来说，拆迁户如约搬离，项目得以正常施工，可以理解为经济回报；通过促进当地经济、开展公益活动等行为为企业赢得在当地部落中的声誉、政府业主的认可，为之后承建其他项目奠定基础，可以理解为社会回报。对纳木错部落及其成员来说，就业、建筑、旅游等当地经济的发展，是丰厚的经济回报；长老通过谈判和管理手段协助征地，最终在组织中的地位进一步提高，是政治回报。从宏观的角度来说，"一带一路"倡议下各项目的顺利施行，也不断提高了中国与沿线各国间的连接性社会资本，各国均获得了可观的经济、政治和社会回报。

社会资本理论视角下的案例解释总结详见图12。项目建设初期，项目部与马赛部落由于语言沟通、文化传统等差异，分属于两个独立的"圈子"。在各自的"圈子"内形成了基于身份认同和共同属性的强凝聚力，两个"圈子"具有排他性，相互接触时引起了一定冲突。面对冲突，项目部找到了马赛部落的关键代理人（柯劭酋长），通过友好谈判、经济驱动等工具性行动进行社会资本的投资，与马赛部落建立了良性的社会联系，并通过雇佣当地工人、采购当地产品和践行公益行动等行为进一步加大投资，在两个"圈子"间建立起了连接性社会资本。随后，项目部以"朋友"的身份进行连接性社会资本的动员，并以提供感谢金等方式请求拆迁户搬迁，动之以情，晓之以礼，驱之以利，最终顺利解决冲突，各方获得了相应的社会资本的回报。

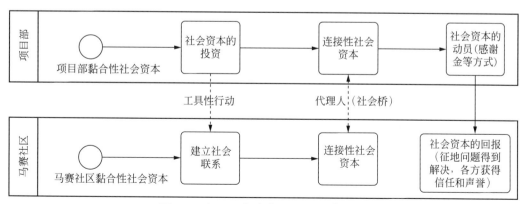

图12　基于社会资本理论的分析框架

资料来源：作者自绘

3. 利益相关者界定

社会资本理论在中观层面上解释了本案例如何解决征地红线问题、如何推进施工进展等。利益相关者理论则从微观层面上解释了相关各方的利益关系。

利益相关者理论最早由斯坦福研究所（SRI）在20世纪60年代提出[①]，其核心观点是：企业的目标应该是维护股东、员工、客户等所有利益相关者的利益，而非仅仅维护股东利益。对于利益相关者的定义，最具里程碑意义的是弗里曼在其著作《战略管理：一种利益相关者方法》中提出的"能够影响企业目标实现，或能够被企业目标实现的过程影响的任何个人和群体"。在此基础上，发展出了"多维细分法"和"米切尔评分法"等界定利益相关者的经典方法[②]，陈宏辉等人又通过问卷调研使相关界定更加精细化[③]。本文将基于经典的米切尔评分法，从合法性、权力性和紧迫性三个维度，对案例项目建设过程中的各利益相关者进行识别、界定和分类。

通过梳理，可以将本案例项目涉及的主体总结为四类，分别是政府、监理、承包商和居民，各类主体下又可进一步划分出不同的利益相关者群体（见图13）。肯尼亚政府一方面作为业主，通过肯尼亚铁路局与EPC总包中交集团签订工程施工合同；另一方面，通过肯尼亚环保局等机构对施工过程中环境保护、施工安全等方面进行监管，确保承包商施工过程的合法合规。监理公司与业主签订工程监理合同，作为第三方监督机构负责监督承包商在施工过程中的工程施工规范应用、工程质量、安全和进度，与国内监理公司的职能一致。总承包商中交集团与肯尼亚政府业主方签订设计、施工、采购总承包合同，统筹项目建设实施，并将项目分为若干标段分包给各单位。中交一航局作为参建单位之一，负责其中第三标段的具体施工任务，与当地居民互动，协助征地补偿、进场施工、用料采购、用工雇佣等事项。各主体之间的关系如图14所示。

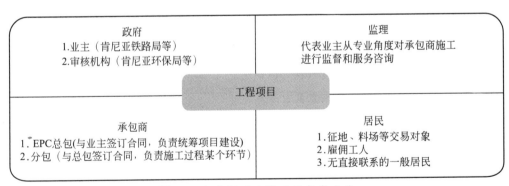

图13 本案例项目涉及的各类主体

资料来源：作者自绘

① 赵晶，王明. 利益相关者、非正式参与和公司治理——基于雷士照明的案例研究 [J]. 管理世界，2016(4): 138-149, 167.DOI: 10.19744/j.cnki.11-1235/f.2016.04.012.

② 贾生华，陈宏辉. 利益相关者的界定方法述评 [J]. 外国经济与管理，2002(5): 13-18.DOI: 10.16538/j.cnki.fem.2002.05.003.

③ 陈宏辉，贾生华. 企业利益相关者三维分类的实证分析 [J]. 经济研究，2004(4): 80-90.

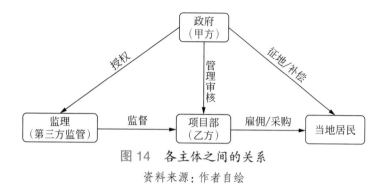

图 14　各主体之间的关系

资料来源：作者自绘

本文将项目利益相关者群体分类为业主、监管机构、监理、项目部、拆迁居民、料场地主、各分包商、雇佣工人、部落中其他居民（包括学生等）。基于经典的米切尔评分法，从合法性、权力性和紧迫性三个维度，对案例项目建设过程中的各利益相关者进行评价。

（1）合法性

合法性指某一群体在法律和道义层面是否有对企业项目的索取权。关于合法性的评价，业主、监管机构、监理、项目部、料场地主、分包商、雇佣工人均通过合同确定了对该项目的权利，在法律层面有较高的合法性，马赛部落的居民虽在法律上并不拥有居住土地的所有权，但在道德层面上，拆迁居民有权力要求得到居住和赔偿保障后再搬迁，其他居民也有权要求施工过程不影响自己的正常生活，有道义上的高合法性。

（2）权力性

权力性指某一群体是否有影响企业项目决策的地位、能力和手段。业主、审核机构、监理、项目部是案例项目的主要决策、监管和实施方，具有较高的权力性。拆迁居民、料场地主、分包商和雇佣工人虽不参与项目的管理，但参与项目的实施，可以通过拒绝搬迁、不提供砂石料、合法中止合作和消极怠工等方式胁迫项目管理者进行一定程度的妥协以满足其诉求，具有中等的权力性。部落其他居民缺乏法律依据和手段，只能诉之以企业责任与道德，或与具有较高权力性的群体合作以维护其诉求，具有低权力性。

（3）紧迫性

紧迫性指某一群体的要求是否能立即引起企业项目管理层的关注。紧迫性与权力性有一定联系，因为拥有足够的地位和手段影响企业项目决策的群体，往往也更能引起企业项目管理层的关注，紧迫性与权力性一定程度上呈现正相关关系。需要特别指出的是，由于肯尼亚的经济和就业环境较差，分包商和雇佣工人的可替代性强，在一定程度上抑制了其向企业项目管理层表达自身诉求引起关注的可能性，紧迫性程度降低。

利益相关者理论指出，同时具备三个维度属性的群体为确定型利益相关者（definitive stakeholders），具备两个属性的群体为预期型利益相关者（expectant stakeholders），只拥有一个属性的群体为潜在型利益相关者（latent stakeholders），需要根据其属性采取不同的管理措施。① 通过对本案例涉及的各类利益相关者群体进行考察和评价，同时对各类利益相关者的合法性、权力性、紧迫性进行打分，每项 1 ~ 10 分，并汇总取其平均分为最终得分。得分为 8 ~ 10 分的，程度为"高"；得分为 5 ~ 7 分的，程度为"中"；得分为 1 ~ 4 分的，程度为"低"，进而可对利益相关者进行识别和分类，结果见表 1。

表 1 案例项目的利益相关者界定和分类

利益相关者	合法性	权力性	紧迫性
确定型利益相关者			
业主	高	高	高
审核机构	高	高	高
监理	高	高	高
项目部	高	高	高
拆迁居民	高	中	中
料场地主	高	中	中
预期型利益相关者			
各分包商（运输等）	高	中	低
雇佣工人	高	中	低
潜在型利益相关者			
部落中其他居民（学生等）	高	低	低

资料来源：作者自制

根据表 1 结果，可以界定业主、审核机构、监理、项目部、拆迁居民、料场地主为确定型利益相关者，分包商、雇佣工人为预期型利益相关者，部落中其他居民（包括学生等）为潜在型利益相关者。

根据利益相关者理论，管理层在面对各利益相关者不同的诉求时，在资源有限的情况下，可以针对性地、有效地采取不同的关切和回应。对于业主、监管机构、拆迁居民等确定型利益相关者，为了企业和项目的发展，管理层必须关注和满足他们的诉求，本案例中项目部也是充分和政府、酋长、部落居民进行了沟通，尽力满足了他们的诉求（如在当地采购石料等）；对于分包商、当地雇佣工人等缺乏紧迫性的预期型利益相关者，他们有诉求、有争取诉求的手段，但企业对其关注却往往不够（紧迫性低），而本案例中当地采购、招工的过程多是地主和居民找到项目部，王智勇等项目员工用心接待、仔细倾听了其诉求，对预期型利益相关者给予足够关注，并通过合作实现共赢；潜在型利益相关者往往是最容易被忽略的利益相关者，本案例中的部落中其他居民缺乏争取诉求的手段，无法引起足够的关注，只能通过道义申明自己的诉求，项目部主动找到这些群体，通过洒水降尘、接济受困学生、从事

---

① 本案例分析中，具备某一维度的属性指受访者评价为"高"或"中"。

公益活动等方式，满足了其利益诉求。项目部通过合法合规的审批报备、人道关怀的感谢金、社会公益等措施，不仅承担了应有的企业社会责任和担当、满足了各类利益相关者的需求，更使各利益相关者感受到了平等、尊重，最终实现了互惠互利。

四、结论与建议

中国企业在肯尼亚的实践，进一步证明中国式现代化是走和平发展道路的现代化，与资本主义现代化通过战争、殖民、掠夺等充满血腥罪恶的残酷历史形成鲜明对比。中国在全面建设社会主义现代化国家新征程上，秉持人类命运共同体理念，致力于既发展自身又造福世界，不断为全人类和平与繁荣作出更大贡献。在推动构建人类命运共同体的过程中，语言沟通、文化传统、政治立场等差异普遍存在。在充分认识、理解和尊重上述差异的基础上，找到世界人民对美好生活的共同向往这一最大公约数，真正做到求同存异、协同发展，是实现人类命运共同体的根本途径，内马铁路的案例经验可供总结推广。通过对本案例的分析，对在"一带一路"沿线国家特别是在非洲等发展中国家和地区的项目建设提供如下参考建议。

1.牢固树立"人类命运共同体"的基本价值观，从"地球村"的共同利益出发思考项目建设，树立"四个自信"，坚持中国道路，践行中国智慧，做"不一样的阿凡达"，不要狭隘地以一个国家、一个公司和一个项目的利益作为项目建设的最终目标。本案例项目能够实现各方共赢，根本原因是中交一航局在项目建设过程中切实贯彻了人类命运共同体的四个基本价值观，将对当地的环境保护、文化传承和社会公益都纳入考虑，切实维护了人类社会的共同利益。

2.以关键"代理人"为突破口，在当地部落建立广泛的社会联系，积累社会资本。本项目打开局面的关键一招，就在于王智勇与柯劭酋长建立了良好的跨国友谊，并通过柯劭酋长建立了更多的社会联系，为项目建设积累了社会资本。

3.提升跨文化交流能力，主动承担社会责任，积极做公益，讲好"中国故事"，使潜在的社会资本转化为实在的、可动员的社会资源，不做"外乡人"，要做"真朋友"。

4.不以经济利润最大化为目标，以互利共赢、可持续发展为目标，把社会资本的回报纳入项目成本分析，认识到社会回报的价值，积极投资社会资本，进而获得更广泛、丰厚的回报，为企业在沿线国家的长久经营、深化合作、互惠互利打下基础。

22

变废为宝、清洁发电
构建"一带一路"绿色发展共同体 *
——中越合作芹苴生活垃圾焚烧发电厂的主要做法

📖 案例正文

【引言】2019年4月26日，习近平总书记在第二届"一带一路"国际合作高峰论坛上首次正式提出成立"一带一路"绿色发展国际联盟，共同制定《"一带一路"绿色投资原则》。习近平总书记进一步指出，"我们启动共建'一带一路'生态环保大数据服务平台，将继续实施绿色丝路使者计划"。2023年3月15日，习近平总书记在中国共产党与世界政党高层对话会上提出："我们愿同各国政党一道，推动共建'一带一路'高质量发展，加快全球发展倡议落地，培育全球发展新动能，构建全球发展共同体。"经过一系列实践，我们认识到，要实现在构建人类命运共同体中谋求绿色发展，应主动参与构建"一带一路"绿色发展共同体，积极完善全球经济治理新体系，在共建"一带一路"中探寻中国式现代化之路。

【摘要】在"一带一路"倡议下，生态环境部和国际合作伙伴发布成立了"一带一路"绿色发展国际联盟，部署加强建立伙伴关系和国际合作网络。中国和越南合作投资的芹苴生活垃圾焚烧发电厂（以下简称芹苴项目）是两国共同推动绿色发展的"结晶"，采取环境治理共同体的方式，建立平等互惠、共建共享的伙伴关系，有效推动了越南生活垃圾焚烧发电产业的现代化，提升了芹苴城市生活垃圾减量化、无害化和资源化处理水平，受到了当地政府和民众的广泛好评。芹苴项目于2017年7月开工建设，克服自

---

* 案例作者：王盈盈，清华大学公共管理学院助理教授、清华大学政府和社会资本合作研究中心助理研究员；武健，清华大学政府和社会资本合作研究中心教学研究部副部长（主持工作）；郇彩霞，清华大学政府和社会资本合作研究中心主任助理。案例调研和撰写过程得到了政府和社会资本合作研究中心的大力支持和清华大学公共管理学院中国公共管理案例中心的倾情指导，在此谨表谢忱。

然环境干扰、民族文化差异、政府理念沟通和语言交流障碍等重重困难，历时 16 个月如期完工、保质保量交付、按效达标经营，成为越南的样板工程。自投产以来，生活垃圾处理量已占芹苴全市清运总量的 80% 以上，年发电量超 0.6 亿千瓦时，电厂还设立了每月公众开放日，年接待政府机构、周边居民、媒体记者、行业专家、员工家属、中小学生等民众约 1000 人次，提升了透明度，化解了"邻避"效应。芹苴生活垃圾焚烧发电厂作为中国主动参与构建人类命运共同体的典型案例，对探索"一带一路"建设中的生态产品价值化合作治理之道，助力"一带一路"国家绿色发展，具有重要的示范意义。

【关键词】中越合作；绿色发展；生活垃圾焚烧发电厂；投资合作；人类命运共同体

走进芹苴，"城市矿藏"亟待开发

芹苴市是越南五大直辖市之一，地处越南南部，是湄公河三角洲上最大的城市，总人口 195 万，距离胡志明市约 160 千米。① 走进芹苴，一望无际的青翠田野中央，几座主体洁白、造型现代的建筑拔地而起，四周环绕着挺拔的棕榈树、盛放的三角梅、波光粼粼的池塘和曲曲折折的小径，俨然一座设计精巧的花园。② 实际上，这里是一家由中国企业在越南投资建成的生活垃圾焚烧发电

图 1　越南芹苴生活垃圾焚烧发电厂外景
图片来源：人民网 - 国际频道 2020 年 9 月 25 日

厂（见图 1）。每天，当地数百吨的生活垃圾被运送到这里，经全自动称重后卸至封闭式垃圾仓，堆放发酵 5 ~ 7 天后，再被送入温度 950 摄氏度以上的焚烧炉，经干燥、加热、分解、燃烧等流程的标准化处理之后，最终产生可供周边居民和企业利用的绿色电能③，在"变废为宝"提供清洁能源的同时，也为芹苴市带来一片蓝天。

然而，在这家生活垃圾焚烧发电厂投产之前，芹苴市的生活垃圾处理是一个治理难题。直到 2015 年，芹苴市都还没有自己的垃圾填埋场或垃圾处理厂，只有临时堆放区，包括乌门、红旗和铠兰三片空地，每片空地平均 20 公顷左右。每天，垃圾车把垃圾直接倒在地上，然后工作人员分拣能回收利用的资源，剩余的就直接露天堆放，每个场地平均每天只能接收

① 王天义. 光大环境越南芹苴项目：打造"一带一路"绿色发展的典范 [J]. 项目管理评论，2021(6)：42-45.

②③　王迪. 中越垃圾发电项目共建绿色"一带一路"[N]. 经济参考报，2019-14-26(003).

上百吨生活垃圾。由于临时堆放区原来是一片空地，没有雨水收集设施，更没有渗滤液收集设施，渗滤液外溢后溢入周边河流和田野，散发恶臭，滋生苍蝇、蚊子等多种昆虫，影响到周边居民的健康和生活。而且，伴随节假日旅游观光游客量的增加，芹苴市生活垃圾量增速惊人，三个临时堆放区已无法消化芹苴市每日产生的所有垃圾。此后，芹苴政府与周边省份协调，将生活垃圾往外省堆放，于是芹苴新产生的大部分生活垃圾要被运送到后江和永隆两个邻省临时堆放，增加额外治理成本。

垃圾作为城市"新陈代谢"的产物，在积极绿色环保理念倡导下，被认为是最具开发潜力、永不枯竭的"城市矿藏"。随着经济社会快速发展和城市飞速扩张，芹苴市生活垃圾增长速度飞快，城市垃圾治理难题日益突出。芹苴市的"城市矿藏"亟待开发！

多年尝试，芹苴终于迎来中国投资

从 2003 年开始，芹苴政府就已启动生活垃圾处理厂投资建设合作的规划和洽谈工作。2008 年，市政府在当地规划了一块占地面积 48 公顷的固体废物处理区并进行公开招标。2011 年，市政府曾选定一家中国香港企业洽谈生活垃圾处理厂的投资建设合作，然而，亚洲金融危机和可研方案未通过等因素叠加导致香港投资商与芹苴政府的合作没有成功。2011—2015 年，前后累计有 20 家国内外投资商向芹苴政府发来了投资建设申请书，但是，没有任何一家投资商与芹苴政府在垃圾处理费和处理工艺方面达成一致。经过多年尝试，芹苴市的生活垃圾处理投资合作仍未果。

垃圾激增，投资合作机会窗口出现

自 2014 年起，芹苴市生活垃圾随处堆放的问题日益突出，严重影响了市容市貌。每天，全市产生的生活垃圾约有 550 吨，按照清运系统效率 85% 的标准推算，实际收运的生活垃圾约有 470 吨。其中，乌门郡填埋场每天接收的生活垃圾约 240 吨，铠兰填埋场每天接收的生活垃圾约 190 吨，红旗填埋场每天接收的生活垃圾约 40 吨。芹苴市生活垃圾处理工艺以简易填埋为主。虽然芹苴政府已在乌门郡等场区做垃圾分拣和焚烧等现代工艺尝试，但是因为资金有限、技术落后，垃圾处理绩效无法满足环保法相关规定，试点场区均濒临关闭，特别是乌门郡的垃圾焚烧处理业务已被叫停。芹苴市生活垃圾处理工艺落后的问题，已严重影响到填埋场附近居民的正常生活秩序。节假日期间激增的垃圾量，使得垃圾填埋场附近道路拥堵、环境欠佳，破坏了市容市貌，还遭到了附近居民的强烈反对和大量投诉，给芹苴城市治理带来了很大的压力。而后江和永隆两个邻省的临时堆放场约定接受芹苴垃圾的年限已到期（2013 年年底），邻省政府不愿意再续约接收芹苴的垃圾，这使得芹苴市垃圾处理难题"雪上加霜"。芹苴政府迫切需要提升垃圾处理能力、应用先进工艺，这为中越合作建设芹苴生活垃圾焚烧发电厂打开了机会窗口。

双向奔赴，中越投资合作落地芹苴

2016 年，芹苴政府正式发布国际招标公告，就芹苴泰来县固废处理区生活垃圾处理项目启动招商引资工作。为了成功吸引外资，芹苴政府积极筹备，早在两年前就批复了一块 60 公顷的固废处理规划土地，将其中的 20 公顷作为生活固废处理区。芹苴政府提前准备好土地，改善了项目投资条件，大大提升了对外商投资者的吸引力。与此同时，芹苴政府组织考察团赴日本、韩国、中国、法国、比利时等国家，学习生活垃圾处理方面的现代技术、管理经验和先进工艺，可谓"货比三家"，但求能为芹苴找到合适的合作伙伴。

同年，一家中国企业委托芹苴本地具有资质的咨询单位，进行了全市调研和勘察，调研结论是芹苴市生活垃圾处理的投资机遇和风险并存。中国企业决定开始准备投标，首先，根据招标文件准备的投标文件需要以越文为据。而中国企业对越南当地法律法规和许多实际情况不熟悉，语言使用也没有那么精通流利，为规避投标材料的语法用词有误，避免因与招标文件中规定的材料及格式不合规导致流标，中国企业委托了芹苴本地机构来协助梳理投标材料，所有中文材料都经过越南大使馆翻译认证，以确保满足芹苴市计划投资厅的要求。其次，中国企业在越南当地聘请了设计院、咨询机构和律师事务所等，由他们提供本土化的技术支持，中国企业终于顺利完成了项目投标工作。

2016 年 7 月，芹苴市计划投资厅成立评标委员会，由芹苴市人民委员会及有关部门的官员、相关领域专家组成，在招标文件的基础上进行评标打分选出合格的投资商，再组织与投标单位的座谈会。中国企业委派专人向评标委员会介绍技术工艺、财政方案、建设计划、垃圾处理价格等情况，同时向评标委员会提供企业资质、财政能力、技术工艺、建设和运营管理计划、运行管理经验、垃圾处置价格等有关证明文件。最终，项目完成招标评审，确定中国企业为中标单位，合作方式为 BOO（Build-Own-Operate，建设—拥有—运营）模式。

然而，随后的合同签约谈判遇阻。由于芹苴项目不在越南的国家 PPP（public-private partnership，公私伙伴关系）名单中，前期也没有向越南相关政府部门履行备案等必要程序。芹苴政府认为，该项目无法按照招标公告约定的 BOO 模式来签署协议，谈判一度陷入僵局。之后，双方经过多轮谈判、反复沟通并协商，最终确定新的合作模式，即以 FDI（Foreign Direct Investment，外国直接投资）模式与垃圾处理服务协议相结合的方式，来替代原定的 BOO 协议。新的合作协议内容与原定的 BOO 协议基本相同，也约定了投资商的建设、运营、拥有相关权益及责任，既规避了法律风险又"重实质"地达到了双方合作边界条件。

2017 年 7 月，芹苴项目正式开工，历经 16 个月，终于在 2018 年 11 月迎来了正式建成投产。[①] 日处理生活垃圾 400 吨、投资金额约 4700 万美元、经营合作期 22 年（含建设期），成为越南首个现代化的生活垃圾焚烧发电厂。2020 年 9 月，项目获得越南环境资源部颁发的环保工程竣工证书，标志着项目环保工程验收已全部完成（含废水收集和处理工程、粉尘烟气处理工程、生活固体废物储存处理工程、储存危险废物工程、环境保护工程 5 项），也陆续完成了定期监测废水质量、监测废水处理系统的排放和污泥处理等环境监测工作，项目已具备正式运营的所有条件。截至 2020 年 12 月底，芹苴生活垃圾焚烧发电厂处理垃圾量累计达到 40 万吨，发电量累计达到 1.2 亿千瓦时，占芹苴市生活垃圾每日清运总量的 80% 以上，大大缓解了芹苴城市治理难题。

攻坚克难，共同打造精品示范工程

芹苴生活垃圾焚烧发电厂的建设标准很高，中国企业向芹苴政府作出的书面承诺是"2018 年年底前投产并达到精品示范工程标准"，建设工期非常紧张，同时建设难度又很高。为此，中国企业经过多方论证，最终决定采用 EPC（Engineering Procurement Construction，设计—采购—施工）总承包模式。EPC 模式虽然能降低建设成本、提高管理效率，但是对企业管理能力提出了更高的要求，它的实施成效很大程度上取决于企业对项目所在地市场资源和供应链的掌握程度。中国企业发扬了攻坚克难的奋斗精神，采取了科学先进的管理手段，克服语言障碍、文化差异、条件苛刻、资源紧缺等方面的困难，按合同约定如期建成了生活垃圾焚烧发电厂，主要的做法包括积极谋划应对投资回报风险、主动沟通化解项目邻避效应、精诚合作推动工程如期投产。

积极谋划，应对投资回报风险

虽然越南在过去 20 年里取得了不错的经济增长成绩，2000—2018 年国内生产总值年均增长率为 6.4%，在疫情期间增长率也维持在 3.0% 左右，但是，越南作为发展中国家，经济基础还是相对薄弱，相关法律法规也不够健全，外资在越南投资面临着较大不确定性。[②] 为此，中国企业积极谋划，应对完工风险、支付风险、流量风险、汇兑风险等投资回报风险。

第一，越南本地的供应链、建设手续等工程管理具有自身特征，EPC 模式完工风险较大。比如，如果砂石等原材料供应成本过高、供给不及时，会导致工程造价超过预算并且工期超时，这将产生"蝴蝶效应"，导致原定的施工方案难以有序推进，也将大大影响后续的生产

① 王天义 . 光大环境越南芹苴项目：打造"一带一路"绿色发展的典范 [J]. 项目管理评论，2021(6)：42-45.
② 王天义 . 光大环境越南芹苴项目：打造"一带一路"绿色发展的典范 [J]. 项目管理评论，2021(6)：42-45.

经营。如果从中国运送原材料到当地，虽然能一定程度提高工程建设的确定性，但可能带来的其他问题将无法预估，比如可能引起的合作"不愉快"，影响中越两国投资合作的可持续性。为此，中国企业做好政府公关工作，并增加原材料、零部件的当地采购比例，以带动越南相关产业发展，同时提高本土员工的招聘比例，主动承担起一定的社会责任、提供更多的就业机会，大大降低项目实施中本土化沟通的难度。

第二，考虑到越南经济基础较为薄弱，政府财政能力相对有限①，支付风险有可能发生。这很有可能影响当地政府对垃圾处理费和电费的按时支付，引发投资回报风险。为应对这项风险，中国企业向中国出口信用保险公司购买了海外投资的政策性保险，这类保险专门用于鼓励和保护中国企业"走出去"。同时，中国企业还主动与当地政府保持沟通，做好财政数据实时监测，以便能及早化解或应对当地财力不足或者支付不及时等情况。

第三，越南本土的垃圾处理投资商正在快速发展，同类竞争会减少项目垃圾处理量，流量风险发生概率较高。垃圾处理量不足通常会成为投资回报不高的关键，而且垃圾处理量在谈判时极容易引起分歧甚至谈判"崩盘"。为应对这项风险，一方面，中国企业与当地政府协商，提出要完善垃圾清运系统、提高垃圾收集量并增设垃圾运输车辆，来保障足够的生活垃圾处理量。另一方面，中国企业和芹苴市政府签署合作备忘录，芹苴市政府承诺在项目投产前至少关停两个填埋场，确保芹苴项目每日垃圾量处理不低于 450 吨。作为对价条件，中国企业也向芹苴市政府承诺不超过 24 个月完成项目并投产，向芹苴市政府作出了双方互惠互利的投资合作承诺，有效化解了垃圾量缺乏或同类竞争可能引致的投资回报风险。

第四，越南存在一定程度的外汇限制，项目的汇兑风险始终存在。在经济发展相对平稳的情况下，货币的自由兑换和企业的收益转移尚能基本得到保证。但考虑到近年来越南自身政策和发展模式上的一些变化，国际收支与货币危机的潜在压力使得越南汇率变化规律捉摸不定，汇兑风险急剧上升。为此，中国企业在与芹苴市政府的商务谈判中，尽量争取将垃圾处理费及电费与美元锁定，根据实时汇率进行结算，同时考虑采用一些金融工具对冲汇率变化风险。②

主动沟通，化解项目邻避效应

起初，关于芹苴项目并非没有质疑的声音。垃圾处理是城市治理的重要内容，具有很强的正外部性，但垃圾处理厂的建设在缓解城市垃圾问题的同时也带来一系列如臭气、蚊蝇、渗滤液污染等负外部性。芹苴项目也不例外，当地人在得知居住地附近将要新建生活垃圾处理厂时，认为项目会带来污染、恶臭、苍蝇、病毒、病虫等问题，开始不断地向城市监

---

①② 王天义. 光大环境越南芹苴项目：打造"一带一路"绿色发展的典范 [J]. 项目管理评论，2021(6): 42-45.

管部门投诉。"邻避效应"开始出现，一度影响到项目正常进程。

首先，泰来县居民对于项目选址有抵触情绪，一度影响到政府的决策。如果越南政府方发布比如勒令停止项目、收回项目产权等公告，项目投资机遇可能转瞬即逝，前期筹备将"付诸东流"。为了消弭越方对垃圾发电这一新鲜事物的种种疑虑，中国企业积极采取措施加以应对：（1）在当地开展了系列环保公益宣传，组织越方官员和周边居民来中国的花园式垃圾发电厂"眼见为实"；（2）为了让项目更加切合当地实际，技术团队先后在越南多个污水处理厂取样试验，直至培育出最适合处理垃圾渗滤液的本地菌群。中国企业在芹苴项目的负责人阿超回忆道，在中方的不断努力下，从开始时越方心怀疑虑，到后来当地官员亲自帮忙"跑审批"、为项目"打包票"，芹苴政府的态度发生了很大改变。"对方觉得中国企业靠谱，把项目视为当地市政环卫系统的一分子，信任就是这样逐渐建立起来的。"

其次，周边居民的公众意见将影响项目规划的签发。根据越南建设法相关规定，泰来县政府要征集不低于 6 个月内的公众意见并超过半数的同意，才能签发项目规划。但是，厂区周边的社会公众一直对项目有顾虑。泰来县老百姓不想让垃圾处理厂靠近他们居住的地方，因为居民从来不知道垃圾还可以再利用，不知道这种低热值的垃圾焚烧后还可以发电。发电对芹苴老百姓来说是一个全新的概念。他们只会觉得，项目建成后会影响他们的正常生活和身体健康。为此，中国企业想用"事实说话"，提高项目透明度，让项目"经得起看、经得起听、经得起闻、经得起测"。阿超认为："垃圾焚烧发电厂首先是个环保设施，因此尤其看重环境影响。"中国企业开始积极主动与当地周边公众沟通，主动向当地政府申请帮助，通过召开人民议会紧急会议来沟通交流，努力获得了他们的支持意见，最终实现了项目规划文件的签发。

最后，芹苴居民对低热值垃圾焚烧发电再利用技术较为陌生。为此，中国企业在加强管理的同时加强宣传，让公众加深对生活垃圾焚烧发电工艺的认知。比如，通过垃圾仓负压控制将全厂臭气集中收集送入焚烧炉，做到无臭气外溢；以喷射氨水脱氮、干法及半干法脱酸、活性炭喷射、双覆膜布袋除尘等手段净化烟尘；用物理和生化措施"双管齐下"实现垃圾渗滤液全部再利用、零排放；将燃烧剩下的炉渣经清洗、分选和收集后再次综合利用；等等。"行走于正在工作的发电厂里，园林式的厂区以及安静舒适的环境给人耳目一新的感觉，'一带一路'共享发展成果，全新的环保理念在越南的土地上正生根发芽。"这是央视记者在调研时描绘的切身感受。同时，在厂区大门外设立了 LED 屏幕，实时公布各项烟气数据（见图 2），并可通过网络实时数据向当地环境监管部门发布。阿超说："烟气在线监测指标日均值达到欧盟 2010 标准，受到了越南有关部委和芹苴当地政府的高度认可。"

经过中国企业的主动开放和积极宣传，芹苴居民对这一现代化工艺技术有了更多的认识和体会。

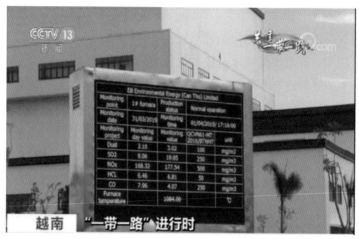

图2 芹苴项目厂区大门外 LED 屏幕实时公布的数据

图片来源：央视新闻 2019 年 4 月 8 日

精诚合作，推动工程如期投产 ①

施工过程并非一帆风顺。中越双方就项目设计、采购、施工和移交等各个阶段做了系统的约定和承诺，形成了约 400 页的合约文件，开始跨越中越合作的"第一关"。在施工阶段，中国企业克服重重困难，参照国内一流工程管理方式，以项目指挥部为核心，加强日常调度和过程管理，将工作"一竿子插到底"，对参建单位按合同节点严格考核，对关键工序严把质量关。

首先，芹苴市此前还没有过垃圾焚烧发电并网规划，需要向工贸部申请并取得批复。这项规划获批难度并不小，包含并网地点、发电机组荷载、上网发电线路标准等多个方面，加之接入电网的线路距离特别长，又经过村民的耕作土地和居住土地，容易埋下后续建设和运营事故的隐患。虽然并网发电规划的获批责任属于芹苴政府，但中国企业仍积极配合芹苴政府向工贸部申请并召开了协调会，成功在 20 天内取得了工贸部的项目批复，工贸部允许泰来县 110KVA 变电所距离项目现场 12 千米，并同意路线经过泰来县的三乡和一镇，最终合并进入越南国家电网。

其次，芹苴政府不允许采取地下水，需要按照自然资源法相关规定申请地表水工程规划及运行许可证。项目冷却塔每天需要补水 900 吨左右，而且建设取水工程也涉及向当地居民征地。政府只负责补偿项目厂界内范围内的征地，涉及项目厂界外的辅助工程，需要由中国企业自己向老百姓协商补偿。为了加快建设进度，中国企业积极协助办理土地补偿相关工作，巧妙选择沟通方式，比如委托政府相关部门与村民谈判用地补偿金，避免企业直接与村民私谈，以控制赔偿金额，避免利益冲突。

---

① 这段内容参考了清华大学公共管理学院 MPA-EMPA2020 级学生陈煌英的硕士学位论文《越南垃圾焚烧发电 PPP 项目风险与对策》。

再次，越南的消防标准和中国的也不相同，中方设计的消防图纸需要修改。按照越南消防法相关规定，项目消防图纸要跟结构设计图纸分开独立报审，其中消防系统要向越南公安部的消防总局报审。面对图纸修改问题，中国企业委托越南当地具有相应资质的设计院，在中方出具的现有图纸基础上进行修改，并补充符合越南公安消防相关规定的设计内容。经过积极沟通，项目的主要设计得以保留，最终的设计图纸既符合企业经营需要又符合越南相关规定。

最后，项目发电工艺必须经过越南科技部、资源与环境部和建设部一起评审并出具意见。工艺评审环节需要中国企业详细描述工艺流程和所有设备的技术参数，以论证项目工艺和设备的先进性。当地政府会以工艺评审批复的参数作为工程建设检查验收的依据，如果设备安装之后跟原来工艺评审的要求不一致，越南政府将不允许验收。基于此，中国企业积极准备工艺评审，并在施工过程中严格按照工艺评审的流程和清单进行施工安装。

除上述手续之外，项目施工过程中还面临许多许可问题。比如，需要协调办理在项目现场工作的中国籍员工的工作许可证，需要聘请有资质的第三方工程和环保工程监理并出具报告，需要在烟囱航空净空高度、全场消防系统、上网线路用地、取水工程、上网线路土地赔偿安置及上网线路设计等方面获得合规许可批复。在这一过程中，中国企业多措并举，芹苴政府积极配合，"精诚合作"推动工程如期建成并投产。

先进生产，实现现代化的清洁发电

中越合作生活垃圾焚烧发电厂具有天然优势。越南的生活垃圾热值、成分与我国南方城市高度接近。芹苴项目应用的工艺均为在我国南方城市已广泛使用的稳定成熟技术。阿超说："垃圾焚烧发电的最大特点，在于所用燃料是非均质的各种废弃物。"在芹苴项目中，中国企业不仅借鉴国内运营管理的先进经验，还结合越南当地的实际情况，升级管理手段，加强垃圾收集运输管理，采取先进生产工艺和设备，实现现代化的清洁发电，让芹苴居民大大受益。

回收椰子，本土垃圾变废为宝 [①]

"在芹苴，椰子是很常见的水果，品尝完椰肉椰汁之后，是直接扔掉吗？现在，这样的生活垃圾有了新的用途……"央视记者这样报道。越南芹苴居民阿黎在采访中提到："我经常看到有车辆挨家挨户收垃圾，我也听说生活垃圾已经用来发电了。"

在过去，对于摆放在屋外的生活垃圾只会进行简单的焚烧或是填埋处理。而如今，垃圾车会时常来到居民家中收集生活垃圾，让居民的生活环境变得更加干净整洁（见图3）。

---

① 本段内容参照《人民日报》报道《湄公河三角洲有座绿色电厂》，2019-04-01(002).

阿黎刚刚扔掉的椰子壳被装入垃圾转运车后，和其他的生活垃圾一起送入垃圾焚烧发电厂，开始了一段奇妙的旅程。"我们把新收来的垃圾投入垃圾库里，经过大约五到七天的发酵就可以放进焚烧炉里焚烧了。"阿超表示。经过工作人员的测算，阿黎丢弃的四枚椰子壳发出的电量能支持一台电扇工作 4 小时左右，提高了焚烧发电效能。

图 3 工人正在收运芹苴生活垃圾

图片来源：央视新闻 2019 年 4 月 8 日

利用废品，废渣废水清洁排放

垃圾焚烧后产生的废品能变废为宝。首先，渗滤液会得到妥善处理。垃圾发酵过程中产生的渗滤液将经过多层过滤，使它转化成冷却水，在主厂房里回收利用，达到零排放标准。中国企业的水处理技术员阿桥在接受央视记者采访时介绍："这个就是我们渗滤液的原液，你看它的颜色非常黑，然后经过厌氧和消化处理之后颜色就变浅了（第一道过滤），再经过化学软化以及微滤过滤就变成了淡黄色（第二道过滤），最终它经过一个反渗透的膜处理作为渗滤液出水（第三道过滤）。从颜色上看，它已经是完全透明了，您可以闻一下它的味道。"[①]

其次，废渣将被二次利用。废渣制砖，需要结合焚烧垃圾发电厂产生的废渣量和场地条件，合理规划生产线配置，尽量多消耗废渣，减少资源浪费，实现固废合理化处置。"您看我手上的这块砖，它就是我们炉渣的制成品，它的密度比一般的黏土砖更高，我们一般用它来做路基。"项目运行部副总经理阿坤在采访中介绍道。

解决就业，充分释放社会效益

根据国内成熟项目的运营管理模式，芹苴项目运营团队按照 60 人编制进行配置，包括生产人员 48 人，管理人员、综合行政及财务人员 12 人。在选聘员工时，中国企业充分考虑不同的国情和文化差异，实行了积极、开放、有效的人才政策，在当地及周边大学校园中开

---

① 王迪 . 中越垃圾发电项目共建绿色"一带一路"[N]. 经济参考报，2019-14-26(003).

展招聘，同时面向当地社会广泛吸纳相关专业的人才。越南员工阿英回忆："当时企业发布招聘公告，我第一时间就去应聘了，能在项目中学到中国的先进技术和经验，吸引了很多本地的优秀人才，也大大提升了项目供应链体系韧性。"在芹苴项目中，越方员工占工作人员总数的九成以上，为周边地区创造了就业岗位，充分释放了社会效益。①

中国企业聘用越南本地员工的过程也存在波澜。中越之间存在民族文化差异、语言交流障碍，管理理念也不同，员工需要一定的时间和成本进行磨合。比如，中方员工不熟悉越南本地的一些环保规定，在办理手续过程中容易"碰壁"；越方员工因不会中文，无法及时启用企业内部办公系统，在内部协调中容易产生"摩擦"。而最大的困境在于，本地新员工没有生活垃圾焚烧发电厂的从业经验，也没有中文基础。为此，一方面，通过当地培训机构或以老带新方式开展语言培训；另一方面，通过选派运行人员赴中国国内接受专业技能培训，并结合调试、安装和运行工作的成效，进行有针对性的强化培训，做到持证上岗。经过实操训练，越南本地员工的技术经验日益成熟，确保了发电厂生产安全稳定运行。

结束语

芹苴项目实现"变废为宝"，成为构建"一带一路"绿色发展共同体的中国探索典范。芹苴项目按国际先进标准（欧盟 2010 标准）执行排放，年发电量约 6000 万千瓦时，能满足8000 户左右居民一年的用电量。②垃圾焚烧发电、废品再利用，在当地产生了很大的经济效益，也释放了较大的环境效益和社会效益，帮助改善了居民生活环境，吸纳了当地大量就业人员。2020 年 6 月，芹苴项目还获得了市政府颁发的越南生活垃圾焚烧发电行业中第一个工业旅游基地批复。此前，芹苴项目还获得过"2018 年芹苴投资贡献奖""2019 年纳税义务先进单位""2020 年度安全标准达标单位"等多个奖项。③

越南中央领导、地方领导、民众对芹苴项目的参观络绎不绝，好评如潮。每个月的第一个周五为公众开放日，越南公众走进现代化的生活垃圾焚烧发电厂区，可以实时了解环保设施的运行和污染控制状况，增加对污染治理设施和措施的了解和认可。自 2019 年 4 月首个公众开放日到 2022 年年底，芹苴项目每年接待的政府机构、周边居民、媒体记者、行业专家、员工家属、中小学生等参观人次已超过 1000 人次。"我的感受非常明显，我感受到了电厂对于芹苴环境的改善。"阿黎说。项目不仅能为当地民众带去生活便利，还受到了当地民众的喜爱，真正实现了从"邻避"变"邻利"和"邻喜"。

① 王迪. 中越垃圾发电项目共建绿色"一带一路"[N]. 经济参考报, 2019-14-26(003).
② 王天义. "一带一路", 绿色先行 [J]. 中国政协, 2019(10): 80.
③ 王天义. 光大环境越南芹苴项目: 打造"一带一路"绿色发展的典范 [J]. 项目管理评论, 2021(6): 42-45.

在中国，芹苴项目也得到了多家官方媒体的关注和报道。2019年4月，中央广播电视总台"新闻联播"栏目对项目进行了采访报道。人民日报、新华社、新华网、人民网等中央媒体也都对项目做了充分的报道。官媒评价：芹苴项目助力绿色"一带一路"建设并与国家战略高度同步。芹苴项目也是中国企业FDI的成功探索，采用BOO投资模式和EPC总承包管理模式，代表了中国企业投资、管理、设备集成模式向"一带一路"国家的成功输出。

中国企业通过芹苴项目将全新的绿色环保理念带到了越南，实现了积极的经济和社会效益。对中国企业而言，芹苴项目是"一带一路"绿色投资合作的"典范"，是探寻中国式现代化之路的"绿色样本"。中国企业在芹苴项目中既保障了工期和质量，还履行了对当地政府的承诺，树立了"一带一路"投资合作中的积极形象。随着"一带一路"建设的深入推进以及全球对绿色发展理念的普遍认可，绿色"一带一路"建设蕴藏的巨大需求和发展潜力正在逐渐释放。芹苴项目将为更多"一带一路"投资合作提供"绿色标杆"，也将为中国开展海外绿色投资和生态治理合作提供宝贵经验。

【研讨题】

1. 在芹苴项目中，中国和越南分别采取了哪些行动？取得了哪些成效？

2. 中国企业如何化解芹苴项目中的邻避效应？对于跨国环保投资有哪些启示？

3. 中国企业如何在"一带一路"国家建立良好的投资合作伙伴关系？分别需要哪些机制？

4. 芹苴项目的成功实践，对于共同推动构建人类命运共同体有什么启示？

案例分析

越南从2016年开始引进垃圾焚烧发电工艺，全国13个省（市）有13个项目在投资运作。其中，芹苴生活垃圾焚烧发电厂是第一个投产成功的项目，而且从获得政府批复到投产运行，中间只经历了不到16个月的时间，足以体现"中国速度"。芹苴生活垃圾焚烧发电厂是越南第一座现代化、高标准的垃圾焚烧发电厂，已成为湄公河三角洲的"绿色标杆项目"，获得越南政府"都市环境质量杰出成就奖"，中央电视台《新闻联播》节目曾进行专题报道。在项目从筹备到投产的过程中，面临了不少风险和挑战，克服了许多困难，才得以合法合规开展投资建设运行。诸如垃圾发电、污水处理等环保基础设施，作为公共产品，如果完全由政府提供，肯定面临缺资金、缺效率的"两缺"困境。解决的有效方法之一就是应用PPP模式，即政企合作，对于环保基础设施领域应用PPP模式，可以称之为"绿色PPP"。那么，面向未来，中国如何探索更加广阔的"一带一路"绿色投资合作空间？如何构建"一带一路"绿色发展共同体的合作框架？如何化解跨国绿色投资项目的邻避效应？如何应对"一带一路"投资项目的合作风险？通过对芹苴项目的案例分析，接下来尝试回答这一系列问题，为探寻以绿色技术为支撑的中国式现代化之路，提供有益参考。

一、如何构建"一带一路"绿色发展共同体的合作框架？

从芹苴项目案例中可以归纳出中越双方为构建"一带一路"绿色发展共同体所做的五项措施，包括选择绿色设施、绿色技术、绿色政府、绿色企业、绿色机制（见图4）。

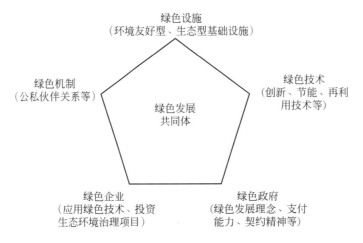

图4 "一带一路"绿色发展共同体的合作框架

资料来源：（1）参考王天义在第四届中国PPP论坛上的发言；（2）结合芹苴案例整理

1.选择绿色设施

绿色设施既是绿色基础设施的简称，也是环境友好型、致力于改善生态环境设施的统称。伴随环境保护意识的增强，生态型基础设施建设的需求日益增长，于是，学者们将生态型的绿色环境基础设施归类为一种新的基础设施类型——绿色基础设施（GI：green infrastructure），而将其他基础设施称为灰色基础设施（grey infrastructure）。绿色设施强调由自然环境决定使用，比如，城市垃圾处理设施就属于绿色设施，具有强民生、低政治等特点。绿色设施相比其他设施较易为"一带一路"国家的政府和民众接受。

中国的绿色发展情怀，体现在对绿色设施的投资合作上。目前，中国已拥有全球垃圾焚烧发电领域知识产权数量最多的企业，已形成自主研发的国产垃圾焚烧炉，大大提高了开展生活垃圾焚烧发电厂跨国投资合作的竞争优势。芹苴项目建成后，为当地政府和社会公众带来了环境改善、生活便利、就业增加等效益，受到了芹苴市社会各界的欢迎。现代化的生活垃圾焚烧发电设施，提高了芹苴的能源利用效率，优化了芹苴的能源利用结构，发挥了"城市矿藏"生活垃圾的再利用效用。综上，选择绿色设施进行投资，对于中国企业而言，有利于获得东道主国家的青睐，更容易在跨国投资合作中获得成功，也符合中国绿色发展、生态文明和环境保护理念,是构建"一带一路"绿色发展共同体的合作基础。

2. 选择绿色技术

绿色技术是实现低碳绿色发展模式的关键力量,也是企业履行绿色投资责任的基础。当前,积极推进环境保护与应对气候变化工作,如期达成"双碳"目标,是我国生态文明建设的紧迫任务。随着快速城镇化和工业化进程而引发的巨大能源消耗,城市在低碳发展和应对气候变化中日趋成为重要的责任主体和行动单元。低碳城市意味着通过能源效率的提升、能源结构的调整、高碳行业向低碳行业的转型,以及更加环境友好型的资源分配等方式,推动城市发展的全面低碳化,而绿色技术创新则是实现这种发展模式的关键力量。企业作为节能减排的微观主体,通过绿色技术创新实现节能减排,并在"一带一路"国家投资时应用绿色技术,为东道国带去绿色技术,有利于形成可持续的投资合作机制。

推动绿色技术在大数据、人工智能、区块链、物联网等智能技术大范围应用的形势下,传统领域的发展模式正在发生颠覆性的变化,这为"一带一路"绿色投资合作提供了新的机遇。以芹苴项目为例,成功开发并利用的智慧电厂技术、垃圾焚烧炉大型化技术、垃圾气化技术、生物质综合利用技术、厨余垃圾处理技术及适用于城镇的小型化垃圾处理技术等新型绿色技术,已为跨国投资合作带来了全新的模式,提高了中国企业的跨国投资竞争优势。

3. 选择绿色政府

绿色政府建设作为强化政府环境管理能力,协调政府、企业与公众之间关系的重要手段之一,正在广泛引起人们的重视。芹苴项目的成功合作,一个很重要的原因是芹苴政府有着绿色发展理念、较稳定的支付能力并愿意信守契约精神。当前,虽然对绿色政府还没有统一定义,但绿色政府建设的出发点都是为了可持续发展,即以可持续发展为目的,通过政府绿色文化建设和绿色绩效考核体系运用,推动和监督政府自身行为的绿色化,并且通过对企业与公众的协调、示范及督促作用,影响和促进全社会绿色化,解决环境、公平等全社会共同关注的问题,实现经济、社会、环境协调发展。

在推动绿色投资合作的过程中,政府没有绿色发展理念不行,没有支付能力不行,没有契约精神更不行。芹苴政府的绿色发展理念,一部分源于城市环境治理的迫切需求,另一部分也源于中国企业的积极沟通和观念输出。在跨国的绿色投资合作中,选择绿色政府体现为与东道国政府的磨合,特别是在"一带一路"国家,可着重推动政府绿色文化建设,通过塑造适应政府自身发展需要、为大部分政府官员认同的"绿色"价值观,潜移默化地影响官员的价值取向,规范政府官员行为,从而提高跨国绿色投资合作的成功概率。

4. 选择绿色企业

绿色企业是绿色投资的重要承担主体。为达成生态文明建设目标,中国每年需进行的绿色投资约为 2 万亿元，但政府只能承担其中的 10%～15%。传统观念认为，生态环境治理是公共产品，是没有盈利的，因此绿色投资需要由财政来承担。实际上，大部分生态环境治理相关项目并非纯粹的公共产品，是可以营利的。绿色企业正是以投资这类项目为经营手段，但与一般环保企业不同的是，绿色企业自身的经营管理和工艺技术都应该是环境友好型的。中国企业投资建设运营的芹苴生活垃圾焚烧发电厂，为地方经济社会发展带来了积极效应，既解决了垃圾问题，又提供了绿色电力，推进了当地经济社会高质量发展，是投资合作成功的典范。

从芹苴项目实践来看，绿色企业首先要有担当意识，绿色基础设施投资合作周期长，如果企业自己都不相信能坚持到底，当地政府更没理由相信。"一带一路"的绿色基础设施投资通常需要跨代合作，那么企业的责任担当也应该跨代传承。二是，绿色企业要有很强的资金实力，没有实力无法开展基础设施跨国投资。若当地政府没有一次性的投资能力可以选择使用 PPP 等模式将一次性投资支出变为按月按年的平滑支出。企业正相反，要有一次性的巨大投资能力，再按照一定频率和周期缓慢回收。三是，绿色企业要有管理能力，要能够控制成本、提高效率、提高品质，让当地政府觉得物有所值、物超所值，芹苴项目的效果就让当地政府"赞不绝口"。

5.选择绿色机制

绿色机制是能促进可持续发展，发挥经济、社会、环境综合效益的运行方式。公私伙伴关系（PPP）是一项典型的绿色机制，其本质内涵是风险分担、利益分享、物有所值、合理回报、长期稳定。"一带一路"沿线大多是新兴经济体和发展中国家，总人口约 44 亿，经济总量约 21 万亿美元，分别约占全球的 63% 和 29%。这些国家处于经济发展的上升期，对基础设施和公共服务的需求普遍而迫切，同时这些国家的政府"缺资金""缺效率"问题更为突出。采用 PPP 模式，能引入私人资本和管理能力来提供公共产品和服务，进而把政府主导的公平与企业追求的效率更好地结合起来。PPP 是 20 世纪 90 年代始于英国并快速行走全球的机制创新。欧洲是人类可持续发展的示范区和 PPP 的源产地，联合国欧洲经济委员会已围绕着 17 个可持续发展目标制定了 27 类 PPP 标准，用于指导全球 PPP 的应用实践。

"一带一路"连接着亚洲与欧洲，可以把拥有 44 亿人口的亚欧经济与社会更紧密地联系在一起。基础设施、公共服务在"一带一路"建设中具有基础性作用。面对数万亿美元的资金需求，中国可以积极应用 PPP 模式，进入更多"一带一路"国家，为东道国政府带去先进的基础设施、优质的公共服务和高效的管理水平，更好发挥 PPP"提质增效"的绿色效能。芹苴项目的成功让我们看到，应用 PPP 模式要规范有序，才能实现成功。在芹苴项目中，中国企业认为提效重于融资，融资是一次性的功效，提效才是长期性的功效，只有提效才能让"一带一路"国家的政府和公众切实感受到中国构建人类命运共同体的诚意。选择绿色机制，就是选择规范有序的 PPP，选择提质增效的 PPP，推动"一带一路"绿色发展。

二、如何化解跨国绿色投资项目的邻避效应？

邻避效应是社会公众对其居住环境周边规划建设的可能具有环境污染、生态破坏基础设施的一种抵抗现象，在国外也称作"Not In My Backyard"（NIMBY）现象。[①] 邻避效应的一个显著特点在于，规划建设的基础设施是整个社会必不可少的，但可能对选址地附近居民造成不良影响，因此会遭到周边居民不同程度的抗议行动。垃圾焚烧设施属于典型的邻避设施，多数公众认为，为解决城市垃圾治理问题，政府设置垃圾焚烧发电厂是合理的，但不同意把这类设施建设在自家住地附近，于是，垃圾处理设施便产生了邻避效应。实际上，垃圾焚烧发电技术的应用，正是为了解决传统垃圾焚烧设施的环境污染问题，也可以理解为是化解邻避效应的一项积极举措。

中国已具有自主研发的垃圾焚烧发电相关技术和设备。从全球范围看，近六成的城市不得不面临垃圾"围城之困"。应用垃圾焚烧发电技术，目标是让内容五花八门的生活垃圾高效率地产出电能，其关键在于测算热值。越南科学技术研究院 2017 年关于越南城市和农村的生活垃圾产生量的报告显示，越南的生活垃圾是混合生活垃圾，其特点是湿度高（65%～95%）、热量低（新鲜垃圾的热值 900～1100 千卡 / 千克湿重），餐厨垃圾占生活垃圾的绝大部分。[②] 越南居民和中国居民生活习惯相似，生活垃圾构成也呈现热值低、水分多、灰分高、成分杂等特点，属于燃料中的"粗粮"而非"细粮"。中国企业已在国内垃圾焚烧发电领域深耕十年以上，自主研发出针对此类生活垃圾的焚烧设备，能很好地适应越南市场。

除了技术措施，中国企业还采取了系列管理措施，来化解芹苴项目中的邻避效应。一是，中国企业在越南投资前对芹苴的经济发展状况、社会稳定情况和当地对外资的优惠政策开展了综合评估，在芹苴建立了风险管理体系，包含监控系统和预警系统，及时跟踪越南综合形势变化并研判风险，来提升风险应对韧性，从根源上杜绝邻避效应出现的可能性。二是，中国企业主动向当地政府申请帮助，包括召开人民议会紧急会议来征集群众意见，加大信息公开，通过加强宣传来获得民众理解，通过组织村民群众代表团赴中国参观考察类似垃圾焚烧发电项目，让居民代表了解垃圾资源化及无害化处理方式。三是，中国企业通过加强管理，让项目经得起看、经得起听、经得起闻，向社会公开发布现代化的生活垃圾焚烧发电厂效果图，积极取得政府和社会公众信任。

综上，中国企业通过积极沟通、主动开放，改变了公众的风险感知，积极化解邻避效应。公众的风险感知具有"主观性"，一方面与公众感知的邻避设施负外部性大小相关；另一方面受到政府沟通的影响。积极沟通能够改变公众对绿色设施和技术的理解，主动开放能够提高公民的参与程度和监督效率，公民的权利意识得到维护，最终成功化解邻避效应。

---

① 黄缪，陈尧 . 垃圾焚烧设施"邻避效应"及其应对机制 [J]. 城市管理与科技，2012, 14(8): 28-32.

② 陈煌英 . 越南焚烧发电 PPP 项目风险与对策 [D]. 北京：清华大学，2021.

三、如何应对"一带一路"投资项目的合作风险？

通过芹苴项目的分析，可以看出"一带一路"投资项目的合作风险包括投资回报风险、法律政策风险、市场流量风险、技术成本风险、项目管理风险等方面。其中，投资回报、项目管理、法律政策、不可抗力等风险是基础设施项目投资普遍面临的风险，而技术成本和市场流量风险在生活垃圾焚烧发电等市政基础设施项目中尤为突出。

1. 投资回报风险

投资回报风险是一项较为宏观和宽泛的风险事件，后续的每一个风险都可能影响项目的投资回报水平。结合芹苴项目实践，这里着重强调的是事前以回报率为核心的投资决策风险。中国企业在投资前就委托了芹苴本地具有资质的咨询单位，进行全市调研和勘察，调研结论是芹苴市生活垃圾处理的投资机遇和风险并存。其中，机遇在于，湄公河三角洲还没有建立一座现代化的垃圾焚烧发电厂，抢占这个"第一"会产生很大的声誉外溢效应，有助于中国企业投资版图的快速扩张；风险在于，芹苴城市规模并不大，加上既有的垃圾填埋场分流了大部分垃圾量，建成垃圾焚烧发电厂后可能面临同类竞争风险，而且与当地政府和公众的沟通成本也具有不确定性。

摆在中国企业面前的投资决策风险是芹苴政府能否为垃圾量作出相关承诺，包括竞争唯一性承诺、限期关停既有填埋场承诺等。这对中国企业的国际公关、关系协调等方面的能力提出了很高的要求。但是，把一个正在运行的填埋场关闭，并把垃圾交给生活垃圾焚烧发电厂，需要一个比较长时间的转变过程。这会触及城市当地许多既有利益链条，付出的代价需要仔细评估和谋划。而且，即使是芹苴政府作出了承诺并积极履行，也无法完全阻挡当地一些私营企业主介入市场的"分蛋糕"行为。所以，实际上是无法做到完全控制填埋场的垃圾量这一竞争风险的。为此，中国企业经过系统测算和多方论证，最终还是作出了在湄公河三角洲投资建设生活垃圾焚烧发电厂的投资决策，并在实施中加强管理。

2. 法律政策风险

虽然越南政府对生活垃圾焚烧发电PPP项目有比较具体的规定和标准，但是各种法律政策处于不断变动之中。处于持续完善的法律政策环境中，投资者将面临很大的法律政策风险。中国企业在跨国投资合作中难免遇到这类风险。以芹苴项目为例，由于芹苴项目没有列入越南PPP名单中，导致芹苴政府在谈判过程中认为不能签署BOO协议，一度让中国企业陷入被动。中国企业通过聘请熟悉当地情况的本土中介机构来进行决策支持，有效化解了这类风险事件。

此外，有些国家的政府尚未建立一套基础设施投资合作或PPP项目合作的统一制度体系，这时候需要投资者自己解读东道国的法律政策，来合法合规完成项目有关工作，并择机帮助东道国政府完善相关法律法规和制度体系。在芹苴项目中，中国企业面临着中标后还要补办各种功能规划的挑战，包括向政府申请签发项目 1：500 规划、向工贸部申请批准并网发电规划、申请用水运行许可和取水工程建设许可等。中国企业在芹苴项目中，采取了运动式治理的方式，比如协调政府召开紧急会议来征集群众意见等，主动应对法律政策风险并取得了积极成效。

3. 市场流量风险

市场流量风险是指基础设施建成后在市场化经营中使用量不够导致收入低于预期的情况。垃圾量不足以支撑运行生活垃圾焚烧发电系统，是"一带一路"跨国投资合作垃圾焚烧发电项目的最大挑战之一。一方面，"一带一路"国家的城市面积比较小，各城市之间的管理体系衔接程度不够，或者有些城市的城市治理体系不完善，生活垃圾收运效率低下。另一方面，生活垃圾填埋仍是这些国家最为流行的垃圾处理方式，虽然变更成焚烧发电工艺的机会大，但是成本高、风险也高，还需要准备很多前期工作，生活垃圾焚烧发电投资合作会面临垃圾量少的风险。

在湄公河三角洲的芹苴市投资一座先进的生活垃圾焚烧发电厂的机会难得，但是芹苴项目同样面临着垃圾量不足的风险。中国企业为解决垃圾量不足的问题，积极沟通芹苴政府，建议其尽快完善垃圾清运系统，以提高垃圾收集量和运输车数量。同时，中国企业申请与芹苴政府签署备忘录，承诺在生活垃圾焚烧发电厂投产前，至少关停两个填埋场，以确保项目能收到足够的垃圾量。为此，中国企业需要向芹苴政府承诺不超过 24 个月的工期，以自身实力和信誉，与芹苴政府达成一致意见，有效解决了市场流量风险。

4. 技术成本风险

生活垃圾焚烧发电技术在越南芹苴是一项技术创新，应用得当能带来技术溢价回报。但是，创新技术应用也需要付出一定的代价，也就是说，技术应用存在成本风险。根据越南 2017 年的转移工艺法和科技部于 2015 年 5 月 15 日签发的第 76/2018/ND-CP 议定，新技术工艺转移到越南必须经过其国家主管部门评审。[①] 为此，芹苴政府要求中国企业在开工建设前，必须得到越南科技部和资源环境部关于在芹苴当地开展垃圾焚烧发电工艺的评审意见。工艺评审工作由资源环境部主导并向建设部、工贸部、科技部等征求意见，而且工艺评审流程复杂，办理时间不可控，严重影响项目正常进程，需要付出昂贵的时间成本。

同时，越南政府对于发电并网技术没有明确规定和具体指南。因没有关于垃圾焚烧发电工艺的规定以及确保项目能成功发电的担保，垃圾焚烧发电可能面临无法并网的风险，加上电力行业是越南国企垄断市场，参与并网发电并不是一项简单的工作，所以并网发电不成功是投资者要面临的风险。此外，合理的并网发电购买价格，是生活垃圾焚烧发电厂收回投

---

① 黄缪，陈尧. 垃圾焚烧设施"邻避效应"及其应对机制 [J]. 城市管理与科技，2012, 14(8): 28-32.

资的重要保障，仅以垃圾处理费的收入不能完全收回投资成本，而且能否洽谈形成合理的并网发电价格具有很大不确定性。为此，中国企业做了很多工作，特别是吸纳本地员工来推进此项工作，化解了风险。

5. 项目管理风险

结合中国企业在芹苴生活垃圾焚烧发电厂项目中的管理经验，笔者梳理汇总了项目管理风险事项如下[①]：

（1）生活垃圾焚烧发电PPP项目的建设要符合越南国家和地方的各种功能区规划。

（2）项目所在地的垃圾量应当满足额定入炉量，清运效率达75%以上。

（3）项目选址的地质稳定、天气气候顺利、离城镇中心的距离不太远。

（4）项目选址的附近必须有变电站。

（5）当地政府在用水方面的批复符合国家规定。

（6）当地政府确保垃圾焚烧发电厂投产后停运本地的垃圾填埋场。

（7）规避项目所在地垃圾焚烧发电项目的同行竞争力。

（8）项目所在地有限选择生活垃圾焚烧发电工艺并给予鼓励和支持。

（9）项目所在地政府具备每年支付环保领域资金的能力。

（10）项目所在地具备城市化发展的潜力。

为顺利开展芹苴项目的投资合作，除了仔细地研究越南国家的投资、环保、工艺、电力及建设有关规定和标准以外，投资者应当根据上述10条内容进行考察和管理，预测各种管理风险并根据自己的情况拟定应付对策。此外，还可以参照芹苴项目从筹建、报批报建、建设、验收到投产运营过程中采取的五项对策：（1）委托具有资质的第三方咨询单位和外协单位解决投资条件风险；（2）发展企业自身技术能力和设备质量以解决工艺技术风险；（3）要求政府签署长期垃圾处理合同并确保垃圾保底量以解决贸易风险；（4）以连续安全稳定达标零排放的生产制度及做好后勤保障工作来解决违规风险；（5）积极应对不可抗力风险。

四、在构建"一带一路"绿色发展共同体中探寻中国式现代化之路

国家间关系的发展表明国际社会正在向着一个全球性的"共同体"转变。"人类命运共同体"理念反映了中国对国际社会基础的重新认识，其将中华优秀传统文化引入全球治理，发展了马克思主义关于共同体的学说，关注人类整体和个体，突出国际社会的终极问题，强调国际社会差异性和依存性的统一。[②] "人类命运共同体"理念对中国参与全球治理体系变革具有重要价值，有助于促进对中国与世界关系的认知，提升中国国际话语权和话语能力。[③]

---

① 黄缪，陈尧. 垃圾焚烧设施"邻避效应"及其应对机制 [J]. 城市管理与科技，2012, 14(8): 28-32.
②③ 张辉. 人类命运共同体：国际法社会基础理论的当代发展 [J]. 中国社会科学，2018(5): 43-68.

中国和越南在芹苴项目中建立的投资合作伙伴关系，恰恰体现了这一理念。

面向未来，"一带一路"沿线有很多发展中国家，绿色环保产业刚刚起步，环境治理投资需求很大。比如，根据2017年统计数据，越南普通城镇地区的固体废物处理合格率约为19%，污水处理的合格率只有5%左右。^①同时，由于环保基础设施诸如垃圾发电、污水处理等具有高民生性、低政治性的特点，很容易得到广大发展中国家政府和民众的欢迎。^②比如，越南政府积极吸引外商直接投资于环境产业，并向外商提供一定的优惠政策，包括向可再生能源、绿色能源、废物综合利用、环境产业设备及其他环保业务的投资者，提供的优惠免税措施。^③自2015年7月起，垃圾的收集、处理及循环利用也被列入投资优惠清单。结合芹苴项目的分析，以协同治理视角提炼的构建"一带一路"绿色发展共同体框架如图5所示。

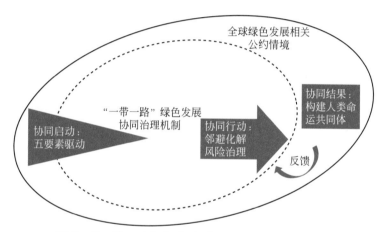

图5　"一带一路"绿色发展共同体协同治理框架

资料来源：（1）Emerson K, Nabatchi T, Balogh S. An integrative framework for collaorative governance[J]. Joural of Public Administration Research and Theory,2012,22(1):1-29. ；（2）结合芹苴案例整理

城市生活垃圾无害化处理是城市发展和人民安全、健康生活的重要保障。2021年7月，国家发展改革委印发《"十四五"循环经济发展规划》（以下简称《规划》）。《规划》提出到2025年年底，全国城市生活垃圾资源化利用率达到60%左右，全国生活垃圾分类收运能力达到70万吨/日左右，全国城镇生活垃圾焚烧处理能力达到80万吨/日左右，城市生活垃圾焚烧处理能力占比65%左右。《规划》中首次提出生活垃圾资源化利用率的指标，突出了鲜明的资源化导向。由于焚烧方式综合处置效益优于传统填埋技术，我国政府通过多种激励手段推广垃圾焚烧发电技术创新和应用。坚持以创新驱动高质量发展，是经济建设向高级形态迈进的必然要求，也是中国式现代化的内在要求。只有立足高水平科技自立自强，提高传统生产要素的效率，推动质量变革、效率变革、动力变革，才能实现经济发展从要素驱动向创新驱动转变，为现代化建设提供强劲的动能支撑。垃圾焚烧企业作为城市循环再生和固废

① ②　王天义 . "一带一路"，绿色先行 [J]. 中国政协，2019(10): 80.
③　东盟国际贸易投资 . 经贸研究：越南对环境服务需求日增 [N]. 搜狐网，2017-05-18.

分类处置的承载方，依靠特许经营权模式叠加产业链的高度协同，在"焚烧＋"布局上优势明显。

面向"一带一路"绿色发展，构建绿色发展共同体的投资合作方式积极有效。习近平总书记倡议成立的"一带一路"绿色发展国际联盟，一端连着环境治理的迫切需求，一端连着治理能力的现实供给，具有重要的桥梁和纽带的作用。[①] 通过绿色发展共同体构建，汇聚政府、企业、国际组织、金融机构，有助于共同推动"一带一路"绿色可持续发展。[②] 中国在积极投资"一带一路"沿线国家环境治理的同时，也将积极推动"绿色PPP"的研究与推广，在这一实践中为中国式现代化建设提供"绿色样本"，也助力绿色"一带一路"建设中的人类命运共同体构建。

---

① 习近平．齐心开创共建"一带一路"美好未来——在第二届"一带一路"国际合作高峰论坛开幕式上的主旨演讲 [J]．时事报告，2019(5)：10-13．
② 王天义．光大环境越南芹苴项目：打造"一带一路"绿色发展的典范 [J]．项目管理评论，2021(6)：42-45．

23

和合共生，义利永续[*]

——"一带一路"推动肯尼亚可持续发展的 C12 实践

📋 案例正文

【引言】2019 年 4 月 25 日，国家主席习近平在北京人民大会堂会见时任肯尼亚总统肯雅塔。习近平指出，不到一年内我同总统先生三次会面，体现了中肯关系的战略性和高水平……肯尼亚是较早同中方签署共建"一带一路"谅解备忘录的国家。中方愿以共建"一带一路"和落实中非合作论坛北京峰会成果为契机，同肯方共同维护好中肯、中非各领域合作良好势头，加强发展战略对接，发挥铁路等重点项目的经济和社会效益，鼓励更多中国企业到肯尼亚投资。

【摘要】构建人类命运共同体彰显了推动世界之治的中国担当。由中国武夷实业股份有限公司承建的肯尼亚 C12 公路改造项目是构建人类命运共同体的典型案例，获得当地媒体、央视、凤凰卫视等报道，并入选全球最佳减贫案例。C12 公路是连通非洲"园中之冠"的交通要道，其改造极大便利了游客和当地居民的出行，全方位带动了公路沿线的经济发展，成为惠及广大马赛族人民的"民生路""幸福路"。本案例以 C12 项目建设过程切入，展现中国公司如何与当地社区共同描绘"一带一路"倡议，中国人如何与马赛人逐步结合成为国际合作共同体，在此基础上，深入剖析以可持续基础设施构建人类命运共同体的可能路径。

【关键词】一带一路；可持续发展；基础设施；肯尼亚；中非合作

---

* 案例作者：冉奥博，清华大学智库中心助理研究员、清华大学城市治理与可持续发展研究院助理研究员；武俊男，清华大学公共管理学院硕士生；罗慧芳，当代中国与世界研究院。自 2018 年开始，冉奥博多次前往 C12 项目基地开展田野调查，武俊男曾于 2019—2021 年在肯尼亚完整工作两年。本文中人名均为化名。案例背景和案例分析的部分内容源于作者已发表的论文《"一带一路"背景下可持续基础设施的定性评估——以肯尼亚 C12 公路改造项目为例》。

案例背景

2021 年 7 月 1 日，习近平总书记在庆祝中国共产党成立 100 周年大会上发表的重要讲话中明确提出，"以史为鉴、开创未来，必须不断推动构建人类命运共同体"。推动构建人类命运共同体是中国式现代化的本质要求，是解决全球纷繁复杂矛盾的中国智慧和中国方案。"一带一路"倡议是中国提出的国际公共产品，也是中国推动对外开放的重要平台，被视为构建人类命运共同体的重要途径。该倡议的核心工作在于建立相关国家间的互联互通网络，而基础设施则构成了这一网络的实质基础。

肯尼亚作为中国的全面战略合作伙伴，在东非和印度洋西岸地区扮演着"一带一路"倡议的重要支持者角色，但该国在可持续发展方面仍面临着多项挑战。肯尼亚的社会经济结构存在严重不平衡，这直接反映在国内生产总值波动和历次大选引发全国骚乱和政治动荡上。此外，肯尼亚位于赤道与东非大裂谷交汇地带，拥有众多自然保护区和国家公园，承担着生态环境和生物多样性保护方面的巨大压力。也就是说，如果在基础设施建设过程中不充分融入可持续发展理念，"一带一路"倡议的长期目标和整体效益可能会受到严重影响。

肯尼亚 C12 公路改造项目基本情况

C12 公路改造项目位于肯尼亚西南部的纳罗克郡（Narok County），连接纳罗克镇和马赛马拉国家公园的塞凯拉尼门（Sekenani Gate），全长 82 千米，是通往著名的马赛马拉国家公园的主要通道。该项目由中国武夷实业股份有限公司肯尼亚分公司（以下简称中国武夷）承担施工任务。该项目的主要工程包括 0～23 千米路段的路面翻修，23～45 千米路段的底基层、基层和沥青路面的新建，以及 45～82 千米路段的基层和沥青路面的新建。C12 项目于 2016 年 10 月 27 日动工，2020 年 3 月 11 日完成竣工验收，总合同金额约为 22 亿肯尼亚先令（当时折合人民币约 1.47 亿元）。

新项目开拓新市场 新起点迈向新征程

每年 7—10 月，都会有数以百万计的角马和斑马等野生动物从坦桑尼亚的塞伦盖蒂大草原浩浩荡荡地迁往肯尼亚的马赛马拉野生动物保护区。尤其是位于马拉河畔的"天堂之渡"，无数角马需要渡过鳄鱼漫布的河口，这一充满野性的自然奇观吸引了来自全球各地的大量游客。

然而，通往马赛马拉的道路并非坦途大道。一直以来，C12 公路被公认为"肯尼亚最难走的公路"之一，游客们更是将它称为"超级搓板路"。由于年久失修，C12 大部分道路已经裸露出基层。车辆行驶在该路上仿佛行驶在"搓衣板上"，免不了上下跳跃、左右侧滑，游客们在唯恐翻车的提心吊胆中行驶。短短 80 余千米的道路，要走上两个半小时才能到达马赛马拉国家公园。

"天国之渡"虽震撼人心，但 C12 公路路况恶劣，交通事故时有发生，即便是专为 SAFARI（斯瓦西里语，游猎旅行）改造的越野车，也偶尔会在这条坑洼不平、砾石遍布、尘土飞扬的"搓衣板路"上抛锚、爆胎，更有甚者会在颠簸的过程中被震掉刹车片。如果"运气好"，还能遇见穿行而过的斑马、羚羊等野生动物，司机一脚刹车下去，乘客们就会在惯性的作用下"人仰马翻"。

为了提供更好的旅游体验，促进当地旅游业的发展，肯尼亚政府决定对该路段进行升级改造，并通过国道局维护部进行了招投标。在激烈的竞标后，一家在肯尼亚深耕数十年的中国公司——中国武夷，杀出重围中标成功。

中国武夷是福建建工集团独家募集设立的股份公司，主要经营国内外房地产投资开发、境内外投资和工程承包，是福建省"走出去"的领军型企业。中国武夷连续 29 年入选美国《工程新闻记录》（ENR）杂志"全球最大 250 家承包商"（2022 年排名第 142 位），连续 5 年获得对外承包工程信用等级评价最高等级 AAA 级。中国武夷自 20 世纪 80 年代进入肯尼亚市场，完成了肯尼亚金融研究学校、内罗毕大学、托比摩亚雷公路等一系列肯尼亚地标建筑和项目，捧回了 4 项境外工程鲁班奖、2 项国际优质工程奖。

C12 也可以说是中国武夷的"第一次吃螃蟹"。C12 公路项目是中国武夷在肯尼亚国道局维护部中标的首个项目，也是首个以升级改造现有道路为主的项目。与新建项目相比，升级改造项目的特点是工程预算低、管理难度大，但随着肯尼亚工程承包市场竞争越发激烈，这一细分市场既是机遇也是挑战。C12 项目成为中国武夷开拓新市场、新业务的关键一招。

这份开拓市场的重任落在了刘护林身上。刘护林是中国武夷驻外的"老兵"，在此之前，他已经在海外参与"一带一路"建设八年之久，此次被公司委以重任调往马赛马拉地区担任 C12 公路项目的项目经理。站在新起点上，刘护林踌躇满志，他知道自己将在这片大地上，开启一段全新征程。

偶遇酋长看似无心　旗开得胜缘自有心

早在出发之前，刘护林就开始做功课了。他曾在肯尼亚北部区域工作过一年半，也接触了一些游牧民族，而马赛族是东非最具代表性的游牧民族。刘护林虽早已听闻马赛马拉地区独特的马赛文化，但对马上开始的沉浸式体验还是感到既紧张又期待。

马赛族最早自北向南由今南苏丹境内的尼罗河河谷地区不断迁移，在 18 世纪到达今天的肯尼亚和坦桑尼亚，并成为当地占据主导地位的民族。但随着英国殖民势力和临近部落的崛起，马赛族逐渐被边缘化，其生存空间被压缩至肯尼亚与坦桑尼亚的交界地区。马赛族的社会结构是由年龄组构成，即同一年龄组成一个社群。一般而言，因年龄高低而区分社会地位，年龄越长则越受到族人尊重。族群内普遍由男性掌握权力，传统马赛家庭内男性不用工作。马赛族使用的语言是马赛语，其语言相当古老，大多数马赛人不通英语和东非通用语言——斯瓦西里语，马赛语与邻近部落的语言均不相通。

C12 穿过了马赛部落的核心地区，项目建设需要完成征地、采购等相关谈判，而这首先要得到沿线居民的认可。面对命途多舛、封闭保守的马赛部落，要说服当地居民接受外来企业改建公路，难度可想而知。在起身前往马赛马拉地区之前，刘护林听说在当地铁路建设承包商的项目部与马赛部落产生了暴力冲突，项目营地遭到马赛人的包围和冲击。这不禁让他感到忧虑，更为 C12 的工作开展蒙上了一层阴影。

正在忧虑之际，刘护林注意到马赛文化中有独特的"酋长制"。酋长在马赛部落中拥有独特的社会地位，大酋长在部落中德高望重，其意见也往往引导着整个部落社群的舆论，在大酋长之下，还有多个分管不同事务的小酋长，他们构成马赛部落的领导核心。多年积累的工作经验告诉他，酋长就是让马赛居民敞开心扉的关键人。

2016 年 9 月，刘护林第一次步入马赛马拉地区考察项目部选址，确定是以既有建筑作为营地，还是租地自行建设营地。在现场考察期间，他注意到公路沿线有不少建筑群，适合作为项目驻地，利用既有建筑既能节省时间，又能为在恶劣环境中工作的员工提供更好的生活工作条件。在考察中刘护林发现大多数建筑是灰顶建筑，只有一处围抱起来的建筑是红色屋顶，且地理位置极佳。

他径直走向红色屋顶建筑，发现这里是一家正在运营的酒店。他决定不回镇上，就在这里吃午餐。同事还在疑惑时，刘护林已经与酒店经理攀谈了起来，待到饭菜上桌，刘护林已经通过酒店经理要到了大酋长的联系方式。原来此处正是大酋长的产业，酒店经理是大酋长雇佣的管理人。第一次考察便间接与大酋长建立了联系，这一切仿佛在刘护林的预料之中。

后来他解释道："灰顶是外来部落或者西方人的建筑特征，应该是外来者投资的酒店，而红色屋顶的建筑形式有很强的民族特色，应该是马赛人经营。周边社区的民居多为土房和铁皮房，这片红色建筑的老板在当地的社会地位应该很不一般，很可能就是大酋长。"

有了大酋长的联系方式，刘护林很快组织了正式的拜访。根据以往的工作经验，不少社区代表会趁机"抬杠"要求高额赔偿，然后和项目部开启谈判"拉锯战"，刘护林预期这次拜访也免不了一番苦战。

大酋长名为达摩西，是一名气质非凡的老者，身着红色马赛袍，贴着头皮的碎发已经花白，眼神却炯炯有神。

刘护林一边送上中国茶叶作为伴手礼，一边说道："尊敬的酋长您好，我们是来自中国武夷的工作人员，马赛族是值得尊敬的民族，我们是来为当地做贡献的，希望能租用您的酒店作为项目驻地……"

达摩西静静地侧耳倾听身边秘书的翻译，不时颔首示意，最后他开口道："欢迎你们来到马赛马拉，很高兴你们能翻新公路，我们马赛族有自己的文化和规矩，您应该注意以下事项……"

出乎刘护林意料的是，达摩西大酋长非常通情达理。达摩西大酋长清晰地认识到翻新公路对沿线社区的经济发展、居民生活的改善等方面具有重要意义，十分认可 C12 项目部即将开展的工作，表示愿意全力支持施工工作，同时也提出了要雇佣当地社区居民、与居民分享建设成果等一系列要求。在此基础上，达摩西大酋长还对项目部后续工作的开展提出了合理的建议，有些建议还是刘护林也没有考虑到的。刘护林遇到过许多居民代表，鲜有人能够冷静地站在社区和居民的立场上思考，而达摩西大酋长正是这样的人。

刘护林心想："这是一个真正为居民着想、有远见卓识的社区话事人。"

C12 项目部和达摩西大酋长在友好、务实的氛围中结束了初次会晤，谈判取得了丰硕成果。达摩西大酋长表示愿意为中国武夷建设 C12 提供支持，并且愿意将刘护林等人此前就餐的酒店以优惠价格租给中国武夷作为 C12 项目的营地。多年以后，刘护林在回忆时仍称之为"旗开得胜"："从后往前看，达摩西酋长对 C12 公路项目建设的支持是不可或缺的，因为进入这个地区，要是没有跟当地融为一片的话，是很难在当地生存的，更不要说为企业营利了。有同事开玩笑说我一脚就踏入了大酋长的酒店是运气，其实我提前做了功课、了解马赛文化，还是下了一番苦功的。"看似偶然的来自大酋长的支持也蕴含着必然，达摩西大酋长一直为马赛马拉地区的开放和繁荣尽力，在他看来，道路建设是其中的重要一环。

解决了项目部驻地和融入社区问题，C12 算是迈出了开工建设的第一步。然而，更大的困难和挑战接踵而至。

马赛领地生人勿入　生命水塘巧思双赢

C12 面临的第一个挑战是取土。公路建设离不开土料作为底基层的主料，修建改建一条公路，土料耗费极大。在肯尼亚，除部分保护地区和集体用地归国家所属外，大多数土地产权归属于私人，由于生存空间被不断蚕食的历史和生存压力不断增加的客观现实，马赛族拥有极强的领地意识，他们的土地生人勿入。即便是同为肯尼亚人的邻近部落，也是非请勿入，更遑论来自遥远东方的中国人，这使得取土工作开展得十分困难。

除了历史的原因，以游牧为生的马赛人还非常重视牛羊，牛羊是他们的核心财产，也是财富和地位的象征，破坏放牧的草地等同于损害马赛人的"生命"。在考察项目选址时，刘护林和同事们就发现道路沿线布满了栅栏，广阔的草原被隔离出大大小小的家族领地用于放牧。

刘护林的马赛族司机老詹就拥有一大批牛羊，刘护林曾经做过估算，老詹拥有的牛羊按当地价格核算其价值已经超过了3000万肯先令（当时折合人民币约200万元）。有一次，刘护林打趣道："老詹，你拥有那么多的牛羊，可以卖超过3000万肯先令，足够你的家庭舒服地过完一生，你为什么还要工作？"老詹立刻回答："不不不，牛羊是我们的生命，我要赚钱养更多的牛羊，而不是卖掉他们。"

刘护林这样形容马赛族对土地的观念："对于他们来说，土地、草地和牛羊就是他们的生命，所以你想动他们的土地，去挖土，把它破坏掉，这是非常困难的，前期他们的思想工作一直做不通。"

马赛族的土地观念不仅使得项目的施工取料变得异常困难，还使项目难以清理出足够的施工面，增加了施工和管理的难度。以往项目中，施工需要用到的土方、砂石等原材料多按照"符合标准，就近取材"的原则向沿线居民采购。但在这里，用铲车挖掘施工材料意味着破坏牛羊的草场，这是马赛族所不能接受的。如果从更远的地方运输原材料则意味着运输成本的大幅增加，这对预算本就不充足的升级改造项目来说，无异于雪上加霜。

在项目建设一筹莫展之际，经过项目前期的水文地质勘查，刘护林渐渐有了解决思路。他了解到当地的水文气象条件较差，没有自来水系统，居民普遍缺乏饮用水，特别是在旱季，此情况尤甚。再加上当地经济发展落后，打一口井的费用接近300万肯先令（当时折合人民币约20万元），只有极少部分家庭能够负担得起打井的费用。当地许多马赛居民的生活用水都是通过雨季期间储水或者去天然河流肩扛手提解决用水，一些家庭能用储水桶解决储存问题，但更多家庭无法储水，家庭之间、家族之间因为用水而产生冲突的情况时有发生。

这不禁让刘护林想起了曾经工作过的肯尼亚北部某公路项目。当时，这个项目部通过在当地社区挖掘水塘，以低价或无偿成功获得土料。刘护林想将这一方式也运用到C12中，但两地的情况不太相同。北部项目沿线的土地都属于国有土地或者无主土地，便于一次性达成协议，所以项目部挖掘一个大水塘，便能满足一个工段的需求。而马赛马拉地区的土地由沿线各个家庭拥有，只能挨个谈判，且水塘大小也不宜超过其领地。

由于产权分散不易形成突破口，眼看着再拖延就要耽误工期了，刘护林从与当地人的一次谈话中找到了破局思路。时值肯尼亚的旱季，在一次工地会议上，刘护林注意到有一片被栅栏围成的草场中有一片水塘，一位牧民正将牛羊赶进草场去水塘喝水，草场主正站在栅栏门边清点进入草场的牛羊。

"他们在干什么？"刘护林询问一同参加工地会议的小酋长约书亚。约书亚是大酋长达摩西的侄子，也是当地马赛社区的小酋长。

"他（草场主）正在向其他牧民卖水，一头羊喝饱水15肯先令（当时折合人民币约1元），一头牛30肯先令（当时折合人民币约2元）。"约书亚回答道。

"如果付不起喝水钱怎么办？"

"可以拿牛羊抵押。"

在当地缺水情况极为严峻的旱季，大多数牧民自身生活用水问题尚亟待解决，却仍然愿意支付高昂费用让牛羊饮水，甚至不惜抵押少量牛羊。刘护林计上心头：如果我免费帮助每个家庭开挖水塘，并且宣传和证实水塘有利于保护牛羊，马赛居民们会不会更容易接受呢？一方面，帮助居民开挖水塘，居民和牛羊都可以从中取水，当地的缺水问题能得到极大改善。另一方面，符合工程标准的挖方土壤可以用于施工建设，解决了施工原料的采购问题。此外，由于居民的草场就在 C12 公路沿线，土料和砂石料的运输距离近，可以节省一大笔运输费用。这是一套互利共赢、一石三鸟的方案！

后来，C12 公路项目的这套方案被总结为"生命水塘"案例，并在 2022 全球减贫伙伴研讨会上获得了第三届全球减贫案例征集活动"最佳减贫案例"的荣誉。只是当刘护林还在想着谁愿意做"第一个吃螃蟹的人"时，更大的挑战已经悄然出现。

"刘经理，项目部被马赛人包围了！"同事冲进办公室的急呼打断了刘护林的思绪。

工人罢工围困营地　以心换心赢得真情

听到同事的呼声，刘护林赶忙冲出办公室，向驻地门口望去。

只见营地铁门外密密麻麻的全是人，200 多位马赛人身着传统长袍，放眼望去一片红色，有些马赛人手里还握着狩猎用的长矛，场面十分紧张。刘护林想起出发前听说有项目被马赛人冲击的事件，决心无论如何要保障项目部和同事们的安全。

"快给达摩西大酋长打电话！"刘护林指示道。

走近大门口，刘护林才认出来围住营地的马赛人大多是项目部新雇的工人，为首的倒是一副生面孔，见到刘护林后也向前走来。

刘护林问："你是谁？"

那人答道："我是当地工会的负责人，我们听说你的公司和项目不尊重当地工人，因此组织工人通过罢工维权。"

刘护林早就听说有企业和项目在经营过程中遇到过当地工会组织的罢工，但没想到自己刚来没多久就遇到了。大多数企业会通过司法途径解决问题，也有少数企业会选择支付"赔偿金"以"息事宁人"。断不能选择后者，刘护林心想，不解开雇员们心里的疙瘩就无法在当地稳定经营，也不利于中国企业的海外声誉。

当务之急是把场面控制住。这时已经有工人开始喊起了口号，场面眼看就要失控。突然，人群中分出一条道来，一位老人拿着马赛棍走了过来，身后跟着几位同样拿着棍子的马赛战士，是大酋长达摩西。

达摩西踱步至刘护林身前，这位年迈的长者缓缓向工人们说："我们马赛族是一个很友好的民族，你们来在这边工作，我们的中国朋友们作为雇主，已经按法律规定对你们进行了雇佣，保障了你们的工作条件，给你们高额的薪资，你们可以选择在这边继续工作，不想给他们工作也可以辞职，但是你们不要闹事，更不能攻击他们的营地。"

达摩西的话给刘护林吃下了一颗定心丸。大酋长这是给马赛人立了一个规矩，至少项目部和同事们的安全有了保障，不会发生传闻中的打砸抢事件。

在达摩西大酋长的协调和支持下，项目部最终通过积极谈判解决了冲突。通过提供工人住所、允许当地员工借用场地开展宗教活动等手段不断改善工人们的生活工作条件。此后，再也没有罢工事件发生。在项目工作过程中，C12 仅雇佣中国员工 10 余人，直接雇用当地员工 283 人，当地分包商雇用约 80 人，且包含了小工、机械驾驶员、计量员、工头、司机、保姆、园丁、厨师等多种工作岗位，帮助本地人获得了一份体面的工作。

时至今日，刘护林仍然不敢想象，没有达摩西大酋长的出面，当时的局面会如何发展。只是此次事件对项目部在当地社区的声誉产生了消极影响，一些当地居民并不清楚事件的来龙去脉，只知道项目部发生了恶性事件，由此对 C12 项目产生了怀疑甚至排斥的心理，面对项目工作人员提出的"生命水塘"方案也采取了更加警惕的态度，使得方案的实施难度进一步增加。

思来想去，刘护林认为想要和马赛人实现互相理解、信任，没有捷径可走。唯有以真心换真心，建立真诚的友谊，才能构建 C12 和马赛部落的"命运共同体"，使"生命水塘"的巧思得以实施。

刘护林与小酋长约书亚进行了一次促膝长谈。他提议，由项目部免费为约书亚的草场挖一个水塘，同时向约书亚提了两点要求：一是他要在半年内免费向其他牧民开放挖好的水塘，供他们的牛羊饮水；二是约书亚要帮助项目部宣传"生命水塘"的政策，让当地居民了解"生命水塘"是一个互利共赢的合作倡议。约书亚当即表示赞成。

作为"生命水塘"的"开局之战"，项目部为做好约书亚的水塘下了一番"苦功夫"。从前期的地质勘探和施工设计，再到土地挖方、土壤运输、平整修边和引流处理等工序的执行和落实，全程由项目部最优秀的技术人员和施工班组，拿出最好的状态，使用最精良的施工设备去完成，可谓是"精锐尽出，奋楫笃行"。水塘挖好后的半个月，肯尼亚的旱季结束，进入了大雨季，水塘很快储满了水，引来许多马赛居民围观。约书亚的水塘能储存 1 万~2 万立方米的水，足够他的家庭和牛羊从雨季末使用到下个雨季来临，同时还有富余储水可以提供给周边居民，取水也比天然水塘要方便许多（见图 1）。

约书亚免费开放水塘的第一天，慕名而来的马赛居民从清晨排到了傍晚，草场的大门一直有牛羊通过，直到太阳落山。约书亚没有忘记和刘护林的约定，每当有马赛居民赶着牛羊来到他的草场，他都要向对方介绍刘护林的"生命水塘"方案，他还在水塘边立了一块说明牌，上面写着"Built by CWYC，FOR FREE"（由中国武夷免费建造）。

图1　约书亚家的水塘

资料来源：作者自摄

约书亚家的水塘在马赛社区引起了剧烈的反响，人们对中国武夷 C12 项目部成员的态度由警惕转变为好奇。终于，有居民找上门来了解"生命水塘"的详细情况，第二个水塘的方案很快敲定，紧接着第三个、第四个……项目部和马赛社区的居民们在相互交流中，逐渐完成了从陌生到熟悉、从警惕到信任、从冲突到交融的转变。一个个"生命水塘"散开在马赛马拉的大地上，为马赛居民和野生动物们带来稀缺的"生命之水"，刘护林和项目部的一片赤诚真心最终获得了马赛居民的真情相待，"生命水塘"方案终于落地。

C12 的建设过程展示出人与自然和谐相处的中国式现代化理念。在"生命水塘"施工过程中，对于绝大部分居民，项目部从保护草原的角度出发，没有选择挖大而深的巨型水塘，而是挖小而浅的微型水塘，多数"生命水塘"维持在 2 千～ 3 千立方米的储水容积，以满足家庭用水为前提，最大限度地减少对草原生态的破坏。C12 将"生命水塘"坚持了下来，即使后期的公路建设不再需要土料，也力所能及、义不容辞地帮助居民挖掘水塘。

在项目施工过程中，项目部对施工区域及其周边进行了严格地质勘探，利用专业知识和技术能力，实现了项目施工和"生命水塘"建设的联动，将 C12 公路沿线的排水沟与微型水塘联通，既解决了升级改造后的 C12 公路的排水问题，也增加了"生命水塘"的储水速度，起到事半功倍之效。

刘护林等人还注意到马赛马拉地区的野生动物们也有"过马路"的需求，他们曾目睹一只大象在横穿公路时因排水沟太陡而被困在水沟之间，回营地后刘护林马上与业主工程师沟通，希望能把排水沟的边坡坡度放缓，让动物们更容易通过。虽然项目建设的成本因此增加了，但是一向注意控制项目成本的刘护林反而认为很值得，"这是正确的义利观，我们在做对的事情"，C12 公路项目部的这一决定也获得了当地动物保护部门和社会组织的"点赞"。

一条路通两国民心　共同体促和谐发展

如果说刘护林与大酋长达摩西的邂逅和友谊是中国武夷和马赛社区共同体的种子，"生命水塘"的滋润则使之成长发芽。C12项目经历了初来乍到、缺乏信任、劳资矛盾诸多考验后，中肯双方在交流中实现了民心互通，促进了马赛马拉地区的和谐发展，绽放出鲜艳的友谊之花，结出累累的发展硕果。

中国武夷在东非地区推广了被刘护林和同事们发展和完善的这套"生命水塘"方案，有效缓解了经常性争夺水源所引起的部族冲突，改善了沿线的生态环境，提高了当地居民的幸福感和获得感，为该地区的减贫事业作出了卓越贡献。据测算，中国武夷东非各项目沿线共建成大中型水塘276座，可蓄水总量约370万立方米。该方案的实施至少为当地节约建设资金665万元人民币，为当地每年增创社会经济价值9755万元人民币，其中C12项目占一半以上。

从共商建设方案，到共建公路水塘，再到共享建设成果，这一过程不仅体现了中华民族的独具匠心，更体现了中国走和平发展现代化道路的决心。一条路通两国民心，共同体促和谐发展，以中国式现代化理念推进人类命运共同体建设，我们正在路上。

【研讨题】

1. 在海外开展工程建设通常会遭遇到哪些困难？
2. "一带一路"倡议怎么实现共商共建共享和可持续发展？
3. 如何将正确的义利观贯彻到"一带一路"合作的具体实施层面？

📋 案例分析

不同于西方国家现代化过程中对第三世界国家的掠夺和剥削，在推进中国式现代化的过程中，中国与其他第三世界国家之间的关系是共同构建人类命运共同体，所秉承的是正确的义利观，所遵循的是生态文明建设与可持续发展。C12公路是支撑马赛马拉地区可持续发展的关键基础设施，其建设过程是中外共建"一带一路"的真实写照，也是中肯两国共同推动可持续发展的生动体现，还是中国式现代化在国际工程领域的具体实践。

一、以"一带一路"促和合共生

党的二十大报告指出，推动构建人类命运共同体是中国式现代化的本质要求之一。构建人类命运共同体是世界各国人民前途所在。万物并育而不相害，道并行而不相悖。只有各国行天下之大道，和睦相处、合作共赢，繁荣才能持久，安全才有保障。

"一带一路"倡议提出十余年来，"五通"得到极大发展：政策沟通意愿不断增强，共建"一带一路"的国家和组织日渐增多；设施联通稳步推进，中欧班列畅通运行；贸易投资不断增长，经贸合作日益深入；资金融通规模不断扩大，国际金融合作愈加密切；民心相通显著增强，友好合作不断深化。[①] 但学界对于"一带一路"的细致研究还不多，需要进一步深化对"五通"的研究。[②] 本案例最直接体现的便是设施联通、民心相通、贸易畅通。虽然案例本身不是中肯双方"一带一路"倡议中的基础设施合作内容，但其实际上通过改善交通条件促进了马赛马拉地区的对外开放，将中国的基建技术和"一带一路"的国际合作思维带到了马赛马拉。

C12 旨在为肯尼亚提供一条经济实惠且高品质的公路，将通行时间从原来的两个半小时缩短至 1 小时。实现这一目标对于多个领域都产生了积极影响。首先，公路的修建有助于改善物流运输，提高货物和人员的流动性。这不仅有助于减少交通拥堵，还能够降低运输成本，促进商业和工业企业的发展。在公路修建完成后，已经有私人投资者在沿线地区兴建服装厂和屠宰厂，这进一步推动了当地的工业增长。其次，交通条件的改善也创造了更加开放的经济社会环境。这有助于吸引更多的企业和投资者进入该地区，从而促进小型企业的发展，如餐饮业、住宿业和手工业。

肯尼亚 C12 公路改造项目对纳罗克镇以及沿线其他城镇的发展和商贸繁荣产生了积极的影响，促进了这些地区的持续发展。C12 公路穿越了纳罗克、埃瓦索恩吉罗（Ewaso Ng'iro）、恩科拉勒（Nkoilale）、恩郭斯瓦尼（Ngoswani）、塞凯拉尼（Sekenani）等村镇，这些村镇因设施联通而得以发展，新的商贸区域也在沿线不断涌现。随着人流的增加，这些城镇的规模逐渐扩大，新的人类聚居区也在公路周围兴起。例如，受益于通往马赛马拉国家公园旅行时间的缩短，纳罗克镇成了人流和物流的关键集散地，促进了当地酒店业、餐饮业和商业等第三产业的发展。

民心相通是共建"一带一路"的人文基础，民心相通与工程项目建设是相辅相成的。中国人在马赛马拉通常是作为游客和外来者出现，而中国武夷的到来让中国人成了建设者和"当地人"。C12 经历了从人生地不熟的艰难开局，到与关键人物建立联系以打破局面，再到融入当地社区的过程。通过社会网络嵌入使工程建设更加顺畅，再通过为当地社区谋福利，进而加深这种社会网络。

贸易畅通的直接体现就是中国武夷承建 C12。包括中国武夷在内的一大批工程承包企业通过公平公开的市场竞争，降低了肯尼亚工程建设领域的交易成本和营商成本。中国武夷

① 吕越，马明会，李杨 . 共建"一带一路"取得的重大成就与经验 [J]. 管理世界，2022,38(10): 44-55.
② 白永秀，何昊，宁启 . 五年来"一带一路"研究的进展、问题与展望 [J]. 西北大学学报 (哲学社会科学版), 2019, 49(1): 149-162.

最早以参与援建的形式进入肯尼亚，而后开始分包工程项目，进而实现对外直接投资，设立分公司独立开展业务。也就是说，"一带一路"倡议是区域间合作更加紧密的自然产物和必由之路。

现有研究和部分舆论对"一带一路"存在着扩大对外经济利益的功利取向、提升地缘政治影响力的阴谋论等误解[①]，存在着政治威胁论、环境威胁论、国际关系破坏论等负面论调[②]。实际上，"一带一路"构建人类命运共同体的基础在于共同繁荣。C12为当地提供了大量、多元的工作岗位，创造了大量就业，并带动当地经济发展。以往以马赛族为主的当地居民没有从事非农工作的意识，缺乏工作时间、计件、效率等基本概念，C12直接促进了当地人形成生产型就业的概念。C12项目由肯尼亚政府发包，中国武夷承包，雇佣当地人作为主要劳动力来源，实现了中国公司与肯尼亚政府、民众之间的共同繁荣。正是由于多方均能受益，命运与共、休戚相关的共同体才能逐步形成。

共同繁荣的具体形式是提供国际公共产品。众所周知，基础设施是最典型最广泛的公共产品之一。但由于复杂的政治经济原因，包括肯尼亚在内的众多非洲国家难以享受到充足的公共产品供给。[③]"一带一路"发挥着国际合作的平台作用，使得更多跨国活动具有区域性或区域间公共产品属性。[④]就如完全由肯尼亚政府投资且不属于中肯合作协议内容的C12项目，实际上也成为中外共建"一带一路"的一份子。提供国际公共产品可能面临参与主体异质、治理对象模糊、治理机制缺位、环境复杂多变[⑤]等挑战，但寄希望于搭建某种统一协调机制以应对风险挑战的难度较大。由于"一带一路"沿线国家的治理结构差异较大，具体项目所面临的风险挑战千差万别，如本案例的马赛马拉地区享有较高地区自主权，国家间协调机制难以深入基层。因此，"一带一路"平台上的国际公共产品供给不仅要做好整体谋划以避免集合谬误，还需要一事一议以实现精准发力。

二、以"一带一路"促义利永续

"一带一路"建设与生态文明建设紧密相连。2013年，习近平总书记在访问哈萨克斯坦时提出"一带一路"倡议，同时在国际场合阐释了"两山论"。经过十余年建设，"一带一路"扩展了可持续发展的伙伴群体，提升了绿色发展能力，形成了"多点散发"空间布局和绿色发展认同感。[⑥]绿色"一带一路"不是为了环境而牺牲发展，而是形成以发展权为核心的绿

---

① 欧阳康. 全球治理变局中的"一带一路"[J]. 中国社会科学, 2018, 272(8): 5-16.

② 杨敏敏, Gretchen McAllister. 国际学界"一带一路"研究的热词与最前沿——基于 Web of Science(2014-2018) 的文本计量与细读 [J]. 西南民族大学学报 (人文社科版), 2020, 41(5): 234-240.

③ 周瑾艳. 中国对非洲区域公共产品供给评析 [J]. 当代世界, 2020, 461(4): 72-79.

④ 黄河. 公共产品视角下的"一带一路"[J]. 世界经济与政治, 2015, 418(6): 138-155

⑤ 王亚军. "一带一路"国际公共产品的潜在风险及其韧性治理策略 [J]. 管理世界, 2018, 34(9): 58-66.

⑥ 史泽华. 共建绿色"一带一路"：十年成就与未来发展 [J]. 国际论坛, 2023, 25(3): 22-36.

色规范。① 但建设绿色"一带一路"并非一蹴而就，而是面临诸多挑战。学界普遍认为环境条件与管理落后、传统发展模式惯性、开发能力与模式不足、国际竞争特别是中美竞争加剧、国际舆论污名化等问题②③④⑤ 增加了绿色"一带一路"的建设难度。

马赛马拉地区的社会经济系统依赖于当地气候和生态系统的健康。畜牧业依赖于雨季的水草和旱季的干草料，旅游业和手工业则依赖于吸引来自全球的游客。该地区主要面临的问题是降水分布不均，而近年来的气候变化进一步加剧了这一挑战。年际降水的不稳定性对当地居民的生产和生活方式造成了严重影响，如 2017 年的干旱和 2018 年、2020 年的洪水。

在这一背景下，水塘成了应对气候变化的关键手段。首先，水塘显著提高了马赛族居民应对干旱的能力。过去，他们在旱季不得不每天放牧以寻找水源，而现在可以依赖家中或附近的水塘供水。这不仅减轻了劳动量，还确保了人畜的饮水需求，从而维持了畜牧业的可持续性。此外，大规模修建水塘还有望改善该地区的小气候。通过增加水面，水塘可以增加蒸发，提高区域的湿度，进而对抗极端干旱气候的影响，有助于改善当地的生态多样性。这对于维持马赛马拉地区的独特生态系统至关重要，进而改善该地区的社会经济系统。

这个案例不仅有助于提升纳罗克郡的社会经济面貌，还能够改善社会经济发展中的不平等现象，为多个层面的社区和群体带来长期好处。首先，通过 C12 项目，纳罗克郡得以更好地利用其旅游和农牧业资源，将外部流动的人流、物流、资金流和信息流引入该地区。这有望减轻纳罗克郡长期以来的经济相对边缘化困境，并发挥对马赛族社区的积极影响。通过促进当地社区的发展，可以更好地平衡不同民族之间的经济地位，减轻社会不平等问题。其次，C12 项目的水塘建设不仅改善了地区的水源问题，还缩小了马赛族社区内部的贫富差距。贫困群体通常难以承担修建水塘的费用，而富裕居民则能够自行解决这个问题。C12 的免费水塘建设使得较为弱势的社区成员能够获得一定的缓解旱灾和水源问题的能力，有望减轻社会内部的不平等。

抓住"开放""水源"两个地区可持续发展的牛鼻子，通过工程项目的方式改善现状，进而以点带面实现可持续发展。相对于比照着可持续发展目标的均衡发展，通过解决主要矛盾、以点带面的形式是一种更加自然地实施可持续基础设施的方式。最重要的是，C12 项目采取了一种长期互惠的可持续发展模式，而不是仅仅进行单方面的支出。项目有效地将水塘建设与道路建设相结合，从水塘建设挖方中选取合格材料，或者在农户土地中另选料场，作为建设道路所需的石料和土料，降低了道路建设的材料成本。此外，项目还通过部分水塘的

① 董亮.国际规范、环境合作与建设绿色"一带一路"倡议 [J].中国人口·资源与环境，2022，32(12): 146-152.
② 蓝庆新，梁伟，唐琬.绿色"一带一路"建设现状、问题及对策 [J].国际贸易，2020，459(3): 90-96.
③ 丁金光，王梦梦.绿色"一带一路"建设的成就与挑战 [J].青海社会科学，2020，245(5): 62-69.
④ 于宏源，汪万发.绿色"一带一路"建设：进展、挑战与深化路径 [J].国际问题研究，2021，202(2): 114-129.
⑤ 翟东升，蔡达.绿色"一带一路"建设：进展、挑战与展望 [J].宏观经济管理，2022，466(8): 7-15.

蓄水解决了工程用水问题，进一步节约了成本。这些措施都有助于确保支持可持续发展措施的长期实施。

案例践行生态文明和可持续发展理念的背后是中国深厚儒家文化孕育出的正确义利观。《论语·宪问》提出见利思义，强调当看到利益时，要思考这是不是符合道义，反对违背公理道义去获取利益。本案例中为野生动物改变边坡设计，持续帮助当地居民建设水塘都体现了正确的义利观，不仅是先义而后利，而且是求义而舍利。对国际工程管理项目而言，应当聚焦于工程项目质量、工程管理模式、社会责任履行、当地社区关系，把"义"贯穿于工程设计、施工和运维的全流程，以行义降本增效获利。正确义利观既决定了"一带一路"的合法性，也决定了其可持续性。没有义，"一带一路"将失去应有之意；没有利，"一带一路"最终将不可持续。[①] C12 正是两者辩证关系的体现，不仅在建设上追求可持续发展，而且将正确义利观印刻在马赛马拉大地之上。

三、以小见大，见微知著

本案例不仅直接体现了中国式现代化推动构建人类命运共同体的本质要求，同时，也体现出中国式现代化五大特点在肯尼亚的可借鉴之处。

中国式现代化是人口规模巨大的现代化。中国式现代化必须考虑到中国人口众多、幅员辽阔、地区差异极大的特点。虽然肯尼亚的人口、领土规模与中国相距甚远，但肯尼亚同样也是一个地区差异巨大的国家，并且不存在主导民族。人口规模大、区域差异大就必须考虑统筹协调，推动现代化事业就必须有一个主心骨。本案例中，C12 公路改造项目便是肯尼亚中央政府通过国道局加强国内统一市场建设的有力举措。

中国式现代化是全体人民共同富裕的现代化。中国式现代化不是通过剥削一部分人而使另一部分人积累财富的过程，也不是一部分人通过现代化手段来攫取另一部分人剩余价值的过程。现代化必须要促进全体人们共同富裕，将社会公平正义落实在现代化的各个环节和方方面面。本案例中，C12 公路改建本就是促进区域平衡发展、开发相对落后地区的工程项目，以缩小民族之间、地域之间差距。同时，中国武夷通过免费挖掘水塘，帮助当地没有资金挖掘水塘的居民能够充分享受水利基础设施，帮助马赛民众实现对美好生活的向往。

中国式现代化是物质文明和精神文明相协调的现代化。中国式现代化不是沉醉于简单的物质享受和纸醉金迷，而是建立在社会主义先进文化和中华优秀传统文化建设基础之上。同样，肯尼亚和马赛马拉地区的发展不仅需要物质财富的积累，还必须树立起不受西方殖民思想束缚的，基于肯尼亚国族认同、马赛民族传统认可、现代化一般性特征认知的文化自信。本案例不仅带去了物质上的基础设施，而且传播了现代化的工作思维，更是将中国如何推动现代化进程的思想和经验留在了马赛马拉。

---

① 李向阳."一带一路"建设中的义利观 [J].世界经济与政治，2017, 445(9): 4-14.

中国式现代化是人与自然和谐共生的现代化。中国式现代化不走西方工业化"先污染后治理"的老路，也不走"边污染边治理"的歧路，而是将"金山银山就是绿水青山"思想贯彻到发展全过程。本案例坚持可持续发展，将马赛马拉地区生态保护看作头等大事，努力将生态文明思想融入国际工程建设中。

中国式现代化是走和平发展道路的现代化。中国式现代化以合作共赢取代零和博弈，在世界和平与发展中谋发展，又以发展促进世界和平与发展。中肯之间的合作本质是共建共商共享的南南合作，其目标是实现多方参与的共同繁荣。本案例也是如此，肯尼亚政府通过投资基础设施获得增益，中国武夷通过承建项目获得市场，肯尼亚不同民众通过参与建设获得体面工作和技能，马赛马拉当地社区增强了地区可持续发展基础。

从 C12 这条短短 80 余千米的道路，不难看出共建"一带一路"强大生命力的内在逻辑和匠心独运。正是若干国际工程项目在构建人类命运共同体时所迈出的一小步，才能在推动"一带一路"倡议中走出中国式现代化的一大步。

三 后 记

本书受清华大学文科建设处组织编写，由清华大学公共管理学院中国公共管理案例中心具体负责案例的编选、评审、出版工作。清华大学公共管理学院、经济管理学院、五道口金融学院、社会科学学院、建筑学院、教育研究院、智库中心等单位参与编写。公共管理学院中国公共管理案例中心慕玲主任、公共管理学院孟延春副教授、公共管理学院曹峰助理教授、经济管理学院于春玲副教授、五道口金融学院张伟强副研究员参与案例评审。中国公共管理案例中心参加本书审读的人员有：张允、谢梦雨、曾理、城玥、杨婷婷、周萌。在编写过程中，清华大学文科建设处负责组织协调工作，清华大学出版社等单位给予了大力支持。在此，谨向所有给予本书帮助支持的单位和同志表示衷心感谢。

由于水平有限，书中难免有疏漏和错误之处，敬请广大读者对本书提出宝贵意见。

本书编写组

2024 年 3 月 28 日